Série História das Nações

História Concisa da Rússia

SÉRIE HISTÓRIA DAS NAÇÕES

A Edipro traz para o Brasil uma seleção de títulos
da Série *História Concisa*, originalmente produzida pela
Editora Cambridge, na Inglaterra, e publicada entre os renomados
títulos acadêmicos e profissionais que compõem o seu vasto catálogo.

"Esta série de 'breves histórias' ilustradas, cada qual dedicada a um
país selecionado, foi pensada para servir de livro-texto para estudantes
universitários e do ensino médio, bem como uma introdução histórica
para leitores em geral, viajantes e membros da comunidade executiva."

Cada exemplar da série – aqui intitulada *História das Nações* –
constitui-se num compêndio da evolução histórica de um povo.
De leitura fácil e rápida, mas que, apesar de não conter
mais que o essencial, apresenta uma imagem global
do percurso histórico a que se propõe a aclarar.

Os Editores

O livro é a porta que se abre para a realização do homem.

Jair Lot Vieira

PAUL BUSHKOVITCH

Série História das Nações

História Concisa da Rússia

tradução de
JOSÉ IGNACIO COELHO MENDES NETO

Syndicate of the Press of the University of Cambridge, England.

A Concise History of Russia

© Cambridge University Press 2011

This publication is in copyright. Subject to statutory exception and to the provisions of relevant collective licensing agreements, no reproduction of any part may take place without the written permission of Cambridge University Press.

Copyright da tradução e desta edição © 2014 by Edipro Edições Profissionais Ltda.

Todos os direitos reservados. Nenhuma parte deste livro poderá ser reproduzida ou transmitida de qualquer forma ou por quaisquer meios, eletrônicos ou mecânicos, incluindo fotocópia, gravação ou qualquer sistema de armazenamento e recuperação de informações, sem permissão por escrito do editor.

Grafia conforme o novo Acordo Ortográfico da Língua Portuguesa.

1ª edição, 2ª reimpressão 2020.

Editores: Jair Lot Vieira e Maíra Lot Vieira Micales
Coordenação editorial: Fernanda Godoy Tarcinalli
Tradução: José Ignacio Coelho Mendes Neto
Editoração: Alexandre Rudyard Benevides
Revisão: Tatiana Yumi Tanaka
Diagramação e Arte: Heloise Gomes Basso
Imagem de capa: Vista da Catedral de São Basílio pela manhã (Praça Vermelha, Moscou) / fotografia: Mordolff

---

Dados Internacionais de Catalogação na Publicação (CIP)
(Câmara Brasileira do Livro, SP, Brasil)

Bushkovitch, Paul

    História concisa da Rússia / Paul Bushkovitch ; tradução de José Ignacio Coelho Mendes Neto. – São Paulo : Edipro, 2014. – (Série história das nações)

    Título original: A Concise History of Russia.

    ISBN 978-85-7283-852-8

    1. Rússia – História 2. Rússia (Federação) – História 3. União Soviética – História I. Título. II. Série.

13-11336   CDD-947

Índice para catálogo sistemático:
1. Rússia : História : 947

São Paulo: (11) 3107-7050 • Bauru: (14) 3234-4121
www.edipro.com.br • edipro@edipro.com.br
@editoraedipro   @editoraedipro

Sumário

Lista de imagens e mapas   9
Abreviações   11
Agradecimentos   13
Prólogo   15

Capítulo 1 • A Rússia antes da Rússia   25
Guerreiros e cristãos   30
Druzhinas e príncipes   34

Capítulo 2 • Moscou, Novgorod, a Lituânia e os mongóis   43

Capítulo 3 • A emergência da Rússia   61
Ivã, o Terrível   71
O tempo de dificuldades   76

Capítulo 4 • Consolidação e revolta   83

Capítulo 5 • Pedro, o Grande   103

Capítulo 6 • Duas imperatrizes   123

Capítulo 7 • Catarina, a Grande   139

Capítulo 8 • A Rússia na era das revoluções   159

Capítulo 9 • O ápice da autocracia   177

HISTÓRIA CONCISA DA RÚSSIA

Capítulo 10 • Cultura e autocracia　193

Capítulo 11 • A era das grandes reformas　207

Capítulo 12 • Da servidão ao capitalismo nascente　227
As últimas décadas　238

Capítulo 13 • A Era de Ouro da cultura russa　247
A ciência na era da reforma　247
Música　249
As artes visuais　256
Literatura　258

Capítulo 14 • A Rússia como Império　267
Poloneses no Império Russo　270
As províncias bálticas　272
Finlândia　273
Judeus　275
Ucranianos　278
O Império Asiático　280
Ásia Central　283
A aposta manchuriana　286

Capítulo 15 • Autocracia em declínio　289

Capítulo 16 • Guerra e revolução　309
Guerra　309
Revolução　314
Guerra civil e poder dos sovietes　319

Capítulo 17 • Compromisso e preparação　333

Capítulo 18 • Revoluções na cultura russa　349
Literatura, música e artes plásticas　349
Cultura e NEP　357
As ciências naturais　360

SUMÁRIO | 7

Capítulo 19 • Construindo a utopia 365

Capítulo 20 • Guerra 385

Capítulo 21 • Crescimento, consolidação e estagnação 407

Capítulo 22 • Cultura soviética 427

Capítulo 23 • A Guerra Fria 443

Epílogo: o fim da URSS 461
Outras leituras 475
Índice remissivo 485

Lista de imagens e mapas

Imagens

1. Catedral da Dormição de Vladimir (século XII)	38
2. Documento em casca de bétula 210	49
3. Mosteiro Kirillov (séculos XV-XVI)	54
4. "Kremlenagrad"	68
5. Pedro, o Grande	113
6. Basquírios	145
7. Catarina, a Grande	149
8. São Petersburgo, *c.* 1800	164
9. Conselho de aldeia	180
10. Alexandre II	211
11. Camponesas russas	236
12. *Ilya Muromets*	240
13. Tchaikovsky	254
14. Repin/Tolstoi	264
15. Quirguizes nômades	285
16. Witte	293
17. Nicolau II	295

18. Lenin e colegas 323

19. Stalin e outros no funeral de Górki 377

20. Ilyushin II 398

Mapas

1. Rus de Kiev no século XI. 19

2. A Rússia na primeira metade do século XVI. 20

3. A Rússia na época de Pedro, o Grande. 21

4. A Rússia em 1796. 22

5. A Rússia em 1913. 23

6. A União Soviética na Segunda Guerra Mundial, 1941-1945. 24

Abreviações

BRBML   *Beinecke Rare Book and Manuscript Library*

LOC   *Library of Congress*

LOC PG   *Library of Congress, Prokudin-Gorsky Collection*

NASM   *Smithsonian National Air and Space Museum*

NYPL   *New York Public Library*

YCBA   *Yale Centre for British Art*

Agradecimentos

Os primeiros capítulos deste livro foram escritos na Universidade de Aberdeen, Escócia, durante um semestre de residência com o apoio do Carnegie Trust para as Universidades da Escócia. Sem o Carnegie Trust e a Universidade de Aberdeen, o início teria sido muito mais difícil. Tenho uma dívida de gratidão especial para com Paul Dukes, Robert Frost, Karin Friedrich, Jane Ohlmeyer e Duncan Rice, que foram, cada qual à sua maneira, meus anfitriões durante um período movimentado. Ao longo dos anos, meus colegas fizeram a gentileza de ler e comentar muitos capítulos, mostrando-me quando eu estava no caminho certo e quando não estava. Pela leitura e também pela discussão e auxílio bibliográfico, agradeço a Nikolaos Chrissidis, Laura Engelstein, Hilary Fink, Daniel Kevles, John MacKay, Edgar Melton, Bruce Menning e Samuel Ramer. Muitos anos de conversas sobre a cultura russa com Vladimir Alexandrov, Katerina Clark, Nikolai Firtich, Harvey Goldblatt, Vladimir Golshtein, Andrea Graziosi, Charles Halperin, Moshe Lewin, Alexander Schenker e Elizabeth Valkenier enriqueceram diversos capítulos muito mais do que eu poderia ter feito sozinho. Valerie Hansen e Frank Turner me ajudaram mais do que jamais souberam. Como sempre, Tatjana Lorkovic foi insubstituível.

Também quero agradecer a Tom Morehouse do New England Air Museum, Kate Igoe do Smithsonian National Air and Space Museum, Maria Zapata da Haas Art Library da Universidade de Yale, David Thompson e Maria Singer do Yale Centre for British Art e Kathryn James e E. C. Schroeder da Beinecke Rare Book and Manuscript Library da Universidade de Yale. Sua cortesia e profissionalismo foram inestimáveis na busca de imagens apropriadas.

Maija Jansson sofreu durante a longa gestação e as dores do parto deste livro, aturando um autor distraído e muitas vezes ranzinza. Ela leu o manuscrito inteiro, algumas partes dele diversas vezes, e lembrou-me constantemente de que ele chegaria ao fim, como realmente aconteceu. A ela eu dedico o resultado.

Prólogo

A Rússia não é uma ideia. É um país específico, com um lugar específico no globo, uma língua e cultura majoritárias e uma história muito concreta. No entanto, durante a maior parte do século XX, fora das suas fronteiras, ela foi uma ideia, não um lugar – uma ideia de socialismo. Houve tremendos debates sobre sua política, economia e cultura, a maioria deles conduzidos por e para pessoas que não conheciam a língua, nunca tinham estado lá e sabiam muito pouco sobre o país e sua história. Até os mais informados escreveram e falaram partindo de pressuposições acerca do desejo ou não de uma ordem socialista. Alguns eram propagandistas imaturos, mas até os mais escrupulosos, que aprenderam a língua e tentaram entender o país, começaram fazendo perguntas que decorriam dos seus pressupostos acerca do socialismo. O resultado foi uma agenda estreita de debate: a economia planificada era eficiente ou não? Quantos presos políticos havia? Como os soviéticos conseguiram pôr um homem no espaço? O sistema deve ser chamado de socialismo, comunismo ou totalitarismo? O "comunismo" foi resultado da história russa? A *intelligentsia* russa abriu caminho para o comunismo, involuntariamente ou não? A modernização gradual da Rússia tornou inevitável a Revolução de 1917? Em todos esses debates, a história da Rússia até o advento da revolução era apenas um prefácio.

Na Rússia, o colapso da União Soviética trouxe a lume uma enxurrada de publicações históricas. Essas publicações incluem numerosas monografias sobre uma grande variedade de assuntos, muitas biografias e uma quantidade imensa de publicações dos volumosos arquivos do regime soviético, incluindo as deliberações dos seus líderes. A meta dessas publicações era iluminar as áreas anteriormente fechadas à investigação e, naturalmente, os primeiros escritos pós-soviéticos foram dedicados às questões mais controversas ou misteriosas. Livros sobre o Pacto Ribbentrop-Molotov de 1939, a coletivização e a fome, publicações da correspondência particular de Stalin e outras questões ocuparam o primeiro lugar da agenda. Historiadores ocidentais participaram dessas publicações, o que proporcionou uma compreensão inteiramente nova das questões polêmicas da história soviética. Porém, o resultado está longe de ser perfeito. À medida que documentos e monografias continuam a ser publicados aos borbotões na Rússia e no exterior, eles levantam mais e mais perguntas sobre as quais os historiadores acostumados com os debates politizados da época da Guerra Fria nunca haviam refletido. Paradoxalmente, parece ter ficado mais difícil, e não mais fácil, entender a era soviética da história russa. A presente obra reflete essa dificuldade, e o leitor encontrará muitas perguntas não respondidas.

O colapso da União Soviética, paradoxalmente, teve tanto ou mais impacto sobre a historiografia da história russa anterior a 1917. Agora a história precedente não é apenas um prefácio, mas todo um milênio que não termina mais com a experiência soviética, por mais importante que ela seja. A enxurrada de novas publicações, nesse caso principalmente de historiadores russos, inclui praticamente todos os períodos e aspectos da história russa anterior a 1917. Agora existem não somente biografias de tsares e imperatrizes, mas também de figuras políticas de maior e menor importância e de pessoas absolutamente ordinárias. A história local ganhou vida, proporcionando o tipo de conhecimento concreto sobre a variedade da história do país que é comum em outros países há muito tempo.

A Rússia na sua história e no seu presente é uma mistura de muitos elementos diferentes. Até o século XV, o povo chamava a si mesmo e à sua terra de "Rus", não Rússia ("*Rossiia*"), e ela compreendia muitos territórios que hoje não estão mais dentro das fronteiras russas. Desde o princípio, ela continha povos que não eram russos, nem mesmo eslavos, mas que os russos viam como parte integrante de sua sociedade. Em 1917, os tsares e os milhões de colonos russos na estepe e na Sibéria haviam adquirido um território muito além das fronteiras medievais originais, e o Estado soviético conservou a maior parte dessa área. Por conseguinte, sua história tem de se estender para além das fronteiras da Federação Russa atual e incorporar as diversas encarnações da Rússia, bem como sua diversidade.

A Rússia, que foi uma sociedade economicamente atrasada até o século XX, compartilhava muitos traços com quase todas as sociedades pré-

PRÓLOGO | 17

-industriais – agricultura primitiva, poucas e pequenas cidades, analfabetismo em massa. O destino histórico da Rússia era tornar-se a maior unidade política contígua do mundo e finalmente expandir-se por toda a Ásia Setentrional. Era um reino igualmente distante da Europa Ocidental e do mundo mediterrâneo. Ela cobria imensas áreas mas sua população era extremamente rareada até o final do século XVII. Nos primeiros 700 anos, sua condição periférica foi reforçada pela sua adesão à fé cristã minoritária da Europa, a Ortodoxia, em vez de qualquer uma das Igrejas europeias ocidentais. Em seguida, com Pedro, o Grande, a Rússia adentrou a cultura europeia no espaço de uma única geração e participou de todas as fases posteriores da vida cultural europeia, a começar por e incluindo o Iluminismo. A evolução cultural foi mais fácil e mais rápida que as mudanças sociais e políticas, o que gerou uma sociedade com uma cultura moderna e uma estrutura social e política arcaica. A industrialização veloz da Rússia depois de 1860, por sua vez, gerou tensões que levaram à difusão de ideias ocidentais que não eram necessariamente dominantes no Ocidente. Assim, durante a maior parte do século XX, o marxismo, uma ideologia nascida na Renânia da filosofia de G. W. F. Hegel combinada com a economia britânica e o socialismo utópico francês, reordenou a sociedade russa, embora continuasse marginal na terra onde nasceu.

No Ocidente, a Rússia era simplesmente remota. Para o poeta inglês John Milton, era "a região mais setentrional da Europa julgada civilizada". A visão de Milton refletia a maneira como os europeus percebiam a Rússia do Renascimento em diante – como parte da Europa e como "setentrional" em vez de "oriental". Foi somente no século XIX que a Rússia se tornou "oriental" para os europeus e para muitos russos também. Na Europa Ocidental oitocentista, "oriental" não era um elogio: implicava que a Rússia, assim como as terras que o Ocidente estava colonizando na época, era bárbara, despótica e suja, e o povo, de alguma forma, provavelmente inferior. Os europeus não aprendiam russo nem estudavam o país, como tampouco os americanos, até o início da Guerra Fria. Até mesmo quando Tolstoi e Tchaikovsky haviam se tornado parte do panteão ocidental, o país como um todo ainda era um mistério, como insistiu Winston Churchill. A singularidade da ordem soviética só incrementou esse elemento de mistério. A Revolução Francesa, ao contrário, aconteceu no centro da Europa Ocidental, entre um povo cuja língua havia se tornado o principal idioma da comunicação internacional. A Revolução Russa ocorreu num país distante, e poucos fora da Rússia conheciam a língua ou tinham qualquer compreensão do país e de sua história. Embora os bolcheviques tenham criado uma nova sociedade seguindo uma ideologia ocidental, ela continuou necessariamente um enigma no Ocidente.

Se a Revolução Russa não tivesse encontrado seguidores no exterior, talvez a sociedade soviética tivesse permanecido um sistema peculiar estudado somente por um punhado de acadêmicos abnegados. Seu impacto, entretanto, foi enorme, e assim continua até hoje. A China, o país mais populoso do mundo, ainda é governado por um Partido Comunista que não dá sinais de compartilhar o poder, em que pesem suas políticas econômicas. O comunismo foi a questão central da política mundial por duas gerações no século XX. A conseqüência inevitável foi que os comentadores ocidentais, jornalistas ou acadêmicos, e até turistas comuns, olhavam para uma ideia, a versão soviética do socialismo, e não para um país específico com uma história específica. Com o fim da União Soviética, a história russa não precisa mais ser a história do desdobramento desta ou daquela ideia. Ela tornou-se a história ininterrupta de um povo específico num lugar específico. Este livro é uma tentativa de refletir essa mudança. Ele procura acima de tudo contar a história, e explicá-la quando possível. Em muitos casos as explicações são difíceis de dar, mas espera-se que o leitor encontrará estímulo para reflexão numa história que é, antes de mais nada, dramática.

PRÓLOGO | 19

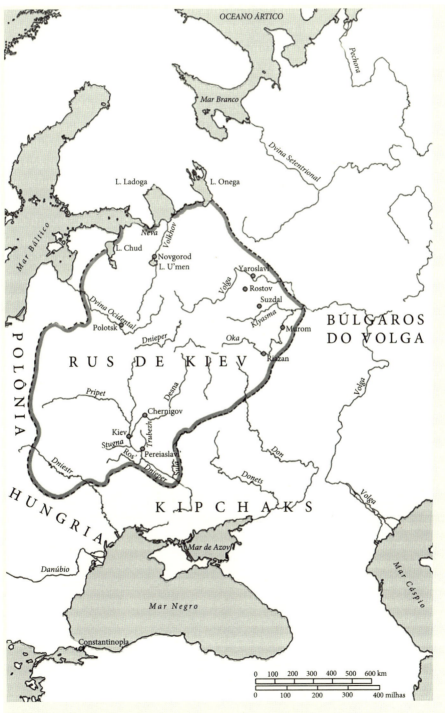

MAPA 1. Rus de Kiev no século XI.

MAPA 2. A Rússia na primeira metade do século XVI.

MAPA 3. A Rússia na época de Pedro, o Grande.

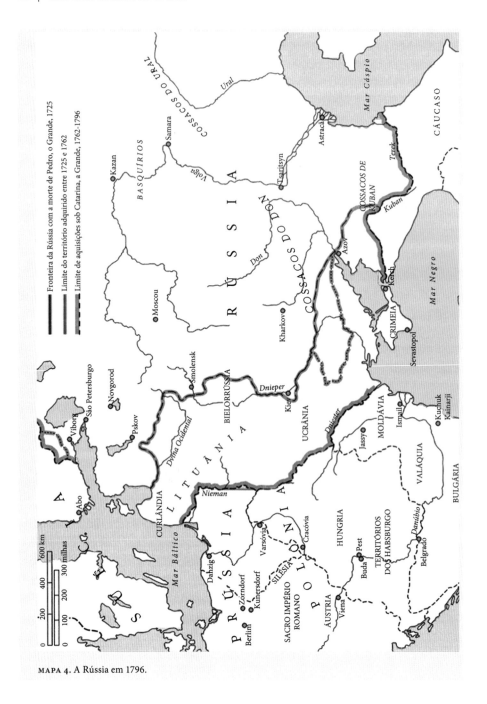

MAPA 4. A Rússia em 1796.

PRÓLOGO | 23

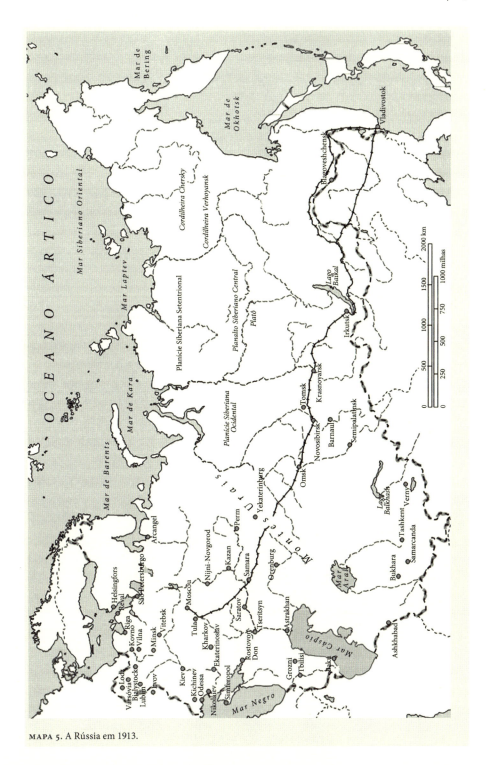

MAPA 5. A Rússia em 1913.

MAPA 6. A União Soviética na Segunda Guerra Mundial, 1941-1945.

capítulo 1

A RÚSSIA ANTES DA RÚSSIA

A história russa começa com a unidade política que os estudiosos vieram a chamar de Rus de Kiev, a antecessora da Rússia moderna. Rus era o nome que os habitantes davam a si mesmos e à sua terra, e Kiev era a sua capital. Em termos modernos, ela abarcava toda a Bielorrússia, a metade setentrional da Ucrânia e o Centro e o Noroeste da Rússia europeia. Os povos desses três Estados modernos são os eslavos orientais, que falam línguas aparentadas derivadas da língua eslava oriental de Rus de Kiev. A oeste seus vizinhos eram basicamente os mesmos que os vizinhos desses três Estados hoje: Hungria, Polônia, os povos bálticos e a Finlândia. Ao norte Rus de Kiev estendia-se em direção ao oceano Ártico, e os agricultores eslavos estavam apenas começando a deslocar-se para o extremo norte.

Para além dos eslavos, a leste, havia a Bulgária do Volga, um pequeno Estado túrquico islâmico que surgiu em aproximadamente 950 d.C. onde hoje está o atual Tartaristão. Para além da Bulgária do Volga estavam os Urais e a Sibéria, vastas florestas e planícies habitadas por pequenas tribos que viviam da caça e coleta de alimento. O núcleo de Rus de Kiev ficava ao longo da rota que ia da Novgorod Setentrional para o sul em direção a Kiev, à margem dos principais rios. Ali, na região de solo mais fértil, ficava a capital, Kiev. Ainda mais ao sul de Kiev começava a estepe.

As terras de Rus de Kiev ficavam na zona de florestas da grande planície da Europa Oriental. Não há montanhas nem grandes cadeias de montes que quebrem essa planície entre a Polônia e os Urais. A zona de floresta é decídua ao sul em torno de Kiev (carvalho, faia, castanheira e álamo), ao passo que, mais ao norte, as florestas predominantes eram e são compostas de coníferas setentrionais (pinheiro, abeto e bétula). O melhor solo, escuro e úmido, estava ao sul, onde os campos se abriam por entre as árvores mais perto da estepe. Na parte setentrional da zona de floresta, o solo era arenoso e os pântanos frequentes, por isso a agricultura era mais rara e concentrada em torno dos lagos e ao longo dos grandes rios. Os grandes rios eram as artérias da vida. O Dnieper, o Dvina Ocidental, o Volga, o Oka e os rios menores em torno de Novgorod (o Volkhov e outros) proporcionavam rotas para o sul e o leste pelo lago Ladoga até o mar Báltico. À margem dos rios, príncipes e guerreiros, mercadores e agricultores podiam deslocar-se livremente, pelo menos nos meses de verão, quando os rios não estavam congelados.

A oeste e leste de Rus de Kiev, as fronteiras eram as do controle político e da etnicidade. Ao sul a fronteira étnica e política era, na origem, uma fronteira ecológica. Ao sul das terras kievanas em direção ao mar Negro e ao mar Cáspio ficava a grande estepe, seca mas não árida, de pradarias planas com poucas árvores e a "terra preta". O mato alto ocultava uma quantidade enorme de animais, incluindo antílopes, cavalos selvagens e até panteras, enquanto os rios abrigavam uma miríade de patos e gansos selvagens, bem como esturjão e outros peixes. Séculos mais tarde, o escritor russo Gógol escreveu sobre a estepe: "Quanto mais se adentrava a estepe, mais bela ela se tornava [...]. O arado nunca havia tocado aquelas ondas infinitas de crescimento selvagem. Somente os cavalos que se escondiam no mato como numa floresta a haviam pisado. Nada na natureza poderia ser melhor. Toda a superfície da Terra era como um oceano verde e dourado, salpicado de milhões de flores variadas" (*Tarás Bulba*). A estepe, na verdade, era a extensão ocidental da grande estepe eurasiana que se estendia até a Manchúria, que hoje cobre a Mongólia, a China Setentrional, Xinjiang e o Cazaquistão. Desde tempos imemoriais ela é a terra dos nômades e seus grandes impérios – primeiro os citas iranianos e os sarmatas da Antiguidade clássica, que mais tarde foram substituídos pelos temíveis hunos e depois por ondas sucessivas de povos túrquicos. Os nômades não vagavam sem rumo pela paisagem, mas seguiam uma migração anual regular numa área maior ou menor. Eles mantinham-se à proximidade dos vales dos grandes rios – o Danúbio, o Dnieper, o Don e o Volga –, onde encontravam pastagens de inverno e de verão para os seus animais. Os nômades não tentavam estabelecer-se nas florestas, mas usavam-nas como fonte de butim e escravos e, quando conseguiam, também cobravam tributos dos povos sedentários. Durante séculos foi essa a relação entre nômades e agricultores em toda a Ásia Setentrional e mais além. A estepe e seus nômades viriam a constituir um elemento crucial da história de Rus de Kiev, e mais tarde da Rússia, até o século XVIII.

A arqueologia revela muita coisa sobre o assentamento e a vida dos primeiros eslavos orientais. Eles eram certamente o grupo predominante ao longo do eixo central de Rus de Kiev até Novgorod já em 800 d.C., no mínimo, e ainda estavam se deslocando para o norte e o leste, colonizando novas terras. Eles haviam construído muitas aldeias e fortificações de terra com paliçadas de madeira e enterravam seus mortos com as ferramentas e armas necessárias para a vida no outro mundo. Outras fontes nos dão alguma ideia dos seus deuses: Perun, deus do trovão e do céu, era aparentemente o deus maior, mas havia também Veles, deus do gado; Stribog, deus do vento; e os mais elusivos deuses da fertilidade, Rod e Rozhanitsa. Em torno de Kiev havia espaços redondos formados de pedras que parecem ter sido locais de culto, mas o paganismo eslavo nunca teve textos escritos (ou nenhum que tenha sobrevivido) que nos pudessem fazer vislumbrar as suas crenças efetivas.

Reconstruir a história política dos primeiros eslavos é igualmente complicado. Diz a lenda que o viking Rurik veio de além-mar com dois irmãos para reinar em Novgorod em 862 d.C. É uma lenda clássica de fundação encontrada em muitas culturas e, por esse motivo, foi crucial para a autoconsciência da dinastia reinante que sucedeu. O texto que narra a lenda, a *Crônica Primeira* kievana de 1116, é vago quanto ao estabelecimento dos descendentes de Rurik em Kiev. O viking Oleg teria supostamente descido os rios e tomado a cidade em 882, mas sua relação com Rurik não foi especificada. Terá algum dos dois realmente existido? O príncipe Igor, supostamente filho de Rurik, foi uma pessoa real que efetivamente reinou em Kiev (913-945) até que uma tribo rebelde o matou. O ancestral do clã continuou a ser Rurik, que deu seu nome à dinastia reinante, os Rurikovich.

A dinastia Rurikovich era originalmente escandinava, como sugerem a lenda e os nomes antigos: Oleg do nórdico Helge e Igor de Ingvar. Nossa única fonte escrita, a *Crônica Primeira*, chama-os de varegues, um dos nomes usados em Bizâncio para designar os escandinavos. Em outras passagens ela diz que eles se chamavam rus, não varegues. Mais adiante, o texto localiza Rus na região de Kiev, porém, no mais das vezes, chama o conjunto do Estado e do povo de Rus. O autor servia a seus senhores, identificando príncipes e povo, e deixando o historiador numa maçaroca praticamente impossível de desemaranhar. De qualquer forma, os primeiros Rurikovich eram sem dúvida escandinavos e seu aparecimento em Rus foi parte da expansão dos povos escandinavos na época dos vikings. Infelizmente, os indícios arqueológicos não correspondem muito bem às lendas da *Crônica Primeira*. Os vestígios vikings desses primeiros séculos estão concentrados em volta da margem meridional do lago Ladoga e na cidade de Ladoga Velha. Os relatos da crônica tentaram situá-los em Novgorod, mas Novgorod só veio a existir por volta de 950 d.C., depois que a dinastia de Rurik já estava estabelecida em Kiev. E na própria Escandinávia não havia sagas de triunfos e guerras vikings na Rússia equivalentes às que relatam a conquista da Islândia e das ilhas Britânicas. Nas terras que outrora faziam parte de Rus de Kiev, não há runas que imortalizam os grandes guerreiros e suas mortes como as que cobrem a Escandinávia e as ilhas ocidentais que os vikings percorriam. A única coisa que podemos dizer com segurança é que um grupo de guerreiros cuja base era provavelmente Ladoga, onde havia uma comunidade escando-eslavo-finlandesa, chegou em Kiev por volta de 900 d.C. e começou a reinar na região, estabelecendo rapidamente sua autoridade sobre toda a vasta área de Rus de Kiev.

O mundo de 950 d.C. era muito diferente de como poderíamos imaginá-lo hoje. A Europa Ocidental era uma coleção empobrecida de pequenos reinos frágeis e dinastias locais. O grande império carolíngio havia sumido há um século e a sociedade feudal clássica da Europa Medieval mal estava surgindo. Na França, os grandes senhores regionais e barões só prestavam uma obediência das mais teóricas ao seu rei. A maior potência setentrional naquele momento era a Dinamarca, já que os reis dinamarqueses controlavam grande parte da Inglaterra e os vikings tinham pequenos reinos na Irlanda e na Escócia. O imperador ainda reinava na Alemanha, e na Itália o papado ainda estava sob o seu controle, enquanto os senhores regionais da Alemanha e da Itália tornavam-se cada vez mais independentes. A maior parte da península Ibérica estava sob domínio árabe e uns poucos principados cristãos diminutos resistiam no Norte.

As grandes potências e centros de civilização eram o Califado árabe e o Império Bizantino. Poucos séculos antes, os árabes haviam levado o Islã aos recônditos da Eurásia Ocidental, à Ásia Central e à Espanha, e o Califado abássida em Bagdá era agora o centro desse mundo. Foram os grandes séculos da cultura árabe medieval – a época das traduções de Aristóteles e outras obras da sabedoria grega e do comentário e desenvolvimento das ideias e ciência gregas pelos islâmicos. O Califado era imensamente rico e os numerosos tesouros de moedas encontrados no território rus são prova do seu comércio com os vizinhos setentrionais. Ainda mais importante para Rus de Kiev era Bizâncio. Os gregos haviam se recuperado do imenso impacto das conquistas árabes dos séculos VII e VIII e, por volta de 900 d.C., a Bizâncio renovada era senhora da Anatólia e dos Bálcãs Meridionais. Sua civilização era complexa, uma sociedade cristã com uma rica cultura monástica e ao mesmo tempo a herdeira da Antiguidade clássica. Enquanto os monges passavam os dias em liturgia e contemplação, seus parentes e patronos liam Homero e Tucídides, Platão e Demóstenes. Laicos escreviam a história do império, não em crônicas monásticas em língua simplificada como as da Europa Ocidental, mas em grego ático castiço, seguindo os modelos dos antigos. O Império Bizantino também era um Estado burocrático ao estilo romano tardio, baseado no Direito romano escrito e na documentação em papel. Os meninos eram preparados para aprender todo esse material desde tenra idade, seguindo a sequência das matérias e textos estabelecida já na época romana. Afinal, os bizantinos não chamavam a si mesmos de gregos, mas de romanos, *Rhomaioi*, e para eles o seu país ainda era Roma.

Os bizantinos não eram vizinhos imediatos de Rus de Kiev e a comunicação era difícil. O contato mais íntimo ocorria com os nômades túrquicos da grande estepe. A partir de aproximadamente 750 d.C., a estepe era domínio dos cazares, um povo nômade cujo centro estava no baixo Volga e que cobrava tributo das tribos meridionais de Rus. Os cazares eram um povo singular, pois seus governantes, os *kagans*, tinham se convertido do paganismo túrquico ao judaísmo e tinham cópias da Bíblia hebraica. Impérios nômades tinham curta duração e, no meio do século X, os pechenegues túrquicos tomaram o lugar dos cazares, mas acabaram substituídos cerca de um século depois por outro povo túrquico, os *kiptchaks* – ou *polovtsy*, como os rus os chamavam. Na estepe os *kiptchaks* viviam numa série de grandes grupos, cada qual em um dos rios principais, dos quais os mais importantes para Rus eram o Dnieper, o Donets Setentrional e o Don. Sua migração anual entre pastagens de inverno e verão envolvia manadas numerosas de cavalos, bois, carneiros e até camelos, que os *kiptchaks* seguiam em tendas de feltro armadas em carroças. Sua religião era o antigo paganismo túrquico centrado no céu e nos ancestrais. Mais para leste, os *kiptchaks* espalharam-se até o baixo Volga e o Cáucaso e comerciavam com as cidades bizantinas da Crimeia. Durante longos períodos, os rus e os *kiptchaks* atacaram mutuamente suas terras quase todo ano. Cada grupo tomava animais, escravos e reféns do outro. Mas as relações não eram somente hostis, pois os príncipes rus tomavam esposas dentre as filhas dos chefes *kiptchaks*, que, por sua vez, participavam ativamente das disputas internas da dinastia Rurikovich. Alguns dos *kiptchaks* acabaram por adotar o cristianismo, aparentemente dos rus ou dos gregos.

Guerreiros e cristãos

No século X, Rus de Kiev nem chegava a ser um Estado. Era mais uma assembleia de tribos – poliane/rus em torno de Kiev, eslovena em Novgorod, *krivichi* e *viatichi* entre elas, e muitas outras – governadas a partir de Kiev por um príncipe da dinastia de Rurik e seu bando guerreiro ou *druzhina*. As tribos pagavam tributo aos príncipes de Kiev, que as visitavam de tempos em tempos com essa finalidade. Fora isso, a vasta maioria do povo era de agricultores, espalhados pelas clareiras das florestas, que não serviam a nenhum senhor além dos príncipes de Kiev. Ainda era um mundo pagão, como sugere a lenda da morte do príncipe Oleg. A história conta que um mago predissera que o cavalo do príncipe causaria a sua morte. Oleg abandonou o cavalo numa pastagem e esqueceu a profecia, mas anos depois ele ouviu dizer que o cavalo havia morrido e lembrou-se dela. Oleg foi ver o esqueleto do cavalo estirado num campo. Quando ele pôs o pé sobre o crânio para lamentar-se, uma cobra venenosa saiu rastejando e mordeu-o. Assim, a profecia foi cumprida.

Os príncipes de Kiev passavam seu tempo em guerras que eram essencialmente expedições de pilhagem contra os cazares, seus sucessores os pechenegues e o maior de todos os prêmios, os bizantinos. Em barcos de toras eles conseguiam margear o litoral até Constantinopla, e atacaram-na diversas vezes antes de firmar tratados com o imperador para regularizar sua condição como mercadores. A princesa Olga, viúva do príncipe Igor, tornou-se cristã por volta dessa época, talvez depois de uma viagem a Constantinopla. Ela governou o reino até aproximadamente 962 d.C., mas seu filho não seguiu suas crenças. Sviatoslav, filho de Igor, foi o último chefe guerreiro puro de Rus; ele passava seu tempo combatendo os gregos e outros rivais no Danúbio e na estepe. Nas suas campanhas ele dormia no chão usando sua sela como travesseiro e cortava tiras de carne crua de cavalo que assava para comer. Ele encontrou a morte na estepe ao voltar para casa após uma incursão em Bizâncio, e os pechenegues fizeram um cálice com o seu crânio.

Seu filho Vladimir (972-1015 d.C.) começou por seguir os passos do pai. Ele também era um grande guerreiro e manteve controle sobre o território de Kiev pondo seus muitos filhos para reinar em terras distantes. Ele tentou organizar suas crenças pagãs e erigiu em Kiev um templo a Perun, deus do trovão, e outras divindades. Logo, porém, ele se voltou para a religião da sua avó Olga, o cristianismo de Constantinopla. A crônica registra vários relatos de sua conversão. Provavelmente nenhum deles é verdadeiro, mas eles continuam até hoje a fazer parte das concepções russas do passado. Um deles é que a decisão saiu de um ataque contra a cidade bizantina de Quersoneso na Crimeia. O ataque terminou com um compromisso segundo o qual os gregos conservariam sua cidade, mas Vladimir desposaria uma princesa bizantina e se tornaria cristão. Outro relato é que cada vizinho sugeriu que ele adotasse a sua religião. Primeiro veio um muçulmano de Bulgária do Volga que soou muito convincente, até que Vladimir soube da proibição de bebidas alcoólicas. "A alegria de Rus é a bebida", ele disse ao búlgaro, e mandou-o embora. Em seguida Vladimir voltou-se para Roma e os rituais e jejuns pareceram atraentes, mas a objeção foi que os antepassados dos rus haviam rejeitado o cristianismo latino. Então veio um judeu cazar, mas o judaísmo fracassou por causa do exílio dos judeus, claramente um sinal da cólera divina. Então veio um "filósofo" grego e explicou o cristianismo, fazendo um breve relato do Velho e do Novo Testamento, ressaltando a queda e redenção do homem. Ele foi muito persuasivo, mas o príncipe queria uma prova final e enviou uma delegação para Bulgária, Roma e Constantinopla. Os cultos dos muçulmanos e latinos não conquistaram sua aprovação, pois careciam de beleza. Então os rus foram a Constantinopla e assistiram à liturgia em Santa Sofia, a grande catedral construída por Justiniano, e relataram que haviam ficado tão impressionados que não sabiam se estavam na terra ou no céu. A escolha recaiu sobre o cristianismo como praticado em Bizâncio e determinou o lugar de Rus de Kiev, e mais tarde da Rússia, na cultura europeia por séculos.

Vladimir ordenou que o povo de Kiev fosse batizado no rio Dnieper, mas a nova religião difundiu-se lentamente fora dos grandes centros. Vladimir repudiou suas concubinas e desposou a princesa bizantina, mas em muitos dos seus valores ele continuou a fazer parte do mundo pagão de príncipe guerreiro. Certa vez, muitos anos depois da sua conversão (996 d.C.), seus guerreiros começaram a queixar-se a ele que, nos banquetes, eles tinham de comer com colheres de madeira, e não de prata. O príncipe respondeu: "não me cabe conseguir guerreiros com prata e ouro, hei de conseguir prata e ouro com meus guerreiros, como meu pai e o pai dele fizeram" – seria dificilmente o sentimento de um governante cristão. Todavia, nas cidades maiores e em torno delas, o cristianismo ganhou espaço aos poucos. O clero grego em Constantinopla forneceu os chefes da nova Igreja, os metropolitas de Kiev, mas os outros bispos eram majoritariamente nativos. A fundação do mosteiro das Cavernas de Kiev na década de 1050, dedicado à Dormição da Virgem, deu a Rus seu primeiro mosteiro, a instituição crucial do cristianismo bizantino. O mosteiro produziu não apenas seus próprios santos, os fundadores Antônio e Teodósio, mas também os bispos para as eparquias fora de Kiev. O mosteiro das Cavernas e os outros que logo surgiram em torno de Kiev e Novgorod também proporcionaram as bibliotecas e competências de escrita que produziram a *Crônica Primeira* e outros registros, mas evidentemente o seu papel principal era espiritual. Foram os monges que trouxeram o carisma para difundir a nova religião.

A nova religião precisava ser adaptada a uma sociedade muito diferente do mundo urbano sofisticado de Bizâncio. A introdução do cristianismo não trouxe consigo outros aspectos da civilização bizantina, pois a tradição das Igrejas orientais era de liturgia vernácula. Em Rus de Kiev a missa não era em grego, mas num dialeto búlgaro do século IX que os estudiosos chamam de eslavo antigo ou eclesiástico. Nessa época, as línguas eslavas eram todas muito semelhantes entre si, portanto esse dialeto era facilmente compreensível em Kiev. O uso do eslavo eclesiástico implicava que a liturgia, as escrituras e outros livros sagrados tinham de ser traduzidos, uma tarefa árdua mas que suprimia a necessidade de aprender grego para todos, exceto alguns poucos monges eruditos. Grande parte da literatura cristã e a totalidade da literatura secular de Bizâncio permaneceram desconhecidas em Rus de Kiev e nas sociedades posteriores. Os russos só descobririam o grego antigo no século XVIII através do Ocidente.

As relações entre Roma e Constantinopla nesses séculos remotos eram complicadas. O famoso anátema mútuo do papa e do patriarca de Constantinopla de 1054 não foi a ruptura decisiva que pareceu ser para os historiadores posteriores, e o povo de Rus mal soube dele. É verdade que um dos metropolitas gregos de Kiev escreveu um curto panfleto denunciando os latinos, mas os escritores nativos não se juntaram a ele e a *Crônica Primeira* nada diz sobre os fatos. Foi somente com a Quarta Cruzada, a destruição e conquista do Império Bizantino pelos Exércitos cruzados da Europa Ocidental em 1204, que o povo de Rus tomou consciência da divisão e de quem merecia sua lealdade. Os cronistas de Rus cobriram esse acontecimento com minúcias extensas e sangrentas sobre o massacre do povo e a dessacralização das igrejas. O povo rus não era apenas cristão, eles eram cristãos ortodoxos.

O cristianismo ortodoxo viria a determinar o caráter da cultura russa até o século XVIII e, sob certos aspectos, ainda mais além. Para o observador ocidental, ele sempre representou um problema, aparentemente familiar, mas na verdade não. A maioria dos ocidentais sabe mais sobre o budismo que sobre a ortodoxia, pois esta última não faz parte da experiência cotidiana nem é encontrada no curso de uma educação normal. As analogias não ajudam muito. A ortodoxia não é o catolicismo com padres casados.

As diferenças entre a ortodoxia e a Igreja católica ocidental que surgiram durante a Idade Média eram de ordem diferente das que dividiram mais tarde a Igreja ocidental à época da Reforma. Questões teológicas não eram centrais e foram, em certa medida, exageradas para oferecer explicações mais convincentes para as hostilidades. A diferença a respeito de como a doutrina da Trindade deve ser expressa no Credo Niceno, isto é, a adição católica das palavras *filioque* ("e do Filho") à menção do "Espírito Santo, que procede do Pai", não representa nenhuma diferença importante para a compreensão efetiva da Trindade. A questão principal em 1054 era a governança da Igreja. O século XI foi uma época de emancipação gradual do papado com relação ao poder dos sacros imperadores romanos, e o caminho escolhido foi a centralização do poder eclesiástico na pessoa do papa. As tradições dos patriarcas orientais eram de uma Igreja conciliar. Somente os patriarcas reunidos e o restante do alto clero podiam determinar a doutrina ou assuntos do governo da Igreja. O patriarca de Constantinopla não era um papa. O papado também conseguiu afirmar sua independência dos imperadores e de outros governantes nos assuntos do governo da Igreja e com certeza na doutrina, ao passo que a Igreja oriental operava com as noções mais nebulosas de "sinfonia" entre o imperador e o patriarca. Assuntos menores, como o celibato do clero paroquial no Ocidente, decorriam dessas decisões básicas. O clero celibatário estava livre dos enredos dos poderes seculares; um padre casado era parte da sociedade local.

Surgiram muitas diferenças entre a Igreja oriental e a ocidental em questões que são difíceis de especificar e incluíam diferenças de cultura e atitude, mais que de dogma e crença básica. A noção do edifício da igreja e da liturgia como pontos de encontro dos mundos divino e humano, de espírito e matéria, era e é central para a vida e a devoção ortodoxas. A pregação e o exame minucioso do comportamento em sermões e no confessório não eram centrais, embora fossem praticados em certa medida. O monasticismo ortodoxo era muito menos organizado, pois os mosteiros não constituíam ordens com um chefe reconhecido e as regras eram muito menos detalhadas e específicas. Por outro lado, o monasticismo ortodoxo tinha um prestígio e carisma no Leste do qual até as mais reverenciadas ordens católicas não se aproximavam. Durante a maior parte da história de Rus, até o século XVI, conhecemos muito mais sobre os mosteiros que sobre os bispos, muitos dos quais são apenas nomes para nós. Em contrapartida, os anais da Igreja medieval ocidental estão repletos de bispos santos e poderosos. Enfim, a Igreja oriental tinha uma atitude bastante diferente com relação ao aprendizado. Para a Igreja católica da Idade Média, o grande empreendimento intelectual era a interpretação do *corpus* dos escritos de Aristóteles à luz da revelação e dos ensinamentos da Igreja. A Igreja ortodoxa, salvo uns poucos imitadores bizantinos tardios do Ocidente, não se interessava pela filosofia ou pela ciência aristotélica. Tratava-se de conhecimentos externos, que não eram ruins em si mas não representavam a verdade final. A verdade estava no cristianismo, mais bem estudado por monges isolados do mundo, não somente das suas tentações mas também dos seus escritos seculares. Essa atitude combinava bem com a sociedade bizantina, com sua cultura secular florescente, mas menos com Rus. Em Rus, e mais tarde na Rússia, não havia cultura secular do tipo bizantino, portanto foi somente a cultura monástica cristã que floresceu.

DRUZHINAS E PRÍNCIPES

O filho de Vladimir, Iaroslav, "o Sábio", governou Rus de Kiev de 1016 até sua morte em 1054, após um começo conturbado e violento no qual dois dos seus irmãos, os príncipes Boris e Gleb, pereceram nas mãos do seu irmão mais velho, rival de Iaroslav. Eles tornaram-se os primeiros santos russos. O Estado de Iaroslav já não era o bando primitivo de guerreiros do século anterior que reinava sobre tribos distantes. Kiev havia se tornado uma cidade substancial com um palácio principesco e Iaroslav reinava no país com sua comitiva, a *druzhina*, e vários "homens distintos", seus boiardos. Todos eles viviam em Kiev, embora pareça que eles tinham terras em torno da cidade e alhures. A *druzhina*, o velho bando guerreiro, parece ter se tornado mais organizada e assentada e comportava-se mais como um exército e grupo de conselheiros que como simples guerreiros. Eles não estavam sós no cenário político, pois o povo de Kiev às vezes também desempenhava um papel, reunindo-se na praça central da cidade para formar a *veche*, ou assembleia popular.

Conhecemos algumas coisas sobre a sociedade e o sistema jurídico de Rus de Kiev porque, pouco após a morte de Iaroslav, seus filhos organizaram uma lista de leis e regulamentos chamada "Justiça de Rus", um documento breve mas esclarecedor. A maioria das disposições parece refletir tradições existentes, mas nos primeiros artigos os filhos de Iaroslav começaram com uma inovação: eles baniram a vingança de sangue em casos de homicídio. No lugar dela, eles instituíram um elaborado sistema de pagamentos. O homicida tinha de pagar uma certa quantia se matasse um boiardo ou homem de distinção, menos para um membro da *druzhina*, menos que isso para uma pessoa comum ou um camponês, e menos ainda para um escravo. Geralmente, pelo homicídio de uma mulher o criminoso tinha de pagar metade da multa por matar um homem da mesma condição. As leis davam muito espaço à enumeração dos pagamentos por insultos de todo tipo, desde difamar a virtude de uma mulher até danificar a barba de um homem. Os juízes desses e de outros casos eram os administradores das propriedades principescas, que assumiam assim um papel muito maior que o de simples administradores econômicos. A "Justiça de Rus" deve ter sido escrita para eles, pois grande parte dela era ocupada por regras complexas para a escravidão por dívidas, diversas formas de servidão temporária ou limitada e relações com a comunidade aldeã. Era um código jurídico totalmente apropriado para a sociedade rus e que, não é preciso dizer, não tinha relação alguma com o Direito bizantino. O Estado kievano tampouco estabeleceu uma hierarquia de administradores baseada em documentos escritos ao estilo de Bizâncio. Em Rus as leis básicas podiam ser escritas, mas a administração estava nas mãos de um grupo reduzido de servidores da casa principesca que se valia de comunicações verbais, tradição e somente muito poucos textos escritos similares à "Justiça de Rus".

O reino de Iaroslav representou um ponto alto de estabilidade em Rus. Príncipes noruegueses refugiaram-se ali das guerras civis na sua pátria e uma das suas filhas casou-se com o rei da França. Na década de 1030, ele infligiu uma derrota decisiva aos pechenegues, a qual manteve a fronteira da estepe calma por uma geração. Ele foi mecenas da construção da catedral de Santa Sofia e do mosteiro das Cavernas, bem como de outras fundações. Seus filhos e sobrinhos governavam territórios distantes sem muito conflito. Suas relações com os gregos eram regulares, ainda que por vezes desarmoniosas. O primeiro (e durante muito tempo o último) metropolita de Kiev nativo, Ilário (1051-1054), louvou-o como um novo Constantino e um novo Davi. Mas a calma aparentemente idílica não duraria muito.

Após a morte de Iaroslav surgiram mais disputas, mas a unidade foi logo restaurada e persistiu durante todo o reinado do neto de Iaroslav, Vladimir Monômaco (1113-1125), e de seu filho Mstislav (1125-1132). Em meados do século XII, diversos centros de poder começaram a surgir, embora Kiev e as terras circundantes estivessem em declínio. A cidade e o título de grão-príncipe de Kiev tornaram-se o prêmio para as potências regionais competidoras. No Nordeste, que viria a ser o coração da Rússia, o principado de Vladimir destacou-se como a maior potência e, em 1169, seu príncipe reinante, Andrei Bogoliubsky, saqueou Kiev e assumiu o título de grão-príncipe. Ele foi vítima de uma conspiração dos seus próprios boiardos em 1174. Por meio do irmão de Andrei, Vsevolod (1176-1212), a dinastia Vladimir reinaria no Nordeste por muitos séculos a seguir. Por enquanto, sua atenção estava voltada para outra parte, pois os príncipes de Vladimir tinham rivais no Oeste e no Sul, especialmente em Galich, perto da fronteira com a Polônia. Os territórios de Rus de Kiev estavam se distanciando.

A crescente vitalidade dos centros locais também gerou uma cidade única na história medieval russa: Novgorod. Novgorod havia sido o segundo centro de Rus de Kiev, segundo a lenda a primeira parada da dinastia viking. Era uma cidade importante que comerciava no Báltico no século XI e sua prosperidade refletia-se na catedral de Santa Sofia de Novgorod, construída por volta de 1050. A Novgorod antiga era uma típica cidade principesca e os príncipes de Kiev muitas vezes mandavam seus filhos mais velhos para reinarem lá em seu nome. Todavia, no século XII, Novgorod lançou-se em seu próprio caminho. Os novgorodianos expulsaram o príncipe em 1136 e escolheram outro. A partir desse momento, eles passaram a tratar o príncipe como um general eleito e não como um governante. Até 1136 os príncipes nomeavam um deputado com o título de *posadnik*, mas agora a assembleia popular, a *veche*, elegia o *posadnik* dentre os boiardos da cidade. Em 1156 o povo até elegeu o arcebispo, escolhido dentre os três candidatos propostos pelo clero local. Essa prática era contrária ao Direito canônico bizantino, mas o metropolita de Kiev nunca a contestou.

Assim, Novgorod transformou-se numa unidade política singular entre os Estados principescos do Rus medieval. Novgorod não era uma república comercial, como a Florença medieval ou as cidades flamengas, pois não eram mercadores, banqueiros e fabricantes de tecidos que tinham assento no conselho da cidade. Em Novgorod os mercadores e artesãos continuavam a ser gente humilde, presente na *veche* mas com pouca influência real. A elite da cidade consistia nos boiardos, ricos proprietários rurais com casas amplas na cidade e propriedades extensas no campo circundante. Muitas das pessoas mais ricas também controlavam as florestas setentrionais, pois eram as que representavam a verdadeira fonte da riqueza de Novgorod. Após 1200, os novgorodianos pararam de viajar para o oeste com suas mercadorias, pois a liga das cidades mercadoras do Norte da Alemanha, a Hansa, havia dominado o comércio de todos os países à volta do mar Báltico. Os alemães viajavam até Novgorod para comprar peles, cera de abelha para velas e outros produtos silvestres. As peles iam de simples peles de esquilo às zibelinas das florestas setentrionais, que alcançavam altos preços no Ocidente. Em troca, os novgorodianos compravam fazenda flamenga e inglesa e uma quantidade de itens menores das cidades ocidentais.

Por volta de 1200, Rus de Kiev era um Estado único apenas no nome; o próprio governante de Kiev era ou um forasteiro ou um principelho. Além de Novgorod, cada território tinha uma dinastia principesca local descendente da antiga dinastia dos Rurikovich de Kiev. Como Rus de Kiev não conhecia a primogenitura, cada um dos filhos do príncipe tinha de ser provido, e de qualquer forma o tio mais velho podia igualmente ser considerado o governante legítimo. Portanto, surgiram inúmeros pequenos principados, muito embora ao mesmo tempo diversos centros regionais de poder – Vladimir, Smolensk, Chernigov e Galich – mantivessem controle sobre príncipes menores. Eram sociedades agrárias, cada qual com uma pequena elite boiarda que mandava nos camponeses e aconselhava o príncipe, embora algumas das cidades, especialmente Smolensk, tivessem laços comerciais mais amplos. As cidades estavam se tornando mais ricas, pois nos centros regionais, como Vladimir, surgiram magníficas igrejas de pedra, e mosteiros com igrejas de pedra e muralhas também foram fundados perto das cidades. Construtores e pintores de ícones vieram de Bizâncio e o povo rus começou a aprender suas artes.

Os contatos com Bizâncio eram fáceis, pois a única instituição remanescente era a Igreja. Na condição de metropolita de Kiev, um grego geralmente chefiava a Igreja que abarcava toda a extensão do território. O clero grego e os sacerdotes e monges de Rus estavam muito ocupados com a cristianização do povo e a criação da nova cultura que acompanhava a nova religião. A cristianização do povo avançava lentamente e, fora das cidades, havia poucas igrejas. Enquanto Kiev tornava-se rapidamente um importante centro da nova fé, as cidades provincianas ainda celebravam sepultamentos em que os guerreiros eram inumados com suas armas, cavalos, escravos e comida para sua jornada ao outro mundo. Em 1071 houve uma onda de incidentes de revolta e resistência liderados por sacerdotes pagãos em Novgorod e algumas cidades do Nordeste. Nessas circunstâncias o clero concentrou-se em questões muito básicas. Graças a uma série de perguntas feitas ao bispo Nifont de Novgorod em meados do século XII, conhecemos algumas dessas preocupações. O clero tentou aplicar as regras do matrimônio cristão (que dispunham que primos podiam casar-se entre si) e outras que regiam o comportamento sexual. Muitas dessas perguntas versavam sobre a época, ou

IMAGEM 1. A catedral da Dormição, do século XII, em Vladimir (c. 1900).

seja, se as relações entre marido e mulher eram apropriadas na Quaresma, ou quando eram apropriadas para os sacerdotes. A pureza ritual para o clero e os laicos ocupava mais espaço que o próprio sexo. Quais animais eram "limpos" e quais não eram e a proibição de comer a carne de animais estrangulados eram questões recorrentes nessas perguntas. Para todos os diversos pecados, os castigos eram a negação da comunhão e a penitência por períodos mais ou menos longos. A exposição da doutrina cristã para os laicos continuava num nível muito elementar.

Nessas circunstâncias, até mesmo obras cristãs conservavam elementos pré-cristãos. A *Crônica Primeira*, obra de monges cristãos, denunciava os costumes pagãos do povo original de Rus mas, nas mesmas páginas, glorificava seus governantes pré-cristãos, narrando sem comentários histórias como a morte de Oleg. Os príncipes da dinastia reinante foram geralmente conhecidos pelos seus nomes pagãos até cerca de 1200. Para a maioria dos príncipes, sequer conhecemos seus nomes de batismo. Bem no final do período kievano, o *Conto de Igor*, uma breve história de um ataque malsucedido aos *kiptchaks*, chamava os rus de filhos de Dazhbog, o deus do Sol, mas terminava com um elogio aos príncipes e guerreiros que lutaram pelos cristãos contra os pagãos. Os antigos costumes tiveram força quase até o fim de Rus de Kiev.

A nova cultura que veio com o cristianismo trouxe consigo a escrita e vários tipos de literatura devocional bizantina. As obras mais amplamente difundidas e ancoradas na liturgia (portanto acessíveis aos analfabetos) eram as vidas dos santos. Juntamente com as vidas dos santos bizantinos, Rus começou muito rapidamente a glorificar seus próprios homens santos, e essas obras, mais que qualquer outra, oferecem alguma compreensão do mundo religioso de Rus de Kiev.

Os primeiros santos foram os príncipes Boris e Gleb, os filhos mais novos de Vladimir assassinados em 1015 pelo seu irmão Sviatopolk, "o Maldito", durante a briga pela sucessão após a morte do pai. No final do século XI, os dois irmãos eram objeto de reverência e seus corpos foram transladados para um santuário perto de Kiev. A celebração dos irmãos começou a aparecer na liturgia e o monge Nestor do mosteiro das Cavernas escreveu um relato de sua vida e morte. Boris e Gleb eram santos cristãos inverossímeis. Embora tivessem levado uma vida irrepreensível e morrido jovens, foi sua morte que os tornou santos, mas eles não eram mártires da fé. Sviatopolk não estava desafiando o cristianismo, apenas eliminando rivais potenciais numa luta política. A mensagem do texto de Nestor é a humildade e brandura dos dois meninos, a maldade do seu assassino e, por implicação, a necessidade de harmonia e virtude na dinastia reinante.

Relatos cristãos mais convencionais eram os das vidas dos fundadores do mosteiro das Cavernas de Kiev, os santos Antônio e Teodósio. A vida de Antônio era a de um eremita que buscava a salvação e a proximidade de Deus por meio da prece, das lágrimas e do jejum. A imagem de Teodósio era a do abade, hegúmeno da Igreja oriental, que também fugia às tentações do mundo mas construiu uma grande instituição para tornar esse caminho acessível a outros. Foi ele que conseguiu obter a regra de observância litúrgica e vida monástica do grande mosteiro de Studiou em Constantinopla e quem construiu a igreja, as muralhas e os edifícios do mosteiro e supervisionou os monges até a sua morte. O mosteiro das Cavernas, como seu protótipo em Constantinopla, não era fisicamente afastado da cidade de Kiev: hoje ele está bem dentro dos limites da cidade e os monges de Teodósio retiravam-se do mundo, em parte, para servi-lo melhor. Em relatos posteriores, os monges realizam atos de ascetismo heroico, mas também demonstram ao povo de Kiev a superioridade do cristianismo ortodoxo prevendo o futuro e curando os doentes, muitas vezes em competição direta com representantes da fé latina, do cristianismo armênio e do judaísmo, além dos feiticeiros pagãos. No relato de Nestor sobre a vida de Teodósio, o hegúmeno não se furtava a condenar atos dos príncipes de Kiev que ele julgava serem injustos. Em 1073, os príncipes Sviatoslav e Vsevolod expulsaram o governante legítimo, seu irmão mais velho Iziaslav. Os usurpadores mandaram chamar Teodósio para unir-se a eles num festim para celebrar sua vitória, mas o santo monge respondeu: "Não irei à mesa de Belzebu nem comerei comida embebida de sangue e assassinato".

Em Kiev, o filho de Vladimir, Iaroslav, construiu a catedral da Santa Sabedoria, Santa Sofia, em 1037. A consagração imitava a da grande igreja de Constantinopla, a catedral do imperador Justiniano do século VI. Reconstruções posteriores ocultaram a aparência original do exterior, que seguia provavelmente as normas gregas da época. O plano básico era uma nave e transepto de igual tamanho (a "cruz grega"), o que dava ao edifício uma aparência quadrada, e o telhado era encimado por tambores cilíndricos que sustentavam os domos. Estes eram provavelmente domos hemisféricos bizantinos, e não do formato de cebola característico das igrejas russas posteriores. A Santa Sofia kievana era também uma criação muito mais modesta que seu grandioso protótipo e seguia o estilo bizantino intermediário no uso de vários domos menores em vez do enorme domo central criado pelos arquitetos de Justiniano.

A Santa Sofia kievana era também ligada ao palácio do príncipe por galerias, com um lugar especial reservado para o príncipe e sua família – um toque bizantino que mais tarde foi abandonado em Rus. Os magníficos mosaicos e afrescos, ainda preservados, também seguiam o protótipo grego, com inscrições em grego por toda parte. No topo estava (presume-se) o Cristo Pantocrator, senhor do universo, abaixo dele as imagens ainda existentes dos apóstolos, da Mãe de Deus e da Eucaristia. Nas paredes havia a vida de Cristo e de sua Mãe, profetas e santos. Essa ordem punha Cristo no céu, depois representava simbolicamente seu movimento descendente do mundo do espírito para a terra. O caminho passava por sua Mãe, seus apóstolos e a Eucaristia, três maneiras pelas quais o espírito de Cristo chegava ao mundo material e, portanto, a todos os homens. A estrutura física da igreja significava a presença de Cristo no mundo em decorrência da Encarnação.

A Santa Sofia kievana, como as igrejas gregas e outras rus da época, tinha presumivelmente uma fileira de ícones ao longo da cerca do altar. Essa fileira ainda não era a alta iconóstase das igrejas russas posteriores, e por isso a catedral talvez contivesse somente cerca de uma dúzia de imagens. Hoje existem poucos ícones que podem ser datados com segurança do período kievano e nenhum deles pode ser situado com certeza na catedral de Kiev. O século XII é mais rico em ícones remanescentes, entre os quais o exemplo mais famoso é o da imagem da Mãe de Deus de Vladimir, um ícone grego (provavelmente de Constantinopla) que chegou a Vladimir pelo Nordeste e foi colocado na catedral da Dormição da Mãe de Deus nessa cidade. É uma obra típica do período, com Maria em trajes suntuosos segurando o Menino Jesus no colo, de novo a imagem visível da Encarnação e da presença de Cristo no mundo, que é o cerne do entendimento ortodoxo do seu papel. A imagem física em si era crucial para a crença na presença de Cristo. Como disse o monge bizantino São Teodoro, do mosteiro Studiou: "Se a reverência pela imagem de Cristo for subvertida, a encarnação de Cristo também o será".

Enquanto os camponeses limpavam a terra e cuidavam de suas lavouras e os príncipes construíam igrejas e guerreavam entre si, uma nuvem estava se formando no horizonte. Em 1223, um povo novo e estranho apareceu nas estepes meridionais e os *kiptchaks* apressaram-se para recrutar aliados entre os príncipes rus. O Exército combinado marchou para enfrentar os recém-chegados e encontrou-os no rio Kalka, logo ao norte do mar de Azov. Os forasteiros eram os mongóis, que destruíram completamente o Exército *kiptchak*/rus e prosseguiram para saquear a região de Kiev. "Do rio Dnieper eles retrocederam e não sabemos de onde vieram ou para onde foram. Só Deus sabe se vieram contra nós por causa dos nossos pecados", escreveu o cronista de Novgorod. E eles voltariam.

capítulo 2

MOSCOU, NOVGOROD, A LITUÂNIA E OS MONGÓIS

Depois da desintegração gradual de Rus de Kiev, as potências regionais que tomaram seu lugar começaram a diferenciar-se. Nesses séculos, os territórios de Novgorod e do velho Nordeste começaram a formar uma língua e cultura distintas que podemos chamar de russa. Embora o termo mais antigo *Rus* tenha persistido até ser substituído por Rússia (*Rossiia*) no século XV, nesse período podemos começar a chamar a região de Rússia e o povo de russo. Nesses séculos, a Rússia, como os outros territórios de Rus de Kiev que ficariam para a Lituânia, conheceu um cataclismo na forma da invasão mongol, que moldou sua história pelos próximos três séculos.

O Império mongol foi o último e maior dos impérios nômades formados na estepe eurasiana. Foi principalmente obra de Temuchin, um chefe mongol que uniu as tribos mongóis em 1206 e adotou o nome de Genghis Khan. Ele acreditava que o Eterno Céu Azul havia lhe conferido poder sobre todas as pessoas que viviam em tendas de feltro e que, portanto, ele era o soberano legítimo de todos os nômades da Ásia interior. A estepe não era o bastante. Em 1211, Genghis Khan avançou para o sul contra a Grande Muralha e invadiu a China Setentrional. Em seguida seus Exércitos marcharam para oeste e, quando ele morreu em 1227, eles tinham acrescentado toda a Ásia interior e central aos seus domínios.

O sucesso espantoso dos mongóis era fruto da sua capacidade de equilibrar as vantagens da sociedade nômade com os benefícios das civilizações sedentárias. A unidade básica da sociedade mongol era o clã e, em cada clã, as mulheres cuidavam dos animais e os homens aprendiam as artes da guerra. Genghis Khan mobilizou todo o seu povo para a guerra, e os mongóis eram exímios cavaleiros, guerreiros disciplinados e habilidosos e conquistadores impiedosos. No entanto, eles não conseguiriam tomar cidades com a cavalaria, e por isso os mongóis recrutaram homens da China e da Ásia Central que sabiam como fabricar e usar máquinas de cerco. Essa combinação era imbatível. Ricas cidades que tentaram resistir, como Khwarezm na Ásia Central, foram exterminadas. Espalhando o terror à sua frente, os exércitos mongóis sobrepujaram o Irã e o Iraque e tomaram o restante da China. Um tufão impediu-os de tomar o Japão, mas somente no Vietnã a resistência humana foi forte o bastante para derrotá-los.

A batalha de Kalka fizera parte de um reconhecimento. Em 1236, a força completa do Exército mongol avançou para oeste sob o comando do neto de Genghis Khan, Batu, filho de Jochi. Com talvez 100 mil guerreiros à sua disposição, Batu primeiro subjugou a Bulgária do Volga e os *kiptchaks* e depois, nos anos de 1237 a 1240, numa série de campanhas, ele esmagou Vladimir e as outras cidades do Nordeste. Ele arrasou Kiev, exterminou os habitantes ou vendeu-os como escravos. O antigo centro de Rus de Kiev desaparecera e não se recobraria por um século e meio. Batu continuou para o oeste, derrotando um Exército reunido às pressas na Alemanha Oriental, e depois voltou-se para o sul em direção à Hungria, terreno adequado para uma horda nômade. Ali o Exército de Batu passou o inverno e a Europa estava em pânico. Subitamente, na primavera de 1242, Ogedei, o *khan* supremo, morreu e o Exército retornou ao seu lar na Mongólia para participar da sucessão, e nunca voltou.

O grande império mongol dividiu-se logo em quatro vastos domínios (ou *ulus*): China, Ásia Central, Irã mais Iraque e a estepe ocidental. Esta última era o *ulus* de Jochi na terminologia mongol, a herança do filho de Jochi, o conquistador Batu. Os persas e estudiosos posteriores chamá-la-iam de Horda Dourada, enquanto os russos se referiam a ela simplesmente como a Horda (ou *Orda*, campo militar, em mongol). A Horda Dourada era um Estado nômade cujo centro ficava no baixo Volga, na cidade de Sarai, perto de onde viria a ser Stalingrado. Por ser um Estado nômade, seu povo seguia a migração anual, invernando perto da foz dos rios e avançando para o norte conforme as neves derretiam. Esse tinha sido o padrão dos *kiptchaks* e dos cazares antes deles, mas a escala da Horda Dourada era muito mais grandiosa. Ela estendia-se da Romênia a oeste às partes orientais do Cazaquistão e incluía Khwarezm na Ásia Central, que era foco de uma disputa com *oulus* de Chagatai na Ásia Central. Como a maioria dos Estados nômades, a Horda Dourada comportava terras agrícolas ao longo de suas fronteiras. Uma delas era Khwarezm, outras eram as terras dos búlgaros do Volga, a Crimeia e os principados rus, tanto a sudoeste como a nordeste. Nos principados rus, os *khans* fizeram experimentos com seus próprios coletores de impostos, mas acabaram simplesmente por exigir do grão-príncipe de Vladimir, o soberano supremo nominal do Nordeste, que mandasse o tributo anual a Sarai. A Horda cobrava tributos e obediência, nada mais. O centro da atenção dos *khans* da Horda Dourada não estava nas terras rus, mas no Sul e nas regiões fronteiriças em litígio com a Ásia Central (Khwarezm) e a Pérsia (Azerbaijão). Eram territórios prósperos que também incluíam importantes rotas comerciais. Em comparação, as florestas setentrionais de coníferas de Rus, com sua população esparsa, não eram um prêmio dos melhores.

Assim, os principados rus, e especialmente os do Nordeste e Novgorod, estavam incluídos nas margens de um vasto império eurasiano. Os historiadores falam frequentemente desse período como o "domínio mongol", mas o termo é enganador, pois a população efetiva da Horda Dourada praticamente não incluía verdadeiros mongóis além da família do *khan*. Batu havia incorporado os *kiptchaks* e outros povos túrquicos ao seu Exército e logo tudo que restava dos mongóis era *tatar*, o nome de um dos principais clãs mongóis. Em russo, ele passou a significar os nômades da Horda e os povos que descendiam deles. A língua da Horda não era o mongol, mas o túrquico *kiptchak*, a língua franca da estepe e da capital de inverno da Horda em Sarai. Esta era uma grande cidade, cuja parte substancial era composta de tendas de feltro, e ela era considerada uma escala importante na rota comercial da Europa para a Ásia interior e a China. A população da cidade incluía todo tipo de pessoas: tártaros, gregos, latinos, armênios, persas e muitos dos muçulmanos da Ásia Central. Havia até um bispo ortodoxo de Sarai, que se tornou uma eparquia do metropolitanato de Kiev. Os mongóis eram tolerantes com as diversas fés e a Horda manteve essa política mesmo depois da sua conversão ao Islã sob o *khan* Uzbek na década de 1330.

Durante os séculos seguintes, a vida continuou basicamente como antes para o povo do antigo Rus de Kiev. Os príncipes brigavam entre si por terra e poder, as cidades recuperavam-se lentamente e as igrejas foram reconstruídas. O tributo pago à Horda devia ser um fardo, mas não tanto que impedisse a recuperação das áreas devastadas. No Nordeste, o grande prêmio do embate político era o grão-principado de Vladimir, que não somente proporcionava controle da cidade e de suas terras, mas também a supremacia teórica de toda a região e até de Novgorod. O grão-principado de Vladimir pertencia agora aos domínios do *khan* em Sarai. Assim, Alexandre Nevsky, que reinou em Vladimir (1252-1263), ascendeu ao trono depois de mais de uma década como príncipe eleito de Novgorod. Ele foi a Sarai ver o *khan* para confirmar o seu título e poder. Todavia, a partir de 1304, Vladimir deixou de ser um centro independente de poder e, como Kiev antes dele, tornou-se o prêmio na luta pelo poder entre os príncipes nordestinos de Tver e Moscou. A dinastia Moscou acabaria por conquistar a terra e o título de Vladimir para si, formando ao mesmo tempo o Estado russo. As rivalidades políticas medievais constituem uma leitura tediosa para o leitor moderno, pois eram uma cadeia sem fim de conflitos mesquinhos, tanto militares quanto diplomáticos, apelos a autoridades superiores e alianças de curta duração rapidamente invertidas.

Moscou aparece pela primeira vez em fontes escritas em 1147 como uma pequena fortaleza, mas parece ter sido Daniel, príncipe de Moscou (*c.* 1280-1303) e neto de Alexandre Nevsky, quem consolidou o pequeno território às margens do rio Moscou. Seu filho Iuri Danilovich expandiu esse território, mas seu poder foi limitado pela aquisição do trono de Vladimir pelo príncipe Miguel de Tver em 1305. Desse momento em diante, Moscou e Tver estiveram engalfinhadas numa luta renhida pelo trono que incluiu a execução de Miguel de Tver, instigada por Moscou, em 1318. Miguel acabou tornando-se santo, venerado sobretudo em Moscou. Os assassinatos e denúncias à Horda continuaram até que o filho de Iuri, Ivã ("Kalita", o Perdulário), finalmente tomou o trono de Vladimir de *khan* Uzbek em 1328 e ocupou-o até a sua morte em 1340. Seu sucesso conferiu a Moscou a posição predominante entre os príncipes nordestinos e, com o tempo, seus descendentes passaram a ser os grão-príncipes de Moscou e Vladimir. A nova cidade ofuscou Vladimir e Ivã empreendeu a fortificação de Moscou com o primeiro Kremlin de madeira.

Não foram somente o título de Vladimir e a suserania sobre os príncipes russos do Nordeste que acabaram passando para Moscou. A conquista e destruição de Kiev pelos mongóis tinham deixado o metropolita de Kiev, o chefe da Igreja, sem lar até que o metropolita Máximo, um grego, transferiu sua residência para Vladimir em 1299. Seu sucessor foi Pedro (1306-1326), não um grego mas um nobre do sudoeste de Rus, que se identificava com Moscou e, após sua morte, foi enterrado na catedral da Dormição do Kremlin. Ivã Kalita convenceu seu sucessor, o grego Theognostos, a permanecer em Moscou também. Os príncipes de Moscou agora tinham ao seu lado os metropolitas de Kiev e de Todas as Rússias.

Em meados do século XIV, Moscou estava numa posição suficientemente segura para dominar a política da região. Ela tinha incorporado uma série de pequenos principados e exercia hegemonia sobre quase todos os demais. Apenas Novgorod tinha verdadeira liberdade de ação. O limite ao poder dos príncipes de Moscou não vinha dos seus vizinhos, mas dos *khans* da Horda Dourada. Contudo, quanto a isso também a situação estava mudando, ainda que apenas gradualmente, e favoravelmente para Moscou. Dmitri Ivanovich, neto de Ivã Kalita, herdou essas vantagens quando ascendeu ao trono de Moscou e Vladimir em 1359. Ele passou seus primeiros anos construindo um novo Kremlin de granito branco em Moscou e em rivalidades com outros príncipes de Rus e da Lituânia, até que, em 1378, ele derrotou um bando de saqueadores da Horda. Nesse momento a Horda tinha seus próprios problemas internos, pois o emir Mamai, comandante da ala ocidental da Horda, já eclipsava o próprio *khan*. Mamai decidiu combater Dmitri para restaurar o prestígio e poder da Horda – e o seu próprio – contra seu vassalo rebelde. Em vez disso, a batalha no campo de Kulikovo, perto do alto Don, em 1380, foi uma vitória estrondosa para Dmitri, que depois disso ficou conhecido para sempre como Dimitri Donskoi.

Escritores posteriores exageraram grandemente a importância dessa batalha, pois ela não liberou a Rússia da Horda, embora tenha sido a primeira vitória importante sobre os tártaros desde 1240. A derrota de Mamai levou à sua eliminação da política da Horda, e em 1382 o novo *khan* Tokhtamysh liderou um Exército gigantesco em direção ao norte. Desta vez, Dmitri preferiu recuar. Tokhtamysh tomou Moscou e incendiou-a completamente. Dmitri não viveu o bastante para ver o desfecho, pois morreu em 1389. Dois anos depois, o grande conquistador Tamerlão, já senhor da Ásia Central, voltou-se contra a Horda Dourada e derrotou Tokhtamysh. Foi um golpe fatal, desferido numa época de dissensão crescente entre os vários chefes e agrupamentos tribais no interior da Horda. Incursões e até campanhas importantes dos tártaros prosseguiram, mas sem muito sucesso. Na década de 1430, a Horda começou a esfacelar-se, embora a supremacia teórica do canato Superior sobre a Rússia tenha durado até 1480.

Os principados do nordeste de Rus que acabaram caindo sob o domínio dos príncipes de Moscou não eram os únicos componentes que formavam o Estado russo. O outro era Novgorod, que já havia começado a formar seu próprio estilo de governo no século XII. Sua economia peculiar, baseada nas florestas do Norte e no laço comercial com a Hansa alemã, proporcionava-lhe uma riqueza que seus vizinhos provavelmente invejavam. Além disso, sua localização significava que a subordinação à Horda Dourada era muito hipotética. Durante a maior parte do século XIII, os novgorodianos escolheram reconhecer a soberania do grão-príncipe de Vladimir, que enviou um vice-rei para comandar o Exército da cidade-Estado, mas depois eles fizeram um tratado formal com seu soberano. Na década de 1290, o povo de Novgorod alterou ainda mais o equilíbrio do poder. Daí em diante eles elegeram seu *posadnik*, o prefeito, por um mandato de um ano, dentre os membros do "Conselho de Nobres", que era formado por representantes de cada um dos cinco "cantos" da cidade. Como o mesmo homem podia ser reeleito, o novo sistema tornou o governo da cidade ainda mais oligárquico, mas também mais independente do príncipe ou de seus delegados.

A história política de Novgorod está registrada nas suas crônicas e nas de seus vizinhos, mas também conhecemos o cotidiano desta cidade melhor que o de qualquer outra cidade russa medieval. A partir dos anos 1930, os arqueólogos soviéticos fizeram dela um dos sítios medievais mais extensos jamais escavados, ajudados involuntariamente pela Wehrmacht alemã, que destruiu a maior parte da cidade moderna na Segunda Guerra Mundial. Dezenas de casas e oficinas, celeiros e sambaquis oferecem um retrato notável da vida na Novgorod medieval. O solo encharcado do sítio preserva o material orgânico, inclusive as estradas pavimentadas com toras que cortavam a cidade. Foram encontrados calçados de couro, embarcações e ferramentas de madeira, bem como objetos de pedra, vidro e metal. Tais estradas também proporcionam ao arqueólogo uma ferramenta inestimável: uma sequência de toras que compõem uma base de dados de dendrocronologia (datação por anéis de árvores). Graças a ela, os achados de Novgorod podem ser datados com alto grau de precisão. O achado talvez mais notável e totalmente inesperado aconteceu em 1951, quando uma estudante que trabalhava no sítio encontrou um cilindro de casca de bétula atolado na lama. A presença de espírito dela levou à descoberta de que a casca, quando desenrolada, continha algo escrito, que fora gravado com uma agulha afiada. Essa foi a primeira das cartas em casca de bétula, das quais existem hoje milhares provenientes de Novgorod e de centenas de outros sítios russos medievais. Não se trata de composições literárias, mas simplesmente de cartas, ordens a criados, lembretes de esposas para os seus maridos, etiquetas de cestos (como "centeio" ou "cevada") e registros de dívidas.

Todos esses achados nos revelam uma cidade densamente povoada. Casas eram construídas em jardins delimitados por cercas de madeira com

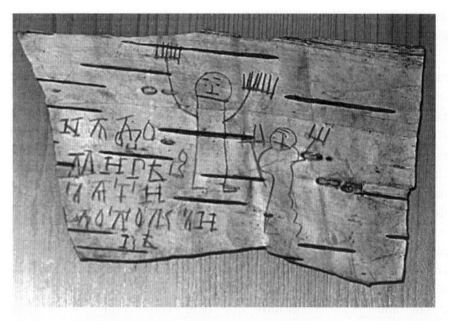

IMAGEM 2. Exercício de escrita de uma criança da Novgorod medieval (Documento em casca de bétula 210).

uma casa maior para o senhor e, muitas vezes, várias cabanas menores de criados ou artesãos. Cada casa tinha celeiros e galpões para animais, forragem e as ferramentas domésticas. As residências dos grandes boiardos e seus dependentes amontoavam-se junto de humildes moradas com oficinas para sustentar um ferreiro ou carpinteiro. Os brinquedos de criança e as rocas onipresentes registram as ocupações das crianças e o fiar e tecer das mulheres no lar. Alguns dos documentos em casca de bétula são mais exóticos: retratam os exercícios das crianças que aprendiam a escrever e, ocasionalmente, preces e cartas entre freiras. Eles revelam uma sociedade com um certo alfabetismo básico, na qual homens e mulheres sabiam escrever cartas simples, mesmo se a maioria não sabia copiar ou ler textos religiosos complexos em eslavo eclesiástico.

Novgorod era um centro cultural importante e a produção considerável de manuscritos do seu clero catedral e dos seus mosteiros perdura até hoje como testemunho da sua atividade. A construção de igrejas refletia a riqueza de Novgorod, assim como seu mecenato de pintores de ícones da distante Bizâncio, como Teófanes, o Grego (c. 1350-1410). Teófanes é responsável por alguns dos afrescos mais notáveis da Novgorod medieval, até onde podemos julgar com base no que escapou às devastações do tempo, da guerra e da política. Suas imagens criam uma sensação de luz mística em torno dos seus temas, influência talvez do ensinamento místico entre os monges bizantinos conhecido como hesicasmo.

A localização de Novgorod punha-a num contexto internacional diferente da de Vladimir e Moscou. Uma geração antes da invasão mongol, Novgorod enfrentou inimigos tão ferozes quanto e talvez ainda mais perigosos que os nômades da Ásia interior, os Cruzados cristãos da Europa Ocidental. Eles vieram em dois grupos. O maior, mas talvez o menos perigoso para Novgorod, eram as ordens cruzadas alemãs, os Cavaleiros Teutônicos e os Cavaleiros de Cristo. Eram ordens monásticas de guerreiros celibatários que haviam formado uma comunidade para lutar contra os adversários do cristianismo. No final do século XII, expulsos da Palestina pelos muçulmanos vitoriosos, eles voltaram sua atenção para o litoral oriental do mar Báltico, onde vários povos nativos da área, os prussianos antigos, lituanos, letões, estonianos e finlandeses, continuavam pagãos, intocados pelo cristianismo, seja na forma ocidental, seja na oriental. Ali os Cavaleiros Teutônicos receberam terras na fronteira dos domínios prussianos de um duque polonês compreensivo e construíram seus primeiros castelos. Eles subjugaram e exterminaram sistematicamente os prussianos em nome de Cristo e levaram camponeses alemães para ocupar seu lugar. Dentro de duas gerações, a Prússia, a Prússia Oriental da política do século XX, era um território alemão governado pela ordem.

A Prússia viria a se tornar um problema para a Polônia, mas para Novgorod eram seus aliados que representavam a ameaça. Por volta de 1200, cavaleiros alemães desembarcaram perto de Riga e começaram a subjugar as terras da Letônia e Estônia atual, fazendo dos nativos seus arrendatários e finalmente seus servos. Todo o poder estava nas mãos do arcebispo de Riga e da ordem dos Cavaleiros de Cristo. Os Cavaleiros de Cristo incorporaram-se aos Cavaleiros Teutônicos em 1237 como a Ordem Livoniana subordinada a estes últimos, consolidando o domínio alemão. A hierarquia social e étnica resultante atravessou diversas mudanças políticas até o século XX.

Naquele momento os novgorodianos encontraram um vizinho novo e dinâmico no lugar das débeis tribos estonianas dos séculos anteriores. Para piorar as coisas, outra Cruzada estava em curso. A Suécia também avançava para leste, conquistando gradualmente as tribos finlandesas. À medida que se deslocavam para leste ao longo da costa da Finlândia, os suecos começaram a ameaçar a rota comercial vital de Novgorod em direção à Hansa, que cortava o golfo da Finlândia e o rio Neva. Em 1240, o conde sueco Birger, um homem mais poderoso que o próprio rei da Suécia, desembarcou um Exército no território de Novgorod na margem sul do Neva. A tribo finlandesa local, os ingrianos, mandou buscar ajuda no Sul em Novgorod, e o príncipe recém-eleito da cidade, Alexandre de Vladimir, acorreu ao combate. Os suecos foram empurrados para o mar e Alexandre ficou conhecido para sempre como Alexandre do Neva, ou Alexandre Nevsky. Dois anos mais tarde ele derrotou os cavaleiros livonianos no gelo do lago Chud, na fronteira estoniana, numa batalha que teve pouca importância na época, mas acabou gerando uma grande obra cinematográfica do século XX: o épico de Sergei Eisenstein de 1938, com música de Sergei Prokofiev. Os novgorodianos medievais, porém, sabiam o que era importante. O epíteto do príncipe Alexandre continuou a ser Nevsky, em memória da defesa verdadeiramente crucial do comércio de Novgorod, enquanto a derrota infligida aos cavaleiros foi relegada a poucas linhas da crônica. Os cavaleiros livonianos tinham outras preocupações que desviaram sua atenção da rica e poderosa Novgorod. Essa preocupação era a Lituânia, o principal inimigo dos cavaleiros na Prússia e na Livônia.

Entre os povos do Báltico Oriental, a Lituânia foi o único que conseguiu manter sua independência. Conforme os Cavaleiros Teutônicos avançavam inexoravelmente sobre os novos territórios, as tribos lituanas uniram-se sob um mesmo príncipe. O grão-príncipe Gediminas (1316-1341) transformou a Lituânia numa grande potência. Ele estabeleceu sua capital em Vilnius, perto dos seus novos territórios, terras que hoje abarcam a totalidade da Bielorrússia. Ainda mais bem-sucedido foi seu filho Algirdas (1341-1377), que acrescentou Volínia, Kiev, Chernigov e parte das terras de Smolensk ao seu domínio. A Lituânia tornara-se em extensão, se não em população, o maior país da Europa. Os príncipes lituanos da casa de Gediminas reinavam agora em mais da metade das antigas terras de Rus de Kiev, com exceção apenas de Novgorod e do Nordeste sob os príncipes Vladimir e da Galícia no Sudoeste, que os reis da Polônia haviam tomado recentemente.

A nação lituana era um amálgama inusitado de culturas, línguas e religiões. A língua lituana ainda não tinha alfabeto e não era nem escrita, nem usada pelo novo Estado para manter registros. Em vez disso, as chancelarias lituanas usavam uma variante da língua eslava oriental de Rus de Kiev. Na religião, os governantes e o povo lituano continuavam pagãos, embora a conquista das terras ortodoxas ao Sul tivesse introduzido um novo elemento. Os príncipes lituanos deixavam seus parentes e outros nobres lituanos encarregados das novas terras e muitos deles converteram-se à ortodoxia. Esses novos principelhos e nobres lituanos ortodoxos constituíram uma nova elite no território do antigo Rus de Kiev e os antigos boiardos decaíram para a condição de senhores locais. No entanto, o grão-duque da Lituânia continuou pagão e, portanto, alvo do zelo cruzado dos Cavaleiros Teutônicos.

Os Cavaleiros eram uma ameaça não somente para a Lituânia, mas também para a Polônia, recentemente reunificada graças aos esforços de Casimiro, o Grande (1333-1370). Em 1385, os poloneses estavam diante de um dilema duplo: a pressão crescente dos Cavaleiros e a sucessão ao trono. A governante da Polônia, Jadwiga, denominada "rei" da Polônia, ainda não tinha marido, e os nobres escolheram Jogailo (Jagiełło), o grão-duque da Lituânia, para ser marido dela e rei deles. Jogailo daria uma ajuda inestimável contra a Ordem Teutônica, mas primeiro ele tinha de se tornar cristão católico. A conversão e o casamento, acompanhados por um acordo de união em 1385-1386, produziram uma nova entidade política, a Comunidade Polaco-Lituana, que dominaria a política do Leste Europeu até o século XVII. Era uma união pessoal dos dois Estados na qual cada um conservava suas próprias instituições e administração sob o mesmo monarca. O impacto mais imediato da eleição de Jogailo como rei da Polônia foi ter criado um Estado capaz de derrotar a Ordem Teutônica. A vitória da Polônia e Lituânia ocorreu na batalha de Grunwald (Tannenberg) em 1410. Foi o ponto de inflexão nessa longa contenda e, em meados do século XV, a Ordem Teutônica foi reduzida a um vassalo menor da Coroa polonesa.

O casamento de Jogailo reorganizou profundamente a Lituânia. Um bispo foi nomeado em Vilnius, dando início à conversão do povo lituano ao catolicismo. A ampla maioria da população eslava continuava ortodoxa e os nobres e príncipes ortodoxos mantiveram suas posições pelas décadas seguintes. A divisão religiosa no interior do Estado lituano teria consequências de monta nos séculos vindouros, mas naquele momento o resultado principal foi incentivar a formação das nacionalidades bielorrussa e ucraniana, tal como ocorrera com os russos nascidos do antigo Rus de Kiev. Com a força crescente da Lituânia, as terras em torno de Kiev reviveram e começaram mais uma vez a formar um centro de cultura ortodoxa. A cidade de Kiev e o mosteiro das Cavernas de Kiev revivesceram. Os monges ucranianos de Kiev e outros centros recuperaram suas tradições mandando vir de Moscou e Vladimir cópias dos antigos textos kievanos, a *Crônica Primeira* e os contos do mosteiro das Cavernas. Assim, surgiu um novo centro religioso e cultural que viria a ter um impacto profundo sobre a Rússia.

A luta política e militar com seus numerosos rivais não era a única preocupação da dinastia Moscou. De 1354 a 1378, a sé do Metropolita de Kiev e de Todas as Rússias estava nas mãos de Santo Aleksei, nascido numa família boiarda em Moscou com o nome de Fyodor Biakont. O longo metropolitanato de Aleksei coincidiu com um movimento de renascimento monástico que se beneficiou com seu mecenato e com o dos príncipes de Moscou.

Rus de Kiev sustentara muitos mosteiros, pois quase toda cidade importante tinha vários – e algumas cidades menores também. Em 1337 o monge Sérgio de Radonezh decidiu criar um eremitério imitando os pais do deserto da Antiguidade remota e os monges do Monte Athos bizantino. Ele encontrou uma floresta cerca de 50 quilômetros ao norte de Moscou e logo outros eremitas juntaram-se a ele. Eles acabaram por fundar um mosteiro dedicado à Santíssima Trindade com Sérgio como líder. O novo mosteiro ressaltava a importância da vida comunitária dos monges: orações e comparecimento à liturgia em comum, assim como refeições e trabalho em comum. Todos os presentes dados ao mosteiro iam para a comunidade, que era supervisionada por um hegúmeno (um abade na terminologia ocidental), que dirigia a comunidade com firmeza e humildade. Essa forma revivificada de monasticismo com forte inspiração bizantina espalhou-se rapidamente pelo Nordeste da Rússia. À época da morte de Sérgio em 1392, ele havia inspirado muitos seguidores que fundaram várias novas comunidades, como o mosteiro de São Cirilo (pupilo de Sérgio) na Belozero Setentrional. Mais adiante no século XV, os santos Zósimo e Savvatii viajaram até as ilhas Solovetsky no mar Branco para construir o terceiro grande mosteiro da Rússia.

Agora a Rússia estava começando a conquistar seus próprios santos, pois, além dos santos Boris e Gleb, vieram os metropolitas Pedro e Aleksei, e especialmente São Sérgio de Radonezh. As relíquias dos dois metropolitas na catedral da Dormição do Kremlin e as de São Sérgio no mosteiro da Trindade já eram objeto de peregrinação e assunto de relatos de eventos milagrosos. Os três logo passaram para a liturgia como santos e Moscou agora tinha seus próprios santos para rivalizar com os de Kiev e Vladimir. Os três santos elevaram o prestígio de Moscou, especialmente nos cultos fortemente políticos dos metropolitas. A santidade de Sérgio, Cirilo de Belozero e outros santos monásticos representava uma piedade menos política, centrada nos mosteiros e nas relíquias dos seus santos. Os mosteiros eram o centro carismático da piedade ortodoxa e, pelos próximos duzentos anos, quase todos os novos santos russos haviam sido monges ou metropolitas.

O ideal monástico permeava até os escritos sobre leigos. A *Oração sobre a Vida e a Morte do Príncipe Dimitri Donskoi* do século XV louvava-o não tanto pela sua grande vitória sobre os tártaros, mas pela sua vida cristã

IMAGEM 3. Mosteiro da Dormição da Mãe de Deus (Kirillo-Belozerskii) por volta de 1900.

exemplar, sua abstinência de relações sexuais depois do nascimento dos filhos, seus jejuns e suas vigílias que varavam a noite na igreja. Eram virtudes monásticas, não principescas, e o texto está muito longe das vidas anteriores de príncipes santos, como Boris e Gleb, Miguel de Tver ou especialmente Alexandre Nevsky. Porém, a *Oração de Dmitri* serviu de exemplo para todos os relatos posteriores de príncipes virtuosos até o fim do século XVI.

A maior realização do renascimento monástico, e talvez a única que suscita entusiasmo na época moderna, foi o impulso dado à arquitetura e à pintura de ícones. De início as igrejas dos mosteiros eram bastante modestas, com um plano quadrado e um telhado sustentado por quatro colunas internas. O plano era onipresente e combinava a necessária simplicidade com economia de recursos. Também acomodava com facilidade a alta iconóstase, que se tornou corrente nessa época nas igrejas dos mosteiros na Rússia. A alta iconóstase tornou-se logo universal. Ela ia do chão da igreja até quase o teto e separava o altar da congregação. No meio havia portas, ou "portões reais" (*tsarskie vrata*), através das quais o sacerdote vinha depois da consagração do pão e do vinho para a Eucaristia. A ordem dos ícones não era aleatória. No patamar mais baixo, no nível dos olhos ou logo abaixo, ficavam os ícones "locais"; à direita das portas ficava a imagem do santo ou festa à qual a igreja era consagrada. Assim, a igreja de São Nicolau tinha uma imagem do santo e a igreja da Ressurreição tinha uma representação da ressurreição de Cristo. O próximo patamar – acima do nível dos olhos e portanto mais visível para a congregação em pé – era o "patamar da deesis", o destaque de toda a iconóstase. No meio, acima das portas, a imagem usual era Cristo em majestade, que retrata Cristo sentado num trono, cercado dos símbolos da glória. A seu lado estavam João Batista e Maria; os três juntos formavam uma imagem da Encarnação, bem como da intercessão subsequente de Cristo pela humanidade pecadora. Maria e João inclinam-se ligeiramente diante de Cristo num gesto de apelo à sua misericórdia. De cada lado dessa composição central havia os quatro apóstolos. Acima desses ícones grandes ficava o "patamar dos festivais", que representava os principais festivais do ano cristão, começando pela Anunciação em março (não com o Natal, como se poderia esperar). Acima deles havia, novamente em formato maior, os profetas e patriarcas do Velho Testamento, que por vezes formavam dois patamares. No centro ficava em geral outro ícone da Mãe de Deus, ladeada por Davi e Salomão e os profetas. A ideia básica dessas imagens era a presença de Cristo no mundo e sua encarnação para salvar a humanidade. A iconóstase, como a igreja em torno dela, era o ponto de encontro do mundo do espírito com o mundo visível. Essa ideia não era nova na ortodoxia, mas o movimento monástico encontrou uma maneira de expressá-la com ainda mais profundidade e clareza.

Por isso, os ícones tornaram-se mais numerosos e, se é que era possível, mais importantes. Teófanes, o Grego, foi de Novgorod para Moscou na década de 1390 e trabalhou com pintores locais. O mais importante deles foi o monge Andrei Rublev (*c.* 1370-1430), cujas obras figuravam nas iconóstases de muitos mosteiros em torno de Moscou e por fim até na catedral da Anunciação do Kremlin. Os ícones de Rublev denotam menos da rigidez hierática das escolas anteriores e exibem um certo calor na face de Cristo e nos rostos dos santos que parece casar bem com a interiorização da piedade monástica mais recente. Assim como outras formas dessa piedade, os ícones de Rublev serviram de exemplo aos seus pupilos e imitadores, e o novo estilo difundiu-se muito além dos mosteiros. A obra de Rublev e de seus contemporâneos foi um novo ponto de partida que lançou as bases dos ícones russos para os séculos que viriam.

56 | HISTÓRIA CONCISA DA RÚSSIA

Durante o século XIV, Moscou estabeleceu sua hegemonia sobre o Nordeste – mas apenas hegemonia. No momento da morte de Vassíli I (1389-1425), Tver continuava a ser um espinho no seu pé. Novgorod perseguia suas próprias políticas e uma boa quantidade dos principados do Nordeste continuavam independentes na prática. A Lituânia continuava a desempenhar um papel importante e amiúde hostil, apesar do casamento de Vassíli com uma princesa lituana. Não obstante, Vassíli manteve o poder e até expandiu o território diretamente sujeito a Moscou. O mecanismo da expansão era simples: quando Moscou anexava um território, a elite local (os boiardos e proprietários rurais locais) era cooptada no Exército e na administração de Moscou e suas propriedades eram confirmadas. Se a resistência era incomumente feroz, a terra era confiscada ou a elite local transferida para outro lugar onde recebia novas terras, mas tais medidas extremas eram raras. Moscou podia geralmente contar com a lealdade dos novos recrutas, que trocavam a autonomia local por uma parcela das recompensas de servir uma potência florescente e bem-sucedida.

O sucesso de Moscou e a lealdade da sua elite boiarda foram testados até o limite pelos acontecimentos tumultuados e sangrentos do reinado de Vassíli II (1425-1462). Vassíli II tinha somente dez anos de idade quando seu pai morreu e seu direito de reinar foi imediatamente contestado pelo seu tio Iuri na Galich Setentrional. A oposição de Iuri desencadeou uma guerra civil que lhe trouxe rapidamente a vitória e o governo em Moscou. O vitorioso Iuri ordenou que o jovem Vassíli fosse exilado em Kostroma, no rio Volga. Então os boiardos de Moscou mostraram a que vieram. Muitos mudaram-se para Kostroma com seus séquitos, enquanto outros simplesmente abandonaram Iuri. Isolado no Kremlin, Iuri fugiu de volta para o norte e morreu em 1434. Seu filho mais velho Vassíli Iur'evich, "o Zarolho", assumiu a causa, proclamando-se legítimo herdeiro do trono. Depois de muitas marchas e contramarchas, o grão-príncipe Vassíli derrotou seu primo Vassíli Iur'evich em 1436 e mandou cegá-lo. Esse ato de crueldade não foi o fim, pois o segundo filho de Iuri, Dmitri Shemiaka, substituiu seu irmão como líder dos rebeldes. Uma derrota inesperada do grão-príncipe Vassíli nas mãos de um bando de saqueadores tártaros em 1445 deu uma chance a Shemiaka que tomou Moscou e cegou Vassíli para vingar seu irmão. Mais uma vez os boiardos de Moscou, inicialmente amigáveis, transferiram sua lealdade de volta para Vassíli e Shemiaka fugiu para o norte. Ele tentou uma última resistência em 1450, perdeu de novo e fugiu então para Novgorod. Ele morreu ali em 1453, segundo o relato da crônica, de um frango envenenado servido a ele por um agente do grão-príncipe.

Essas disputas sombrias e confusas puderam acontecer num relativo isolamento porque grandes mudanças estavam acontecendo na Horda. Mortalmente enfraquecida pelas campanhas de Tamerlão, a Horda começou a desintegrar-se. Em 1430 a Crimeia separou-se e em 1436 Kazan formou um canato independente no médio Volga. Como a antiga Bulgária do Volga, tratava-se de uma sociedade agrária com uma periferia nômade ao sul e uma cultura muçulmana com laços religiosos com a Ásia Central. Da Horda Dourada restava apenas a "Grande Horda", um pequeno grupo de tribos nômades que atacavam o território russo e lituano mas não eram mais capazes de governar Moscou. Vassíli II até criou seu próprio canato dependente em Kasimov, no rio Oka, a sudeste de Moscou, cujos guerreiros tártaros serviram a dinastia Moscou pelos próximos duzentos anos.

O domínio dos mongóis, ou mais propriamente da Horda Dourada, sobre a Rússia havia durado pouco mais de dois séculos. No início a conquista fora extremamente destrutiva, mas seus efeitos econômicos posteriores limitavam-se basicamente ao pagamento de tributos. A inclusão da Rússia no domínio da Horda pode até ter fortalecido o comércio da Rússia com o Oriente, a julgar pelos indícios arqueológicos, as moedas e os potes da Horda e dos seus vizinhos orientais e meridionais achados em cidades russas. O período mongol também proporcionou material para infinitas especulações na época moderna acerca do efeito imaginado dos "mongóis" sobre a Rússia. Para os teóricos raciais na Alemanha e alhures, ele tornava a Rússia "asiática". Na verdade, a Horda teve um efeito pouco perceptível sobre a sociedade russa. A religião representava uma barreira cultural de ambos os lados e as duas sociedades eram incompatíveis: a Rússia uma sociedade sedentária bastante simples e a Horda um Estado com instituições relativamente complexas, próprias da sociedade nômade. Na China, Ásia Central e Pérsia, os mongóis instalaram-se entre os povos sedentários e foram assimilados, mas não na Rússia. A geografia desta impediu que isso ocorresse. Alguns historiadores modernos falaram muito do caráter "oriental" do Estado russo, outro suposto legado dos mongóis. O problema com essas teorias é que elas carecem de fundamento empírico. As palavras e instituições que podem ter entrado no russo vindas do mongol através do túrquico (como *tamga*, um tipo de imposto sobre vendas, e *yam*, o sistema de mensageiros baseado em aldeias com estatuto especial que forneciam os cavaleiros e suas montarias) eram instituições marginais. Eram apenas pedaços extras de um Estado formado pela família do príncipe, que reinava numa sociedade agrária. Enfim, a noção da influência mongol baseia-se fundamentalmente na noção do escravismo e despotismo asiáticos inatos e não é nem uma descrição precisa da nação mongol nem, como veremos, do Estado russo que surgiu depois de 1480.

Os acontecimentos na Igreja ortodoxa foram tão impactantes quanto a queda da Horda. Após a morte do metropolita Aleksei, a Igreja grega escolheu o búlgaro Cipriano para sucedê-lo. A missão de Cipriano era manter unidas sob sua jurisdição as terras ortodoxas da Lituânia, de Moscou e Novgorod, como haviam sido na época kievana. Não era uma tarefa fácil, pois tanto a Lituânia como Moscou queriam o controle, mas Cipriano era uma figura poderosa na Igreja e igualmente na política, e ainda por cima uma força cultural. Após a sua morte em 1406, o grego Fócio recebeu a sé e identificou fortemente seus interesses com Moscou. Fócio morreu em 1431, logo no início do tumulto dinástico de Moscou. Sua morte privou, no pior momento possível, o grão-príncipe Vassíli de um aliado crucial. Infelizmente, seu substituto foi outro grego – Isidoro – que chegou em Moscou em 1434. Exatamente naquele momento, o Império Bizantino estava na sua última agonia, reduzido à cidade de Constantinopla e algumas poucas ilhas. Num esforço vão para obter auxílio da Europa Ocidental, o imperador Constantino XI concordou em discutir a união da Igreja com Roma. Isidoro deixou Moscou rapidamente em direção à Itália para juntar-se aos prelados gregos na discussão. Na realidade, Roma propôs uma simples rendição e, no conselho de Florença em 1439, os bispos gregos, incluindo Isidoro, cederam à pressão do imperador. Eles aceitaram a supremacia do papa e a posição latina sobre o *filioque*. Entre os gregos, a notícia provocou uma tempestade de oposição, especialmente nos mosteiros, que desde o século XIV eram centros atuantes da piedade ortodoxa. A rendição em Florença dividiu e enfraqueceu Bizâncio em vez de fortalecê-la e, de qualquer forma, a ajuda ocidental nunca chegou em quantidade suficiente. Em 1453, o Exército de Mehmed, o Conquistador, rompeu as muralhas e portões de Constantinopla e pôs fim a um milênio de civilização bizantina. No seu lugar, os sultões transformaram Istambul na grande capital de um império islâmico. A igreja de Santa Sofia de Justiniano tornou-se uma mesquita.

Quando a notícia da queda de Constantinopla chegou a Moscou, os negócios da Igreja russa estavam resolvidos há muito tempo. Isidoro havia retornado a Moscou com notícias de Florença e em 1443 os bispos russos reuniram-se com ele para avaliar a situação. Eles rejeitaram unanimemente a sujeição a Roma, destituíram Isidoro e elegeram no seu lugar o bispo Iona de Riazan por ordem do grão-príncipe Vassíli. A Igreja ortodoxa da Rússia estava agora separada dos gregos, pois havia eleito um líder sem relação com Constantinopla, que estava agora nas mãos dos unionistas. A autocefalia da Rússia, como é chamada sua independência eclesiástica, não foi planejada. Ela resultou da necessidade, a única solução para o dilema apresentado pela apostasia dos gregos em Florença. No seu testamento, Iona especificou que, quando a ortodoxia fosse restaurada em Constantinopla, ainda que sob os turcos, a Rússia voltaria a obedecer aos bispos gregos. Foi uma bela promessa que ficou sem ser cumprida, pois a Igreja russa continuou a escolher o seu próprio metropolita. Para os príncipes de Moscou foi uma grande oportunidade, pois significava que eles seriam os únicos governantes seculares com voz nos assuntos da Igreja na Rússia.

O grão-príncipe Vassíli II morreu aos 47 anos de idade em 1462. Ele tinha saído vitorioso de uma luta impiedosa com seu tio e seus primos e mantivera a hegemonia de Moscou. Ele havia incentivado a Igreja a afirmar sua ortodoxia e sua independência dos gregos. Seu filho mais velho, Ivã, já tinha 22 anos, velho o bastante para reinar por direito próprio. Como o futuro logo mostraria, o jovem príncipe estava pronto para agarrar a oportunidade que seu pai havia lhe deixado.

capítulo 3

A EMERGÊNCIA DA RÚSSIA

No final do século XV, a Rússia passou a existir como Estado, e não mais um simples grupo de principados inter-relacionados. Exatamente nessa época, na linguagem escrita o termo moderno *Rossia* (uma expressão literária emprestada do grego) começou a desbancar o tradicional e vernáculo *Rus*. Se tivermos de escolher um momento em que o principado de Moscou dá origem à Rússia, este é a anexação final de Novgorod pelo grão-príncipe Ivã III (1462-1505) de Moscou em 1478. Com esse ato, Ivã uniu os dois principais centros políticos e eclesiásticos da Rússia medieval sob um único governante e, na geração seguinte, ele e seu filho Vassíli III (1505-1533) acrescentaram os demais territórios. A oeste e ao norte, as fronteiras que eles fixaram são aproximadamente as da Rússia atual, ao passo que ao sul e a leste a fronteira continuou, na maior parte da sua extensão, a ser a fronteira ecológica entre a floresta e a estepe. Apesar da expansão posterior, esse território formou o núcleo da Rússia até meados do século XVIII e continha a maior parte da população e os centros do Estado e da Igreja. Os russos ainda eram um povo espalhado ao longo dos rios entre grandes florestas.

Ao sul e a leste, sobretudo além das florestas e na vastidão da estepe, os vizinhos da Rússia ainda eram os canatos tártaros que surgiram na década de 1430 do desmantelamento da Horda Dourada: Kazan, a Crimeia na sua península e a Grande Horda, que dominava a estepe. A Grande Horda, por sua vez, desfez-se por volta de 1500 e formou o canato de Astrakhan no baixo Volga e, mais a leste, a Horda Nogai. Mais a leste, o canato da Sibéria reinava sobre a reduzida população da vasta planície dos rios Ob' e Irtysh. Esses Estados eram organismos sociais complexos. Kazan era o único que ocupava parte da zona de floresta e seu povo instalou-se nas margens dos rios, onde cultivava a terra como os russos, mas com um prolongamento nômade onde a estepe começava a sudeste. Os nogais eram nômades puros. A Crimeia e Astrakhan eram entidades mistas, pois sua população era composta principalmente de habitantes da estepe, mas Astrakhan era uma cidade e a Crimeia tinha cidades e horticultura. Sua localização proporcionava-lhe um comércio ativo e laços políticos estreitos com seu grande vizinho ao sul, o Império Otomano.

Nesse momento os otomanos estavam no auge do seu poder, pois em 1453 Mehmed, o Conquistador, já senhor da maior parte da Anatólia e dos Bálcãs, tomou Constantinopla, a antiga capital de Bizâncio. Em 1516 os turcos avançaram para o sul, capturando rapidamente o Levante e o Egito, o Norte da África e a Mesopotâmia. Portanto, nascia o último grande império da Eurásia Ocidental, e ele logo voltou sua atenção para a Europa Central. Em 1524, a derrota da Hungria na batalha de Mohacs abriu o caminho para a Alemanha e, em 1529, os otomanos sitiaram Viena. Naquela época, os turcos otomanos davam pouca atenção à Rússia. Seus grandes adversários eram o Irã e o Sacro Império Romano, e de qualquer forma os crimeanos, vassalos dos otomanos a partir de 1475, eram um obstáculo entre a Rússia e os turcos. Os sultões em Istambul queriam a cavalaria crimeana para as guerras turcas na Hungria e no Irã e não pretendiam desperdiçá-la em expedições contra um Estado menor no norte distante. Por outro lado, os sultões davam aos seus vassalos crimeanos considerável liberdade de ação, e Ivã III conseguiu chegar a um entendimento com os crimeanos que durou até o século XVI. A Rússia continuou a desempenhar um papel capital na política da estepe, enviando e recebendo emissários e envolvendo-se nas intermináveis disputas e rivalidades entre as dinastias e clãs reinantes.

A oeste a Rússia só tinha um rival importante, a Lituânia, agora unida à Polônia. O Estado polaco-lituano resultante era a potência hegemônica do Leste Europeu, mais populosa que a Rússia e mais poderosa que qualquer um dos seus vizinhos. A Polônia, por ter vencido os Cavaleiros Teutônicos e repelido os tártaros e turcos em direção ao sul, agora só tinha a Rússia como rival. O poder da Polônia provinha não somente da fraqueza da maioria dos vizinhos, mas também da sua estrutura política, pois o papel crescente da dieta proporcionava um papel de destaque aos magnatas e à nobreza. A dieta dava às elites uma participação importante na prosperidade do Estado, mas um rei forte ainda garantia a ordem e direção básica. Essa constituição levaria mais tarde à ruína, mas em 1500 ela era mais resistente que as dos vizinhos e os Exércitos poloneses conseguiam dominar o campo de batalha contra a maioria dos inimigos.

Os outros vizinhos da Rússia a oeste tinham pouca importância. A Ordem Livoniana era demasiado pequena e descentralizada para ter peso nos assuntos políticos, e a Suécia (incluindo a Finlândia) fez parte do reino unido da Dinamarca, Noruega e Suécia até 1520. O centro de gravidade dos três reinos era a Dinamarca, que estava longe demais a oeste para dar muita atenção à remota fronteira com a Finlândia e a Rússia. O comércio continuou por meio da Livônia e da Finlândia e até aumentou em importância, mas com pouco efeito político global.

A situação dos seus vizinhos permitiu que a Rússia despontasse no cenário da política europeia num momento excepcionalmente favorável. Os canatos tártaros estavam preocupados uns com os outros e com os otomanos, enquanto a Livônia e a Suécia, por motivos muito diferentes, não chegavam a tirar o sono dos russos. A Rússia tinha apenas um rival importante, a Polônia-Lituânia, o foco principal da sua política externa. Esse rival era poderoso o bastante para representar um desafio para o novo Estado de Ivã III, um desafio que ele geriu com grande habilidade.

O novo Estado russo que surgiu no final do século XV era muito maior e mais complexo que o principado medieval de Moscou, mesmo nas suas fases mais tardias. O novo Estado exigia novas instituições e terminologia. O grão-príncipe começou a intitular-se "Soberano de Todas as Rússias" ou mesmo "autocrata", este para indicar sua independência recente da Horda e de quaisquer outros pretendentes. Ivã III não reinava só, como tampouco fizeram seus predecessores. A elite governante da Rússia incluía agora principelhos e boiardos dos territórios recém-adquiridos, além de príncipes Iaroslavl' e Rostov e de Gediminovichi lituanos. Todos eles formavam uma elite governante expandida em torno do príncipe de Moscou. Por enquanto essa nova elite era pequena, já que, na época de Ivã III, ela comportava somente cerca de 18 famílias, mas aumentou para cerca de 45 por volta de 1550. A maioria dos homens mais velhos desses clãs compunha a Duma, ou conselho do grão-príncipe, e detinha o título de boiardo, ou de um tipo de boiardo subalterno com o título intraduzível de *"okol'nichii"*.[1] A Duma, que mal chegava a ser uma instituição formal, reunia-se com o príncipe no palácio e discutia as questões importantes do Direito e da administração,

---

1   De *okolo* (em torno, em volta), isto é, alguém "em torno" da pessoa do príncipe.

da guerra e da paz. Os homens desses clãs governantes obtinham o título de boiardo e outros títulos e cargos por tradição e por um complexo sistema de precedência ("*mestnichestvo*", em russo) que regulava seu lugar na hierarquia militar, da corte e do governo. O sistema de precedência ordenava que nenhum homem servisse o príncipe num grau e cargo inferiores ao que tiveram seus antepassados.

O grão-príncipe tinha uma certa margem de manobra com o sistema de precedência, pois este não ditava exatamente quem em cada clã devia receber qual título. O sistema exigia apenas que alguns dos homens de cada uma das grandes famílias recebessem certos títulos e que o mais alto tivesse assento na Duma e obtivesse o título de boiardo. Em tese, os príncipes podiam nomear qualquer um para a Duma, mas na prática eles escolhiam membros das mesmas famílias ano após ano, acrescentando novos membros apenas ocasionalmente. Esses homens eram não somente servidores do príncipe, mas também aristocratas imensamente ricos com grandes propriedades – a nata de uma classe muito maior de proprietários rurais. A principal obrigação do nobre russo era servir no Exército, sobretudo na fronteira, pois a administração do Estado estava nas mãos de um grupo seleto de oficiais e servidores principescos.

Alguns desses oficiais eram grandes boiardos, como os tesoureiros, geralmente escolhidos dentre o clã grego Khovrin, ou o mordomo e o escudeiro, que administravam o palácio do Kremlin e a família do príncipe. Para auxiliar esses aristocratas havia também secretários, homens de condição inferior da família do príncipe, que às vezes eram de origem tártara. A maioria deles servia no Tesouro, onde cerca de uma dúzia de escrivães e copistas mantinham os registros da política externa e as cartas e testamentos dos príncipes, cuidadosamente preservados junto com peles, joias, recibos de impostos em prata e outros tesouros no porão da igreja do palácio do Kremlin, a catedral da Anunciação. Na época de Ivã III, havia apenas poucas dúzias desses secretários, o Estado ainda era essencialmente a família do príncipe e seus escritórios eram salas do palácio.

Apesar do seu papel dominante na política russa, o Kremlin e sua elite não eram a totalidade da Rússia. Muitos milhões de camponeses, quase todos eles ainda livres e a maioria deles arrendatários somente da Coroa, compunham a grande massa da população. Eles produziam alimento, criavam vacas e galinhas e complementavam seu parco sustento com os bagos, os cogumelos e a caça das grandes florestas. Sua condição de arrendatários da Coroa, porém, aproximava-se rapidamente do fim à medida que os grandes mosteiros e os boiardos apoderavam-se de suas terras. O grão-príncipe precisava recompensar seus seguidores fiéis, especialmente nos territórios recém-anexados, além de manter a Cavalaria do Exército. O Exército tinha de se manter por conta própria, das terras particulares dos cavaleiros. Os príncipes ainda careciam de dinheiro para pagá-los e, portanto, não era meramente para angariar favores que os príncipes concediam terras. A única restrição que eles podiam impor a essas concessões era fazê-las com a condição de que a propriedade não pudesse ser vendida ou deixada em testamento sem o conhecimento do príncipe. Esse tipo de concessão era chamado *pomest'e,* e tanto grandes boiardos quanto humildes provincianos recebiam essas terras. A classe fundiária dos cavaleiros dividia-se em dois grandes grupos: a "corte do soberano", que servia em Moscou (pelo menos em tese) imediatamente abaixo dos boiardos, e a "aristocracia da cidade" das províncias. A "aristocracia da cidade" costumava deter terras principalmente em uma área local e servia junto na cavalaria. A elite do Exército era a corte do soberano. O crescimento do Estado e do seu Exército implicava uma reformulação constante da organização da aristocracia fundiária, mas as linhas básicas que começaram a se formar no final do século XV permaneceram até o final do XVI. Depois disso, o sistema *pomest'e* estendeu-se para as fronteiras meridionais, o que aumentou consideravelmente a classe fundiária às custas dos camponeses livres. Essa nova situação contribuiu grandemente para os tumultos das décadas seguintes.

A aristocracia residia sobretudo nas cidades, a maioria das quais eram pequenas, e os boiardos viviam em Moscou. Poucos centros – Moscou, Novgorod e Pskov – eram verdadeiras cidades, as quais recebiam mercadores que comerciavam com a Europa Ocidental ou o Oriente Próximo. Embora fosse uma economia majoritariamente agrária, a Rússia não era desprovida de artesanato ou comércio, nem era uma terra de camponeses de subsistência isolada de todos os mercados. O tamanho colossal do país e a população esparsa ditavam as trocas entre as regiões: quase todo o sal, por exemplo, vinha de fontes salinas no cinturão da taiga setentrional até o final do século XVII. Os homens que ferviam a água para fazer sal e enviá-lo ao sul fizeram grandes fortunas. Os mais notáveis eram os Stroganovs, que amealharam uma fortuna grande o bastante para financiar os primeiros passos da conquista da Sibéria. Novgorod e sua vizinha Pskov continuavam a ser centros importantes do comércio com a Europa Setentrional através do mar Báltico, mas sua capacidade era limitada pelos rios pequenos e pela ausência de grandes portos no extremo Oriente do golfo da Finlândia. Foi então que, em 1553, o capitão de mar e explorador inglês Richard Chancellor contornou a Noruega até o mar Branco e desembarcou na foz do rio Dvina Setentrional. Essa expedição abriu um caminho direto para os grandes navios até a Europa Ocidental, e o tsar Ivã, o Terrível, incentivou a Companhia de Moscóvia inglesa a levar seus navios todo verão para o porto setentrional. O Dvina e outros rios tornaram possível a longa jornada de Moscou até o novo porto de Arcangel, e aos ingleses logo se juntaram os ainda mais empreendedores holandeses. Moscou era a plataforma de todo o comércio russo e a cidade cresceu rapidamente durante o século XVI. O comércio com a Rússia não era desprezível para os holandeses e ingleses, haja vista que, por volta de 1600, os holandeses envolvidos no comércio com Arcangel haviam ganhado tanto dinheiro que puderam constituir uma nova companhia, a Companhia das Índias Orientais holandesa, que mais tarde foi conquistar o que é hoje a Indonésia. O comércio com a Rússia financiou em parte a maior aventura comercial da Holanda.

Contra esse pano de fundo de mudança social e evolução econômica, os governantes da Rússia e sua corte não ficaram ociosos. Durante toda a sua vida, Ivã III travou uma luta incansável para expandir o poder e o território dos grão-príncipes de Moscou. A anexação de Novgorod foi sua maior vitória, mas não a única. Ele explorou a insatisfação dos principelhos regionais da Lituânia ao longo da sua fronteira ocidental de modo a incentivar vários deles a aceitarem sua soberania, além de completar e confirmar essas aquisições pela guerra. Ele absorveu Tver', a antiga rival de Moscou, em 1485 e estabeleceu sua influência sobre os dois últimos territórios independentes de Riazan e Pskov, de modo que seu filho pôde mais tarde anexá-los sem esforço. Igualmente importante foi o fato de que ele pôs fim aos dois séculos e meio de dependência russa das Hordas tártaras. Em 1480 o *khan* da Grande Horda mandou seu Exército para o norte em direção a Moscou. Ivã e muitos dos seus boiardos hesitaram, sem saber se deviam ir de encontro aos tártaros ou simplesmente fugir para o norte. Com um ligeiro incentivo da Igreja, ele marchou para enfrentá-los no rio Ugra, um pequeno tributário do alto Don. Depois de alguns dias observando-se mutuamente, os dois Exércitos voltaram para casa. Esse evento, o "confronto no Ugra", passou a ser visto para sempre na Rússia como o fim do domínio tártaro. Ivã avançou agressivamente sobre o espaço deixado pela fragmentação da Horda e envolveu-se na política dinástica de Kazan. Com o tempo, as intrigas de Ivã com os tártaros teriam consequências importantes.

Ivã III de Moscou começou a intitular-se governante de "Todas as Rússias", mas seu novo e maior Estado exigia uma capital mais bem defendida e adequada. Para tanto, Ivã recorreu à Itália, o centro europeu da arquitetura, bem como da engenharia e fortificação. Ele já tinha tido contato com a Itália desde a época do seu casamento em 1473 com Zoé Paleóloga, filha do último governante bizantino do Peloponeso, pois ela havia se refugiado dos turcos na corte papal. Havia igualmente outros gregos em Moscou que tinham intenso contato com seus compatriotas e parentes na Itália, e por meio deles Ivã mandou chamar arquitetos e engenheiros para reconstruir o Kremlin de Moscou e suas igrejas. O resultado foi que o Kremlin, a quintessência da Rússia aos olhos modernos, com suas antigas igrejas e torres pontudas de tijolo vermelho escuro, não foi obra de nenhum russo, mas (com poucas exceções) de mestres italianos.

O antigo Kremlin do século XIV tinha paredes de granito branco no estilo nativo habitual das fortalezas russas, e para dentro das muralhas havia habitações de madeira para príncipes e boiardos, bem como igrejas de pedra. Ivã não queria modificar a forma básica das igrejas. A forma continha um significado espiritual que um plano ocidental não poderia ter. Aristotele Fioravanti de Bolonha resolveu o problema ao construir uma nova e maior catedral da Dormição no Kremlin com técnica italiana mas forma russa. Então ele e outros, dentre os quais Marco Ruffo e Pietro Antonio Solari de Milão, Aloisio da Caresano e mais, começaram a trabalhar nas muralhas. Um dos construtores escreveu para um irmão em Milão que o príncipe de Moscou queria um castelo "como o de Milão" (referindo-se ao castelo Sforza) e foi mais ou menos isso o que o príncipe recebeu. Eles também iniciaram um novo palácio no estilo italiano setentrional, partes do qual ainda restam. Somente as igrejas foram construídas no estilo russo tradicional, ainda que por construtores italianos, com a única exceção da catedral da Anunciação, a capela do palácio. Atualmente o trabalho dos italianos é visível apenas nas muralhas e na "Casa das Facetas", uma das principais salas de audiência. Os outros fragmentos do velho palácio e os elementos renascentistas das igrejas foram fortemente "russificados" por reparos posteriores. De fato, o acréscimo de telhados pontudos nas torres ao longo da muralha no século XVII ocultou o modelo milanês, mas em 1520 o palácio e as muralhas deviam ter um aspecto realmente muito italiano.

A nova Rússia com seu Kremlin italianizado pode ter tirado sua arquitetura, ainda que por uma única geração, da Itália, mas permaneceu ortodoxa na religião e sua cultura continuou firmemente religiosa. O contexto da

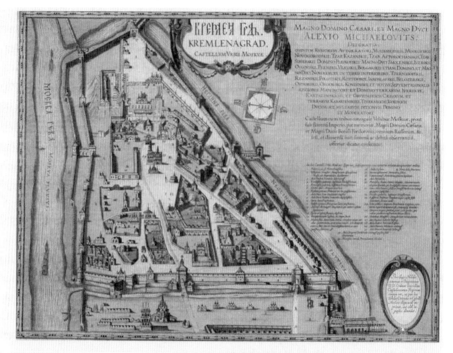

IMAGEM 4. O Kremlin de Moscou num atlas do século XVII. O desenho mostra as torres com telhados baixos conforme o modelo do castelo Sforza. Os telhados pontiagudos nas torres, que são tão familiares hoje, foram acrescentados na década de 1670.

ortodoxia, porém, havia se modificado, pois a emergência do novo Estado havia sucedido rapidamente a uma mudança capital na situação da Igreja Ortodoxa, o estabelecimento da autocefalia em 1448. A nova situação da Igreja e da Rússia exigia uma nova concepção do lugar da Rússia no plano divino da salvação e, já na época do "confronto no Ugra" de Ivã III, em 1480, a Igreja havia achado a resposta. A Rússia devia ser entendida como a "nova Israel", os russos eram o novo povo eleito e sua capital em Moscou, a nova Jerusalém. Como os antigos israelitas, os russos eram o povo escolhido por Deus na terra para receber a verdadeira fé. Como a antiga Israel, a Rússia estava cercada de todos os lados por inimigos ímpios, os suecos e poloneses católicos a oeste e os tártaros muçulmanos ao sul e a leste. Era essencial para a sua sobrevivência, como para a antiga Israel, a firme adesão à verdadeira fé em Deus e a obediência escrupulosa aos seus mandamentos. Tal fé e comportamento garantiriam a sobrevivência, pois Deus entregaria os inimigos nas suas mãos, como ele havia feito para o rei Davi. Se eles se mantivessem fiéis, evitariam o destino da antiga Israel até que Cristo voltasse à terra.

Contudo, manter a verdadeira fé nos últimos anos do reinado de Ivã III tornara-se um problema sério. Pela primeira vez desde a conversão de São Vladimir em 988, a Igreja russa viu-se enfrentando adversários no seu interior e foi acometida por disputas internas acerca do sistema da crença. Em Novgorod um pequeno grupo do clero passou a questionar a formulação ortodoxa da noção da divindade de Cristo, as formas comuns de devoção envolvendo ícones e o próprio monasticismo. Como eles parecem ter questionado as noções cristãs da Trindade, seus adversários, sobretudo São José de Volokolamsk, tacharam-nos de judaizantes, exagerando sua dissensão e caluniando-os como inimigos do cristianismo. O grupo angariou alguns seguidores em Moscou, até entre os oficiais dos escritórios do Kremlin, antes de ser suprimido em 1503 e ter seus líderes queimados como heréticos. Foram as primeiras execuções desse tipo por heresia na história russa. A Igreja não encontrou nenhuma defesa dessas ações nas suas tradições e teve de recorrer ao Ocidente, a uma descrição da Inquisição espanhola tirada das palavras do embaixador imperial, para justificar as execuções.

Mais difundida foi a controvérsia sobre a vida monástica que surgiu ao mesmo tempo e durou uma geração. Essa disputa estava longe de ser um debate obscuro entre monges, pois o monasticismo ainda era central para a ortodoxia nesse momento em que ela saía do período medieval. O próprio Kremlin comportava o mosteiro do Milagre de São Miguel Arcanjo e o convento da Ascensão, cujas atividades faziam parte integral da vida da corte. A cidade de Moscou tinha dezenas de pequenos mosteiros dentro de suas muralhas e vários grandes mosteiros logo do lado de fora. A apenas um dia de viagem para o norte, o mosteiro da Trindade de São Sérgio era o local da peregrinação anual de toda a corte para o festival do santo em setembro. Toda cidade russa de alguma importância exibia um ou dois mosteiros dentro ou em torno dela. Durante a maior parte da primeira metade do século XVI, monges russos discutiram o tipo adequado de vida monástica e alguns deles enfatizaram o ascetismo individual e a vida comunitária. Ambos estilos faziam parte da tradição ortodoxa, exemplificada na obra e no ensinamento de São José de Volokolamsk e de Nil Sorskii. Alguns dos seguidores póstumos de Nil acabaram por questionar a própria ideia da propriedade monástica como obstáculo para uma vida santa.

Essa controvérsia era puramente russa, mas a Igreja não estava inteiramente isolada do mundo. A fratria ortodoxa ainda compunha a maior parte da população dos Bálcãs sob domínio turco e os grandes mosteiros do monte Athos ofereciam liderança espiritual. O escritor mais prolífico de temas religiosos no início do século XVI na Rússia era na verdade um grego, chamado Michael Trivolis (1470-1556), que na vida monástica assumiu o nome de Máximo. Maksim, o Grego, como era conhecido na Rússia, passara a juventude em Veneza e Florença, mas finalmente rejeitou a cultura secular do Renascimento para aderir ao monasticismo ortodoxo. Nessa decisão ele imitou Savonarola, cujo ensinamento ele conhecia. Na Rússia ele produziu uma coleção enciclopédica de panfletos e ensaios sobre temas que iam dos erros do Islã à posição correta sobre a propriedade monástica. Sua crítica branda dessa prática e de outros desvios das noções então dominantes entre o alto clero levou à sua condenação e exílio na década de 1530, mas até no exílio ele permaneceu uma figura capital na Igreja e, por fim, o jovem Ivã IV ordenou que ele fosse solto. Seus escritos foram amplamente copiados e continuaram a ter autoridade sobre muitos temas no século seguinte.

O sucessor de Ivã III, Vassíli III (1505-1533), ascendeu ao trono não como o filho mais velho, mas como resultado da decisão de Ivã de dá-lo a ele. Ele era filho da segunda esposa de Ivã, a grega Sofia Paleóloga, e Ivã escolheu-o, depois de alguma hesitação, em detrimento do seu neto descendente de sua primeira esposa (seu filho da sua primeira esposa havia morrido). Grande parte do esforço de Vassíli seria dedicada a manter e expandir a posição da Rússia no mundo. A rivalidade territorial com a Polônia-Lituânia terminou numa guerra que foi vitoriosa para a Rússia com a captura de Smolensk em 1514. Smolensk era o último território etnicamente russo fora do domínio de Moscou e, além disso, sua conquista proporcionou ao Estado uma fortaleza importante no oeste distante de Moscou. Embora a guerra tenha terminado somente com uma trégua, ela fixou a fronteira russo-polonesa por um século. As relações com os canatos tártaros, ao contrário, envolviam uma cadeia desconcertante de intrigas e contraintrigas, além de intermináveis incursões tártaras para obter escravos e butim na fronteira sul. Por volta dessa época, Vassíli adotou a prática de mobilizar o Exército na fronteira sul todo verão, quer houvesse um estado de guerra formal quer não, pois não havia outra maneira de impedir as incursões anuais que representavam uma parte importante da economia nômade.

Todavia, o maior desafio de Vassíli não veio dos tártaros ou da Polônia, mas dos seus próprios problemas dinásticos. Como primeira esposa ele havia tomado Solomoniia Saburova, que não era uma princesa estrangeira como sua mãe, mas filha de um proeminente boiardo. O casamento foi bem-sucedido em todos aspectos, menos o fundamental: não houve filhos.

Depois de muita controvérsia e consultas com a Igreja, ele forçou Solomoniia a entrar para um convento e finalmente dissolveu o casamento em 1525. Vassíli casou-se então com a princesa Elena Glinskaia, filha de um príncipe lituano cujo clã havia se refugiado em Moscou depois de ter fracassado em desafiar seu próprio soberano. Os Glinskiis continuaram a ser uma família poderosa no seu exílio russo e alegavam descender do emir tártaro Yedigei, um grande guerreiro que havia lutado contra Tamerlão no início do século XV. Em 1530, Elena deu à luz o seu filho Ivã, que passaria para a história como Ivã, o Terrível.

Ivã, o Terrível

Como tantos outros epítetos do tipo, "terrível" (*grozny*) foi produto do romantismo posterior, não do século XVI. Até os adversários russos mais determinados de Ivã nunca o adotaram e, na verdade, na língua da época, a palavra russa *grozny* significava "assombroso" (trata-se de uma tradução errônea consagrada) e tinha conotações ligeiramente positivas. Seja como for, a morte prematura de Vassíli em 1533 pôs o menino Ivã no trono de grão--príncipe de Moscou e de Todas as Rússias, situação que exigia uma regência exercida por sua mãe e vários boiardos proeminentes para governar o país. Os grandes clãs boiardos, os Glinskiis e Shuiskiis, Bel'skiis e Obolenskiis, competiam pelo poder na corte e não hesitavam em exilar e executar os perdedores. A morte da mãe de Ivã em 1538 atiçou as intrigas, e somente o casamento e a maioridade do jovem príncipe impuseram uma certa calma às águas políticas.

Pouco depois do seu casamento com Anastásia, filha do boiardo Iuri Romanov-Koshkin, Ivã foi coroado por Macário, o metropolita de Moscou e líder da Igreja, na catedral da Dormição do Kremlin em 1547. Macário coroou-o não somente grão-príncipe, como seu pai, mas também tsar, título derivado, em última instância, do nome de César. Tsar era o nome popular entre os eslavos para os imperadores romanos e bizantinos e transmitia uma proclamação de igualdade de título com esses governantes, assim como com o sacro imperador romano no Ocidente. Tsar também era a palavra russa para o título do *khan* da Horda Dourada e seus sucessores em Kazan e na Crimeia, bem como do sultão otomano. E o mais importante: era o título de Davi e Salomão no Velho Testamento eslavo. Caso alguém não tivesse percebido a referência, Ivã mandou decorar as paredes das salas de audiência do palácio do Kremlin com cenas do Velho Testamento. Ali os reis do Velho Testamento ("tsares" para os russos) rodeavam a conquista da terra de Canaã por Josué. Dali em diante os governantes da Rússia eram tsares, os iguais ao imperador ocidental, do sultão e dos reis do Velho Testamento.

Assim começou um reinado de atividade sem precedentes que durou 35 anos, repleto de drama e vitória, massacre e derrota. Incansável na busca dos seus objetivos, Ivã deixou sua marca por gerações a fio. Pouco tempo depois da sua coroação, ele lançou-se na primeira das suas grandes empreitadas. Nos anos da regência, a influência de Moscou sobre Kazan havia declinado, o que permitira que Kazan caísse uma vez mais nas mãos dos *khans* hostis. Ivã resolveu pôr fim à ameaça instaurando um *khan* pró-Moscou, mas depois de diversas tentativas fracassadas de tomar a cidade, ele simplesmente anexou-a quando ela cedeu diante do Exército russo em 1552. Ivã tinha apenas 22 anos de idade e não parou por aí. Seus Exércitos desceram o Volga até Astrakhan e tomaram a cidade, bem como seu território. Essas conquistas apresentaram aos russos uma nova situação, pois nunca antes havia existido uma população não cristã substancial dentro de suas fronteiras. Ao capturar Kazan, Ivã ordenou que os tártaros remanescentes na cidade se mudassem para fora das muralhas da fortaleza e posteriormente construiu uma catedral e instalou russos na cidade no lugar dos tártaros. Parte da elite tártara entrou para o serviço russo e a maioria desses acabou por se converter à ortodoxia, mas muitos mais fugiram para a Crimeia. O tsar alistou milhares de tártaros no seu Exército com o cargo de servidores militares. Outros pequenos proprietários rurais, aldeões e camponeses, bem como as outras nacionalidades do canato, os camponeses *chuvash*, *mari* e *udmurt*, ganharam uma condição especial. Em vez dos impostos russos habituais eles pagavam *yasak*, uma espécie de tributo, ao tsar. Além dessas medidas, os russos não fizeram nada para subjugar mais os tártaros e outros povos do Volga. Não houve tentativa de conversão em massa. Praticamente todos os tártaros e basquírios continuaram muçulmanos, visitavam suas mesquitas para as orações de sexta-feira, enviavam jovens para Samarcanda e outras cidades da Ásia Central para adquirir conhecimento a fim de tornarem-se imãs e liam o Corão e outros textos religiosos como antes. Não houve um equivalente à expulsão dos mouros da Espanha após o final da Reconquista.

Com Astrakhan veio o controle de toda a bacia do Volga e das terras adjacentes. Na década de 1560 os russos tinham um forte no rio Terek ao pé do Cáucaso, com vista para as altas montanhas. Ivã estabeleceu relações com os montanheses circassianos do Cáucaso e os dependentes menores dos circassianos, os chechenos e outros povos. A conquista do Volga, uma reação sobretudo à situação local na fronteira com Kazan, pôs a Rússia numa nova situação geopolítica. Seu controle do Volga pela primeira vez na história cortou a parte ocidental da estepe eurasiana do corpo principal, a leste. Povos nômades continuaram a cruzar o Volga de um lado para o outro até o século XVIII, mas agora eles o faziam sob controle russo.

Durante a década de 1550 Ivã adquiriu experiência e maturidade. É verdade que, em 1553, ele padeceu de uma doença grave e alguns dos boiardos relutaram em aceitar seu filho como herdeiro legítimo. Essa crise, no entanto, passou e a paz retornou à corte. Ivã governava com os boiardos e aparentemente sob a influência do seu pai espiritual Silvestre, sacerdote da igreja do palácio, a catedral da Anunciação, e seu favorito Aleksei Adashev, um homem de nível inferior na classe fundiária, mas habilidoso e capaz de trabalhar com os grandes clãs boiardos. Parece que o tsar e seu governo trabalhavam juntos com bastante harmonia. Eles expandiram o aparato do Estado em Moscou e nas províncias e reorganizaram o Exército. A paz não durou muito: em 1558, o tsar Ivã iniciou uma guerra com o objetivo de anexar a Livônia, batalha que continuaria após a sua morte e teria profundos efeitos na Rússia. Em 1558 a Livônia era um país em crise, provocada pela Reforma e pelo fim da Ordem Livoniana que a havia governado desde o século XIII. À medida que o Estado se dissolvia, diversos grupos de cavaleiros começaram a recorrer a potências vizinhas em busca de apoio: o primeiro grupo recorreu à Polônia. Fazia tempo que Ivã tinha feito reivindicações sobre a região com base em argumentos dinásticos espúrios, pois ele reivindicara a Livônia como território dos seus antepassados, o que ela nunca fora. No inverno de 1558, ele decidiu lançar um ataque preventivo para evitar um possível envolvimento da Polônia. O Exército russo entrou na Livônia e capturou rapidamente Dorpat (Tartu) e o importante porto de Narva, logo após a fronteira russa. Essas duas cidades, e particularmente Narva, parecem ter sido os objetivos principais de Ivã. Em anos vindouros, no ponto mais baixo da sua fortuna militar, ele ofereceu ceder tudo o mais se pudesse conservar Narva.

No começo, a sorte favoreceu os Exércitos russos, mas o seu próprio sucesso inevitavelmente suscitou a oposição da Polônia-Lituânia. Enquanto os russos tinham êxito e os navios mercantes ingleses começavam a vir para Narva, Ivã cultivou a amizade da rainha Elizabeth da Inglaterra e até propôs diversos planos de matrimônio. Porém, conforme passavam os anos, a Rússia mostrou-se incapaz de sustentar o esforço militar necessário. O Exército polonês derrotou os russos em várias batalhas importantes e, para complicar as coisas, os nobres da Estônia Setentrional recorreram à ajuda da Suécia.

As Forças Suecas desembarcaram em Reval em 1561, transformando a guerra num combate tripartido. Nessa situação, a harmonia política da corte russa começou a evaporar-se. Parece que Adashev e Silvestre sempre tiveram dúvidas sobre a empresa livoniana e, com as derrotas russas, alguns dos boiardos, dos quais o mais importante era o príncipe Andrei Kurbskii, desertaram para a Polônia. A esposa de Ivã, Anastásia, morreu em 1560, e Ivã escolheu como segunda esposa a filha do príncipe circassiano Temriuk. A nova tsarina adotou o nome de Maria no batismo. A morte do metropolita Macário em 1563 removeu a última influência moderadora sobre o tsar. Ivã passou a desconfiar de muitos dos grandes boiardos, os quais ele suspeitava serem desleais às suas políticas e talvez até à sua pessoa. Ele mandou executar ou exilar diversos deles. Muitos deles, ele alegou, haviam relutado em apoiar seu jovem filho como herdeiro do trono durante a sua doença em 1553. Em dezembro de 1564, Ivã deixou repentinamente o Kremlin, levando consigo apenas sua família, seus criados imediatos e de confiança e o tesouro. Primeiro ele foi para o sul, para um dos pequenos palácios suburbanos, e depois dirigiu-se ao nordeste, contornando a cidade e detendo-se em Aleksandrovo, uma pequena cidade algumas centenas de quilômetros a nordeste de Moscou. Ali ele ficou várias semanas, sem qualquer comunicação com a capital. Ele então enviou um mensageiro a Moscou com um anúncio que deve ter atingido a população como um raio. O tsar de toda a Rússia anunciou que estava zangado com a traição e as maldades dos boiardos e que abdicava do trono. Somente o povo de Moscou foi poupado das suas suspeitas: dele o tsar não sentia raiva. Após alguns dias, o povo e os boiardos, liderados pela Igreja, enviaram uma delegação a Aleksandrovo, suplicando que ele mudasse de ideia. Ivã consentiu e retornou a Moscou.

A viagem invernal de ida e volta para Aleksandrovo foi o início de cinco anos de carnificina e tumulto, o período que marcou Ivã para as gerações seguintes como "o Terrível". A primeira parte do famoso filme de Sergei Eisenstein de 1944 sobre Ivã termina exatamente nesse momento, a petição do povo em Aleksandrovo. O retrato traçado por Eisenstein é notoriamente ambíguo e os historiadores nunca pararam de debater as políticas e a personalidade de Ivã. Alguns até afirmaram que ele era paranoico, mas os indícios são insuficientes para analisar sua personalidade. Só sabemos o que ele fez, não seus pensamentos e sentimentos íntimos.

Ao retornar de Aleksandrovo, Ivã dividiu o país e o Estado em duas partes e reservou a renda e administração do Norte, Novgorod e grande parte da

Rússia central para si mesmo, a "Oprichnina".[2] A Oprichnina era um reino à parte dentro do Estado, com uma Duma de boiardos separada e um Exército próprio. O restante do país foi deixado aos boiardos e à velha Duma boiarda. A Oprichnina foi em parte uma medida militar e serviu para Ivã como base política para atacar os boiardos que ele considerava desleais. Execuções sucediam a torturas medonhas e comunidades inteiras, como os proprietários rurais da região de Novgorod, foram mandadas para o exílio na fronteira do Volga. Os protestos da Igreja foram vãos e, em 1568, Ivã mandou depor o metropolita Filipe e logo depois executá-lo. Clérigos obedientes foram nomeados no seu lugar e no dos seus defensores. Até alguns líderes da Oprichnina acabaram executados e finalmente, em 1570, Ivã executou quase 2 mil pessoas em Novgorod, incluindo nobres e citadinos. Então, tão subitamente como tinha começado, ele encerrou toda a política em 1572, proibindo até que se usasse o nome Oprichnina.

Após o fim da Oprichnina, a política interna da Rússia esteve relativamente calma, interrompida apenas por episódios bizarros como a abdicação temporária de Ivã em 1575 em prol de Semen Bekbulatovich, um descendente dos *khans* de Astrakhan que se convertera à Ortodoxia, ou a morte do herdeiro de Ivã, Ivã Ivanovich, em 1581. A história, talvez verdadeira, foi que o tsar Ivã bateu no seu filho num acesso de cólera e o herdeiro morreu na hora. Mais para o final da sua vida, Ivã redigiu longas listas de suas vítimas e enviou generosos presentes aos grandes mosteiros com ordens para rezar pelas almas daqueles que tinham perecido por ordem sua. A guerra na Livônia estagnara, mas em 1580 Stefan Bathory, recém-eleito rei da Polônia, conseguiu expulsar os russos e dividiu a Livônia com a Suécia. A única vitória de Ivã foi o fracasso subsequente de Bathory em tomar Pskov depois de um longo cerco.

Em 1584 Ivã morreu enquanto jogava xadrez no palácio do Kremlin. Ele não tinha ganho nada com a guerra livoniana a não ser um país arruinado pela taxação excessiva que financiara uma guerra fracassada. Seus sucessos anteriores foram ofuscados pela desordem e carnificina dos anos da Oprichnina, embora suas conquistas no Volga tenham permanecido como uma aquisição definitiva e crucial. Nos anos finais da vida de Ivã, outra expedição bastante diferente ampliou a Rússia ainda mais. Em 1582-1583 o cossaco Yermak, talvez financiado pelos Stroganovs e não pelo próprio Ivã, adentrou a Sibéria Ocidental cruzando os Urais e seguiu os rios até a

---

2   Do russo antigo *oprich'*, que significa "distinto" ou "separado".

capital do canato tártaro da Sibéria. Ali, alguns milhares de tártaros reinavam sobre outros povos nativos dos Urais e das regiões subárticas. Yermak tomou a cidade, estabeleceu perto dali um forte russo que se chamaria Tobol'sk e proclamou o domínio russo em nome do tsar. Ivã e seus sucessores organizaram-se rapidamente para mandar uma pequena guarnição e um governador, e o terço ocidental da Sibéria passou a lhes pertencer. Agora a Rússia estendia-se para leste na longitude da atual Karachi e, na década de 1640, novas explorações e conquistas levaram a Rússia até o oceano Pacífico. A verdadeira importância disso tudo estava num futuro distante, mas por enquanto significava provisões aparentemente inexauríveis de zibelina e outras peles para vender aos holandeses e ingleses, com grandes lucros para os mercadores russos setentrionais e o tesouro do tsar.

O TEMPO DE DIFICULDADES

Quando Ivã morreu, o país estava recuperando-se lentamente dos desastres dos últimos 25 anos do seu reinado. Ele tinha dois filhos ainda vivos, Fyodor, o mais velho, de Anastásia, e Dmitri (nascido em 1582) da sua quarta esposa, Maria Nagaia. Fyodor, que aparentemente era limitado tanto nas capacidades quanto na saúde, era casado com Irina Godunov, irmã de Boris Godunov, um boiardo que, graças à Oprichnina, havia ascendido de origens modestas na classe fundiária. Com a acessão do seu cunhado ao trono, Boris agora tinha condições de tornar-se a personalidade dominante em torno do tsar. Antes, porém, ele teria de se livrar dos poderosos boiardos rivais que viram uma oportunidade de restaurar seu poder na corte. De fato, no início do reinado de Fyodor, praticamente todo clã boiardo que tinha sofrido sob o domínio de Ivã retornou à Duma, se ainda não o havia feito antes. Boris não perdeu tempo para marginalizá-los um a um e empurrar alguns deles para o exílio. Seu segundo problema era a presença do tsarévitche Dmitri, pois Fyodor e Irina tiveram somente uma filha, que morrera na infância. Boris havia trazido médicos dos Países Baixos para examinar Irina, mas a iniciativa fora em vão. Portanto, após a morte de Fyodor, o trono passaria presumivelmente para Dmitri, mas em 1591 ele faleceu, supostamente porque se esfaqueou por acidente com uma espada de brinquedo enquanto brincava. Essa foi a conclusão da investigação oficial. Naturalmente, persistiu o rumor de que Boris havia secretamente ordenado o assassinato do garoto, e o mistério continua sem solução até hoje. Certamente, a morte de Dmitri tornou possível tudo o que aconteceu depois.

Em 1598 morreu o tsar Fyodor. Seu reinado tivera um sucesso modesto sob a orientação de Godunov. Uma guerra curta com a Suécia recuperou o território originalmente russo no golfo da Finlândia perdido na Guerra Livoniana. Esse resultado não gerou ganhos na própria Livônia, mas pelo menos a Rússia estava de volta ao *status quo* pré-1558. O governo de Godunov também reforçou a posição da Igreja ao convencer os patriarcas ortodoxos gregos não somente a reconhecer a autocefalia da Igreja russa, mas também a dar ao metropolita de Moscou o título de patriarca em 1588-1589. A longo prazo, foram muito mais consideráveis, e até funestas, as mudanças na sociedade rural russa. Apesar da abertura de novas terras no Sul e do comércio florescente, a Rússia adquiriu uma nova e fatídica instituição, a servidão do campesinato. Praticamente todos os camponeses do Centro e Noroeste da Rússia perderam sua liberdade pessoal no final do século XVI e tornaram-se servos da classe fundiária, dos boiardos e da pequena nobreza, bem como da Igreja. Os detalhes da condição de servo nunca foram definidos no Direito russo, exceto pela disposição de que seus proprietários podiam recapturá-los se fugissem. De início, esse direito do proprietário só podia ser exercido por alguns anos, mas a partir de 1649 ele tornou-se perpétuo. Outras relações entre senhor e servo pertenciam ao âmbito do costume. Os camponeses pagavam renda como faziam antes, em espécie ou em dinheiro, mas os serviços braçais também se tornaram quase universais por algum tempo. Felizmente para os camponeses, a maioria dos senhores estava longe, nas cidades ou mesmo em Moscou, e somente os grandes boiardos podiam custear numerosos intendentes para as suas propriedades. A ausência de senhores residentes permitia à comunidade aldeã administrar os pagamentos e serviços por si mesma, assim como a maioria dos outros assuntos. Não obstante, os servos ficavam à mercê do senhor sempre que este decidia exercer seu poder. No Norte e nas fronteiras oriental e meridional, onde havia poucos ou nenhum proprietário rural, os camponeses – cerca de 25% do campesinato russo – ainda eram livres, mas mesmo lá eles tinham receio do futuro.

Com a morte de Fyodor, Boris estava determinado a tomar a totalidade do poder. A morte de todos os herdeiros de Ivã havia extinto a dinastia que reinara desde a época do príncipe Vladimir de Kiev. Havia outros príncipes da linha de Rurik, mas em vez de esmiuçar a genealogia e encontrar um herdeiro, a elite russa preferiu eleger um novo tsar. O patriarca convocou uma Assembleia da Terra, que incluía os boiardos, o alto clero e representantes da nobreza provincial e dos mercadores de Moscou. Havia vários candidatos possíveis entre os boiardos, incluindo o clã Romanov, boiardos proeminentes há dois séculos e parentes da primeira esposa de Ivã, o Terrível, Anastásia, e do tsar Fyodor. Mas Boris conseguiu angariar apoio suficiente na Duma, na Igreja e em outros círculos para promover sua própria candidatura, e logo a Assembleia da Terra proclamou Boris Godunov como tsar de toda a Rússia.

Essa vitória viria a ser inútil. Uma das primeiras medidas do tsar Boris foi exilar os Romanovs e seus aliados. Ele ordenou que Fyodor Nikitich, o Romanov mais velho, fizesse os votos monásticos, removendo-o da política, e também forçou a esposa de Fyodor a entrar para um convento. Logo a Duma consistia apenas nos parentes e clientes de Boris e alguns poucos demasiado tímidos ou acovardados para resistir. Talvez Boris pudesse ter esperado passar as intrigas palacianas para depois restaurar uma corte mais harmoniosa, mas ele não teve a oportunidade. No início da década de 1600 a fome atingiu o país, criando sofrimento e tumultos, e começou a ficar difícil controlar os camponeses livres e cossacos da fronteira meridional. Então um novo elemento chegou na pessoa de Grishka Otrep'ev, um monge oriundo de uma família de pequenos proprietários rurais que perdera a batina e alegava ser o tsarévitche Dmitri milagrosamente preservado da morte e escondido desde 1591. Otrep'ev tinha ido para a Polônia alguns anos antes e contado a mesma história lá, onde convenceu o poderoso magnata Jerzy Mniszech das suas chances de sucesso e recebeu a filha de Mniszech, Marina, em casamento. Otrep'ev reuniu um Exército de nobres poloneses descontentes com seu rei e prontos para a aventura, que adentrou a Rússia no final de 1604. De início ele teve pouco sucesso, a não ser entre parte do campesinato local e dos cossacos, os quais inspirou a juntarem-se a ele. Boris enviou um Exército para capturar o pretendente, mas no início de 1605 os comandantes do exército passaram para o lado do Falso Dmitri, como ele ficou conhecido dali em diante. Boris ainda tinha vários recursos à sua disposição, mas sua morte repentina mudou tudo. O caminho para Moscou estava aberto e Grishka Otrep'ev entrou no Kremlin em junho de 1605 como tsar Dmitri, com um séquito de poloneses e o apoio de muitos boiardos russos e dos cossacos. Mais tarde, a história de Boris levaria Púchkin e Mussorgsky a grandes alturas artísticas, mas para os contemporâneos seu reinado inaugurou uma década e meia de guerra e tumulto – o Tempo de Dificuldades.

O Tempo de Dificuldades (*smuta*, ou "confusão" em russo) resultou da aceleração e violência inabitual das batalhas faccionais na corte do tsar após a morte de Ivã IV, combinadas com as rebeliões dos cossacos e camponeses. Essas revoltas agrárias centravam-se na fronteira meridional, visto que os novos colonos vinham principalmente de aldeias do interior, onde o campesinato havia recentemente caído em servidão. No Sul, o campesinato e os cossacos ainda eram livres, mas tinham motivo para temer que a servidão logo os alcançasse. Para piorar as coisas, grande parte da nova aristocracia de proprietários rurais no Sul, instalada ali para fornecer cavalaria na fronteira, estava igualmente descontente, temerosa de ser degradada ao nível do campesinato e convencida de que a política do Estado favorecia os boiardos em detrimento deles. Esses dois conflitos no topo e na base da sociedade russa não foram os únicos efeitos do Tempo de Dificuldades, pois o resultado dos acontecimentos iniciais foi um colapso geral da ordem na sociedade russa. O governo central perdeu o controle da situação e as províncias foram deixadas à própria sorte. Algumas escolheram obedecer aos governadores enviados de Moscou, outras não. Os governadores logo perceberam que, mesmo com algum apoio local, eles estavam entregues a si mesmos, improvisando da melhor forma que podiam. Uma grande quantidade de bandos armados começou a percorrer o país, incluindo alguns poloneses e ucranianos que tinham vindo para a Rússia com Dmitri e alguns cossacos russos, muitos dos quais eram apenas bandidos locais. Os diversos governos de curta duração em Moscou tentaram reunir um Exército viável para controlar a situação, mas em vão.

O reinado do "tsar Dmitri" foi curto. Dentro de um ano a população de Moscou rebelou-se e tomou de assalto o Kremlin, fez o pretendente em pedaços e matou muitos dos seus seguidores. Eles queimaram o corpo e dispararam os despojos de um canhão apontado para a Polônia. Marina salvou sua vida escondendo-se debaixo das saias de uma das suas damas de companhia, mas foi logo capturada. O príncipe Vassíli Shuiskii e outros boiardos estavam por trás do motim e o próprio Vassíli ascendeu ao trono em maio de 1606. A tomada da Coroa por Vassíli Shuiskii com o apoio de somente um pequeno grupo de boiardos só fez agravar o caos, pois uma vasta rebelião camponesa em oposição a ele engolfou o Sul do país, e novos pretendentes surgiram. Depois que Vassíli conseguiu derrotar os camponeses no ano seguinte, o "ladrão de Tushino", outro pretendente, fixou residência na aldeia de mesmo nome a oeste de Moscou e sitiou a capital. Marina Mniszech e seu pai apareceram no acampamento de Tushino e fingiram reconhecê-lo como o verdadeiro tsar Dmitri, mais uma vez milagrosamente salvo da morte. O ladrão de Tushino já não era mais um simples rebelde camponês, pois tinha o apoio de vários regimentos poloneses e havia atraído boa quantidade de boiardos russos para o seu campo. A elite estava dividida novamente e, para piorar as coisas, o rei Sigismundo da Polônia apareceu diante de Smolensk com um numeroso Exército. O tsar Vassíli

Shuiskii, desesperado, recorreu à Suécia, firmando em 1609 um tratado que lhe dava o Exército mercenário que ele queria, mas sob comando sueco, porém cedia o território russo no golfo da Finlândia ao seu novo aliado. Os poloneses derrotaram os russos e o Exército mercenário sueco, que passou para o lado de Sigismundo. O regime de Shuiskii ruiu em 1610 e sete dos boiardos formaram um governo interino em Moscou. Nesse ponto, grande parte dos boiardos e da aristocracia, ao perceber a força da Polônia, decidiu apoiar a candidatura do filho de Sigismundo, Wladyslaw, ao trono russo. As negociações com o rei da Polônia tornaram-se cada vez mais difíceis para os boiardos russos e alguns deles começaram a opor-se às condições impostas pelo rei. Sigismundo retrucou jogando-os na cadeia. O Exército polonês ocupou Moscou enquanto a anarquia reinante atingiu seu nadir. O Exército do rei só fez juntar suas forças aos já numerosos bandos de soldados poloneses que vagavam pelo campo, competindo pelo butim com um número cada vez maior de cossacos russos, rebeldes camponeses e simples bandidos. Para a população, era difícil distinguir esses bandos, pois seus objetivos e métodos eram essencialmente os mesmos. Em muitas regiões os habitantes fugiram para as florestas ou ainda mais longe à procura de segurança.

Certas áreas do país resistiram ao regime apoiado pela Polônia. O mosteiro da Trindade preferiu suportar meses de cerco a reconhecer a nova ordem em Moscou. O Volga e o Norte começaram a juntar-se por incentivo da Igreja. Em Nizhnii Novgorod e outros lugares, o mercador Kuzma Minin e a aristocracia local formaram um Exército de voluntários e um governo provisório. No verão de 1612, o Exército, sob o comando do príncipe Dmitri Pozharski, estava forte o bastante para avançar sobre Moscou, e em outubro eles derrotaram os poloneses diante das muralhas da cidade. Pouco depois eles conseguiram entrar no Kremlin e, enquanto a guerra e a anarquia ainda corriam soltas, os líderes do Exército, os boiardos remanescentes e o alto clero convocaram uma Assembleia da Terra para escolher um novo tsar. Eles rejeitaram novamente o princípio dinástico em prol do consenso da elite e da população como um todo. Os cossacos foram particularmente ativos e a escolha recaiu sobre o jovem Michael Romanov, de 16 anos, filho de Fyodor Romanov, antigo inimigo de Boris Godunov, que havia se tornado o monge Filareto. O tsar Michael foi coroado em julho de 1613. Como seu pai Filareto estava preso na Polônia, a liderança do novo governo coube à mãe de Miguel, a freira Marfa, e aos parentes e favoritos dela, além dos boiardos que haviam finalmente decidido apoiar Minin e Pozharski. Foram necessários mais cinco anos para derrotar os poloneses e expulsar os suecos de Novgorod e do Noroeste. No Sul a rebelião só recuou lentamente. A esposa do primeiro Falso Dmitri, Marina, aliou-se com o chefe cossaco Ivã Zarutskii e os dois aterrorizaram a região do baixo Volga por anos, até que o Exército do novo tsar finalmente os derrotou e executou Zarutskii. Marina morreu na prisão pouco tempo depois. A sociedade russa fora esmagada, Smolensk perdida para a Polônia e a costa russa do golfo da Finlândia cedida para a Suécia em Stolbovo em 1617. Imensas áreas estavam devastadas e despovoadas. O Tempo de Dificuldades, no entanto, havia passado, e uma nova era começou.

capítulo 4

CONSOLIDAÇÃO E REVOLTA

O fim do Tempo de Dificuldades trouxe paz para a Rússia e uma nova dinastia de tsares, que permaneceria no trono até 1917. As décadas que sucederam ao Tempo de Dificuldades viram a restauração da ordem social e política que havia existido antes, de forma que a Rússia tinha basicamente o mesmo aspecto do dia em que a Assembleia da Terra elegera Boris Godunov como tsar. Porém, sob a superfície de costumes e instituições restauradas, antigas tendências ganharam velocidade e novos avanços surgiram. A servidão proporcionou uma estrutura rígida que determinava a vida da maioria dos russos e desacelerava, mas não impedia, mudanças e crescimento na economia. No outro extremo da sociedade russa, na corte e entre o alto clero, estavam acontecendo mudanças no sentimento religioso e na cultura que teriam efeitos profundos.

O crescimento populacional acelerado implicava mais prosperidade e também tornou possível para a Rússia absorver e preservar as novas aquisições na Sibéria e nas estepes meridionais. A integração crescente com os mercados europeus florescentes trazia riqueza para os mercadores e citadinos. A reconstrução do governo não se limitava à restauração do velho sistema e das velhas instituições. O aparato capenga dos escritórios do Estado em Moscou conseguia mais ou menos manter controle sobre um território imenso e uma população indisciplinada. O controle, no contexto russo, era sempre uma questão relativa, pois esse foi também o século "revoltoso" da história russa, não apenas com o Tempo de Dificuldades, mas com levantes urbanos em Moscou e outras cidades, a primeira grande revolta de cossacos e camponeses do lendário Stenka Razin e as revoltas politicamente cruciais dos mosqueteiros no final do século. Cada vez, todavia, as autoridades acabavam restaurando a ordem e, após 1613, o Estado não ruiu.

A longo prazo, ainda mais importantes que o crescimento econômico ou o sucesso político foram as mudanças culturais. Elas são difíceis de descrever porque carecem da dramaticidade da transformação posterior sob as ordens de Pedro e ainda estavam todas contidas nos limites de uma cultura predominantemente ortodoxa. Essas mudanças dentro da ortodoxia representaram uma reação às necessidades religiosas, sociais e políticas russas, mas ocorreram por via da interação estreita com a Igreja ortodoxa de Kiev, com monges e clero majoritariamente ucranianos e com os livros e novas ideias que eles traziam para Moscou. Durante meio século, dos anos 1630 aos 1690, Kiev foi um centro capital de influência sobre o pensamento e a vida russa. Ao mesmo tempo, acontecimentos políticos na Polônia – a revolta dos cossacos ucranianos – levaram a Rússia à guerra com a Polônia e acabaram por alterar o equilíbrio político no Leste Europeu a favor da Rússia. Durante a maior parte do século XVII, a política e cultura da Polônia e dos seus povos foram cruciais para os assuntos russos.

Nenhum desses acontecimentos era visível nos anos imediatamente seguintes a 1613 na corte do primeiro Romanov, o tsar Michael (1613-1645). Michael reinstituiu as nomeações para a Duma e outros cargos segundo o sistema de precedência, como fizeram seus predecessores. A corte não era exatamente a mesma, pois a experiência do Tempo de Dificuldades parece ter ensinado aos boiardos a necessidade de consenso, e durante 60 anos as intrigas da corte perderam o caráter de desesperada e assassina que marcara o século anterior. Filareto, o pai de Michael, retornou do cativeiro na Polônia em 1619 e foi imediatamente nomeado patriarca da Igreja. Dentro de poucos anos ele era o regente *de facto* da Rússia, cossoberano com seu filho. O principal objetivo do patriarca Filareto era vingar-se da Polônia, um objetivo de que os boiardos não compartilhavam. Por insistência sua, em 1632 a Rússia tentou retomar Smolensk ao recorrer a regimentos mercenários contratados na Europa Ocidental. A guerra foi um desastre e em 1633 Filareto morreu, permitindo que o tsar e os boiardos pusessem fim à guerra. O tsar Michael, reinando agora sem a supervisão do pai, voltou-se para outros assuntos.

A restauração da ordem e da paz permitiu que o campo se recuperasse e, na época da morte de Michael, a maior parte dos danos provocados pelo Tempo de Dificuldades havia sido reparada. A grande realização do seu reinado foi a construção de várias linhas de fortes nos principais vaus dos rios e nos montes ao longo da fronteira meridional. Nas florestas entre os fortes, trabalhadores derrubavam árvores e deixavam-nas emaranhadas para afastar a cavalaria tártara. As defesas eram uma empreitada colossal que cobria mais de 1,5 mil quilômetros, da fronteira com a Polônia até os Urais. A finalidade era afastar os saqueadores tártaros, e funcionou bem o suficiente para permitir que o campesinato e a aristocracia se deslocassem para o sul, cultivando pela primeira vez a fértil terra preta da estepe em grandes contingentes. O tsar deu terras aos colonos-soldados para manter a linha de fortificações. Toda uma sociedade de pequena aristocracia e soldados-camponeses surgiu ao longo da linha de fortes, e além da nova linha, diante dos tártaros na estepe aberta, havia os cossacos às margens dos rios meridionais, o Don, o Volga e o Iaik mais a leste. Cem anos depois das conquistas de Ivã o Terrível, a estepe meridional finalmente começou a contribuir para a riqueza e o poder da Rússia.

O século XVII também foi o primeiro século inteiro de servidão, mas a agricultura e a população da Rússia recuperaram-se rapidamente do Tempo de Dificuldades, e o comércio floresceu. A reocupação de áreas devastadas pelo Tempo de Dificuldades trouxe a agricultura de volta para alimentar uma população em crescimento e, ao longo do século, apesar de um aumento geral dos preços e da demanda crescente na Europa, os preços dos alimentos na Rússia permaneceram praticamente inalterados. Sabemos pouco sobre a vida do camponês russo nesse século além desses fatos mais amplos, mas parece que a comunidade aldeã conhecida desde épocas remotas havia assumido uma forma definitiva no final do século. Os camponeses detinham a terra dos seus senhores na forma de aldeia e eles mesmos administravam a distribuição de terras entre as famílias. A produção manufatureira aumentou e difundiu-se, não apenas nas cidades mas até nas aldeias, e, no final do século, homens que tinham a condição jurídica de servos camponeses começaram a entrar para as fileiras dos mercadores e empreendedores. A Sibéria foi submetida ao controle russo mais efetivo que jamais teria e sua fronteira com a China foi definida em 1689 por tratado, seguindo o rio Amur. Todo ano uma caravana de produtos chineses de extensão modesta vinha para Moscou, mas ao longo do tempo o comércio anual trouxe lucros tanto para os mercadores quanto para os tsares.

O crescimento da população, do comércio e do Estado fez que Moscou se tornasse rapidamente uma cidade importante. Em meados do século XVII, ela continha dentro de suas muralhas talvez 100 mil habitantes. Metade dos moscovitas faziam parte do Exército ou do complexo do palácio: os soldados dos regimentos de elite de mosqueteiros (cerca de 10 a 15 mil) e suas famílias, além dos criados e dependentes da família do tsar. Esses criados do palácio formavam bairros inteiros que forneciam ao tsar tecido e prataria, cuidavam das suas centenas de cavalos e cozinhavam a comida para os seus banquetes gigantescos. Muitos milhares de moscovitas eram servos dos grandes aristocratas. Os mais ricos dentre eles tinham, por volta de 1650, várias centenas de servos nas suas residências de Moscou. A outra metade dos habitantes da cidade constituía a verdadeira população urbana, os grandes mercadores e incontáveis artesãos de todos os tipos, além do clero, trabalhadores assalariados, pedintes e toda a variedade de gente que povoava uma grande cidade. Todos eles viviam em ruas estreitas e sinuosas ladeadas de casas de madeira que tornavam a cidade vulnerável a incêndios frequentes. Somente as igrejas mais importantes eram de pedra, e apenas os boiardos e uns poucos grandes oficiais ou mercadores construíam casas de pedra ou tijolo. Essas casas maiores estavam localizadas no fundo de pátios cercados por altas cercas de madeira e lotados de estábulos e armazéns, recheados de comidas e bebidas trazidas do campo pelos servos do senhor. Os boiardos construíam suas casas de acordo com a forma russa tradicional e não com as normas arquitetônicas europeias, e dividiam-nas em aposentos separados para mulheres e homens.

Para fora dos muros da cidade, a Nordeste, ficava todo um assentamento de estrangeiros, o "subúrbio alemão", composto de mercadores, oficiais mercenários e os muitos outros que atendiam às suas necessidades. Estabelecido em 1652 por iniciativa da Igreja, que temia a corrupção estrangeira, o subúrbio alemão era uma pequena réplica da Europa Setentrional, com uma igreja luterana de tijolo dotada de uma flecha pontuda e ruas regulares com casas de tijolo, tavernas e uma escola. Os "alemães" (que também incluíam holandeses, ingleses e escoceses) eram os estrangeiros mais numerosos e que acabariam por ser os mais importantes, mas Moscou era uma cidade bastante cosmopolita. Os monges e sacerdotes ucranianos que residiam nas igrejas e mosteiros de Moscou traziam à Rússia uma nova variante da ortodoxia. Os gregos também tinham o seu próprio mosteiro e mercadores gregos misturavam-se com armênios e georgianos do Cáucaso. Povos mais exóticos vinham das fronteiras meridionais e mais a leste: circassianos que serviam o tsar, *kalmuks* e basquírios que traziam imensas tropas de cavalos todo ano para vender, tártaros de toda espécie e até "tadjiques", os mercadores de Khiva e Bukhara na longínqua Ásia Central.

A prosperidade econômica caminhava de mãos dadas com a recuperação e o desenvolvimento do Estado. No final do século, várias centenas de funcionários eram empregados nas dezenas de escritórios que tentavam administrar o vasto território russo. Eles haviam desenvolvido procedimentos e práticas complexas, mantinham registros dos decretos do tsar que definiam suas ações e registravam suas próprias decisões em incontáveis rolos de papel armazenados nos arquivos. Como a maioria dos primeiros Estados modernos, a administração russa concentrava-se na arrecadação de impostos, na administração da justiça e (quando necessário) no recrutamento militar. Nas condições russas, tratava-se de tarefas intimidantes. Para arrecadar impostos dos camponeses, Moscou procurou descobrir e registrar quanta terra cada família de camponeses tinha e qual era sua qualidade. As autoridades centrais tinham recursos para recensear a população com finalidades fiscais a cada 15 ou 20 anos no máximo, e mesmo assim não da maneira mais eficiente. Dada a escassez de administradores locais, Moscou enviava seus oficiais a alguns centros distritais e contava com a aristocracia e os anciões das aldeias para fornecer informações sobre cada aldeia e família. É óbvio que todos, proprietários rurais ou camponeses, tinham interesse em subestimar seus bens, e os oficiais só conseguiam verificá-los nos casos mais óbvios de evasão. Mais uma vez, eram os anciões das aldeias que efetivamente recolhiam os impostos, muitos dos quais ainda eram pagos em espécie. A única fonte segura de renda era o imposto sobre as vendas e o monopólio do tsar sobre a venda de vodca e outras bebidas alcoólicas, segura porque era arrecadada em cidades e mercados, e muitas vezes arrendada a mercadores e outros empreendedores.

As tentativas de administrar a justiça também encontravam dificuldades. A Rússia antes de Pedro não era um país sem lei sob um regime arbitrário, como costumavam retratá-la os liberais de épocas posteriores. Na verdade, os funcionários dos escritórios de Moscou que administravam justiça erravam tanto quanto ou mais por pedantismo jurídico do que por arbitrariedade. Eles seguiam o Código de Direito de 1649, que circulava também nas províncias, entre os oficiais e a nobreza. O maior problema era que os escritórios de Moscou (e depois o tsar) constituíam os únicos tribunais de verdade na maioria dos casos, e os governadores e oficiais provinciais atuavam muito mais como investigadores que como juízes. A vida desses governadores não era fácil e, na investigação de casos criminais, eles e seus poucos subordinados dependiam fortemente de interrogar os vizinhos do acusado e da vítima para encontrar provas. Os governadores provinciais eram incumbidos de administrar áreas do tamanho de pequenos países europeus com um punhado de assistentes e nenhuma Força Armada efetiva. Era somente para as fronteiras distantes que Moscou enviava homens e soldados suficientes para gerir as coisas com eficiência e manter a ordem. Os governadores locais e os escritórios centrais tentavam proporcionar um tribunal de primeira instância para litígios de propriedade fundiária e decisões acerca de crimes de maior importância, mas a falta de funcionários fora de Moscou e de algumas poucas capitais provinciais nas fronteiras forçava o governo a contar com a cooperação dos habitantes locais, o que levava a resultados dúbios. Mesmo com pessoal extra, as fronteiras longínquas ainda eram difíceis de controlar, o que tinha amiúde consequências desastrosas.

Com a morte de Michael em 1645, os boiardos e o clero logo aclamaram seu filho mais velho, Aleksei, como seu sucessor. Mais uma vez, o tsar era jovem, apenas 16 anos de idade, pois tinha nascido em 1629. A constelação de boiardos em torno dele na corte determinou o curso dos acontecimentos pela primeira década, aproximadamente. Em pouco tempo o tsar Aleksei casou-se com Maria, filha de Ilya Miloslavskii, um aliado do tutor do jovem tsar, o poderoso boiardo Boris Morozov, que, por sua vez, se casou com a irmã de Maria, consolidando sua posição na corte e sua influência sobre o jovem tsar. Os planos fiscais de Morozov, que envolviam substituir os impostos habituais sobre as vendas por um imposto elevado sobre o sal, logo geraram uma crise. Em julho de 1648, os moscovitas amotinaram-se, mataram vários boiardos e funcionários proeminentes e pediram a cabeça de Morozov. Aleksei conseguiu salvá-lo e a agitação acalmou-se. Parte do compromisso resultante foi uma nova Assembleia da Terra, desta vez para confirmar um novo código de Direito, e em 1649 as prensas publicaram a primeira compilação de leis da Rússia, o Código Conciliar de 1649. Morozov retornou à corte, mas era Ilya Miloslavskii, o sogro de Aleksei, um homem que o tsar mais temia que amava, quem predominava. Logo Miloslavskii encontrou um rival no patriarca Nikon, que ascendeu ao trono patriarcal em 1652. Nikon viria a lançar mudanças na Igreja que acabariam por levar a um cisma, mas seu papel político fora da Igreja não fora menos importante. Isso porque a Rússia já enfrentava uma nova crise, e dessa vez era uma crise estrangeira.

A Rússia não estava sozinha na defesa da sua fronteira meridional com bandos de cossacos. A Polônia-Lituânia também mantinha uma força de tropas irregulares no rio Dnieper diante dos crimeanos. Os cossacos instalaram-se além da fronteira, nas ilhas abaixo das corredeiras (Zaporozh'e). Esses cossacos eram em sua maioria camponeses ucranianos na origem e, portanto, de religião ortodoxa. Eles haviam ido para a fronteira tal como os cossacos russos fugiam da servidão no seu país, mas nesse caso eles fugiam também da opressão religiosa, pois a Polônia, geralmente tolerante, não estendia esse favor aos ortodoxos. A submissão da hierarquia ortodoxa da Polônia--Lituânia a Roma em 1596 havia formado uma nova Igreja católica uniata sobre a base da Igreja ortodoxa anterior. O rei declarou ilegal a ortodoxia, confiscou edifícios e bens da Igreja ortodoxa e entregou-os aos uniatas. Em 1632 o novo rei da Polônia reverteu parcialmente a política de seu pai e declarou um compromisso, permitindo um metropolitanato ortodoxo em Kiev e o culto ortodoxo em certas regiões. O compromisso não foi suficiente, pois os camponeses ucranianos caídos em servidão enxergavam seus senhores majoritariamente poloneses como opressores religiosos e sociais. Então, no inverno de 1648, os cossacos ucranianos elegeram um novo *hetman* (hetmã), ou comandante, sem a aprovação do rei. O novo *hetman*, um nobre menor chamado Bohdan Khmel'nyts'kyi, e sua hoste de cossacos começaram a deslocar-se para noroeste fora de Zaporozh'e, proclamando a libertação da opressão religiosa e de outros tipos. O Exército polonês, arregimentado às pressas, foi completamente aniquilado e as terras ucranianas explodiram em revolta; camponeses e cossacos matavam e expulsavam a aristocracia polonesa, os uniatas e os judeus.

Khmel'nyts'kyi conseguiu derrotar o Exército do rei no campo de batalha, mas ele sabia que em breve precisaria de aliados. De início ele aliou-se à Crimeia, mas essa aliança era difícil de manter, pois os interesses das duas partes diferiam em demasia. O hetmã voltou-se para o tsar Aleksei e suplicou que apoiasse seus irmãos ortodoxos. Essa mensagem não foi bem-vinda em Moscou. Os emissários dos cossacos ucranianos chegaram logo após o motim de 1648 em Moscou, e nem Aleksei nem os boiardos tinham vontade alguma de apoiar rebeldes camponeses nos países vizinhos. Além disso, o tsar Michael (nos seus últimos anos) e seu filho Aleksei estavam tentando chegar a um acordo com a Polônia para formar uma aliança contra os crimeanos. Aleksei hesitou por cinco anos, oferecendo promessas vagas aos cossacos e enviando mensagens de paz ao rei da Polônia. Na primavera de 1653, o hetmã mandou mais uma embaixada a Moscou e ofereceu a Aleksei a soberania sobre a hoste dos cossacos ucranianos. Dessa vez o tsar concordou, aparentemente persuadido pelo patriarca Nikon. Pouco tempo depois, em janeiro de 1654, uma embaixada do tsar assinou em Pereiaslav, na Ucrânia, um acordo com o *hetman* para pôr os cossacos e o território deles "sob sua soberania", ao mesmo tempo que afirmava a autonomia recém-conquistada por eles, agora dentro da Rússia. No acordo a Rússia também se comprometeu a travar uma guerra com a Polônia, a qual redefiniu fundamentalmente o equilíbrio do poder no Leste Europeu.

A guerra duraria 13 anos, até 1667. Aleksei tinha um novo Exército, pois havia contratado oficiais ocidentais para formar regimentos de soldados russos nos moldes europeus. Nos primeiros anos da guerra, o Exército russo recapturou rapidamente Smolensk e prosseguiu até Wilno. Depois de um vaivém considerável e da morte de Khmel'nyts'kyi em 1656, a Rússia e a Polônia assinaram um tratado em 1667. A Polônia recuperou a maior parte do seu território; apesar disso, o tratado foi uma nítida vitória russa: Smolensk permaneceu russa e a Ucrânia a leste do Dnieper com a cidade de Kiev continuou a constituir um hetmanato autônomo sob o poder do tsar. Embora nem os russos ainda não tivessem percebido, a época da Polônia como a grande potência do Leste Europeu havia acabado, pois a revolta dos cossacos e a guerra haviam causado estragos demasiados ao tecido social e político do Estado polaco-lituano. Sua economia e população estagnaram pelos próximos cem anos, deixando o caminho aberto para a Rússia.

A Rússia não escapara totalmente ilesa. A guerra havia levado a uma adulteração da moeda de prata com moedas de cobre, o que levou o povo de Moscou a protestar na "Revolta do Cobre" de 1662. O tsar foi obrigado a convocar os regimentos de infantaria de estilo novo comandados por mercenários estrangeiros para restaurar a ordem. Muito mais grave foi a agitação no Don que estourou como a grande revolta dos cossacos de Stenka Razin em 1670. Semelhantes em alguns aspectos à revolta ucraniana, os acontecimentos russos careciam do elemento religioso e étnico; na verdade, muitos povos nativos da fronteira meridional juntaram-se a Razin. Os cossacos russos também eram mais plebeus que os ucranianos, que incluíam uma pequena aristocracia entre os seus líderes. Eles espalharam o terror na corte do tsar ao capturar Astrakhan e outras cidades do Volga e massacrar nobres e oficiais. Os Exércitos do tsar Aleksei finalmente derrotaram e capturaram Razin em 1671 e levaram-no para Moscou, onde foi executado. Como mostrou a revolta, a expansão na estepe meridional aumentou enormemente o território, o potencial agrícola, a população e o poder da Rússia, assim como as tensões na sociedade russa.

A estepe meridional e seus povos eram apenas parte do complexo mais amplo de territórios e povos que faziam cada vez mais da Rússia uma sociedade multinacional. O território perdido para a Suécia em 1619 significou a perda de alguns grupos finlandeses menores, os ingrianos e parte dos carelianos que povoavam parte do território de Novgorod desde os primórdios da história escrita. As tentativas suecas de impor a fé luterana aos carelianos ortodoxos e a chegada de senhores feudais suecos em aldeias de camponeses livres provocaram uma migração considerável através da fronteira russa para as terras em torno do lago Onega e até para o sul, em direção a Tver'. Povos fino-ugrianos de menor importância continuavam a povoar partes do Norte da Rússia, mas até 1654 os maiores povos não russos incluíam os tártaros, basquírios, *chuvash* e outros povos do Volga submetidos ao domínio russo no século XVI. Eles continuavam a viver na condição distinta de pagadores de *yasak* em vez dos impostos russos habituais. Essa condição distinta continuou depois do estabelecimento da servidão, com o resultado paradoxal que o campesinato tártaro não se tornou servil. As autoridades russas continuaram a aceitar, mas não incentivar, o Islã e não realizaram nenhuma tentativa organizada de conversão. Os conflitos eram pela terra, haja vista que camponeses russos se instalavam mais e mais entre eles, principalmente entre os basquírios, que organizaram diversas pequenas rebeliões. Mais ao sul, a chegada nos anos 1630 dos *kalmuks*, um povo budista mongol que fugia das rixas internas na sua pátria, perturbou as relações entre os nômades logo além da fronteira russa. Por serem budistas, os recém-chegados tinham relações ruins com os crimeanos e outros povos muçulmanos da região. Os *kalmuks* eram aliados importantes do tsar russo, aceitavam sua soberania geral e forneciam-lhe tropas para guerras estrangeiras e distúrbios internos. Os circassianos também eram leais, pois haviam tomado o partido do tsar contra os rebeldes de Razin.

O tratado de Pereiaslav de 1654 incorporou ao Estado russo um novo elemento na forma do hetmanato ucraniano. A hoste dos cossacos, originalmente democrática, transformou-se logo numa sociedade governada por uma elite hereditária de oficiais cossacos. Conforme o tratado de Pereiaslav, os cossacos continuaram a eleger hetmã, que por sua vez nomeava os oficiais, administrava a justiça (segundo as velhas leis polonesas), geria seu próprio tesouro e comandava o Exército cossaco, tudo isso sem consultar o tsar. Este mantinha guarnições em Kiev e outras cidades principais, cujos comandantes também exerciam controle sobre as cidades, embora estas conservassem seus governos urbanos eleitos. A Igreja ucraniana era mais complicada, pois o metropolita de Kiev não estava sob a jurisdição de Moscou, mas sim do patriarcado grego de Constantinopla, que só aceitou o patriarca de Moscou como seu chefe em 1687.

A inclusão do hetmanato ucraniano na Rússia teve efeitos dessa magnitude porque fortaleceu os laços entre Kiev e Moscou numa época em que mudanças estavam acontecendo na Igreja ortodoxa russa. Essas mudanças fizeram que a elite do clero russo adotasse modelos ucranianos de piedade, mas também deflagraram uma comoção religiosa que acabou levando ao cisma. Já na época do tsar Michael houve sintomas de renovação na Igreja. Elevaram-se vozes entre o clero reclamando que os sacerdotes russos não faziam o bastante para levar o ensinamento ortodoxo às suas congregações. Ninguém contestava a centralidade da liturgia, mas os reformadores pediam uma pregação mais sistemática e isso significava um clero mais instruído e uma literatura religiosa mais variada. À época da ascensão do tsar Aleksei ao trono, o líder da nova tendência era seu pai espiritual Stefan Vonifat'ev, e o grupo incluía Nikon, o metropolita de Novgorod, e Avvakum, sacerdote de uma aldeia da região do Volga que havia se tornado arquissacerdote de uma das principais igrejas de Moscou. Eles estavam na graça do tsar, mas até 1652 fizeram pouco progresso.

O contato intensificado com os ortodoxos em terras ucranianas havia dado aos russos novas ideias, visto que os ucranianos estavam empenhados numa batalha contínua para defender a ortodoxia, reforçando-a nos espíritos e corações dos crentes. Na Academia de Kiev, o clero ucraniano recebia um novo tipo de educação, desconhecido na Rússia, derivado de modelos jesuítas. Ela enfatizava a língua e a retórica, as artes da persuasão e a filosofia. A Academia de Kiev ensinava aos seus pupilos não somente o eslavo, mas também o latim, que ainda era a língua da erudição na Europa, tanto católica quanto protestante. Em 1649, o tsar Aleksei trouxe o primeiro grupo de monges ucranianos para Moscou para lecionar e também ajudar na edição e publicação dos textos litúrgicos e devocionais. Quando o patriarca Iosif morreu em 1652, o clero, por insistência do tsar, elegeu Nikon para substituí-lo. O patriarca Nikon assumiu com especial fervor o exame dos livros litúrgicos e começou a publicar em 1653 livros litúrgicos com textos corrigidos. Essas correções eram feitas para adequar os textos russos às versões gregas (e ucranianas), que ele considerava mais fidedignas. As novas versões também ditavam algumas mudanças nas práticas devocionais diárias, como a maneira de fazer o sinal da cruz. Durante alguns séculos, os russos o haviam feito esticando o indicador e o dedo médio (para simbolizar a natureza dual de Cristo) e dobrando os outros três, enquanto os gregos mantinham dobrados os primeiros dois dedos e o polegar (representando a Trindade). Nikon, no entanto, prescreveu a prática grega, argumentando que a versão russa ofendia a Trindade. Como a tradição russa (e a grega antiga) afirmava que o conjunto da liturgia e de todas as práticas associadas recriava o sacrifício de Cristo e não fazia simplesmente alusão a ele, essas pequenas ações tinham importância fundamental. Porém, alguns antigos aliados de Nikon no movimento de reforma sob a liderança do arquissacerdote Avvakum recusaram-se a obedecer. Avvakum relatou mais tarde que ouvira falar das mudanças durante a semana da Páscoa em 1653 e "vimos que o inverno estava a caminho – os corações congelaram e as pernas começaram a tremer". Como Avvakum insistiu na recusa de obedecer e começou a pregar contra os novos livros, Nikon e o tsar mandaram ele e seus seguidores para o exílio, o mais longe possível na Sibéria, a leste do lago Baikal.

O exílio de Avvakum e seus poucos seguidores entre o clero em 1655 pareceu pôr fim à controvérsia. As reformas da liturgia de Nikon e seu patrocínio dos professores e eruditos ucranianos em Moscou continuaram. Nikon era uma figura poderosa e uma personalidade que não tolerava nenhuma oposição ou ofensa percebida. Em 1658, um dos favoritos do tsar insultou o criado de Nikon numa recepção dada a um príncipe georgiano em visita, e Nikon anunciou que se retiraria do trono patriarcal. Ele esperava talvez uma desculpa do tsar e do boiardo em questão, mas elas não aconteceram. Nikon retirou-se para o seu recém-fundado Mosteiro da Nova Jerusalém, a oeste de Moscou, e permaneceu lá. Suas ações geraram uma crise, pois ele não havia abdicado do cargo de patriarca, mas simplesmente abandonado seus encargos. O tsar Aleksei enviou emissários para persuadi-lo que retornasse, mas ele recusou-se.

Enquanto Nikon amuava-se, o restante das autoridades da Igreja continuou a produzir novas versões dos textos com a ajuda dos ucranianos. Eles publicaram novas traduções dos pais gregos da Igreja, dessa vez trabalhando a partir das edições impressas ocidentais dos textos gregos em vez dos manuscritos bizantinos. Os ucranianos pregavam nos eventos mais importantes da corte e nos principais feriados do calendário ortodoxo, e transmitiam seus conhecimentos a alguns clérigos russos. Toda essa atividade inovadora acontecia na corte e em torno dela, enquanto no extremo oposto da sociedade russa uma tempestade se formava. Nas províncias, os novos livros começaram a gerar descontentamento, e os sacerdotes e monges locais recordaram-se de Avvakum, bem como de seu protesto. Os dissidentes começaram a angariar mais apoio entre os grupos de ascetas que haviam surgido desde a década de 1640 nas cidades e aldeias do alto Volga. Aleksei e os bispos foram forçados a agir. Em 1666-1667, bem no momento em que a guerra com a Polônia estava se aproximando do desfecho, eles convocaram um conselho da Igreja russa, ao qual compareceram também dois patriarcas ortodoxos gregos e outros membros do clero grego. O conselho depôs formalmente Nikon e escolheu um sucessor, embora Nikon se recusasse a reconhecer sua autoridade. Os patriarcas gregos também tentaram convencer Avvakum dos seus erros, lembrando-o de que no mundo todo os ortodoxos persignavam-se com três dedos. Esse argumento não surtiu efeito, pois Avvakum retrucou que a fé dos outros povos ortodoxos era impura: somente os russos haviam preservado a verdadeira fé. O conselho condenou-o e aprovou as mudanças nos textos. Nikon foi para o exílio no mosteiro de Ferapontov, ao norte, mas sua causa da reforma havia triunfado. Os novos livros tornaram-se os textos-padrão e a maioria dos russos adotou os novos rituais – quer dizer, a maioria das pessoas, entre elas os bispos, o clero e a população da Rússia central, mas os dissidentes não desapareceram. Avvakum foi para o exílio em Pustozersk, um pequeno forte ao norte do Círculo Polar Ártico, mas não parou de escrever até a sua execução em 1680. Seu ensinamento começou a espalhar-se pelas aldeias setentrionais, nos Urais e na Sibéria, bem como no Don e na fronteira meridional. O tsar Aleksei e seus sucessores enviaram soldados para tentar forçá-los a voltarem à ortodoxia e, em 1678, na Sibéria mais remota, alguns dos Velhos Crentes, como vieram a ser conhecidos, tentaram uma nova tática. Quando os soldados se aproximavam, a comunidade inteira reunia-se numa igreja de madeira e ateava fogo nela, imolando a si mesmos. Essa tática tornava a perseguição extremamente difícil, pois a Igreja e o Estado só podiam declarar vitória se os Velhos Crentes retornassem à ortodoxia. Suas mortes sem reconciliação significavam fracasso. O resultado foi um impasse, e a Velha Crença continuou a espalhar-se. Seus seguidores já somavam dezenas de milhares e o movimento continuou a ganhar novos aderentes. À medida que suas hostes cresciam em número, eles também discordavam entre si acerca de muitas questões. Alguns condenavam os suicídios em massa e outros não. Os grupos mais radicais formavam igrejas dissidentes completas sem sacerdotes nem bispos e realizavam cultos simples guiados somente por um "instrutor". Certas comunidades de Velhos Crentes assemelhavam-se a mosteiros ortodoxos; outras eram indistinguíveis dos seus vizinhos ortodoxos em todos os aspectos a não ser o ritual. Todos os Velhos Crentes rejeitavam a autoridade da Igreja e do Estado e alguns proclamavam que a dinastia Romanov era o Anticristo visível. Embora fosse mais pacífica que rebelde, a Velha Crença infundiu medo nos corações de tsares e bispos pelos próximos 200 anos. Nascia uma tradição inegavelmente nativa de dissidência e resistência.

O conselho de 1666-1667 havia restaurado a ordem na Igreja em toda parte exceto no ermo onde os Velhos Crentes se refugiavam. Na corte em

Moscou, as mudanças na prática religiosa aprofundaram-se e difundiram-se, trazendo consigo novas formas culturais. Em 1664, uma nova figura apareceu na corte, o monge bielorrusso Simeon Polotskii, educado em Kiev. Simeon caiu muito rapidamente nas graças do tsar e de muitos boiardos, e Aleksei nomeou-o tutor do herdeiro do trono, o tsarévitche Aleksei. Quando o menino morreu em 1669, Simeon continuou sendo uma figura importante, pregando na corte e em torno dela, escrevendo poesia encomiástica para eventos da corte e panegíricos e poesia consolatória para grandes boiardos. Ele dirigia uma escola em que os filhos do clero e dos funcionários estudavam latim e eslavo eclesiástico e aprendiam a escrever e pregar segundo as regras da retórica clássica. A obra de Simeon era sintomática da transição cultural da elite russa. A partir dos anos 1660 ou 1670, alguns boiardos começaram a mandar ensinar a seus filhos polonês e latim, e livros não mais exclusivamente religiosos começaram a circular entre a pequena elite da corte, os funcionários e alguns membros do clero de Moscou. Livros de geografia física e política, de história sacra como entendida no Ocidente e outros tratados trouxeram um novo vocabulário e novos conceitos para a Rússia, mesmo se careciam do aparato intelectual que os fizera surgir na Europa. Os leitores desses textos entre o clero cultivavam os estilos de escrita que estavam na moda em Varsóvia e Kiev – poesia panegírica e religiosa, sermões e outras formas. Os sermões, sobretudo os impressos de Simeon Polotskii, começaram a ter público fora de Moscou e da elite da corte. Nos últimos anos do reinado do tsar Aleksei, este e seu favorito e ministro das Relações Exteriores, Artamon Matveev, patrocinaram um teatro da corte que apresentava exemplos de dramaturgia barroca em russo. O dramaturgo era o pastor luterano Johann Gregory, do subúrbio alemão, e os meninos atores eram simplesmente os pupilos da sua escola, mas os textos eram em russo e as apresentações até incluíam interlúdios de balé. Os interesses do tsar Aleksei iam além do teatro, pois ele pediu ao embaixador dinamarquês um telescópio, ou, como disse o tsar, "um tubo daquele inventado por Tycho Brahe". O teatro fechou após a morte do tsar Aleksei, mas seu filho e sucessor Fyodor (1676-1682) deu amplo apoio a Simeon Polotskii e até permitiu que ele abrisse sua própria casa de edição, onde ele imprimiu seus sermões e seu saltério rimado.

Por volta da década de 1680, as novas formas culturais estavam bem arraigadas. O patriarca Joaquim (1675-1690) patrocinou em 1685 o estabelecimento da Academia Eslavo-Greco-Latina, a primeira escola mais ou menos europeia da Rússia. Joaquim tinha uma visão muito definida do

Ocidente, pois era adversário ferrenho do catolicismo e das Igrejas protestantes. Parte da sua motivação para apoiar a escola era combater o que ele via como tendências católicas entre os seguidores russos e ucranianos de Simeon Polotskii em Moscou. Para lecionar e administrar a escola ele nomeou dois gregos, os irmãos Sophronios e Ioannikios Likhudes, que ensinavam o que tinham aprendido na Itália e nas escolas gregas em terras otomanas – ou seja, o currículo jesuíta europeu baseado na filologia e na explicação de Aristóteles. Os gregos trouxeram a cultura ocidental para a Rússia tanto quanto os ucranianos.

Todas essas inovações na cultura e na religião eram obra da elite eclesiástica e da corte, e só difundiram-se lentamente para o restante da população e para as províncias. A nova cultura não parece ter sido obra de uma facção ou grupo particular, mas era comum à elite como um todo, embora mais presente na vida de certos indivíduos que na de outros. A religião e a cultura não geraram discórdia na corte, mas outros fatores fizeram dela o palco de um grande drama político. A relativa harmonia das décadas seguintes ao Tempo de Dificuldades começou a desintegrar-se por volta de 1671.

Nos anos iniciais do reinado do tsar Aleksei, as figuras dominantes na corte eram seu antigo tutor e cunhado Boris Morozov, seu sogro Ilya Miloslavskii e, em 1652-1658, o patriarca Nikon. A morte de Morozov em 1661 fez de Miloslavskii a única figura dominante, mas à medida que Aleksei crescia e amadurecia, ele recorria menos ao seu sogro, cujo comportamento era amiúde cáustico. Miloslavskii morreu em 1668, depois de Aleksei ter assinado a paz com a Polônia contra a vontade de muitos boiardos. Ele nomeou o arquiteto dessa paz, Afanasii Ordin-Nashchokin, para chefiar o Gabinete da Chancelaria. Ordin-Nashchokin, um nobre provinciano que conhecia línguas estrangeiras e estava na graça do tsar, recebeu o título de boiardo. Ele e o tsar compartilhavam o objetivo de transformar a paz com a Polônia numa cooperação real contra os otomanos. Uma aliança desse tipo era ainda mais necessária haja vista que o estabelecimento da soberania russa na Ucrânia e da guarnição russa em Kiev punha a Rússia numa nova posição no Leste Europeu, agora confrontada com a Crimeia do outro lado da estepe. O país enfrentava todo o poderio dos turcos, e o tsar e seu ministro queriam aliados poloneses, algo que os boiardos encaravam com desconfiança. Infelizmente, a maneira arrogante de Ordin-Nashchokin de implementar a política de reconciliação com a Polônia na Ucrânia provocou rebeliões, o que o levou a perder o favor do tsar. Em 1670 o tsar Aleksei encontrou um novo chefe para o Gabinete da Chancelaria que compreendia a necessidade de alianças contra os turcos, mas que também se relacionava bem com os ucranianos. Ele escolheu o mosqueteiro coronel Artamon Matveev, que fora diversas vezes um emissário bem-sucedido junto aos cossacos e era agora o novo favorito do tsar.

A necessidade de um novo homem para dirigir a política externa surgiu ao mesmo tempo que uma questão dinástica crucial. Em 1669, morreu o herdeiro do trono, o tsarévitche Aleksei Alekseevich, logo seguido pela morte de sua mãe, Maria. O segundo filho era Fyodor (nascido em 1661), um menino capaz e inteligente, mas extremamente adoentado. O terceiro filho vivo, Ivã (nascido em 1666) era deficiente físico e (ao que parece) também mental. Outrossim, Aleksei já tinha perdido vários filhos, a maioria meninos, e sem uma nova esposa ele não teria garantia de sucessão. A nova esposa, que Aleksei desposou em 1671, foi Natália Naryshkina, filha de um coronel de um dos regimentos de mosqueteiros. Os Naryshkins eram clientes do novo favorito de Aleksei, Artamon Matveev, com quem eles tinham servido em Moscou e outros lugares. Natália deu um filho ao tsar em 30 de maio de 1672 e batizou-o Pedro. Pedro era um menino saudável e Matveev agora tinha outra razão para gozar do favor do tsar e manter aliados na família da tsarina.

Matveev não caiu nas graças apenas por meio de suas conexões com os Naryshkins. Ele geria as complicadas relações com os cossacos ucranianos, a Polônia e os outros vizinhos da Rússia e nomeara seus clientes para quase todos os cargos principais do Estado russo. Ele executava à risca a vontade do tsar, ainda que discordasse dele ocasionalmente, e defendia seus pontos de vista e os do tsar na Duma. Aleksei não lhe deu o monopólio do poder: a administração do palácio e a família do tsar continuavam sob a égide de Bogdan Khitrovo, o outro favorito importante do tsar nos seus últimos anos, embora Khitrovo pareça ter evitado as principais questões políticas. Nas palavras do embaixador dinamarquês, Matveev era o "régulo" da Rússia. Essa ascensão ao poder não poderia deixar de provocar a inveja dos boiardos, mas enquanto o tsar estivesse vivo, Matveev permaneceria supremo. Então, em janeiro de 1676, o tsar Aleksei morreu repentinamente aos 47 anos de idade.

A ascensão do tsar Fyodor, com apenas 15 anos de idade e adoentado, devolveu o poder às mãos dos boiardos mais eminentes. Dentro de semanas eles tiraram os clientes de Matveev dos cargos principais e arquitetaram o exílio do próprio Matveev. O príncipe Dolgorukii e Ivã Miloslavskii, primo do tsar pelo lado materno, eram os mais influentes, e nos bastidores a

98 | HISTÓRIA CONCISA DA RÚSSIA

tsarevna Irina, a jovem tia do tsar, era a mais poderosa de todos. Enquanto Matveev caminhava lentamente para o exílio na Sibéria, seus inimigos apresentaram uma acusação de feitiçaria contra ele. A acusação era uma combinação tresloucada de acusações dramáticas de antigos criados que se resumiam ao fato de ele ter lido um livro emprestado do Gabinete do Boticário que provavelmente continha capítulos sobre astrologia medicinal. Depois, alguns dos irmãos Naryshkin da tsarina Natália foram acusados de tentar matar o tsar muitos anos antes, numa sessão de prática de arco e flecha. A tortura cruel dos criados e clientes Naryshkin gerou extensos depoimentos, mas não confirmou nada substancial. Mediante intervenção da enviuvada tsarina Natália, a tsarevna Irina pôs fim aos procedimentos. Matveev voltou para um exílio ainda mais remoto, e vários Naryshkins foram exilados nas suas propriedades. Nos poucos anos que se seguiram, os inimigos de Matveev na corte reinaram supremos e formaram uma espécie de regência boiarda do jovem tsar. A tsarina Natália permaneceu nos bastidores, criando seu filho e perscrutando o futuro.

Fyodor era fisicamente fraco mas tinha uma determinação surpreendente. Após a morte de Irina em 1680, ele casou-se pela primeira vez e começou a emancipar-se da tutela dos boiardos. Sua nova esposa até apareceu em trajes poloneses, e a saúde de Fyodor pareceu melhorar. Quando ela morreu no parto um ano mais tarde, tudo parecia perdido, mas em vez disso Fyodor seguiu adiante, reformou os trajes da corte e, no final de 1681, passou à reforma do Exército e à abolição do sistema de precedência que, em tese, regera a corte, a administração e o Exército por dois séculos. Ele tinha seus próprios favoritos e contava, para as suas reformas militares, com o príncipe V. V. Golitsyn, um dos maiores aristocratas da Rússia. Fyodor permitiu que Matveev retornasse às suas propriedades perto de Moscou e suspendeu o exílio dos Naryshkins. Em fevereiro ele desposou Marfa Apraksina, uma jovem da aristocracia provincial, um casamento que trouxe para a corte seus irmãos mais novos Petr e Fyodor, ainda meninos mas a caminho de grandes realizações. A saúde do tsar piorou e, a 2 de abril de 1682, ele morreu, mergulhando a Rússia numa crise.

A crise decorreu novamente do problema da sucessão. Fyodor não teve filhos e seu irmão mais velho, Ivã, tinha 15 anos de idade, mas era fraco e doentio. Nenhum dos boiardos parece tê-lo considerado apto para reinar, tampouco o patriarca Joaquim. A alternativa era Pedro, então com nove anos de idade. A escolha de Pedro significaria que o clã Miloslavskii, os parentes maternos de Ivã, perderia sua chance de poder, pois a mãe de Pedro era Naryshkin e aliada de Matveev, que tinha retornado recentemente do amargo exílio.

A morte do tsar Fyodor coincidiu com rumores de descontentamento entre os mosqueteiros – os soldados que guardavam o Kremlin e forneciam o núcleo de infantaria do Exército antes do advento dos regimentos de estilo europeu. Seu descontentamento dirigia-se às práticas opressivas dos seus coronéis, mas alguém convenceu-os de que seu verdadeiro inimigo eram os Naryshkins e Matveev. Os mosqueteiros irromperam no Kremlin e exigiram que seus inimigos lhes fossem entregues. Aterrorizados, os boiardos aconselharam a rendição, e Matveev foi jogado das escadas sobre as lanças dos mosqueteiros apontadas para cima. Vários Naryshkins foram caçados e mortos, embora Natália tenha conseguido salvar seu pai e seu irmão mais velho. Os soldados tomaram a cidade de assalto e mataram dois dos príncipes Dolgorukii e outros que eram suspeitos de favorecer Pedro e sua família. Depois de alguns dias, o clero e os boiardos reuniram-se e proclamaram Ivã e Pedro co-tsares. Os distúrbios cessaram, mas duas novas estrelas haviam surgido no horizonte, o príncipe Ivã Khovanskii e a tsarevna Sofia.

Khovanskii tornou-se o favorito dos soldados e, durante um verão tenso, ele pareceu prestes a exercer o poder supremo por trás da fachada dos dois tsares meninos. Khovanskii, no entanto, foi neutralizado e foi Sofia, irmã de Ivã e meia-irmã de Pedro, que assumiu o poder. Em setembro, quando os mosqueteiros haviam se acalmado, ela mandou prender e executar Khovanskii, e pelos próximos sete anos ela governou como regente da Rússia. Seu favorito e primeiro-ministro de fato era o príncipe V. V. Golitsyn, que havia se destacado recentemente sob o comando do tsar Fyodor.

Já desde o início, Sofia presidiu a uma corte dilacerada pelas facções. Muito rapidamente ela conseguiu pôr para escanteio seus parentes Miloslavskii e governar só com Golitsyn, embora na cabeça de Pedro, naquele momento e mais tarde, era o clã Miloslavskii que era seu inimigo e de sua mãe. Afinal, Natália não cessou de aspirar a reivindicar o poder pleno para o seu filho. Conforme ele crescia, ela adquiria aliados entre os boiardos, o príncipe Boris Golitsyn (primo de V. V. Golitsyn) e o mais exótico príncipe, Mikhail Alegukovich Cherkasskii, um boiardo de origem circassiana do Cáucaso Setentrional que servia os tsares russos. As relações eram tensas e Cherkasskii até sacou uma faca durante uma altercação com V. V. Golitsyn bem no meio do jardim do mosteiro da Trindade.

Pedro ainda era jovem demais para participar das intrigas e discussões e passou esses anos fora de Moscou em Preobrazhenskoe, uma aldeia a leste de Moscou, onde seu pai construíra uma pequena casa de madeira para o verão. Ali Pedro começou a "brincar" de soldado, organizando seus criados e cortesãos em regimentos de infantaria de estilo europeu e fazendo que fossem treinados por oficiais europeus. Pedro era fascinado pela artilharia e aprendeu a usá-la nesses anos também. Logo ele tinha uma força treinada de várias centenas de homens, seu próprio regimento pessoal. Ainda mais significativa foi sua descoberta dos barcos.

Ele mesmo contou a história, muitos anos mais tarde. Num velho celeiro, Pedro deu de cara com um pequeno barco que era construído de modo diferente dos modelos russos. Pedro já estava estudando matemática, provavelmente para fins militares, com Frans Timmerman, um mercador holandês e astrônomo amador, e perguntou a este por que o barco não se parecia com as típicas versões russas. A resposta foi que ele era construído para velejar contra o vento. Pedro ficou espantado com a resposta, e Timmerman encontrou um marinheiro holandês que arrumou o barco e mostrou ao jovem tsar como navegar na direção do vento. Pedro ficou imediatamente fascinado e levou o barco para um lago próximo para praticar. Ele também pediu ao jovem príncipe Iakov Dolgorukii, que estava prestes a partir para a França numa missão diplomática, que lhe trouxesse instrumentos de navegação. Dolgorukii retornou em 1688 com um astrolábio, e assim começou a relação de amor de Pedro com barcos e navegação – uma relação que duraria por toda a sua vida.

Enquanto isso, Sofia havia comprometido a Rússia com uma nova política externa. Ela queria continuar a política de confronto com os otomanos, seguindo Matveev nesse aspecto, mas, ao contrário dele, ela decidiu fazê-lo numa aliança estreita com a Polônia. A oportunidade surgira com a fundação da Santa Liga em 1682 pela Áustria, o papado, Veneza e a Polônia, com o objetivo de uma luta unida contra os turcos. Depois de longas e cansativas negociações, Sofia aderiu à Liga em 1685-1686 e inaugurou uma colaboração militar com Jan III Sobieski, rei da Polônia e vencedor do grande cerco de Viena de 1683. A tarefa da Rússia na coalizão era derrotar a Crimeia. Assim, em 1687 Golitsyn levou um grande Exército russo em direção ao sul, do hetmanato ucraniano através da estepe até a Crimeia. Os tártaros queimaram a estepe árida, privando os cavalos de comida, e ele teve de recuar. Sua única realização foi substituir o hetmã Samoilovych, um aliado Naryshkin e adversário da guerra, pelo obediente Ivã Mazepa, um nome que retornaria. Uma repetição da campanha em 1689 deu o mesmo resultado e até circularam boatos de que Golitsyn havia feito um pacto secreto com o inimigo. Quando ele regressou, Sofia tentou pintar a campanha como um sucesso, recompensando as tropas e encomendando liturgias triunfais, mas Pedro não quis saber de nada disso.

Pedro tinha agora 17 anos e ficava longe do Kremlin em Preobrazhenskoe. De repente, em 7 de agosto de 1689, um dos seus camareiros foi preso em Moscou e correu pela cidade o rumor de que Sofia ia mandar matar Pedro. Um dos mosqueteiros saiu a cavalo para avisar Pedro, que saiu da cama de camisolão e montou num cavalo. Com seus criados e cortesãos mais próximos, ele cavalgou a noite toda até o mosteiro da Trindade, onde logo se juntaram a ele sua mãe e os aliados boiardos dela. As semanas seguintes foram um impasse, mas no final do mês ficou claro que a maioria dos boiardos, a família do tsar Ivã, o patriarca e os oficiais mercenários estrangeiros estavam do lado de Pedro. Até os mosqueteiros não quiseram apoiar Sofia. Pedro retornou a Moscou em triunfo e mandou Sofia para o convento Novodevichii na região sudoeste de Moscou. Agora Pedro, com seus parentes Naryshkin, estava garantido no poder, pois Ivã não representava um desafio e morreu em 1696. Ninguém podia prever então, mas a Rússia estava prestes a sofrer uma transformação fundamental.

capítulo 5

Pedro, o Grande

O reinado de Pedro, o Grande, representou a maior transformação da Rússia antes da Revolução de 1917. Ao contrário da revolução soviética, a transformação da Rússia operada por Pedro teve pouco impacto sobre a ordem social, pois a servidão prosseguiu e a nobreza manteve sua dominação. O que Pedro mudou foi a estrutura e a forma do Estado, convertendo o império russo tradicional numa variante de monarquia europeia. Ao mesmo tempo, ele transformou profundamente a cultura russa, uma contribuição que, junto com sua nova capital de São Petersburgo, durou até o presente.

Os primeiros poucos anos do governo de Pedro deram pouca indicação de que eventos de grande magnitude estavam chegando. A remoção de Sofia em 1689 deu o controle à mãe de Pedro e seus parentes Naryshkin, bem como seus aliados, que parecem ter tido relações problemáticas uma vez no poder. Um filho, Aleksei, nasceu em 1692 da esposa de Pedro, Eudóxia, de forma que a sucessão parecia garantida. O próprio Pedro permaneceu nos bastidores treinando seus soldados, bebendo com os oficiais estrangeiros nos subúrbios alemães e velejando nos seus barcos. Pedro tinha muitas excentricidades e elas surgiram cedo. Ele tinha mais de dois metros de altura, mas seus ossos eram esguios, os ombros estreitos e os traços bastante finos. Ele raspou a barba cedo mas deixou um fino bigode. Sua capacidade de consumir álcool era gigantesca e isso talvez tivesse alguma relação com as intermináveis "cólicas" e outros distúrbios estomacais que o atormentaram por toda a vida. Às vezes ele estourava em acessos histéricos tremendos que somente sua esposa (a segunda, Catarina) conseguia acalmar. Suas relações com as mulheres eram surpreendentemente contidas. Sua maior recreação era tudo que envolvia barcos, o que o levou para o norte até Arcangel em 1693 para ver o oceano pela primeira vez. Sua mãe Natália enviou-lhe uma carta, ordenando que não saísse no perigoso mar aberto e ele obedeceu. Depois, em fevereiro de 1694, ela morreu. Imediatamente, Pedro deixou de aparecer em todas as cerimônias do Kremlin, e todo o ritual da corte russa, que já tinha mais de dois séculos, chegou ao fim. Em seguida Pedro foi novamente para Arcangel e, desta vez, ele saiu ao mar num navio holandês.

Durante esses anos, Pedro conheceu duas pessoas no subúrbio alemão que viriam a moldar sua política pelos próximos anos. Um foi Patrick Gordon, então por volta dos 50 anos, um escocês católico que servira no Exército russo desde 1661, principalmente como especialista em fortificação e artilharia. Gordon era um firme defensor da guerra contra os turcos e desempenhou um papel crucial no treinamento dos novos regimentos de estilo europeu do Exército. O outro foi François LeFort, um suíço de Genebra que também era um oficial mercenário, mas cuja relação com Pedro foi mais pessoal que a de Gordon. LeFort era o instigador de muitas das bebedeiras e foi ele que apresentou Pedro a Anna Mons, filha de um taverneiro alemão. Essas relações não eram apenas amizades, já que Gordon e LeFort eram os favoritos do jovem tsar e de seus conselheiros políticos informais, e Anna consolidou a influência de LeFort.

Quando Pedro regressou a Moscou da sua primeira breve viagem ao mar, no outono de 1694, ele decidiu renovar os esforços da Rússia contra os turcos, em grande parte suspensos desde que ele ascendera ao poder. Os boiardos não ficaram contentes com essa decisão, mas ele simplesmente ignorou-os e deslocou um Exército em direção ao sul, descendo os rios Volga e Don até Azov, o forte turco na foz do Don, no mar de Azov. O cerco fracassou, em grande parte porque os turcos podiam reabastecer o forte pelo mar; então Pedro construiu uma marinha. Construiu-a em Voronezh no Don, bem longe do litoral, com carpinteiros e construtores de navios holandeses. Ele trouxe oficiais dos Países Baixos, de Veneza e da França e, na primavera de 1696, sua esquadra desceu o Don e, com a ajuda dela, ele tomou o forte, naquela que foi sua primeira vitória. Ele celebrou-a não somente com as preces tradicionais, mas também com uma triunfal procissão que entrou em Moscou com toda a pompa barroca, dotada de arcos ornados exibindo imagens de Hércules e um com a frase de Júlio César, "Vim, vi, venci", em eslavo eclesiástico. Para que o público entendesse esses deuses estranhos, ele mandou imprimir um panfleto que explicava tudo.

Em seguida Pedro preparou-se para uma ação muito mais estranha que o seu triunfo barroco – uma viagem à Europa Ocidental. Ele resolveu rapidamente os assuntos dos novos territórios e da Marinha e nomeou um pequeno comitê de boiardos para governar na sua ausência, mas acabou descobrindo que uma conspiração para derrubá-lo corria solta entre outros aristocratas. Os conspiradores eram poucos em quantidade, mas Pedro considerou que eles brotavam da semente das velhas facções que haviam se oposto à sua mãe nos anos 1680. Os conspiradores estavam preocupados sobretudo com suas próprias posições na hierarquia dos cargos, mas alguns também estavam chocados com a viagem de Pedro ao exterior e ainda mais com seus planos de enviar jovens boiardos à Holanda e a Veneza para aprender línguas estrangeiras e a arte da navegação. Os conspiradores foram executados, e Pedro deixou Moscou, parou em Riga e em Berlim antes de chegar em Amsterdã, que era seu principal destino.

Pedro viajou incógnito como membro da embaixada russa chefiada pelo boiardo Fyodor Golovin e por LeFort, uma embaixada com a tarefa de fortalecer a coalizão contra os otomanos. Enquanto Golovin e LeFort negociavam, Pedro aprendia carpintaria e construção de navios nos estaleiros de Zaandam. Ali os holandeses disseram a ele que na Inglaterra se construíam navios de modo diferente, recorrendo à matemática e não apenas aos próprios olhos para dar forma ao casco. Pedro partiu rapidamente para Londres, onde não só visitou os estaleiros mas também conversou com astrônomos no observatório de Greenwich, compareceu a uma reunião *quaker*, inspecionou a Casa da Moeda e falou com clérigos anglicanos. Depois começou a viagem de volta para casa e chegou em Viena na primavera. Porém, enquanto ele cavalgava pela Europa Central, o horizonte político estava mudando rapidamente. A Áustria reconquistara vastas partes da Hungria e estava mal de recursos, assim como os outros aliados. Eles queriam a paz, e Pedro soube disso em Viena. Agora ele tinha de tirar a Rússia da guerra contra os otomanos, o que ele conseguiu depois de dois anos de duras negociações. Pedro ficou desapontado, mas na verdade o fim da guerra foi um alívio, pois outras preocupações mais prementes haviam surgido.

No verão de 1698, ele recebeu notícias de Moscou de que os mosqueteiros haviam se revoltado de novo, exigindo melhores condições, e aparentemente eles tinham algum tipo de contato com Sofia, que estava na prisão. Pedro retornou às pressas e descobriu que os boiardos já tinham executado os líderes seguindo o conselho dos generais. Pedro ficou furioso e ordenou um interrogatório cruel e implacável dos prisioneiros mediante tortura. Centenas acabaram executados com a participação do tsar e dos boiardos. Pedro nunca desvendou os verdadeiros motivos dos mosqueteiros e suspeitava dos boiardos, até mesmo daqueles a quem ele tinha confiado o governo, de esconderem provas ou coisa pior. À medida que o interrogatório aproximava-se do fim, Pedro decidiu que não podia mais trabalhar com os boiardos porque eles brigavam demais entre si e eram indignos de confiança. Dali em diante ele contaria com os seus favoritos.

Pedro retornara da Europa com dois novos favoritos, Golovin e um oficial subalterno dos bombardeiros, Alexander Menshikov. Gordon e LeFort queriam que Pedro mantivesse a aliança com a Áustria e se preparasse para outra guerra com os turcos, mas ele tinha outros planos e, de qualquer forma, tanto Gordon quanto LeFort morreram por volta dessa época. Golovin vinha de uma antiga família boiarda e tinha boa educação. Ele havia negociado o tratado de Nerchinsk, que delimitou a fronteira mútua com a China, e tivera sucesso em parte porque podia falar com os jesuítas na corte chinesa em latim. Menshikov era exatamente o oposto – filho de um falcoeiro da corte que servira nos regimentos manipulados por Pedro, os quais tornaram-se seus guardas. Menshikov tinha pouca educação, embora tivesse aprendido bastante "alemão de soldado" para falar com os estrangeiros que não sabiam russo. Menshikov também era o substituto de LeFort nas bebedeiras e amigo pessoal íntimo de Pedro. Ambos também apoiaram o divórcio de Pedro da sua esposa Eudóxia, mãe do seu filho Aleksei. E o mais importante foi que ambos apoiaram o novo projeto de Pedro, a guerra com a Suécia.

Esta guerra ocuparia a maior parte do restante do reinado de Pedro. Às vésperas desta, Pedro decretou suas primeiras reformas, ordenando que os homens das classes altas raspassem a barba e que ambos os sexos da aristocracia usassem doravante roupas ocidentais no lugar dos trajes russos tradicionais. Ele também ordenou que o ano fosse datado a partir do nascimento de Cristo, e não da criação do mundo, para que a Rússia fosse integrada ao mundo civilizado como ele o via. Esses decretos geraram uma certa dose de descontentamento, especialmente as novas roupas. As mulheres boiardas, em especial, não gostaram das novas vestes, que implicavam que seu cabelo não seria coberto (e portanto seus novos trajes eram impudicos), e não conseguiam lidar com as meias-calças e os saltos altos. Muitas delas usavam as novas roupas somente na corte e voltavam a usar as roupas tradicionais em casa.

Pedro também começou a reordenar o Estado. A arrecadação de impostos dos citadinos foi tirada dos governadores provinciais e posta nas mãos das elites urbanas, e ele instituiu um imposto do selo sobre os documentos oficiais. Esses experimentos acabaram por ser abandonados, mas a mudança mais básica era silenciosa. Pedro parou de instituir boiardos e de convocar a Duma boiarda. De igual modo, quando o patriarca da Igreja morreu em 1701, Pedro não permitiu que um novo patriarca fosse escolhido e nomeou o abade ucraniano Stefan Iavorskii "conservador do trono patriarcal". Assim, o chefe tradicional e canônico da Igreja ortodoxa na Rússia simplesmente desapareceu. Para piorar, Pedro também assumiu o controle das receitas das propriedades monásticas, guardando a maior parte delas e distribuindo um estipêndio para uso dos monges. Pedro queria garantir receita para a guerra e não desejava nenhuma interferência da aristocracia ou da Igreja.

A guerra com a Suécia foi uma reação de Pedro ao desapontamento com o resultado das campanhas em Azov. Decerto, ele havia tomado o forte e ganhado uma saída para o mar Negro, mais ou menos, mas os turcos não permitiam que os russos comerciassem no mar Negro e muito menos que atravessassem o Bósforo até o Mediterrâneo. A Rússia reentrara na guerra tarde demais para tirar algum benefício da sua vitória. Enquanto Pedro estava regressando de Viena em 1698 para lidar com a revolta dos mosqueteiros, ele teve uma longa reunião com o novo rei da Polônia, Augusto da Saxônia. Augusto tinha grandes ambições e considerava-se um grande comandante militar. Ele queria tomar as províncias bálticas da Suécia, uma velha reivindicação da nobreza polonesa, mas também pretendia usá-las para fortalecer sua posição bastante instável na Polônia. Seus aliados naturais contra a Suécia, a potência hegemônica da Europa Setentrional, eram a Dinamarca e a Rússia, e ele conseguiu recrutar Pedro para a sua causa.

Como acontece tantas vezes na guerra, todos os cálculos iniciais estavam errados. O pequeno Exército de Augusto tentou tomar Riga em 1700, mas fracassou vergonhosamente. O jovem rei da Suécia, Carlos XII, um comandante nato de campanha, tirou a Dinamarca da guerra em questão de semanas e depois despachou seu Exército para as províncias bálticas. Pedro havia mobilizado seu recém-treinado Exército de estilo europeu para sitiar a cidade de Narva na Estônia sueca. Carlos lançou-se rapidamente ao ataque, marchou contra os russos despreparados no meio de uma tempestade de neve e desbaratou-os. Somente os regimentos de guardas de Pedro conseguiram retirar-se ordenadamente e a maioria dos oficiais russos e estrangeiros foi capturada. Pedro teria de começar tudo de novo. Felizmente, Carlos tinha outros planos. Por desprezar as capacidades russas, ele voltou sua atenção para a Polônia e gastou os oito anos seguintes para destronar Augusto e pôr um títere sueco no seu lugar. Pedro teve uma folga e soube usá-la bem.

O que Pedro estava tentando conseguir ao partir para a guerra contra a Suécia, uma potência que todos julgavam praticamente invencível? Oficialmente, ele anunciou que estava recobrando o território perdido no final do Tempo de Dificuldades, isto é, a parte oriental do golfo da Finlândia, onde hoje fica São Petersburgo. Era um território russo ancestral (o que era verdade) e portanto patrimônio seu. Ao mesmo tempo, Pedro queria para a Rússia um porto mais conveniente para o comércio e comunicação do que a distante Arcangel. Azov não havia tido sucesso e a única outra opção era o litoral báltico. De fato, Narva fora objeto das guerras de Ivã, o Terrível, um século e meio antes. Pedro não tinha como saber que a guerra se tornaria um duelo épico que transformaria a face da Europa Setentrional e Oriental, e parece que seus objetivos iniciais eram modestos. Mais uma vez, como tantas guerras, o conflito adquiriu uma lógica própria e terminou de uma forma que ninguém poderia ter imaginado.

Por enquanto, a guerra absorvia todas as suas energias e as do Estado. A administração estava concentrada nas mãos dos favoritos de Pedro, Golovin e Menshikov, mas esse arranjo implicava que o governo era essencialmente improvisado. Durante esse período, Pedro não teve corte, pois passava a maior parte do tempo com o Exército ou nas suas pequenas casas em torno de Moscou, sobretudo na residência de Preobrazhenskoe. Seu estilo de vida nessa época, e para sempre depois disso, era inédito para um monarca russo ou europeu. Ele percorria o país e o Exército sem guardas e sem séquito, mas levava seus aparelhos de torneamento e carpintaria consigo por toda parte. A ausência de corte convinha-lhe perfeitamente, pois ele detestava todo tipo de cerimonial e distrações que eram comuns na maior parte da Europa. Sua ideia de uma boa diversão era organizar uma grande bebedeira com seus oficiais ou capitães de mar holandeses e terminar a noite com fogos de artifício.

O cenário dessas distrações e do governo era cada vez mais a sua nova cidade, São Petersburgo. A cidade era resultado da sua persistência depois da derrota em Narva. Pedro recompôs seu Exército e mandou-o para as províncias bálticas, treinando-o sob fogo na prática em muitas escaramuças contra o inimigo. Em 1702 ele sentiu-se confiante o bastante para atacar um alvo maior, o forte sueco no rio Neva, Nöteborg. Ele tomou-o depois de um curto cerco e renomeou-o, ignorando o nome russo anterior e chamando-o Schlüsselburg, o "Castelo da Chave" em alemão. No ano seguinte ele desceu o Neva e tomou rapidamente a pequena cidade sueca na foz do rio, onde ele imediatamente começou a construir uma nova fortaleza, a fortaleza de São

Pedro e São Paulo, para defender a área por mar e terra. Em volta desta ele começou a construir uma nova cidade como base naval e um porto comercial potencial para a Rússia no Báltico. Ele não estava esperando que a guerra acabasse e, nos anos vindouros, nos piores momentos da guerra, São Petersburgo seria a sua reivindicação inabalável.

E houve muitos momentos ruins. Em 1706 Carlos conseguira forçar Augusto a abdicar do trono polonês e, nos dois anos seguintes, o rei sueco avançou gradualmente em direção a leste através da Polônia para expulsar os partidários restantes de Augusto e o Exército russo. Carlos vinha de uma longa série de vitórias e era saudado na Europa como um dos grandes comandantes do mundo, portanto não surpreende que ele tivesse planos ambiciosos de contar com a dissensão boiarda e popular para derrubar Pedro e instituir um governo fraco e obediente em Moscou. Sua premissa era que o Exército de Pedro não poderia efetivamente opor-se a ele. No entanto, à medida que os suecos avançavam em direção à fronteira russa, sua situação deteriorou-se rapidamente. Os russos tinham dado cabo de quase toda comida e forragem, e os suprimentos do Exército de Carlos eram baixos. Para piorar, cada combate com o Exército russo deixava claro que os oficiais de Pedro estavam aprendendo a profissão, e os sucessos suecos eram cada vez mais difíceis de obter. Então Carlos atingiu a fronteira russa e parou para descansar, na esperança de que seus manifestos tivessem provocado uma explosão de descontentamento entre os boiardos e o povo russo, mas nada aconteceu. A Rússia estava calma e o inverno estava chegando. Carlos decidiu seguir para o sul em direção ao hetmanato ucraniano, mas primeiro ele tinha a esperança de unir-se a um Exército de apoio sueco que vinha de Riga com suprimentos frescos. Em Lesnaia, Pedro atacou. Deslocando seus dragões rapidamente através da floresta, ele investiu sobre o Exército de apoio, repelindo-o do campo de batalha e tomando seus suprimentos. Agora Carlos tinha mais homens, mas sem suprimentos frescos.

Por enquanto, sua esperança era os ucranianos. Fazia tempo que ele mantinha uma correspondência secreta com o hetmã ucraniano Ivã Mazepa, que prometeu rebelar-se contra o tsar russo e levar consigo toda a hoste de cossacos ucranianos. Porém, quando Carlos chegou na Ucrânia, somente alguns generais cossacos e uns poucos milhares de homens juntaram-se a ele. Os cossacos ordinários não quiseram segui-lo e continuaram leais ao tsar. Os suecos instalaram-se para passar o inverno e encontraram comida adequada, mas nenhum suprimento militar. Quando chegou a primavera, o rei sueco avançou para nordeste em direção a Moscou, mas parou para

HISTÓRIA CONCISA DA RÚSSIA

sitiar a cidade fortificada de Poltava a fim de não deixar tropas inimigas na retaguarda.

Pedro decidiu agir. Ele avançou seu Exército em direção à cidade mas, em vez de atacar, construiu um campo fortificado nos arrabaldes e aguardou. Carlos teria de atacá-lo em breve, pois enxames de cossacos tornavam impossível a pilhagem. Na manhã de 27 de junho de 1709, o invencível Exército sueco marchou através da névoa matinal até o campo russo e virou-se para a direita, pronto para atacar. Pedro dispôs sua artilharia para enfrentá-los, e por volta das dez horas os suecos avançaram num ataque frontal, uma manobra que lhes havia dado a vitória tantas vezes. Dessa vez, ela falhou. Os canhões de Pedro despedaçaram-nos, a linha sueca ficou presa em combate corpo a corpo com os russos e depois rompeu-se. Ao meio-dia o Exército de Carlos era uma massa de refugiados caminhando para oeste em direção ao rio Dnieper, e a Rússia havia se tornado uma grande potência.

A vitória em Poltava foi o ponto de inflexão do reinado de Pedro, pois garantiu que ele finalmente sairia vencedor e manteria São Petersburgo. Ela também mudou radicalmente a sua posição e a da Rússia na Europa. Carlos já havia dado o golpe final no poder e prestígio poloneses, e agora Pedro fazia o mesmo com a Suécia. Ele estava livre para concentrar-se em assegurar suas conquistas e, em 1710, ele completou seu domínio sobre as províncias bálticas e tomou a cidade finlandesa de Viborg, garantindo assim à sua nova cidade, que logo seria a sua nova capital, um cinturão protetor de território, assim como diversos novos portos para o seu império.

A guerra com a Suécia arrastou-se até 1721, pois Carlos era valente e teimoso demais para desistir, mesmo depois de ter perdido todos os territórios da Suécia na Alemanha, nas províncias bálticas e na Finlândia. Para derrotá-lo, Pedro teve de manter seu Exército e usá-lo, além de criar uma Marinha no mar Báltico, baseada em São Petersburgo. A Marinha, em particular, era extremamente cara, mas vital para pressionar a Suécia a concluir a paz. Quando finalmente veio a paz, Pedro devolveu a Finlândia à Suécia, excetuando Viborg, mas manteve as províncias bálticas. São Petersburgo estava garantida.

Muito em breve, o esforço de guerra exigiu de Pedro que pensasse com mais cuidado na estrutura do seu Estado. A morte precoce de Golovin em 1706 tornou as mudanças urgentes. Em 1708, ele substituiu formalmente os escritórios centrais tradicionais e as chancelarias improvisadas dos seus favoritos pelos governadores das oito imensas províncias, que assumiram a maior parte dos assuntos fiscais, de recrutamento e judiciais. O novo arranjo não era apenas uma mudança da estrutura formal, pois Pedro nomeou homens das velhas famílias aristocráticas (como os Golitsyns e Streshnev), bem como os parentes de sua esposa (os Apraksins) e, é claro, "Aleksashka" Menshikov, para administrar São Petersburgo e a enorme província em torno dela. A descentralização resultante deixou um vazio no centro, então em 1711 ele instituiu o Senado como órgão coordenador, particularmente para trabalhar quando ele estivesse fora. O príncipe Iakov Dolgorukii, que havia acabado de realizar uma fuga audaciosa do cativeiro sueco, era seu presidente, e os aristocratas e seus clientes destacavam-se entre seus membros. Pedro havia criado um novo equilíbrio no governo, combinando grandes aristocratas com seu favorito Menshikov. O equilíbrio foi aprimorado ainda mais pelo surgimento de um novo favorito e rival de Menshikov, o príncipe Vassíli Dolgorukii (primo do príncipe Iakov). O príncipe não tinha um cargo importante, mas estava sempre presente na corte e envolvido numa série de assuntos delicados e confidenciais.

Agora Pedro tinha novamente os primórdios de uma corte em São Petersburgo. Ele também ordenou que os escritórios do governo se mudassem para a nova cidade e exigiu que a aristocracia e muitos mercadores se mudassem para lá e construíssem casas. Essa ideia não era popular, pois a nova capital era cara, úmida, sujeita a inundações e distante do coração da Rússia. Os mercadores não podiam comerciar com facilidade enquanto a guerra continuasse, e a aristocracia estava particularmente descontente com a necessidade de trocar suas mansões quentes e confortáveis de Moscou pelas margens do Neva. O próprio Pedro não construiu nenhum grande palácio na sua nova cidade, nenhum Versalhes russo. Seus "palácios" de inverno e verão em São Petersburgo eram essencialmente casas de seis cômodos adequadas para um modesto fidalgo rural. A nova corte de Pedro era pequena e despretensiosa, tal como suas residências. Outrossim, o centro físico da nova cidade não era o palácio do tsar, mas o Almirantado, o centro administrativo da Marinha e seu principal local de construção naval. A avenida principal da nova cidade, a Perspectiva Nevskii, começava no Almirantado, não no palácio, e as avenidas radiais traçadas depois da morte de Pedro se iniciavam no mesmo lugar. No plano final de Pedro, o governo teria sua sede na ilha Vasil'ev, na margem norte do rio, defronte ao Palácio de Inverno e ao Almirantado na margem oposta. A ilha também serviria de principal centro de comércio. O porto principal ainda ficava em Kronstadt, já que as águas eram rasas demais perto da cidade. As quintas do tsar e da elite que se sucediam ao longo do golfo da Finlândia a sudoeste eram parte integrante da nova cidade. Eram casas modestas com vastos jardins, inspiradas nas quintas holandesas ao longo do rio Vecht, perto de Utrecht. Entre as quintas estava a antecessora do hoje magnífico Peterhof, então uma modesta casa de campo do tsar, notável apenas pelas fontes e jardins. O palácio de Menshikov em Oranienbaum, mais adiante no litoral, era muito maior e imponente. O plano de Pedro, na verdade, era modesto demais, e o governo deslocou-se gradualmente para o sul para ficar perto do tsar no Palácio de Inverno. A arquitetura da cidade depois da sua morte logo tornou-se muito mais imponente. A cidade que se tornaria uma grande capital imperial, com arcos romanos e arquitetura e ornamentos clássicos, iniciou sua existência como um porto modesto e uma residência real no estilo europeu setentrional.

Pedro construiu sua nova cidade e corte com uma nova esposa a seu lado. Era Catarina, e sua história era talvez a mais estranha de toda aquela época. Quando os Exércitos russos começaram a adentrar as províncias bálticas, um dos pastores luteranos locais tinha uma criada chamada Marta, e ela foi levada com o restante da família para Moscou como parte da política de assolar a região. Ali seu amo criou uma escola. Marta chamou a atenção de Pedro por volta de 1704 e tornou-se sua amante no lugar de Anna Mons. Quando Marta aceitou a ortodoxia e assumiu o nome de Catarina, Pedro casou-se com ela em 1712. Nessa época, eles já tinham várias filhas, todas meninas, uma das quais, nascida em 1709, seria a futura imperatriz Elizabete. Catarina era uma figura forte e importante na corte, geralmente aliada com Menshikov, mas também trabalhava para manter a harmonia quando crises ameaçavam surgir e para moderar a raiva de Pedro quando ela explodia.

Nessa nova cidade, Pedro começou novamente a reordenar a estrutura da Igreja e do Estado. Em 1715 ele enviou Heinrich Fick, um jurista alemão, à Suécia como espião, com a missão de estudar o sistema administrativo sueco. Fick retornou com conhecimento detalhado e, com base nele, Pedro lançou o processo de recriar um governo central a ser encabeçado por colégios, cada qual gerido por um comitê composto de oficiais russos e especialistas estrangeiros. Pedro também estava cada vez mais descontente com Stefan Iavorskii, que tinha ideias sólidas sobre o poder episcopal e acreditava que a Rússia precisava exterminar os heréticos. Iavorskii entrou em conflito com o tsar e o Senado a propósito do caso de um obscuro dissidente religioso em Moscou e, embora Pedro tenha consentido parcialmente com os pedidos de execução feitos por Iavorskii, ele decidiu submeter a Igreja a um novo sistema. Outro bispo ucraniano, Feofan Prokopovich, recém-chegado em Petersburgo, recebeu a tarefa de encontrar um arranjo aceitável.

IMAGEM 5. Pedro, o Grande. Gravura segundo a estátua equestre de Pedro por Étienne-Maurice Falconet erigida por ordem de Catarina, a Grande, em 1782.

Essas eram mudanças capitais e elas necessitavam de tempo para serem elaboradas, especialmente devido à guerra em curso com a Suécia. Outras preocupações ocupavam igualmente a mente do tsar. No outono de 1714,

Pedro descobriu a extensão da corrupção por parte de Menshikov e de muitos outros oficiais superiores. A construção de São Petersburgo era uma mina de ouro ideal para a corrupção, pois milhares de camponeses eram arregimentados todo ano para trabalhar; alimentá-los e pagá-los era uma oportunidade óbvia para inchar a folha de pagamento e regatear os salários. Os oficiais culpados foram chicoteados e mandados para o exílio e Menshikov foi condenado a devolver literalmente milhões de rublos ao Tesouro. Ele manteve seu cargo de governador de São Petersburgo, mas perdeu o favor do tsar. Na corte, os Dolgorukiis e seus aliados eram triunfantes. Menshikov não era o único problema. O filho de Pedro com sua primeira esposa, Aleksei Petrovich, tinha agora seus vinte e poucos anos e mostrava-se um sério desapontamento para o pai. Pedro dera-lhe educação ocidental, mandara ensinarem-lhe alemão e francês, história e geografia, mas ele não se mostrou muito receptivo. Uma esposa alemã (irmã da esposa do imperador Carlos VI) também não ajudou, pois Aleksei tratava-a com frieza e desprezo e arranjou uma amante entre suas criadas. Aleksei era preguiçoso, desinteressado dos estudos, da política e da guerra, e preferia beber com seu círculo de criados e o clero. Stefan Iavorskii começou a vê-lo como futuro defensor dos interesses da Igreja, talvez erroneamente, mas fez saber seu ponto de vista. As relações entre pai e filho pioraram e a existência da segunda esposa de Pedro, Catarina, significava que outros herdeiros do trono poderiam nascer. Finalmente, em 1715, Catarina e a esposa de Aleksei tiveram meninos quase simultaneamente. Agora havia dois herdeiros possíveis se Pedro escolhesse preterir seu filho mais velho. O tsar escreveu a Aleksei censurando-o pela sua indiferença quanto às qualidades necessárias num futuro governante, e Aleksei respondeu oferecendo entrar para um mosteiro. Pedro deu-lhe outro aviso e depois partiu para a Europa Ocidental para cuidar da guerra em curso e viajar mais, desta vez para a França.

Enquanto Pedro estava fora, surgiu uma crise no abastecimento do Exército russo na Finlândia e o Senado, com seus partidários aristocráticos, fez corpo mole. Pedro ficou furioso e mandou uma ordem atrás da outra, mas nada aconteceu. Menshikov interveio para requisitar navios e enviar os suprimentos, recuperando assim instantaneamente as graças do tsar. Seus crimes foram perdoados. Poucas semanas depois, Aleksei Petrovich, o herdeiro do trono russo, desapareceu de Petersburgo. Durante várias semanas, ninguém soube onde ele estava. Finalmente, os emissários de Pedro encontraram-no em Viena, para onde ele tinha ido refugiar-se junto ao imperador Carlos, cunhado de Aleksei, um homem seriamente insatisfeito com a ascensão de Pedro ao poder e sua influência potencial na Alemanha. O imperador deu-lhe abrigo, e Aleksei propôs aos ministros de Carlos que lhe dessem um Exército para derrubar seu pai. Era uma ordem difícil de cumprir e os austríacos temiam a reação de Pedro, por isso esconderam o tsarévitche, primeiro no Tirol e depois em Nápoles. Pedro enviou para lá um dos seus diplomatas, Pedro Tolstoi, para trazê-lo de volta, e este conseguiu, lançando assim as bases da fortuna da família Tolstoi pelos próximos dois séculos.

Aleksei retornou a Moscou em janeiro de 1718. Começou então um longo interrogatório no qual a extensão do apoio dado a Aleksei pela aristocracia e pela Igreja tornou-se patente, até porque o próprio tsarévitche delatou todos eles. Seus simpatizantes incluíam o outro favorito, o príncipe Vassíli Dolgorukii, Stefan Iavorskii, e muitos grandes aristocratas. Até onde Pedro podia saber, eles não haviam planejado nada específico, mas também sabiam da fuga de Aleksei para Viena. Pedro estava diante de um dilema: ou punia todos eles como fizera Ivã, o Terrível, ou minimizava a confusão toda punindo alguns e encobrindo o caso. Graças a certa persuasão da sua esposa, ele escolheu a segunda alternativa. Cerca de uma dúzia de pessoas de baixo escalão foram executadas. O príncipe Vassíli Dolgorukii e outros foram exilados, e Aleksei levado a uma assembleia do Senado, ministros, generais e alto clero para julgamento. Os laicos votaram pela pena de morte e dezenas de homens citados por Aleksei como seguidores seus assinaram o documento. Antes de Pedro tomar a decisão final sobre a execução, o tsarévitche morreu, provavelmente das sequelas da tortura judicial, mas não existe nenhuma informação confiável sobre a causa de sua morte.

Seja como for, o problema de Pedro estava resolvido. Ele decretou que, dali em diante, o tsar poderia escolher seu sucessor como quisesse. Ele passou então a implementar uma nova forma de governo, os Colégios, e a submeter a Igreja a uma nova instituição, o Santo Sínodo, um comitê de clérigos e laicos chefiado por um "procurador-chefe" laico. Essa estrutura provinha da interpretação de Prokopovich da legislação sueca para a Igreja luterana e era uma ruptura nítida com a tradição ortodoxa. No novo esquema, o tsar tornou-se o "protetor" da Igreja e, na prática, ele nomeava os membros do Sínodo. A Igreja não seria mais capaz de desempenhar um papel na política e opor-se às suas reformas.

Os sete anos entre a morte de Aleksei e a de Pedro, em janeiro de 1725, assistiram à culminação da reordenação do governo, da cultura e da política externa de Pedro. O fim da guerra com a Suécia foi um grande alívio, mas ele não dormiu sobre os louros. Pedro aproveitou imediatamente para usar

HISTÓRIA CONCISA DA RÚSSIA

a confusão política momentânea no Irã a fim de tomar algumas das suas províncias setentrionais, um plano abandonado depois da sua morte, mas revelador do seu pensamento. Suas motivações eram puramente comerciais: controle das áreas produtoras de seda do Irã, maior acesso ao mercado iraniano e aos mercados do Oriente Próximo e da Índia. Tais planos, absolutamente inviáveis, mostram o quanto Pedro queria enxertar apêndices comerciais no seu império agrário.

Com a restauração do governo central, Pedro estabeleceu uma Tabela de Patentes para substituir as velhas patentes militares e da corte que ele deixara caducar. A tabela estabelecia uma equivalência entre graus civis e militares e previa o enobrecimento de plebeus cujos talentos permitissem-nos progredir. Esse quadro para a administração do Estado russo durou até 1917. Nesses mesmos anos, Pedro também procurou reorganizar a administração provincial russa, redesenhando as vastas províncias em 50 províncias pequenas, com subdivisões e uma separação da administração e do judiciário, tudo com base no modelo sueco. A Rússia, contudo, carecia de recursos para um tal sistema e, depois da morte de Pedro, o número das províncias foi reduzido para 14, com outra camada administrativa fundamental abaixo dos governadores provinciais. Todas essas idas e vindas não resolveram o problema de governar um imenso Estado com recursos limitados.

As vitórias de Pedro acrescentaram um novo elemento ao Estado russo na forma das províncias bálticas da Estônia e Livônia. Pela primeira vez, a Rússia tinha territórios com uma poderosa elite local que não era ortodoxa. A perda dos seus privilégios e terras para o absolutismo sueco havia levado grande parte da nobreza alemã da região a apoiar Pedro, que, ao finalmente expulsar os suecos em 1710, outorgou à nobreza seus antigos privilégios, incluindo tribunais locais, dietas e controle da Igreja luterana nas suas propriedades. As eleições para os governos municipais foram reinstituídas a cargo dos mercadores urbanos alemães. No hetmanato ucraniano, Pedro adotou uma atitude mais rígida, pois maquinou a eleição de Ivã Skoropadskii para substituir o pró-sueco Mazepa em 1708 e depois, após a morte de Skoropadskii em 1722, aboliu totalmente o cargo de hetmã. Todavia, ele manteve intacto o restante da estrutura política e jurídica do hetmanato, a qual sobreviveu até a década de 1780. Portanto, a Rússia tinha não somente novos territórios e povos, mas sistemas jurídico-políticos locais distintos na Livônia e no hetmanato ucraniano, ambos diferentes da estrutura russa. Em ambos os lugares, os privilégios tradicionais e o sistema de eleições locais mantinham o poder e a riqueza nas mãos da nobreza local, enquanto o tsar nomeava os governadores para exercer uma supervisão geral.

A intervenção de Pedro nas províncias de fronteira foi limitada. Nas províncias russas interiores ele prosseguiu com mais instituições novas e reformadas. Após 1718, ele substituiu o antigo sistema fiscal russo e suas próprias improvisações financeiras inumeráveis por um imposto único, o "imposto sobre as almas", a ser pago por todos os não nobres, o que também estruturou as finanças e as relações sociais até os anos 1860. Algumas dessas medidas duraram e outras não, mas todas elas significavam que, pela primeira vez, o Estado russo tinha instituições básicas, poderes e deveres, discriminados em instrumentos jurídicos escritos. As leis foram publicadas e acrescidas de prefácios elaborados que forneciam as justificativas para cada medida. O novo sistema de governo agora tinha mais ou menos a mesma aparência formal do restante das monarquias europeias.

Junto com a nova forma de governo veio uma nova cultura. Pedro não suprimiu a antiga cultura religiosa, ele simplesmente começou a importar uma nova – a cultura secular da Europa contemporânea. Ele enviou centenas de jovens nobres para o exterior, incentivou e às vezes dirigiu a tradução e edição de livros europeus – não de grandes clássicos, mas de manuais de história, arquitetura, matemática, geografia e outros assuntos. Nos últimos anos de sua vida, ele enviou seu bibliotecário pessoal ao exterior para recrutar cientistas para uma Academia de Ciências a ser estabelecida em São Petersburgo, dando instruções ao bibliotecário para procurar sobretudo matemáticos e físicos. O projeto estava prestes a ser realizado quando ele faleceu, mas sua esposa e sucessora estabeleceu formalmente a Academia em sua memória. O resultado foi a Academia de Ciências da Rússia, fundada em 1725. Pedro não estava apenas interessado em ciência e arte, ele também queria europeizar os hábitos sociais russos. Segundo o pensamento europeu da época, um povo culto e polido era necessário para um Estado organizado. Assim, em 1719, Pedro decretou que a nobreza deveria mudar suas formas de socialização. Os antigos banquetes, exclusivos para homens, tinham de acabar, e no seu lugar a reles nobreza deveria oferecer uma espécie de boca-livre (conhecida como "assembleias") em dias específicos e convidar seus conhecidos, incluindo os de grau mais baixo. As diversões tinham de ser cultivadas – música, dança e jogos de cartas – e, mais importante, as assembleias tinham que incluir mulheres. Como tantos outros decretos culturais de Pedro, ele exigia o que já tinha se tornado uma prática bastante generalizada. Como perceberam imediatamente os diplomatas, as assembleias eram também um local perfeito para troca de informações sobre a política e simplesmente sobre as atualidades.

Quase a última coisa que Pedro quase finalizou antes de morrer foi encomendar a tradução do livro do jurista e historiador alemão Samuel Pufendorf, *Os Deveres do Homem e do Cidadão*. Era uma obra muito popular sobre a natureza do Estado, que baseava o governo no Direito natural e num contrato entre os homens no estado de natureza. Pufendorf também ressaltava o dever do governante de trabalhar para o bem geral, não só para o seu próprio, e o dever de obediência do cidadão sem nenhum tipo de rebelião. Ele pensava que o Direito natural era obra de Deus, mas fora isso separava estritamente o Estado e suas leis dos mandamentos divinos. Para Pedro, isso significava que o tsar ainda era o soberano, mas o caráter do seu governo baseava-se no Direito natural e humano, não simplesmente na tradição e na piedade pessoal do governante. O pensamento político ocidental havia entrado na Rússia.

Pedro, o Grande, devido às suas excentricidades pessoais e à escala das suas realizações, foi um soberano único na história russa. Durante a maior parte do século XVIII, ele encarnou o grande ideal da monarquia russa e dos seus seguidores dentro e fora do país. Conforme o tempo passou, a imagem de Pedro mudou, pois já na época de Catarina nobres conservadores começaram a queixar-se, à semelhança de seus antepassados da época de Pedro, que este havia importado modos estrangeiros para a Rússia, minando sua antiga religião e moralidade. No século XIX, estourou uma discussão generalizada acerca dessa questão, opondo ocidentalizantes liberais e radicais contra eslavófilos admiradores da tradição russa – ou seja, os admiradores de Pedro opunham-se aos seus detratores. Foi uma disputa repleta de metafísica e orgulho nacional, mas resta a pergunta: o que Pedro realmente realizou?

A resposta mais óbvia está ligada à religião. A subordinação administrativa da Igreja ao tsar era apenas um aspecto das mudanças que Pedro realizou, por mais importante que fossem. Pedro estava decidido a pôr a Igreja no seu lugar, mas ele não era irreligioso. Ele comparecia à liturgia em São Petersburgo pelo menos uma vez por semana e com mais frequência na Quaresma e na semana da Páscoa. Em outros aspectos, seu estilo de observância religiosa desviava da ortodoxia tradicional. Após a morte de sua mãe, ele nunca fez uma peregrinação a qualquer dos diversos santuários de relíquias e ícones milagrosos. Na sua nova capital, havia apenas um mosteiro em contraste com dezenas em Moscou, e ele foi fundado apenas em 1714. Pedro ia lá ocasionalmente, mas a atração eram os sermões dos monges ucranianos, que Pedro buscava e parecia apreciar. O mosteiro era consagrado ao príncipe Alexandre Nevsky, certamente um santo da Igreja ortodoxa, mas conhecido sobretudo pelas suas vitórias militares, incluindo aquela sobre os suecos no Neva. Caso o significado da escolha não estivesse bastante claro, Pedro ordenou que a celebração da festa do santo fosse deslocada do dia 30 de novembro tradicional para 23 de agosto, dia da conclusão do tratado de Nystad, que encerrou a guerra de Pedro com a Suécia. Ele conhecia as escrituras e a liturgia, e trocava citações bíblicas com seus correspondentes, mas sua devoção pessoal era produto das mudanças culturais da ortodoxia russa do século XVII, com ênfase nos sermões e no aprendizado em detrimento dos milagres e do monasticismo.

A chave aqui está na mudança de enfoque: Pedro não aboliu os mosteiros nem suprimiu a devoção às relíquias milagreiras. Da mesma forma, Pedro não lançou uma campanha para eliminar a religião. A consequência das suas políticas foi pôr fim à dominação universal da religião na cultura russa e reduzi-la ao lugar que ela ocupava na vida mental do início da Europa moderna após o Renascimento: um sistema de crença fundacional numa sociedade cuja alta cultura já era secular. Assim, ele realizou em 36 anos uma mudança na cultura russa que levou séculos na Europa Ocidental.

A nova cultura secular importada para a Rússia na época de Pedro era incontestavelmente europeia. Porém, naquela época, ninguém pensava nela dessa forma. Nem os russos nem os europeus usavam os termos "ocidentalização" ou "europeização". Eles achavam que Pedro havia trazido educação e cultura em vez de ignorância, luz em vez de escuridão. Além disso, o termo "europeu" pode ser enganador, pois oculta as escolhas que Pedro e outros russos fizeram dentre a grande variedade da cultura europeia. Os gostos pessoais de Pedro eram inabituais, para dizer o mínimo. Ele tinha o que certos contemporâneos chamaram de uma "mente matemática", o que significava que ele se interessava por aquilo que então se considerava ser matemática. Isso incluía não somente a ciência teórica dos números, mas também mecânica, hidráulica, fortificação, topografia, astronomia, arquitetura e muitas outras ciências e técnicas que empregavam mais ou menos a matemática. Não havia monarcas europeus que compartilhassem esses gostos e eles eram desconhecidos entre os aristocratas russos na corte. Ele também tinha uma paixão pelos holandeses, sua língua, seus navios, sua engenharia e arquitetura, e sua pintura. De modo geral, sua cultura pessoal tirava sua inspiração da Europa Setentrional protestante, e dali ele tomou emprestadas suas leis e sua administração, sua Marinha, a engenharia para a sua nova capital, e muito mais. Seus arquitetos, porém, eram mais alemães ou italianos, apesar da sua inclinação holandesa, e seus escultores eram italianos. Suas escolhas eram ecléticas, tal como as de outros russos, principalmente aristocratas, cujos interesses culturais pela Europa Ocidental nós podemos verificar. Muitos aristocratas, e aparentemente todos os adversários de Pedro, eram mais atraídos pela cultura da Europa Meridional católica e da Polônia – pela grandeza barroca de Roma e as constituições aristocráticas de Veneza e da Polônia. Certas partes da cultura europeia ainda não tinham chegado à Rússia: o Direito, a Medicina e o estudo erudito dos clássicos. Por enquanto, o resultado era uma estranha mistura da Europa barroca e do primeiro Iluminismo, uma combinação de elementos disparatados e por vezes contraditórios, derivada do pensamento e da cultura europeia.

Parte da transformação cultural da Rússia era uma nova concepção de Estado. Os objetivos tradicionais do Estado russo eram muito simples: manter o poder do tsar e do seu governo dentro e fora do país e conservar o Estado por meio do comportamento justo e cristão dos governantes. Pedro introduziu um objetivo secular, o bem do Estado (incluindo seus súditos), assim como os meios para alcançar esse objetivo, isto é, o estabelecimento de uma ordem jurídica correta e a educação da elite na cultura europeia. Foi este último, em especial, que os porta-vozes de Pedro enfatizaram reiteradamente, proclamando que ele havia trazido a luz (ensinamento) à escuridão (ignorância), e também é assim que os contemporâneos europeus de Pedro viam suas realizações. Igualmente importante foi a criação de fundamentos jurídicos explícitos e escritos para as instituições governamentais, não uma constituição no sentido moderno, mas uma ruptura nítida com os fundamentos costumeiros e não escritos do governo russo anterior. A estrutura que ele criou era visivelmente semelhante à das monarquias europeias e foi aceita como tal no Ocidente. Ela compartilhava com muitos Estados europeus uma contradição fundamental, o fato de que o monarca era a fonte de todo o Direito. Se esse era o caso, como a ordem jurídica poderia ser preservada se o governante escolhesse ignorá-la? Por fim, essa contradição nos Estados europeus continentais só pôde ser resolvida pela Revolução Francesa e suas consequências, mas por enquanto parecia funcionar.

O Estado russo assemelhava-se à Europa, mas tinha suas peculiaridades. A Rússia carecia de uma instituição importante que era universal nos Estados europeus: uma formação jurídica profissional. A Rússia não teria uma universidade com uma faculdade de Direito até 1755, e a formação jurídica profissional só veio no século XIX. Outro problema tipicamente russo no caso do Estado de Pedro era que suas novas características estavam concentradas em São Petersburgo. A reforma da administração provincial pelo tsar nunca foi muito eficiente, arrastou-se por falta de pessoal capacitado e foi abolida depois da sua morte. Ao contrário das monarquias europeias, a Rússia carecia de uma estrutura administrativa suficientemente densa e bem treinada para executar a vontade do soberano na sociedade provincial. Medidas incontestavelmente esclarecidas, formuladas na capital, não afetavam as províncias, e só para arrecadar impostos Pedro tinha muitas vezes de contar com oficiais militares especialmente indicados. Em certa medida, o novo Estado pairava no ar sobre uma sociedade que não estava mudando no ritmo da capital, nem mesmo de Moscou. Para os camponeses, as relações com o Estado mal haviam mudado.

Apesar de todas essas limitações, Pedro teve sucesso e transformou seu país para sempre. Ele não o fez sem a ajuda de algumas mudanças anteriores, particularmente na cultura da Igreja e na elite boiarda nas últimas décadas do século XVII. Porém, sua reordenação do Estado não teve precedentes e decorreu das suas improvisações iniciais e da decisão de adotar modelos suecos de administração. Pedro não fez tudo isso sozinho. Uma parte importante do seu sucesso deveu-se à sua habilidade política em manobrar uma aristocracia relutante que inevitavelmente perdeu parte do seu poder com os novos arranjos. Os aristocratas, lendas à parte, não eram boiardos com longas barbas que tentavam restaurar a Rússia ortodoxa como era em 1650. Eles também eram europeus, mas com objetivos e interesses diferentes daqueles do tsar, e Pedro manobrava-os incluindo um número suficiente deles no novo governo, Exército e corpo diplomático para mantê-los quietos, mesmo que não plenamente satisfeitos. Pedro também teve de lidar com o descontentamento popular e este último tinha, de fato, um elemento de conservadorismo cultural. Quando esse descontentamento transformou-se em rebelião, ele reprimiu-o por meio de castigos ferozes, com a aprovação da Europa. Ninguém apoiava rebeldes contra a Coroa. Com os aristocratas, Pedro trabalhava de maneira inteiramente diferente, fingindo ignorar sua simpatia pelo seu filho e mantendo-os no centro do governo junto com seus favoritos e especialistas ocidentais até o final do seu reinado. Assim, Pedro mantinha a elite unida e aliada a ele e às suas políticas. Seu domínio da política da corte era tão importante quanto sua determinação implacável e vontade de ferro.

A morte de Pedro em janeiro de 1725 mergulhou a Rússia numa crise política, pois um dos muitos paradoxos do seu reinado foi que ele não executou as disposições do seu decreto que permitia ao tsar nomear seu herdeiro. Por conseguinte, no momento da sua morte havia diversas alternativas possíveis: sua esposa Catarina, coroada imperatriz no ano anterior; seu neto Pedro, de dez anos de idade, filho do infeliz Aleksei; e várias filhas suas com Catarina. Estas últimas eram demasiado jovens ou casadas com estrangeiros, e a escolha restringia-se a Catarina ou Pedro sob regência. A elite governante dividiu-se quanto à escolha, mas, depois de pressão considerável dos regimentos de guardas, o Senado optou por Catarina. Pela primeira vez, os guardas expressaram sua vontade e optaram por uma mulher. Embora Catarina tivesse a reputação de ter uma personalidade muito forte ("um coração de leão", disse o embaixador francês), ela não se mostrou uma governante eficiente, e muito em breve os assuntos do Estado passaram para Menshikov e o Supremo Conselho Privado formado para administrar o Estado. Então Catarina morreu em 1727. Menshikov parecia pronto para tomar o poder supremo com um tsar menino, mas os aristocratas mostraram-se poderosos demais e o Supremo Conselho Privado exilou-o para a Sibéria, onde ele morreu. Os príncipes Dolgorukii e Golitsyn eram senhores do governo e marcaram um novo rumo, transferindo a capital de volta para Moscou. Eles consolidaram sua posição casando o jovem tsar com uma princesa Dolgorukii. Então o destino interveio. Subitamente, em 1730, Pedro II morreu de varíola. Os aristocratas tinham de encontrar um novo monarca, e não escolheram a filha restante de Pedro, Elizabete, mas a sobrinha dele, Anna, filha do seu antigo cotsar Ivã V. Anna reinava na Curlândia báltica como viúva do duque e foi logo chamada para Moscou. Ao mesmo tempo, os aristocratas decidiram conservar o poder enumerando uma série de condições que Anna teria de aceitar para ascender ao trono, condições que conferiam poder aos membros permanentes do Supremo Conselho Privado, os Dolgorukiis e Golitsyns. Foi aqui que eles cometeram um erro fatal, pois as condições davam poder não à aristocracia como um todo, mas a uma *clique* de famílias. Como relatou o embaixador inglês, os aristocratas russos "não têm noção genuína de um governo limitado". Quando Anna chegou a Moscou, avaliou rapidamente a situação e, com auxílio de outros clãs aristocráticos, da baixa nobreza e dos guardas, ela rasgou as condições e restaurou a autocracia. A Rússia estava novamente no caminho que Pedro havia traçado, mas com mais uma mulher no trono que não tinha herdeiros diretos, nem homens nem mulheres. Ninguém sabia que, pelos próximos 66 anos, as governantes da Rússia seriam mulheres, como Anna, postas no trono por homens aristocratas e oficiais da guarda.

capítulo 6

DUAS IMPERATRIZES

Com a restauração da autocracia, Anna subiu ao trono como imperatriz da Rússia e, depois de algum tempo, mandou os líderes dos clãs Golitsyn e Dolgorukii para o exílio. Os dez anos do reinado de Anna, na memória da nobreza russa, foram um período sombrio de governo dos favoritos alemães de Anna – particularmente seu camareiro, Ernst-Johann Bühren (Biron para os russos), que era supostamente todo-poderoso e indiferente aos interesses russos. Essa memória é um exagero considerável. Após um breve interlúdio, a imperatriz Elizabete, filha de Pedro, o Grande, e uma monarca hábil e firme, sucedeu-a (1741-1761). Por baixo de todo o drama da corte, formava-se a nova cultura russa, e a Rússia entrou na era do Iluminismo. Nessas décadas, também podemos vislumbrar a sociedade russa para além das descrições de condição jurídica e no interior da teia das relações humanas.

Politicamente, a corte de Anna não era um lugar agradável ao todo, embora a história da "dominação alemã" seja em grande parte uma lenda. Anna era pessoalmente próxima de Biron, que a havia servido fielmente na Curlândia, onde ela vivera desde a morte do seu marido, o duque, em 1711. Ela confiou a política externa ao conde Andrei Ostermann e o Exército ao conde Burkhard Christian Münnich, mas os três não formavam um grupo fechado, em nenhum sentido. Na realidade, eles se odiavam e faziam alianças com os figurões russos mais numerosos na corte e no governo. A verdade era que Anna confiava neles e em poucas outras pessoas, e não consultava a elite como um todo. O Senado esmorecia. Não surpreende o fato de que Anna ficasse aterrorizada com a ideia de complôs contra ela a favor de Elizabete, a filha mais velha de Pedro ainda viva, ou de outros candidatos ao trono, e ela usava a Chancelaria Secreta para tentar desvendá-los.

O episódio mais sombrio do reino foi o julgamento e a execução do seu ministro Artemii Volynskii em 1740, sob a acusação de insultar a imperatriz. Tratava-se de um pretexto: o motivo verdadeiro para a sua morte foi que Volynskii perdeu as graças de Biron e Ostermann, além de seus próprios planos ambiciosos, que assustavam Anna e tantos outros à sua volta.

O reinado de Anna não foi de modo algum um fracasso. Ela restaurou grande parte da obra de Pedro que havia sido rejeitada pela oligarquia na época de Pedro II. Ela levou a capital novamente para São Petersburgo e aboliu o Supremo Conselho Privado. Ela não restaurou o poder do Senado e governou com um Gabinete de ministros dominado pelos seus favoritos. Seu governo tentou reduzir o fardo sobre o país do vasto estabelecimento militar e naval que Pedro criara, mas descobriu que era impossível. Em vez disso, a Rússia travou uma guerra bem-sucedida na Polônia para evitar que a França pusesse no trono polonês um rei que seria hostil à Rússia e à Áustria – e então a Rússia foi à guerra contra a Turquia. Münnich mostrou-se um comandante altamente capaz e a Rússia conseguiu recuperar o forte em Azov que havia perdido em 1711. Como o marido de Anna morrera antes que eles pudessem gerar filhos, ela permaneceu sem progenitura. Seguindo a lei de sucessão de Pedro de 1722, ela escolheu seu herdeiro, ainda que no seu leito de morte: um infante de dois meses de idade que recebeu o nome de Ivã VI. A ligação do bebê com o trono russo era remota. Ele era neto da irmã mais velha de Anna, Catarina, que havia se casado com o duque de Mecklenburg em 1716. A filha de Catarina, também chamada Anna, casou-se, por sua vez, com o duque de Brunswick-Bevern-Lüneburg, e Ivã era o primeiro filho deles. Ou seja, o tsar da Rússia era, na verdade, um príncipe alemão menos influente, com a mais tênue das ligações com o país que ele deveria governar. O bebê tsar precisaria obviamente de um regente para governar no seu lugar, um fato que trouxe a lume os conflitos entre os figurões. Biron, que estava inicialmente no comando, foi logo afastado por Münnich, que por sua vez foi vítima de Ostermann e dos pais do tsar infante. Para complicar as coisas, houve uma declaração de guerra da Suécia no verão de 1741, uma tentativa dos suecos de vingar-se das derrotas precedentes. Não surpreende que, nessa situação, uma conspiração elaborada tenha surgido com toda espécie de ramificações internacionais (o embaixador francês era um dos líderes) e, em novembro de 1741, os guardas derrubaram a regência e carregaram Elizabete nos ombros para dentro do Palácio de Inverno. Ivã VI e a família Brunswick foram enviados ao exílio no Norte da Rússia. Ivã faleceu no caso Mirovich de 1764 e sua família só foi libertada cerca de 20 anos mais tarde.

O reinado de Elizabete trouxe para a Rússia uma sensação renovada de normalidade. Os Golitsyns, Dolgorukiis e supostos confederados de Volynskii que restavam retornaram do exílio; suas terras e cargos foram restaurados. O Senado foi restaurado à posição que tivera sob Pedro. O Exército russo derrotou os suecos, encerrando rapidamente a guerra em 1743. Elizabete era inteligente e habilidosa, mas um tanto preguiçosa e autocomplacente. Sua quantidade de vestidos era lendária e ela seguia, ainda que modestamente, o gosto do pai por banquetes e bebida. Elizabete casou-se em segredo com seu amante, um ucraniano chamado Aleksei Razumovskii, que começou como garoto de coro e tornou-se uma figura importante na corte. Ele era esperto o bastante para não tentar ofuscar os outros, e a maior parte dos assuntos do reino estava nas mãos dos Shuvalovs, os irmãos Peter e Alexander, e do chanceler (ministro das Relações Exteriores) Aleksei Bestuzhev-Riumin. Todos esses homens, como seus rivais, os Vorontsovs, vinham de famílias de nobreza antiga mas distantes da grande aristocracia, e que agora assumiam posições secundárias no governo e na diplomacia. Os figurões de Elizabete eram homens relativamente novos que deviam suas posições à promoção, feita por Pedro, de rapazes talentosos de fora do pequeno círculo das velhas famílias aristocráticas. Bestuzhev-Riumin era um diplomata experiente e os Shuvalovs faziam parte do círculo pessoal de Elizabete desde os anos 1730. Embora devessem sua ascensão à sua ligação pessoal com a nova imperatriz, eles se mostraram dinâmicos e inteligentes. Foram os primeiros desde a época de Pedro a dirigir sistematicamente sua atenção ao desenvolvimento econômico da Rússia, sobretudo ao fortalecimento do seu comércio. Em 1752, eles convenceram Elizabete a abolir todos os pedágios internos e elevar modestamente a tarifa, de modo que o comércio seria mais livre, mas a receita do Estado não sofreria. Menos feliz foi seu plano de aumentar a receita por meio do monopólio estatal da vodca subindo o preço. Houve outras ideias, das quais as mais importantes foram a redação de um novo código de Direito e o plano de secularizar as terras dos mosteiros, embora nenhuma delas tenha sido realizada. Eles também apresentaram seu jovem primo Ivã Shuvalov a Elizabete, e ele tornou-se uma força preponderante na cultura russa.

A decisão de Elizabete de juntar-se à Áustria contra a Prússia na Guerra dos Sete Anos (1756-1763) suspendeu todos os planos de reforma. O Exército russo saiu-se bem contra o suposto gênio militar da era, Frederico, o Grande, e até ocupou brevemente Berlim em 1760. No entanto, a morte da imperatriz, no dia de Natal do calendário juliano em 1761, pôs fim à participação da Rússia no conflito e, ao mesmo tempo, armou o cenário para mais um drama.

Enquanto a corte alternava entre a rotina da governança, intrigas perigosas e dramáticas revoluções palacianas, a Rússia incorporou gradualmente as mudanças culturais que resultaram da virada de Pedro, o Grande, em direção à cultura europeia. Não é verdade que as imperatrizes e a elite da corte não desempenharam papel algum no desenvolvimento e aprofundamento da cultura russa. A imperatriz Anna foi, paradoxalmente, uma das inovadoras mais importantes. Foi no seu reinado que a Rússia finalmente abandonou a simplicidade da época de Pedro e formou uma corte como a de outros Estados europeus, com as instituições culturais habituais. Anna foi a primeira a criar um teatro da corte, que começou com uma trupe italiana de *commedia dell'arte* e depois passou para um teatro convencional francês e alemão. Ela também trouxe uma companhia de ópera com seu compositor-diretor, o napolitano Francesco Araya. Anna substituiu o diminuto Palácio de Inverno de Pedro por um novo, mais condizente com a condição dos governantes da Rússia. O governo de Anna não estava apenas preocupado com a corte, pois ela também fundou o Corpo de Cadetes da Infantaria usando os velhos edifícios do palácio de Menshikov. O Corpo de Cadetes evoluiu mais tarde para uma escola militar de elite, mas no século XVIII era a principal instituição para a educação dos jovens nobres russos e possuía um vasto currículo emprestado das academias para jovens nobres comuns na Europa Central. A escola ensinava matérias militares, mas também enfatizava as línguas modernas, História, conhecimentos básicos de Direito e Matemática. Não somente oficiais, mas também ministros do governo e muitos escritores estudaram no Corpo de Cadetes. Elizabete continuou nessa direção e foi ela que ordenou a Bartolomeo Rastrelli que construísse o magnífico Palácio de Inverno que subsiste até hoje. São Petersburgo tinha finalmente uma residência para o monarca que rivalizava com ou até ofuscava as de outras capitais europeias. Elizabete adorava teatro, até mais do que Anna, e na sua corte havia apresentações de ópera e de teatro francês duas ou três vezes por semana. Araya manteve sua posição até o final do seu reinado, compondo suas próprias óperas e produzindo obras de outros compositores proeminentes da época. Em 1749, pela primeira vez o teatro da corte montou uma peça russa, *Semira*, de Alexander Sumarokov (1718-1777), recém-formado pelo Corpo de Cadetes. *Semira* era um típico drama clássico em versos em cinco atos, que seguia as unidades clássicas de tempo e espaço e imitava o teatro francês, Racine, Corneille e Voltaire (então considerado um grande dramaturgo e poeta, mais que pensador). Hoje ela soa inexpressiva e monótona, com versos insossos e um enredo altamente previsível que opõe o dever ao amor. Foi boa o bastante, porém, para encantar Elizabete e sua corte numa montagem em que meninos do Corpo de Cadetes representaram os papéis masculinos e femininos. Os russos não faziam objeção a atrizes, mas o problema era que o teatro era tão novo que simplesmente não havia nenhuma atriz disponível, como tampouco havia uma escola para meninas equivalente ao Corpo de Cadetes. O surgimento de uma peça russa, logo seguida por muitas outras, exigia atores russos, e no final dos anos 1750 a Rússia já tinha seus primeiros teatros nativos, o teatro da corte, assim como algumas iniciativas efêmeras fora da rede da corte. A Rússia também carecia de uma escola para formar artistas plásticos, e em 1756 Ivã Shuvalov fundou a Academia de Artes em São Petersburgo. No século seguinte, ela seria o principal centro de pintura e escultura russa.

Contudo, a Rússia ainda carecia de uma universidade. A Academia de Ciências de Pedro incluía uma universidade, mas esse aspecto da Academia era demasiado pequeno para ter muito impacto. Mais uma vez, foi o favorito de Elizabete, o conde Ivã Shuvalov, que se dispôs a corrigir a situação. A imperatriz decretou a fundação de uma universidade em Moscou que abriu suas portas em 1755. A universidade seguia fortemente o modelo alemão, com um professorado majoritariamente alemão e aulas frequentemente em latim nos primeiros anos, mas funcionava. Ela tinha dois ginásios anexos para preparar os estudantes – um para os nobres e outro para pupilos de camadas mais humildes da sociedade. A nova universidade tinha faculdades de Direito e Medicina, bem como de Artes e Ciências, e seus primeiros diplomados viriam a dar contribuições capitais para a cultura russa.

Shuvalov tinha habilidade política para pilotar a universidade por meio dos escritórios do governo, mas para os detalhes curriculares ele recorreu à Academia, e particularmente a Mikhail Lomonosov (1711-1765), que tinha defendido a ideia em vão por algum tempo. Lomonosov foi, sob muitos aspectos, o último homem da era de Pedro, pois ele era filho de um próspero mercador do norte longínquo que possuía barcos de pesca, mas era juridicamente um camponês. Lomonosov fez a pé a viagem para o sul em direção a Moscou para entrar na Academia Eslavo-Greco-Latina em 1731. Depois de formar-se, ele foi enviado para a Alemanha para estudar Mineração, mas finalmente optou pela Química e ciências correlatas. Ele teve de deixar a Universidade de Marburg às pressas, pois engravidou a filha da sua senhoria, e recorreu à clemência do embaixador russo na Holanda. Felizmente, o embaixador enviou-o de volta a São Petersburgo, onde ele obteve um cargo na Academia e pôde trazer sua amante alemã para fazer dela sua esposa. A realização científica mais importante de Lomonosov foi uma versão inicial da lei da conservação da matéria e energia, formulada mais tarde por Lavoisier na França, mas Lomonosov tinha algo de polímata. Ele foi um poeta importante, que produziu muitas odes para eventos da corte, um gênero importante na época, pois as odes eram muitas vezes declamadas em eventos da corte perante a própria imperatriz. Não se tratava apenas de bajulação, pois Lomonosov usou-as para apresentar o programa de uma monarquia esclarecida e poderosa que refletia suas prioridades e igualmente as de Elizabete e da elite da corte. Ele também tirou férias da Química para envolver-se em controvérsias sobre a História russa e, mais importante, para codificar a Gramática russa. Essa contribuição aparentemente simples foi rica em consequências, pois as mudanças culturais da época de Pedro haviam deixado a língua literária russa num dilema. A velha língua literária havia sido formada pela Igreja e era uma combinação do antigo eslavo eclesiástico com elementos vernáculos. O reinado de Pedro vira a introdução de milhares de novas palavras e conceitos e a restrição da língua clerical aos textos religiosos tradicionais. A contribuição de Lomonosov foi regularizar tudo isso, declarando os elementos do eslavo eclesiástico apropriados para a literatura de estilo elevado, mas não necessariamente para o discurso ou escrita ordinária, e fornecer uma gramática para a língua escrita normal, que era essencialmente o vernáculo falado. Junto com a sua própria poesia e outros escritos, ele lançou as bases da língua literária de Púchkin e Tolstoi.

A Rússia pode não ter tido uma universidade, mas com certeza tinha uma Igreja. A era de Elizabete foi o ponto alto da dominação da Igreja ortodoxa pelos bispos ucranianos, que eram formados em Kiev e em outros lugares segundo modelos ocidentais e, em ampla medida, católicos. Eles trouxeram o latim e a literatura devocional ocidental para o clero russo e continuaram o esforço de levar seus ensinamentos à população por meio de sermões e tentativas de educar o clero. O que eles não conseguiram fazer foi interferir no processo de absorção da cultura secular ocidental. A Igreja da Rússia, submetida ao Estado pelo Sínodo, não tinha poder para banir livros ou interferir no processo educacional. Os meninos da Escola de Cadetes recebiam instrução religiosa, mas o currículo estava inteiramente nas mãos de laicos. À medida que o Iluminismo europeu florescia, essa peculiaridade russa significava que obras banidas na França ou na Itália chegavam à Rússia sem interferência do clero.

O Iluminismo chegou à Rússia por volta de 1750. Para os homens da geração de Lomonosov, formados na primeira metade do século, a cultura europeia que eles absorveram foi essencialmente a do racionalismo do século XVII. A filosofia predominante na Academia quando Lomonosov era jovem era a de Georg Christian Wolff, seguidor e sistematizador da obra de Gottfried Leibniz e conselheiro de Pedro para a Academia de Ciências. Wolff pregava um racionalismo dedutivo que dependia da matemática e da lógica, não da experiência dos sentidos, para tirar conclusões. Embora muitos teólogos luteranos o vissem como uma ameaça, Wolff não se opunha à religião revelada e era igualmente respeitoso da monarquia absoluta. Essa era também a visão de mundo que os professores de Filosofia da Universidade de Moscou propugnavam, o que não surpreende, já que ela perdurou nas universidades alemãs até depois da década de 1770. Em meados do século, no entanto, ideias mais novas vindas da França e indiretamente da Inglaterra começaram a penetrar nas bibliotecas e livrarias russas. As peças de Voltaire, algumas delas encenadas na Rússia, ilustravam temas clássicos do Iluminismo francês: tolerância religiosa, monarquia esclarecida e a luta contra a superstição e o clero. À medida que o francês começou a substituir o alemão na corte por esses anos, os escritores franceses conquistaram público na Rússia pela primeira vez. Em 1756 foi publicada a primeira tradução russa de um ensaio de Voltaire e, três anos mais tarde, seu romance *Zadig*, o primeiro texto importante do Iluminismo francês maduro a ser traduzido. Esse pequeno riacho tornou-se uma enxurrada no reinado seguinte.

Os esforços políticos e culturais do Estado e da corte repousavam nos ombros do campesinato russo, do qual 70% eram servos. Cerca de metade de todos os camponeses eram propriedade da aristocracia, outros 15% eram servos dos mosteiros ortodoxos e o restante era relativamente livre. Os servos dos mosteiros haviam sido objeto de políticas do governo desde a época do tsar Aleksei, que já tinha tomado controle das terras da Igreja para incrementar a receita estatal. Pedro o havia imitado, mas, depois da sua morte, o controle da terra voltou para a Igreja. Nos anos 1750, os Shuvalovs decidiram tomar uma medida mais radical: o Estado confiscaria as terras dos mosteiros e faria dos camponeses arrendatários do Estado. Na prática isso significaria o fim da servidão para os camponeses dos mosteiros, mas veio a guerra com a Prússia e a reforma foi postergada.

Os 50% de camponeses que eram propriedade da aristocracia variavam consideravelmente de posição econômica. No velho coração da Rússia Central e no Noroeste, por volta de 1750, a maioria dos camponeses raramente desempenhava serviços braçais, embora a aristocracia pudesse exigi-los a qualquer momento. Os camponeses costumavam pagar algum tipo de renda e administravam eles mesmos os negócios da aldeia sob a supervisão de um intendente muitas vezes distante e de um proprietário ainda mais distante. A economia camponesa dessas regiões era uma mistura complexa de culturas de subsistência, criação em pequena escala e atividades mais especializadas, como a jardinagem comercial para a população de Moscou e São Petersburgo, que crescia rapidamente. Alguns camponeses também cultivavam linho para fazer tecido e lona ou cânhamo para cordas. A nordeste de Moscou, e em particular no alto Volga, surgiam aldeias inteiras e até distritos onde os camponeses praticamente nem eram agricultores. Lá eles faziam frigideiras e outros utensílios de ferro, teciam tecidos rústicos, faziam colheres e pratos de madeira e até produziam artigos mais sofisticados, como baús pintados, brinquedos e até ícones de madeira e metal. Aí estão as origens da pintura de ícones Palekh do século XIX e da produção posterior de caixas de laca pintadas. Nessas aldeias, os artesãos mais ricos eram igualmente mercadores e compareciam a todas as feiras locais, como a grande feira perto de Nizhnii Novgorod, ou iam para Moscou e São Petersburgo. Alguns desses mercadores camponeses chegaram até Arcangel já na época de Pedro. Muitas dessas aldeias eram ligadas a mosteiros, mas algumas eram propriedade de grandes magnatas como os Sheremetevs. Posteriormente, as aldeias dos Sheremetevs se transformariam em grandes cidades industriais.

Ao sul do rio Oka, onde começava a estepe com sua terra preta, surgiu um tipo diferente de economia servil. Essas áreas ainda estavam sujeitas às incursões crimeanas para capturar escravos, mas desde a década de 1630 o Estado russo havia reforçado constantemente suas defesas no Sul, de forma que a área estava relativamente segura em torno de 1750. As linhas defensivas do século XVII baseavam-se em camponeses, cossacos e nobres locais armados, mas o Exército regular de Pedro substituiu a maior parte delas, deixando a terra livre para a colonização camponesa normal. Os nobres começaram a avançar mais e mais para o sul, comprando ou recebendo propriedades cada vez mais maiores como concessões da Coroa. Muitos deles dedicaram-se inicialmente à criação ovina e bovina, que era mais fácil de administrar em áreas remotas e pouco povoadas, mas logo a região começou a produzir cereais e os nobres passaram a instituir propriedades operadas principalmente por trabalhadores braçais. Esse sistema exigia a presença de um intendente próximo para dar ordens aos camponeses, ou até a residência do proprietário rural. Os serviços braçais eram muito mais opressivos para o campesinato e só eram compensados pela fertilidade maior do solo meridional.

Todavia, em ambos os sistemas o campesinato não era reduzido a uma pobreza abjeta e universal. Os camponeses russos do século XVIII provavelmente comiam tão bem quanto seus equivalentes da França ou da Alemanha, pelo menos nos anos de safra normal, e possuíam seus próprios animais, arados e outras ferramentas agrícolas, assim como modestos bens materiais. A natureza opressiva do sistema servil não estava na dieta ou na falta de posses materiais dos camponeses, mas sim na natureza das relações sociais que definiam a servidão. Esta nunca foi definida numa lei escrita, embora, segundo o costume, o senhor tivesse um poder quase completo sobre o servo. Ele podia exigir qualquer espécie de serviços braçais ou pagamentos, proibir casamentos, reordenar os lotes de terra da comunidade aldeã ou deslocar aldeias inteiras para outras partes do país. Fora torturar ou matar o servo, ele podia fazer qualquer coisa. Na prática, maus-tratos radicais não eram do interesse do senhor, mas nem todos os senhores compreendiam isso e, de qualquer forma, a ameaça de exações ou ordens arbitrárias pairava sobre o servo durante toda a sua vida. O único limite real ao poder do proprietário rural era a ameaça de revolta ou vingança pessoal, e essa possibilidade era muito real, dada a falta de poder estatal efetivo nas áreas rurais. No entanto, essa opção significava que o camponês escolhia um caminho sem volta e tinha de fugir, o que não era desejável para a maioria deles. Era melhor aguentar o senhor e torcer pelo melhor.

Felizmente, nem todos os camponeses russos eram servos. Cerca de 30% do campesinato não tinha senhor e apenas pagava impostos e uma "renda" adicional ao Estado. Eram os camponeses do Norte, dos Urais e da Sibéria, bem como muitos da fronteira meridional. Todos os cossacos, que cada vez mais cultivavam a terra, também eram livres. Essas áreas não eram desimportantes e, de fato, a partir do século XVI até o final do século XVIII, o Norte era uma terra de grande prosperidade, baseada no comércio de peles com a Sibéria e nas fontes de sal que atendiam a maior parte das necessidades da Rússia. A família Stroganov fizera sua fortuna já no século XVI com o sal, tanto que o tsar lhes concedeu uma condição jurídica distinta – não nobre, mas mais alta que todos os outros mercadores. Suas casas no Norte eram um centro importante não só de comércio, mas também da produção de livros e da pintura de ícones. No início do século XVIII, a coleta de sal nos depósitos de superfície em torno da foz do Volga tirou os lucros do comércio de sal, mas os Stroganovs voltaram-se para a manufatura de ferro nos Urais, junto com os Demidovs, uma família de camponeses-mercadores da Rússia Central, e algumas outras famílias. A partir da época de Pedro, o Estado concedeu-lhes o direito de usar corveias e serviços braçais do campesinato para abastecer as siderúrgicas com madeira para combustão, e as minas de ferro prosperaram. As minas e siderúrgicas dos Urais eram muito afastadas e o ferro tinha de ser transportado pelos rios em barcaças durante as enchentes da primavera para chegar ao Volga, pelo qual prosseguia até Moscou e São Petersburgo. Grande parte dele era até exportado para a Inglaterra e alhures na Europa Ocidental. Embora fosse uma indústria tecnicamente bastante primitiva, gerou enormes fortunas para os proprietários, e tanto os Stroganovs quanto os Demidovs entraram para a nobreza. A rentabilidade das siderúrgicas baseava-se na mão de obra gratuita dos camponeses do Estado "designados" a elas, e os camponeses caíram numa espécie de semisservidão que, com o tempo, revelou-se altamente explosiva.

Os Urais e o rio Volga eram áreas com uma população que incluía muitas nacionalidades além dos russos. Na época da morte de Pedro, o Grande, a área do Volga-Urais tinha cerca de 1 milhão de pessoas, metade delas composta de tártaros, *chuvash* e basquírios, entre outros. No século XVII, metade ou mais dos tártaros havia servido no Exército russo, enquanto o restante, junto com os outros povos do Volga, continuava a pagar o velho imposto *yasak*. Conforme a servidão espalhou-se, o imposto definia sua condição de não servos. A partir da época de Pedro, os pagadores de *yasak* e os soldados tártaros foram quase todos convertidos em camponeses do Estado, como os camponeses russos do Norte. Um fluxo contínuo de camponeses russos e nobres veio para a região, evitando os territórios agrícolas tártaros e *chuvash*, mas tomando muita terra dos basquírios nômades, o que levou a revoltas previsíveis em 1705, 1735 e 1755. No total, a Rússia ainda era aproximadamente 90% russa. A minoria superior correspondia aos ucranianos (que representavam 5%) e os povos do Volga e das províncias bálticas compunham os 5% restantes. Os nobres bálticos mantinham seus privilégios, tal como a nobreza cossaca do hetmanato ucraniano. Ali o próprio cargo de hetmã foi restaurado em 1727, abolido novamente em 1734 e depois restaurado por Elizabete. A imperatriz nomeou Kirill Razumovskii, irmão do seu amante ucraniano Aleksei, para o cargo. Ele seria o último hetmã.

Se Elizabete estava contente com a autonomia local no hetmanato e nas províncias bálticas, o mesmo não acontecia quanto aos desvios religiosos. Ela ascendera ao poder com o apoio dos bispos da Igreja ortodoxa, a maioria deles ucranianos que haviam absorvido noções católicas da necessidade de uniformidade religiosa. A imperatriz Elizabete iniciou uma nova onda de perseguição dos Velhos Crentes e apoiou os esforços do bispo de Kazan e de outros para converter os muçulmanos. Centenas de mesquitas foram destruídas e várias formas de aliciamento e coerção foram empregadas contra os tártaros para forçá-los a aceitar o cristianismo ortodoxo. Essas tentativas foram um fracasso abjeto, pois somente uma pequena porcentagem abjurou sua fé, e mesmo esses retornaram ao Islã em grandes números após a morte da imperatriz.

A Rússia permaneceu uma sociedade predominantemente agrária e, com poucas exceções, a mão de obra camponesa e a propriedade fundiária eram a base da riqueza dos nobres. O crescimento da população e o cultivo de terras virgens no Sul trouxeram enorme prosperidade para a nobreza. Eles exibiam-na para todos, não apenas nas mansões de Moscou e São Petersburgo, mas também nas suas novas casas de campo. A tradição dos boiardos russos era, até então, viver na cidade, mantendo apenas pequenas casas nas suas propriedades para visitas pouco frequentes. No final do século XVII, eles começaram a construir residências mais imponentes nos arredores de Moscou – complexos inteiros com igrejas no novo estilo semibarroco da época –, mas elas eram pouco numerosas e próximas à capital. Foi só em meados do século XVIII que a prosperidade recente da nobreza levou à construção de casas de campo com arquitetura barroca e depois clássica, longe das cidades. Eram verdadeiras casas de campo com jardins elaborados, açudes naturais e artificiais, esculturas e pavilhões de jantar e de entretenimento ao ar livre. Os grandes aristocratas, como os Sheremetevs e Golitsyns, mandaram construir teatros inteiros nas suas casas, adaptados para teatro ou balé. Alguns deles formavam trupes teatrais com seus servos, que aprendiam a ler, tocar música e dançar ou atuar em apresentações que replicavam os modelos europeus. Um dos Sheremetevs até se casou com uma das suas servas cantoras. Para a típica família nobre, tais luxos eram inatingíveis, mas em todo o país nobres construíam casas de madeira de um ou dois andares com pelo menos uma sala grande o bastante para danças e entretenimento. Por volta de 1800, o estilo obrigatório incluía um pórtico com colunas clássicas emoldurando a porta principal da casa. Essas casas tornaram-se um dos centros da vida e cultura da nobreza no seu último século, imortalizada nos inumeráveis contos e romances dos grandes escritores russos de Púchkin em diante: *Eugenio Oneguin, Pais e Filhos e Guerra e Paz.*

Como os homens nobres serviam no Exército e funcionalismo público (e foram juridicamente obrigados a fazê-lo de 1714 a 1762), grande parte da administração das propriedades incumbia às mulheres. Um dos muitos paradoxos da sociedade russa era que as mulheres nobres tinham direitos muito mais fortes sobre a propriedade e muito mais controle sobre ela do que suas equivalentes em quase todas as sociedades ocidentais da época. O controle que exerciam sobre sua propriedade dotal depois do casamento era praticamente completo de direito (ainda que nem sempre de fato), e as viúvas geralmente conservavam o controle das propriedades dos maridos. A ausência de primogenitura na Rússia significava que, na nobreza, a viúva era muitas vezes a governante da família, mesmo depois que seus filhos tornaram-se adultos há muito tempo e com carreiras importantes. Elas eram as ancestrais das mulheres fortes encontradas nos romances clássicos do século seguinte, ambientados nas propriedades rurais.

A imperatriz Elizabete, tal como sua predecessora Anna, tinha de cuidar da sucessão do seu trono, pois não tinha filhos. Ela escolheu seu sobrinho, Karl Peter Ulrich, duque de Holstein-Gottorp e filho da sua irmã mais velha Anna Petrovna, que desposara o então duque em 1725. A ideia de Elizabete era manter a sucessão na sua família e não na da imperatriz Anna. A ligação com os Holsteiners também tinha vantagens diplomáticas com relação à Suécia e aos Estados alemães, especialmente a Prússia. Elizabete trouxe o menino para a Rússia em 1742 com um vasto séquito de Holsteiners e ele converteu-se à ortodoxia com o nome de Pedro em homenagem ao seu avô, Pedro, o Grande. O jovem Pedro não era um garoto particularmente promissor e Elizabete decidiu que ele precisava de uma esposa. Ela escolheu Sofia, filha do duque de Anhalt-Zerbst – Anhalt-Zerbst era um pequeno principado alemão na órbita prussiana. A mãe de Sofia também era da família Holstein, de modo que Sofia e Pedro eram primos e parentes do então rei da Suécia. A família também tinha o apoio de Frederico, o Grande, da Prússia, vitorioso na guerra com a Áustria (1740-1748) e a quem Elizabete se opunha, mas que ela desejava aplacar. Em 1744, Sofia veio para a Rússia com sua mãe e foi instruída na ortodoxia, assumindo finalmente o nome de Catarina na sua conversão. Assim, aos 15 anos de idade a futura Catarina, a Grande, assumiu seu lugar na corte russa como esposa do herdeiro do trono. A menina sentia-se solitária e as intrigas de sua mãe só aumentaram o isolamento de ambas. O único motivo de alegria para a princesa era que ela se dava bem com a imperatriz no âmbito pessoal.

De início o casamento foi pacato, mais uma amizade morna que um verdadeiro casamento, e não houve herdeiro nenhum. Conforme os anos passaram, Pedro e Catarina encontraram outros interesses e, à medida que Catarina amadureceu, ela passou a achar o comportamento pueril e a vulgaridade do seu marido cada vez mais irritantes. Ela também começou a ter problemas políticos, pois Pedro manteve-se próximo do seu círculo Holstein e demonstrava pouco interesse pelo país que viria a governar. Catarina já era astuta o bastante para perceber que isso era uma característica perigosa num futuro tsar. Finalmente, Catarina teve seu primeiro caso amoroso com o jovem aristocrata Sergei Saltykov e, em 1754, deu à luz um filho que a imperatriz Elizabete batizou com o nome de Paulo. Agora a Rússia tinha um herdeiro, o qual, nas suas memórias publicadas mais tarde, Catarina deixaria claro que era filho de Sergei Saltykov, não do seu marido Pedro. O suposto progenitor de Paulo era um segredo bem guardado, mesmo no mundo de fofocas da corte.

Enquanto recuperava-se do parto, Catarina começou a ler. Ela sempre fora uma leitora mais assídua que o comum nos círculos da corte. Suas escolhas iam de romances a obras sérias como o *Dicionário* de Henri Bayle, um clássico do primeiro pensamento iluminista. Agora, no seu isolamento momentâneo, ela abordou Voltaire, Tácito e o mais importante para a concepção de governo que ela viria a formar: *Do espírito das leis*, de Charles-Louis de Montesquieu, publicado em 1748[*]. Nem todas as suas leituras eram tão densas, pois ela apreciava a malícia de Voltaire tanto quanto suas ideias, mas a maior parte parece ter sido de livros que ela estimava proveitosos para a esposa de um futuro imperador da Rússia. Afinal, pouco importasse o que ela pensava do marido, ele parecia decidido a herdar o trono.

Pedro tinha agora uma amante sua e Saltykov foi enviado ao exterior. Catarina logo se engraçou com um jovem nobre polonês, Stanislaw Poniatowski, que viera para a Rússia com o embaixador inglês, mas em pouco tempo a política também o afastou. A política da corte de Elizabete não afetou somente a vida íntima de Catarina, mas igualmente sua situação política. A Rússia havia entrado na Guerra dos Sete Anos em 1756 sob a liderança de política externa de Bestuzhev-Riumin, que mantivera uma aliança com a Inglaterra e a Áustria contra a França e a Prússia. Infelizmente para Bestuzhev-Riumin, assim como para muitos dos seus colegas em toda a Europa, o chanceler austríaco, o conde Wenzel Anton Kaunitz, arquitetou uma profunda reviravolta das alianças em 1756. A Áustria aliou-se à França para vingar-se da Prússia. A Inglaterra aliou-se à Prússia, pois em Londres o principal inimigo e rival era sempre a França – na Índia e no Novo Mundo, bem como na Europa. A Rússia tinha de escolher, e Bestuzhev-Riumin convenceu Elizabete a ficar com a Áustria e unir-se a ela na luta contra a

---

[*] Ver MONTESQUIEU, C.-L. *Do espírito das leis*. Bauru: Edipro, 2004. (N.E.)

Prússia quando a guerra estourou em 1756. Por outro lado, a Rússia não declarou guerra à Inglaterra, nem a Inglaterra à Rússia. Essa confusão levou à queda de Bestuzhev-Riumin em 1758 e à ascensão da família Vorontsov (cujas simpatias estavam com a França e não com a Inglaterra) ao poder na corte. Por isso, eles acusaram Bestuzhev-Riumin de falta de zelo na guerra e convenceram a imperatriz a expulsá-lo. Conforme a Guerra dos Sete Anos avançava e o Exército russo mantinha Frederico, o Grande, na defensiva, as simpatias pró-prussianas de Pedro tornaram-se cada vez mais irritantes para Elizabete e tornaram-no impopular no Exército e em grande parte da corte. Sua esposa Catarina caiu sob a suspeita da imperatriz. Conflitos pessoais botaram mais lenha na fogueira, embora Catarina tenha conseguido apelar pessoalmente à imperatriz em diversas crises.

Nessa situação delicada e potencialmente perigosa, Catarina encontrou Grigorii Orlov no verão de 1760. Orlov era um de cinco irmãos, todos eles oficiais da guarda e muito populares nesse meio. Foi uma ligação romântica poderosa, mas também bastante importante politicamente, pois os guardas já haviam decidido três vezes quem governaria a Rússia. Ela também encontrou sua primeira amiga verdadeira, a princesa Elizabeth Dashkova. Dashkova era muito mais jovem que Catarina, mas uma mulher de inteligência e fibra, e além disso era irmã da amante de Pedro, uma das Vorontsovs. Apesar desse laço de família, Dashkova tinha desenvolvido um desgosto pessoal intenso por Pedro e partilhava do descontentamento geral com sua orientação política. O tutor de Paulo, filho de Catarina, o conde Nikita Panin, um diplomata astuto e experiente, também não confiava no marido de Catarina. Embora Pedro ainda fosse o herdeiro, ele estava ganhando muitos inimigos.

Então, bem no momento em que a Prússia parecia prestes a ruir, a imperatriz Elizabete morreu. Em janeiro de 1762, o duque de Holstein-Gottorp ascendeu ao trono russo como Pedro III. Sua primeira medida foi fazer a paz com a Prússia, negando todos os esforços e sacrifícios da Rússia nos últimos cinco anos. Para piorar, ele persuadiu a Prússia a ajudá-lo a atacar a Dinamarca, um tradicional aliado da Rússia, para recuperar um território que ele acreditava pertencer de direito a Holstein. Ele até encomendou uniformes de estilo prussiano para os guardas e treinou-os incansavelmente à moda prussiana. Nenhum gesto poderia ter sido mais precisamente calculado para insultar o Exército russo e a elite da corte. Não importava que a paz tivesse permitido a ele adotar algumas das velhas propostas do grupo Shuvalov e abolir a exigência de que nobres servissem no Exército ou funcionalismo público (o que tornou o serviço voluntário uma vez mais). Pedro havia arruinado irremediavelmente suas relações com sua base de apoio mais importante em São Petersburgo.

Catarina e os Orlovs começaram a planejar uma maneira de removê-lo e proclamar Catarina imperatriz por direito próprio. Pedro suspeitava que tinha inimigos, e um dos conspiradores foi preso. O irmão de Grigorii Orlov, Aleksei, decidiu que a hora havia chegado e, em 28 de junho de 1762, ele foi ao alvorecer a Peterhof e disse a Catarina que eles tinham de agir. Ela não hesitou e cavalgou com Dashkova para dentro de São Petersburgo. Orlov levou-as ao quartel dos guardas Izmailov e os soldados caíram de joelhos, jurando lealdade à imperatriz Catarina II. Catarina e sua comitiva foram até os dois outros regimentos de guardas, que aderiram a ela, e chegaram finalmente ao Palácio de Inverno por volta de dez horas da manhã. Foi preparado um manifesto que a proclamava oficialmente a soberana e ordenava ao Exército e ao povo que prestassem o juramento de fidelidade.

Pedro III ainda estava com seus hussardos Holstein e conselheiros alemães em Oranienbaum, o palácio suburbano no golfo da Finlândia a oeste do Peterhof, que Menshikov construíra décadas antes. Catarina vestiu o uniforme do mais antigo regimento de guardas, os guardas Preobrazhenskii, e, cavalgando como um homem num cavalo branco, saiu da cidade em direção a Oranienbaum com as tropas para capturar seu marido. Pedro desmoronou completamente de medo e rendeu-se depois de tentativas débeis de escapar. Catarina mandou-o para uma das suas propriedades próximas para aguardar o encarceramento sob a guarda de Aleksei Orlov e ali, a 6 de julho, ele faleceu. O anúncio público foi que ele havia morrido de cólica, e houve um funeral público suntuoso, mas Catarina sabia em particular que Aleksei Orlov havia feito justiça com as próprias mãos. O assassinato pode não ter sido planejado, pois todos os presentes, incluindo Pedro, estavam embriagados – mas seja como for, o assassinato ocorreu. Aleksei Orlov escreveu em segredo para Catarina suplicando seu perdão, e ela guardou a carta trancada na sua escrivaninha pelo restante de sua vida. Com Pedro fora do caminho, a outrora obscura princesa alemã era agora – aos 33 anos de idade – Catarina II, imperatriz da Rússia.

capítulo 7

CATARINA, A GRANDE

A primeira tarefa de Catarina ao ascender ao trono foi afirmar seu poder e lidar com os negócios não acabados do reinado do seu marido. Ela confirmou rapidamente o decreto dele que abolia o serviço compulsório para a nobreza, mas protelou aquele que confiscava as terras dos mosteiros. Ela havia se proclamado defensora dos interesses russos e da ortodoxia e sabia que a Igreja não estava contente com a medida. Outrossim, o conde Panin tinha planos para reorganizar o governo central em torno de um conselho de Estado que teria algum tipo de poder junto com a soberana. A nova imperatriz, após uma espera de mais de um ano e depois de depor o riquíssimo e insolente bispo de Rostov, decretou a secularização das terras da Igreja em 1764. Quase um quinto dos camponeses russos deixaram de ser servos. Quanto aos planos de Panin ela foi mais cautelosa, apenas ignorou-os e manteve-o como chefe do Colégio de Assuntos Estrangeiros e supervisor da educação do seu filho e herdeiro Paulo.

A política externa exigiu a atenção de Catarina pela maior parte da primeira década do seu reinado, embora ela já se preocupasse com ideias de reforma do Estado e da sociedade desde a época da sua leitura de Montesquieu e outros nos anos de 1750. Infelizmente, Catarina não podia controlar os acontecimentos e, no outono de 1763, o rei da Polônia morreu. Tal morte criou um sério problema e Catarina teve de agir. Após os últimos anos da Guerra Setentrional, a Polônia, outrora a grande potência do Leste Europeu, havia sucumbido a uma economia e população em declínio e a uma constituição anárquica. Ela tinha um rei eleito frágil, magnatas onipotentes e uma dieta de nobres cuja principal meta era a conservação do

Direito tradicional e dos privilégios acima de tudo. Seus vizinhos, a Prússia, a Áustria e especialmente a Rússia, estavam contentes com essa situação e, por mais absolutistas que fossem em casa, seus governantes estavam decididos a preservar a "Liberdade Dourada" da nobreza polaca. Uma Polônia fraca com um Exército reduzido convinha a todos, e os embaixadores deles dirigiam o Estado polonês.

A morte do rei em 1763 ocorreu num momento de retorno lento à prosperidade e reivindicações de reforma constitucional modesta. Catarina decidiu apoiar algumas dessas reivindicações e, com o auxílio de aliados poloneses, intimidação dos seus adversários e simples suborno, pôs seu antigo amante, Stanislaw Poniatowski, no trono da Polônia. Poniatowski e seus aliados conseguiram fazer aprovar algumas das suas propostas muito modestas, mas Catarina queria uma garantia prática de uma influência russa contínua e encontrou-a na questão dos direitos políticos dos dissidentes (não católicos) na Polônia. A Polônia possuía uma minoria protestante considerável (cuja maioria falava alemão) no Noroeste e uma minoria ortodoxa mais numerosa a Leste e Sudeste. Os protestantes incluíam uma certa quantidade de famílias nobres além de aldeões, mas estavam excluídos da representação política e da maioria dos cargos públicos. Os ortodoxos eram principalmente camponeses ucranianos e não tinham porta-voz a não ser o único bispo ortodoxo, um ucraniano do lado russo da fronteira. Ambos os grupos, mas especialmente os camponeses ortodoxos, estavam sujeitos ao assédio contínuo do clero e dos nobres católicos. Catarina, por meio do seu embaixador, ordenou que Poniatowski e seus aliados promulgassem uma lei de tolerância dos dissidentes religiosos. O resultado final em 1768 foi uma revolta dos nobres católicos contra os russos e o rei, e isso envolveu o Exército russo nas dissensões internas da Polônia. Catarina sabia que sua intervenção na Polônia poderia ter consequências perigosas, mas ela havia formado uma aliança sólida com a Prússia e torceram pelo melhor. Infelizmente, os otomanos, incitados pela França e compreensivelmente incomodados pelo espectro de uma influência russa ainda maior na Polônia, declararam guerra à Rússia no final do ano. A Rússia estava novamente em guerra contra uma grande potência que possuía um Exército enorme, ainda que por vezes difícil de manobrar. A guerra teria de ser travada em estepes vastas e praticamente vazias, muito longe das bases operacionais da Rússia.

A guerra com a Turquia também pôs fim a um dos projetos prediletos de Catarina, a Comissão Legislativa. Fazia décadas que o governo estava ciente do estado de confusão do Direito russo, baseado ainda no Código de Direito de 1649, na legislação de Pedro e em centenas de decretos acerca de questões específicas que muitas vezes contradiziam as normas mais gerais. Catarina viu a oportunidade de realizar uma reformulação e revisão aprofundadas e de estabelecer alguns princípios gerais. Para tanto, em janeiro de 1765, ela começou a compilar uma *Instrução*, uma diretriz para a reforma. O resultado foi um volume de várias centenas de páginas, compilado (como ela admitiu abertamente) de trechos traduzidos do seu querido Montesquieu, do jurista reformador italiano Cesare Beccaria e de escritores alemães de finanças e economia, como o hoje esquecido barão J. F. von Bielfeld. Ela iniciou o texto com o princípio de que a Rússia era um Estado europeu e uma monarquia, não um despotismo. Ou seja, seu governo baseava-se na lei, não na vontade arbitrária do monarca. Ao mesmo tempo, seguindo Montesquieu, ela afirmou que um Estado do tamanho da Rússia exigia um monarca absoluto que teria o vigor e poder necessários para governar com eficiência. Sem isso, o resultado seria a anarquia e o caos. A *Instrução* não era uma série de recomendações específicas sobre questões pontuais, mas uma descrição de princípios gerais de legislação que regiam a condição social, os tribunais e o incentivo ao crescimento populacional, à agricultura, ao comércio e à indústria. Ela encerrava com uma série de princípios para o que era chamado então de "polícia" na Europa. Esses princípios eram preceitos voltados não tanto para a criminalidade, mas para a higiene, comunicação, prevenção de incêndios e boa ordem geral da cidade e do país. O texto era bastante notável, mas ainda mais notável foi o uso que ela fez dele.

No final de 1766, ela publicou um manifesto anunciando que várias comunidades locais deveriam escolher representantes para ir a Moscou discutir a reforma do Direito, e alguns meses depois ela publicou sua *Instrução* e ordenou que fosse distribuída em todo o país. Assim, uma extensa compilação do pensamento político iluminista seria distribuída abertamente para a população em geral, e essa seria a base para as deliberações da Comissão Legislativa em Moscou.

A Comissão abriu seus trabalhos em 30 de julho de 1767, com 428 dos 564 delegados já presentes. O grupo mais importante comportava os 142 deputados da nobreza e os 209 deputados das cidades (muitos dos quais também eram nobres). Havia igualmente 29 delegados dos camponeses livres e 44 deputados cossacos. Entre diversos povos do Volga, tártaros e outros, vieram 54 deputados – 22 deputados representando a nobreza dos cossacos ucranianos do hetmanato, e as províncias bálticas tinham seus deputados entre os nobres. Até os camponeses livres finlandeses da região de

142 | HISTÓRIA CONCISA DA RÚSSIA

Vyborg tinham seus representantes. Alguns nobres tentaram contestar sua presença, mas Catarina manteve-os com base no Direito sueco desse território conquistado. O único grupo que não estava representado consistia nos camponeses servos da Rússia e das províncias bálticas, que juntos compunham mais de 50% da população do Estado.

O processo de escolha dos representantes estava longe do ideal de uma eleição moderna, dado que os nobres de muitas áreas remotas simplesmente deixaram de comparecer ou o fizeram em números muito pequenos. Nas cidades era difícil chegar a um consenso, e os camponeses livres também parecem ter visto o processo como uma chance de apresentar reivindicações à soberana em vez de fazer sugestões de lei. Não obstante, todos eles reuniram-se em Moscou e, com um certo estímulo da imperatriz, sentaram-se para trabalhar, juntando e examinando a legislação existente e redigindo propostas que serviriam de base para normas gerais que regularizariam a condição dos diversos grupos da sociedade em instituições judiciais. Os delegados não eram um parlamento nem estavam ali para promulgar leis – eles haviam se reunido para fazer propostas a Catarina, as quais ela poderia escolher seguir ou não. Eles também tinham de seguir as diretrizes da *Instrução*, e geralmente o fizeram, mas não sem discussão considerável. As opiniões foram trocadas de forma incrivelmente livre, e alguns dos nobres mais conservadores rejeitaram as implicações da *Instrução* que eram favoráveis aos camponeses e citadinos. Conforme passava o tempo, as diversas subcomissões deliberavam lentamente e Catarina decidiu deslocá-las para São Petersburgo. No verão de 1768, os nobres tinham uma proposta pronta, que foi ela mesma objeto de considerável discussão, especialmente quanto a questões como as condições para a promoção de plebeus ao grau de nobreza e os crimes de servos contra nobres. Catarina estava tendo uma aula muito intensiva sobre os valores e ideias das diversas classes da sociedade russa, e estava bastante claro que a reforma do Estado e da sociedade encontraria obstáculos consideráveis em grande parte da nobreza. A declaração de guerra da Turquia sobreveio antes que ela tivesse de tomar decisões difíceis. A maioria dos deputados nobres também eram oficiais do Exército, e agora uma mobilização completa era necessária para lidar ao mesmo tempo com a Turquia e a situação na Polônia. A Comissão foi dissolvida. Seu trabalho, porém, não foi em vão, como provariam os eventos posteriores.

A guerra com a Turquia foi o primeiro teste sério do governo de Catarina, pois o Império Otomano ainda era um adversário temível e os russos teriam de cruzar vastas extensões da estepe meridional antes mesmo de enfrentar o inimigo. No fim, o Exército russo mostrou-se à altura da tarefa, avançando lenta mas sistematicamente pela Crimeia e pela península dos Bálcãs. A Marinha russa velejou de São Petersburgo, contornando a Europa sob o comando de Aleksei Orlov e do almirante britânico John Elphinstone, até destruir a esquadra turca no porto de Chesme em 1770. Apesar da distração do conflito polonês, as tropas de Catarina avançaram pela Bulgária e forçaram os otomanos a fazer a paz sob as condições dela na pequena aldeia de Kuchuk Kainardzha em 1774.

O tratado veio apenas dois anos depois de uma resolução aparentemente definitiva da situação na Polônia. Com a Rússia travando duas guerras simultaneamente, Frederico, o Grande da Prússia, viu sua chance e propôs a Catarina que ambos resolvessem o problema tomando territórios da Polônia. A Áustria também teria de ser aplacada, e o resultado seria uma Polônia menor, que seria menos ameaçadora, caso a reforma fosse bem-sucedida. Catarina concordou com essa proposta após alguma hesitação, pois ela ainda esperava manter alguma influência sobre a totalidade da Polônia, mas finalmente acabou cedendo. O resultado foi o tratado de partição de 1772, que deu distritos amplos e valiosos à Áustria e à Prússia. Catarina ficou com uma fatia grande mas escassamente povoada da Bielorrússia Oriental, que proporcionava à Rússia melhores comunicações fluviais com Riga. Um produto colateral da nova fronteira foi a inclusão de judeus no Estado russo pela primeira vez. Para Catarina, o resultado foi um sucesso parcial, já que Poniatowski continuava rei e fez reformas modestas que fortaleceram o Estado e a prosperidade polonesa sem deixar de ser subserviente aos interesses russos.

Dois anos mais tarde, Catarina ficou exultante de alegria ao saber da paz com os otomanos, pois ela veio num momento difícil. A própria vitória já era razão suficiente para comemorar, haja vista que trazia grande prestígio e poder para a Rússia e sua imperatriz – mas não era só isso. A Rússia recebeu vastos territórios no Sul até a costa do mar Negro, e a Crimeia deixou de ser uma dependência turca para tornar-se nominalmente independente sob controle russo. Os ministros russos e a própria Catarina estavam conscientes há décadas do potencial econômico da área, tanto como local de novos portos comerciais quanto para colonização agrícola. O tratado não só cedeu a região à Rússia, mas também conferiu o direito de comerciar no mar Negro e construir uma Marinha ali. A posição da Rússia na fronteira meridional tinha mudado radicalmente: não havia mais incursões tártaras para capturar escravos, e um vasto território estava pronto para ser desenvolvido. A legislação das novas terras, a serem chamadas de Novorossia, ou "Nova Rússia", foi cuidadosamente elaborada para incentivar a colonização mas desencorajar a disseminação da agricultura servil. As novas terras seriam um assentamento de colonos com cidades e portos florescentes, não apenas uma extensão da agricultura atrasada das propriedades servis da Rússia central. Catarina não havia lido seus escritores iluministas à toa.

Seu braço-direito na transformação das novas terras seria seu novo amante, o general Grigorii Potemkin, cuja ascensão instantânea nas graças da imperatriz ocorreu nos primeiros meses de 1774. Potemkin foi o único dos muitos amantes de Catarina que era seu equivalente intelectual e político. Embora menos culto, ele era bem instruído o bastante para compreendê-la e tinha habilidade política para trabalhar com ela. Foi uma grande parceria que durou por muito tempo depois que a paixão havia esfriado, até a morte de Potemkin em outubro de 1791.

Por enquanto, a imperatriz e seu favorito enfrentavam desafios impressionantes. Desde o golpe de Catarina em 1762, havia sintomas de descontentamento. O primeiro fora o caso Mirovich. O antigo tsar bebê Ivã VI de 1740-1741 havia crescido e Elizabete o havia confinado na fortaleza de Schlüsselburg na esperança de que ele pudesse entrar para um mosteiro algum dia e, caso contrário, de que ele seria politicamente inofensivo. Pedro III havia confirmado suas decisões, incluindo a ordem secreta de matá-lo se fosse feita uma tentativa de libertá-lo, e Catarina confirmou igualmente essas ordens, embora o codicilo com a ordem para matá-lo contivesse apenas a assinatura de Panin. Em julho de 1764, um inquieto e provavelmente um tanto instável oficial da guarda ucraniano chamado Vassíli Mirovich fez uma tentativa tresloucada de libertar Ivã e proclamá-lo imperador, e os soldados que guardavam o ex-tsar executaram suas ordens permanentes. A execução de Mirovich pôs fim ao caso, mas não era um bom sinal. Ao longo dos anos houve uma série de incidentes, todos envolvendo pequenos números de oficiais e nobres que falavam em substituir Catarina, mas eles logo foram exilados e suas declarações não deram em nada. O pano de fundo desses incidentes, contudo, foi a questão preocupante do herdeiro do trono, o tsarévitche Paulo. Paulo tinha 19 anos de idade em 1773, portanto, em tese, idade suficiente para reinar, mas sua mãe não tinha a intenção de ceder o poder. Parte do seu motivo era seu desapontamento crescente com seu filho e a associação dele com o partido de Panin na corte, cuja política externa cautelosa não havia gerado os dividendos esperados. Catarina declarou seu filho adulto e iniciou negociações de matrimônio, mas manteve o trono. Essa medida encerrou o papel de Panin como tutor do herdeiro, e o conde retirou-se gradualmente da corte em desgraça.

A nova estrela, Potemkin, veio exatamente na hora certa, pois a Rússia estava agora às voltas com o maior levante popular que conheceria antes do século XX. A fonte do levante estava na fronteira cossaca a sudeste, como tantas vezes antes. Dessa vez, ele não começou no Don mas no Iaik, um rio menor que corre dos montes Urais para o mar Cáspio, a leste do Volga. Nessas décadas, o governo russo estava tentando estabelecer um controle maior sobre os cossacos, restringindo seus privilégios e especialmente seu costume de eleger seus oficiais. Medidas recentes nesse intuito pareciam bem-sucedidas, até que Emelian Pugachev apareceu nos assentamentos perto da capital provincial de Orenburg no início de 1773. Ele já havia servido nas guerras, desertado e tido várias aventuras quando chegou e disse ao povo que era, na verdade, o marido de Catarina, Pedro III. Ele viera para restaurar a justiça aos cossacos e proteger a Velha Crença. Os cossacos acreditaram, ou afirmaram acreditar nele, e ele arregimentou rapidamente um bando de vários milhares de homens, reforçado pelos basquírios e tártaros vizinhos, além dos camponeses ligados

IMAGEM 6. Basquírios, de Atkinson, *Vista Pitoresca*.

às siderúrgicas dos Urais. Eles sitiaram Orenburg e outros fortes maiores sem sucesso, mas sobrepujaram as estações menores e massacraram todos os que se recusavam a unir-se a eles. Uma área imensa, a maior parte dos Urais e da bacia do Volga, estava agora nas mãos dos rebeldes. A reação foi rápida. Um Exército veio de Moscou para reprimir a revolta e teve bastante êxito até o final do ano, embora o próprio Pugachev tenha conseguido escapar ao Exército. Então, no ano seguinte, ele voltou e conseguiu até tomar a importante cidade de Kazan por alguns dias. Esse foi o ponto alto da rebelião, pois as tropas regulares russas chegaram à cidade depois de uma marcha forçada desesperada e esmagaram o Exército rebelde. Pugachev voltou-se para o sul em direção ao Don, e para chegar até lá ele passou por áreas de agricultura servil. Ali a região explodiu; com ajuda dos rebeldes, os servos exterminaram a nobreza local, incluindo mulheres e crianças. Infelizmente para Pugachev, os cossacos do Don não se mobilizaram, e ele cruzou o Volga mais uma vez, fugindo para a sua base entre os basquírios. Ali as tropas finalmente alcançaram os rebeldes e esmagaram-nos. Alguns basquírios permaneceram leais a Pugachev até o fim, mas os cossacos acabaram por traí-lo. A revolta tinha acabado e, em 1775, Pugachev foi executado em Moscou. Finalmente havia chegado a paz, dentro e fora do país.

As leituras de Catarina deram-lhe não apenas uma série de ideias sobre justiça e administração, mas também sobre desenvolvimento econômico e condição social. Os escritores iluministas acreditavam que a sociedade exigia uma população civilizada para florescer, e isso era feito por meio da educação e cultura. A nova imperatriz ascendera ao trono num momento propício, dado que os esforços do Corpo de Cadetes, da Academia e da Universidade de Moscou estavam começando a dar resultados. A geração que chegou à maturidade junto com Catarina foi a primeira a ter absorvido plenamente a cultura europeia e a primeira a incluir muitos homens e até mulheres que também havia estado no exterior o suficiente para começar a entender a sociedade europeia.

Catarina estava decidida a acelerar esse processo. Embora fosse alemã de nascimento e cultura, durante a maior parte do seu reinado ela esteve no centro da cultura russa, mais que qualquer monarca depois dela e até mais do que o próprio Pedro. Ela não era meramente uma leitora, mas uma participante ativa da vida cultural europeia. Ela correspondeu-se com Voltaire de 1763 até a morte dele em 1778. Ela também teve correspondentes entre os enciclopedistas franceses, Denis Diderot e Jean d'Alembert, além do barão alemão

Friedrich Melchior Grimm. Grimm era uma espécie de jornalista literário baseado em Paris, e depois de uma visita a São Petersburgo em 1773-1774 ele tornou-se o principal correspondente de Catarina e seu confidente epistolar até a morte dela. Catarina não fazia apenas corresponder-se com os grandes homens do Iluminismo. Quando ela ouviu falar dos problemas financeiros de Diderot, ela comprou a biblioteca dele, concedeu-lhe o uso perpétuo da mesma e pagou-lhe um salário como seu bibliotecário.

Os projetos culturais de Catarina eram numerosos. Nos bastidores ela foi a instigadora da Sociedade Econômica Livre, um grupo de nobres inspirados pela leitura da literatura iluminista a formar uma sociedade para a discussão de temas econômicos (especialmente agrícolas). Era uma associação independente das instituições estatais, embora gozasse do favor da imperatriz. A sociedade patrocinou um concurso de ensaios sobre a questão da propriedade da terra pelos camponeses que levantou inevitavelmente a questão da servidão, e conferiu o prêmio ao ensaio de um francês que declarava sem ambiguidade que a prosperidade só poderia vir da propriedade plena da terra pelo camponês. Por implicação, a servidão não podia criar prosperidade. O ensaio foi publicado em russo e francês para todos lerem. Ela continuou a apoiar a universidade, as academias e as escolas com dinheiro e incentivo. A primeira escola russa de meninas, o Instituto Smol'nyi para meninas nobres em São Petersburgo, fora planejado pela imperatriz Elizabete e criado em 1764, e a imperatriz reorganizou e expandiu o Corpo de Cadetes. Eram escolas de elite, mas a reforma provincial de 1775 trouxe um sistema de escolas nas províncias, que foi expandido novamente em 1786 por um decreto que criava escolas secundárias em todas as capitais provinciais e uma rede de escolas primárias. O progresso era lento, mas em 1800 já havia mais de 300 escolas, o dobro do que havia em 1786. As escolas secundárias russas posteriores tiveram origem nessas leis.

Até a Igreja teve seu papel no progresso do Iluminismo. No momento da ascensão de Catarina, a maioria dos bispos ainda era ucraniana, dotada de um sentido forte, quase católico, da importância do clero. A imperatriz Elizabete havia iniciado o processo de substituí-los por russos e, sob Catarina, toda uma nova geração chegou ao poder na Igreja. Catarina também inscreveu em lei a secularização das terras monásticas formulada por Elizabete contrariamente à posição dos bispos ucranianos mais velhos. A nova geração, como Platon Levshin, metropolita de Moscou de 1775 a 1812, havia recebido formação religiosa luterana com uma forte orientação para a pregação. Seu objetivo era levar as verdades do cristianismo ortodoxo ao

148 | HISTÓRIA CONCISA DA RÚSSIA

povo, em vez de cultivar um ascetismo ideal. Essa ênfase coincidiu com a de Catarina, pois ela via a religião como o fundamento da boa cidadania, o que era outro preceito iluminista.

A corte de Catarina manteve os teatros fundados pelos seus predecessores, e os teatros permaneceram no centro das artes do palco na Rússia. Ela persuadiu Araya a aposentar-se e substituiu-o por uma série de músicos renomados, a começar pelo veneziano Baldassare Galuppi. Sumarokov continuou a dirigir o teatro e escrever peças, e Catarina e a corte costumavam frequentá-lo várias vezes por semana. Em 1768, ela fundou uma sociedade para a tradução de livros estrangeiros que patrocinou toda uma série de importantes traduções, obras eruditas e de entretenimento para o público russo. Ela também editou sua própria revista, *Vsiakaia vsiachina* (*Todo Tipo de Coisas*), em 1769. A ideia era imitar a *Spectator* de Addison e Steele, algo que Sumarokov havia tentado alguns anos antes com sucesso duvidoso. A revista, como seu protótipo, deveria combinar entretenimento com edificação sem moralismo opressivo – um tipo de publicação altamente popular na Alemanha nativa de Catarina e noutros lugares da Europa. Catarina manteve seu papel em segredo, embora ele fosse amplamente conhecido em São Petersburgo. A reação mais vigorosa à sua revista veio de Nikolai Novikov (1744-1818), que lançou uma série de revistas suas, estabelecendo a primeira empresa privada de edição importante da Rússia. Mais bem escritas e mais ousadas que a revista da imperatriz, as publicações de Novikov alcançaram popularidade considerável, mas não suficiente para proporcionar uma boa renda, e ele logo se dedicou à publicação de livros para a Universidade de Moscou, o que lhe garantia um subsídio indireto do Estado. Em Moscou, Novikov também se aproximou cada vez mais dos maçons, um grupo com uma ampla rede de contatos e impacto considerável sobre a cultura russa da época. Os maçons não eram apenas um clube social, mas um movimento de ideias com metas definidas, ainda que nebulosas. A maioria deles havia lido a literatura mística europeia que estava se tornando cada vez mais popular no final do século XVIII e considerava-se comprometida com o autoaperfeiçoamento, a contemplação de Deus e suas obras e, acima de tudo, a filantropia ativa e o incentivo ao progresso do mundo. Infelizmente para eles, os maçons levantavam toda espécie de suspeitas. Clérigos conservadores viam-nos como os propagadores de uma religião alternativa e perniciosa, enquanto muitos nobres esclarecidos os tomavam por obscurantistas. A própria Catarina via-os dessa maneira e escreveu várias comédias curtas, satirizando-os. Os maçons também constituíam uma sociedade internacional ligada às dinastias estrangeiras da Prússia e da Suécia, que eram

IMAGEM 7. Catarina, a Grande, com a deusa Atena. Gravura de Francesco Bartolozzi segundo Michele Benedetti. De uma pintura de Alexander Roslin.

hostis à Rússia, e, o que era ainda mais grave, os maçons haviam recrutado o herdeiro, o tsarévitche Paulo, como patrono. Este último elemento tornou-os profundamente suspeitos na mente de Catarina, haja vista que Paulo estava descontente com seu papel marginal na corte e no governo e cada vez mais hostil para com sua mãe conforme os anos passavam.

Apesar de contratempos, Catarina não desistiu de patrocinar a literatura russa e, em 1782-1783, ela nomeou sua velha amiga, a princesa Dashkova, para chefiar a Academia de Ciências e a nova Academia de Letras. Dashkova, que havia encontrado Benjamin Franklin em Paris, foi a primeira mulher membro da Sociedade Filosófica Americana de Filadélfia. Nesses cargos, Dashkova pôde publicar mais uma série de revistas literárias e outras publicações e organizar um comitê para produzir o primeiro dicionário russo. Um decreto de 1783 autorizava explicitamente a edição e publicação privada, sujeita à censura dos chefes de polícia das capitais.

O principal problema para os editores privados não era a censura ou a atitude do Estado, mas a falta de público amplo. Somente a aristocracia e um pequeno corpo de professores e eruditos tinham instrução para interessar-se por livros e revistas, e grande parte da aristocracia morava em propriedades remotas ou cidades provinciais e preferia a literatura francesa à russa. Os escritores eram menos afetados por essa situação que os editores, pois a maior parte dos escritores importantes eram nobres empregados no serviço público de uma forma ou de outra, e portanto não dependiam das vendas de suas obras para ter renda. Muitos nobres até desprezavam Novikov por tentar viver dos lucros da literatura. O serviço público, no entanto, envolvia os escritores nas facções da corte e numa relação complexa com a imperatriz.

Assim, os dois escritores mais importantes da época, o dramaturgo Denis Fonvizin (1744-1792) e o poeta Gavriil Derzhavin (1743-1816) envolveram-se numa rede de lealdades pessoais e políticas na corte. Fonvizin passou o início de sua carreira como cliente do conde Panin, o que o levou a fazer, próximo ao fim da sua vida, parte da rede de apadrinhamento centrada em Paulo, o herdeiro do trono. Essa afiliação tornava-o impopular junto a Catarina, mas foi ela que encomendou a primeira apresentação da sua melhor peça, *O Adolescente*, no teatro da corte, em 1782. Não obstante, a renúncia final de Panin a todos os cargos em 1781 contribuiu para o fracasso de Fonvizin em conseguir autorização para uma revista alguns anos mais tarde.

Fonvizin e Novikov eram formados pela Universidade de Moscou, enquanto o poeta Derzhavin vinha de uma família da aristocracia provincial e havia apenas terminado o ginásio em Kazan. Ao contrário de muitos dos seus contemporâneos, ele nunca aprendeu bem o francês e sua única língua estrangeira era o alemão, que ele aprendeu em Kazan. Ele começou sua carreira no Exército e desempenhou um papel menor e um tanto inglório na luta contra os rebeldes de Pugachev. Nessa época, ele chamou a atenção de Potemkin e continuou a ser cliente do favorito enquanto fazia carreira na administração pública, em São Petersburgo e nas províncias, e viveu o bastante para ocupar brevemente o cargo de ministro da Justiça sob Alexandre I. A poesia de Derzhavin tornou-o famoso nos anos 1780, quando ele produziu odes em homenagem a Catarina e suas vitórias, além de sátiras de cortesãos e suas fraquezas, seguindo o modelo de Horácio e do classicismo europeu. Como Fonvizin, ele tinha um domínio da língua que permitiu que sua obra sobrevivesse para os leitores russos apesar do ocaso dos gêneros setecentistas que ele empregou.

No final do reinado de Catarina, estava começando a formar-se timidamente um público independente da corte para a literatura, o teatro, a poesia e a prosa em russo. Outras formas de arte continuavam estreitamente ligadas ao mecenato da corte e da nobreza. O teatro musical e a orquestra da corte eram dominados em grande parte por músicos importados, e a centralidade da corte na vida cultural significava que a nobreza ouvia uma vasta gama de música europeia. As tradições nativas subsistiam na música sacra, uma especialidade particular dos ucranianos associados aos coros das capelas imperiais. O mais bem-sucedido desses ucranianos era Dmitri Bortnyanskii (1751-1825), o primeiro compositor da Rússia, que abordava com a mesma facilidade os concertos europeus e o canto coral russo. Nenhum dos músicos era nobre, fato que impedia sua aceitação como artistas sérios. Uma situação semelhante ocorria nas artes visuais, nas quais a Academia de Arte dominava a cena. Catarina reorganizou a Academia para dar-lhe mais autonomia e melhor financiamento, mantendo ao mesmo tempo seus instrutores majoritariamente franceses, e garantiu aos artistas plásticos uma condição social mais privilegiada que correspondia à sua profissão. Os estudantes russos, todos de origem não nobre e por vezes até servil, destinavam-se a fornecer arte para os palácios da imperatriz, da nobreza e da Igreja. A Academia também oferecia bolsas aos estudantes para passarem temporadas em Paris e Roma, ampliando enormemente a sua formação e experiência. Em retrospecto, seu pior defeito, além do seu caráter muito "oficial", era sua cópia precisa de modelos europeus que se coadunavam mal com as possibilidades e tradições russas. Como nas academias de arte europeias, o gênero de maior prestígio era a pintura histórica no estilo do classicismo. Tentativas de retratar a história russa nesse estilo foram elogiadas na época, mas produziram quadros que, para o gosto mais recente, eram inexpressivos no melhor dos casos, e muitas vezes cômicos. Os antigos russos apareciam em armaduras fantásticas que lembravam mais os romanos que a Rússia medieval. Mais atraentes para a preferência mais atual eram os retratistas, que, por ironia, tinham pouca ou nenhuma ligação com a Academia. O primeiro a ficar conhecido foi Ivã Argunov (1727-1802), servo da riquíssima família Sheremetev. Seus sucessores incluíam Fyodor Rokotov, servo dos Repnins, e dois ucranianos, Dmitri Levitskii (pupilo de Argunov) e Vladimir Borovikovskii, o único nobre entre eles. Seus retratos encantadores de homens e mulheres nobres, bem como da própria Catarina, enchiam os palácios e casas de campo russos e eram de qualidade comparável a muitos retratos franceses e ingleses da época, ainda que menos inventivos que estes últimos.

A época de Catarina marcou o início da arquitetura classicista russa, que transformou São Petersburgo na cidade que hoje conhecemos. Ela era firmemente contrária à exuberância barroca do arquiteto-chefe Rastrelli, da sua predecessora Elizabete. Catarina e seus contemporâneos construíram, com alusões romanas inconfundíveis, uma arquitetura apropriada para uma grande capital imperial e suas elites. Simetria estrita, colunas romanas e arcos triunfais estavam na ordem do dia. A realização suprema da era foi o monumento a Pedro, o Grande, o "Cavaleiro de Bronze" na expressão imortal de Púchkin. Obra do escultor francês Étienne-Maurice Falconet e de sua nora, ele mostra Pedro na indumentária de um imperador romano a cavalo sobre uma rocha gigante com a simples inscrição "De Catarina II para Pedro I" em latim e russo. Inaugurada em 1782 numa cerimônia solene, a estátua continua sendo a contribuição mais impactante de Catarina para a cidade de São Petersburgo.

Os anos posteriores a Pugachev não foram preenchidos apenas com projetos artísticos e entretenimentos da corte, pois foram anos de extensa reforma do governo e sociedade russa. A Comissão Legislativa finalmente deu frutos, embora indiretamente: Catarina sabia qual era o pensamento da nobreza a respeito das questões e o que poderia ser útil enquanto não os contrariasse. A primeira tarefa foi reordenar a administração das províncias e cidades, o que implicava criar um novo sistema de corte. Os decretos de Catarina de 1775 fragmentaram as grandes unidades administrativas em cerca de 40 novas províncias, que por sua vez dividiam-se em 5 ou 6 unidades menores. O governo detinha-se essencialmente no nível dessas unidades menores, deixando o campo à nobreza e às comunidades camponesas. A figura local mais poderosa era o governador provincial, nomeado pela imperatriz. Tratava-se invariavelmente de um nobre, que podia ser um grande aristocrata, mas no mais das vezes era um militar. No mesmo decreto, Catarina estabeleceu tribunais para a nobreza que deveriam combinar juízes nomeados com nobres locais eleitos para auxiliá-los. Eram tribunais somente para a nobreza. Nas regiões onde os camponeses livres predominavam, haveria igualmente tribunais com camponeses eleitos, além dos oficiais para ministrar a justiça. Como sempre, o nível das aldeias era o mais fraco e era ali que o poder estatal existia muitas vezes apenas no papel. Nas cidades, Catarina também criou tribunais unicamente para os citadinos, que consistiam em juízes nomeados e assessores eleitos. Assim, a justiça era dividida em tribunais especiais para cada grupo social e combinava juízes nomeados pelo governo com assessores eleitos.

A nova legislação implicava uma maior responsabilidade por parte da nobreza e da elite dos citadinos, porém muitos aspectos básicos da sua condição e relação com o Estado permaneceram indefinidos. As respostas para esse problema foram as Cartas de 1785 para a nobreza e os citadinos. A Carta da Nobreza confirmou e ampliou os direitos já existentes na prática desde a época de Pedro e acrescentou outros, incluindo o decreto de 1762 sobre a isenção do serviço público obrigatório. Os nobres não podiam ser privados de vida e propriedade sem julgamento por um tribunal composto de pares. A nobreza era hereditária e não podia ser anulada sem condenação judiciária por crimes específicos, como homicídio ou traição. Eles não eram sujeitos a castigos corporais e o direito de possuir terra e servos era reservado unicamente a eles. Os nobres em cada província deviam reunir-se para formar uma Assembleia da Nobreza provincial, que elegia seu próprio presidente e determinava as condições de admissão. O presidente atuava como líder da aristocracia local, transmitindo os desejos desta à capital e as ordens do governo à nobreza. Os presidentes tinham pouco poder formal mas, na posição de representantes principais da nobreza local, muitas vezes com conexões poderosas em São Petersburgo, eles eram figuras imponentes. Os governadores provinciais, apesar do seu poder formal, julgavam mais sábio cortejar os presidentes da nobreza. Nas cidades, os decretos de Catarina dividiram a população urbana por níveis de riqueza e puseram a maior parte da administração, como os tribunais, nas mãos das elites urbanas. A população elegia um órgão de governo dentre os cidadãos mais ricos para administrar a parte comercial da vida urbana, deixando os tribunais e a polícia como especificados na reforma provincial de 1775. Os citadinos também não podiam ser privados de vida e propriedade sem condenação por um tribunal de pares. Os citadinos de condição inferior estavam sujeitos a castigos corporais. Também havia uma elaborada legislação suntuária que especificava limites para a ostentação de luxo das ordens mais baixas. Embora restritas às classes alta e média, as Cartas foram o primeiro fruto do pensamento iluminista acerca dos direitos e deveres do cidadão a ser promulgado no Direito russo.

Enquanto Catarina e seus ministros estavam reordenando o governo russo, eles não perderam de vista a situação na fronteira meridional. Os otomanos relutavam em ignorar os ganhos russos, e a "autonomia" da Crimeia sob administração russa revelou-se um arranjo instável. Em 1783, Catarina anexou o território à Rússia, adicionando-o às vastas áreas da Nova Rússia sob a mão firme de Potemkin. Catarina e Potemkin começaram a elaborar planos mais ambiciosos de conquista no Sul, tentando a Áustria unir-se a eles no "projeto grego", uma proposta para a partição dos Bálcãs e a restauração de uma monarquia grega com príncipes russos sobre as ruínas do Império Otomano. Finalmente, em 1787 a Turquia declarou guerra. As tropas russas começaram a avançar nos Bálcãs, mas em outros lugares a situação deteriorou-se. O imperador austríaco José II honrou seu tratado com a Rússia, e seu Exército começou a avançar também para o Sul, mas ele foi logo derrotado pelos turcos. O rei Gustavo III da Suécia atacou a Rússia igualmente, na esperança de vingar-se das perdas anteriores e fortalecer sua posição doméstica. Catarina esperava que tropas polonesas apoiassem o esforço russo, mas quando Stanislaw Poniatowski convocou a dieta para discutir a questão, ela transformou-se rapidamente numa assembleia revolucionária que passou a rejeitar a dominação russa e elaborar uma constituição reformada. Para piorar as coisas, a Prússia apoiou cinicamente o esforço polonês com vistas à sua própria expansão futura na Polônia. Catarina não podia contar com ninguém além de Potemkin e seu Exército e Marinha.

Catarina mostrou os nervos de aço que a haviam levado ao trono 30 anos antes. Ao ouvir os canhões da esquadra sueca das janelas do seu palácio, ela continuou a trabalhar sem se importar com eles. O progresso no Sul era lento, especialmente de início, mas a nova esquadra do mar Negro (com alguma ajuda do herói naval estadunidense John Paul Jones) foi vitoriosa, e o Exército empurrou incansavelmente os turcos em direção aos principados romenos. Gustavo III fez pouco progresso e viu-se alvo de uma conspiração de oficiais finlandeses descontentes com o absolutismo sueco. Com seus recursos exauridos, apesar do modesto sucesso no mar, Gustavo negociou a paz em 1790. A Turquia permaneceu na guerra.

Para complicar ainda mais a situação da Rússia, a Grã-Bretanha, cujas próprias ambições imperiais cresciam rapidamente, começou a preocupar-se com a movimentação russa em direção ao Mediterrâneo e adotou uma postura hostil. Catarina precisava ter sucesso e, no final de dezembro de 1790, o general Alexandre Suvorov deu-o a ela, tomando a fortaleza de Izmail, perto da foz do Danúbio. Ele tomou o forte num assalto frontal com muitas baixas, mas o tomou. Na primavera seguinte, os russos avançaram para o sul em direção à Bulgária e, no final do verão, os turcos capitularam. As fronteiras da Rússia estendiam-se agora até o rio Dniestre, incluindo a localização da futura cidade de Odessa. Catarina havia jogado suas cartas com grande habilidade e tinha vencido. Foi então que Potemkin morreu. Catarina continuou a ter amantes e favoritos, mas nenhum deles jamais recebeu o amor e a confiança que Potemkin havia inspirado.

As guerras com a Turquia e a Suécia haviam exigido toda a atenção e recursos do governo russo, mas eles estavam conscientes de que a Europa estava cada vez mais em crise. A Revolução Francesa estava transformando a política europeia cotidianamente e, mais perto de casa, a constituição reformada da dieta polonesa de 3 de maio de 1791 significava que a Rússia teria em breve um vizinho hostil e mais poderoso. Não havia muito que Catarina pudesse fazer com relação à França, mas a Polônia era diferente. Ela conspirou com os adversários aristocráticos da nova constituição e, assim que terminou a guerra com a Turquia, ela e seus aliados poloneses avançaram contra Poniatowski e o novo governo. O pequeno Exército polonês foi desbaratado com facilidade e Catarina combinou com a Prússia uma nova partição. Essa não era sua opção preferida, pois ela sempre quis uma Polônia unida e obediente, mas Catarina percebeu que a nova ordem era demasiado popular entre os nobres poloneses para ser revertida e que ela tinha de conciliar a Prússia e a Áustria.

Assim, uma Polônia muito reduzida ganhou uma constituição conservadora sustentada por baionetas russas, mas ela não durou. Em 1794, Tadeusz Kosciuszko liderou uma rebelião no Sul da Polônia que logo atingiu Varsóvia e obteve alguns sucessos modestos. Catarina estava convencida de que o jacobinismo francês estava por trás disso e mandou Suvorov à frente de um Exército russo. Suvorov tomou Varsóvia num grande massacre e as potências agressoras concordaram em encerrar a existência da Polônia. A Prússia e a Áustria recortaram as áreas com populações predominantemente polonesas, enquanto a Rússia tomou a Ucrânia Ocidental, o restante da Bielorrússia e a Lituânia.

Agora a Rússia havia se tornado um verdadeiro império multinacional. Os 5,5 milhões de novos súditos levaram a proporção de russos no Estado de cerca de 85% para talvez 70%. Catarina não travara a guerra para reunir os eslavos orientais, mas havia de fato incluído no seu império praticamente todo o território do Rus de Kiev medieval.

Se Catarina não podia fazer muita coisa para afetar o progresso da Revolução Francesa, nem por isso estava menos assustada com seu radicalismo crescente, e a nobreza russa compartilhava seus temores. A política de tolerância e Iluminismo aos poucos chegou ao fim. Especialmente após a proclamação da República e execução de Luís XVI, a importação e circulação de novos livros franceses e até de escritores iluministas familiares há tempos enfrentava agora sérias restrições. Em 1792, Novikov foi preso depois de uma investigação, mas não houve julgamento e ordenou-se que ele fosse confinado à prisão indefinidamente. Os maçons foram banidos e sofreram suspeitas crescentes como partidários potenciais dos revolucionários franceses. Em 1796, poucas semanas apenas antes da sua morte, Catarina estabeleceu o primeiro sistema russo de censura estatal, que já não dependia mais da Academia de Ciências ou da polícia local para trabalhar.

Porém, o caso mais espetacular de dissensão e repressão acontecera em 1790. Nesse ano, Alexander Radishchev, um nobre e funcionário público de baixo escalão, publicou um livro chamado *Uma Viagem de São Petersburgo a Moscou*. Ao usar o gênero então popular da viagem fictícia, ele descrevia as aldeias e cidades da Rússia e intercalava suas próprias reflexões sobre sociedade e política. Seu retrato da servidão era extremamente desfavorável – na sua visão, um sistema que corrompia tanto o senhor como o servo era moralmente indefensável e economicamente ruinoso. Suas elucubrações políticas eram mais vagas, mas sugeriam claramente que a autocracia não era a melhor forma de governar a Rússia. Catarina leu o livro e fez muitas anotações marginais, e acabou por pedir a prisão de Radishchev. Interrogado no Departamento Secreto do Senado, Radishchev foi condenado por sedição e lesa-majestade no tribunal penal de São Petersburgo e condenado à morte. Catarina comutou a pena para o exílio num forte remoto da Sibéria e Radishchev partiu, mas com um estipêndio substancial de um dos figurões de Catarina, que intercedeu em seu favor junto à imperatriz.

A Revolução Francesa e a morte de Catarina em 1796 foram o fim do século XVIII na Rússia. Durante um século, o Estado, ou mais precisamente os monarcas e suas cortes, haviam se esforçado para transformar o país em moldes europeus e trazer a cultura europeia para a Rússia. Nessa tarefa eles tiveram amplo sucesso. A Rússia tinha instituições e leis copiadas de modelos europeus, e diplomatas, mercadores e viajantes ocidentais sentiam-se em casa em São Petersburgo, ou até em qualquer lugar da Rússia. A estrutura do novo Estado proporcionara a base para a ascensão da Rússia ao posto de grande potência e incentivara o crescimento do comércio e indústria, da educação e ciência. A colonização de novas áreas no Sul contribuíra para a explosão demográfica em curso que estava rapidamente fazendo da Rússia o maior país da Europa, mesmo sem contar os territórios recém-anexados.

A transformação cultural foi profunda. No final do século, os russos cultos, a maioria deles ainda composta de nobres, haviam absorvido grande parte das principais ideias e realizações artísticas da Europa moderna e estavam começando a oferecer suas próprias contribuições, ainda modestas. O pensamento político russo tinha os mesmos elementos e baseava-se nos mesmos escritos que no Ocidente. Se os nobres russos não admiravam as especulações democráticas de Rousseau, eles absorveram os ensinamentos de Pufendorf e Montesquieu, assim como de uma série de escritores menores. A monarquia da Rússia era entendida de maneira bastante semelhante à da França ou Prússia, Áustria ou Suécia.

A realidade russa impunha limites tanto à construção do Estado quanto ao progresso cultural. A Rússia ainda era pobre demais para financiar um sistema educacional extensivo e todo o governo local sofria de falta crônica de fundos e pessoal. Fora das capitais, grandes cidades e propriedades rurais aristocráticas, a vida continuava como antes, um ciclo de trabalho rural pontuado pela liturgia ortodoxa. Áreas de progresso econômico existiam nos Urais e nas aldeias e cidades comerciantes da Rússia central, mas ainda era uma sociedade esmagadoramente agrária.

Além disso, era uma sociedade agrária da qual metade dos agricultores eram servos. Esse foi um problema que Catarina e seus amigos esclarecidos não conseguiram mudar, nem mesmo enfrentar. Ela não gostava do sistema e sabia que era pernicioso, não só para o progresso agrícola, mas estava consciente de que praticamente todos os nobres, dos quais seu trono dependia, viam-no como a base da sua riqueza e posição na sociedade, como de fato era. A Rússia não era a única a manter o sistema servil no final do século. Ele subsistia na Polônia e na Prússia, e José II mal havia começado a desmanchá-lo na Áustria.

Exatamente no momento em que a Rússia parecia ter alcançado uma ordem estável e europeia, a Revolução Francesa mudou todas as regras do jogo. Agora ela teria de tentar responder a toda uma série de novos desafios, internacionais e domésticos, culturais e políticos. Sua própria sobrevivência acabaria por ser posta em jogo. Abria-se uma nova e perigosa era.

capítulo 8

A Rússia na era das revoluções

Com a morte de sua mãe, Paulo ascendeu ao trono. Foi a primeira sucessão incontestada e pela linha masculina em 70 anos. Sua primeira medida foi sepultar novamente Pedro III, que ele acreditava ser seu pai, na Igreja de São Pedro e São Paulo junto com os outros monarcas da Rússia a partir de Pedro. Sua medida seguinte foi substituir a maioria dos ministros e oficiais de Catarina e enviar boa parte deles ao exílio. Assim começou o breve e muitas vezes bizarro reinado do tsar Paulo.

O reinado de Paulo começou exatamente no momento em que a Revolução Francesa, após passar pela sua fase mais radical, começou a voltar-se para o exterior, e o novo tsar teve de reagir ao perigo aparente desde os seus primeiros dias no trono. Muito mais conservador que sua mãe, ele estabeleceu como prioridade fortalecer o poder e a autoridade do Estado. Ele recentralizou o governo, restabeleceu alguns dos colégios e ressuscitou o Conselho de Estado. Ele também ampliou o Senado e cuidou para que exercesse uma supervisão mais efetiva do Direito e da administração. Nesse intuito, ele promulgou uma quantidade enorme de novas leis, ordens e regulamentos. Na cabeça de Paulo, tudo precisava de regulamentação e sua tarefa era criá-la onde ainda não existia.

Ainda maiores que as mudanças nas instituições foram as mudanças de estilo. Paulo usou toda oportunidade de afirmar sua autoridade pessoal, não importa quão mesquinhos fossem os termos. Desde a sua juventude, ele passava a maior parte do seu tempo treinando as tropas sob seu controle pessoal, vivendo longe de sua mãe no palácio suburbano de Gatchina, que ele transformou num campo militar ao estilo do Exército prussiano tão amado pelo seu pai. Portanto, sua reafirmação da autoridade começou com o Exército. Ele ordenou que o Exército russo adotasse uniformes de modelo prussiano e realizasse exercícios e treinamento prussianos, para grande irritação de oficiais e soldados. Os Exércitos revolucionários franceses já haviam mostrado que os velhos métodos prussianos estavam ultrapassados, mas Paulo não prestou atenção nisso ao longo de sua busca de hierarquia estrita e obediência cega. Suas novas ordens iam muito além do Exército, pois ele exigiu que todos, de qualquer idade ou sexo, que encontrassem qualquer membro da família imperial na rua desmontassem e se ajoelhassem, não importando o clima. Oficiais foram exonerados ou até exilados por casos insignificantes de negligência do dever, detalhes de exercícios ou apenas etiqueta da corte. Ele estipulou detalhes de traje para a corte e outras ocasiões e aplicava-os com meticulosidade pedante. Para muitos nobres e oficiais, o comportamento dele era ao mesmo tempo ofensivo e bizarro, mas para Paulo a aplicação dos regulamentos fazia parte da restauração da disciplina e moralidade que ele considerava crucial depois dos desmazelos do reinado de Catarina e diante da ameaça de revolução vinda da França. Com esses fins em mente, ele revogou muitas das disposições da Carta da Nobreza e reduziu e rebaixou o elemento eletivo no governo provincial. Parte desse programa de contrarreforma era a restauração dos antigos privilégios dos nobres das províncias bálticas e da Ucrânia e uma tentativa de conseguir alguma reconciliação com a aristocracia polonesa. Assim, Kosciuszko e outros prisioneiros de guerra poloneses foram libertados e o sistema jurídico das províncias anteriormente pertencentes à Polônia foi mantido. Ele não percebia as contradições.

Talvez as contradições partissem da sua obsessão em reverter as ações de sua mãe. Apesar de aterrorizado pela Revolução Francesa e convencido de que o "jacobinismo" estava se multiplicando em todo lugar na Europa e na Rússia, ele libertou Radishchev do exílio e Novikov da cadeia. Ao mesmo tempo, Paulo proibiu que se usasse roupas no novo estilo francês e exigiu o velho chapéu de três pontas e calções até os joelhos para os homens. Apaixonado por noções europeias de cavalaria e cavalheirismo medieval, ele desconfiava da aristocracia autoindulgente e gananciosa que, a seu ver, fora criada pelo reinado de sua mãe. Por isso, ele decretou um limite de três dias por semana em que se podia exigir que os servos realizassem serviços braçais. Era uma medida típica de Paulo por ser, em grande parte, inútil, já que, em muitas regiões do país, o novo limite era, na verdade, superior ao normal. Uma das ações de sua mãe que ele não reverteu foi o estabelecimento da censura estatal, que restringia as publicações russas e a importação de livros ocidentais. Sob as ordens de Paulo, até a música francesa tornou-se suspeita.

Se Paulo tivesse reinado numa época mais calma, ele poderia ter durado anos como um déspota mesquinho e irritante que suscitava mais desprezo do que medo. A época, no entanto, era tudo menos calma, embora a Rússia estivesse longe do centro da agitação em Paris. Desde a queda da ditadura jacobina em 1794, o Diretório havia dirigido as energias da nação francesa para o exterior, para a conquista da Bélgica, da Renânia e da Itália Setentrional. Assim que Paulo ascendeu ao trono, Napoleão Bonaparte estava obtendo suas primeiras vitórias contra a Áustria na Itália Setentrional e tornou-se instantaneamente um grande herói na França. Seu próximo projeto era a conquista do Egito, o que trouxe a Rússia para a guerra. Não que São Petersburgo tivesse qualquer interesse particular no Egito, mas por alguns meses os russos pensaram que Bonaparte não estava indo para o Egito, mas para Constantinopla, o que era uma ameaça óbvia. Paulo também estava enfurecido com a captura da ilha de Malta por Napoleão no seu caminho para leste em 1798. Malta era tão afastada quanto o Egito dos interesses russos, mas os soberanos da ilha, os Cavaleiros de Malta, haviam acabado de enviar uma missão ao tsar. Eles apelaram aos ideais cavalheirescos de Paulo e ao seu desejo de combater a hidra da revolução, de modo que ele se tornou o protetor da Ordem de Malta. Com a ilha em mãos dos franceses, alguns dos cavaleiros até ofereceram nomear Paulo comandante da Ordem. Contrariamente ao desejo do papa, o tsar ortodoxo tornou-se o líder da ordem católica exilada, mas com o Exército francês à sua porta o papa não tinha condições de objetar. O incidente de Malta e outras ações francesas levaram Paulo a unir-se à Áustria, Grã-Bretanha e outras potências numa coalizão contra os franceses. O general Suvorov foi tirado da sua aposentadoria forçada (Paulo o havia associado corretamente com Potemkin e Catarina) e enviado à Itália para comandar um Exército austro-russo. Ele o fez com tamanha força e energia que expulsou os franceses em poucos meses e estava pronto para invadir a França. Porém, derrotas em outros frontes e a insistência austríaca em invadir a França a partir da Suíça forçaram Suvorov a avançar para o norte e depois bater em retirada durante o inverno alpino através das Forças Francesas hostis até encontrar refúgio no Sul da Alemanha. Enfurecido com esses acontecimentos e com uma malograda tentativa russo-britânica de invadir os Países Baixos dominados pela França, Paulo rompeu todas as relações com a coalizão e fez aberturas para a França. Com o golpe de Estado de Napoleão em novembro de 1799, Paulo sentiu que a França tinha um governante comprometido com a ordem, não com mais revolução, e com quem ele poderia conversar. No final de 1800, a guerra com a Grã-Bretanha parecia uma possibilidade real. Os acontecimentos mostraram o contrário.

O descontentamento da elite militar e da corte de São Petersburgo com Paulo começou a aumentar quase a partir do momento em que ele ascendeu ao trono. Paulo tinha vários filhos e o mais velho, Alexandre, nascido em 1777, era um rapaz afável e bem-educado. Outrossim, Paulo havia substituído a lei de sucessão de Pedro, o Grande, pela sua própria em 1797, uma lei que proibia as mulheres de herdar o trono e prescrevia a primogenitura de linha masculina. Portanto, no caso de destituição ou morte de Paulo, a sucessão estava garantida.

Paulo tinha medo de ser assassinado e construiu um novo palácio – o Castelo de São Miguel – às margens do rio Fontanka, cercado por canais recém-abertos para torná-lo inacessível, exceto por ponte levadiça. O "castelo" era uma estranha combinação de estilo clássico e elementos feitos para recordar um castelo medieval ocidental, um conceito que encantou o tsar. Ele mudou-se no fim de 1800. Num certo sentido, seus temores não eram vãos, pois a destituição do tsar era exatamente o que vários oficiais da guarda tinham em mente. Seu líder era o conde alemão báltico Peter von der Pahlen, que Paulo havia exilado anteriormente por ofensas triviais, depois perdoado e nomeado governador militar de São Petersburgo. Paulo era demasiado autocentrado para perceber o que os outros pensavam dele, e tomava sistematicamente amigos por inimigos e vice-versa. Nesse caso, seu erro seria literalmente fatal.

Pahlen guardava ressentimento e medo do tsar há muito tempo, desde a sua desgraça anterior, e tinha associados que pensavam como ele, dos quais o mais destacado era o conde N. P. Panin, sobrinho do antigo tutor de Paulo. Panin estava em desgraça por ter se oposto à aproximação com Napoleão, e Pahlen temia não só por ele, mas pelo restante da família imperial. Ele acreditava que Paulo estava alienando tanto a nobreza que alguma desordem pudesse ocorrer, uma possibilidade assustadora diante da condição instável da Europa. À medida que a conjuração progredia, Alexandre teve conhecimento dela e não fez nada para detê-la. Na noite de 11 de março de 1801, depois de uma noitada de muita bebedeira, os conspiradores conseguiram entrar no castelo de São Miguel. Eles encontraram Paulo, que tentava esconder-se, e prenderam-no; houve luta e um dos oficiais estrangulou o tsar. Foi o último e mais violento golpe palaciano da história russa. Um anúncio público afirmou que Paulo havia morrido de apoplexia e Alexandre era agora o tsar. Toda São Petersburgo exultou.

Alexandre I governou a Rússia durante o quarto de século seguinte, uma época cheia de tensões. Sua marca pessoal sobre o período foi considerável, até porque ele foi o último tsar da Rússia a demonstrar um desejo pessoal de mantê-la a par das mutações velozes do mundo político a oeste. Depois de Alexandre, os governantes da Rússia opuseram-se a qualquer mudança política ou só permitiram-na sob pressão extrema. Mais para o final da vida, Alexandre também começou a afastar-se do seu liberalismo inicial, mas até a véspera da invasão napoleônica de 1812 Alexandre adotou uma política nitidamente reformista.

Grande parte do liberalismo de Alexandre era mais questão de atitude que de reorganização institucional. A censura foi radicalmente relaxada e, em 1804, foi publicada uma nova lei que estabelecia regras relativamente brandas e transferia a tarefa da censura para professores universitários sob a égide do Ministério da Educação. Novas publicações começaram a surgir, como a revista *Mensageiro da Europa*, do escritor Nikolai Karamzin, que continuaria a ser a voz literária e intelectual mais destacada do país por várias décadas. Karamzin, autor de novelas sentimentais e de um relato das suas viagens pela Europa, usava a revista para publicar uma ampla variedade de temas, das últimas novidades da literatura francesa à revolução no Haiti. Ela impressionou tanto o tsar que, em 1803, ele nomeou Karamzin historiador oficial da Rússia, encarregado de compor uma história da Rússia que fosse erudita mas em prosa legível. As iniciativas de Alexandre representaram um crucial passo à frente em direção ao ensino superior russo, pois ele fundou novas universidades em Kazan (1804), Khar'kov (1805) e São Petersburgo (1819), que vieram somar-se à Universidade de Moscou, mais antiga. Na Vilnius majoritariamente polonesa, a Academia foi transformada em universidade e a universidade alemã em Dorpat (Estônia) foi reaberta. O Liceu Imperial fundado em Tsarskoe Selo sob a tutela dos tsares tornou-se um dos principais celeiros da cultura russa. Todas essas iniciativas decorriam do liberalismo um tanto nebuloso ensinado ao jovem tsar pelo seu antigo tutor suíço, Frédéric La Harpe. Mais tarde La Harpe foi execrado pelos conservadores como o gênio mau do reinado de Alexandre, mas na realidade o tutor simplesmente transmitiu ao seu pupilo as leituras e ideias típicas do Iluminismo tardio, ideias que haviam sido propugnadas na infância do herdeiro pela sua avó Catarina. A juventude de Alexandre coincidiu com a Revolução Francesa, mas, ao contrário de seu pai, ele não via-a simplesmente como uma ameaça a ser enfrentada. Ele encarava-a como parte das vastas mudanças que varriam a sociedade europeia e também como uma advertência aos monarcas que não sabiam evoluir com o tempo. Sua reação foi tentar reformar o Estado russo em conformidade com a nova Europa, mas mantendo intacto o poder da monarquia.

As amizades juvenis de Alexandre eram jovens nobres que compartilhavam essas opiniões e viriam a desempenhar papéis capitais nos primeiros anos do reinado. Ele nomeou cinco deles, Pavel Stroganov, Nikolai Novosil'tsev, o príncipe polonês Adam Czartoryski e outros, para um comitê extraoficial que deveria aconselhá-lo sobre o tipo de reforma de que a Rússia precisava. Depois de alguma discussão inicial sobre constituições e os males da servidão, a conversa avançou mais na direção de fortalecer a administração e o ordenamento jurídico. Para tanto, Alexandre reformulou radicalmente o governo russo, abolindo os velhos colégios e outras estruturas remanescentes da época de Catarina e Paulo e colocando ministérios no seu lugar. Os novos ministérios, calcados nos da França napoleônica, eram chefiados por um único ministro, não por um comitê, e recebiam pessoal numeroso e amplas áreas de controle administrativo, embora carecessem de poder legislativo. Com essa nova estrutura, Alexandre criou o Estado burocrático que governaria a Rússia sob o tsar até 1917. Seus ministérios tinham de seguir diretrizes jurídicas e costumavam fazê-lo, embora o poder do tsar de fazer leis ao seu bel-prazer introduzisse um elemento importante de poder arbitrário que também durou até o final do antigo regime. A ausência de cultura jurídica era outro obstáculo ao ordenamento jurídico,

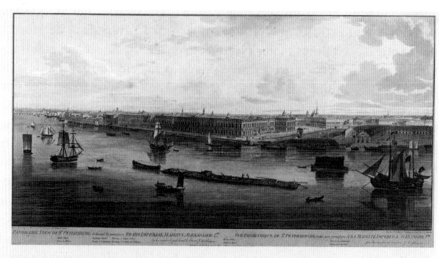

IMAGEM 8. O centro de São Petersburgo com o Palácio de Inverno, tirado das *Quatro Vistas Panorâmicas de São Petersburgo*, de John Augustus Atkinson, Londres, 1802.

mas as faculdades de Direito das novas universidades e a faculdade particular de Direito Demidov em Iaroslavl', concebidas para remediar esse defeito, acabaram por fazê-lo, em certa medida. Os jovens formados por essas instituições com instrução jurídica profissional começaram a substituir os escreventes que trabalhavam simplesmente com base no conhecimento da prática existente e os velhos figurões com sua cultura geral derivada da literatura francesa. Alexandre pôs o Senado acima de todas essas instituições, pois agora havia sido transformado em instância de revisão administrativa e Suprema Corte. O processo de reforma foi auxiliado significativamente pela nomeação de Miguel Speranskii ao cargo de secretário de Estado do tsar. Speranskii era um *parvenu* (seu pai era sacerdote, não nobre) que havia batalhado para subir na vida graças a pura inteligência e trabalho árduo. Seu exterior insípido ocultava um fogo interior, alimentado por crenças religiosas místicas e devoção ao Direito. Ele veio de uma carreira bem-sucedida no novo Ministério da Justiça para trabalhar diretamente com Alexandre na reforma jurídica. Em 1809 ele redigiu uma constituição para a Rússia que incluía uma legislatura representativa limitada e alguns freios ao poder do tsar. Esse projeto nunca chegou a ser aprovado, mas ele conseguiu criar um Conselho de Estado (novamente nos moldes napoleônicos) para proporcionar uma instância central de poder ao lado do tsar. Dali em diante, as novas leis eram geralmente discutidas no Conselho de Estado antes de o tsar tomar a decisão final. Speranskii também foi essencial para outorgar uma constituição à nova aquisição da Rússia, a Finlândia. Em decorrência dos temores acerca de Petersburgo e de complicações da política externa, a Rússia anexou a Finlândia da Suécia em 1809, e ao fazê-lo deu ao país um governo próprio pela primeira vez, embora fosse apenas um governo autônomo dentro do Império Russo. Assim, a Rússia autocrática adquiriu uma unidade constitucional dentro do Império que durou como tal até o colapso do império. Na Finlândia, o tsar russo era o monarca constitucional.

Speranskii e suas inovações não eram populares entre a aristocracia, que o odiava e o considerava um plebeu e seguidor das ideias políticas "francesas". Na realidade, Speranskii não era nem um pouco tão radical quanto seus adversários acreditavam, pois nunca quis desafiar o poder do tsar, apenas continuar o processo de legalizar o poder e regularizar o processo de consulta. Ele também era bastante conservador em outros aspectos, um místico religioso que estava longe de ser um ideólogo rigoroso do Iluminismo, como alegavam seu críticos. O centro da oposição a Speranskii e ao curso liberal de Alexandre era o salão da sua irmã mais nova, a grã-duquesa

Ekaterina Pavlovna, onde a figura predominante era Nikolai Karamzin, que agora trabalhava arduamente na sua história da Rússia. Em 1811 ele apresentou a Alexandre um longo memorando em que criticava as reformas por serem estranhas ao espírito russo, composto por autocracia e lealdade à tradição. Para Alexandre isso era inaceitável, mas essas ideias viriam a ter uma grande aceitação nos anos por vir. Por enquanto, Karamzin era demasiado intelectual para a maioria da nobreza conservadora, que tinha medos mais simples de que os franceses pudessem libertar os servos e contestar seus privilégios. A queda de Speranskii ocorreu na primavera de 1812, quando Napoleão preparava seu ataque à Rússia e Alexandre precisou do apoio dos conservadores da aristocracia num momento de suprema crise. Ironicamente, as instituições mais modernas que Alexandre e Speranskii haviam tomado emprestadas do exemplo francês deram ao Estado uma solidez que permitiu a resistência ao ataque francês.

As reformas internas de Alexandre aconteceram contra o pano de fundo da luta titânica de Napoleão contra o restante da Europa. De início, o novo tsar absteve-se. O assassinato do tsar Paulo tinha posto fim à ideia de unir-se à França na guerra contra a Inglaterra, e Alexandre aproveitou a oportunidade para declarar neutralidade – esta, por sua vez, abriu-lhe espaço para as primeiras reformas.

A relação da Rússia com o império napoleônico em expansão era necessariamente complexa, pois a Rússia estava muito longe do centro da expansão francesa. Por quase um século, as próprias ambições imperiais da Rússia haviam sido dirigidas para o sul, em direção ao Império Otomano e à Transcaucásia, áreas de interesse secundário para os franceses. Por outro lado, a Rússia estava intimamente envolvida na política da Europa e não podia simplesmente ignorar a conquista e reorganização da Europa Central por Napoleão. Portanto, em 1805 a Rússia aliou-se à Grã-Bretanha, Áustria e Suécia na oposição ao poderio de Napoleão. O primeiro resultado foi um desastre, pois Napoleão penetrou rapidamente no centro do Império Austríaco. Alexandre ignorou os conselhos do seu comandante Mikhail Kutuzov e, junto com os austríacos, travou batalha em Austerlitz em dezembro de 1805. Foi uma das maiores vitórias de Napoleão. Então a Prússia aderiu à aliança, mas Napoleão esmagou o supostamente notável Exército prussiano em Jena no ano seguinte. A Prússia, que, à diferença da Rússia, não havia começado a reformar-se, ruiu. À medida que os prussianos se retiravam para Leste, a Rússia foi deixada quase sozinha diante dos franceses, mas conseguiu derrotá-los em Preussisch Eylau, uma das raras derrotas de Napoleão nesses anos. Ele recuperou-se e, em Friedland, em junho de 1807, infligiu tantos danos ao Exército russo que Alexandre decidiu concluir a paz. Ele encontrou o imperador francês numa balsa em Tilsit, na Prússia Oriental, assinou a paz e até uma aliança com a França.

A aliança com a França significava aderir ao boicote de Napoleão contra os produtos ingleses nos portos europeus, além de apoiar a diplomacia de Napoleão. Uma consequência imediata foi a guerra contra a Suécia, já que o rei sueco permanecia leal à causa antifrancesa, e a conquista da Finlândia. Nesses anos, porém, a política externa mais ampla da Rússia foi um retorno à conquista imperial no Sul, e a guerra com os turcos propiciou a anexação da Bessarábia em 1812. A anexação anterior da Geórgia (1803) deu à Rússia uma base sólida na vertente sul da cordilheira do Cáucaso, pondo-a em rivalidade imediata com o Irã e a Turquia.

A aliança de Alexandre com a França era instável desde o começo. O tsar dizia apoiar o boicote aos produtos ingleses, mas navios americanos começaram a afluir para São Petersburgo transportando as mesmas mercadorias coloniais inglesas que Napoleão estava tentando barrar. O imperador francês reclamou veementemente dessa violação do acordo e de outros problemas, tentando intimidar Alexandre para que obedecesse. Este, no entanto, era mestre nesse tipo de diplomacia e respondeu às reclamações francesas com charme inabalável e vagas promessas de amizade. À medida que o tom dos franceses se tornou cada vez mais ameaçador, o tsar lembrou a eles o tamanho do seu Exército e a extensão do seu país. Ele recordou aos enviados de Napoleão os citas, antigos habitantes da Rússia Meridional que derrotaram o poderoso Império Persa retirando-se para a estepe. Eles exauriram e assediaram os persas até os invasores perceberem que seus víveres estavam acabando, o que os obrigaria a voltar correndo para casa. A mensagem não poderia ter sido mais clara, mas Napoleão não deu ouvidos.

Napoleão tinha bons motivos para acreditar que poderia conquistar a Rússia na primavera de 1812. Embora a França e a Rússia tivessem uma população quase igual (cerca de 35 a 40 milhões cada), a França contava com os recursos de praticamente toda a Europa: os Países Baixos, a Alemanha e a Itália haviam sido ou anexados ao Império Francês ou transformados em Estados clientes, obrigados a fornecer recrutas para o Exército. A Prússia foi convocada a unir-se a ele e a Polônia também forneceu um contingente entusiasta, que acabara de lutar na Espanha. Mesmo com a guerra espanhola não resolvida, Napoleão reuniu cerca de 400 mil homens do Exército

168 | HISTÓRIA CONCISA DA RÚSSIA

imperial francês e outros aliados na fronteira ocidental da Rússia em junho de 1812. A Rússia podia juntar mais ou menos a mesma quantidade no papel, mas na realidade apenas cerca de metade disso. Além disso, a França era um país próspero com indústrias militares florescentes, também incrementadas pelo seu império. A Rússia, como todos sabiam, era um país industrialmente atrasado dominado por uma agricultura primitiva. Napoleão e a maioria dos observadores estavam seguros da vitória francesa, mesmo aqueles desfavoráveis à expansão napoleônica, como o primeiro embaixador dos Estados Unidos junto à Rússia, John Quincy Adams.

Na realidade, as chances da Rússia não eram tão ruins assim. A criação do Ministério da Guerra e do Estado-Maior significava que o Exército russo tinha organização, logística e planejamento modernos. O principal desses planos era justamente a estratégia cita à qual o tsar Alexandre fizera alusão. O ministro da Guerra Mikhail Barclay de Tolly e os principais generais tinham todos consciência de que esse plano era a única chance da Rússia. O mais importante era evitar uma batalha decisiva perto da fronteira, onde a força dos franceses seria predominante. Depois de alguma hesitação, Alexandre manteve o plano de retirada e também se afastou do comando diário do Exército. Conforme os franceses avançavam em direção ao interior, eles tinham de deixar mais e mais soldados para trás para guardar suas comunicações com a França. Eles também descobriram que a Rússia, diante de sua escassa densidade populacional e estradas ruins, não proporcionava alimento suficiente no trajeto da marcha para que os invasores vivessem da terra. Eles estavam confinados a um corredor estreito, privado rapidamente de qualquer recurso. Nada disso importaria se eles pudessem destruir o Exército russo, mas os russos avançavam para leste à frente deles. Conforme os russos se retiravam, Alexandre começou a sentir as complicações políticas da retirada, que ofendia o patriotismo do povo e particularmente da aristocracia. Ele decidiu sacrificar Barclay e nomeou Kutuzov como comandante supremo. Kutuzov, o homem cujos conselhos em Austerlitz foram rejeitados por Alexandre às próprias custas, era um veterano de 67 anos de idade das guerras de Catarina, a Grande, contra a Turquia, bem como dos sucessos mais recentes contra os otomanos na Bessarábia. Kutuzov manteve o plano original de retirada e travou batalha relutantemente em Borodino em 7 de setembro (26 de agosto no calendário juliano) de 1812, a uns 150 km apenas a oeste de Moscou.

A batalha épica descrita de modo memorável por Tolstoi também foi o dia de combate mais sangrento no século XIX na Europa. Agora Napoleão só podia mobilizar cerca de 120-135 mil soldados das cortes que trouxera consigo e Kutuzov conseguiu reunir o mesmo número. Os russos entrincheiraram-se atrás de fortificações de campanha e deixaram os franceses atacar. A carnificina que se seguiu provocou cerca de 40-50 mil baixas de cada lado – perto de cem mil mortos e feridos num único dia. Os franceses conseguiram capturar algumas das fortificações russas e depois retornaram ao seu campo. Kutuzov, cujo principal objetivo era manter seu Exército em condições de lutar, decidiu retirar-se completamente e deslocou seus homens para leste em direção a Moscou. Napoleão, como sempre, descreveu a batalha como uma grande vitória francesa, embora na verdade ela tivesse acabado com suas chances de sucesso. Sobravam-lhe muito poucos soldados para controlar a Rússia se os russos continuassem a resistir. Kutuzov não tinha intenção de render-se, nem a população. Os moscovitas começaram a deixar a cidade às dezenas de milhares. Napoleão esperou em vão nas Colinas dos Pardais (onde hoje está a Universidade de Moscou) por uma delegação russa que viesse lhe oferecer a rendição da cidade. Ele entrou numa cidade-fantasma, sem resistência mas também sem pessoas para saudá-lo ou abastecer seu Exército. Enquanto isso, Kutuzov havia deslocado seu Exército pela cidade e virado para sudeste ao longo da estrada principal. Então, contrariamente às expectativas de todos, ele cruzou o rio Moscou e avançou para oeste. Ele armou seu campo a sudoeste de Moscou, cortando as linhas de comunicação de Napoleão e bloqueando o caminho para as ricas províncias agrícolas do Sul e o centro de manufatura de armas da Rússia em Tula. O conquistador da Europa estava preso como um rato.

A partir desse ponto, Napoleão havia perdido a iniciativa e só podia adiar o inevitável. Incêndios começaram e Moscou foi arrasada pelo fogo enquanto os soldados franceses saqueavam os palácios vazios da nobreza. Henri Beyle, que viria a ser conhecido na literatura mundial como Stendhal, roubou livros da biblioteca da mansão Golitsyn. O imperador francês aguardou várias semanas, na esperança de que Alexandre se rendesse, e tentando coletar comida na área rural em torno de Moscou. Não houve rendição. Os cossacos patrulhavam o campo e os camponeses massacravam os soldados franceses enviados para pilhar. Finalmente, Napoleão fez a única coisa que lhe restava, retirar-se. Ele tentou ir mais para o sul, ao perceber que a estrada direta para oeste tinha sido privada de todas as provisões e que nada viria da França. Kutuzov impedia seu avanço, bloqueando a estrada para o sul, e Napoleão foi astuto o bastante para perceber que não podia arriscar uma batalha importante. Em vez disso, ao ver o inverno chegando, ele virou diretamente para oeste, na esperança de sair de lá antes que seus soldados morressem de fome. Ele fracassou. O Exército russo e bandos de camponeses locais enfurecidos seguiam os franceses por todo o caminho, atirando nos retardatários e complicando ainda mais o sistema de abastecimento já catastrófico. O inverno chegou mais cedo e mais forte, e finalmente o imperador dos Franceses abandonou seu Exército à própria sorte e fugiu para Paris a fim de tentar recomeçar. Somente alguns milhares de homens do seu grandioso Exército conseguiram chegar à fronteira com a Polônia.

A derrota de Napoleão na Rússia transformou a política europeia em poucos meses. Seus aliados relutantes começaram a desertá-lo, primeiro a Prússia e depois a Áustria, juntando-se à Rússia e à Grã-Bretanha contra a França. O Exército russo avançou para oeste dentro da Polônia e da Prússia, fornecendo o maior contingente aliado na batalha gigante de Leipzig (outubro de 1813) e na campanha subsequente na França. Em 1814, o império de Napoleão havia acabado. A tentativa desesperada de restauração no ano seguinte terminou no desastre de Waterloo.

Alexandre, junto com a Grã-Bretanha, insistiu que o Estado francês restaurado tivesse uma constituição com algum tipo de legislatura, em vez de um retorno à monarquia absoluta, e os dois aliados prevaleceram. As relações com a Grã-Bretanha não foram tão suaves em outras áreas, como mostrou o Congresso de Viena. Houve longas batalhas sobre as fronteiras pós-guerra da Prússia e da Polônia, sobretudo por causa dos temores britânicos e austríacos de que a Rússia agora era poderosa demais. No fim, a Prússia, aliada da Rússia, conservou grandes partes da Polônia e recebeu novos territórios importantes na Renânia. A atitude de Alexandre com relação à Polônia era complicada: ele queria algum tipo de unidade política polonesa com o nome de Polônia (não de "ducado de Varsóvia"), mas que estivesse ao mesmo tempo sob influência russa. O resultado foi o Reino da Polônia, com o tsar russo como seu rei – ela agora fazia parte do Império Russo, mas com uma constituição e governo próprios, tal como a Finlândia.

O acordo polonês sugeria que Alexandre continuaria no seu caminho liberal anterior. Ele logo emancipou os servos estonianos e letões das províncias bálticas, embora sem terra. Em 1818, ele até contemplou a ideia de outorgar uma constituição à Rússia e chegou a considerar um texto escrito pelo seu velho amigo Novosil'tsev. Por outro lado, suas opiniões particulares estavam tornando-se cada vez mais conservadoras. A explicação do seu conservadorismo recém-adquirido residia não apenas na desilusão com o liberalismo ou na deriva à direita da política europeia, mas também nas suas convicções religiosas. Alexandre caiu mais e mais sob a influência da baronesa Julie von Krüdener, uma aristocrata báltica alemã que havia desenvolvido um pietismo místico muito particular. Krüdener acreditava que Napoleão era o Anticristo e Alexandre, o salvador do mundo, e disse isso a ele. Alexandre passou cada vez mais tempo lendo panfletos místicos e conversando com Krüdener e outros videntes. Seus interesses místicos tinham uma veia decididamente protestante, e o tsar até patrocinou a tradução e circulação da Bíblia, contando em grande parte com a Sociedade Bíblica inglesa para instalar uma rede na Rússia. Ele fundiu os ministérios da Educação, o sínodo ortodoxo e a administração das denominações não ortodoxas num único ministério, sob o comando do príncipe Alexander Golitsyn, concentrando assim um vasto poder sobre a religião e a cultura nas mãos de um favorito imperial. Golitsyn exigiu que as universidades russas ensinassem doutrinas explicitamente conservadoras, que expurgassem a ideia de Direito natural do currículo e que a substituíssem pela noção de que o Direito era expressão da vontade divina. De igual modo, os cientistas só podiam ensinar ideias de acordo com a Bíblia e a revelação. Os professores não podiam fazer muita coisa para enfrentar Golitsyn, mas felizmente suas políticas também indispuseram a Igreja ortodoxa. Para a Igreja, a religião que seria ensinada era uma mistura de evangelismo protestante e misticismo, e não a ortodoxia correta. Os conservadores clericais e seculares acabaram conseguindo descreditar Golitsyn em 1824, mas não antes que suas ideias e as de Alexandre deixassem uma marca indelével na cultura russa desses anos.

Ainda mais poderoso que Golitsyn era o general A. A. Arakcheev, originalmente um favorito do pai de Alexandre, o tsar Paulo. Alexandre o havia chamado de volta do exílio em 1803 para liderar a artilharia russa e em 1809-1810 ele foi ministro da Guerra. Politicamente muito conservador, Arakcheev era um administrador militar extremamente competente, mas com uma educação limitada e uma poderosa veia de arrogância e crueldade. Em 1814 Alexander nomeou-o chefe da sua chancelaria pessoal, o que significava que todos os ministros, generais e cortesãos tinham de se aproximar do tsar por intermédio de Arakcheev. Ele também foi o principal responsável por ideias desmioladas como os assentamentos agromilitares. A ideia era transformar algumas aldeias de camponeses do Estado em unidades militares no intuito de reduzir custos e incentivar disciplina e melhores práticas agrícolas entre o campesinato. Em vez disso, o resultado foi descontentamento e rebelião entre os camponeses, o que resultou numa série de revoltas, que Arakcheev reprimiu com crueldade extrema. Houve outras medidas. Em 1817, Alexandre transformou os Gendarmes, originalmente uma Força de Polícia Militar concebida para lidar apenas com soldados, numa militarizada Força de Polícia encarregada da preservação da ordem interna, a primeira Força de Polícia desse tipo na história russa. O Departamento Especial do Ministério do Interior também começou a vigiar a dissensão interna.

No exterior, o liberalismo inicial de Alexandre com relação à França desapareceu rapidamente à medida que ele e o chanceler austríaco Metternich tornaram-se os principais instigadores da Santa Aliança. A Santa Aliança incluía a Prússia e a França, além de alguns Estados menores, num acordo com a Rússia e a Áustria para combater a hidra da revolução onde quer que ela aparecesse, como as revoluções na Espanha e na Itália Meridional em 1822-1823. Tropas francesas e austríacas reprimiram essas tentativas de ordem constitucional, mas para a Rússia o maior desafio apareceu quando os gregos rebelaram-se contra seus senhores otomanos em 1821. Catarina e mesmo Paulo haviam incentivado revoltas gregas contra os turcos anteriormente na esperança de ganhos territoriais russos nos Bálcãs, e agora aparecia a oportunidade de atender as reivindicações russas na região. Alexandre hesitou, embora muitos líderes gregos fossem politicamente bastante conservadores. Metternich finalmente o convenceu de que os turcos eram os governantes legítimos dos Bálcãs e que os gregos não mereciam mais apoio que os rebeldes espanhóis que lutavam contra seu rei. Os gregos foram abandonados à sua luta, contrariando os óbvios interesses russos no enfraquecimento dos turcos e no apoio ao povo ortodoxo.

A virada conservadora do pensamento de Alexandre ocorreu na esteira da vitória de 1812 sobre Napoleão, mas em outros setores da sociedade russa os mesmos acontecimentos tiveram o efeito oposto. Entre os oficiais do Exército russo – jovens nobres com educação europeia – a grande vitória suscitou um enorme orgulho do seu país e do seu povo e deu-lhes uma confiança incrível em si mesmos. Conforme o Exército avançava para Oeste em 1813-1814, muitos deles viram a Europa Ocidental pela primeira vez e, tendo quase todos conhecimento de francês e alemão, puderam observar e investigar em detalhes fenômenos desconhecidos. Eles jantaram em cafés parisienses, leram jornais, assistiram a palestras e encontraram seus pares nos salões franceses e alemães. Eles estavam preparados, pois sua educação os familiarizara com a base do pensamento europeu – Kant e Montesquieu, Goethe e Rousseau. Eles leram as obras mais recentes dos líderes liberais franceses Germaine de Staël e Benjamin Constant, dos conservadores Chateaubriand e de Maistre, e tomaram conhecimento dos experimentos ingleses com educação popular. Alguns seguiram os debates do parlamento inglês na imprensa francesa e outros observaram sistemas mais exóticos estudando as constituições dos Estados Unidos e do estado da Pensilvânia.

Depois dos anos inebriantes de vitória e conhecimento mais profundo da vida e do pensamento europeu ocidental, a volta para casa foi um banho de água fria para muitos deles. Eles sabiam que a servidão era assunto de debate e condenação desde meados do século XVIII, a qual Napoleão tinha abolido na Polônia, e os reformadores prussianos no seu próprio país. Agora, pela primeira vez, a Rússia era o único país europeu a ter essa instituição. Além do mais, seu próprio tsar, como todos sabiam, havia insistido numa constituição para os franceses e, dentro do seu próprio império, para a Polônia e a Finlândia. E para a Rússia?

A partir de 1816-1817, grupos de jovens oficiais começaram a formar sociedades literárias e de debates mais ou menos secretas com o objetivo de continuar o intenso diálogo e leitura dos anos de guerra. A primeira foi a União da Salvação, com somente uns 30 membros, que usava rituais imitados dos maçons para manter suas ações em profundo segredo. Nessa altura já havia discussões políticas sérias, e logo houve muito mais. Em 1818 eles fundaram uma sociedade secreta maior, a União do Bem-Estar, que tinha até uma sociedade literária associada a ela, a Lanterna Verde. A leitura de poesia, redação de crítica teatral e bebedeiras faziam tanto parte do movimento desses jovens oficiais quanto a política, mas por volta de 1821-1822 eles começaram a interessar-se por planos de ação mais concretos e a redigir constituições para o futuro. Em 1825, havia dois centros de atividade desse tipo. Em São Petersburgo, onde estava lotada a maioria dos regimentos da guarda, várias centenas de oficiais formaram a Sociedade Setentrional, com o objetivo de derrubar a monarquia e proclamar um Estado constitucional. A maioria, liderada por Nikita Murav'ev, capitão do Estado-Maior da Guarda, queria uma monarquia constitucional e um parlamento eleito com base no voto censitário. Mais radical era o poeta e ex-oficial da guarda Kondratii Ryleev, funcionário da companhia russo-americana que administrava o Alasca, que tendia para o republicanismo. Mais ao sul, um radicalismo semelhante inspirou Pavel Pestel', coronel do regimento de infantaria de Viatka, e outros oficiais do Exército postados na Ucrânia, próximos à fronteira otomana. Pestel' redigiu uma constituição elaborada para uma república democrática em linhas jacobinas. Taticamente também havia muitas divergências: o Exército devia ser a base da revolta? O que eles podiam contar aos soldados?

Era suficiente destituir o tsar ou eles precisavam matá-lo? E isso era certo? As divergências nunca foram resolvidas porque pareciam demasiado distantes. Os conspiradores ainda estavam recrutando ativamente e imaginavam que Alexandre viveria por muito tempo.

As novas Forças Policiais e as diversas políticas repressivas não conseguiram detectar a presença da conspiração antes que fosse muito tarde. No verão de 1825, o todo-poderoso Arakcheev foi imobilizado por um desastre pessoal: sua governanta e amante de muito tempo, um monstro de sadismo, foi assassinada pelos seus servos. O general caiu em desespero, aumentado pela descoberta de que ela havia desviado grandes somas de dinheiro e convencido Arakcheev de que era dele o filho que ela tivera de um dos seus amantes. No Exército meridional, um oficial de origem inglesa chamado Sherwood enviou um relatório secreto com os nomes de muitos dos conspiradores, mas era tarde demais.

Em 19 de novembro de 1825, o tsar morreu subitamente com apenas 47 anos de idade. Alexandre estava viajando pela Crimeia e morreu em Taganrog, longe da capital ou de qualquer outra cidade grande, e a notícia só chegou a São Petersburgo em dezembro. A primeira consequência foi uma confusão. Segundo a lei de sucessão de 1797, o herdeiro de Alexandre, que não tivera filhos, deveria ser seu irmão mais novo Constantino, vice-rei do tsar em Varsóvia. Sem que praticamente ninguém soubesse, Constantino tinha abdicado do trono em 1822 com o consentimento de Alexandre e deixara documentos nesse sentido junto ao Conselho de Estado. Portanto, o herdeiro seria o irmão seguinte, Nicolau, mas Alexandre nunca se preocupou em avisá-lo disso. A notícia foi um choque para Nicolau, que insistiu em ouvi-la formalmente do próprio Constantino. Enquanto os mensageiros iam e voltavam apressados entre São Petersburgo e Varsóvia, Nicolau ordenou que os soldados aquartelados na cidade fizessem o juramento de fidelidade a Constantino e recusou-se a assumir o trono. Finalmente, uma resposta definitiva veio de Varsóvia e Nicolau ordenou um novo juramento para 14 de dezembro.

Os conspiradores sabiam a maior parte disso, já que contavam entre eles oficiais com serviço frequente no palácio de Inverno. Eles decidiram antecipar-se a Nicolau e mobilizar os soldados revoltosos de manhã, antes da realização do juramento. Os rebeldes reuniram-se na praça do Senado, a um quarteirão apenas do Palácio de Inverno, e exigiram que o trono fosse para Constantino, tática concebida para dar tempo para a tomada do poder. Nicolau recusou-se a ceder, agora que sabia que era o tsar de direito, e convocou tropas leais. Durante a maior parte do curto dia de dezembro, os dois batalhões de soldados ficaram face a face sob a neve que caía, e várias tentativas de resolver o impasse fracassaram. Finalmente, quando o pôr do sol se aproximava à tarde, Nicolau deu ordem de atirar, e a artilharia dispersou os rebeldes. Tinha acabado a primeira tentativa de revolução na história russa. Nicolau tinha agora de decidir o que fazer com os rebeldes e como governar o país.

capítulo 9

O ÁPICE DA AUTOCRACIA

Os primeiros atos do novo reinado foram a captura, investigação e julgamento dos Dezembristas, como ficaram conhecidos imediatamente e para sempre depois disso. Várias centenas de oficiais e soldados dos regimentos rebeldes, assim como alguns civis, foram presos sem tardar. O tsar Nicolau instituiu um tribunal de numerosos funcionários e altos oficiais, dos quais o mais destacado era Miguel Speranskii, que havia retornado do exílio e agora estava novamente na graça do tsar. A investigação foi longa e detalhada, conduzida em segredo, e finalmente acabou com a execução de cinco rebeldes, incluindo Pestel' e o poeta Ryleev, pelo crime de conspirar contra a vida do tsar. Outros 31 foram condenados à morte pelo mesmo crime, mas Nicolau decidiu ignorar a óbvia culpabilidade deles e comutou as sentenças para trabalho forçado e exílio na Sibéria. No total, 121 rebeldes fizeram a longa jornada para o leste. Outros 450 foram ou libertados sem punição ou degradados e transferidos para regimentos de linha no Cáucaso.

Na história russa, a punição dos Dezembristas tornou-se um exemplo clássico de crueldade oficial, mas o aspecto mais impressionante do seu tratamento foi a leniência. O número de condenações à morte foi mais ou menos o mesmo das represálias pelas revoltas constitucionalistas italianas de 1820-1821 e muito inferior ao de ações similares na Espanha. Nicolau preferiu conter-se, talvez porque ainda tivesse uma concepção muito antiquada do tsar como o pai severo do povo. De qualquer forma, os Dezembristas tiveram destinos variados na Sibéria. Oito dos mais "culpados" trabalharam numa mina de prata a céu aberto por vários meses, enquanto outros tinham tarefas mais leves. As sentenças de trabalhos forçados foram aliviadas nos anos 1830. As esposas de alguns dos Dezembristas foram autorizadas a juntar-se a eles e, conforme os anos passaram, as sentenças de trabalhos forçados foram comutadas inteiramente para simples prisão e finalmente exílio (fora da prisão). Muitos antigos rebeldes ganharam cargos na administração local. Nas cidades da Sibéria, os Dezembristas e suas esposas trouxeram o primeiro lampejo de cultura europeia, ao criar escolas e orfanatos e montar espetáculos teatrais amadores, e tornaram-se o centro da sociedade local. O que eles não eram autorizados a fazer era publicar qualquer material nem retornar à Rússia europeia. Um véu de silêncio desceu sobre eles, e assim permaneceria até a morte de Nicolau, 30 anos depois.

O novo tsar podia agora cuidar de governar o país, o que ele fez com mão de ferro. Nicolau tinha quase 20 anos a menos que Alexandre, pois havia nascido em 1796. Portanto, ele não conhecera nada do reinado da sua avó Catarina, e seus anos de formação ocorreram durante a derrota de Napoleão. Sua criação fora estritamente militar e ele não fora educado como futuro governante. Pessoalmente ele tinha a convicção de que somente a autocracia poderia impedir a disseminação da revolução, do liberalismo e do governo constitucional, que eram essencialmente a mesma coisa na mente dos conservadores russos e europeus. Ele contava com os ministérios para fornecer ao seu governo um pessoal treinado para executar as leis, mas centralizou cada vez mais a tomada de decisão e, em particular, comandava quaisquer novas iniciativas a partir da sua chancelaria pessoal, usando homens de formação majoritariamente militar, que eram pessoalmente próximos do tsar.

Um dos seus primeiros atos foi acrescentar uma "Terceira Seção" à sua chancelaria pessoal para vigiar os potenciais adversários políticos por intermédio do Corpo da Guarda e de sua rede de agentes. O novo órgão removeu a polícia política do Ministério de Assuntos Internos e subordinou-a diretamente ao tsar por intermédio do seu chefe, o general Alexander Benckendorff. A Terceira Seção refletia nas suas ações as concepções do tsar, pois, além de procurar "sociedades secretas" de revolucionários, ela rastreava insultos ao tsar e à família imperial, falsários e seitas religiosas, especialmente os Velhos Crentes. Também fazia parte de suas atribuições coletar notícias de descontentamento e rebelião entre os camponeses, uma nova nota num governo até então preocupado apenas com ideias liberais entre a nobreza. Os Gendarmes, que eram seus principais agentes, também tinham de investigar a corrupção entre oficiais do governo, especialmente nas províncias. Na cabeça de Nicolau, paternalismo e repressão da revolução eram dois lados da mesma moeda. Embora os agentes efetivos da Terceira Seção fossem poucos e ela continuasse a depender fortemente de denúncias, esta era grande o bastante para tornar-se um fator capital na vida da pequena elite política e cultural da Rússia.

Nicolau não se opunha em tese a todo tipo de reforma e instituiu uma série de comitês para avaliar as necessidades do país e até para lidar com a questão da servidão. Nenhum dos programas de reforma deu resultado, pois o tsar acreditava que a servidão era um mal, mas também que qualquer tentativa de mudar o sistema levaria a uma revolta em larga escala, como a liderada por Pugachev no século anterior. Talvez a única medida positiva importante do seu reinado tenha sido a codificação do Direito russo, uma tarefa hercúlea confiada às mãos hábeis de Miguel Speranskii. Em 1835, seu comitê publicou um código de Direito derivado de precedentes russos cuidadosamente recolhidos. Speranskii e sua equipe também compilaram códigos de Direito local da Finlândia, das províncias bálticas e das antigas províncias polonesas da parte ocidental do império. O código de Speranskii continuou a ser a base do Direito russo até 1917. Nicolau entusiasmou-se com o projeto, pois encaixava-se na imagem que ele fazia de si mesmo como um monarca severo mas justo, cioso do Direito e da sua própria autoridade.

A completa estagnação do governo não era igualada por uma estagnação na sociedade russa, apesar da sua lentidão em desenvolver-se. A colonização da estepe meridional continuava e Odessa emergiu como porto importante, exportando o excedente cada vez maior de cereais russos para a Europa. No interior da Rússia, tampouco havia apenas estagnação, pois dentro e em torno do sistema servil o capitalismo industrial apareceu pela primeira vez. Nas aldeias de Ivanovo e Voznesenskoe, propriedades dos Sheremetevs a nordeste de Moscou, fábricas têxteis movidas por máquinas a vapor foram construídas a partir da década de 1790. Contudo, os empresários que compravam e importavam máquinas a vapor inglesas eram eles mesmos servos que apenas gradualmente compraram sua liberdade nas primeiras décadas do século XIX. Os trabalhadores também eram predominantemente servos dos Sheremetevs, embora trabalhassem para os proprietários das fábricas e só pagassem ao conde, seu proprietário, uma renda anual. Empresários camponeses, alguns deles servos, e citadinos começaram a abrir pequenas empresas em e em torno de São Petersburgo, Moscou e outras cidades e aldeias do interior russo. Em São Petersburgo, muitos empresários eram estrangeiros ou cidadãos não russos do império – alemães, suecos, finlandeses, ingleses. Em Moscou, muitos dos manufatureiros têxteis mais ricos provinham de grupos da Velha Crença e portanto, por razões religiosas, eram tratados com certa suspeita pelas autoridades. Pelos padrões da Europa Ocidental toda essa

IMAGEM 9. Um conselho de aldeia, de John Augustus Atkinson, *A Picturesque View of the Manners, Customs and Amusements of the Russians*, Londres, 1803-1804.

atividade era pequena, a mão de obra era cara e geralmente a indústria era tecnicamente atrasada, mas isso era um começo. A prosperidade global do Império Russo também tirou proveito dos primórdios da industrialização na Polônia russa, nas províncias bálticas e na Finlândia.

    A atitude do tsar e do seu governo com relação à industrialização era altamente ambígua. Por um lado, ele apoiou-a, ainda que modestamente, criando as primeiras grandes escolas comerciais e mantendo uma tarifa protecionista. Nicolau desempenhou um papel essencial na construção da primeira ferrovia da Rússia, a linha que ia da capital a Tsarskoe Selo (1837), e depois num projeto muito mais importante, a linha de São Petersburgo a Moscou, inaugurada em 1851. A Rússia ganhou em 1828 sua primeira escola de engenharia, o Instituto Tecnológico de São Petersburgo, mas o construtor da ferrovia Moscou-Petersburgo foi o engenheiro estadunidense G. W. Whistler, pai do famoso pintor. A Rússia simplesmente não tinha especialistas capacitados para esse projeto. Nicolau apoiou a ferrovia, mas ao mesmo tempo não queria que a Rússia adquirisse uma base industrial ampla, pois ele considerava-a um celeiro de revolução, além de fundamentalmente desnecessária. A questão mais básica era, obviamente, a servidão, pois enquanto ela durasse a Rússia seria oprimida por uma agricultura cada vez mais atrasada, um mercado de mão de obra altamente restrito e um capital imobilizado em servos e propriedades aristocráticas. A Rússia não tinha esperança de avançar enquanto o sistema não fosse eliminado, mas essa medida acarretaria uma mudança fundamental na sociedade, no sistema jurídico e no Estado. Nicolau não queria isso.

À medida que a sociedade russa crescia lentamente em complexidade com alguns apanágios da modernidade e começava a afastar-se da tutela do Estado, o governo passou a sentir a necessidade de uma concepção mais atualizada de si próprio. Apenas a autocracia não era o bastante, pois ela implicava somente obediência do público, incluindo as classes altas, e a sociedade fora do campesinato era agora demasiado sofisticada para a mera obediência. Nos primeiros anos, Nicolau apoiou-se nas tradições do monarquismo cosmopolita herdado do seu irmão e da Santa Aliança. O principal porta-voz do governo na imprensa (e um informante fundamental da Terceira Seção) era Faddei Bulgarin, jornalista e autor de romances moralizantes sobre a vida russa. Bulgarin, no entanto, era na verdade o polonês Tadeusz Bułharyn, que havia até lutado contra a Rússia em 1812. Sua adesão à Rússia em detrimento da sua pátria era resultado de opiniões firmemente antirrevolucionárias e da lealdade à ideia de monarquia: a grandeza da Rússia residia na sua aderência a essas ideias. Outra nota entrou para o coro das ideias conservadoras com o conde S. S. Uvarov. Com uma educação cosmopolita, sentia-se mais confortável em francês que em russo, e Nicolau nomeou-o ministro da Educação. Em 1832 ele fez circular pelos órgãos do ministério uma portaria informando-os que sua tarefa era fomentar a "autocracia, ortodoxia e nacionalidade", e assim nasceu a doutrina da nacionalidade oficial, como veio a ser chamada. A autocracia não era nova, e Alexandre e outros acreditavam que a religião era o sustentáculo natural do trono, mas Uvarov explicitou a ortodoxia e acrescentou a nacionalidade à receita. Naquele momento, a noção limitou-se sobretudo à ideologia do seu ministério, pois Nicolau, cujos ministros e comitiva incluíam os generais Benckendorff e Dubelt na polícia e Karl von Nesselrode como ministro das Relações Exteriores, e cuja corte incluía numerosos alemães bálticos, finlandeses e até aristocratas poloneses conservadores, não podia defender um Estado puramente russo. A nacionalidade russa ainda era mais uma ideia vaga que um princípio étnico estrito. O resultado era uma mistura contraditória de ideias que subsistiram até a morte de Nicolau e, em grande medida, até o fim do velho regime em 1917. A mistura era encarnada à perfeição pela arquitetura de Konstantin Toon, construtor do Grande Palácio e da Igreja de Cristo Salvador do Kremlin – os dois grandes projetos do final do reinado de Nicolau. Para proporcionar ao tsar uma residência moderna em Moscou, Toon produziu, consultando o tsar a cada passo, um edifício essencialmente clássico que, visto de longe, não era diferente de dezenas de palácios de São Petersburgo. Por outro lado, detalhes decorativos, como as esquadrias de janelas e a decoração, foram adaptados da antiga arquitetura russa ainda visível no Kremlin. A igreja de Cristo Salvador tinha aparência muito mais russa, mas Toon adotou o estilo das igrejas muito menores do século XII e simplesmente ampliou-o num tamanho colossal, colocando a igreja numa plataforma alta, com elementos decorativos clássicos (ou pelo menos não russos), como imponentes leões.

Não só a arquitetura dos edifícios religiosos, mas a própria igreja tornou-se parte integrante do regime autocrático. Nicolau encerrou de vez o Iluminismo brando da Igreja setecentista e a fascinação com o evangelismo bíblico da época de Alexandre. Em 1836 ele nomeou para o cargo de procurador-chefe do Santíssimo Sínodo o conde N. A. Protasov, um general dos hussardos. A tarefa de Protasov era tornar a Igreja mais "ortodoxa", restaurar sua pureza doutrinária e eliminar práticas e tendências intelectuais vindas do Ocidente. Ele continuou a gerir os assuntos da Igreja até 1855 e, nesse processo, conseguiu fazer dela um instrumento deliberadamente conservador e obediente da autocracia. Na sua época, a Igreja também absorveu uma ampla dose de ideologia nacionalista, uma combinação que durou até o fim do velho regime. A igreja de Protasov não era toda a ortodoxia. Paradoxalmente, a secularização das terras monásticas no século XVIII levou a uma revivescência do monasticismo, em que os "anciões" (*startsy*) se tornaram as figuras mais carismáticas da ortodoxia russa no século XIX. Os anciões eram monges cujo ascetismo incluía um elemento importante de atendimento espiritual à sociedade circundante. Nos anos 1820, o mais famoso era Santo Serafim de Sarov e, em meados do século, Macário e Ambrósio, do mosteiro Optina, na Rússia Meridional. Escritores e intelectuais famosos, assim como leigos comuns de todas as classes, iam visitar os monges e procurar sua orientação, uma prática que formou um novo elemento ao lado das peregrinações mais tradicionais aos santuários das relíquias dos santos. Porém, apesar de todos esses esforços, cerca de 25% do campesinato russo seguia as várias versões da Velha Crença em vez da Igreja ortodoxa.

Os experimentos ideológicos de Uvarov e o compromisso com a autocracia que estava por trás deles provavelmente refletiam os sentimentos da maioria da aristocracia, mas não tiveram aceitação universal, nem mesmo no governo e na família imperial. Existiam círculos liberais moderados até no topo da sociedade de Petersburgo. O salão da cunhada do tsar, Elena Pavlovna (1806-1873), era um deles. Nascida princesa Frederike Charlotte Marie de Württemberg, ela foi para a Rússia em 1824 para casar-se com o irmão mais novo do tsar, Mikhail Pavlovich (1798-1849). O grão-duque Mikhail interessava-se sobretudo pelos seus deveres militares, e Elena tornou-se uma das figuras mais importantes de São Petersburgo. Seu salão no Palácio Miguel, cuidadosamente preservado até hoje no edifício que se tornou o Museu Russo, era um ambiente artístico importante, especialmente para a música e as artes plásticas. Na década de 1840, a ênfase era artística, mas as quintas-feiras da grã-duquesa também contavam com discussão de questões que nunca apareciam na imprensa e eram vistas com desprezo em outras casas aristocráticas.

Na sociedade russa em geral, a ausência de discussão política na imprensa ou qualquer fórum público não implicava que tudo estava calmo sob a superfície. Nessa época, toda uma geração de rapazes, a maioria de origem aristocrática, tinha acabado a universidade ou uma das escolas de elite, como o Liceu de Tsarskoe Selo. Essa formação deveria prepará-los para o serviço público, e de fato a maioria deles escolhiam esse caminho, nem que fosse como meio de subsistência, quando não por vocação. Todavia, se a discussão política pública não existia, a literatura e a filosofia floresciam. Em certa medida, elas serviam de válvula de escape para uma reflexão sobre a vida russa frustrada em outros aspectos, mas o interesse envolvente pela arte e pelo pensamento também era uma reação às tendências culturais da Europa Ocidental, especialmente da Alemanha.

A partir do final dos anos 1820, um número cada vez maior de jovens russos sofreu a influência do idealismo metafísico de Friedrich Schelling, cuja popularidade na Alemanha estava então no ápice. O apelo de Schelling resultava dos seus longos escritos sobre religião, arte e filosofia da natureza, e do seu desejo de encontrar um único espírito unificador em todas essas áreas. Para os russos da época, de inclinação estética, Schelling, apesar de toda a sua obscura abstração, parecia um guia confiável para compreender o mundo da cultura e do pensamento. Nos anos 1830, o pensamento de Schelling parecia tão restrito a essa esfera que alguns estudantes da Universidade de Moscou voltaram-se para o mundo mais abrangente e rigoroso de G. F. W. Hegel. Seu líder era Nikolai Stankevich (1813-1840). De 1831 até a sua partida para a Europa, numa busca vã de cura para a sua tuberculose, Stankevich incluiu no seu círculo praticamente todos os que viriam a destacar-se no pensamento russo pela próxima geração.

A paciência, o vasto cabedal e a gentileza de Stankevich atraíam personalidades muito díspares, todas unidas naquela época pela fascinação pela filosofia e literatura alemãs. O futuro anarquista Mikhail Bakunin (1814-1876), o crítico Vissarion Belinskii e o futuro socialista Alexander Herzen (1812-1870) faziam parte do círculo. Todos eles, de formas diferentes, viriam a formar o campo ocidentalizante, que via o destino da Rússia como uma variante tardia do desenvolvimento sócio-político europeu. Também fazia parte do círculo o futuro eslavófilo Konstantin Aksakov e o publicista conservador M. N. Katkov. Naquele momento, seu esforço comum era dominar Kant, Fichte, Schelling e seu ídolo Hegel, escrevendo longas cartas uns para os outros para descrever seu entendimento das suas leituras, empoladas abstrações em jargão hegeliano. Porém, do círculo de Stankevich saíram as principais tendências do pensamento russo, ideias com repercussões que sobreviveram ao momento da sua criação.

Para Belinskii, o problema que Hegel suscitava era que ele via a história do mundo como o desenvolvimento da ideia de liberdade, mas também identificava seu resultado com a ordem existente na Europa da época. Assim, tudo no mundo tinha um lugar, o que levava ao autoconhecimento final da Ideia. De início Belinskii concluiu, como muitos dos seus amigos, que as condições russas estavam, portanto, justificadas como parte do desenvolvimento da humanidade. Era uma conclusão muito incômoda, e novas reflexões sobre a dialética de Hegel levaram-nos a outra direção: Hegel estava certo sobre a Europa, era o ideal em direção ao qual a humanidade caminhava, mas a Rússia precisava alcançá-la. Assim, o idealismo hegeliano oferecia um fundamento intelectual para pensar que a Rússia precisava imitar o Ocidente, e essa imitação podia assumir duas formas. Ou a Rússia precisava imitar as sociedades ocidentais existentes, que pareciam estar avançando para o capitalismo industrial e Estados constitucionais, ou a Rússia precisava seguir a nova tendência que havia surgido no Ocidente, o socialismo.

Para Belinskii, Herzen e Bakunin, ainda não cabia a eles fazer a escolha entre liberalismo e socialismo. Ambos eram considerados utópicos pelos padrões russos, e parecia mais importante analisar a condição da Rússia e formar uma teoria para a ação futura. Belinskii escolheu analisar a Rússia com base na sua literatura e tornou-se o crítico literário mais famoso da

Rússia na década de 1840. Essa escolha adaptava-se bem ao hegelianismo, pois Hegel via a arte e a literatura como outras manifestações do desenvolvimento da Ideia, cuja encarnação política era a ideia de liberdade. A crítica literária também deu a Belinskii, filho de um médico de província e o mais plebeu do grupo, um meio modesto de subsistência. Herzen era um caso mais complexo, filho ilegítimo de um nobre russo, parte da aristocracia mas eternamente um pária. Preso em 1834, ele passou vários anos no exílio, e de volta a Moscou dedicou-se a ler Hegel e escrever romances. Em 1847 ele deixou a Rússia para ir à Europa Ocidental, para ver a sociedade que elogiava há tanto tempo. Ele nunca retornou à Rússia e construiu sua própria versão do socialismo no exílio. Bakunin seguiu uma trajetória semelhante. Filho de nobres ricos, ele foi diretamente do círculo de Stankevich para o Ocidente em 1840, onde se juntou aos hegelianos de esquerda. Bakunin evoluiu rapidamente de um radicalismo incipiente ao anarquismo, cunhando seu famoso mote, "a paixão pela destruição também é uma paixão criativa". Em 1848, ele já havia feito seu nome nos círculos radicais europeus.

Outros membros do círculo de Stankevich interpretavam Hegel numa ótica liberal. V. P. Botkin e M. N. Katkov continuaram a ser liberais típicos nas suas opiniões, críticos da servidão e da autocracia e defensores da monarquia constitucional. O caso de Konstantin Aksakov era diferente, pois sua leitura de Hegel e dos alemães acabou levando-o a uma rejeição completa deles por serem irrelevantes para a Rússia. A seu ver, a Rússia era fundamentalmente diferente do Ocidente devido à sua particular cultura nacional eslava. Foi assim que nasceu o eslavofilismo.

Os eslavófilos rejeitavam a premissa de que a Rússia devia seguir modelos ocidentais, pois acreditavam que a civilização russa era fundamentalmente distinta da europeia. A Europa estava atolada no egoísmo, cujos resultados eram evidentes no embate político e no empobrecimento do povo em decorrência do capitalismo industrial. A religião não oferecia ao Ocidente nenhuma escapatória, pois o protestantismo apenas reforçava o individualismo e a Igreja católica lutava sobretudo por poder político e influência. A Rússia, com suas tradições da comunidade camponesa e a (suposta) harmonia entre nobres e camponeses, tsar e súditos, havia escapado em grande medida aos males que afligiam o Ocidente. A ocidentalização da Rússia por Pedro ameaçara arrastar a Rússia para o lodaçal, mas um retorno aos valores russos reverteria o processo. A ortodoxia continuaria a proporcionar o cimento espiritual, pois mantinha a comunidade cristã mas recusava-se a lutar com o Estado pelo poder secular. Essa mistura inebriante de ortodoxia e nacionalismo gerou uma ideologia vívida, mas na prática era menos significativa, até porque continuava a ter algo de seita. A maioria da *intelligentsia* e das classes altas, por mais que fossem patriotas e por vezes até religiosas, continuavam a ser, em maior ou menor grau, ocidentalizantes. O eslavofilismo também era muito menos conservador na prática que na teoria. Apesar de toda a sua visão romântica dos tsares autocráticos da era anterior a Pedro, os eslavófilos queriam, na verdade, uma autocracia temperada por uma legislatura consultiva, tal como os ocidentalizantes mais moderados. Era mais uma cultura diferente que uma política diferente que inspirava os eslavófilos.

Nos anos de 1840, esses impulsos culturais, a nacionalidade oficial e o eslavofilismo, o liberalismo ocidentalizante e o radicalismo, haviam se cristalizado em ideologias distintas com seguidores mais ou menos numerosos. A maioria deles estava concentrada em Moscou, enquanto São Petersburgo permanecia mais sossegada politicamente após a derrota dos Dezembristas. No entanto, por volta de meados da década, surgiram novas vozes, também poucas em número, mas que mostraram algumas perspectivas do futuro. Essas vozes foram ouvidas em São Petersburgo na sala de estar de um oficial subalterno do governo, Mikhail Butashevich-Petrashevskii.

Petrashevskii e seus seguidores representavam um tipo social e uma ideologia diferentes dos Dezembristas ou do círculo de Stankevich. Nenhum deles vinha da aristocracia e alguns eram de nobreza muito recente. O próprio Petrashevskii era filho de um médico militar nascido numa família de sacerdotes ucranianos. A patente militar de seu pai era o único fundamento da nobreza de Petrashevskii, e essa origem era praticamente idêntica à do seu ouvinte mais famoso, o grande escritor russo Fiódor Dostoievski. Porém, o grupo de Petrashevskii não incluía marginais. A maioria dos membros tinha estudado no Liceu de Tsarskoe Selo, a mesma instituição que antes havia gerado muitos Dezembristas, Púchkin e seus amigos aristocráticos e um grande número de aristocratas e dignitários do império. No final dos anos 1840, eles eram rapazes empregados no nível inicial da carreira pública, mas em vez de subir na carreira eles passavam seu tempo lendo panfletos econômicos e políticos sob a liderança de Petrashevskii. Muito em breve, eles voltaram-se para as obras do utopista francês Charles Fourier e declararam-se socialistas. Fourier não era um revolucionário, pois acreditava que a fundação de colônias utopistas sem propriedade privada e baseadas no trabalho coletivo logo se espalharia para fundar uma nova ordem social. Como muitos seguidores nos Estados Unidos provaram, essa ideia era uma ilusão, mas em 1845 essa conclusão ainda estava por vir. O grupo de Petra-shevskii estava convencido de que ela funcionaria, mas eles perceberam que não poderiam operar sob as condições russas e que precisavam primeiro garantir a ordem jurídica e a liberdade política. Logo surgiram debates e divisões acerca das táticas, nos quais alguns membros do grupo favoreciam o foco na propaganda, enquanto outros pretendiam organizar uma revolta. As revoluções europeias de 1848 deram estímulo à ideia da revolta, mas também à vigilância do governo. A Terceira Seção plantou três espiões no grupo e, em abril de 1849, todos foram presos.

O tratamento dado pelo governo ao grupo de Petrashevskii diferiu mar-cadamente da legalidade generalizada com que haviam sido tratados os De-zembristas 24 anos antes. Depois de meses de interrogatório, nos quais os acusados não foram informados das acusações contra eles até muito tarde, eles foram levados a um tribunal militar, embora houvesse somente alguns oficiais entre eles. O tribunal julgou-os culpados de conspirar contra a vida do tsar, de organizar uma sociedade secreta e de planejar uma revolta. So-mente a última acusação tinha sustentação nas provas, e somente para alguns dos acusados. O propósito da primeira acusação, conspirar para matar o tsar, era que ela era suficiente por si só, no Direito russo, para acarretar a pena de morte. Assim, 40 réus foram condenados à morte, incluindo Petrashevskii e Dostoievski. Eles foram levados ao local de execução e os três primeiros foram amarrados aos postes diante do pelotão de fuzilamento. Nessa hora, apareceu um oficial com o aviso de que as penas de morte haviam todas sido reduzidas para trabalhos forçados na Sibéria, e os prisioneiros foram levados imediatamente para a estrada do leste. Esse exercício gratuito de crueldade fazia parte das tradições da monarquia – a clemência do tsar em vez da morte – mas em 1849 ele estava deslocado na cultura da época.

Dessa forma, a Rússia chegava ao meio do século com a autocracia e a servidão intactas, mas havia uma agitação cada vez maior sob a superfície, tanto na sociedade em geral quanto entre a elite governante. Mudanças eram inevitáveis, mas Nicolau era inflexível. A queda do seu sistema veio da área que ele considerava seu maior sucesso, a política externa.

A política externa da Rússia estava intimamente ligada à sua estrutura imperial e seus objetivos imperiais globais. Ao longo da fronteira ocidental, a Rússia era uma potência do *status quo*; seu único objetivo era manter o controle sobre o que ela já tinha. Na Finlândia e nas províncias bálticas, esse objetivo foi atingido com facilidade. Embora Nicolau nunca tivesse convoca-do a dieta finlandesa, o restante do governo autônomo finlandês continuava

188 | HISTÓRIA CONCISA DA RÚSSIA

no lugar e ergueu gradualmente o país, a nova capital em Helsinki com sua universidade moderna e outras instituições. As províncias bálticas também estavam tranquilas, com um campesinato recém-liberto e uma combinação de governo imperial central e governo nobre local. O problema no Ocidente era a Polônia, pois a Constituição de 1815 previa uma dieta, um Exército polonês e um governo local sujeito apenas de modo geral ao controle russo. Um conflito crescente entre Varsóvia e São Petersburgo e o impacto da Revolução de Julho de 1830 na França provocaram um levante em novembro de 1830, além de uma guerra total. O Exército russo esmagou a revolta polonesa e Nicolau aboliu a Constituição, mantendo apenas o sistema jurídico polonês sob administradores russos. Nicolau avisou os poloneses que eles deviam abandonar a ideia de um Estado separado. Após 18 anos, a revolução na Alemanha e na Hungria trouxe o tsar de volta à lide, pois os Habsburgos, derrotados pelos rebeldes húngaros, chamaram-no para salvá-los. Nicolau invadiu a Hungria com seu Exército – a primeira expedição militar russa na Europa desde 1814 – e os húngaros tiveram de se render. Nicolau pagaria caro por esse ato de solidariedade monárquica.

No Sul, a Rússia enfrentava uma situação infinitamente mais complicada, ainda que, no fim das contas, menos perigosa. No reinado de Alexandre, a Rússia havia adquirido o controle da Geórgia e depois conquistado o Azerbaijão do Irã. Uma tentativa iraniana de vingança em 1826 levou a uma guerra curta que deu à Rússia uma fronteira mais defensável, que incluía o canato de Erevan, um Estado vassalo do Irã em parte do território da Armênia medieval. Após o final da guerra em 1828, a política russa variou em cada uma dessas áreas. O parceiro mais óbvio era a numerosa nobreza georgiana, e os russos agiram para incluí-la na elite do império. Para tanto, os novos governantes precisavam primeiro reorganizar a nobreza georgiana em linhas mais "europeias", abolindo os vários tipos de dependência e vassalagem entre a nobreza e tornando iguais todos os nobres. Surgiram novas escolas, com currículos iguais aos dos ginásios russos, e a alta aristocracia georgiana entrou para as escolas de elite em São Petersburgo. Os vice-reis do Cáucaso até montaram óperas e introduziram outros entretenimentos e formas de sociabilidade europeias para europeizar os georgianos "orientais". O domínio russo afetou também os armênios da Geórgia. A pequena nobreza armênia da Geórgia ganhou a mesma condição que os nobres russos e georgianos, e os administradores russos liberaram os citadinos, a maioria deles armênios, da servidão. No canato de Erevan, como nos canatos azeris, a maior parte da terra pertencia aos *khans* e estava agora submetida ao Estado russo. Assim, o campesinato continuou nas suas terras, pagando impostos ao tsar e não aos *khans*, ao passo que grande parte da elite muçulmana partiu para o Irã. O canato de Erevan era singular em todas as terras que outrora pertenceram aos reis armênios, pois no seu território estava o grande mosteiro de Echmiadzin e a residência do *katolikos* (chefe) da Igreja armênia. A administração russa concedeu à Igreja armênia, apesar dos seus desacordos dogmáticos com a ortodoxia, o direito de manter um extenso sistema de escolas sob sua própria supervisão, um privilégio altamente incomum no Império Russo. Mais importante ainda, em 1828 o canato tinha somente cerca de 20% de armênios: a maior parte da população era de nômades curdos ou túrquicos. Sob o domínio russo, armênios dos territórios otomano e iraniano migraram para a região de Erevan até formar uma maioria no final do século. Em outras palavras, na Transcaucásia o Império Russo contava mais uma vez com a nobreza local quando conseguia achar uma, e, na ausência dela, com a Igreja armênia e os notáveis locais das cidades azeris.

A Transcaucásia ficou bastante tranquila depois que a Rússia estabeleceu seu controle. Porém, não aconteceu o mesmo nas terras das vertentes setentrionais da cordilheira do Cáucaso. O Cáucaso Setentrional era território de uma série de povos montanheses seminômades, dos quais os mais importantes eram os circassianos e as muitas tribos do Daguestão. A partir de 1817, o Exército russo começou a construir novas linhas de fortes e avançar para o sul em direção às altas montanhas, encontrando resistência contínua por parte dos circassianos. Por volta de 1830, o centro bélico deslocou-se para leste para o Daguestão, em direção aos *murids*, os "discípulos" de um Islã purificado. Em 1834, o guerreiro avar Shamil tornou-se seu líder e levou a guerra contra os russos para a Chechênia e as partes setentrionais do Daguestão, enquanto o conflito com os circassianos ainda continuava mais a oeste. Ao estourar a Guerra da Crimeia em 1853, o Exército russo havia empurrado Shamil até sua fortaleza nas altas montanhas do Daguestão, mas não havia subjugado nem ele, nem os circassianos. Não era uma guerra de grandes batalhas e a Rússia nunca teve mais de 60 mil soldados em toda a região antes de 1856. Era uma guerra de guerrilha, de incursões e contraincursões, de sequestros e cerco de pequenos fortes e aldeias remotas. Em muitos aspectos, sua importância não vinha dos acontecimentos locais, mas da sua proximidade com o fronte principal da política externa russa, o Império Otomano.

No século XVIII e início do XIX, o Império Otomano foi a direção principal da expansão russa. Contudo, por ocasião das revoltas gregas de 1821, a política russa enfrentava uma série de dilemas. As novas fronteiras russas no Ocidente criaram a necessidade de defender um vasto território que contava com poucas estradas e nenhuma defesa natural ao longo da fronteira. A Rússia tinha um Exército de 800 mil homens – o maior Exército da Europa – mas a maior parte dele estava mobilizada na fronteira ocidental e não podia ser facilmente deslocada para o sul em caso de guerra. Novos territórios nos Bálcãs seriam muito distantes das bases operacionais russas e ainda mais difíceis de controlar e defender. A prudência ditava uma política estacionária e a manutenção das fronteiras existentes no Sul. Por outro lado, os súditos cristãos dos turcos estavam cada vez mais agitados, e todos eles eram ortodoxos, aliados potenciais em qualquer conflito imaginável. No entanto, eles também eram influenciados pelos acontecimentos políticos da Europa Ocidental, e os rebeldes gregos imaginavam seu futuro sob algum tipo de monarquia constitucional, um anátema tanto para Alexandre como para Nicolau. A Rússia não podia tampouco deixar o Império Otomano ruir, pois ela não era a única potência interessada na área. A França tinha há muito tempo interesses comerciais importantes no Mediterrâneo Oriental e, em 1830, iniciou a conquista da Argélia. Ainda mais séria era a rivalidade britânica, pois a Grã-Bretanha, ao completar a conquista da Índia, tornara-se a primeira superpotência mundial e considerava-se autorizada a ditar a forma do mundo onde quisesse. A rivalidade anglo-russa começou a virar um conflito permanente, uma "guerra fria" antecipada que durou até 1907. O colapso dos otomanos poderia levar ao controle britânico ou francês dos Bálcãs, por isso Nicolau preferia manter um vizinho fraco sob influência russa, tal como a política de Catarina para a Polônia antes de 1788.

Nessa situação, a Rússia tentou negociar com seus rivais potenciais. A Grã-Bretanha concordou em ajudar os gregos e uma Força Naval Anglo-russa afundou a esquadra turca em Navarino (1827). Então a Turquia declarou guerra à Rússia e, em 1828-1829, o Exército russo entrou nos Bálcãs, chegando quase até Constantinopla. O tratado resultante forçava a Turquia a reconhecer a independência grega e a autonomia da Sérvia e dos principados romenos. A influência russa na Turquia agora parecia predominante, uma situação que não era do agrado nem da França nem da Grã-Bretanha. Por enquanto, a ascensão de Mohammed Ali no Egito otomano e sua criação de um Estado independente de fato eram mais importantes porque ameaçavam provocar o colapso de todo o império. Portanto, a Rússia apoiou a Grã-Bretanha contra a França em 1840 para defender o sultão otomano contra seu súdito no Egito. Os interesses russos e britânicos no Império Otomano coincidiram pela última vez. Um novo elemento fez sua aparição com as revoluções de 1848 na Europa, quando Luís Napoleão foi eleito presidente da nova república francesa. Breve ele proclamou-se imperador como Napoleão III e empenhou-se em restaurar a grandeza da França tal como fora sob o domínio do seu célebre tio. Ele também precisava do apoio dos conservadores católicos na França que eram leais aos Bourbons e desconfiavam dos Bonapartes. Ao procurar áreas para afirmar o poderio francês, Napoleão III elevou uma disputa obscura sobre o controle dos lugares sagrados na Palestina entre católicos e ortodoxos a um conflito internacional capital. Nicolau desprezava Napoleão III e demorou para reconhecer a seriedade dos interesses britânicos no Império Otomano. Por isso, no início de 1853 ele apresentou aos turcos um ultimato que levou à guerra.

A Guerra da Crimeia foi, na verdade, muito inglória para a maioria dos participantes. Embora a esquadra russa do mar Negro tenha destruído a Marinha turca em Sinop logo de início, ela não era páreo para as Marinhas britânica e francesa. O Exército russo saiu-se bem contra os turcos na Ásia Menor, mas na Crimeia ele foi repelido e forçado a defender a base principal em Sebastopol. A esquadra russa do mar Negro teve de ser afundada para fechar o porto aos navios inimigos. Em tese, a Rússia tinha forças esmagadoras, mas não conseguiu fazê-las chegar rapidamente à Crimeia e, de qualquer forma, não poderia liberar uma quantidade suficiente delas devido às longas fronteiras a defender. O armamento obsoleto complicava ainda mais sua tarefa.

Apesar desses obstáculos, o Exército e a Marinha russa conseguiram defender Sebastopol por 349 dias sob bombardeio intenso. As Forças Anglo--francesas conseguiram rechaçar tentativas russas de levantar o cerco, apesar de numerosas catástrofes, das quais a carga da Brigada Ligeira foi somente a mais famosa. A higiene e o atendimento médico eram estarrecedores de ambos os lados, aliviados apenas pelos hospitais ingleses reorganizados por Florence Nightingale e pelo trabalho cirúrgico do grande cirurgião russo Nikolai Pirogov. Enquanto o massacre continuava em Sebastopol, a Marinha britânica tentou driblar as defesas russas no Báltico, mas, frustrada pelas poderosas fortalezas russas de Sveaborg e Kronstadt, a única coisa que podia fazer era queimar cidades litorâneas finlandesas e capturar o forte inacabado de Bomarsund nas ilhas Aland. Outros navios britânicos atacaram mosteiros russos no mar Branco e até tentaram tomar Petropavlovsk em Kamchatka. Um esquadrão de cossacos afugentou-os.

Durante a guerra, o apoio aberto da Áustria aos inimigos da Rússia surpreendeu Nicolau dadas as suas ações em 1849 e contribuiu para o isolamento diplomático da Rússia. A Prússia, geralmente amigável, adotou uma posição ambígua. Então, em fevereiro de 1855, Nicolau I morreu. Em setembro de 1855, Sebastopol caiu depois que o Exército francês tomou o *kurgan* de Malakhov, as colinas que dominavam a cidade, e em novembro o forte turco crucial de Kars, na Ásia Menor, caiu nas mãos dos russos. Esses acontecimentos e a morte de Nicolau abriram caminho para a conferência de paz em Paris, que encerrou a guerra.

Como derrota militar, o resultado não foi nem um pouco catastrófico para os russos. A Rússia concordou em abrir mão da sua reivindicação de direito legítimo à proteção dos súditos ortodoxos do sultão, em abandonar sua esquadra do mar Negro (que, de qualquer forma, já estava no fundo do porto de Sebastopol) e em ceder à Romênia uma pequena faixa de terra no delta do Danúbio. Apenas o segundo ponto era uma concessão importante, e naturalmente a Rússia adotou como objetivo eventual adquirir o direito de reconstruir a esquadra. Por enquanto, havia problemas mais prementes, pois a verdadeira derrota fora a revelação de que o sistema de Nicolau I tinha fracassado em preservar a posição da Rússia como potência terrestre suprema na Europa, que parecia garantida em 1815. O enorme Exército não podia deslocar-se, era caro demais para o tesouro e seu custo significava que ele não podia ser modernizado. A servidão impedia que o Exército passasse para um sistema de reserva, pois ninguém queria servos com treinamento militar. O Exército de Nicolau, sua Marinha e o Estado que os mantinha haviam falhado. Era o sinal para a reforma, a reviravolta mais profunda na vida russa entre a época de Pedro, o Grande, e 1917.

capítulo 10

Cultura e autocracia

Uma das ironias do reinado de Nicolau I foi que sua autocracia inflexível presidiu à primeira grande era da cultura russa. Nicolau percebeu em certa medida a importância crescente da cultura russa e o nível extremamente alto que ela alcançara em pouco tempo, mas ele estava mais preocupado em dirigi-la por meio dos canais conservadores apropriados que celebrá-la. Ele ab-rogou o sistema de censura mais tolerante de Alexandre I em troca de outro com ênfase no combate à subversão na religião e política e reteve os aspectos paternalistas das antigas leis. A nova estrutura permaneceu sob o Ministério da Educação, mas incluía um papel maior para a burocracia e a mais ameaçadora Terceira Seção. Seu chefe, Alexander von Benckendorff, exercia uma autoridade errática e arbitrária sobre as publicações, ao mesmo tempo que tentava desastradamente incentivar a publicação de material pró-governo. Mesmo com escritores e artistas bem dispostos em relação ao Estado, essa política foi um grande fracasso, pois a sociedade russa estava começando a desenvolver-se de forma independente da corte e da tutela do Estado, um processo fundamental demais para ser interrompido pelas ações do tsar. Algumas das mudanças eram até resultado da política estatal, particularmente do apoio às universidades e ginásios, que produziu um público muito mais amplo e instruído, ávido pelos produtos da nova cultura russa. Outro fator foi o crescimento do capitalismo comercial, que criou gradualmente um mercado de livros e revistas, centrado em Petersburgo e Moscou mas estendendo-se lentamente às províncias.

A explosão cultural ocorreu numa série de áreas. A pintura e as artes visuais continuaram essencialmente vinculadas à Academia de Belas Artes em São Petersburgo e, portanto, indiretamente à corte e sua rede de mecenato.

194 | HISTÓRIA CONCISA DA RÚSSIA

A Academia continuava a favorecer grandes telas históricas, clássicas e bíblicas em detrimento das paisagens e pinturas de gênero, cada vez mais populares. Ela continuava a fornecer pinturas para projetos oficiais de edificações, como a Catedral de Santo Isaac em São Petersburgo ou a igreja do Cristo Salvador em Moscou. Não obstante, a Academia também oferecia aos seus estudantes e diplomados alguma possibilidade de viagem e residência estendida na Itália, e muitos pintores e escultores aproveitaram a oportunidade. Karl Briullov, o melhor pintor da Academia, retornou da Itália e conseguiu muitos contratos para a decoração de igrejas e palácios, além de ganhar mecenas na corte e na aristocracia. Alexander Ivanov, por sua vez, ficou na Itália para evitar os saguões da Academia e sofreu influência da pintura romântica alemã na sua vertente religiosa (os "nazarenos"). O principal resultado dos seus anos italianos foi um quadro enorme, "Cristo aparece para o povo", que revelava influência nazarena mas rejeitava o pseudomedievalismo dos alemães para ilustrar o povo que Cristo salvou em vez de um retrato hierático do Salvador. As inovações de Ivanov parecem pouco importantes hoje, mas no mundo de Nicolau I elas tiveram um grande impacto.

A música, especialmente a ópera e o balé, continuou em ampla medida na esfera da corte. Catarina havia construído um teatro de ópera em 1783 fora do palácio para proporcionar acesso público às representações, e ele logo tornou-se o centro da vida operística e social. Todavia, a corte não largou as rédeas da ópera, pois o Ministério da Corte adquiriu controle sobre todos os teatros em 1802. Assim, o repertório dos teatros de Petersburgo refletia o gosto dos oficiais do Ministério e do próprio tsar. De início, Alexandre I havia criado quatro companhias de ópera – italiana, francesa, alemã e russa – de acordo com a língua do libreto e dos cantores, mais que a nacionalidade do compositor. A companhia italiana logo se desfez, deixando a primazia à companhia francesa, dominante até 1811, quando foi fechada na atmosfera patriótica que antecedeu a guerra contra Napoleão. As companhias alemã e russa continuaram, apresentando óperas italianas e alemãs com libretos traduzidos. A companhia de ópera russa só podia apresentar poucas obras originais e dependia fortemente do repertório europeu.

A música instrumental floresceu sem patrocínio do Estado, pois grande parte da cultura musical russa nesses anos era produto de amadores aristocráticos e sociedades particulares. Um banqueiro da corte, Alexander Rall, ajudou a fundar a Sociedade Filarmônica de São Petersburgo em 1801, e a sala de concertos do aristocrata V. V. Engelhardt na Perspectiva Nevskii proporcionou durante uma geração um espaço de apresentação muito requisitado. No salão dos condes russo-poloneses Mikhail e Matvei Wielhorski, músicos russos e estrangeiros encontravam-se, tocavam e faziam os contatos pessoais que fizeram progredir a música russa. O conde Matvei (1794-1866) era um exímio violoncelista que recebeu elogios de Hector Berlioz, e seu irmão Mikhail (1788-1856) era não somente um músico talentoso, mas também compositor. Os dois irmãos estudaram com Luigi Cherubini em Paris na juventude, retornaram à Rússia e acabaram obtendo altos cargos na corte do tsar. A casa dos Wielhorskis ficava na mesma praça que o palácio do grão-duque Miguel, onde sua esposa Elena Pavlovna mantinha seu próprio salão musical e político. A Sociedade Filarmônica e os salões traziam a maior parte da música europeia para a Rússia – Mozart e Beethoven eram os prediletos dos Wielhorskis. O conde Mikhail até apresentou as primeiras sete sinfonias de Beethoven na propriedade rural de sua esposa com uma orquestra composta pelos seus servos e os dos vizinhos. Mais tarde, foi o conde Matvei que apresentou o jovem Anton Rubinstein a Elena Pavlovna, um encontro que daria frutos alguns anos depois.

Como ainda não havia um conservatório profissional na Rússia, os músicos dependiam de professores particulares e viagens à Europa para sua formação. Nesse mundo musical semiamador surgiu o primeiro grande compositor da Rússia, Mikhail Glinka (1804-1857). Depois de alguma formação na Itália, Glinka escreveu uma ópera patriótica e muito monarquista, *A Vida pelo Tsar*, apresentada pela primeira vez em 1836. O enredo foi sugestão do poeta Zhukovskii, que também encontrou o libretista, o barão G. F. Rosen, um alemão báltico que tornara-se escritor russo e também era tutor do herdeiro do trono, o futuro Alexandre II. Os Wielhorskis e outros mecenas aristocráticos das artes proporcionaram espaço para ensaio. Houve alguma tergiversação por parte dos diretores dos teatros imperiais, mas o apoio de Zhukovskii e dos condes Wielhorski, dadas suas posições na corte, significava que quaisquer objeções acabaram sendo irrelevantes. A estreia da ópera foi um autêntico sucesso. Porém, o sucesso de Glinka não inaugurou uma nova era para a ópera russa, pois em 1843 Nicolau I ficou fascinado e encantado por uma companhia italiana itinerante. Ele contratou-a imediatamente como trupe permanente e concedeu-lhe as instalações da companhia de ópera russa, que se mudou para Moscou. O resultado foram duas décadas de récitas brilhantes de Bellini, Rossini, Donizetti e seus contemporâneos menores em São Petersburgo, enquanto a ópera russa definhava.

Se a música e o teatro continuavam ligados à corte, a literatura russa começou a emancipar-se com o brilhantismo espetacular da primeira onda de escritores russos, Alexsander Pushkin, Nikolai Gógol, Mikhail Lermontov e o crítico Vissarion Belinskii, assim como numerosos escritores e críticos menores mas ainda altamente talentosos. A emancipação da corte coincidiu com a emergência da literatura russa como uma literatura madura e original, a primeira contribuição da Rússia à cultura mundial. A emergência da literatura russa também trouxe à tona a velha questão da Rússia e do Ocidente numa nova forma. Essa questão estivera adormecida no século XVIII, quando os produtos culturais da Rússia eram fortemente imitativos dos modelos ocidentais na forma e no conteúdo. Agora uma literatura russa vibrante e original, mesmo seguindo e usando tendências ocidentais, havia criado uma cultura nitidamente russa, que fazia parte da literatura ocidental mas não era idêntica a ela. A velha questão da Rússia e do Ocidente tinha agora um componente cultural crucial.

Esse início espetacular não poderia ter sido previsto com facilidade em 1820, quando a literatura russa continuava a seguir de perto seus modelos europeus. Ela era competente, às vezes inspirada, mas finalmente modesta nas suas realizações. Nos primeiros anos do século XIX, as figuras de maior destaque eram Nikolai Karamzin, que voltara sua atenção para a história russa depois de 1803, e Vassíli Zhukovskii. Zhukovskii possuía um talento maravilhoso para a língua e sua poesia continua até hoje a fazer parte do legado poético russo, mas suas melhores obras eram traduções da poesia alemã e inglesa popular na era romântica – Goethe e Gottfried Bürger, sir Walter Scott e Thomas Campbell. Foi por meio de Zhukovskii que o romantismo europeu chegou à Rússia. Decerto, Karamzin e Zhukovskii estavam criando para a literatura russa um público que começou a difundir-se além da corte e das capitais, mas era uma batalha contra a maré. A nobreza russa, especialmente depois da fundação das universidades e ginásios sob a direção de Alexandre, era muito mais instruída do que antes, mas também sabia francês ainda melhor do que antes, e muitas vezes melhor do que russo. O principal tema de leitura de muitas famílias da aristocracia eram romances franceses, e o mais recente romance da moda em Paris era amplamente lido em São Petersburgo dentro de poucas semanas. Em quantidade o público instruído ainda era pequeno, por isso as revistas de Karamzin e Zhukovskii, com sua seleção da nova poesia e prosa russa entre artigos de história ou, às vezes, de política, eram finos volumes em formato pequeno com circulação que raramente ia muito além de mil cópias. Nessa situação, os escritores precisavam do mecenato da corte e do Estado para sobreviver. Muita poesia circulava nos salões aristocráticos, nos cadernos de anotações de rapazes e moças, e apenas em manuscrito, mesmo quando não tinha nenhum conteúdo político. Zhukovskii passou a desempenhar um papel crucial. Ele já era o poeta mais destacado da época quando assumiu um cargo na corte para ensinar russo à esposa prussiana de Nicolau I, Alexandra, e depois, em 1819, tornou-se o principal tutor do filho de Nicolau, Alexandre, o futuro tsar Alexandre II. Pelas próximas duas décadas, Zhukovskii continuou a morar no Palácio de Inverno e atuou como o principal patrono da literatura e arte russa.

Zhukovskii reconheceu o talento de Púchkin já em 1815, quando o jovem poeta ainda era aluno do Liceu de Tsarskoe Selo. Ao sair do Liceu em 1817, Púchkin assumiu um cargo muito subalterno no Ministério das Relações Exteriores. Embora ele viesse de uma família de nobreza antiga (seus antepassados haviam servido na Duma boiarda dos príncipes de Moscou no século XIV), sua fortuna era limitada, e a tradição de serviço público fez que ele, tal como outros escritores de sua geração, começasse como funcionário público. Ele também passava grande parte do seu tempo farreando no submundo de São Petersburgo com seus antigos colegas de Liceu e participando de diversas sociedades literárias (incluindo a Lanterna Verde e Arzamas). Todos esses grupos incluíam muitos futuros Dezembristas, embora nenhum deles pensasse que ele era do tipo a ser recrutado para as suas atividades revolucionárias. É certo que Púchkin tinha simpatia por muitos objetivos políticos dos seus amigos e, de vez em quando, escrevia poemas expressando essas opiniões, que circulavam em manuscrito. Eles chegaram ao conhecimento da Seção Especial do Ministério do Interior no início de 1820 e Púchkin foi mandado para o exílio no Sul, primeiro para Kishinev e depois para Odessa. Poucas semanas depois, foi publicado seu primeiro poema importante, um conto de fadas chamado "Ruslan e Ludmila".

Na década seguinte, uma das mais notáveis na história da cultura russa, Púchkin publicou um poema atrás do outro: "O Prisioneiro do Cáucaso", sobre os acontecimentos das Guerras Caucasianas, "A Fonte de Bakhchisarai", com pano de fundo da Crimeia, "Os Ciganos", "Poltava" sobre a história da Ucrânia na época de Pedro, o Grande, e outros. Sua leitura de Shakespeare motivou-o a escrever uma peça em versos, "Boris Godunov", uma tragédia de ambição e poder que depois serviu de base para a ópera de Modest Mussorgsky. A obra-prima de Púchkin foi o romance em versos *Evgenii Onegin* (Eugenio Oneguin). Sob a superfície da trama, acerca do flerte de um entediado jovem nobre com Tatiana, uma camponesa que foi criada lendo romances franceses, ele oferece um retrato da sociedade aristocrática russa. Onegin aparece como um homem sem objetivo na vida, sem carreira nem ocupação séria, bem instruído na cultura europeia, mas que não contribui em nada para a Rússia ao seu redor. Em contrapartida, Tatiana, apesar de toda a sua ingenuidade pueril, é o personagem mais forte e profundo, o protótipo de muitas mulheres na literatura russa. O livro teve um sucesso fenomenal e mais tarde Tchaikovsky transformou-o na sua maior ópera. Os ecos do romantismo europeu eram evidentes em quase todas essas obras, mas Púchkin não era um imitador. Junto dos ecos das suas leituras havia uma poderosa melodia só sua.

A criatividade espantosa de Púchkin não era única. A década conheceu uma explosão da poesia russa e uma transformação gradual do público. A publicação comercial normal mal dava lucro ainda, mas livreiros inovadores encontraram um novo gênero, o almanaque. Esses volumes em formato pequeno com encadernação e papel requintado eram concebidos como presentes de Ano-Novo, especialmente para moças. Eles costumavam incluir apenas autores russos e poucas traduções, todas elas novas. Os poetas competiam para ser publicados em tais formatos, pois tinham público garantido, já que parte do apelo do formato era que eles podiam ser facilmente carregados numa bolsa feminina. Nos salões aristocráticos, o romance francês tinha agora um concorrente.

Em 1824, Púchkin recebeu permissão para retornar à sua propriedade perto de Pskov, ao sul de São Petersburgo, mas não às capitais. A revolta dezembrista complicou suas tentativas de restaurar sua posição, e a recém-fundada Terceira Seção enviou agentes para observá-lo. Eles estavam particularmente preocupados em descobrir se ele falava com o campesinato, e sobre o quê. Suas descobertas foram ínfimas: o pior que conseguiram descobrir foi que ele usava um chapéu de palha e uma camisa russa tradicional com uma faixa rosa em volta dela. O argumento era que essa vestimenta podia ser interpretada como uma tentativa de misturar-se ao povo para fomentar a revolução, mas seus vizinhos relataram que ele nunca falava de política nem saía muito. Finalmente, incentivado por Zhukovskii, Púchkin apelou diretamente ao tsar Nicolau, que lhe concedeu uma entrevista em Moscou em 1826. Depois de uma longa conversa, Nicolau concordou em pôr fim ao exílio, permitir que Púchkin voltasse a São Petersburgo e ajudá-lo com seus problemas diante da censura. Dali em diante, seu censor seria o próprio tsar.

Púchkin retornou à capital ainda observado de perto pelas autoridades, mas também com o título de corte de *kammerjunker* e uma relação direta com o tsar e com o chefe da Terceira Seção, Benckendorff. Púchkin irritava-se com o filistinismo de Benckendorff, mas admirava Nicolau e permaneceu leal à monarquia, ainda que crítico dos seus funcionários e de muitas das suas políticas. Ele recebeu um cargo oficial de historiador e escreveu uma história da rebelião de Pugachev, assim como uma novela sobre o mesmo tema, *A Filha do Capitão*. Púchkin até tomou dinheiro emprestado por meio da Terceira Seção, e finalmente recebeu permissão para fundar uma revista, *A Contemporânea*. Ela era em parte um empreendimento comercial, pois as circunstâncias econômicas da literatura estavam mudando rapidamente. Em 1834, Osip Senkovskii, um conservador polonês que se tornara escritor russo, fundou a *Biblioteca da Leitura*, que logo superou as vendas de qualquer outra revista russa com suas grossas edições que continham uma mistura de ficção leve, literatura séria, não ficção e muito falatório do próprio editor. Púchkin esperava entrar nesse mercado, mas oferecendo ao leitor um material mais sofisticado, quando o destino interveio.

Púchkin havia se casado com uma mulher de grande beleza, de inteligência e profundidade limitadas e altas ambições sociais. A vida dela girava em torno das casas da grande aristocracia, da corte e seus entretenimentos, seus bailes e reuniões íntimas, às quais ela comparecia como dama de companhia da imperatriz. Numa dessas ocasiões ela encontrou Georges-Charles d'Anthès, um jovem nobre alsaciano-francês que servia na guarda russa, um refugiado monarquista da Revolução Francesa de 1830. Adotado como filho pelo embaixador holandês, o barão van Heeckeren, ele circulava entre a mais alta sociedade e era totalmente inescrupuloso. Ele começou um flerte com Natália Púchkina (o quão sério foi que continua uma questão incerta até hoje) e, em novembro de 1836, Púchkin recebeu uma carta anônima que afirmava que o flerte era um caso real. Ele desafiou d'Anthès para um duelo, mas Zhukovskii e outros conseguiram apaziguar a briga. Ela estourou novamente alguns meses mais tarde e, em 27 de janeiro de 1837, terminou em duelo. Na neve, nos arrabaldes de São Petersburgo, os dois adversários ficaram face a face e d'Anthès atirou primeiro. Mortalmente ferido e sangrando muito, Púchkin ergueu-se sobre o cotovelo e atirou, mas só infligiu um ferimento leve. Seu subordinado levou-o para casa, onde Zhukovskii chamou os melhores médicos da cidade, os que tinham tratado o tsar, mas eles não puderam fazer nada. Púchkin enviou uma mensagem a Nicolau pedindo seu perdão (duelar era crime) e Nicolau concedeu-o, mas aconselhou-o a receber os últimos ritos como um cristão e prometeu cuidar da sua família. O conde Mikhail Wielhorski, o poeta príncipe Piotr Viazemskii e Zhukovskii visitaram-no e ficaram com ele até sua morte. D'Anthès foi expulso da Rússia e partiu para uma longa carreira na sua França natal. Nicolau pagou as dívidas de Púchkin e tomou conta da sua família. Natália logo casou-se de novo.

A morte de Púchkin foi um acontecimento capital na história da cultura russa, rapidamente transformado num mito de martírio nas mãos de uma aristocracia e corte insensíveis, mas sua morte foi resultado das suas raízes profundas justamente nesse meio. Embora a maioria dos escritores russos posteriores ainda fosse nobre, nenhum participou tanto do círculo da corte como Púchkin. O mais próximo da posição social de Púchkin foi o poeta Mikhail Lermontov, igualmente nobre mas sem antepassados renomados como os de Púchkin. Suas opiniões políticas não eram realmente radicais, mas sua reação poética à morte de Púchkin valeu-lhe uma transferência para o Cáucaso, cenário da sua maior obra, *Um Herói do Nosso Tempo*. O livro é uma série de contos interconectados, nos quais o herói Pechorin é um tipo de Onegin, dessa vez servindo no Exército do Cáucaso, mas novamente situado entre a educação europeia e os limites da realidade russa. Ao retornar a São Petersburgo em 1838, Lermontov também frequentou os salões aristocráticos, mas não a corte, e, como se repetisse o destino de Púchkin, envolveu-se num duelo com o filho do embaixador francês por causa de uma mulher. O duelo acabou em reconciliação, mas Lermontov foi enviado de volta para o Cáucaso. Ali ele encontrou seu fim em mais um duelo em julho de 1841.

Púchkin e Lermontov eram escritores típicos da sua época, embora muito mais talentosos. Ambos eram nobres, tinham muitos amigos e parentes na corte, no governo e no Exército e viviam como faziam os homens da sua classe social. Eles estavam presentes nos grandes eventos sociais da capital e passavam grande parte do seu tempo jogando baralho, bebendo, caçando e às vezes visitando suas propriedades rurais. A próxima geração de escritores, embora também nobres, não tinha tais conexões com a corte e via São Petersburgo menos como a sede da corte e mais como uma grande cidade moderna.

O primeiro a surgir dessa nova geração foi Nikolai Gógol, filho de um provincial proprietário rural ucraniano. E, pelo lado do seu pai, até a ascendência nobre era bastante recente. Ele frequentou o liceu na vizinha Nezhin, uma instituição da mais alta qualidade educacional, mas que carecia das conexões com a corte e a alta aristocracia que tinha a escola de Púchkin em Tsarskoe Selo. Após se formar, o jovem Gógol obteve um cargo em São Petersburgo na escola das filhas dos oficiais militares. Sua subsistência vinha da escola e breve dos seus escritos, depois do seu primeiro grande sucesso, uma série de contos cômicos sobre a vida ucraniana, *Noites na granja ao pé de Dikan'ka*. Gógol encontrou Púchkin, que publicou alguns dos seus contos, e Zhukovskii, que apreciava seu talento mas nunca desempenhou para Gógol o papel de mecenas que ele tinha em outros casos. Gógol era um tanto solitário, e de início ele não precisava do patrocínio de Zhukovskii. Já havia uma variedade suficiente de veículos para a sua obra e eles pagavam o bastante para mantê-lo em atividade. Não obstante, o mercado russo ainda era demasiado restrito para proporcionar mais que uma renda modesta, e a saúde fraca de Gógol deixava-o vulnerável. A solução encontrada por Zhukovskii e outros amigos seus depois de 1840 foi uma série de dotações diretas do próprio tsar, um dos últimos exemplos de patrocínio da corte para a literatura. Nicolau I gostava da maior parte da obra de Gógol e as dotações foram pagas regularmente até a morte do escritor.

Gógol trouxe novos temas para a literatura russa. Seus contos de São Petersburgo, muitas vezes fantásticos e grotescos, introduziram na literatura russa um tema urbano que até então estava ausente. A capital estava crescendo, tanto por causa da expansão da burocracia central quanto por causa do papel da cidade como porto e centro industrial. A São Petersburgo que Gógol conhecia era uma cidade de funcionários pauperizados e errantes solitários numa vasta e fria massa de edifícios imensos, não a cidade de bailes resplandecentes e salões brilhantes. Os heróis desses contos eram pessoas ordinárias, como o funcionário de "O Capote", mas São Petersburgo também inspirou a veia fantástica da sua escrita, em contos como "O Nariz", no qual o nariz de um burocrata subalterno sai do seu rosto e vaga pela cidade de carruagem usando um uniforme oficial.

Durante toda a sua vida, Gógol permaneceu fruto das províncias ucranianas, profundamente religioso, nacionalista e conservador nas suas opiniões políticas. Ele levava a sério o ideal conservador para a Rússia e percebeu que a realidade era diferente. Sua primeira peça, "O Inspetor-Geral", de 1836, é uma sátira mordaz da vida provincial e da corrupção oficial. Sua primeira encenação foi ruim e ela só teve sucesso muito mais tarde, mas já mostrava a direção na qual ele estava indo. Nicolau I gostou dela, pois ele mesmo estava lutando contra a corrupção e incompetência da burocracia russa e viu um eco desse esforço na peça. Sua maior obra, o romance *Almas Mortas* (1842), é um relato picaresco das aventuras de um trambiqueiro que viaja através da Rússia provincial. Mais uma vez, Gógol via as deficiências da Rússia do ponto de vista do ideal conservador da autocracia e ortodoxia, mas foi um sinal dos tempos que a reação ao romance tenha se dividido nitidamente segundo linhas ideológicas. Os conservadores pró-governo Bulgarin e Senkovskii odiaram-no. Os conservadores mais independentes, os eslavófilos e o ocidentalizante Vissarion Belinskii adoraram-no, mas por razões diferentes. Os eslavófilos viram nele uma apoteose da Rússia e do seu futuro místico, enquanto Belinskii o elogiou pelo seu retrato sem disfarces do presente da Rússia.

O debate sobre *Almas Mortas* representava um prenúncio do futuro: a literatura estava tornando-se rapidamente campo de batalha da ideologia política e cultural. Ela também estava mudando em outros aspectos, pois Zhukovskii partiu para a Europa em 1842 à procura de tratamento de saúde e nunca retornou à Rússia. Não havia quem o substituísse na corte e a literatura russa não tinha mais um mecenas a quem o próprio tsar desse ouvidos. No anos de 1840, as "revistas gordas" inauguradas por Senkovskii e Púchkin travaram batalhas acerbas e injuriosas acerca de Gógol, Lermontov, Goethe e George Sand. O mais poderoso entre os jovens escritores era Fiódor Dostoievski, cujas primeiras obras seguiam a linha dos contos de Petersburgo de Gógol com suas próprias histórias de costureiras pobres e outras pessoas ordinárias da grande metrópole. A figura dominante da década na crítica era o crítico Vissarion Belinskii, o principal porta-voz dos ocidentalizantes.

Belinskii passou a ser visto na Rússia como o arquétipo do crítico "engajado", que julgava as obras de arte segundo critérios amplamente utilitaristas e de acordo com sua relevância para a reforma da sociedade russa. Esse juízo prendeu-o na camisa de força das concepções de uma geração posterior, pois a visão que Belinskii tinha da arte era essencialmente histórica, uma visão oriunda da sua juventude hegeliana. Belinskii tirou de Hegel a noção de que a arte era uma das muitas manifestações da Ideia na história, junto com a filosofia ou o desenvolvimento do Estado. A arte era, nas suas palavras, "pensamento em imagens", e portanto o equivalente do pensamento político ou social sob outra forma. Como o desenvolvimento da Ideia na sociedade era o progresso da liberdade, a arte na Rússia devia refletir o movimento do país em direção a esse ideal. A arte que não o fazia era condenada à completa insignificância e ainda por cima considerada ruim. Esse quadro teórico deu-lhe uma base para a rejeição total da antiga cultura russa, a aprovação condicionada do século XVIII e a aprovação fervorosa de Púchkin, Lermontov e particularmente Gógol. Em Gógol ele via um crítico implacável da ordem existente da sociedade russa, o satirista da nobreza e do Estado. Sua avaliação de Gógol era apenas em parte correta, pois a sátira de Gógol vinha de uma posição conservadora com base religiosa, a ideia de que a Rússia ainda não estava fazendo jus ao seu potencial de criar uma sociedade profundamente diferente do Ocidente. Nisso Belinskii divergia totalmente de Gógol, pois o crítico era um ocidentalizante ferrenho. Para ele a sociedade russa só era aceitável na medida em que se aproximava do padrão de um Ocidente idealizado, um Ocidente que também precisava ser transformado pelo socialismo utópico francês que se tornou o credo de Belinskii.

A discussão da literatura era, em ampla medida, uma discussão sobre questões políticas e sociais que não podiam ser expressas de outra forma nos meios impressos. Elas acabaram por irromper em público, ou pelo menos parcialmente. A publicação por Gógol do seu manifesto conservador, *Seleções da Correspondência com Amigos*, em 1847, provocou intensas controvérsias, abafadas pela censura, pois ele parecia não somente apoiar o Estado e a Igreja existentes, mas estar perdendo a fé na própria literatura. A reação de Belinskii, numa carta a Gógol de 1847, tornou-se um exemplo clássico do pensamento liberal e radical na Rússia pelas próximas duas gerações. "O público [...] vê os escritores russos como seus únicos líderes, defensores e salvadores contra a escuridão da autocracia, ortodoxia e nacionalidade". Para Belinskii, "a Rússia vê sua salvação não no misticismo [...] mas nos sucessos da civilização, do Iluminismo e da humanidade". A Rússia de sua época precisava começar pela abolição da servidão e dos castigos corporais e pelo estabelecimento de uma ordem jurídica. A vida de Belinskii foi talvez tão importante quanto suas opiniões, pois ele foi o primeiro exemplo importante da *intelligentsia* russa, o estrato instruído da sociedade que tirou a cultura russa das mãos da nobreza. Neto de um sacerdote e filho de um médico militar, ele era apenas tecnicamente nobre por causa da promoção de seu pai no Exército. Ele sobrevivia, e muito parcamente, da renda dos seus artigos e do trabalho editorial nas revistas em que ele publicava, sobretudo *A Contemporânea*, originalmente a revista de Púchkin e uma publicação que viria a ter um futuro notável.

Os gostos e opiniões literárias de Belinskii apontavam para o futuro de outras formas. Uma das suas primeiras amizades foi com Ivã Turguêniev, outro escritor de origem nobre e possuidor de alguma riqueza. Turguêniev viera para Moscou saído da sua propriedade provincial e conhecera o círculo de Stankevich, que incluía Herzen e Bakunin, que Turguêniev veio a conhecer melhor quando estudou em Berlim. Ao retornar à Rússia em 1841, Turguêniev tornou-se amigo próximo de Belinskii, uma amizade que durou até a morte do crítico em 1848. Turguêniev partilhava do apoio de Belinskii à cultura ocidental e da sua visão crítica da Rússia, mas não do radicalismo do crítico. O grande acontecimento da juventude de Turguêniev foi seu encontro em 1843 com a cantora de ópera espanhola Pauline Garcia-Viardot, que fora para São Petersburgo como uma das estrelas da companhia italiana que viria a ter um impacto profundo sobre a ópera russa. A paixão parece ter ocorrido principalmente da parte de Turguêniev, mas destravou seus poderes criativos. Aos trinta e poucos anos ele encontrou sua voz, primeiro na peça "Um Mês no Campo" e depois na série de contos sobre a vida rural *Memórias de um Caçador* (1847-1852). *As Memórias*, com seus retratos de nobres excêntricos e dominadores e seus servos muito humanos (mas sem sentimentalismo), causaram sensação. As tentativas de Turguêniev de descrever a vida do campesinato não eram as primeiras, mas de longe eram as mais eficazes, e sob sua superfície anódina elas expressavam a pobreza e humilhação na qual vivia a grande massa do povo russo, os camponeses. Filho de uma mãe despótica e sádica que maltratava seus servos bem como seus filhos, Turguêniev sabia o que significava viver sob um poder arbitrário. A publicação dessa obra no período mais sombrio do reinado de Nicolau foi um ato notável de coragem cívica, mas ironicamente não foram as *Memórias* que lhe valeram seu primeiro atrito com as autoridades.

Em 1852, no momento em que a publicação das *Memórias de um Caçador* avançava, Gógol morreu. Turguêniev conhecia Gógol mas não era um amigo próximo. No entanto, como colega escritor, ele admirava-o intensamente, e ficou tão comovido com sua morte que escreveu rapidamente um ensaio curto sobre Gógol e sua importância para a Rússia e sua literatura. Em São Petersburgo, o editor temeu que ele não passasse pela censura, pois havia muitos funcionários conservadores que não compartilhavam a aprovação dada pelo tsar a Gógol. Turguêniev enviou o ensaio a Moscou, onde ele foi aprovado e publicado. Então Turguêniev foi preso por violar as regras da censura, uma acusação juridicamente duvidosa, mas apresentada de modo convincente a Nicolau pela Terceira Seção. A pena era um mês de cadeia, seguido pelo exílio na sua propriedade, tempo que ele usou para escrever outra novela. O incidente só confirmou a atitude de oposição de Turguêniev à autocracia.

Turguêniev era extremamente sensível às tendências da sociedade e do pensamento russo, e seus contos da vida camponesa anteciparam em poucos anos apenas o grande debate sobre a servidão que irrompeu depois da Guerra da Crimeia. Ele também estava consciente de outra tendência da cultura russa, o afastamento da filosofia, alemã ou outra, substituída por uma fascinação pelas ciências naturais, uma tendência que também se manifestaria somente após a Crimeia. Essa fascinação não cresceu em solo estéril, pois as universidades fundadas sob Alexandre I estavam plenamente equipadas com faculdades de ciências naturais. Até meados do século XIX, elas ensinavam com competência as realizações da ciência europeia, sem acrescentar nada importante ao corpo de conhecimento, com uma enorme exceção: a matemática. Em 1829-1830, os mesmos anos da publicação do *Evgenii Onegin* de Púchkin, Nikolai Lobachevskii inaugurou uma revolução na geometria numa série de artigos na revista oficial da universidade de Kazan, onde ele lecionava e da qual veio a ser reitor. A ideia de Lobachevskii era muito simples: toda a geometria desde a época de Euclides incluía a pressuposição de que duas linhas paralelas não se cruzam. Suponhamos que se reverta a pressuposição: que tipo de geometria seria construída? É o que Lobachevskii dispôs-se a fazer, uma descoberta tão bizarra que não lhe valeu nenhum reconhecimento em vida. Europeus com ideias semelhantes, Christian Gauss e o jovem húngaro Janos Bolyai, nunca as desenvolveram, pois Gauss achava-as demasiado estranhas para serem publicadas. Ele não queria arriscar sua reputação e desincentivou Bolyai a tomar medidas para tornar suas sugestões mais conhecidas. Coube a Lobachevskii, na obscuridade da Rússia provincial, trabalhar essa noção. Sem que quase ninguém soubesse, a Rússia fez sua primeira grande descoberta científica, mas a ciência russa só viria a adquirir autonomia nos anos 1860, e seria Turguêniev que levaria a ciência e suas implicações ao público pela primeira vez. A nova fascinação com as ciências naturais também trouxe uma nova corrente de pensamento para a política radical russa.

capítulo 11

A ERA DAS GRANDES REFORMAS

A derrota da Rússia na Guerra da Crimeia causou um tremendo choque político no país. Não era a proporção da derrota, mas a revelação da fraqueza de um sistema político que prezava seu conservadorismo único no cenário europeu e seu suposto poderio militar, acima de tudo. Foi a autocracia que foi derrotada, ainda mais porque o longo cerco de Sebastopol demonstrou para muitos russos que o Exército ainda tinha espírito para lutar, um espírito coibido pelo atraso da sociedade e do governo. O atraso da Rússia não era somente resultado da evolução lenta da economia e da sociedade sob a tutela do tsar Nicolau. O maior problema era que o mundo estava mudando muito rápido em meados do século XIX, e as mudanças mais rápidas estavam acontecendo na Grã-Bretanha, o principal rival imperial da Rússia. As ferrovias estavam transformando a paisagem em toda a Europa Ocidental e nos Estados Unidos, baseando-se em e estimulando a modernização acelerada da produção de ferro e aço, elevando assim a produção a novas alturas. Além das ferrovias, todos os tipos de máquinas foram criados – máquinas a vapor aprimoradas, equipamento de telégrafo e imensos navios com casco metálico. A Grã-Bretanha e outras potências importavam quantidades crescentes de alimentos e matérias-primas das colônias e de países distantes do hemisfério ocidental, e exportavam enormes quantidades de tecidos de lã e algodão, maquinário e incontáveis bens de consumo. A sociedade evoluía para sustentar todo esse crescimento, com prensas de alta velocidade para produzir jornais diários e sistemas educacionais em rápida expansão a fim de produzir engenheiros, advogados, políticos e um público instruído a usar os novos produtos. Nesse novo mundo, a Rússia estava ficando para trás. Os reformadores no governo perceberam tudo isso e viram que a

Rússia precisava das novas técnicas de produção e de uma nova economia simplesmente para sobreviver como grande potência. Eles também notaram que apenas a tecnologia não era suficiente: o tsar Nicolau havia construído ferrovias, mas não tinha conseguido transformar a economia russa. A Rússia precisava de um novo sistema jurídico, de um sistema educacional modernizado e expandido, e até de algumas formas de discussão pública dos temas mais importantes. O que a Rússia não poderia suportar, pensavam os reformadores, era um novo sistema político. A maioria deles admirava os regimes constitucionais que surgiam na Europa, mas acreditava que a Rússia era demasiado primitiva, com seu campesinato analfabeto, agricultura ultrapassada e camada escassa de pessoas instruídas. Uma sociedade como essa não conseguiria sustentar um governo constitucional livre. No futuro próximo, ela teria de continuar sendo uma autocracia.

Com a morte do tsar Nicolau em fevereiro de 1855, um novo regime chegou ao poder com seu filho Alexandre. Alexandre II presidiria às maiores transformações na Rússia desde a época de Pedro, o Grande – mudanças que trouxeram o país para o mundo moderno, de maneira hesitante e parcial, mas mesmo assim cruzando o limiar do capitalismo industrial e dos primórdios de uma sociedade urbana moderna. Muitas vezes, o novo tsar era tão contrário a essas mudanças quanto favorável a elas, e tinha de ser persuadido até o fim, mas mesmo assim ele se deixou convencer e tomou as medidas decisivas. O tsar acabou decretando as reformas, mas tal como os reformadores ele pretendia manter a autocracia intacta e deixar a sociedade, até a de classe alta, de fora das decisões políticas. Era um objetivo difícil e, na realidade, impossível, pois uma sociedade russa instruída surgia pela primeira vez como força no processo político e social, ainda que fosse com poder limitado. Sua emergência, apesar de modesta, era uma revolução na política russa, e uma revolução com implicações profundas.

De início, a iniciativa de reforma veio do governo. Porém, durante a Guerra da Crimeia, Herzen e outros radicais emigrados haviam erguido suas vozes, e dentro do país até os conservadores entre a aristocracia e a *intelligentsia* começaram a fazer circular memorandos que propunham reformas de diversos tipos. Nada disso surtiu efeito, pois esses grupos eram pequenos demais e tinham pouca repercussão, mesmo entre os setores instruídos da elite social. A situação mudou em março de 1856 com a Paz de Paris, que pôs fim à guerra. A guerra havia mostrado que a autocracia não reformada já não era capaz de manter a posição da Rússia do mundo e teria de desenvolver uma economia mais moderna. A servidão era o principal obstáculo. Logo depois de assinada a paz, o tsar Alexandre falou à aristocracia reunida da província de Moscou (ou seja, grande parte da mais alta aristocracia) no seu primeiro pronunciamento público importante. A simples existência de um tal pronunciamento era incomum, e seu conteúdo ainda mais. Ele advertiu os nobres que agora a questão camponesa tinha de ser abordada. Era muito melhor, ele disse, que fosse resolvida de cima para baixo que de baixo para cima. Em outras palavras, o Estado tinha de reformar o campo ou os nobres enfrentariam uma revolta dos camponeses.

O relaxamento da censura, praticamente simultâneo, significava que os problemas levantados no discurso do tsar, assim como outras preocupações prementes, poderiam agora ser abordados, mas com cautela. O debate apareceu em lugares inesperados como as publicações do Ministério da Marinha, chefiado pelo irmão do tsar, o grão-duque Konstantin Nikolaevich, mais liberal. Enquanto o governo de Alexandre, ou pelo menos parte dele, estava convencido da necessidade de reforma, cada passo encontrou a oposição dos conservadores nos bastidores do poder e também da aristocracia, que agora podia expressar suas opiniões em público e ainda tinha acesso à corte e aos ministérios importantes. Por isso, o primeiro comitê nomeado pelo tsar em janeiro de 1857 para lidar com as questões camponesas era secreto. Os reformadores no governo só mostraram suas cartas no final do ano, quando o Ministério do Interior enviou um memorando a um dos governadores provinciais ordenando que ele solicitasse à aristocracia local que formasse comitês para oferecer sugestões sobre a emancipação dos servos, sua desejabilidade e os caminhos para alcançá-la. O Ministério publicou o memorando no seu registro oficial impresso, e agora a aristocracia e a parte instruída da população sabiam o que estava acontecendo.

Não surpreende que a maioria dos nobres fosse contra a ideia da emancipação e esperasse que, se ela acontecesse, todas as terras permanecessem nas mãos da aristocracia. Seria uma emancipação sem terra, como a que ocorrera antes nas províncias bálticas, e os camponeses teriam de arrendar sua terra da aristocracia ou ir trabalhar como diaristas. Os reformadores do governo não gostavam dessa ideia, pois temiam que ela gerasse um vasto proletariado sem terra que seria fonte de intermináveis revoltas e sobressaltos. Em vez disso, o comitê, com o nome insípido de "Comitê Editorial", propôs que os camponeses fossem libertados com terra, pela qual eles teriam de pagar aos proprietários, e além disso eles precisariam passar por um período de obrigação temporária junto aos proprietários das terras. Os pagamentos de resgate seriam escalonados em 60 anos, e o Estado daria à aristocracia uma quantia fixa que os camponeses reembolsariam ao Tesouro. Esse plano suscitou uma hostilidade intensa entre a aristocracia, que pensava que ele minaria sua subsistência e seu lugar na sociedade russa. Ao longo de 1859-1860, houve batalhas ferozes no comitê, nos ministérios e na própria corte.

Os reformadores eram um grupo poderoso e com muitos contatos. Grande parte da responsabilidade recaiu sobre o Ministério do Interior, cujo vice-ministro era Nikolai Miliutin. O irmão de Miliutin, Dmitri, professor na Academia do Estado-Maior e ajudante do ministro da Guerra, havia atraído a atenção da grã-duquesa Elena Pavlovna e, na década de 1850, frequentava as suas "quintas-feiras", o encontro semanal dos seus amigos e aliados. Na nova atmosfera, o salão da grã-duquesa acrescentou a reforma política à sua agenda, e Nikolai Miliutin, um jovem funcionário bem-educado e progressista, juntou-se ao seu irmão nas boas graças da grã-duquesa. Os dois Miliutins tinham fortes opiniões reformistas, e Nikolai foi nomeado para o Comitê Editorial desde a sua criação. No comitê, Nikolai Miliutin podia contar com o apoio do presidente, o general Iakov Rostovtsev, um oficial cuja carreira não havia se desenrolado no campo, mas no papel de adido do tsar Nicolau e que fora próximo de Alexandre nos seus anos de herdeiro do trono. Durante a Guerra da Crimeia, ele tornou-se inesperadamente um reformador convicto e explorou ao máximo seu acesso ao novo tsar. A grã-duquesa Elena também monitorava o progresso da reforma, e sua rede de informantes no palácio garantiu-lhe que os reformadores sabiam quem estava tentando influenciar o tsar e em que direção. Dmitri Miliutin, após vários anos no Cáucaso, passou em 1860 a chefe do Ministério da Guerra. Com o grão-duque Konstantin Nikolaevich encarregado da Marinha, ambos os ministérios militares, bem como o Ministério do Interior, estavam no campo da reforma. Os reformadores eram um grupo com interligações estreitas, instruídos, com cargos altos e prontos para agir.

No início de 1860, o general Rostovtsev morreu subitamente, mas o comitê continuou seu trabalho, avançando na direção de uma solução reformista. Então, em setembro, o tsar nomeou seu irmão Konstantin para presidir o comitê, e com essa medida garantiu um resultado favorável à emancipação. O resultado foi uma conclusão rápida para apoiar a ideia original da emancipação com terra para os camponeses baseada em pagamentos de resgate, como os reformadores haviam proposto 2 anos antes. A proposta seguiu para o Conselho de Estado, o órgão mais elevado do governo, que debateu a proposta por várias semanas. Em 17 de fevereiro, ele votou contra

A ERA DAS GRANDES REFORMAS | 211

IMAGEM 10. Alexandre II e seu cão Milord.

a proposta. A maioria queria mais terra para a aristocracia, e o Conselho encaminhou as duas opiniões ao tsar, a maioria contra a emancipação e a minoria a favor da emancipação com terra para os camponeses. O destino de 20 milhões de servos estava em jogo, pois a Rússia era uma autocracia e o tsar não tinha a obrigação de aceitar a maioria do Conselho de Estado, nem mesmo a minoria. Após dois dias de deliberação, Alexandre II escolheu aceitar o relatório da minoria e assinou o decreto de emancipação. Na cabeça do tsar, o desastre seria iminente se ele seguisse a maioria: os camponeses não deviam tornar-se "desabrigados e nocivos para os proprietários e para o Estado". O governo decidiu esperar até o começo da Quaresma para anunciar o decreto, e ele foi lido em igrejas de todo o país a partir de 5 a 17 de março de 1861. A esperança era que a atmosfera de Quaresma incentivasse uma reação tranquila ao decreto entre o povo. Seja qual foi o motivo, houve somente alguns pequenos distúrbios entre o campesinato.

O equilíbrio do poder dentro do governo era a única coisa que realmente importava, mas os reformadores também procuraram apoio social e encontraram-no em certos setores. No início de 1856, o radical exilado Herzen percebeu que a reforma estava chegando na Rússia e decidiu ajudá-la. Seu primeiro gesto foi usar sua base em Londres para começar a publicar uma série de ensaios, *Vozes da Rússia*, que ofereciam informações contextuais e discussão sem censura dos problemas atuais. Herzen entendeu que suas próprias opiniões eram extremas demais para a maioria do seu público potencial, por isso encontrou colaboradores que eram mais liberais que radicais, e até liberais bem moderados. Em 1857 ele começou a publicar um jornal mensal, *Kolokol* (O Sino), que refletia, esse sim, suas próprias opiniões, embora em muitos casos ele contivesse seu ímpeto para evitar afugentar os leitores. Os ensaios e o *Kolokol* foram contrabandeados para a Rússia e logo se tornaram disponíveis em toda parte. A Terceira Seção adquiriu cópias e distribuiu-as aos altos funcionários e até ao próprio tsar. A prosa vivaz e a perspectiva clara de Herzen deram-lhe popularidade junto a muitos leitores que não compartilhavam suas opiniões específicas, seu socialismo camponês e sua oposição à autocracia. Sua voz não era a única que se ouvia, pois o relaxamento da censura (de início temporário) permitiu que jornais e revistas fossem publicados em quantidade crescente. Esse novo fenômeno não era apenas fruto da mudança nas regras da censura, dado que as inovações tecnológicas na imprensa agora tornavam os jornais diários possíveis pela primeira vez na Rússia. Tratava-se, em ampla medida, de empreendimentos comerciais, e muitos editores aprenderam a combinar a capacidade de venda com ideias liberais. Também começaram a circular jornais cujos editores eram críticos com relação às autoridades de um ponto de vista conservador. Muitos tópicos eram proibidos, como a personalidade e as opiniões do tsar e da família imperial, mas os editores conseguiam encontrar maneiras de discutir questões atuais e ao mesmo tempo apresentar uma massa de informações sobre a vida russa e os acontecimentos mundiais. Nas condições de amplo debate sobre as reformas, até um relato cru da vida numa aldeia ou de um processo criminal podia ter relevância para o processo de reforma. Relatos detalhados da política ocidental, do parlamento inglês, da política externa francesa e até das eleições presidenciais nos Estados Unidos ofereciam aos leitores russos notícias regulares de sistemas políticos diferentes do seu. Os reformadores dentro da burocracia do Estado não estavam descontentes com esses avanços, já que a imprensa permitia que eles avaliassem o grau de apoio ou rejeição das suas ações, embora eles não tivessem a intenção de seguir sugestões de ninguém fora do governo. Grande parte do seu esforço era para impedir que a aristocracia e os aristocratas influenciassem a opinião ou o processo de reforma, pois eles achavam, e com razão, que a nobreza, alta e baixa, era preponderantemente contra a reforma. Assim, os reformadores governistas mantinham as deliberações do governo tão secretas quanto podiam.

Até o decreto de emancipação de 1861, o governo, por mais que guardasse segredo, gozava do apoio cauteloso da opinião emergente entre as classes instruídas. Depois desse momento, as tensões começaram a surgir entre o governo e a ala pró-reforma das classes instruídas, pois muitos liberais sentiram que as reformas não haviam ido longe o bastante. Ao mesmo tempo, os elementos pró-reforma da sociedade começaram a dividir-se em alas moderadas e radicais. Herzen era um crítico virulento das mazelas da emancipação, e suas opiniões contribuíram para a formação de um campo radical dentro da Rússia. A maioria dos liberais, a *intelligentsia* e a minoria liberal da nobreza continuaram a apoiar o governo e aderiram com entusiasmo ao processo de reforma, com nobres servindo em comitês locais para implementá-la. Além disso, o governo continuou com reformas adicionais, cujos próximos passos eram a reforma do Judiciário, do governo local e do Exército.

Outros fatores, entretanto, complicaram a política de reforma. Em janeiro de 1861, ocorreu uma série de distúrbios em Varsóvia, as primeiras manifestações de descontentamento polonês desde a revolta de 1830. O tsar Alexandre e os ministros enviaram o grão-duque Konstantin Nikolaevich a Varsóvia como vice-rei, com a esperança de que ele pudesse obter um compromisso

HISTÓRIA CONCISA DA RÚSSIA

que introduziria alguma reforma na Polônia russa e desarmasse o descontentamento. A tentativa fracassou e uma nova revolta eclodiu em 1863. Essa revolta minou a autoridade do grão-duque Konstantin em São Petersburgo, e ele nunca mais desempenhou um papel importante. Ela também criou um racha permanente entre Herzen e os liberais, pois o primeiro apoiou o esforço polonês e os liberais pronunciaram-se a favor do interesse nacional russo. O *Kolokol* caiu rapidamente na insignificância. Felizmente para a Rússia, a revolta era basicamente uma ação de pequenos grupos de guerrilha que operavam no campo, e nas províncias ucranianas ocidentais os camponeses até se juntaram às tropas do governo contra os rebeldes. No final de 1864, as autoridades russas restauraram a ordem na Polônia e, entrementes, até conseguiram decretar duas medidas importantes para o restante do Império – a reforma judicial e a criação de uma nova forma de governo local.

Os novos decretos estabeleceram uma série de conselhos administrativos locais, os *zemstvos*, que cuidariam das estradas, pontes, educação pública, saúde e outros assuntos de interesse local. A inovação era que os membros dos conselhos seriam eleitos. A maioria dos delegados dos *zemstvos* eram nobres, mas o campesinato recém-emancipado também estava representado regularmente. Os liberais reclamaram com razão que os *zemstvos* eram supervisionados de perto pela burocracia e careciam de muitos dos poderes necessários para executar até as suas modestas tarefas. Os governadores provinciais e o Ministério do Interior exerciam uma vigilância cerrada sobre as novas instituições e tinham poder para sobrepor-se às suas decisões. Por outro lado, os *zemstvos* assumiram um papel importante na vida russa, tanto para os problemas práticos que eles abordavam, quanto na condição de instituições eleitas. Quer o governo gostasse quer não, eles tornaram-se centros de atividade política incipiente e proporcionaram à nobreza local uma válvula de escape para as suas energias e a experiência de atividade política e administrativa. Os *zemstvos* também empregavam uma grande quantidade de especialistas da *intelligentsia*, professores, médicos e estatísticos, e esse grupo também se tornou uma força de politização dos *zemstvos* com o passar do tempo. Enfim, os *zemstvos* transformaram-se em centros da organização política liberal.

Mais radicais eram as reformas judiciais. Nicolau I havia codificado as leis, mas o sistema judicial permanecia praticamente o mesmo como Catarina II o deixara no final do século XVIII. O Judiciário não era completamente separado do Executivo, os juízes não tinham independência e muitas vezes nem formação jurídica, e o procedimento judicial ainda dependia de testemunho escrito. As sessões não eram públicas e os juízes decidiam os casos sem júri. O decreto de 1864 mudou tudo isso, paradoxalmente dando à Rússia um dos sistemas judiciais mais progressistas da Europa. Dali em diante, os julgamentos eram realizados em público na forma de julgamento contraditório com um promotor público e um advogado de defesa. Na grande maioria dos casos criminais, as decisões sobre a culpabilidade eram tomadas por um júri. O Ministério da Justiça nomeava os juízes, mas eles não podiam ser destituídos, salvo por má conduta. Da noite para o dia, a Rússia ganhou um sistema jurídico à altura dos padrões europeus e um segmento jurídico profissional. Os julgamentos, penais e civis, viravam notícia e eram relatados nos jornais, muitas vezes com pormenores. Infelizmente, esse brilhante sistema judicial tinha de aplicar leis que estavam longe de serem progressistas em muitas áreas, do Direito de família aos assuntos comerciais, mas as muitas zonas de ambiguidade na legislação permitiam aos juízes reformular a lei numa direção mais moderna. A falha mais básica do sistema era ter mantido a existência de leis que permitiam à administração do Estado aplicar diversas penas extrajudiciais. A mais infame era o uso do exílio administrativo, com o qual os governadores provinciais e o ministro do Interior podiam condenar qualquer pessoa que eles julgassem problemática ao exílio (não à prisão) por um certo número de anos por mero decreto. Os publicistas liberais e ativistas dos *zemstvos* viam-se cada vez mais alvo dessa prática.

A outra exceção ao novo sistema era a formação de um sistema judicial separado para os camponeses, os tribunais municipais. Estes foram concebidos para formalizar os antigos tribunais informais das aldeias e tinham um corpo de juízes eleitos dentre os camponeses e um escrivão (muitas vezes, a única pessoa alfabetizada do tribunal) para registrar suas ações. Os camponeses tinham de resolver todos os casos civis e crimes de menor importância nesses tribunais, que operavam não segundo o Direito estatal, mas de acordo com os costumes das aldeias transmitidos oralmente, ou simplesmente com base na "consciência". Não podia-se apelar das suas decisões aos tribunais estatais. Muitas vezes, os tribunais municipais decidiam os casos com base na reputação do reclamante e do réu, e a pena mais usada eram os castigos físicos. Esse sistema manteve o campesinato separado do restante da sociedade e conservou a comunidade aldeã, bem como seus valores.

Nos *zemstvos* e nos novos tribunais, parte do público finalmente tinha uma esfera de atividade, ainda que não fosse uma atividade política. Mesmo essa esfera pública modesta não podia funcionar facilmente sem a imprensa.

Em abril de 1865, o governo finalmente promulgou leis permanentes de censura. As normas eram um amálgama de dois princípios contraditórios, ambos de origem ocidental. As novas leis aboliram a censura prévia que havia se tornado altamente impraticável por causa das prensas de alta velocidade e da nova situação política, mas manteve as penas por minar o respeito pelo Estado, pela família e pela religião. Como seriam elas aplicadas? A norma previa a resolução das questões principais nos novos tribunais, o que significava que o Estado teria de levar cada caso a um julgamento aberto ao público. As tentativas de controlar os jornalistas críticos por meio desse método fracassaram e foram logo abandonadas, pois os tribunais ou julgavam os réus inocentes ou, se culpados, impunham penas em grande parte simbólicas. Todavia, o Estado recorreu a outros métodos, pois a norma havia tirado a censura do Ministério da Educação e colocado-a sob a égide do Ministério do Interior, o principal órgão encarregado de preservar a ordem pública. A lei também havia tomado emprestada da legislação francesa toda uma série de medidas administrativas, incluindo multas e advertências aos editores, que permitiam às autoridades contornar o sistema judicial. Após os fracassos iniciais nos tribunais, essas sanções administrativas tiveram êxito, incluindo até a proibição de obras específicas da literatura radical. As novas regras da censura suprimiam grande parte do debate público, mas nunca tiveram a intenção de eliminá-lo completamente.

A questão mais complicada da reforma, depois da emancipação dos servos, foi talvez a do Exército. O ministro da Guerra Dmitri Miliutin fez sua primeira proposta em 1862 e, embora ela tenha sido aprovada pelo tsar, levou até 1874 para ser plenamente implementada. O núcleo da proposta era a substituição do serviço de 25 anos dos soldados por um sistema de reserva baseado num prazo limitado, que acabou sendo fixado em 6 anos. Os conservadores queriam manter no Exército uma estrutura de castas, na qual os camponeses eram transformados em soldados comandados pelos nobres, ao passo que Miliutin julgava esse Exército reacionário e fadado a repetir as derrotas da Crimeia. Ele não via motivo pelo qual os camponeses livres não poderiam servir e depois retornar às suas aldeias para retomar o cultivo. Foram sua vontade poderosa e a determinação do tsar de manter um Exército eficiente que conservaram a reforma militar nos eixos por meio de muitas vicissitudes políticas.

Vicissitudes ocorriam. Quase imediatamente junto com o surgimento da discussão pública da reforma em 1858-1859, o debate foi além dos parâmetros da reforma liberal patrocinada pelo governo e da resistência conservadora. Tanto os liberais fora da burocracia quanto os jovens radicais começaram a apresentar ideias que iam muito além do que os ministros discutiam atrás das portas fechadas dos comitês governamentais. O motivo da contestação residia em grande parte na transformação da sociedade instruída, na formação de uma *intelligentsia* definida pela educação e profissão – amiúde de origem plebeia e sem ligação com a nobreza. O núcleo da *intelligentsia* eram os profissionais – professores, médicos, cientistas e engenheiros –, mas o termo passou a incluir qualquer um com algum tipo de educação além do nível básico, e obviamente abrangia estudantes. Rapazes e (pela primeira vez) moças, sobretudo nas universidades e em torno delas, rejeitavam não apenas a liderança estatal, mas também faziam parte de uma nova cultura, pois essa foi a geração que abandonou o interesse pela filosofia idealista alemã que inspirara Herzen e Bakunin, assim como muitos liberais, e voltou-se para as ciências naturais. O romance de Turguêniev *Pais e Filhos*, de 1862, atribuiu o termo "niilistas" a essa nova geração devido à sua rejeição diante das piedades do passado. A acusação era que eles não acreditavam em nada (em latim "*nihil*"). A agitação começou entre os estudantes universitários que haviam recebido uma boa dose de liberdade na era pós-Crimeia. No outono de 1861, uma série de distúrbios de pouca importância na Universidade de São Petersburgo levou as autoridades a fecharem a universidade e começarem a procurar atividade radical naquela e noutras universidades e academias. Pequenos grupos de radicais, não mais que poucas dúzias de indivíduos, também começaram a distribuir manifestos revolucionários, convencendo o governo de que grandes conspirações estavam sendo tramadas. Na maioria das cidades universitárias russas, surgiram nesses anos comunas de estudantes com ideias mais ou menos radicais, parcialmente por razões puramente econômicas, mas também pela convicção de que a vida comunitária simples era o caminho do futuro. Os estudantes conheciam Herzen e consumiam muita literatura ocidental liberal e radical, mas seu herói era Nikolai Chernyshevsky, cujas ideias continuaram a inspirar os radicais muito tempo depois que ele teve de partir para o exílio na Sibéria.

A partir do seu surgimento como jornalista de destaque em 1853 nas páginas da *Contemporânea*, que ainda era uma das maiores revistas, Chernyshevsky tornara-se a figura intelectual e cultural dominante da *intelligentsia* radical e continuou a sê-lo por quase uma geração. Filho de um sacerdote e formado num seminário em vez de um colégio secular, Chernyshevsky conseguiu entrar para a Universidade de São Petersburgo e obteve o diploma de mestre em Literatura. Nas páginas da *Contemporânea*, contudo, seus escritos cobriam muito mais que literatura. Ele escrevia sobre filosofia, economia e política quando podia, especialmente a política europeia ocidental, sobre a qual era mais fácil publicar do que sobre a política russa. Ele também dedicava um bom espaço à questão camponesa, aos temas econômicos, administrativos e sociais envolvidos na emancipação. Adversário das opiniões dos economistas liberais do governo e da sociedade instruída, Chernyshevsky defendia a preservação da comunidade camponesa russa com sua propriedade de terras e agricultura comunitárias e tomada de decisão no nível das aldeias. Chernyshevsky, nesse aspecto próximo de Herzen, acreditava que a Rússia podia construir um tipo de socialismo agrário em torno das comunidades aldeãs e evitar assim os horrores da industrialização bem conhecidos na sociedade continental e na Inglaterra vitoriana. Chernyshevsky também era revolucionário, embora nunca tenha criado uma organização revolucionária efetiva, mas ele realmente almejava a derrubada do regime tsarista e simpatizava com aqueles que tentavam desempenhar um papel ativo nesse processo.

As contribuições mais poderosas de Chernyshevsky ao movimento revolucionário emergente foram seus artigos na *Contemporânea*. Os radicais reunidos em torno da revista estavam convencidos de que as ciências naturais eram a chave para todo o conhecimento e que as ciências sociais eram simplesmente uma área atrasada que logo alcançaria a biologia e a química. Sua visão do ser humano era implacavelmente biológica: não havia entidades espirituais e, na verdade, sua objeção à religião parecia fundar-se mais na descrença na alma que em Deus. Chernyshevsky e seus colegas também tinham uma visão essencialmente utilitarista da arte, cuja tarefa era transformar a consciência dos leitores com seus argumentos e a apresentação de imagens da realidade como ela realmente é. Em 1862, o governo tomou consciência de que ele era a figura mais importante entre os radicais e decidiu pôr fim à sua atividade. A Terceira Seção prendeu-o sob suspeita de relações com Herzen e de agitação para instigar o povo contra o governo, mas tinha muito poucas provas contra ele. As relações com Herzen não podiam ser provadas e os artigos de Chernyshevsky não eram criminosos em si mesmos. Depois de alguns meses eles encontraram um agente de polícia entre os radicais, que já estava preso por outra acusação e que alegou ter cartas manuscritas por Chernyshevsky e um manifesto que conclamava os camponeses a revoltarem-se. Ao usar esses documentos como prova, a

Terceira Seção produziu uma nova acusação, e Chernyshevsky foi condenado por tentar inspirar rebelião. A sentença era de 14 anos de trabalho forçado nas minas (a sentença foi comutada mais tarde) e exílio perpétuo na Sibéria. Chernyshevsky só foi autorizado a deixar a Sibéria em 1883, 6 anos antes da sua morte.

A expressão mais completa dos valores da nova geração surgiu no romance de Chernyshevsky, *O que fazer?*, escrito na prisão da fortaleza de São Pedro e Paulo depois do seu encarceramento em 1862. O romance pôde ser publicado legalmente por causa de um erro do censor, embora ele defendesse a ideia de uma reorganização completa da sociedade e um plano para o futuro. A ideia era construir uma série de oficinas comunitárias de produção e modos de vida que liberassem o indivíduo das limitações da pobreza e da família tradicional. O romance de Chernyshevsky era um panfleto ao mesmo tempo feminista e socialista. A emancipação das mulheres, até nas classes altas, era uma parte central da sua plataforma, pois Chernyshevsky via-se como o defensor da libertação individual com vistas a uma sociedade de "egoísmo racional", bem como o defensor da emancipação dos camponeses e trabalhadores. O livro tornou-se a Bíblia de toda uma geração e todos os seus personagens – o revolucionário devotado, o marido emancipado, a nova mulher – proporcionaram à juventude da época não somente ideais, mas também modelos específicos de comportamento, que muitos seguiam à risca. O cabelo comprido para os homens e curto para as mulheres, o desprezo (próximo da rudeza) pelos modos e pelas vestimentas da classe alta e o desleixo generalizado viraram moda entre os estudantes e deram o tom para toda uma geração. A prisão e o exílio de Chernyshevsky privaram os radicais de uma expressão pública e também levaram à emergência de toda uma literatura clandestina de emigrantes que circulava entre os estudantes e jovens em todo o império.

Os radicais logo dominaram o centro da vida e cultura russa e até fomentaram uma série de romances "antiniilistas" concebidos para demonstrar as limitações e erros destes últimos. No entanto, a década pós-Crimeia foi igualmente o período de formação do liberalismo russo, que tinha muito mais apoio que os radicais entre a *intelligentsia*: os professores universitários, médicos e mestres-escolas que compunham seu núcleo. A geração liberal também foi profundamente afetada pelo novo cientificismo da época, que parecia encontrar um modelo europeu em Darwin, Herbert Spencer e no positivismo francês. Porém, os primeiros e mais importantes líderes dos liberais continuavam fiéis ao antigo hegelianismo da sua juventude, ainda que numa interpretação mais liberal que radical. Era o caso de Boris Chicherin, um professor de Direito cuja concepção da história russa se coadunava perfeitamente com suas ideias políticas e formação jurídica. Sua ideia era simplesmente que os primórdios da história russa até Pedro, o Grande, haviam sido a história do desenvolvimento do Estado. A autocracia era um resquício primitivo das últimas fases dessa era, necessária naquela época mas que agora estava se tornando ultrapassada. O reinado de Pedro assinalara o início do desenvolvimento da legalidade no interior da estrutura autocrática, um desenvolvimento que estava alcançando a maturidade na sua própria época com as grandes reformas. A tarefa da geração da reforma era fazer avançar esse processo para que um maior desenvolvimento da sociedade elevasse a Rússia ao nível de civilização adequado para uma Constituição. A Constituição era para o futuro; a tarefa do presente era fazer avançar o processo de reforma do Estado, não explodi-lo.

As ideias de Chicherin ou alguma variante delas encaixavam-se facilmente na fascinação generalizada da Europa oitocentista pelo progresso, e os liberais sentiam-se parte de um processo mundial que, mais cedo ou mais tarde, triunfaria igualmente na Rússia. Essas ideias foram a inspiração dos ativistas dos *zemstvos*, bem como dos jornalistas e escritores reunidos em torno dos novos jornais e das "revistas grossas" mais intelectuais. Estas últimas eram ideais para a época, pois a censura estava muito mais interessada em jornais diários e literatura popular que nas revistas extensas. Longas discussões eruditas sobre o governo local na Inglaterra ou problemas econômicos no campo russo passavam muito mais facilmente pela censura (assim, *O Capital*, de Karl Marx, foi publicado legalmente na Rússia). A mais popular das revistas grossas era o *Mensageiro da Europa* (*Vestnik Evropy*), fundado em 1866. A cada mês, seus assinantes recebiam 300 ou 400 páginas de jornalismo de alto nível e até de artigos acadêmicos sobre temas atuais, romances e poesia que incluíam os futuros clássicos da literatura russa e geralmente um romance traduzido de alguma língua ocidental. A revista era repleta de informações úteis, longos artigos nos quais os autores discutiam não apenas o pretenso tema em questão, mas também muitas digressões em vários tipos de conhecimento útil – científico, social, econômico, até médico. Nos salões da aristocracia provincial e nas bibliotecas dos professores de ginásio em todo o Império, as revistas desse tipo eram uma tábua de salvação, uma conexão com o mundo mais amplo da Rússia, e mais além, e uma inspiração para a persistência obstinada no trabalho dos *zemstvos* e outras tentativas humildes de criar uma sociedade moderna na Rússia.

O pensamento conservador também mudou radicalmente depois da Crimeia. Ao contrário dos liberais – numerosos e em acordo geral uns com os outros –, os conservadores continuavam a ser uma série de pequenos grupos mutuamente hostis ao lado de diversos pensadores idiossincráticos que careciam de seguidores. O grupo mais importante ainda era o dos eslavófilos, que encontravam apoio entre os banqueiros e milionários têxteis de Moscou. Os milionários subsidiavam suas revistas e permitiam que continuassem divulgando suas ideias ao público, mesmo que sua circulação nunca atingisse o mesmo volume que as publicações liberais. Os eslavófilos geralmente apoiavam o processo de reforma, mas pensavam que ele resultava em demasia da adoção mecânica de modelos ocidentais. O nacionalismo tornava-se cada vez mais a característica dominante da ideologia eslavófila. Eles também temiam outros avanços em determinadas áreas, especialmente qualquer medida liberal (do governo ou fora dele) que pudesse enfraquecer a comunidade camponesa, que era para eles a base da harmonia singular da Rússia num mundo de luta política e social. Seu apoio generalizado à autocracia e suas políticas não era de forma alguma acrítico e valeu-lhes considerável desconfiança e hostilidade oficial.

O mais poderoso defensor das ideias conservadoras era Mikhail Katkov, que, até a revolta polonesa, era um porta-voz liberal. Na esteira da revolta, Katkov e sua *Notícias de Moscou* (*Moskovskie Vedomosti*), subsidiada pelo governo russo apesar de conflitos ocasionais, tornaram-se a principal expressão pública do nacionalismo russo e da ideia de autocracia. Katkov defendia uma espécie de conservadorismo "ocidentalizante", em que a Rússia adquirisse uma ordem social industrial mas mantivesse a forma de governo autoritária do passado, modernizada por métodos administrativos atuais. De muitas formas, Katkov admirava a Alemanha de Bismarck e esperava que a Rússia a imitasse, inclusive no seu nacionalismo estridente. O nacionalismo de Katkov era mais perverso que o vago princípio de "nacionalidade" de Uvarov e Nicolau I. Katkov era um antipolonês e antissemita ferrenho e, apesar de toda a sua admiração pela Alemanha, ele era ferrenhamente hostil à aristocracia báltica alemã ainda tão proeminente no governo e Exército russo, bem como na corte. Ele favorecia igualmente uma política externa agressiva, e chegou a defender uma política fortemente antialemã. O governo não estava sempre contente com Katkov (a questão báltica alemã era fonte de irritação constante) porque não admitia a pertinência da crítica, nem mesmo amigável, mas não podia passar sem ele. Para a aristocracia e os oficiais conservadores, Katkov era um oráculo. Nenhuma outra voz conservadora, nem a de Dostoievski, tinha tantos seguidores.

Os conservadores e o governo temiam, acima de tudo, o movimento revolucionário, que eles percebiam corretamente como uma ameaça política, social e cultural. De fato, as comunas de estudantes radicais inspiradas pelo romance de Chernyshevsky estavam muito afastadas do mundo privilegiado da corte ou dos jornalistas liberais e seus leitores. Os estudantes operavam em estrita igualdade, inclusive entre homens e mulheres. Suas comunas eram mais abrangentes que o movimento revolucionário, pois incluíam muitos membros com apenas vagas opiniões políticas, mas elas formavam um campo de recrutamento ideal. A expansão das universidades significava que muitos estudantes eram muito mais plebeus que seus predecessores – filhos de sacerdotes, pequenos oficiais e nobres cuja renda, para dizer o mínimo, não correspondia à sua condição. Após 1859, as mulheres entraram aos poucos nas universidades, e sua presença, inteiramente de acordo com a ideologia radical, propiciou um papel capital para as mulheres no movimento revolucionário e conferiu a este último um estilo próprio.

Os jovens revolucionários operavam em total clandestinidade. A reforma da sociedade russa não havia levado ao surgimento de uma política pública jurídica, pois o Estado conservava todo o poder nas suas mãos e os partidos políticos não eram permitidos. Não somente liberais e radicais, mas até conservadores eram proibidos de formar qualquer tipo de associação política, mesmo para apoiar o Estado. Entre as principais vítimas da censura estava o líder eslavófilo Ivã Aksakov, que apoiava a autocracia e era altamente conservador e abertamente antissemita. Não obstante, Aksakov acreditava que devia ter o direito de criticar a autocracia na imprensa. O governo tinha outra visão, e as publicações de Aksakov acabaram chegando ao fim. Os liberais gozavam de amplo apoio entre a *intelligentsia*, especialmente o núcleo de profissionais desta, e controlavam grande parte dos principais jornais e periódicos, mas não tinham organização. O que mais se aproximava de um fórum liberal (ou conservador) era o *zemstvo*, cujas reuniões às vezes assumiam caráter político, mas a polícia e a administração garantiam que essas tentativas não dessem em nada. Os únicos atores políticos fora do governo eram os revolucionários.

Nos primeiros anos, na década de 1860, os principais grupos radicais eram pequenos, apenas algumas dúzias de membros no máximo, e tinham curta duração. Eles também eram conspiratórios e dominados por alguns poucos líderes carismáticos, alguns deles rapazes de caráter e motivações muito questionáveis, dos quais o mais famoso era Sergei Nechaev. Nechaev convenceu seus seguidores de que ele representava um "comitê central" revolucionário sob cujas ordens ele trabalhava. Na verdade, o comitê só existia na sua imaginação. No final de 1869, ele disse ao seu pequeno grupo que um dentre eles era um informante da polícia e que eles deviam matá-lo, o que de fato fizeram. O resultado foi que a polícia, ao investigar o assassinato, descobriu a organização. Nechaev fugiu para o exterior, deixando seus seguidores à própria sorte – o exílio na Sibéria. Até o anarquista Bakunin, que de início pensava que Nechaev representava uma espécie de nova onda na Rússia, finalmente percebeu que ele era mentalmente perturbado e moralmente depravado.

Os poucos grupos pequenos como o de Nechaev estavam fadados ao fracasso, mas os acontecimentos também impediram que o movimento radical incipiente deslanchasse na sua primeira década de existência. A ocasião foi a tentativa de assassinato contra o tsar em 4 de abril de 1866. O aspirante a assassino chamava-se Dmitri Karakozov, um nobre menor da região do Volga que estivera envolvido por vários anos em diversos grupos radicais, compostos principalmente de estudantes. Seus camaradas, que eram pessoas mais sérias que alguém como Nechaev, na verdade opuseram-se à ideia e esforçaram-se muito para dissuadi-lo. Eles não conseguiram, e Karakozov atirou no tsar Alexandre quando este saía do Jardim de Verão, mas errou. Ele foi imediatamente capturado e o tsar conversou com ele, perguntando-lhe se ele era polonês. Karakozov respondeu que era puramente russo, e a polícia agora sabia que estava lidando com terrorismo, um fenômeno novo no movimento revolucionário russo. Karakozov acreditava que matar o tsar inspiraria uma revolta popular ou, na pior hipótese, enfraqueceria o governo e forçaria assim novas reformas. O que aconteceu foi exatamente o contrário, pois o atentado gerou uma comoção no governo e a nomeação de vários ministros menos liberais e do conde reacionário Petr Shuvalov para chefiar a Terceira Seção. O ritmo da reforma desacelerou visivelmente.

Em 1870, os radicais haviam acumulado experiência suficiente para perceber que os métodos conspiratórios eram condenáveis e ineficazes. Em todo caso, o desafio era difundir ideias radicais entre o povo, sobretudo entre o campesinato. O resultado foi a formação de novas organizações cujos membros decidiram que os jovens radicais deviam "ir ao encontro do povo". Portanto, em 1874 milhares de rapazes e moças começaram a aprender ofícios práticos e mudar-se para regiões rurais a fim de tentar adentrar a sociedade camponesa. Os objetivos políticos concretos foram situados longe no futuro, e os radicais concentraram-se em espalhar suas ideias. O esforço durou vários anos e foi um fracasso completo. Os camponeses, na melhor das hipóteses, eram pouco receptivos e desconfiavam de forasteiros, especialmente de níveis sociais mais altos (não importa o quão plebeus eram os estudantes, eles ainda não eram camponeses). Muitos deles entregaram os radicais (ou "populistas") à polícia.

No verão de 1876, estava claro que o plano de ir ao encontro do povo havia falhado, e os remanescentes do grupo em São Petersburgo criaram uma organização formal chamada *Zemlia i Volia* ("Terra e Liberdade"). As autoridades perceberam as ações do novo grupo e prenderam muitos deles, realizando julgamentos coletivos públicos em 1877 que incluíam os veteranos que "foram ao encontro do povo", bem como presos mais recentes. Os julgamentos foram um desastre para o governo, pois um prisioneiro após o outro apresentou explicações apaixonadas e bem fundamentadas para a miséria do povo russo e seus planos para o futuro. O governo lutava contra o movimento com forças inadequadas e métodos antiquados, mas não conseguia romper sua determinação. As condições e práticas das prisões russas eram primitivas e provocavam muito sofrimento, algo que era publicamente sabido na sociedade assim como nos círculos revolucionários e dava aos rebeldes uma aura de mártires. Então, no início de 1878, um dos prisioneiros em São Petersburgo foi açoitado por ordem do general Trepov, o governador-geral. Poucas semanas depois, uma moça entrou no seu escritório no período reservado aos requerentes e, em vingança, atirou nele diversas vezes com um revólver. O general sobreviveu aos ferimentos, mas a moça, Vera Zasulich, foi objeto de mais um julgamento público. O júri não condenou-a e ela escapou para o exterior. A partir de então, o governo passou a evitar o sistema judicial civil e a julgar os revolucionários em tribunais de campo militares.

O gesto de Zasulich inaugurou três anos e meio de duelo fantástico entre os revolucionários e a polícia. A maioria dos populistas estava agora convencida de que uma revolução social não poderia acontecer sem a destruição da autocracia russa. A menos que a Rússia se tornasse uma república federal e democrática, os radicais nunca teriam liberdade de ação para pregar a renovação social. Por conseguinte, eles transferiram seus esforços da pregação de ideias sociais radicais para a propaganda a favor da revolução política e – o que é mais importante – para um programa de terror contra o Estado. Eles não visavam a alvos aleatórios: os objetos do terror eram somente os oficiais do Estado e, entre eles, sobretudo aqueles responsáveis pelo controle e repressão política, ou seja, policiais, governadores de províncias, o ministro do Interior e o próprio tsar. A campanha de terror produziu uma divisão no movimento. A maioria a favor do terror formou uma nova organização, *Narodnaia Volia* ("Vontade do Povo"), e a minoria, que queria ater-se à velha política de agitação e propaganda, manteve o antigo nome, Terra e Liberdade. A maioria destes últimos logo emigrou.

A Vontade do Povo começou então uma campanha coordenada de terror que passou cada vez mais a concentrar-se no próprio tsar. Alexandre reagiu lentamente à campanha, acreditando que seu destino estava nas mãos de Deus, e em todo caso as tradições da corte tornavam muito difícil uma segurança estrita. Como antes, o tsar cavalgava frequentemente por São Petersburgo com apenas um esquadrão de cossacos e resistia a quaisquer medidas de maior proteção. Sua atenção estava concentrada no governo e na sua vida privada, pois a morte da imperatriz em 1880 permitiu-lhe finalmente casar-se com sua amante de longa data, a princesa Ekaterina Dolgorukaia, o que legitimou seus filhos. Os atentados contra a sua vida continuaram e, depois de vários fracassos, o terror chegou até o Palácio de Inverno. Stepan Khalturin, um dos poucos revolucionários que eram realmente de origem camponesa, conseguiu disfarçar-se de carpinteiro e obter acesso ao palácio, onde explodiu uma bomba no início de 1880, matando muitos soldados da guarda mas sem ferir o tsar. Um pequeno bando de revolucionários provocara uma crise no Estado, antiquado demais, mesmo depois das reformas, para agir com eficácia contra os terroristas e autocrático demais para angariar ou até solicitar apoio universal. Dessa vez, no entanto, o governo reagiu imediatamente. Alexandre substituiu a Terceira Seção por um Departamento de Polícia sob o Ministério do Interior e criou uma Suprema Comissão Executiva sob o comando do general conde Mikhail Loris-Melikov. Loris-Melikov, um armênio que sabia diversas línguas europeias e caucasianas, tinha um excelente registro militar das guerras caucasianas e da Guerra Russo-Turca e uma recente carreira administrativa de sucesso. Seu plano era combater os revolucionários pela repressão e por um retorno ao processo de reforma que ficara empacado por quase uma década. Por isso, os jornalistas liberais apelidaram seu programa de "ditadura do coração". Muito em breve, Loris-Melikov foi promovido à chefia do Ministério do Interior e começou a divulgar planos de novas reformas. Em fevereiro de 1881, ele havia bolado um plano para uma legislatura consultiva baseada nos *zemstvos*, que seria convocada para fornecer apoio ao Estado e mostrar à sociedade que o governo estava verdadeiramente comprometido com a reforma. Talvez a Rússia mudasse, mas o destino determinou de outra forma.

A *Narodnaia Volia* não havia prestado atenção em Loris-Melikov e nos rumores de reforma. Em todo caso, a perspectiva de reforma não animava-os, pois ela poderia ajudar o governo a sobreviver e novas reformas econômicas poderiam prejudicar a comuna camponesa. O Comitê Executivo da *Narodnaia Volia* sob o comando de Alexander Zheliabov e Sofia Perovskaia empregou todos os seus recursos para matar o tsar e, em 1º de março de 1881, eles conseguiram. Quando Alexandre retornava ao Palácio de Inverno margeando o canal Catarina em Petersburgo, um dos revolucionários jogou uma bomba na sua carruagem. Vários dos seus guardas e um menino de 14 anos de idade foram mortos, muitos foram feridos, e o tsar saiu da carruagem para ver o que tinha acontecido. Um segundo terrorista na multidão jogou outra bomba contra ele, ferindo mortalmente o tsar e matando a si próprio. Alexandre perdeu as pernas na explosão e foi levado para o Palácio de Inverno, onde morreu logo depois. As últimas palavras do tsar que havia libertado os camponeses e, ainda que hesitantemente, transformado a Rússia foram: "está frio, está frio... levem-me ao Palácio... para morrer".

Seu filho Alexandre ascendeu ao trono como Alexandre III e, depois de alguma discussão inicial, qualquer ideia de reforma ou legislaturas chegou ao fim, e Loris-Melikov perdeu o cargo. Os assassinos foram enforcados em público. As classes instruídas ficaram chocadas que revolucionários tivessem matado o tsar, ao passo que muitos camponeses acreditaram que era uma conspiração dos nobres agindo em vingança pela emancipação dos servos. Outro efeito do assassinato foi a primeira grande onda de pogroms contra os judeus nas províncias ucranianas da Rússia Meridional. Foi o início nefasto de mais de uma década de política conservadora e tentativas de contrarreforma. Porém, a contrarreforma acabou não avançando muito. Foi prova da força das reformas originais e do seu embasamento legal que a maioria delas não pudesse ser desfeita. Os *zemstvos*, por exemplo, foram continuamente importunados pelos asseclas do Ministério do Interior, mas continuaram a existir e trabalhar. As novas instituições haviam se tornado parte do tecido social russo, e seu progresso constante mantinha-as vivas. Apesar do uso da censura e das formas de repressão como o exílio administrativo para liberais e radicais, a imprensa florescia e crescia, proporcionando um fórum para a discussão de todas as políticas do governo que conseguisse. A autocracia de Alexandre III podia retardar o desenvolvimento da sociedade russa, mas não era capaz de contê-lo.

capítulo 12

DA SERVIDÃO AO
CAPITALISMO NASCENTE

A cidade de São Petersburgo serviu de exemplo quanto à transformação da Rússia nas décadas seguintes à emancipação dos servos. À medida que o século XIX avançava, ela transformou-se de capital administrativa de edifícios governamentais e residências aristocráticas com um porto marítimo num centro industrial capital atendido por ferrovias, além do porto em expansão contínua e do antigo sistema de canais.

Apesar de construída como um porto marítimo no Báltico, o formato da velha São Petersburgo foi determinado pelo Palácio de Inverno e o anel de edifícios militares e governamentais em torno dele. A maioria deles era de estilo clássico, com três ou quatro andares no máximo. Pedro quisera concentrar o governo efetivo na margem norte do rio Neva, na ilha Vasil'ev, mas o local era demasiado remoto devido à ausência de pontes permanentes, e em todo caso o governo precisava estar perto do centro do poder, o tsar. Portanto, o Palácio de Inverno, na margem sul do rio, perto da extremidade ocidental da Perspectiva Nevskii, a rua principal, tornou-se em breve o centro da cidade. O Estado-Maior do Exército e o Ministério das Relações Exteriores localizavam-se do outro lado da Praça do Palácio, o Ministério das Finanças ficava próximo, assim como o Senado, o Conselho de Estado e outros órgãos cruciais. O Ministério do Interior expandido foi o único a ocupar novos edifícios no rio Fontanka, mais ao sul. Até meados do século, o comércio concentrava-se ao longo da Perspectiva Nevskii e na ilha Vasil'ev. Era nesta última que vivia a vasta população de mercadores alemães e estrangeiros da cidade.

A transformação da cidade começou a acelerar depois da Guerra da Crimeia, quando a construção da ferrovia e as novas indústrias passaram a modificar a paisagem. Nesses anos, o porto de São Petersburgo era um grande trunfo, já que a maior parte do equipamento e das matérias-primas para as novas indústrias vinha do exterior. A grande expansão industrial dos anos 1890 mudou tudo isso, pois a Rússia começou a usar mais recursos internos. A metalurgia e a construção de máquinas tornaram-se os maiores setores industriais da cidade. Localizadas principalmente nos arrabaldes, as imensas fábricas com chaminés fumegantes substituíram as chácaras suburbanas, florestas e aldeias de tempos remotos. O porto tornou-se um gigantesco estaleiro. Fábricas com tecnologia mais recente, como as indústrias elétricas, foram construídas no centro da cidade, de modo que a cidade nunca conheceu a segregação social radical característica das cidades ocidentais da época. A explosão industrial também trouxe uma tremenda expansão do setor de bancos e finanças, centrado igualmente na Perspectiva Nevskii e nas ruas adjacentes.

A expansão econômica transformou a cidade de outras formas. A população dobrou entre a década de 1890 e 1914, de cerca de 1 milhão para aproximadamente 2 milhões. A maioria dos novos residentes eram operários que viviam em barracos perto das maiores fábricas, muitas vezes sem suas famílias, que permaneciam nas suas aldeias nativas. No outro extremo da escala social, os recém-enriquecidos banqueiros e magnatas da ferrovia compravam ou construíam mansões grandiosas à beira do rio, perto do centro da cidade. Muitos dos grandes aristocratas investiam pesadamente nas novas indústrias, e sua riqueza multiplicada era patente nas residências cada vez mais luxuosas na cidade e em torno dela. A expansão também criou uma nova classe média, empregados dos novos negócios, engenheiros e técnicos, além dos numerosos mestres-escolas, médicos e varejistas que os atendiam. O crescimento da população e de suas necessidades provocou um surto de construção, especialmente ao longo das ruas centrais e na borda setentrional da cidade. Os novos edifícios exibiam as modas arquitetônicas da época, neorrenascentista, neobarroco, e com frequência as versões russas do *Art Nouveau*. A São Petersburgo estritamente clássica estava se tornando uma cidade muito mais eclética, mas o núcleo clássico permanecia. Não era permitido erguer construções mais altas que o Palácio de Inverno, então havia limites ao alcance da mudança. O resultado foi também uma cidade muito menos densamente construída que Paris ou Berlim, mesmo se grande parte dela carecia de parques públicos formais.

O cotidiano mudou, especialmente depois de 1900. Surgiram novas lojas de departamentos pela cidade. Uma delas, do outro lado da Perspectiva

Nevskii, foi construída como investimento pelo Corpo Imperial de Regimentos da Guarda. Mais adiante na rua ficavam o novo prédio da Singer Sewing Machine e a Eliseev Delicatessen, com seus estoques importados e nacionais para o abastado *gourmet*. A cidade patrocinou ou construiu serviços telefônicos, e novos sistemas de água e esgoto foram financiados por empréstimos de bancos estrangeiros. Em 1907, a Westinghouse e investidores russos inauguraram as primeiras linhas de bonde elétrico, que logo passaram a cobrir a maior parte da cidade. A luz elétrica iluminava as ruas principais do centro, e mais e mais lampiões a gás em outras partes da cidade iluminavam a escuridão e a neblina do inverno. Novas pontes sobre o Neva contribuíam para o charme da orla da cidade, mas também facilitavam pela primeira vez a comunicação entre suas diversas partes.

A vida social da cidade era centrada na corte. Até os anos 1890, os bailes da corte e outros grandes eventos ofereciam um pano de fundo resplandecente para os dramas da vida e da política da capital. As grandes casas aristocráticas não ficavam atrás. Elas também organizavam entretenimentos magníficos, alguns deles em teatros particulares nos seus palácios, como o do palácio Yusupov, com artistas profissionais. Os grandes teatros imperiais, especialmente o Mariinskii, eram outro local de ostentação da riqueza pela velha aristocracia e igualmente pelos novos-ricos. Para a *intelligentsia* e as classes médias, o palco legítimo, financiado pelo Estado ou particular, proporcionava a cultura mais "avançada" pela qual ansiavam. Nos arredores da cidade, onde viviam os trabalhadores, havia teatros populares, muitos deles ao ar livre no verão, que ofereciam entretenimento barato para as massas. Toda uma série de restaurantes, dos estabelecimentos de elite na Perspectiva Nevskii aos inferninhos da mais baixa categoria na periferia da cidade, satisfaziam as várias necessidades de uma população variada. São Petersburgo era o centro artístico da Rússia. O balé imperial do Teatro Mariinskii era o favorito da aristocracia, mas a ópera e o teatro também floresciam. A maioria das novas tendências da pintura russa, do Mundo da Arte ao suprematismo, surgiu em São Petersburgo, e os maiores escritores a partir da década de 1890 estavam quase todos baseados na cidade.

Apesar de toda a sua glória artística, São Petersburgo continuava em essência um centro de poder político. Depois de 1905, os principais jornais dos partidos políticos legalizados eram publicados em São Petersburgo, dando notícias tanto do governo como da nova Duma. A Duma ocupava o antigo palácio do favorito de Catarina, Potemkin, a leste do principal centro do poder. A política continuava a ser a preocupação principal do tsar, e sua presença na cidade era essencial para o funcionamento do Estado. Na realidade, Nicolau II passava relativamente pouco tempo propriamente na cidade, pois preferia a vida mais sossegada na vizinha Tsarskoe Selo, em Peterhof, ou mesmo nas suas propriedades da Crimeia. Ele raramente ia ao teatro e restringia seus eventos sociais aos bailes da corte e poucas outras cerimônias cruciais, uma prática que não era aprovada pela aristocracia. O tsar e seus conselheiros estavam apreensivos com aparições públicas por causa da campanha persistente de terror deflagrada pelos revolucionários populistas, e a preferência pessoal de Nicolau era por uma vida simples com sua família. Eram decisões compreensíveis, mas elas contribuíram para a deriva e instabilidade do poder num momento de rápida mudança social e política. O Estado fora central para o desenvolvimento russo durante séculos, e subitamente o navio parecia não ter piloto.

Em nenhuma área as políticas do Estado russo tiveram consequências mais involuntárias que no desenvolvimento econômico e social. Os reformadores dos anos 1860, assim como o conde Sergei Witte uma geração mais tarde, tentaram incentivar o capitalismo industrial conservando tanto quanto possível a estrutura social existente. O governo patrocinou a construção das ferrovias nesse período, tanto em projetos privados como estatais, ajudando a obter empréstimos do exterior e concedendo contratos lucrativos a empresários russos. Ele erigiu um sistema tarifário que favorecia a construção de ferrovias e, mais tarde nesse mesmo século, adotou um sistema mais protecionista para fomentar a indústria russa. Todavia, a manutenção da aristocracia fundiária e da comunidade camponesa permaneceu um objetivo básico, mesmo às custas do desenvolvimento industrial. A manutenção da comunidade camponesa restringia o movimento dos camponeses para fora das aldeias para juntar-se à mão de obra industrial, mas não podia impedi-lo. A sobrevivência da aristocracia fundiária, assediada pelas novas forças econômicas, também era um objetivo do governo. Até a tentativa do primeiro-ministro Stolypin de afrouxar a comunidade aldeã depois de 1907 era um programa gradual concebido para fortalecer a aristocracia, e não solapá-la. No fim, porém, o Estado só podia influenciar, não dirigir, a evolução da sociedade russa. Fábricas surgiram, bancos e outras instituições financeiras e comerciais cresceram, mesmo quando as regras do governo as atravancavam. Programas de desenvolvimento patrocinados pelo Estado, como a construção de ferrovias, criaram cidades e indústrias totalmente novas que a administração estatal cada vez mais arcaica não conseguia dirigir da forma que a política exigia. Cidades modernas com jornais e linhas de bonde, restaurantes e instituições culturais amadoras criaram formas de vida desconhecidas na velha Rússia, mas essencialmente as mesmas da Europa Ocidental e da América. Não importa o que fizesse o governo, a Rússia estava se tornando moderna, lenta mas inelutavelmente.

A força motriz das mudanças da sociedade russa era a industrialização. Ao final da Guerra da Crimeia, a Rússia não era desprovida do setor industrial, pois a indústria têxtil na Rússia central – em Moscou e nas cidades adjacentes – era florescente e trabalhava principalmente com equipamento moderno, teares movidos a vapor e outras máquinas. Os líderes dessa indústria eram um grupo de empresários nativos, a maioria de origem camponesa e muitos deles da religião da Velha Crença. Algumas famílias das comunidades da Velha Crença, incluindo os Morozovs, Riabushinskiis e Guchkovs, construíram fábricas em Moscou e outras cidades nas áreas adjacentes. Sua adesão fiel às variantes introspectivas e às vezes xenófobas da Velha Crença não os impedia de comprar maquinário inglês e alemão e contratar estrangeiros para operá-lo e formar os trabalhadores. Os fundadores de todas essas grandes dinastias de negócios haviam passado do campesinato ou comércio em pequena escala a donos de fábricas e até bancos na década de 1840, e puseram seus filhos – meninos e meninas – para dominar línguas estrangeiras e aprender sobre o mundo moderno, incluindo sua nova tecnologia. Se os Velhos Crentes eram possivelmente os industriais e banqueiros mais ricos de Moscou, os empresários ortodoxos também prosperaram, como os Tretyakovs, que ascenderam do nível de lojistas provinciais a proprietários de fábricas têxteis em Moscou, Kostroma e alhures. Em Petersburgo, os empresários eram mais cosmopolitas, dado que, além dos russos (a maioria ortodoxos), havia alemães, ingleses, suecos como a família Nobel, além de um banqueiro judeu, o barão Horace Ginzburg. Os empresários de São Petersburgo concentravam-se menos em têxteis e mais na metalurgia e novas tecnologias, além das finanças e do florescente comércio de importação-exportação. Outros centros logo surgiram ao Sul, nas províncias bálticas e na Polônia. Na Polônia, a maioria dos banqueiros e manufatureiros eram alemães ou judeus, enquanto na Rússia Meridional os irmãos judeus Poliakov, magnatas da ferrovia e depois banqueiros, faziam negócios com nobres russos e poloneses no ramo do açúcar de beterraba. No Sul, o galês John Hughes fundou Iuzovka, o primeiro grande centro metalúrgico na bacia do rio Don, a região de carvão e ferro que passou a ser conhecida como Donbas, hoje Donetsk, na Ucrânia.

Contudo, nos primeiros anos depois da emancipação, a indústria têxtil era de longe a mais bem-sucedida. Os manufatureiros têxteis de Moscou eram um grupo diversificado, em que Velhos Crentes e ortodoxos conviviam com nobres que viraram empreendedores. Muitos deles geriam suas fábricas com um paternalismo acentuado, construindo habitações baratas, locais de entretenimento e escolas. Timofei Morozov era um deles, um Velho Crente que administrava seu negócio basicamente sozinho e com mão de ferro. Sua fábrica era conhecida pela alta qualidade dos seus produtos, feitos com maquinário inglês e (até o final do século) algodão importado. Ele também oferecia instalações médicas e várias formas de bem-estar para os seus trabalhadores, bem como habitação e entretenimento habituais. Ainda lutou incansavelmente contra o hábito da classe operária de consumir bebidas alcoólicas, tanto por convicção religiosa quanto por perceber que trabalhadores bêbados ou de ressaca não podiam fazer trabalho de alta qualidade para ele. Morozov permaneceu em grande parte no velho mundo, pois seu mecenato cultural ia para a história e cultura da Rússia antes de Pedro. Ele também mantinha muitos contatos com os eslavófilos, cujas publicações eram fortemente subsidiadas pelos empresários de Moscou. Nada disso foi-lhe proveitoso quando o mercado de têxteis retraiu-se subitamente no início dos anos 1880: ele reagiu cortando salários e exigindo mais dos seus trabalhadores. Eles reagiram com motins e destruição em janeiro de 1885 – uma das primeiras grandes greves da história russa. A era do paternalismo estava acabando, embora seu filho Savva tenha procurado mantê-la por mais 20 anos. Finalmente, a administração da firma, como tantas outras, passou para engenheiros e administradores de nível intermediário, substituindo o estilo pessoal dos antigos empresários.

Por mais importante que fosse a indústria têxtil, esta dependia de equipamento importado e não resolveu o problema global do desenvolvimento econômico russo. Os resultados da Guerra da Crimeia deixaram mais do que evidente para o governo de algo tinha de ser feito. À medida que o Estado avançava em direção à emancipação do campesinato, ele passou simultaneamente a fomentar um programa grandioso de construção de ferrovias. As ferrovias eram a infraestrutura crucial do século XIX, que fornecia os serviços de frete essenciais para a industrialização. Num país como a Rússia, com vastas distâncias e recursos naturais espalhados por milhares de quilômetros, elas eram ainda mais necessárias. Sem ferrovias, a Rússia não podia entrar para a era moderna. O centro dos esforços de construção de ferrovias era o Ministério das Finanças, especialmente no mandato de Mikhail

Reutern (1862-1877), um nobre alemão báltico que havia trabalhado sob o comando do grão-duque Konstantin Nikolaevich. A tarefa de Reutern era difícil, pois a Guerra da Crimeia havia deixado o Tesouro exaurido e o acordo de emancipação exigia ainda mais despesas. Embora apoiasse a indústria privada por questão de princípio, ele percebeu que a Rússia carecia de capital. Reutern e a maioria dos progressistas no governo estavam convencidos de que as ferrovias eram vitais e de que elas podiam ser construídas pela iniciativa privada, se houvesse disponibilidade suficiente de capital. Os predecessores de Reutern haviam recorrido ao banco francês Crédit Mobilier, que formou uma grande companhia para construir ferrovias na Rússia. Essa tentativa redundou num fracasso custoso, e foi somente após 1866 que começou a verdadeira expansão, dessa vez com financiamento russo no centro das operações. O Tesouro russo continuou a proporcionar garantias e, às vezes, subsídios diretos mantidos amiúde em segredo do público, mas a maior parte da iniciativa e do capital era privada.

Não surpreende que os investidores privados surgissem dentre os empresários com bons contatos no governo, e muitas vezes dentre os funcionários públicos. Alguns deles, como P. G. von Derviz e K. F. von Meck, eram funcionários russo-alemães que deixaram o serviço público para construir ferrovias. Outros haviam começado na administração do monopólio estatal da vodca. O monopólio da vodca havia gerado imensas fortunas e fornecido grande parte do capital privado para investimento, além dos contatos cruciais com o governo.

O grande "rei da ferrovia" da época, Samuel Poliakov, começara trabalhando no monopólio da vodca perto da sua cidade natal de Orsha, na Zona de Residência judaica. Por meio dessa atividade, ele entrou em contato com o conde I. M. Tolstoi, que foi, durante um breve período, ministro dos Correios e Telégrafos. Em pouco tempo, Poliakov abandonou o negócio da vodca para tornar-se empreiteiro e trabalhou numa série de projetos de ferrovia com o patrocínio de Tolstoi. Na década de 1870, ele ficou famoso em toda a Rússia pela rapidez e eficiência (mas nem sempre qualidade) do seu trabalho e obteve contratos lucrativos com o Exército durante a Guerra Russo-Turca. O judeu Poliakov tinha muitos cristãos entre seus rivais e parceiros de negócios, e os parceiros eram manufatureiros têxteis e banqueiros de Moscou, além de uma variedade de figurões aristocráticos. A construção de ferrovias envolvia necessariamente a colaboração entre empresários e governo, portanto todo construtor de ferrovias tinha seus patronos e agentes pagos na administração. Como em outros países envolvidos na construção acelerada de ferrovias (a França e os Estados Unidos, por exemplo), a maior maravilha técnica da época era também a força mais poderosa de corrupção. Para piorar as coisas, o capital estrangeiro continuava crucial e o Tesouro ofereceu garantias para tranquilizar os investidores franceses, alemães e belgas. Embora o Estado garantisse e regulasse praticamente todas as companhias ferroviárias, até a década de 1890 a maioria das ferrovias russas continuou nas mãos de particulares.

As ferrovias exigiam grandes quantidades de aço, ferro e carvão, e destes dois últimos a Rússia tinha muito minério, mas poucas instalações para processá-los. A indústria siderúrgica dos Urais era antiquada – tecnicamente atrasada – e simplesmente pequena demais para atender as necessidades russas. Por isso, o governo adotou uma política tarifária que permitia a importação de trilhos, material rodante e materiais industriais como ferro-velho com tarifas baixas. Ele incentivou as usinas metalúrgicas russas, como a fábrica Putilov em São Petersburgo, a produzir trilhos e outros equipamentos com ferro-velho e ferro-gusa importado. Nos anos 1890, a Rússia estava avançando em direção a uma sociedade industrial.

A engenharia teve papel importante nesse desenvolvimento. No entanto, a Rússia não tinha escolas modernas de Engenharia. A única instituição do tipo era o Instituto de Minas, que datava da época de Catarina, a Grande. Essas escolas estavam sob a jurisdição do Ministério das Finanças, o principal órgão do Estado por trás do desenvolvimento econômico a partir da Guerra da Crimeia, e ele logo começou a incentivar a formação em Engenharia. O Instituto Tecnológico de São Petersburgo, fundado em 1828 como escola de comércio com o nome do tsar Nicolau I, reorganizou-se nos anos 1860 sob o comando do reitor Ilya Tchaikovsky (pai do compositor) numa escola de Engenharia totalmente moderna. Somaram-se a ela escolas semelhantes em Riga (1862) e Khar'kov (1885). Escolas de comércio mais antigas em Moscou foram reorganizadas seguindo o modelo de São Petersburgo. O final do século viu uma nova onda de fundações. Os Institutos Politécnicos de Varsóvia e Kiev surgiram em 1898, seguidos por outra escola em Tomsk, na Sibéria, em 1900. Em São Petersburgo, o Instituto Tecnológico concentrava-se na Engenharia mecânica e química e não abarcava diversas especialidades emergentes do setor que estavam desempenhando papéis cada vez mais importantes na era industrial. O jovem Abram Ioffe, futuro elaborador da física soviética, julgava seu departamento de Física pequeno e antiquado. Em 1899, o ministro das Finanças Sergei Witte e o agora mundialmente famoso químico Dmitri Mendeleiev organizaram mais uma instituição nova, o Instituto Politécnico de São Petersburgo. Nele os estudantes podiam especializar-se em Eletrônica, Construção Naval, Metalurgia, Física e até Economia. Ioffe, depois de mais formação na Alemanha, assumiu o novo instituto, uma mudança carregada de importância capital nos anos vindouros. A Rússia estava começando a formar mais e mais engenheiros para trabalhar ao lado dos estrangeiros até então predominantes na construção das ferrovias, pontes e fábricas russas.

A agricultura russa não acompanhou o ritmo da industrialização. A Lei da Emancipação sobrecarregou o campesinato com pagamentos de resgate, mas também conservou a estrutura das aldeias que existiam sob a servidão. Os camponeses, agora livres, não eram donos de suas terras, que continuavam de propriedade da comunidade. Para deixar a aldeia, o camponês precisava obter a permissão da comunidade, o que na prática significava os anciões da aldeia. A aldeia era responsável pelos pagamentos de resgate e impostos, não cada camponês individualmente. Os camponeses mais abastados podiam ser proprietários ou arrendatários de terra fora dos lotes da aldeia, e de fato o eram, mas a grande massa do campesinato sobrevivia apenas da terra da aldeia, às vezes ainda redistribuída quando as famílias cresciam ou se extinguiam.

As fazendas dos camponeses russos eram muito menos produtivas que as europeias e menos ainda que as americanas. Os fertilizantes químicos eram desconhecidos, os fertilizantes naturais, inadequados e o maquinário, uma raridade reservada às propriedades da aristocracia. O campesinato era pobre e sobrecarregado demais pelos pagamentos de resgate e arrendamento para acumular os recursos que seriam necessários para modernizar suas fazendas, e a nobreza, com exceção da grande aristocracia, também era incapaz de superar a rotina tradicional. Somente em algumas regiões favorecidas, como a Ucrânia e o Sul, a presença de culturas comerciais como a beterraba e a proximidade dos portos exportadores de cereais permitiam o desenvolvimento de uma agricultura mais moderna. Ali, o maquinário apareceu numas poucas grandes propriedades, junto com métodos mais modernos de rotação de culturas. Na maior parte da Rússia, a comunidade aldeã incentivava a manutenção da agricultura de rotina, e a maior parte da safra ficava na aldeia para alimentar os camponeses. Ainda assim, as cidades e a rede ferroviária em crescimento ofereciam um mercado muito maior do que existia antes. Na Rússia Central e Setentrional, os camponeses passaram a produzir laticínios e cereais mais rentáveis, como a aveia,

IMAGEM 11. Meninas camponesas russas por volta de 1900.

para abastecer os novos mercados em expansão. A Ferrovia Transiberiana orientou o campesinato siberiano para exportações volumosas de manteiga e outros laticínios para a Rússia europeia, e por volta de 1914, o campesinato siberiano era tão próspero que companhias americanas abriram dezenas de lojas na região para vender maquinário agrícola, algo inimaginável a oeste dos Urais. A jardinagem comercial espalhou-se em torno das grandes cidades e até regiões remotas acabaram atraídas para o mercado aparentemente ilimitado de exportação de cereais. Nessas regiões, surgiu uma camada restrita de camponeses mais abastados com ligações mais estreitas com o mercado e práticas ligeiramente mais modernas, e eles logo foram chamados de *kulaks* (*kulak* significa "punho") pelos seus vizinhos. As regiões de terra preta da Rússia Meridional, no entanto, que eram potencialmente a terra mais rica do país, continuaram a ser propriedade de camponeses pobres que trabalhavam com métodos antigos, consumindo sua própria produção de cereais e contemplando com anseio as imponentes propriedades da aristocracia à sua volta.

Não surpreende que as aldeias russas, até mesmo as mais prósperas, vivessem em condições desconhecidas há décadas na Europa. As casas dos camponeses ainda eram pequenas, geralmente edificações de um quarto sem chaminé – a fumaça saía por um buraco no telhado ou pela janela –, e os animais dividiam o espaço no inverno. Várias gerações compartilhavam a mesma casa. Sujeira, superlotação e ignorância pura e simples eram a causa de níveis medievais de higiene. Não surpreende que se propagassem o tifo, a tuberculose, a disenteria e, em certas regiões, até a malária. Nas regiões onde muitos camponeses homens trabalhavam nas cidades, a sífilis era endêmica. A varíola não podia ser erradicada porque o número de vacinadores treinados era reduzido e muitos camponeses escondiam-se dos vacinadores na floresta, convencidos de que a vacina era a marca do Anticristo. Em meados do século XIX, a mortalidade infantil era de 40%, mas declinou de modo marcante até 1914. Embora os tecidos fiados em casa fossem cada vez mais substituídos por modelos produzidos industrialmente, as roupas ainda eram confeccionadas em casa e a maioria dos camponeses ainda usava os tradicionais tamancos feitos de casca de bétula. O alcoolismo e o alto consumo de bebida eram a norma: aos domingos, em muitas aldeias, os tribunais municipais não se reuniam porque a população masculina estava embriagada demais para deliberações sérias. Os maridos batiam rotineiramente nas esposas. Os valores tradicionais, centrados na religião e na sabedoria popular, não eram contestados, e a religião significava apenas a liturgia de domingo, que era raramente complementada por uma breve homilia do sacerdote. Pouco poderia mudar enquanto a grande maioria dos camponeses fosse analfabeta. Somente por volta de 1900 o lento crescimento da educação rural começou a surtir efeito, conforme a geração mais nova nas aldeias passou a ser alfabetizada em grande proporção. Surgiram pequenas bibliotecas rurais, que logo ganharam um leitorado considerável. Os *zemstvos* investiram os escassos recursos no atendimento de saúde e na educação e, em 1914, a vacinação estava começando a produzir uma redução modesta nos altos níveis de doença e mortalidade.

A maior mudança na sociedade camponesa foi o aumento enorme da migração para fora das aldeias, tanto permanente como temporária. As fábricas de São Petersburgo e da região de Moscou atraíam cada vez mais trabalhadores, homens e mulheres (muitos trabalhadores têxteis eram mulheres). A expansão veloz da ferrovia e das cidades, grandes e pequenas, implicava uma demanda imensa por trabalhadores da construção e outra mão de obra sazonal, e por volta de 1900 muitas áreas da Rússia rural eram praticamente "reinos de mulheres" durante a maior parte do ano, já que os homens dirigiam-se ao norte para as fábricas e a construção, e ao sul trabalhar nas grandes propriedades. Embora a produção de cereais *per capita* tenha aumentado lentamente depois de 1861, ainda não era suficiente para evitar fomes periódicas, como os acontecimentos catastróficos de 1891. O incentivo oficial às exportações de cereais não ajudou. O campesinato continuou pobre e convencido de que sua pobreza era resultado da distribuição desigual de terra. Embora a propriedade fundiária dos nobres tenha caído lenta mas constantemente depois da emancipação, em 1913 cerca de metade da terra ainda estava nas mãos de algumas dezenas de milhares de famílias nobres. A outra metade era propriedade – onerada por pagamentos de resgate – de cerca de 120 milhões de camponeses.

AS ÚLTIMAS DÉCADAS

A década de 1890 conheceu uma expansão econômica que transformou profundamente a indústria da Rússia, senão toda a nação. Pela primeira vez, a indústria pesada começou a alcançar os têxteis e outras indústrias leves. Donbas destacou-se como principal centro do carvão e aço, enquanto São Petersburgo ganhou cada vez mais usinas que atendiam a economia moderna. Foi a grande era da tecnologia do metal, não só na Rússia mas em todo o mundo, e as usinas metalúrgicas de São Petersburgo conseguiam produzir a maioria das inumeráveis peças de metal que compunham locomotivas e bicicletas, samovares e fogões a lenha. As tecnologias mais recentes eram representadas sobretudo por filiais de companhias europeias ou americanas, como a usina elétrica alemã Siemens-Halske, que produzia motores elétricos para o mercado russo. Os investimentos em petróleo dos Nobel, que produziam querosene a partir do petróleo de Baku, e a fábrica de motores a diesel Nobel em São Petersburgo eram outros exemplos. Nas indústrias tradicionais e nos bancos, predominavam os empreendedores russos, embora os pitorescos pioneiros dos anos 1860 estivessem morrendo e sendo substituídos por consórcios e conglomerados mais impessoais. Alguns dos seus filhos continuaram os negócios, outros tornaram-se mecenas da arte e havia ainda os que gastaram sua herança no jogo em Monte Carlo.

A expansão da década de 1890 foi produto do ciclo de negócios, não da política do governo, mas o Ministério das Finanças sob o comando do conde Witte certamente ajudou. Witte era uma figura dominante no governo, com mais visão que seus colegas e enérgico ao extremo. Ele herdou uma nova tarifa protecionista do seu predecessor e aplicou-a rigorosamente, para a satisfação dos empresários russos. Em 1897, ele impôs na Rússia o padrão-ouro, medida que fortaleceu enormemente sua posição econômica internacional. Por outro lado, Witte não era defensor da livre-iniciativa ilimitada: durante o seu mandato, o governo assumiu a maior parte das ferrovias privadas, e sua maior realização foi a construção da ferrovia Transiberiana pelo Estado, já iniciada em 1891. A contribuição de Witte foi propor um plano abrangente para a linha, levando em conta toda a região e os problemas de abastecimento e construção, de modo que o tsar aprovou rapidamente o seu plano. Em 1905 ela estava praticamente completa, mas somente com via única em certos trechos e uma falha que quase se revelou fatal: Witte fez a linha passar pela Manchúria em vez de pelo interior da fronteira russa, e ao fazê-lo ajudou a provocar o ataque do Japão em 1904.

Em 1900 a Rússia conheceu sua primeira grande recessão após a expansão industrial. Foi sobretudo uma quebra do mercado de ações e uma crise financeira que afetaram mais o complexo de metal e carvão que qualquer outro, e a reação da indústria (com apoio do governo) foi formar consórcios e cartéis para regular a produção. Os investidores franceses, que tinham presença maciça nesse setor da economia russa, também apoiaram as associações de indústrias. As indústrias leves, têxteis, de alimentos e bebidas e outros negócios voltados para o consumo foram muito menos afetadas pela recessão e continuaram a crescer. A revolução de 1905 naturalmente perturbou a produção tanto quanto a política, mas quando o governo restabeleceu sua autoridade em 1907 a prosperidade econômica retornou, pois a recessão havia acabado.

Os últimos anos antes do início da Primeira Guerra Mundial assistiram a um retorno da prosperidade e mais modernização da vida urbana russa. As cidades, incluindo as pequenas, agora continham cerca de 15% da população. Telefones, automóveis, bondes elétricos, comunicação de massa, publicidade e até os primórdios do cinema transformaram as cidades russas em centros modernos. Não somente São Petersburgo, mas também Moscou, Varsóvia, Odessa e Kiev tornaram-se cidades em grande parte modernas. Grandes prédios de apartamentos ergueram-se no lugar das velhas casas com pátios cheios de árvores que ainda predominavam nos centros menores e nos bairros mais tradicionais de Moscou. Foram abertas lojas luxuosas e não tão luxuosas, que ofereciam os modelos mais recentes de Paris ou Viena. Restaurantes, cafés e hotéis tornaram-se os principais centros sociais, substi-

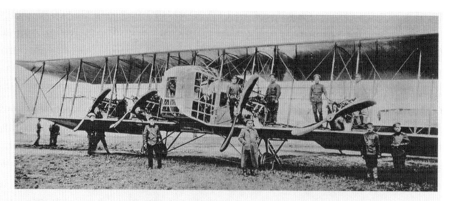

IMAGEM 12. O *Ilya Muromets*, projetado por Igor Sikorsky para a Força Aérea russa em 1914, a primeira aeronave operacional com quatro motores.

tuindo os clubes aristocráticos do passado. Surgiram automóveis nas ruas e, em 1914, havia um intenso interesse público pela aviação. Organizações sociais modernas, como os escoteiros, implantaram-se nas principais cidades. São Petersburgo, Odessa, partes de Moscou e certas cidades industriais diferiam apenas em grau das suas equivalentes europeias.

Era a aldeia russa, em grande parte ainda não modernizada, para não dizer inalterada, que tornava a Rússia atrasada segundo os padrões europeus, mas não asiáticos. Após 1907, o primeiro-ministro Stolypin impôs seu famoso plano para criar agricultores independentes, seguindo o modelo dos camponeses europeus, fora das comunidades aldeãs, e alguns camponeses aproveitaram a oportunidade. A maioria deles, porém, reagiu ao plano com hostilidade implacável, e o número dos que optaram pelas fazendas independentes era pequeno demais para ter qualquer efeito substancial quando a guerra estourou. Uma mudança mais promissora na vida rural foi a migração do campesinato para a Sibéria e a estepe cazaque da Ásia Central. Ali mais camponeses tornaram-se agricultores independentes por conta própria, sem conflito com comunidades aldeãs preexistentes, embora os cazaques nativos não estivessem contentes com a perda de algumas das suas melhores terras de pastagem. Na Sibéria, a população nativa era muito menor e tais conflitos eram poucos, de forma que, às vésperas da guerra, a Sibéria parecia estar ganhando autonomia pela primeira vez, não somente como lugar de minas e trabalhos forçados, mas como terra de colonização rural, indústria crescente e cidades em expansão. Os Urais também estavam crescendo rapidamente, começando apenas a superar o legado da ultrapassada indústria local do ferro. Porém, nenhuma dessas mudanças regionais era profunda o bastante para mudar o padrão geral da sociedade russa: um mar de agricultura atrasada pontilhado por ilhas maiores ou menores de indústria e sociedade modernas.

As mudanças econômicas em larga escala das décadas entre 1861 e 1914 tiveram todo tipo de efeitos inesperados, ou pelo menos não planejados. O governo ateve-se ao velho sistema de classificação por estrato social – aristocracia, mercadores, citadinos e camponeses –, mas a mudança social tornava-o cada vez mais irrelevante. Na verdade, milhões de camponeses passavam a maior parte de suas vidas como trabalhadores urbanos. Empresários tinham toda espécie de origem, não só famílias urbanas, mas também de nobres e camponeses. A *intelligentsia* tinha representantes de praticamente todo grupo social, ainda que os citadinos e nobres (muitas vezes só tecnicamente nobres) predominassem. O desenvolvimento econômico rearranjou a distribuição étnica do império. São Petersburgo acrescentou aos seus muitos outros grupos étnicos uma comunidade judaica de aproximadamente 35 mil pessoas (oficialmente) em 1910, a maior comunidade fora da Zona de Residência. Massas de camponeses e citadinos acorreram para as novas cidades industriais do Donbas – russos, ucranianos, poloneses, judeus e muitos outros – gerando uma área multiétnica mas de língua russa. Os campos de petróleo de Baku trouxeram milhares de armênios e georgianos para a maior cidade das províncias azeris.

A vida das mulheres mudou, embora não com o mesmo grau em todos os níveis da sociedade. Para as mulheres nobres, que já tinham direitos de propriedade maiores que os da típica burguesia europeia, a vida continuava como antes. As mulheres nobres ora sustentavam a vida aristocrática e a carreira dos seus maridos e pais no governo ou no Exército por meio de intermináveis rodadas de festas e eventos sociais, ora administravam as propriedades para os cônjuges ausentes. Muitas mulheres nobres, porém, como seus pares masculinos, aproveitaram as novas oportunidades educacionais que surgiram na era da reforma. Para os homens, essas oportunidades incluíam mais vagas nas universidades ou em novos tipos de instituições, como as escolas de Engenharia. Para as mulheres, a mudança foi muito mais radical, já que, a partir de 1858, o governo começou a expandir radicalmente a rede de escolas secundárias para meninas como parte da expansão geral da educação. Nos anos 1880 já havia 50 mil meninas nas novas escolas, e elas continuaram a expandir-se no século XX. Ainda mais radical foi o surgimento do ensino universitário para as mulheres. As primeiras universidades não admitiam mulheres, mas em 1858-1863 houve experimentos nesse sentido. Os temores conservadores, suscitados em parte pela defesa da liberação das mulheres pelo movimento revolucionário nascente, levaram o governo a fechar as portas. A *intelligentsia* liberal preencheu essa lacuna abrindo cursos universitários particulares para moças em 1869. Os professores eram geralmente docentes universitários que assumiam tais tarefas suplementares, muitas vezes de graça, como parte de um compromisso geral com a liberalização da sociedade. A emancipação das mulheres era uma das principais causas tanto para os liberais como para os radicais, pois ambos viam a família patriarcal como um espelho da autocracia política que governava o país. Finalmente, em 1876, o governo autorizou "cursos para mulheres" que ofereciam formação universitária mas não o diploma, a não ser em certas profissões como professora e parteira, julgadas adequadas para mulheres. Sempre inconsistente, o governo deixou aberta uma brecha: os diplomas estrangeiros eram reconhecidos no Império Russo, portanto uma mulher que colasse grau em uma das poucas instituições estrangeiras (sobretudo na Suíça) que admitiam mulheres obtinha um diploma reconhecido oficialmente na Rússia. Ironicamente, as mulheres russas nas universidades suíças descobriram que não havia mulheres suíças nas universidades, somente russas, polonesas e algumas moças da Sérvia e de outros países balcânicos.

As novas oportunidades educacionais atraíram mulheres muito além da nobreza. As filhas da *intelligentsia*, do clero e das classes médias juntaram-se a elas nos cursos para mulheres. A transformação da sociedade urbana russa criou novas profissões que as mulheres seguiram e até dominaram. Além do trabalho médico e do magistério em vários níveis, na cidade e no campo, o trabalho de escritório à máquina de escrever, que logo se tornaria onipresente, criou todo um novo estrato de moças trabalhadoras oriundas das classes médias. Os telefones da época funcionavam com conexões e painéis manuais, e eram as mulheres que os operavam. Essas tendências ficaram particularmente acentuadas depois de 1900 nas grandes cidades, e isso significava que, pela primeira vez, as russas das classes médias trabalhavam fora de casa.

Nas classes operárias, a proporção de mulheres nas fábricas cresceu de cerca de 20% nos anos 1880 para 30% às vésperas da guerra. A maioria delas trabalhava na indústria têxtil ou em outras indústrias leves. O crescimento acelerado das cidades acarretava uma demanda imensa por trabalho doméstico como cozinheiras e empregadas, e a maioria delas era inevitavelmente composta de mulheres. Algumas delas já haviam nascido nas cidades, mas,

DA SERVIDÃO AO CAPITALISMO NASCENTE | 243

como os homens, a maioria delas eram migrantes vindas das aldeias. Nas aldeias, os padrões tradicionais de família persistiam e, nas áreas onde a emigração não era importante, a vida das mulheres camponesas mudou pouco com o tempo. Nas cidades, as mulheres trabalhadoras tinham mais probabilidade de serem analfabetas que os homens, recebiam menos que seus equivalentes masculinos e suportavam a atenção indesejada dos superviso-res e capatazes masculinos. No fim das contas, porém, as mulheres operárias tiveram sua vingança: foram as mulheres nas filas do pão em março de 1917 que iniciaram a revolução que derrubou a monarquia. Depois que os homens se juntaram a elas, a dinastia Romanov chegou ao fim.

No fim das contas, o resultado social mais importante da industriali-zação crescente da Rússia foi o surgimento da classe operária das fábricas. Na época da emancipação havia pouco menos de 1 milhão de mineiros e trabalhadores de fábrica, mas em 1913 o número havia crescido para pouco mais de 3 milhões, com talvez outro ½ milhão de trabalhadores das fer-rovias e outros transportes. Esses 4 milhões formavam o núcleo da classe operária, junto com muitos outros trabalhadores sazonais na construção e na agricultura, e cerca de 1,5 milhão de trabalhadores domésticos. Num país com cerca de 180 milhões de pessoas, tratava-se de uma pequena minoria, mas sua posição era estratégica. Eles trabalhavam em indústrias que usavam equipamento cada vez mais moderno, e uma elite da classe operária, os metalúrgicos especializados, realizava tarefas de considerável complexidade técnica, cortando peças de precisão de acordo com projetos fornecidos pelos engenheiros. Para esses trabalhadores especializados alguma educação era necessária, e, para todos os trabalhadores, uma ruptura mental com a rotina da aldeia e um ajustamento à vida urbana eram essenciais.

A vida urbana em si era um mundo totalmente novo para os jovens migrantes vindos do campo. A maioria eram homens que viviam sem fa-mília durante anos e dormiam em alojamentos erguidos pelos proprietá-rios das fábricas. Os alojamentos eram infectos, mas os administradores construíam-nos exatamente porque eles mantinham os trabalhadores na fábrica, já que o ritmo acelerado da urbanização implicava uma escassez permanente de habitação. Trabalhadores casados e alguns homens solteiros que encontravam vaga fora dos alojamentos acabavam alugando "cantos", partes de porões separadas por varais. O saneamento era mínimo e a su-perlotação nas áreas mais pobres de São Petersburgo fez dela a capital da tuberculose na Europa. Não obstante, a cidade proporcionava mais que a aldeia. Teatros e espetáculos de variedades com preços acessíveis ofereciam entretenimento, que no verão acontecia amiúde ao ar livre. Para aqueles que queriam aprimorar-se, havia pequenas bibliotecas populares e salas de leitura, e a literatura popular estourou – os primeiros jornais tabloides e histórias baratas de aventura apareceram nas ruas. Os trabalhadores eram cada vez mais alfabetizados. Em 1897, 60% dos trabalhadores homens eram alfabetizados e 35% das trabalhadoras mulheres eram alfabetizadas, mas em São Petersburgo os números eram de 74% e 40%, respectivamente.[1] Por outro lado, a ausência da educação de massa para os trabalhadores além do nível mais elementar significava que muitos tinham pouca educação formal, mas uma inteligência aguçada e sede de conhecimento.

Se o trabalho os tirou do cotidiano da aldeia, logo estabeleceu outra rotina própria. Jornadas de dez e doze horas eram normais, com folga somente no domingo e em poucas horas do sábado. Os salários eram baixos, mas a reduzida capacitação da maioria dos trabalhadores significava que a mão de obra russa era cara para o empregador apesar dos salários reduzidos. As condições provavelmente não eram radicalmente piores que no Ocidente, mas sindicatos e greves eram proibidos, portanto até as melhorias mais elementares eram difíceis de conseguir. A greve de 1885 nas usinas têxteis Morozov, perto de Moscou, gerou uma nova legislação para as fábricas, que exigia que os administradores pelo menos pagassem os trabalhadores pontualmente. De modo geral, havia pouca supervisão do governo sobre o local de trabalho e, ironicamente, o principal resultado dos esforços do governo foi a Inspetoria das Fábricas. Ela tinha pouco poder para instaurar condições adequadas, mas seus relatórios e estatísticas volumosas deixaram um tesouro para os historiadores.

Os historiadores não teriam se interessado muito pelos registros da Inspetoria das Fábricas se a classe operária russa não tivesse se tornado o campo de recrutamento e principal base do movimento revolucionário. Os populistas dos anos 1870 já haviam tentado recrutar trabalhadores, mas sua grande esperança era o campesinato, não os trabalhadores. A emergência do marxismo na década de 1880 sob a liderança de Georgii Plekhanov mudou o enfoque. Para a Rússia, o marxismo era uma importação exótica, uma ideologia alemã com raízes totalmente ligadas à Europa Ocidental. Em exílio no

---

1 Na Rússia como um todo, no mesmo ano, apenas 29% dos homens e 13% das mulheres eram alfabetizados. Na França, na Alemanha e na Europa Setentrional, na década de 1890, o alfabetismo era quase universal tanto para homens como para mulheres. Os números russos só eram igualados pela Itália Meridional, e até a Espanha estava ligeiramente à frente. Em 1914, as taxas de alfabetismo na Rússia atingiram cerca de 40% de toda a população, com grandes diferenças entre mulheres e homens.

Ocidente, Plekhanov observou a força crescente do socialismo marxista na Alemanha e ficou profundamente impressionado. Armado com uma nova visão de mundo, Plekhanov rejeitou toda a herança de Chernyshevsky e da ideologia populista. Os populistas acreditavam que o capitalismo industrial na Rússia era uma excrescência artificial, resultado da política econômica da autocracia. Uma vez que a autocracia fosse derrubada, eles pensavam que o capitalismo desapareceria e os camponeses construiriam o socialismo a partir das comunidades camponesas e coletivos artesanais. Como marxista, Plekhanov acreditava que o crescimento do capitalismo na Rússia era inevitável. Ele poderia não desenvolver-se rapidamente, mas estava crescendo e criando uma classe operária – o proletariado, que, nas palavras de Karl Marx, era "a classe chamada a libertar a humanidade" e a que traria o socialismo. Por enquanto, porém, Plekhanov e seu diminuto bando de exilados continuavam na Suíça, traduzindo Marx para o russo e contrabandeando panfletos através da fronteira russa.

Foi a expansão industrial da década de 1890 que deu uma chance aos marxistas e, a partir de então, sua influência e força cresceram ano após ano. Pequenos grupos marxistas surgiram nas grandes cidades, liderados por rapazes e moças da *intelligentsia*, como Vladimir Lenin e Iulii Martov, que distribuíam folhetos e organizavam grupos de leitura para espalhar as novas ideias. Em 1898 eles conseguiram formar um partido, o Partido Social Democrático dos Trabalhadores da Rússia. Além dos marxistas, a vertente populista do movimento revolucionário russo reviveceu e produziu uma série de pequenos grupos engajados numa revolução camponesa, mas que, na prática, recrutavam entre os trabalhadores. Eles combinavam a velha crença no potencial socialista da comunidade aldeã com a ideia marxista de que os trabalhadores organizariam o socialismo nas cidades industriais. Grande parte da sua atividade era o terrorismo (que os marxistas rejeitavam), mas finalmente os populistas conseguiram formar um partido em 1901-1902, o Partido dos Socialistas-Revolucionários, para rivalizar com os social-democratas marxistas.

Assim, a industrialização da Rússia trouxe novas classes sociais, os empresários que possuíam e administravam as fábricas e os trabalhadores que labutavam nelas. Ela criou novas formas de vida urbana e novas oportunidades para as mulheres. Por fim, ela também criou as forças sociais que viriam a explodir a sociedade russa.

capítulo 13

A Era de Ouro
da cultura russa

O desenvolvimento da sociedade russa durante a era das reformas afetou profundamente a cultura russa, tanto por mudar o ambiente institucional da cultura como por despertar novos impulsos intelectuais e artísticos. Para quase todas as esferas de pensamento e criação, esse período foi a primeira grande era da cultura russa, e a primeira que levou essa cultura a um público além de suas fronteiras. Nos anos 1880, a Rússia havia se tornado parte do mundo, não somente como potência política fundamental, mas como protagonista das artes e até da ciência.

A ciência na era da reforma

A ciência não floresceu nos anos de Nicolau I. Embora as universidades oferecessem ensino de nível superior, os professores eram geralmente estrangeiros e as instalações, pequenas e inadequadas. A nova geometria de Lobachevskii era obra de um isolado professor provincial cujos cálculos precisavam apenas do seu gênio e de lápis e papel. Após a Guerra da Crimeia, o governo percebeu que o nível científico do país precisava ser elevado, e o Ministério da Educação cuidou da expansão dos departamentos de Ciência das universidades como parte de uma reforma generalizada do ensino superior. Igualmente ou mais importantes foram as iniciativas do Ministério das Finanças, em especial a reorganização do Instituto Tecnológico de São Petersburgo. Uma moderna escola de Engenharia era crucial para o programa de industrialização, mas o currículo reformado teve um resultado inesperado de importância mundial. O jovem Dmitri Mendeleiev dispôs-se a lecionar um curso atualizado de Química e, ao fazê-lo, julgou insatisfatórios os manuais existentes. Ele começou a criar o seu próprio e, ao longo do processo de buscar uma maneira de explicar as relações entre os diversos elementos da natureza, percebeu que eles seguiam um certo padrão. A ideia de regularidade não era absolutamente nova, mas Mendeleiev foi mais adiante: ele viu que havia lacunas no padrão e, em 1869, previu que seria descoberta a existência de novos elementos que preencheriam tais lacunas. Em breve, cientistas no exterior notaram que sua previsão estava correta, e Mendeleiev tornou-se o cientista mais eminente da Rússia. Sua fama perdurou para sempre nas paredes das salas de aula de ciências, na forma das tabelas periódicas dos elementos, resultantes da descoberta de Mendeleiev.

O processo de reforma educacional e o novo papel das ciências naturais na Rússia haviam ensejado uma descoberta capital. Mendeleiev seguiu trabalhando intensamente para promover não apenas a química, mas a educação científica e o desenvolvimento econômico russo, partilhando com o governo essas tarefas. Outro caso de intersecção entre mudanças sociais e ciência foi a obra de Vassíli Dokuchaev, o criador da moderna ciência do solo. A ideia de Dokuchaev foi simplesmente a de que o solo não podia ser tratado apenas como a camada superior de rocha misturada com matéria orgânica em decomposição, mas como um estrato distinto. Formado em Geologia e Mineralogia, ele chegou a essa conclusão enquanto trabalhava no levantamento dos distritos de terra preta da Rússia meridional para a Sociedade Econômica Livre, um projeto concebido explicitamente para auxiliar a agricultura russa. O Ministério das Finanças também ajudou a patrocinar outras sociedades científicas e tecnológicas, num esforço para suscitar mais interesse público e canalizá-lo em direções que contribuíssem para a industrialização.

Nesses anos, a ciência russa ganhou autonomia, não somente graças à fama de Mendeleiev, mas também porque dezenas de gênios menores conquistaram posições sólidas, ainda que modestas, em muitas áreas especializadas, novas e antigas, da Química, Física e Biologia. A outra razão para os avanços da ciência foi sua imensa popularidade junto à *intelligentsia* da era das reformas. Para as pessoas instruídas, as ciências naturais pareciam ser um modelo de racionalidade e pensamento progressista. Elas debatiam se os experimentos sobre o sistema nervoso dos sapos, realizados pelo fisiologista Ivã Sechenov, provavam a existência ou inexistência da alma, um tema que Sechenov pensava que ia muito além das possíveis consequências do seu modesto trabalho. Darwin era tremendamente popular na Rússia, embora o "darwinismo social" nunca tenha se difundido. Parte da popularidade de Darwin vinha da falta de interesse por parte da Igreja em debater pormenores da biologia ou o relato bíblico da criação. Apesar de preocupada com a difusão do "materialismo", a Igreja evitava confronto direto com os cientistas. Na Rússia, as obras de Darwin foram aprovadas pelo Ministério da Educação assim que foram publicadas, mesmo antes de as traduções russas estarem disponíveis. A atmosfera da época e a política governamental combinaram-se para elevar rapidamente o nível da atividade científica no país.

Se a política governamental era crucial para a emergência de ciências naturais de nível mundial na Rússia, a relação do governo com as artes era mais complicada. Para os escritores, o relaxamento da censura foi capital, mas uma mudança igualmente importante ocorreu com o fim do mecenato da corte e o surgimento de um mercado de livros e revistas. Os pintores também se beneficiaram com o novo ambiente social, no qual os novos empresários milionários tornaram-se patronos cruciais dos artistas. A música era ainda mais complicada, já que os principais teatros de ópera e balé estavam sob a égide do Ministério da Corte, ao passo que as sociedades filarmônicas e os conservatórios trabalhavam com uma combinação de financiamento e controle estatal e privado.

O ambiente social e institucional das artes era apenas um lado da história da Era de Ouro da Rússia. Também foi fundamental para o período a tentativa de apreender a história da Rússia, sua política e problemas atuais, bem como seu lugar no mundo da cultura e das ideias. Intelectuais liberais e historiadores soviéticos posteriores costumavam classificar quase todas as figuras culturais da era em "democráticas" ou "críticas", mas essa descrição só casa com algumas delas. Tchaikovsky era um admirador da autocracia, tal como Dostoievski, e ambos tinham apenas um desprezo jocoso pela democracia liberal. Talvez a única figura internacionalmente famosa que se encaixava plenamente no modelo liberal era Turguêniev, mas talvez seja inútil explorar as opiniões da maioria dos grandes artistas, pois muitos deles eram demasiado idiossincráticos para serem classificados. Tolstoi é talvez o exemplo mais impressionante, e não somente na sua última fase cristã anarquista. O que todos eles fizeram foi criar obras que viraram parte permanente da cultura russa e, no caso dos escritores e compositores, de toda a cultura ocidental da era moderna.

Música

Os músicos dispunham da base mais fraca para trabalhar e, mesmo assim, produziram, em apenas algumas décadas, uma quantidade enorme de música nova, da qual grande parte integra o repertório internacional até hoje.

250 | HISTÓRIA CONCISA DA RÚSSIA

Antes da Guerra da Crimeia, Glinka era praticamente o único compositor importante, um nobre amador que se tornara famoso com a ajuda do salão Wielhorski e da grã-duquesa Elena Pavlovna. Ela também viria a desempenhar um papel crucial na transição da Rússia para o mundo da educação musical profissional, pois era mecenas de Anton Rubinstein. Rubinstein era filho de um empresário judeu da Ucrânia que se converteu ao cristianismo e mudou-se para Moscou nos anos 1830. Ali, o professor de música dos seus filhos logo notou o imenso talento de Anton ao piano e levou o garoto e seus pais para Berlim, onde ele rapidamente conheceu a fama como menino-prodígio, além de adquirir uma sólida educação musical e a simpatia de Mendelssohn e Liszt. Após a morte do pai, o jovem Anton tinha poucos recursos e retornou a São Petersburgo. Ali os Wielhorskis apresentaram-no a Elena Pavlovna e ele tornou-se o pianista pessoal dela, um cargo inventado para proporcionar-lhe uma renda. No final da década de 1850, Rubinstein, já mundialmente famoso, persuadiu sua mecenas de que a Rússia precisava de uma verdadeira escola de música, e em 1861 o Conservatório de São Petersburgo abriu as portas, do outro lado da rua do Teatro Mariinskii, onde está até hoje. O apoio de Elena Pavlovna garantiu financiamento estatal para a nova instituição. Desde o início, Rubinstein dirigiu-o com mão de ferro, exigindo estudo aprofundado e longas jornadas, e durante seu mandato como diretor o Conservatório produziu muitos músicos proeminentes. O mais importante foi Piotr Tchaikovsky, um dos primeiros estudantes de Rubinstein. Quatro anos mais tarde, um conservatório semelhante foi criado em Moscou sob a direção do irmão mais novo de Anton, Nikolai, também pianista e compositor de talento, embora não do mesmo nível que seu irmão. Enquanto Anton estava em Berlim, Nikolai ficou para trás em Moscou, formando amizades para toda a vida com seus vizinhos, os futuros líderes dos industriais de Moscou, os irmãos Tretyakov e Nikolai Alekseev. O Conservatório de Moscou não tinha financiamento estatal significativo e tinha de recorrer, para ajudá-lo periodicamente a atravessar as crises, aos empresários, uma nova fonte de patrocínio para a arte russa. O Conservatório de Moscou possuía finanças suficientemente sólidas para contratar Tchaikovsky como um dos seus professores (1867-1877) durante seus anos de maturação como compositor.

Os irmãos Rubinstein e Tchaikovsky formavam um dos dois círculos musicais atuantes na Rússia nas décadas de 1860 a 1880. O outro grupo importante, também centrado em São Petersburgo, consistia nos cinco compositores do círculo de Balakirev: Milii Balakirev, Cesar Cui, Modest

Mussorgsky, Nikolai Rimsky-Korsakov e Alexander Borodin. Era um grupo curioso – Balakirev era um aristocrata amador como Glinka, enquanto Cui e Mussorgsky eram oficiais militares. Mussorgsky logo abandonou o Exército pela música (mas teve de assumir cargos na burocracia civil para se sustentar), enquanto Cui continuou no Exército como engenheiro de fortalezas e chegou à patente de general antes de morrer. Borodin, filho ilegítimo de um príncipe georgiano e químico de profissão, lecionava na Academia Médica e fez algumas pequenas descobertas em química. Rimsky-Korsakov era um ex-oficial naval e tinha até participado da visita da esquadra russa a Nova York em 1864, um gesto de apoio do tsar Alexandre à causa da União na guerra civil americana.

Nenhum membro do círculo tinha educação musical formal, e não surpreende que sua relação com Rubinstein e o Conservatório fosse hostil. A hostilidade era insuflada pelo seu principal defensor entre os críticos musicais da época, Vladimir Stasov (1824-1906). Stasov era bibliotecário na Biblioteca Pública de São Petersburgo, mas logo ficou famoso ao escrever sobre música e artes visuais. Filho de um arquiteto conhecido, ele viajara pela Europa e era extremamente bem versado na música e pintura da época. Em ambos os casos, sua estética era simples. Ele detestava qualquer resquício de classicismo e, por isso, condenava toda a pintura desde 1500, bem como a maior parte da música do século XVIII. Ele desprezava a ópera italiana, inclusive Verdi, pela sua adesão às convenções de ária, dueto e coro, assim como pela insignificância dos enredos. Outro ponto contra ela era sua imensa popularidade diante do público aristocrático da Rússia a partir dos anos 1830 – na opinião de Stasov, um sinal da ignorância da elite e da sua paixão pelo exibicionismo. Ele era favorável às formas livres, as que expressassem adequadamente a verdadeira natureza dos seres humanos, seu mundo interior e seu lugar na sociedade, e portanto ele acreditava que a arte tinha de ser realista e nacional. Na música, isso significava uma certa preferência pela música programática, e seus heróis europeus eram Berlioz, Liszt, Chopin e Schumann. Ele expunha suas opiniões com espírito, rudeza, violentos ataques pessoais e insultos quando podia, mas sua inteligência não podia ser negada. Seus grandes inimigos na música eram Wagner, a tradição clássica europeia que ele identificava com a herança de Mendelssohn, Anton Rubinstein e o Conservatório. O Conservatório era seu inimigo predileto, pois ele pensava que este último conservava a forma clássica tradicional na música e estabeleceria a dominação musical alemã na Rússia – não a "verdadeira" música alemã como a de Beethoven ou Schumann, mas um cosmopolitismo de base alemã.

Felizmente, o círculo de Balakirev, logo batizado de "punhado poderoso" ou "cinco poderosos", na origem um epíteto depreciativo, não era tão combativo nem tão rígido quanto Stasov. Eles tinham suas próprias opiniões, desenvolvidas sob a liderança de Balakirev, de início o principal mentor do grupo, e depois nos escritos de Cui e de outros compositores. Eles não eram tão exclusivamente apaixonados por temas russos como Stasov: desde o começo, Balakirev e Mussorgsky escreveram música programática e canções sobre temas não russos. Cui, em especial, era um "nacionalista" muito esquisito. Filho de uma nobre polonesa e um oficial francês que ficou na Rússia depois de 1812, ele nasceu em Vilnius e o pouco de formação musical que teve foi dada pelo compositor polonês Stanisław Moniuszko. Todavia, entre todos eles, a atmosfera da década de 1860, bem como a intimidação de Stasov, incentivava um interesse pela música folclórica russa, além de óperas e música instrumental sobre temas russos.

Os temas russos que eles escolhiam refletiam de maneira geral as preocupações dos anos 1860. O uso da música folclórica era acompanhado por um intenso interesse pelo campesinato, que era a característica distintiva da era da emancipação. Na história russa, eles voltavam-se para os momentos decisivos e as eternas perguntas sobre o papel dos tsares, seus objetivos e seus efeitos sobre a Rússia. Até na ópera, em que a representação de figuras da dinastia Romanov era proibida, eles apresentavam o passado russo em toda a sua complexidade. A primeira ópera de sucesso de Rimsky-Korsakov, "A Dama de Pskov" (1873), abordava os paradoxos do reinado de Ivã, o Terrível, ao passo que a maior realização de todos os cinco, o "Boris Godunov" de Mussorgsky (1868-1874), seguia a peça de Púchkin para retratar um tsar cuja ambição e sede de poder destruíram a si mesmo e ao país. Ele escolheu os eventos da revolta dos mosqueteiros de 1682 para retratar o fim da velha Rússia e a aurora da nova na sua segunda ópera "Khovanshchina". Não se tratava de libelos políticos, e Mussorgsky não era um radical, mas elas ofereciam uma reflexão sobre questões dolorosas da época, o que lhes valeu mais tarde a fama de "críticas". As inovações de Mussorgsky na harmonia e em outras áreas também lhe dariam grande fama no século XX, mas em vida suas óperas só tiveram sucesso limitado, e ele morreu de alcoolismo antes de poder terminar a "Khovanshchina".

Do restante dos cinco, o mais bem-sucedido foi sem dúvida Rimsky-Korsakov, que acabou por aderir ao Conservatório e lecionou contraponto e orquestração, tornando-se um dos seus professores de maior renome. Sua série de óperas baseadas em episódios da história e do folclore russo tornou-se um pilar do repertório operístico russo. A ópera "Príncipe Igor" de Borodin e sua música sobre temas da Ásia Central valeram-lhe um lugar permanente no repertório mundial, e suas sinfonias e outras composições continuam populares na Rússia. Balakirev, uma personalidade polêmica mas carismática, atravessou uma crise religiosa nos anos 1870 e parou de compor, só retomando a música nos anos 1880. Suas opiniões religiosas e conservadoras valeram-lhe o mecenato da corte de Alexandre III, e Balakirev recebeu o cargo de diretor do coro da Capela Imperial.

Cui, em contrapartida, escreveu muito, incluindo vários artigos em francês sobre a música russa, mas sua extensa obra musical não conquistou o público. Como mostra a adesão de Rimsky-Korsakov ao Conservatório, ao longo das décadas os cinco gradualmente moderaram sua hostilidade aos "cosmopolitas", e a vida musical tornou-se gradualmente menos conflitiva. Nikolai Rubinstein ajudou nesse processo, e até Stasov teve que retrair um pouco suas garras, embora continuasse hostil a Tchaikovsky até o fim.

O círculo de Balakirev fez muito barulho além de música na vida musical russa, mas a popularidade de Tchaikovsky ofuscou-os, especialmente fora do país. Ele adotou de forma apaixonada o ponto de vista de Rubinstein de que os compositores russos tinham de ser formados adequadamente, o que queria dizer à moda ocidental, e ele carecia totalmente da hostilidade de Stasov e seus seguidores para com as convenções formais da música ocidental. De fato, o ídolo de Tchaikovsky era Mozart, e ele acreditava que grande parte da sua inspiração para a carreira musical vinha de uma descoberta precoce do "Don Giovanni" de Mozart. O pai de Tchaikovsky era um oficial e engenheiro de minas culto de origem nobre, mas sem propriedades ou meios independentes para deixar ao seu filho. Depois do Conservatório, Tchaikovsky relutou em assumir um emprego não musical, e por isso sua nomeação para o Conservatório de Moscou foi crucial para a sua sobrevivência. Ali, na atmosfera relativamente relaxada de Moscou, ele produziu suas primeiras grandes obras: as segunda, terceira e quarta sinfonias e o primeiro e mais famoso concerto para piano. Ele também começou a trabalhar no balé "O Lago dos Cisnes" e na ópera "Evgenii Onegin" (Eugenio Oneguin), que lhe trouxeram fama imortal.

Tchaikovsky mudou-se para São Petersburgo em 1877, abandonando seu cargo no Conservatório de Moscou. Ele entrou então em contato com o centro da ópera russa e do mundo do balé, e os resultados logo surgiram. Ele acrescentou "A Bela Adormecida" e "O Quebra-Nozes" aos seus balés, e "Mazepa" e a "Rainha de Espadas" à sua lista de óperas, além de um

IMAGEM 13. Piotr Tchaikovsky quando jovem.

concerto para violino e mais duas sinfonias, a quinta e a sexta ("Patética"), antes da sua morte em 1893.

As óperas de Tchaikovsky não seguiam a tradição italiana tão desprezada por Stasov e outros. Ele mesmo chamou "Evgenii Onegin" de "cenas líricas" em vez de ópera, pois era uma série de cenas amarradas pela trama, algo de que Stasov deveria ter gostado mas que, como era típico dele, viu razão para criticar. Suas óperas usavam libretos baseados na literatura russa e não no folclore, e portanto eram também "nacionais", mas novamente de maneira bem diferente do que Stasov pregava. Elas não continham nenhuma das reflexões sobre a história russa que instigavam Mussorgsky e Rimsky-Korsakov a compor e, no final dos anos 1870, Tchaikovsky era politicamente bastante conservador. Na sua correspondência ele zombava da ideia de um governo sem um tsar forte.

Em alguns aspectos, os balés de Tchaikovsky eram ainda mais importantes, pois eram considerados não só grandes obras musicais, mas as primeiras composições nativas de importância para o Balé de São Petersburgo sob o comando de Marius Petipa (1818-1910). Petipa foi para a Rússia em 1847 como bailarino, e, em 1862, tornou-se o coreógrafo principal do Teatro Imperial, o Mariinskii. Ele era produto do balé francês da primeira metade do século XIX e foi o criador do balé na Rússia como o conhecemos. São de Petipa não apenas toda uma série de balés ainda hoje no repertório, mas também muitas das práticas que hoje são padrão na Rússia, incluindo os papéis masculinos fortes que eram incomuns em meados do século XIX. O balé, ainda mais que a ópera, manteve sua ligação com a corte e tinha um público predominantemente aristocrático: muitas bailarinas também eram amantes dos grão-duques e grandes aristocratas. Como o balé estava diretamente subordinado ao Ministério da Corte, recebia generosos subsídios para as produções e apoio para Petipa até praticamente o final da sua vida. Como disse mais tarde George Balanchine, "São Petersburgo era agora a capital mundial do balé".

A música russa alcançou a maturidade num período relativamente curto, em decorrência do patrocínio estatal e privado. A continuação do sistema estatal de teatro foi uma grande benesse para o balé, mas nem tanto para a ópera, porém na década de 1890 as óperas podiam ser encenadas por companhias particulares subsidiadas pelos industriais de Moscou. Rubinstein fundou a Sociedade Imperial de Música Russa com patrocínio da corte para oferecer concertos sinfônicos já nos anos 1860. Stasov e o círculo de Balakirev estavam particularmente preocupados em levar música a um público mais amplo, e para isso fundaram a Escola de Música Livre (gratuita) e ofereciam muitos concertos semiamadores de música coral. De início o público era escasso, mas na década de 1890 São Petersburgo e Moscou já ofereciam uma série de temporadas de concertos e teatros e orquestras particulares com um público crescente e fervoroso. Nas províncias surgiram pequenas escolas de música, a maioria particulares, que faziam música longe das capitais e produziam muitos grandes músicos. A base institucional da música russa refletia a sociedade em mutação da época, ao combinar o subsídio e controle estatal, o patrocínio privado das novas classes de industriais e o ativismo da *intelligentsia*. Sobre essa base, os compositores e músicos puderam criar e apresentar algumas das maiores obras da música mundial.

As artes visuais

Para os pintores russos, o acontecimento mais importante foi a saída de treze estudantes da Academia de Arte em 1863. Os estudantes, liderados pelo mais talentoso do grupo, Ivã Kramskoi, opuseram-se às condições tradicionais da competição anual pela Medalha de Ouro da Academia. Para essa competição, os estudantes recebiam um tema histórico, mitológico ou bíblico para pintar, e o tema específico daquele ano foi "Odin no Saguão de Valhalla". O vencedor recebia não somente uma medalha, mas também uma viagem à Europa e o direito de vender a pintura na Academia, mas Kramskoi e seus colegas não aceitaram o tema imposto. Em vez disso, escolheram sair da Academia, abandonando assim suas chances de ganhar, e formaram a "Associação Livre dos Artistas".

Os rebeldes da Academia não eram os únicos a querer rejeitar os modelos acadêmicos. Tanto as convenções artísticas quanto o tema abordado eram vistos pela maioria dos jovens artistas como antiquados e estrangeiros, sem nada a ver com a realidade russa que mudava tão rápido em torno deles nos anos 1860. Se adotavam algum modelo europeu, tratava-se de Courbet e alguns pintores realistas alemães, mas a maior parte da pintura russa que surgiu nessa década tinha raízes nativas na pintura de gênero da década de 1850 e, em certa medida, em Alexander Ivanov. A nova pintura tinha de ser realista e retratar a vida do povo russo o mais plenamente possível. Não surpreende que o porta-voz autonomeado da nova tendência fosse, mais uma vez, Vladimir Stasov.

A associação dos rebeldes da Academia logo se desfez por causa de rixas internas, mas em 1870 Kramskoi fez surgir a ideia da "Associação Itinerante de Artistas Russos", destinada a organizar exposições das suas obras não apenas nas capitais, mas numa variedade de cidades russas. A ideia foi um sucesso imediato, e muitos artistas a ela aderiram. A nova associação chegou a abarcar praticamente todos os artistas russos com exceção dos privilegiados acadêmicos. Ela encontrou um novo público além das elites de São Petersburgo e levou o trabalho dos seus membros a públicos de província, à *intelligentsia* e também à emergente classe média. As exposições também puseram os artistas em contato com ricos empresários, dos quais os mais importantes eram os milionários têxteis de Moscou. Pavel Tretyakov colecionava desde 1856 e muito cedo já pôs sua coleção particular à disposição do público. Assim, ele podia apoiar os artistas comprando suas obras e divulgando-as. Em 1881 ele abriu a coleção ao público em geral. Petersburgo não tinha nada semelhante, embora o tsar Alexandre III comprasse muitas pinturas, incluindo os trabalhos dos Itinerantes. Foi supostamente uma das pinturas religiosas de Repin que Alexandre comprou na exposição Itinerante em 1889 que deu-lhe a ideia de criar um museu de arte russa em São Petersburgo. Este só foi aberto em 1895, depois da morte de Alexandre, no palácio Miguel, a antiga residência da grã-duquesa Elena Pavlovna.

Os Itinerantes escolheram como tema a paisagem russa, cenas de gênero da vida no campo e retratos dos escritores e artistas da época, bem como dos empresários que atuavam como seus mecenas. O mais importante era Ilya Repin, que causou sensação em 1873 com uma representação simples de trabalhadores puxando uma barcaça no Volga. Embora as simpatias de Repin se dirigissem aos Itinerantes, ele era estudante da Academia e usou seu estipêndio para passar vários anos em Paris. Ele admirava intensamente os pintores franceses da época, incluindo Manet, e aprimorou sua técnica, mas permaneceu fiel aos ideais dos seus mentores e colegas russos. Suas pinturas mais famosas foram feitas nos anos 1880: uma tela monumental que retrata uma procissão religiosa na província de Kursk, o retorno de um prisioneiro político à sua família, e outros temas que implicavam uma leve crítica à ordem existente. Repin também abordou temas históricos, dos quais o mais poderoso é seu quadro de Ivã, o Terrível, no momento após matar o seu filho. Repin via essa obra não como uma condenação inequívoca do despotismo, mas como uma tragédia de crime e arrependimento, embora grande parte do público tomasse-a num sentido mais político.

Repin era somente o mais conhecido de muitos pintores da época. Os quadros aterradores de Vassíli Vereshchagin sobre as guerras do Turquestão e dos Bálcãs causaram sensação pela sua representação realista das consequências das batalhas. Os imensos quadros históricos do siberiano Vassíli

Surikov, que mostram a execução dos mosqueteiros por Pedro, o Grande, a prisão da mártir da Velha Crença Morozova e a conquista da Sibéria, formaram a concepção visual do passado da Rússia por décadas. Os pintores de paisagens, Ivã Shishkin com suas florestas e Isaak Levitan com seus numerosos rios e campos elegíacos com igrejas, transmitiam a vastidão e humilde beleza do campo russo. A maioria desses pintores eram pupilos ou amigos de Repin, pois a vida artística de São Petersburgo mudava rapidamente. A Academia tornava-se menos ameaçadora à medida que apareciam salões e estúdios, além de novos mecenas. O tsar Alexandre III ficou profundamente impressionado com Repin, comprou cada vez mais pinturas dos Itinerantes e, por fim, o Museu Russo em São Petersburgo ofereceu à cidade seu primeiro museu dedicado exclusivamente à arte russa. Os rebeldes haviam encontrado um defensor onde menos esperavam.

A pintura russa nunca teve no exterior a fama da literatura ou da música russa. Alguns pintores (Vereshchagin, por exemplo) estiveram na moda durante um curto período na Europa, mas foram praticamente esquecidos no século XX. A arte russa do século XIX estava muito afastada da estética da escola francesa dominante para ter algum impacto. De fato, os pintores russos, exceto Repin e poucos outros, não tinham viajado ao Ocidente e conheciam pouco da arte francesa. Seu trabalho nem mesmo se parecia com a arte realista europeia que era dominante fora da França, embora eles conhecessem um pouco os alemães. O impressionismo deixou os pintores russos indiferentes até bem no final do século. O que os pintores do período – os Itinerantes e outros – produziram foi um retrato da Rússia, seu povo, sua história e seu país, que ainda apela aos sentimentos de praticamente todo russo instruído.

LITERATURA

A glória da cultura russa nas décadas seguintes à Guerra da Crimeia residia na sua literatura, que não só era central para a sociedade e cultura russas mas, pela primeira vez, rompeu a barreira da língua e entrou para a cultura comum do Ocidente. Em poucos anos, Ivã Turguêniev, Fiódor Dostoievski e Lev Tolstoi ganharam enorme fama e popularidade na Rússia. O veículo dessa nova popularidade era a imprensa, especialmente a meia dúzia de "revistas grossas" que publicavam quase todas as novas obras. O público para a literatura russa, ao contrário da Europa Ocidental, não estava concentrado nas grandes cidades. Mesmo Petersburgo ainda não era uma metrópole pujante como Paris ou Londres, e grande parte da sua população mal era alfabetizada. Ainda não existia uma ampla classe média instruída para proporcionar leitores aos novos romances. O lugar da classe média na Rússia era ocupado pela aristocracia e pela *intelligentsia*, espalhadas por todo o país. Eram proprietários rurais, médicos provinciais, professores de ginásio e oficiais subalternos em todo o império. Muitas vezes não havia livrarias nas províncias, e a chegada mensal da "revista grossa" pelo correio era o foco principal da vida cultural.

Ivã Turguêniev já tinha se tornado famoso com as *Memórias de um Caçador* e vários romances quando alcançou verdadeira notoriedade com *Pais e Filhos* em 1862. Nos romances posteriores de Turguêniev, seus heróis e heroínas muito fortes, sobretudo aristocratas, passavam seu tempo tentando decifrar o significado das mudanças na Rússia e no mundo, bem como seu papel nesse contexto. Turguêniev apresentava várias possibilidades e, por isso, não satisfazia nenhum campo político, mas conquistou um público amplo e favorável. Sua residência quase permanente no exterior mantinha-o distante de grande parte dos detalhes da vida russa em constante mutação, mas também fazia dele um elo com a literatura europeia. Sua amizade com os principais talentos da literatura francesa, Émile Zola, os irmãos Goncourt e outros, abriu caminho para traduções e proporcionou pela primeira vez à literatura russa um lugar na cultura europeia mais ampla.

Fiódor Mikhailovich Dostoievski fizera sua estreia literária, como Turguêniev, na década de 1840. Seu envolvimento no círculo de Petrashevskii custara-lhe 4 anos de prisão na Sibéria, seguidos por mais 5 anos no Exército em fortalezas remotas na fronteira da estepe cazaque. Na prisão, a visão de mundo de Dostoievski começou a mudar, pois ele abandonou o socialismo utópico por ser demasiado afastado do povo e começou a voltar-se para a ortodoxia, que a seu ver era a religião "do povo". No Exército, pelo menos ele podia ler e escrever, e finalmente retornou à Rússia europeia em 1859 com um maço de manuscritos na mala. Um deles era as *Recordações da Casa dos Mortos* (1860-1861), que lhe trouxe fama instantânea. Seu relato angustiante da vida na prisão estava em sintonia com o humor do público da era da emancipação, e muitos leitores parecem não ter percebido a nota de redenção pela fé nessa obra. Ao contrário da maioria dos escritores russos da sua época, Dostoievski não vinha da aristocracia hereditária. Seu pai era um médico que havia obtido o título de nobreza por meio do serviço público, mas poucos meios de subsistência. Dostoievski tinha de viver da sua escrita, e isso não era fácil. Em 1861-1865 ele arriscou-se no jornalismo, editando junto com seu irmão duas revistas que só tiveram vendas moderadas e logo desapareceram.

Nas revistas, ele desposou uma variante do eslavofilismo, conclamando a um retorno ao solo e às tradições do povo russo. Para ele, esse retorno significava a ortodoxia e o respeito ao tsar. Uma viagem à Europa Ocidental ampliou sua experiência, mas também confirmou sua visão cada vez mais negativa da sociedade moderna individualista, irreligiosa e dedicada sobretudo à ganância. A viagem também apresentou-o ao cassino e somou o vício do jogo aos seus problemas de saúde (epilepsia) e endividamento crônico.

Dostoievski já fizera uma contribuição ao debate literário da época nas suas *Memórias do subsolo*, de 1864, um ataque violento ao utopismo de Chernyshevsky em *O que se há de fazer?*, mas não era uma obra calculada para cair no gosto popular; de fato, sua fama só veio no século XX. O fracasso das suas revistas compeliu-o a trabalhar furiosamente só para sobreviver, e os resultados foram espetaculares no sentido literário, mas não financeiro. Seu primeiro grande sucesso foi *Crime e Castigo*, publicado na "revista grossa" conservadora de Katkov, o *Mensageiro Russo*, em 1866. O romance acabou dando-lhe fama mundial e logo de início foi seu maior sucesso russo. A história do estudante Raskolnikov, que assassina uma penhorista idosa porque precisa de dinheiro e pensa estar acima das regras morais normais, prendeu a imaginação dos seus contemporâneos e nunca deixou de fascinar. Ao longo da década e meia que se seguiu, ele produziu outros grandes romances, bem como uma série de obras mais curtas. Nos seus escritos ele mostrou-se um mestre da psicologia humana, embora não gostasse do termo: ele achava que estava simplesmente retratando a alma humana como ela é.

Crime e Castigo trouxe-lhe fama duradoura, mas não resolveu seus problemas monetários. O mercado russo de livros já era desenvolvido o bastante para distribuir amplamente novos romances, mas não o bastante para proporcionar um meio de vida, até para um autor famoso. O segundo grande romance, *O Idiota*, foi uma tentativa de apresentar um personagem positivo, o protagonista príncipe Myshkin, mas é talvez pela misteriosa Nastasia Fillipovna que ele é mais lembrado. Logo depois veio *Os Demônios* (1871-1872), que era, entre outras coisas, um ataque aos liberais e radicais da época, os quais ele retratou como sonhadores incompetentes que brincavam com fogo (os Verkhovenskii mais velhos) ou fanáticos amorais e sedentos de poder (os Verkhovenskii mais novos), um retrato combinado do revolucionário Nechaev e do antigo mentor de Dostoievski, Petrashevskii.

Os Demônios consolidou sua reputação de porta-voz conservador e, novamente em dificuldades financeiras, Dostoievski voltou ao jornalismo, mas dessa vez em circunstâncias diferentes. Em 1872, Dostoievski começou a frequentar o salão político do príncipe V. P. Meshcherskii, amigo próximo do herdeiro do trono, Alexander Alexandrovich. O herdeiro era o centro da oposição conservadora às reformas de seu pai, reforçado nas suas opiniões pelo advogado conservador Konstantin Pobedonostsev, que havia sido um de seus tutores. Todos eles desposavam um conservadorismo estatista centrado no monarca, nacionalista e ortodoxo, mas sem as doutrinas eslavófilas específicas sobre a comunidade aldeã e a unidade espiritual da nação. Meshcherskii tinha acabado de fundar um jornal chamado *O Cidadão* e convenceu Dostoievski a tornar-se o editor. Para incentivá-lo, Alexander Alexandrovich também pagou as dívidas de Dostoievski, um fato que só se tornou conhecido na década de 1990. Parte da contribuição de Dostoievski era uma coluna regular, *O Diário de um Escritor*, que continha algumas das suas mais famosas e mais debatidas contribuições. No *Diário* e em suas continuações posteriores ele aproveitou a oportunidade para criticar a nova Rússia reformada. O novo sistema judicial, em especial, despertava sua ira, pois a ideia de julgamento pelo júri parecia-lhe perniciosa. Em todo caso, ele via a criminalidade numa ótica religiosa, como um problema de pecado e arrependimento, e zombava das fórmulas jurídicas e do procedimento judicial. Seu jornalismo era intensamente nacionalista, glorificava as conquistas militares da Rússia na Guerra Russo-Turca e a própria guerra em si. Os poloneses, ucranianos e judeus sofreram sua ira, e estes últimos eram para ele a encarnação do espírito individualista ganancioso da sociedade moderna. Nenhuma dessas posições ideológicas e preconceitos nacionais valia a Dostoievski o apreço da *intelligentsia* fora do seu pequeno contingente conservador.

O último romance de Dostoievski, *Os Irmãos Karamázov*, propiciou-lhe sucesso mais uma vez, com sua intriga familiar e elucubrações filosóficas, e finalmente estabeleceu sua posição entre os escritores russos. Sua última aparição pública importante aconteceu em 1880, como orador nas comemorações em torno da ereção da estátua de Púchkin em Moscou. Ali ele surpreendeu a plateia enaltecendo Púchkin não somente como escritor russo, mas como alguém que pertencia a toda a humanidade. O discurso fez muito para restaurar sua reputação junto à *intelligentsia*, mas de pouco lhe serviu junto aos seus amigos conservadores como Pobedonostsev. Pobedonostsev era então o chefe do Santo Sínodo e, como guardião da ortodoxia, passou a achar que a visão que Dostoievski tinha de Cristo era demasiado vaga e não suficientemente de acordo com os ensinamentos da Igreja. De fato, o Cristo de Dostoievski começara a parecer-se com seu Púchkin, uma figura para a humanidade, não apenas para a Rússia. Esse seria também o destino final de Dostoievski.

A temática religiosa que era central na obra e no pensamento de Dostoiévski também preocupou outro dos maiores escritores da Rússia, Tolstoi. O conde Lev Nikolaevich Tolstoi nascera em 1828 numa família de proprietários rurais abastados com terras nas ricas províncias ao sul de Moscou. Tolstoi nasceu em Iasnaia Poliana, a principal propriedade da família, que continuou a ser sua residência principal até sua morte. A família não fazia parte da grande aristocracia que frequentava a corte e os salões de Petersburgo, mas era certamente de nobreza antiga e com uma notável folha de serviços no Exército e no serviço público do Império Russo. Ele cresceu na propriedade familiar sob orientação de vários tutores e depois passou algum tempo como estudante na universidade de Kazan, como descreveu com detalhes inesquecíveis na sua trilogia autobiográfica, Memórias (*Infância, Meninice e Juventude*). Na universidade ele participou da vida normal dos jovens nobres, bebendo, jogando baralho e cortejando mulheres muito distantes da sociedade educada. Ele nunca colou grau na universidade e, por sentir-se irrequieto em casa, partiu para o Cáucaso, onde alistou-se como voluntário numa unidade de artilharia. O início da Guerra da Crimeia trouxe-lhe uma comissão e ele assistiu a um combate acirrado, inclusive no cerco de Sebastopol. Suas histórias desse cerco foram publicadas enquanto ele ainda estava em curso e trouxeram-lhe fama instantânea como escritor. Ao final da guerra, ele passou vários anos em Petersburgo e Moscou, brigando com quase todas as figuras literárias importantes e desimportantes da época. No fundo, ele não tinha simpatia pelas ideias deles, nem pelo progressismo e fascinação pela ciência e pelo progresso dos liberais, nem pela subserviência à autocracia dos conservadores. Os eslavófilos pareciam-lhe ser pessoas boas, mas perdidamente doutrinários. Pessoalmente ele permaneceu um nobre e aristocrata rural (não cortesão) e julgava a maioria dos literatos toscos ou egoístas ou ambas as coisas.

Nesses anos ele fez sua primeira viagem à Europa Ocidental. A Europa como um todo provocou nele uma visão crítica muito semelhante à de Dostoievski, de que o progresso tão alardeado da Europa era somente materialismo, ganância e vácuo espiritual. A diferença era que Tolstoi carecia do chauvinismo de Dostoievski e não tinha muito respeito pela autocracia russa ou pela ortodoxia. Ele não via nenhuma resposta "russa" aos dilemas da Europa. Seu próximo projeto foi uma escola para as crianças camponesas na sua propriedade, que ele decidiu administrar segundo um modelo derivado das teorias pedagógicas de Rousseau. Isso significava ausência de coerção, ausência de castigos, projetos de trabalho e uma tentativa resoluta de envolver os alunos com as matérias. A escola acabou sendo um sucesso, talvez devido mais ao carisma de Tolstoi que à eficácia das suas teorias. Tolstoi fundou uma revista para propagar suas opiniões, incomodando assim a maior parte do meio educacional. A escola propiciou-lhe uma notoriedade considerável e também inspirou uma segunda viagem à Europa para encontrar pedagogos famosos e inspecionar escolas. Ele julgou as escolas europeias, especialmente as famosas prussianas, deprimentes, rígidas e altamente dependentes de memorização, e tudo isso só reforçou seus preconceitos. Ao retornar do exterior no início de 1861, logo depois da emancipação dos servos, ele viu-se com uma nova ocupação: Intermediário da Paz em um dos distritos da sua província natal de Tula. Tratava-se de homens que a aristocracia reunida devia eleger para lidar com disputas entre camponeses e proprietários quanto à implementação da emancipação. A aristocracia de Tula rejeitou Tolstoi por ser demasiado favorável aos camponeses, mas o governador provincial, um general, prevaleceu sobre eles e nomeou Tolstoi. Ele serviu por quase um ano, na maior parte do tempo em conflito com seus colegas intermediários. Os rumores sobre suas opiniões inabituais causaram-lhe ainda mais problemas, pois a difusão do movimento revolucionário na primavera de 1862 levou a uma batida policial na sua propriedade. A polícia estava procurando prensas clandestinas e manifestos revolucionários, e não encontrou nada do tipo. Tolstoi escreveu para o tsar para reclamar do insulto à sua honra e reputação, e recebeu garantias dos ministros de que não haveria consequências. Nem seus vizinhos da aristocracia nem o governo sabiam muito bem o que pensar dele.

No mesmo ano ele casou-se com Sofia Bers, filha de um dos seus vizinhos, e pelos próximos 20 anos dedicou-se à sua família, sua escola, suas obrigações de Intermediário da Paz e à escrita. O fruto desses anos seria *Guerra e Paz*, que foi publicado no *Mensageiro Russo* de Katkov, como muitas obras de Dostoievski, em 1865-1869.

O épico colossal de Tolstoi é dedicado às guerras da Rússia com Napoleão e sobretudo à invasão francesa de 1812. Embora certamente patriótico num sentido geral, Tolstoi não era nacionalista. Ele odiava Napoleão, não os franceses, e sua visão da Rússia estava longe de ser rósea. Ele retratou o tsar, a corte e o governo como ineptos e distantes das realidades da vida e da guerra. Os numerosos alemães no serviço público russo receberam tratamento desdenhoso, e somente seu herói Kutuzov destaca-se da multidão de comandantes frios e formalistas. Embora o livro termine com longas reflexões sobre o significado da história (Tolstoi ficava particularmente enfurecido com a ideia de que "grandes homens" determinam o curso da história), o livro não é verdadeiramente sobre os acontecimentos de 1812, mas sobre o homem e seu destino, como Tolstoi o via.

Para Tolstoi, os verdadeiros problemas da vida não eram políticos, mas morais. Pierre Bezukhov e sua peregrinação espiritual, em especial, encarnam o desejo de agir de forma moral e de encontrar o significado que pode estar escondido por trás da correria do cotidiano e da aceitação irrefletida de valores e instituições herdadas. O príncipe Andrei Bolkonskii é seu contrário, o analista racional da guerra, dos acontecimentos e dos seres humanos. No fim, é Pierre que encontra a felicidade, primeiro aprendendo com o camponês Platon Karataev e sua humildade e fé em Deus, e depois na vida familiar com Natasha Rostova. Muito de Tolstoi estava em Pierre, não apenas nos seus experimentos com planos para beneficiar os camponeses na sua propriedade, mas também na sua busca espiritual.

Depois do sucesso de *Guerra e Paz*, Tolstoi voltou-se novamente para a pedagogia e diversos planos para novos romances. O resultado foi *Anna Karenina* em 1875-1877. É a história da aristocrática Anna, seu amante Vronskii e seu marido burocrata, contrastada com Levin e sua esposa Kitty, mais uma

IMAGEM 14. "Lev Tolstoi arando um campo", desenho de Ilya Repin. Museu Tretyakov.

vez um retrato de Tolstoi, uma vida familiar feliz contrastada com a aventura desastrosa de Anna. No entanto, enquanto ele estava escrevendo o livro, Tolstoi atravessou a derradeira e mais profunda crise espiritual da sua vida.

A crise de Tolstoi foi religiosa. Obcecado pela morte e pelo problema do significado da vida, ele voltou-se para a filosofia e a religião, mas não conseguiu decidir qual religião deveria seguir. Ele procurou primeiro a ortodoxia, a religião na qual ele havia sido criado, principalmente porque era a religião do campesinato e ele queria permanecer próximo a eles e sua sabedoria. A ortodoxia, porém, não o satisfez. A liturgia deixava-o indiferente e ele não apreciava o apoio entusiasta da Igreja ao Estado e a todas as suas ações – guerra, opressão e pena de morte – que já eram todas inaceitáveis para ele.

Finalmente, em 1879-1880 ele começou a ler a Bíblia intensamente, em especial os Evangelhos, e chegou à conclusão de que o núcleo do ensinamento de Cristo era a não resistência ao mal ("Eu, porém, vos digo que não resistais ao homem mau; mas a qualquer que te bater na face direita, oferece-lhe também a outra", Mt 5,39). Para Tolstoi, tudo derivava desse princípio. Isso significava que o Estado, ao combater o crime ou os inimigos estrangeiros, era basicamente não cristão, e que a única atitude correta era um pacifismo radical e uma espécie de anarquismo cristão. Ele desenvolveu essas ideias numa série de longos panfletos, a *Confissão,* que relata seu desenvolvimento interior em direção a essas opiniões, além de relatos do que ele via como o verdadeiro cristianismo. É desnecessário dizer que nenhuma dessas obras podia ser publicada na Rússia, embora tenham circulado amplamente de forma clandestina e atraído um grupo pequeno mas devotado de seguidores.

Tolstoi não abandonou a literatura. Em 1899 ele publicou seu último grande romance, *Ressurreição*, sobre uma prostituta falsamente condenada por assassinato e seu renascimento espiritual (o livro foi banido na Rússia), e escreveu *Hadji Murat*, uma novela sobre as Guerras Caucasianas. Obras mais curtas como *A Sonata a Kreutzer* e *A Morte de Ivan Ilitch*, além de inumeráveis artigos sobre temas públicos, fizeram gradualmente dele a pessoa mais famosa do país e o russo mais famoso do mundo.

As opiniões de Tolstoi e sua defesa renitente destas criaram problemas com a Igreja e o Estado, e também com sua família. Sua esposa achava que ele estava negligenciando o bem-estar da família, apesar de que, nos anos 1890, as transformações do mercado editorial na Rússia significavam que ele, tal como outros autores, começava a receber retornos mais substanciais pelas suas numerosas obras. A Revolução de 1905 também foi uma época difícil para ele, já que ele se opunha à autocracia mas não acreditava na violência usada contra ela, muito menos na violência do Estado contra grevistas, revolucionários e camponeses rebeldes. Finalmente, em 1910, aos 82 anos de idade, ele decidiu abandonar tudo e viver uma vida de religioso recluso. A viagem num vagão de terceira classe sem aquecimento no inverno foi demais para ele. Ele morreu na casa do chefe de estação da ferrovia numa pequena cidade a poucas centenas de quilômetros ao sul de Iasnaia Poliana.

Na época da morte de Tolstoi, a literatura e cultura russas haviam passado por novas fases, pelas quais ele tinha pouca simpatia. Ele era o último sobrevivente da maior era da literatura russa, e talvez da cultura russa em geral. As artes e as ciências haviam posto a Rússia no mapa da cultura mundial. Pela primeira vez, o vasto Império Russo era conhecido por algo além do tamanho e poderio militar.

capítulo 14

A Rússia como Império

As guerras estrangeiras do Império Russo ao longo dos séculos lançaram as bases para a sua expansão, que viria a incluir toda a Eurásia setentrional. É claro que, pelos padrões britânicos, os resultados não eram impressionantes. A maior parte do Império Russo estava na Sibéria, cuja maior parte era composta de floresta aparentemente impenetrável e tundra. As mais novas conquistas da Rússia na Ásia Central tinham população escassa e eram pobres – nada equivalente à Índia ou nem mesmo à Birmânia. O Estado resultante incluía extensas áreas de fronteira com populações não russas, que eram na verdade dois impérios – um terrestre tradicional na Europa e uma tentativa de imitação do exemplo britânico na Ásia Central. A oeste e ao sul, as políticas interna e externa estavam inextricavelmente inter-relacionadas.

Nicolau I havia entendido que o Império Russo tinha possibilidades muito limitadas de expansão. Após 1828, seu principal esforço foi subjugar os povos montanheses caucasianos que já faziam parte da Rússia, em vez de conquistar novos territórios. Na Ásia Central, o Exército também se concentrou em reforçar a fronteira existente e controlar os cazaques da estepe, sem tentativas sérias de expansão. Mesmo nos Bálcãs, Nicolau perseguira uma política de *status quo*, preferindo manter a influência russa sobre um Estado otomano unitário do que correr o risco de um plano de partição. Mesmo essa política modesta era demais para a Grã-Bretanha e a França, mas ela refletia a prudência estratégica do tsar, bem como seus erros táticos. A nova situação depois da Crimeia trouxe diferentes possibilidades.

O tratado de Paris não só encerrou a Guerra da Crimeia, como pôs fim à esperança de influência russa sobre os otomanos, deixando a Rússia somente com os movimentos nacionalistas locais na Sérvia e na Bulgária como aliados potenciais. Os nacionalistas balcânicos eram bandos de insurgentes com planos voltados a repúblicas democráticas, portanto aliados improváveis do Império Russo, e a posição internacional e militar da Rússia, enfraquecida pela derrota e sobrecarregada por dívidas e um enorme déficit, tornava a política europeia da Rússia essencialmente passiva. A necessidade de estabilidade na fronteira europeia também decorreu da sensação de que a fronteira do Império Russo a oeste era muito difícil de defender, haja vista que percorria uma enorme distância ao longo de territórios mal atendidos por comunicações. A resposta seriam as ferrovias, mas elas demoraram a ser construídas. Ruídos ameaçadores da Grã-Bretanha e da França durante a revolta polonesa em 1863-1864 provocaram pesadelos em São Petersburgo, mas não deram em nada, em grande parte por causa da aliança firme da Rússia com a Prússia, agora sob seu novo chanceler, Otto von Bismarck. A aliança prussiana significava que a fronteira ocidental estava bastante segura, especialmente depois que Bismarck derrotou os rivais da Rússia, a Áustria e depois Napoleão III, criando assim o novo e poderoso Estado da Alemanha imperial unificada, naquele momento amiga da Rússia.

A preocupação na Europa com a Alemanha e a Itália e as políticas pacíficas do ministro das Relações Exteriores da Rússia, o príncipe Gorchakov, garantiram a paz na década de 1860. A Rússia podia reformar-se gradualmente e começar da mesma forma a reconstruir seu Exército em linhas mais modernas, mas a crise nos Bálcãs logo criou um novo dilema. Os revolucionários sérvios e búlgaros haviam feito tentativas reiteradas de insurgência nos territórios otomanos, conclamando os povos eslavos e ortodoxos a erguerem-se contra seus senhores turcos. A reação veio na forma de represálias cada vez mais violentas, até que, em 1875, os sérvios da Bósnia revoltaram-se novamente e conseguiram resistir por vários meses antes que os otomanos esmagassem a revolta, perpetrando nessa ocasião o maior genocídio da história europeia moderna antes da Primeira Guerra Mundial. No ano seguinte foi a vez de os búlgaros revoltarem-se, e unidades irregulares turcas exterminaram aldeias inteiras, levando até a opinião pública inglesa a vacilar no apoio aos turcos. Era a chance de a Rússia reafirmar-se e garantir a influência nos Bálcãs, e em 1877 ela propôs aos turcos um *status* autônomo para as áreas rebeldes. Os otomanos recusaram e a Rússia declarou guerra. A guerra que se seguiu foi sangrenta mas relativamente curta. Os turcos tinham fortalezas de primeira linha, estavam bem equipados com armamento europeu e lutaram com sua coragem e determinação de sempre. O Exército russo, apesar de maior, ainda estava em processo de reforma e era estorvado por generais antiquados e sem imaginação. Depois de uma série de assaltos sangrentos contra os fortes turcos, os russos finalmente abriram caminho por sobre as montanhas e chegaram perto de Istambul em 1878. Então eles fecharam com os turcos um tratado que estabeleceu a Bulgária como o principal Estado eslavo dos Bálcãs, que se tornaria presumivelmente um cliente russo. Isso alarmou a Grã-Bretanha e a Áustria, e o resultado foi o tratado de Berlim, que criou uma Bulgária muito menor, com um monarca alemão. A Áustria foi autorizada a assumir a Bósnia como protetorado. Isso era obra de Bismarck e foi uma derrota parcial para a Rússia, depois de todos os sacrifícios e heroísmo da guerra.

O Império Russo tornara-se um conglomerado de dois tipos muito diferentes de império, cada qual causando seus próprios problemas para São Petersburgo. Ao mesmo tempo que o fracasso nos Bálcãs, um novo império surgiu na Ásia Central, onde os generais russos sobrepujaram os canatos locais de Kokand, Bukhara e Khiva. O primeiro foi inteiramente anexado ao império, enquanto os dois últimos, de território muito reduzido, tornaram-se protetorados russos. Na década de 1880, toda a Ásia Central estava direta ou indiretamente sob domínio russo. Numa imitação explícita da Índia britânica, a Rússia começou a construir um império colonial moderno.

Na fronteira ocidental, os problemas eram sobretudo de nacionalidade, não colonialismo. Os poloneses representaram o principal problema nacional ao longo do século XIX e, após meados do século, foram os judeus. Por razões muito diferentes, nem os poloneses nem os judeus encaixavam bem na estrutura imperial. Os poloneses eram vistos pelo governo como um elemento hostil e, para muitos funcionários do governo, os judeus eram incapazes de assimilar-se e exploravam o campesinato local. As revoltas polonesas e os *pogroms* praticados contra os judeus adicionavam um elemento de violência ausente das relações com as outras minorias europeias do Império. A Finlândia, em contrapartida, foi pacífica e geralmente leal ao tsar até os anos 1890. Tanto a Polônia quanto a Finlândia eram importantes em grande medida por razões militares, pois faziam parte da crucial fronteira ocidental. A economia de ambas as regiões fronteiriças ocidentais contribuía para a prosperidade global do Império, mas os russos tinham poucos investimentos ali, seja em terra, seja em indústria. Do ponto de vista populacional, juntos os poloneses e finlandeses compunham menos de 10% da população total do Império. O maior grupo não russo na parte europeia do Império era formada, na verdade, pelos ucranianos (cerca de 17%), cuja etnicidade ambígua e consciência nacional mantiveram-nos à margem da política russa até 1905.

270 | HISTÓRIA CONCISA DA RÚSSIA

A integração das regiões fronteiriças ocidentais do Império Russo dependia desde o século XVIII da inclusão das elites locais na estrutura do poder imperial. Os círculos governantes de São Petersburgo no século XIX estavam muito longe de serem uniformemente russos. Alemães proeminentes incluíam o ministro das Finanças de Nicolau, Georg Kankrin, seu ministro das Relações Exteriores, Karl von Nesselrode, e o chefe da Terceira Seção, Alexander von Benckendorff. Entre os ucranianos da elite imperial estavam o ministro de Assuntos Internos, Viktor Kochubei, e o vitorioso marechal Ivã Paskevich, vice-rei de Varsóvia após 1830. Os finlandeses eram importantes no Exército e na Marinha, e dois deles (Arvid Adlolf Etholén e Johan Hampus Furuhjelm) foram governadores do Alasca no seu período russo. O núcleo diplomático tinha vários príncipes Lieven, o barão Nicolai e muitos outros, assim como a corte e o Exército. Somente a nobreza polonesa, fiel às tradições do Estado polonês, abstinha-se do serviço público russo, com algumas exceções importantes.

A dependência dos seguidores nobres da dinastia Romanov, tão bem-sucedida anteriormente, tinha um defeito. Ao longo do século, o desenvolvimento do capitalismo comercial e depois industrial, por mais lento que fosse segundo padrões europeus, modificou a sociedade do Império. Nas regiões fronteiriças ocidentais, o resultado foi o declínio das fortunas econômicas da nobreza, o principal apoio do Império. Por outro lado, empresários na Finlândia, na Polônia e em outras regiões ocidentais beneficiavam-se consideravelmente com o mercado imperial e estavam dispostos a cooperar (dentro de certos limites), mas o conservadorismo aristocrático da corte e da maioria da elite governante tornava difícil ou impossível um acordo com os novos grupos sociais. O Império Russo não podia abandonar totalmente sua aliança com a nobiliarquia local nem sobreviver sem os tsares, e todos eles chegaram ao fim juntos em 1917.

POLONESES NO IMPÉRIO RUSSO

O desfecho do Congresso de Viena fez que as terras historicamente polonesas incorporadas ao Império Russo fossem separadas em duas regiões com caráter e condição muito diferentes, a Polônia central (Polônia do Congresso) e os antigos territórios orientais da Polônia. Em ambas as regiões, a nobreza polonesa não cooperava em grandes contingentes com o Império Russo e, em vez disso, oferecia a base social para a revolta nacionalista.

As terras polonesas centrais em torno de Varsóvia formavam o Reino da Polônia, uma unidade autônoma dentro da Rússia, com o tsar como rei. Sua população era esmagadoramente polonesa e, até a revolta de 1830, o Reino da Polônia teve seu próprio governo, legislatura e Exército sob a égide geral do tsar e do seu vice-rei em Varsóvia. Depois que a revolta foi esmagada, o vice-rei russo, o marechal Paskevich, governou diretamente a área com auxílio de funcionários nomeados. Emigrados poloneses na França e na Grã-Bretanha formaram uma série de sociedades revolucionárias com o intuito de derrubar o domínio russo, mas nenhuma delas teve qualquer sucesso até depois da Guerra da Crimeia. Os territórios orientais da antiga Polônia, hoje a Lituânia, a Bielorrússia e a Ucrânia Ocidental, tiveram destinos muito diferentes. Ali, os poloneses representavam principalmente a nobreza, que possuía servos de nacionalidades diferentes, cujas relações com a causa polonesa iam de algo favorável na Lituânia a muito hostil na Ucrânia. Como os citadinos eram sobretudo judeus e, portanto, não faziam parte da nação polonesa aos olhos dos revolucionários, a base potencial da causa polonesa nessas regiões era realmente escassa. Para piorar as coisas, essas regiões nunca foram autônomas dentro do império, embora as autoridades russas tenham continuado a aplicar o Direito polonês em assuntos civis e penais até a década de 1830.

Para tornar as coisas ainda mais complicadas, o Reino da Polônia, onde a servidão fora abolida por Napoleão, desenvolveu-se mais rapidamente que o interior da Rússia. Indústrias têxteis foram criadas em Varsóvia, Lodz e outras cidades, principalmente por judeus, alemães e outros empreendedores imigrantes. Elas atraíam trabalhadores poloneses e judeus e construíram gradualmente cidades mais modernas no lugar dos velhos centros com seus palácios nobres e artesãos pobres. Varsóvia tornou-se o centro de agitação da região. A reação das autoridades russas à nova revolta de 1863-1864 foi reduzir ainda mais a autonomia limitada da Polônia, uma política que passou a ser conhecida como "russificação". Até o nome oficial foi mudado de Reino da Polônia para "Províncias do Vístula" e o sistema escolar foi obrigado, dali em diante, a ensinar em russo. O governo russo promulgou reformas da propriedade rural mais favoráveis ao campesinato, visto como um contrapeso potencial aos nobres. A reação polonesa à derrota foi uma geração que evitava a política e voltava-se para ações menores, a fim de construir uma sociedade civil por meio da educação, ainda que em russo, e tirar proveito da economia em expansão. A ironia foi que grande parte da prosperidade da economia polonesa era resultado do imenso mercado proporcionado pelo Império Russo, onde os produtos poloneses, que não eram competitivos na Europa Ocidental, encontravam consumidores receptivos. A renascença da política polonesa nos anos 1890 trouxe novos grupos para a clandestinidade, os Nacional Democratas, um grupo nacionalista de classe média, e diversos partidos socialistas, que teriam todos um papel capital em 1905.

AS PROVÍNCIAS BÁLTICAS

De certa forma, as províncias bálticas – a Estônia, a Livônia e a Curlândia (as atuais Estônia e Letônia) – foram mais profundamente afetadas pela evolução do Estado e da sociedade no Império Russo que outras regiões europeias não russas.[1] Alexandre I havia abolido a servidão nas províncias bálticas em 1816-1819. A emancipação sem terra manteve os camponeses estonianos e letões como meeiros ou arrendatários da nobreza alemã, e frequentemente ainda obrigados a realizar serviços braçais, mas a emancipação lançou de fato o processo de modernização. O papel das províncias bálticas como portos de entrada para o Império Russo fez de Riga um importante centro comercial e depois industrial no final do século XIX. Por outro lado, a restauração dos privilégios dos nobres bálticos sob o comando de Paulo I e das formas tradicionais de governo municipal significou que as assembleias provinciais de nobres – todos eles alemães – e o controle efetivo da área permaneciam nas mãos da nobreza e do patriciado alemão urbano. As assembleias de nobres eram eleitas livremente e trabalhavam em contato direto com o tsar, muitas vezes ignorando os governadores russos, os únicos representantes do governo central na região. Tratava-se de instituições livres de um tipo que não existia no restante do Império (exceto na Finlândia), mas sua existência perpetuava a regra de uma nobreza etnicamente distinta acima da população rural.

A persistência das instituições nobres autônomas e a liberdade dos camponeses significavam que os efeitos das reformas dos anos 1860 nas províncias bálticas eram diferentes do restante do Império. Para os camponeses, a grande questão não era sua condição jurídica, mas o acesso à propriedade da terra, conferido apenas na década de 1860. A imprensa florescia e era muito menos limitada que no restante do Império devido ao sistema jurídico local. Revistas e jornais letões e estonianos eram publicados ao lado da imprensa alemã mais antiga e proporcionavam um fórum de debate político

---

1   Nos séculos XVIII e XIX, o termo "províncias bálticas" não incluía a Lituânia, que fazia parte da antiga esfera política e cultural polonesa. A Letônia, a Estônia e a Lituânia passaram a ser chamadas "Estados bálticos" e vistas como grupo somente após a independência em 1918.

e de polêmicas culturais e nacionais. Sempre houvera minorias de artesãos e pequenos comerciantes letões e estonianos nas cidades, e o desenvolvimento econômico da área levou a um influxo acelerado de população do campo para a cidade, de modo que, no final do século XIX, os alemães eram minoria nas cidades. Ao mesmo tempo, a difusão da educação, como em outros lugares do império, deu origem a uma classe instruída entre os povos bálticos, e sociedades culturais voluntárias levavam ideias nacionais aos letões e estonianos. Para essas nacionalidades emergentes, os alemães, e não o tsar ou o povo russo, ainda eram o inimigo. De fato, os eslavófilos russos pensavam que o governo imperial devia encorajar os letões e estonianos contra os alemães, mas as políticas conservadoras pró-nobreza de São Petersburgo, bem como as excelentes conexões da corte com os nobres bálticos, impediam a aplicação plena dessa tática pelas autoridades russas.

Todas essas mudanças levaram a um conflito entre São Petersburgo e a nobreza báltica, mas as assembleias de nobres locais continuaram a existir e atuar, e no campo a nobreza alemã ainda era completamente dominante. A maioria deles continuava a servir no Exército e na administração russa, e a elite aristocrática, em especial, permanecia fiel ao Império. A existência da nova Alemanha unida após 1870 tornou-se um atrativo para alguns, mas no geral a dependência da nobreza da região foi uma política de grande sucesso nas províncias bálticas. A situação começou a mudar somente depois de 1900, quando mudanças sociais e movimentos nacionais trouxeram as maiorias letãs e estonianas para o primeiro plano da sociedade e da política. E elas não eram nobres.

FINLÂNDIA

Como as províncias bálticas, a Finlândia conservou instituições autônomas até o fim do Império, mas fora isso essas instituições e a sociedade finlandesa eram muito diferentes das províncias bálticas. A Finlândia, nas palavras de Alexandre I, fora "elevada à comunidade das nações" pela anexação russa de 1809. Ela já não era mais uma mera extensão oriental da Suécia com uma língua exótica falada por camponeses, mas um país autônomo sob o tsar russo. Alexandre também concedera à Finlândia a continuidade das leis e da religião luterana da época sueca, um governo separado em Helsinki e uma legislatura calcada na antiga dieta sueca. Ao contrário da situação nas províncias bálticas, os camponeses finlandeses nunca haviam sido servos, mas eram arrendatários livres e proprietários, e a dieta finlandesa continuou a prática sueca de incluir representantes camponeses.

274 | HISTÓRIA CONCISA DA RÚSSIA

Portanto, de início os tsares russos podiam contar na Finlândia com a lealdade da nobreza falante do idioma sueco, pois eles descobriram que a nobreza não tinha nem o antagonismo contra o domínio russo dos nobres poloneses nem o egotismo de casta dos alemães bálticos. Na verdade, durante grande parte do século os tsares russos consideraram favoravelmente o desenvolvimento econômico, a construção do Estado e a emergência da consciência nacional na Finlândia. Essa relação geralmente pacífica não era totalmente serena, pois Nicolau I nunca convocou uma reunião da dieta finlandesa. O governo local em Helsinki permaneceu no poder, executando numerosos projetos educacionais e econômicos com o apoio dos governadores-gerais russos e da Secretaria de Estado para a Finlândia em São Petersburgo (geralmente chefiada por um finlandês). A criação de uma universidade em Helsinki não só elevou o nível cultural do país, mas também proporcionou um centro para a cultura nacional emergente, em sueco e finlandês, que afirmava a dignidade nacional ao mesmo tempo que mantinha a lealdade ao Império. O resultado mais importante foi possivelmente a compilação por Elias Lönnrot do folclore finlandês, a Kalevala, cuja maior parte foi coletada entre o campesinato de língua finlandesa da Rússia setentrional, e não na própria Finlândia. O finlandês logo tornou-se uma língua literária junto com o sueco, embora este último tenha continuado a ser a língua principal da administração até o fim do Império Russo. Como o acordo de 1809 acrescentou os territórios finlandeses tomados por Pedro, o Grande, ao restante da Finlândia, a fronteira ia quase até São Petersburgo. Assim, a poucas horas da sua capital, o tsar russo tornou-se monarca constitucional. O Direito finlandês continuou separado do restante do Império, com o resultado que os revolucionários russos podiam esconder-se na Finlândia sem obstáculos jurídicos às suas atividades.

A Guerra da Crimeia provocou alguma destruição na Finlândia, já que a Marinha britânica bombardeou e queimou uma série de cidades costeiras, embora nenhum bombardeio tenha conseguido derrubar o grande forte de Sveaborg no porto de Helsinki. A Finlândia demonstrou reiteradamente a sua lealdade e foi recompensada na era da reforma que se sucedeu. Tal como no restante do Império, o fim da Guerra da Crimeia propiciou um relaxamento radical da censura e uma nova política econômica orientada para o desenvolvimento capitalista. O desenvolvimento econômico e a reforma também trouxeram jornais e a opinião pública para a Finlândia, e agrupamentos políticos começaram a formar-se. A mudança decisiva veio em 1863, quando o tsar Alexandre convocou uma sessão da dieta finlandesa, uma legislatura eleita que representava os "estados" (a nobreza, os citadinos, o clero e os camponeses), não o país como um todo, dado que o direito de voto era extremamente restrito. A esmagadora maioria dos camponeses era de língua finlandesa, e o tsar reconheceu suas necessidades no mesmo ano, dispondo que petições e outros documentos para a administração podiam ser apresentados tanto em finlandês como em sueco (o russo não foi considerado). Os deputados camponeses finlandeses, todos eles firmes defensores da língua finlandesa, eram os principais aliados do tsar na Finlândia contra os liberais, a maioria de língua sueca, entre os deputados urbanos e nobres.

A inclusão no Império Russo criou uma nova situação econômica para a Finlândia, pois São Petersburgo era um enorme mercado de mão de obra e produtos. No início do século XIX, mais finlandeses viviam em São Petersburgo do que em qualquer cidade finlandesa, e as áreas rurais da Finlândia forneciam uma proporção cada vez maior do abastecimento de alimentos da capital. O desenvolvimento mais rápido do interior russo após a emancipação e a construção de ferrovias só fez acelerar a integração da Finlândia à economia do império, haja vista que as usinas têxteis e siderúrgicas forneciam produtos para o aparentemente ilimitado mercado russo. Dessa forma, empresários e nobres tinham interesse em preservar uma autonomia estável dentro do Império. Essa história de sucesso só chegou ao fim com a tentativa de "russificação" do governador-geral N. I. Bobrikov em 1896-1902. Bobrikov decidiu que a Finlândia precisava ser mais integrada ao império, uma meta compartilhada pelo tsar Nicolau II. As medidas efetivas de Bobrikov foram bastante limitadas (uso do russo pelos altos funcionários, ameaça de alistar finlandeses no Exército russo) e a maioria delas não saiu do papel, mas elas foram suficientes para gerar uma crise sem realmente fazer avançar o domínio russo no país. O resultado foi a emergência de grupos nacionalistas radicais e a dissensão entre a nobreza e os empresários. A Finlândia manteve quase todos os seus direitos autônomos até 1917, mas Nicolau II e Bobrikov conseguiram indispor amplos segmentos da população, incluindo as elites.

JUDEUS

Os judeus constituíam uma população substancial, que representava aproximadamente 5 milhões de habitantes do Império Russo, cerca de 4% do total. De início, a estrutura social e jurídica da comunidade judaica foi herdada da Polônia, e somente na década de 1860 o Estado russo passou a definir uma política distinta para os judeus em conformidade com os princípios da era da reforma.

A Rússia não teve judeus entre a sua população do final da época kievana até a primeira partição da Polônia em 1772. No século XVIII, alguns mercadores e artesãos judeus instalaram-se na Ucrânia e em Riga, mas isso era tecnicamente ilegal e os grupos eram pequenos. Quando a Rússia adquiriu sua primeira comunidade judaica substancial, a reação do governo russo foi preservar o *status quo*. A organização *kahal* da comunidade judaica continuou como era na época polonesa, com os rabinos chefes de cada cidade arrecadando os impostos para o Estado e administrando a justiça. Além disso, os judeus ficavam restritos às antigas províncias polonesas (a "Zona de Residência"), de maneira que não podiam instalar-se no interior russo, embora a Zona tivesse passado a incluir as províncias costeiras do mar Negro com a nova cidade de Odessa. A atitude de Nicolau I com relação aos judeus era essencialmente hostil, mas suas únicas medidas importantes foram alistá-los no Exército (em proporção maior que os cristãos!) e abolir formalmente as *kahals* em 1844. Praticamente todos os judeus permaneceram dentro da Zona de Residência até a década de 1850.

Os governos reformistas dos anos 1860 adotaram uma diretiva diferente de integração seletiva. (A assimilação ou "russificação" não foram consideradas). A ideia era que os judeus precisavam tornar-se mais úteis para o Estado e a sociedade russa, e portanto tinham de ser incentivados, por meio da educação, a formar elites que pudessem prestar esse serviço e proporcionar uma liderança moderna para a comunidade judaica. Nesse intuito, o governo russo recebeu as petições da elite comercial e banqueira judaica e, em 1859, permitiu que indivíduos dessa elite fixassem moradia fora da Zona de Residência. Em 1865, uma permissão semelhante foi concedida aos artesãos mais ricos. O resultado foi a formação de uma importante elite comercial e intelectual judaica em São Petersburgo, cujos líderes eram a dinastia banqueira Ginzburg. As ligações dos Ginzburgs com o governo e a corte asseguraram-lhes uma participação nos assuntos judaicos até os anos 1880.

O outro lado da política de reforma foi a abertura das universidades russas aos judeus a partir dos anos 1850. Foi crucial para o destino dos estudantes judeus o decreto de novembro de 1861, que concedeu a todos os diplomados universitários judeus os mesmos direitos a profissões privadas e residência conferidos aos cristãos ao obter um grau universitário. Embora o serviço público permanecesse fechado a eles, essas medidas aceleraram a transformação da sociedade judaica, especialmente porque coincidiram mais ou menos com a primeira onda do Haskalah, o Iluminismo judaico que rejeitava o tradicional mundo religioso judaico em prol da adoção da educação e das normas europeias. Em 1886, cerca de 14% de todos os estudantes universitários do império e cerca de 10% dos estudantes de ginásio eram judeus. O assassinato de Alexandre II revelou-se um desastre para os judeus do Império Russo. Na esteira da sua morte, uma onda de *pogroms* varreu as províncias do Sudoeste (sobretudo a Ucrânia) e continuou indo e vindo por dois anos. A turba culpou os judeus pela morte do tsar, saqueou suas casas, agrediu e estuprou milhares de pessoas, embora somente duas tenham morrido na violência. O governo de Alexandre III pôs a culpa dos motins na exploração do campesinato pelos judeus e começou a revogar parte da legislação existente. A medida mais importante foi a introdução, em 1887, de quotas nas universidades, de apenas 3% de judeus em São Petersburgo e Moscou, 5 a 10% alhures. Porém, fora das duas capitais, as quotas não eram aplicadas com rigor. As petições de exceções apresentadas ao ministro da Educação e outros meios levaram, na realidade, a um crescimento da porcentagem de estudantes judeus para 27% (Universidade Kharkov) e 24% (Odessa). Milhares de judeus foram ao exterior para se formar, especialmente em universidades da Alemanha e da Áustria. Ali eles enfrentavam um paradoxo. Embora fossem juridicamente iguais em todos os aspectos aos estudantes nativos, os judeus russos enfrentavam uma cultura estudantil que era, no final do século, nacionalista e de um antissemitismo militante. Nas universidades russas, onde a maioria dos estudantes apoiava a oposição liberal ao Estado ou até os revolucionários, a cultura estudantil era amplamente favorável aos judeus.

Assim, o governo não havia cumprido a intenção da integração seletiva, mas a maior parte da estrutura jurídica subsistia e a modernização da sociedade judaica continuava, ainda que lentamente. A falta de um progresso mais geral suscitou reações variadas, entre elas a emigração em massa para a Europa Ocidental e os Estados Unidos, mas essa opção não era nem universalmente acessível nem desejada. Outra reação foi o surgimento de uma imprensa judaica que era liberal na política e orientada para a reforma do Império. O barão Ginzburg e a elite judaica de São Petersburgo faziam pressão política sem cessar, mas com cada vez menos sucesso depois de 1881. Opções mais radicais, especialmente entre os estudantes e os jovens, eram geralmente os diversos movimentos revolucionários. Muitos judeus aderiram aos populistas russos, incluindo os grupos terroristas, e depois aos marxistas, que pregavam a solidariedade internacional. Outros formaram grupos socialistas especificamente judaicos, a Liga dos Trabalhadores Judeus (a Bund), e finalmente o movimento sionista crescente incentivou os judeus a retirarem-se

HISTÓRIA CONCISA DA RÚSSIA

totalmente e mudarem-se para a Palestina. À medida que o governo russo, após a década de 1880, tentou cada vez mais apresentar-se como "russo", o antissemitismo tornou-se uma política mais ou menos oficial. *Pogroms* como o de Kishinev em 1903, no qual morreram quase 50 judeus, envenenaram ainda mais a atmosfera. Em resposta a isso, os grupos liberais e radicais russos reforçaram sua oposição à discriminação jurídica e social contra os judeus e os partidos judaicos também se tornaram mais radicais.

Apesar das restrições, a evolução da sociedade russa significava que mais e mais judeus adentravam as classes empresariais, as profissões e a *intelligentsia*, e um número cada vez maior deles encontrava formas, jurídicas ou outras, de escapar do seu confinamento na Zona de Residência. Em 1897, 6% dos judeus viviam oficialmente fora da Zona – muitos deles não oficialmente. Surgiram comunidades judaicas em São Petersburgo e Moscou, e até em pequenas cidades do Volga, longe das áreas legalmente permitidas. Os judeus estavam adentrando a sociedade russa, e a emergência da política de massa em 1905 levá-los-ia ao centro dos acontecimentos de muitas formas, algumas delas altamente explosivas.

Ucranianos

Embora constituíssem o maior grupo não russo do Império, os ucranianos desempenharam um papel modesto nos assuntos imperiais até 1905, exceto como oposição potencial ao movimento nacional polonês e suas reivindicações. Seu papel reduzido era resultado das ambiguidades da consciência nacional ucraniana, que mudava apenas lenta e incompletamente em certos grupos da *intelligentsia* local, de uma identidade regional russa para uma identidade nacional ucraniana.

Antes da Guerra da Crimeia, os territórios ucranianos eram ucranianos somente graças à nacionalidade do campesinato, com exceção da Margem Esquerda, do antigo hetmanato e da província de Kharkov. Nessas regiões, a nobreza local descendia dos oficiais de Khmel'nyts'kyi e preservava as tradições locais da história e uma modesta literatura regionalista em russo e às vezes em ucraniano. Nos anos 1830 e 1840, as atividades culturais ucranianas dessa nobreza local eram vistas favoravelmente por São Petersburgo como contrapeso aos movimentos políticos poloneses e exemplo regional da singularidade russa. Todavia, a figura predominante da cultura ucraniana vinha de um meio totalmente diferente. Tratava-se de Taras Shevchenko, um servo cujo talento de desenhista lhe valeu uma formação na Academia de

Artes de São Petersburgo e a libertação da servidão. Uma loteria organizada por nobres russos, cujo prêmio era um retrato do poeta Vassíli Zhukovskii, angariou dinheiro suficiente para comprar sua liberdade. Seus primeiros volumes de poesia chamaram mais atenção que sua arte e, de volta a Kiev, ele logo se juntou ao historiador Nikolai Kostomarov e outros membros da *intelligentsia* local que sonhavam com um federalismo eslavo. Esses sonhos chegaram ao conhecimento das autoridades às vésperas de 1848 e custaram ao poeta uma década de exílio no litoral do mar Cáspio.

Depois da Crimeia, as mudanças na sociedade russa e na política governamental tiveram efeito profundo sobre a diminuta *intelligentsia* ucraniana. Eles começaram a publicar uma revista em São Petersburgo e envolveram-se com as diversas atividades dos radicais e liberais russos, incluindo a tentativa de educar o campesinato. Shevchenko retornou do exílio e retomou seu lugar central na cultura ucraniana. Os esforços culturais da nascente *intelligentsia* ucraniana tiveram um fim abrupto em 1864 e 1867, quando a maior parte das publicações em ucraniano foi proibida por medo que os nacionalistas poloneses se infiltrassem no movimento ucraniano. Nas cidades ucranianas, surgiram pequenos grupos de intelectuais com orientação cultural ucraniana, mas eles ainda tinham pouco impacto. As cidades continuaram firmemente russófonas até 1917 e depois. A maioria dos estudantes universitários em Kiev ou Kharkov, ucranianos ou não, ignorava o movimento ucraniano e aderia a grupos radicais russos ou encetava carreiras na administração russa ou outras instituições. Os *zemstvos*, os conselhos locais eleitos, foram introduzidos nas províncias da Margem Esquerda, mas suas incursões ocasionais na política orientavam-se para o império como um todo, não para os problemas especificamente ucranianos. Os desacordos entre os vários níveis da burocracia russa sobre a questão da língua faziam que alguns livros em ucraniano fossem publicados, e a história local e as tradições eram cultivadas em russo. Ironicamente, o local principal para a história ucraniana era a Sociedade Arqueográfica de Kiev, que era mantida por fundos dos governadores-gerais militares imperiais russos das províncias do Sudoeste. A principal área de preocupação para o Império Russo era o movimento ucraniano além da fronteira na Galícia austríaca, onde a política eleitoral tornava possível uma variedade de partidos ucranianos, a maioria dos quais não era favorável aos tsares russos. No Império Russo, contudo, o movimento ucraniano só estendeu-se da pequena *intelligentsia* ucraniana para uma população mais ampla às vésperas da Revolução de 1905.

O Império Asiático

Se o lado europeu do Império resultava sobretudo de ambições territoriais e estratégicas, o Império Asiático combinava esses mesmos objetivos com o desejo fortemente quimérico de imitar o sucesso econômico dos impérios coloniais europeus. Dentro desse quadro geral, as possessões asiáticas da Rússia dividiam-se em duas áreas, o Cáucaso, adquirido em 1828, e a Ásia Central, onde a conquista russa começou a sério somente na década de 1860. Para tornar as coisas mais complexas, os tártaros da Crimeia e do Volga e os basquírios, conquistados anteriormente e cercados de forma preponderante por colonos russos, desempenharam um papel tanto no domínio imperial russo quanto na formação do nacionalismo nativo na Ásia Central e alhures. No total, as diversas partes asiáticas do Império continham cerca de 25% da sua população.

No Cáucaso, a Rússia começou a avançar além da fronteira do século XVI somente no final do século XVIII, anexando (mais em tese) o Cáucaso Setentrional e depois a Transcaucásia. O controle formal estava praticamente completo por volta de 1828. Ao sul das montanhas, os russos estabeleceram uma administração baseada em funcionários russos e na cooperação da nobreza local georgiana e armênia. Essas elites cristãs foram integradas à nobreza imperial tal como os alemães bálticos ou os finlandeses, e muitos deles desempenharam papéis importantes no Estado russo, e especialmente no Exército, até 1917. Os azeris e outros muçulmanos eram um caso diferente, embora o governo russo tenha conseguido, em ampla medida, cooptar o clero muçulmano e outras elites locais depois do final das Guerras Caucasianas.

A conquista do Cáucaso foi realizada para garantir o flanco oriental contra os otomanos. Os motivos comerciais tiveram um certo papel no planejamento, pois o comércio com o Irã e por meio dele era considerado um caminho viável para enormes lucros. Essa ideia revelou-se uma ilusão, pois a Rússia carecia da infraestrutura comercial para fazer uso do que estava à sua disposição, mas esse resultado não tornou-se claro antes da década de 1830. Em todo caso, o valor estratégico do Cáucaso e da Transcaucásia como fronteira meridional contra a Turquia era imenso, e os russos não iriam embora só porque o comércio com o Irã não se mostrara proveitoso. Os povos montanheses das vertentes ao norte do Cáucaso não se impressionavam com os interesses estratégicos russos e apreciavam menos ainda a penetração gradual de colonos russos nas terras baixas adjacentes. O resultado foi a guerra.

As Guerras Caucasianas do século XIX repartiram-se em dois frontes e duas fases. Um fronte situava-se no extremo ocidental da cordilheira e no seu sopé, e os principais adversários eram os circassianos, enquanto o outro fronte ficava muito afastado para leste, no Daguestão e em partes da Chechênia. As guerras começaram em 1817 com a tentativa russa de construir uma linha sólida de fortes para controlar a área, o que encontrou uma resistência furiosa tanto a leste como a oeste. O Daguestão destacou-se em 1830 como o principal centro de resistência, com o Islã como bandeira. Os líderes faziam parte da ordem sufi *naqshbandi*, que atuava como grupo de liderança da rebelião. Os montanheses proclamaram Shamil seu imã em 1834 e, durante os 25 anos seguintes, ele liderou a luta no Daguestão e na Chechênia a partir da sua fortaleza nas montanhas meridionais do Daguestão, onde ele nascera. Era uma guerra de pequenas unidades, investidas noturnas, táticas de guerrilha e massacres eventuais, que irritavam os russos mas não os derrotavam. As tentativas do Exército russo de enviar expedições às montanhas para derrotar os insurgentes foram igualmente infrutíferas até a década de 1840. Então eles perceberam que a solução do problema não era mais soldados ou batalhas, mas a construção de estradas nas montanhas e, especialmente, a abertura de trilhas e clareiras nas densas florestas caucasianas. Foi mais o machado que o fuzil que deu aos russos a vantagem nas Guerras Caucasianas – novos machados "americanos" empunhados por milhares de soldados russos. Finalmente, com o fim da Guerra da Crimeia, o príncipe Alexander Bariatinsky, vice-rei do Cáucaso, decidiu encerrar o assunto e mobilizou numerosas tropas russas. Shamil teve de se render em 1859, causando o fim efetivo da resistência. Nas vertentes a noroeste do Cáucaso, a guerra com os circassianos continuou de maneira intermitente até os anos 1860, quando o governo russo começou a incentivá-los a migrar para os domínios otomanos, deixando vastas áreas nas vertentes ocidentais do Cáucaso para os colonos russos. A partir dessa data até 1917, o Cáucaso Setentrional ficou bem tranquilo. Até os sufis voltaram-se para questões puramente religiosas e rejeitaram a guerra santa, e em 1914 a Rússia montou uma divisão inteira de cavalaria composta de daguestaneses, chechenos e outros montanheses caucasianos com oficiais russos e georgianos, comandada por um grão-duque. Havia dez generais muçulmanos e 186 coronéis muçulmanos no Exército russo em 1914, a maioria caucasianos, embora os muçulmanos não tenham entrado para a elite imperial em São Petersburgo. A maior parte do Cáucaso Setentrional continuava sob domínio militar, com funcionários russos (e amiúde georgianos ou armênios) nomeados para supervisionar as comunidades locais, onde os anciões das aldeias permaneciam no poder.

No lado meridional das montanhas, a sociedade evoluía sob efeito do domínio russo e das mudanças sociais trazidas por ele. As grandes reformas puseram fim à servidão na Geórgia, o que gerou uma crise para grande parte da nobreza georgiana. Ao mesmo tempo, a lenta difusão da educação levou à formação de uma *intelligentsia* georgiana, liberal na política e determinada a preservar e desenvolver a cultura nacional. Alguns poucos membros da nova geração já eram atraídos pelo populismo russo e, na década de 1890, surgiram os primeiros grupos marxistas georgianos em Tbilisi e Baku. Os armênios formaram igualmente uma classe empresarial e uma *intelligentsia* locais, ambas centradas em Tbilisi e Baku em vez de Erevan, que ainda era uma cidade provincial modorrenta. Para os armênios russos, os maiores problemas eram a condição dos armênios do outro lado da fronteira nos territórios otomanos e a pressão crescente da Rússia sobre a Igreja armênia. O radicalismo nacionalista crescente da *intelligentsia* armênia levou à formação do partido da Federação Revolucionária Armênia (Dashnaktsutiun) em Tbilisi em 1890, um partido nacionalista com um programa ligeiramente socialista. Embora seus principais adversários fossem os otomanos, os *dashnaks* atraíram rapidamente a inimizade das autoridades russas.

Apesar do crescimento econômico lento, o desenvolvimento na Transcaucásia permaneceu no nível da agricultura camponesa, produção artesanal e comércio, com uma exceção importante: Baku. A grande ironia da Transcaucásia russa era o fato de ela acabar proporcionando um grande benefício econômico ao Império na forma dos campos de petróleo de Baku. Os produtores locais, a maioria deles armênios, já exploravam petróleo de forma modesta para iluminação e outros fins, mas em meados do século surgiu uma tecnologia de perfuração mais moderna, parte dela em mãos locais ou russas, mas o ramo russo da família sueca Nobel tornou-se o principal produtor e vendia querosene como combustível para lâmpadas em toda a Rússia. Os Rockefellers dos Estados Unidos chegaram depois, mas os Nobel continuaram a predominar até a revolução. O resultado foi o surgimento de uma cidade moderna, de tipo europeu, no litoral do mar Cáspio, povoada sobretudo por georgianos, armênios, russos e azeris. Até 1905, os azeris demonstraram pouco interesse pela política secular ou por novas ideias, mas sob a superfície eles também eram influenciados pelas mudanças que emanavam de Baku.

ÁSIA CENTRAL

A Rússia havia começado a avançar em direção ao sul pelo Cazaquistão no século XVIII, mas até a Guerra da Crimeia sua atividade principal era a construção de postos de fronteira e a tentativa de conservar a influência sobre os diversos governantes tribais do Cazaquistão. As tentativas de realizar uma penetração mais permanente fracassaram. Foi somente em 1853 que os russos conseguiram tomar o pequeno forte de Ak Mechet no rio Sir Dária, perto do mar de Aral, no lado sul da estepe cazaque. Nada mais aconteceu até 1860. A força motriz por trás da expansão da Rússia na Ásia Central era o Exército e o Ministério da Guerra, que agiam em parte por causa da necessidade de controlar a fronteira com o Cazaquistão e em parte por medo da expansão britânica no Afeganistão e além dele. O contexto imediato foi a decisão de manter a linha de fortalezas ao sul da estepe cazaque, na fronteira setentrional da Ásia Central propriamente dita. Isso significava tomar os fortes construídos pelos *khans* de Kokand a fim de controlar os cazaques meridionais, o que punha a Rússia em conflito com Kokand e Bukhara. Em 1860-1864, os russos tomaram o controle dos fortes de Kokand na borda meridional da estepe cazaque e depois avançaram para o sul em direção às cidades da Ásia Central. Agindo por iniciativa própria, mas com a aprovação geral do Ministério da Guerra, o general Mikhail Cherniaev tomou Tashkent em 1865, o que deu à Rússia uma fortaleza no rico vale de Fergana, a base de Kokand, com um bom abastecimento de água. Os canatos majoritariamente uzbeques da Ásia Central, Khiva, Bukhara e Kokand, eram obsoletos e fracos até para os padrões do Oriente Próximo no século XIX e sucumbiram rapidamente às armas russas. As tentativas dos canatos de repelir os russos só trouxeram mais derrotas para eles e, em 1876, a totalidade de Kokand caiu sob domínio russo. Bukhara e Khiva foram reduzidos a protetorados russos segundo o modelo dos Estados nativos da Índia britânica e, em 1881, o general Mikhail Skobelev eliminou a última resistência entre os turcomenos. O Império Russo estendia-se agora até as fronteiras com o Irã e o Afeganistão. A conquista foi obtida com custo baixo para a Rússia, pois somente poucas centenas de soldados morreram nesses anos de combate. Os soldados dos canatos não estavam acostumados com as técnicas de guerra europeias e, apesar de numerosos e corajosos, não conseguiam resistir a tropas disciplinadas. Assim, os maiores problemas para os russos eram logísticos: aprender a transportar homens e equipamento por estepes áridas e verdadeiros desertos, suportar o calor intenso do verão e o frio do inverno na estepe desprotegida. Felizmente, apesar de toda a preocupação dos britânicos quanto à expansão russa, a Ásia Central era simplesmente distante demais para que as autoridades em Déli e Londres tentassem conter os avanços russos. O Irã e o Afeganistão separavam as possessões russas das britânicas, assim como os otomanos. Isso não quer dizer que a Grã-Bretanha não se preocupava com a política russa, pois estava obcecada com a ameaça de perder a Índia. O resultado foi a continuação da longa "guerra fria" entre os dois impérios – uma situação que causou imensos problemas para o príncipe Gorchakov no Ministério russo das Relações Exteriores, já que seu foco era a estabilidade na Europa. Por isso, muitas vezes o Exército agia sem informá-lo da sua movimentação até que fosse tarde demais para que ele fizesse objeções.

Os administradores coloniais russos, chefiados pelo general Konstantin von Kaufman, estavam decididos a evitar os erros cometidos no Cáucaso, que eles viam como uma abordagem estritamente militar do império. Ao contrário, eles imitariam os imperialistas supremos, seus rivais ingleses, e construiriam um império moderno. A Ásia Central seria modernizada lentamente, construindo-se uma infraestrutura europeia, oferecendo educação moderna aos nativos e incentivando ou fazendo diretamente investimentos que beneficiariam o Império. A grande ideia era o desenvolvimento do cultivo de algodão, que já era uma cultura importante, para abastecer a indústria têxtil russa. Esse projeto teve um sucesso modesto, mas somente no início do século XX. Todos esses planos trouxeram uma pequena medida de sociedade moderna para a Ásia Central, uma das regiões mais pobres e atrasadas do mundo muçulmano. No entanto, esses elementos modernos tiveram outros efeitos ao provocar a aparição de uma pequena *intelligentsia* local com algumas ideias modernas.

O desenvolvimento da *intelligentsia* local foi uma reação não somente ao domínio russo e suas consequências, mas também aos desenvolvimentos de outros povos muçulmanos do Império Russo e fora dele. Uma corrente era o panturquismo (a ideia de que todos os povos de língua túrquica eram, na verdade, uma só nação), propugnado pelo aristocrata tártaro crimeano Ismail Bey Gasprinskii. Este defendia um Estado e um Islã modernizados, mas suas opiniões sobre a unidade dos povos túrquicos levantaram a suspeita em São Petersburgo de que ele estava essencialmente promovendo as metas da política externa otomana contra a Rússia. Outra tendência, igualmente influente na Ásia Central, era o jadidismo, da palavra árabe *jadid* ("novo"). O jadidismo surgiu no final do século XIX entre os muçulmanos da Índia britânica, que acreditavam que um Islã modernizado era mais próximo da inspiração original de Maomé, despido dos acréscimos dos séculos intermediários. Como Gasprinskii, os jadidistas queriam um sistema educacional moderno que fosse além da memorização mecânica do Corão em árabe e do estudo dos textos islâmicos clássicos. Eles também queriam muitas das características da sociedade moderna, que eles não viam como contraditórias com o espírito islâmico, ainda que o fossem com a prática islâmica da época. Essas ideias logo se espalharam entre os tártaros do Volga, os quais viviam entre russos que já haviam alcançado uma sociedade mais moderna que a dos tártaros. Os mercadores tártaros do Volga haviam sido durante séculos os intermediários do comércio entre Bukhara, Khiva e a Rússia, e agora muitos vinham instalar-se na Ásia Central sob a égide do Império Russo. Eles encontraram público entre a *intelligentsia* local, que

IMAGEM 15. Quirguizes (cazaques) nômades por volta de 1900.

começou a tentar pôr suas ideias em prática. Nas cidades da Ásia Central, o único resultado foi a criação de uns poucos círculos culturais pequenos, mas isso representava o início da construção de uma nação moderna.

Para o Império Russo, a Ásia Central, depois de conquistada, não significava um problema sério até perto do fim do Império. Com exceção de uma pequena revolta islâmica em 1898 em Andijan, o interior da Ásia Central estava sossegado. Na estepe cazaque, as coisas eram mais complicadas. Cidades russas surgiram nas bordas setentrionais da estepe e nelas despontou uma pequena *intelligentsia* cazaque, dependente das instituições russas e leal ao império. Ao mesmo tempo, a integração econômica dos cazaques à economia industrial emergente da Rússia criou uma demanda por gado e outros produtos que abalou a sociedade nômade tradicional. Pior ainda, uma grande quantidade de camponeses russos instalou-se entre eles com o incentivo do Estado. Porém, antes de 1905, o conflito aberto era praticamente ausente.

A APOSTA MANCHURIANA

A última tentativa da Rússia de criar um império segundo o modelo ocidental foi sua expansão na Manchúria. A Ferrovia Transiberiana de Witte atravessava o território chinês até Vladivostok, e a Rússia recortou uma esfera de influência como a das outras potências ocidentais na China. A ferrovia estava sob controle russo e o Ministério das Finanças tinha sua própria Força Policial para guardá-la. O forte russo em Port Arthur oferecia uma base para a Marinha russa e também ancorava a presença militar russa na Manchúria. O centro da administração e dos negócios russos, todavia, era Harbin, uma cidade moderna construída a partir do zero pelos russos, com administração russa e uma ordem urbana progressista desconhecida no restante do Império. A maioria das restrições contra os judeus, por exemplo, não se aplicava em Harbin. Witte estava construindo uma Rússia moderna em solo chinês. Contudo, todos esses planos foram interrompidos pela guerra russo-japonesa. A paz final cedeu a base naval russa em Port Arthur ao Japão, e este avançou no caminho de desenvolvimento e controle que levou a uma maior expansão sua na China. A Rússia manteve o controle da ferrovia, mas nunca alcançou a supremacia na China setentrional. A Manchúria estava longe demais do coração da Rússia e perto demais do Japão.

O Império Russo, por ser compósito, só funcionaria bem enquanto permanecesse uma coalizão de nobiliarquias unidas pela lealdade à dinastia Romanov e recompensadas adequadamente pelos seus fiéis serviços. Claramente, esse modelo do Império aplicava-se sobretudo às regiões europeias e ao Cáucaso cristão, mas ali ele funcionou até que as tensões da moderniza-ção minassem a dominação da nobreza. O Estado russo também procurou aumentar a uniformidade e centralização administrativas, com a política conhecida como russificação, mas seus esforços foram tíbios. Havia dema-siados obstáculos, a ausência de recursos financeiros, a influência das elites locais e o atraso generalizado do país. O Estado não podia abolir a variedade de condições jurídicas e administrações locais em prol de um Estado unifi-cado que se empenharia em assimilar todas as minorias à língua e cultura russa, e na verdade quase ninguém no governo tinha esse objetivo. Fora da política do governo, havia, evidentemente, outras forças de integração mais modernas – o poder do enorme mercado russo, a modernização da cultura russa, os transportes e meios de comunicação modernos, como em outros países, mas eles eram todos mais fracos que na Europa Ocidental. O resultado era um equilíbrio instável num império demasiado moderno para continuar a ser um império de nobiliarquias em torno do tsar, mas atrasado demais para liberar plenamente as forças sociais que integravam as minorias na Europa Ocidental. Os russos não podiam imitar os esque-mas impiedosos e altamente bem-sucedidos de germanização nas regiões alemãs da Polônia, pois eles dependiam da combinação de recursos esta-tais, do apoio público ardoroso do povo mobilizado pelo nacionalismo e da alavanca econômica da sociedade alemã. A Rússia não tinha quase nada disso, e suas políticas, especialmente na Polônia, contrariavam o povo sem serem eficazes. A integração de minorias não russas que de fato ocorria, e não era pequena, acontecia simplesmente por meio do movimento normal da mudança social, não da política estatal.

Com o tempo, as lealdades tradicionais foram corroídas. Movimentos nacionalistas entre as minorias surgiram nos anos 1890, mas ainda não davam o tom entre os povos não russos. Poucos, exceto os poloneses e os finlandeses mais radicais, realmente anteciparam ou buscaram a indepen-dência: sua meta era uma maior autonomia no interior da Rússia. Boa parte das minorias estava mais preocupada umas com as outras que com os russos ou o Estado imperial. Os povos bálticos viam nos alemães seus principais antagonistas, os finlandeses lutavam pela questão da língua sueco-finlandesa, os movimentos nacionalistas dos poloneses e ucranianos temiam-se entre si e aos judeus. Os judeus politizados voltavam-se cada vez mais para os movimentos socialistas judaicos (a Bund) ou para o sionismo. Ao mesmo tempo, as grandes cidades, especialmente São Petersburgo, Moscou e as cidades mineiras e manufatureiras do Donbas, eram forças poderosas de integração que atraíam milhares de migrantes dos povos bálticos, finlandeses, poloneses e judeus. A preocupação principal do Estado continuava ser a política do núcleo russo, a oposição liberal em maturação e os socialistas revolucionários. A autocracia via estes últimos, e não os nacionalistas locais, como a principal ameaça, e tinha razão.

capítulo 15

Autocracia em declínio

O quarto de século do assassinato de Alexandre II até a Revolução de 1905 foi de estagnação política. A reação do novo governo ao assassinato foi interromper o processo de reforma, afirmar publicamente a necessidade da autocracia e formular planos de contrarreformas. Estes últimos não resultaram em nada, mas o governo aproveitou toda possibilidade de bloquear a crítica, a discussão política e a organização entre o público. Apesar de retomar o patrocínio do desenvolvimento econômico nos anos 1890 sob o ministro das Finanças Sergei Witte, ele recusou-se a reconhecer as implicações da modernização continuada da sociedade, que resultava em parte das suas próprias medidas. O isolamento crescente do governo e sua própria falta interna de coordenação levaram a uma tentativa malograda de imperialismo moderno na Manchúria, tentativa que levou a uma guerra malsucedida com o Japão, que quase derrubou a monarquia.

Alexandre III tornou-se o herdeiro do trono em 1865 após a morte do seu irmão mais velho. Alexandre já tinha 20 anos na época e recebera uma educação militar um tanto estreita, ao contrário do seu irmão. Em 1866 ele desposou a princesa Dagmar da Dinamarca (Maria Fedorovna depois da sua conversão à ortodoxia) e teve um casamento estável com uma mulher inteligente e de opiniões extremamente conservadoras. O jovem herdeiro não era um intelectual, mas teve contato com ideias eslavófilas na corte e por meio do seu tutor de jurisprudência, Konstantin Pobedonostsev. Por intermédio dos guardas e de outros aristocratas ele fez amizade com o publicista conservador (e o homossexual mais destacado da aristocracia de São Petersburgo) príncipe V. M. Meshcherskii. Tratava-se de conservadores radicais com

290 | HISTÓRIA CONCISA DA RÚSSIA

princípios rigorosos, que só tinham desprezo pela liberdade de expressão, pela democracia e pelo governo representativo, os quais eles julgavam ser embustes aptos a conduzir à revolução. Na sua opinião, o que era necessário era a unidade da sociedade e do monarca, que eles consideravam a essência da autocracia. Na década de 1870, eles formaram uma oposição poderosa aos ministros mais liberais em torno de Alexandre II, poderosa em grande parte por causa da sua associação com o herdeiro. Como parte da sua tentativa de governo equilibrado, o tsar Alexandre II nomeou Pobedonostsev chefe do Sínodo, cargo que ele ocupou pelos próximos 24 anos. Depois que Alexandre III ascendeu ao trono, Pobedonostsev usou sua posição no Sínodo para manter acesso constante ao tsar, oferecendo-lhe conselho sobre todo tipo de assuntos muito além das questões eclesiásticas sob sua alçada. Aos olhos da sociedade liberal e de muitos funcionários do governo, ele tinha poder e influência altamente excessivos e numa direção inteiramente conservadora. "Príncipe das Trevas" era um dos seus apelidos mais gentis.

Na realidade, Alexandre escutava Pobedonostsev e Meshcherskii, mas nas suas decisões ele geralmente acompanhava os ministros, conservadores decerto, mas não inclinados a desmantelar a estrutura construída com tanto cuidado no reinado anterior. Essas estruturas ainda deixavam muitas áreas nas quais os ministros e administradores locais podiam agir com discricionariedade – nas relações com os *zemstvos*, em casos de exílio administrativo de liberais e socialistas, e outros. Aqui o tsar e seus subordinados quase sempre escolhiam a linha mais severa e autoritária. As "Regulamentações Temporárias" de 1881 foram dirigidas contra os revolucionários e permitiam que os governadores provinciais declarassem um estado de "segurança reforçada", que os autorizava a prender subversivos sem julgamento, transferir casos de segurança para tribunais militares e fechar universidades e empresas. As regulamentações duraram até 1917. Em contrapartida, poucas "contrarreformas" foram realmente executadas. A autonomia universitária foi restringida mais ainda e o tsar promulgou um decreto que nomeava nobres como "capitães de terra" para monitorar a aplicação da lei nas aldeias. Tal como era sua intenção, o decreto efetivamente reforçou o poder da aristocracia no campo, e outras regulamentações que remendavam a administração local fortaleceram a burocracia contra os *zemstvos*, mas nenhuma dessas medidas constituiu uma mudança importante. Nas cidades o governo acabou elevando o requisito de propriedade para ser eleito para as Dumas municipais e proibiu os judeus de serem eleitos para as Dumas, mas deixou a estrutura básica intacta. O caráter reacionário do reino de Alexandre III estava mais na ausência de reação às mudanças sociais e econômicas em curso do que em qualquer tentativa concertada de retornar a uma era anterior.

Parte do novo reinado era também um nacionalismo oficial cada vez mais estridente, incluindo um antissemitismo oficial. Era mais uma mudança de tom que de substância, pois pouca coisa aconteceu em relação a novas medidas ou políticas além de uma aplicação mais rigorosa da legislação discriminatória contra os judeus, como foram as restrições de moradia fora dos limites da Zona de Residência. Em 1887 o governo introduziu a quota formal para judeus nas universidades, além das novas leis sobre o governo municipal. Houve outras investidas ocasionais de russificação, mas esta última era, com frequência, mais declaratória que real, pois o Império Russo carecia de recursos para adotar uma política firme nessa área. As propostas de substituir o alemão pelo russo nas escolas das províncias bálticas, uma campanha particular dos nacionalistas russos da época, fracassaram porque o Ministério da Educação salientou que não tinha recursos para contratar professores nem para construir escolas. Logo, as escolas das províncias bálticas continuaram em mãos locais, ou seja, alemãs. A preeminência continuada de aristocratas alemães e outros não russos na corte, no Exército e no corpo diplomático também impunha um limite muito claro ao grau de "russidade" que o governo podia reivindicar ou tentar impor.

Foi na política externa e econômica que os anos de Alexandre III trouxeram mais mudanças. Nos anos seguintes à Guerra da Crimeia, o príncipe Gorchakov mantivera o país firmemente no campo tradicional da amizade com a Prússia, tentando ao mesmo tempo aliviar a tensão com a Grã-Bretanha e a França. Quanto a isso ele só teve êxito parcial, e a posição ambígua da Alemanha de Bismarck ao final da Guerra Russo-Turca em 1878 minou a antiga aliança entre Berlim e São Petersburgo. À medida que a Alemanha aproximou-se da Áustria ao longo da década de 1880, a relação desgastou-se ainda mais, pois tanto a Rússia quanto a Áustria tinham intenções nos Bálcãs. A competição entre a Rússia e as duas potências alemãs levou ao fim da influência russa na Bulgária em 1886. O esfriamento resultante das relações russo-alemãs deixou a Rússia efetivamente isolada na Europa. A nova Alemanha, no entanto, fora construída sobre a vitória na guerra franco--prussiana e a anexação da Alsácia-Lorena, e portanto tinha a França como inimigo implacável. A Rússia e a França logo perceberam um interesse comum e, em 1893, a grande República e a autocracia do Leste assinaram um tratado que fez delas aliadas contra a Alemanha. A constelação política que durara no continente europeu desde 1815 chegara ao fim, e fora plantada a primeira semente que levaria à guerra em 1914. Até hoje, a ponte Alexandre III no centro de Paris serve de lembrete dessa aliança fatal.

Porém, a aliança ainda não era um estopim de guerra, visto que, até aquele momento, nenhum dos inimigos potenciais queria a guerra. Os laços dinásticos entre Berlim e São Petersburgo subsistiam e permitiam que ambos os lados conservassem a ilusão de que as coisas poderiam ser resolvidas. Todavia, os respectivos Exércitos não pensavam o mesmo, pois o Exército russo havia começado a repensar suas defesas ocidentais a partir da década de 1870, quando a Alemanha e a Rússia ainda eram aliadas, e o Exército alemão também agiu rapidamente para planejar uma guerra em dois frontes. Mas por enquanto a atenção dos governos e sociedades estava mais focada no Extremo Oriente. Ali, duas questões totalmente separadas vieram a se encontrar, os planos econômicos de Sergei Witte e a ascensão do Japão.

Sergei Witte foi talvez o último estadista realmente dinâmico e ponderado do Império Russo, um homem com grandes planos e capacidades, bem como um ego gigante, que nunca trabalhava facilmente com outros em pé de igualdade. Ele desprezava os outros ministros de Estado – em grande parte com razão – e formulava seus planos com sua equipe, trabalhando diretamente com o tsar. A maneira como ele obteve o cargo é uma história à parte. Witte sempre alegou que seus antepassados eram holandeses e haviam ido para a Rússia através das províncias bálticas. Na verdade, seu avô era simplesmente um alemão báltico de classe média (talvez com ascendência holandesa) que serviu como tutor em famílias aristocráticas russas. O jovem Witte formou-se na Universidade de Odessa em Ciências Naturais, não em Direito Administrativo como a maioria dos futuros funcionários públicos. Ele também parece ter participado de uma obscura sociedade direitista chamada "União de São Miguel Arcanjo", mas depois começou a trabalhar para a Ferrovia do Sudoeste, uma ferrovia privada que fazia a linha entre Odessa e Kiev. Isso lhe deu uma experiência do funcionamento de uma empresa capitalista que poucos altos funcionários russos possuíam. Alexandre III nomeou-o primeiro para o departamento de ferrovias do governo e sua ascensão foi veloz: em 1892 ele já era ministro das Finanças aos 43 anos de idade, uma conquista notável num governo cada vez mais idoso. Como os favoritos precedentes do tsar, seu poder baseava-se inteiramente na confiança do monarca, dado que Witte era arrogante demais, grosseiro demais e desacostumado demais com as sutilezas da política de Petersburgo para encontrar aliados entre os ministros. Ele considerava a maioria deles como tímidos incompetentes, mas não conseguia perceber que, sem eles, ele só podia contar com o tsar. Com Alexandre III no trono, essa atitude parecia sensata.

O grande projeto de Witte foi a Ferrovia Transiberiana, iniciada já em 1891. Essa enorme linha férrea que atravessava toda a Ásia setentrional viria a se tornar, sob muitos aspectos, um monumento a ele. Contra muitos céticos, ele tocou o projeto, primeiro com o apoio de Alexandre III e depois

IMAGEM 16. O conde Sergei Witte, provavelmente em New Hampshire, para o Tratado de Portsmouth, em 1905.

com o de seu filho Nicolau II. Os planos de Witte não consistiam apenas em melhorar as comunicações com o ponto mais remoto do Império. Decerto, uma mudança radical era necessária, já que as únicas formas de ir da Rússia europeia ao Pacífico eram a cavalo e de barco, o que durava vários meses, ou tomar um vapor saindo de Odessa e atravessando o canal de Suez para depois contornar a Índia e a China. Witte pretendia desenvolver a Sibéria, tanto pelos seus recursos naturais quanto pelo seu potencial como área de colonização, para satisfazer a fome dos camponeses por terra. Ao mesmo tempo, ele tinha consciência de que as potências europeias estavam recortando a China em esferas de influência, e ele não queria que a Rússia perdesse o seu quinhão. Assim, a última perna da rota da nova ferrovia sairia do lago Baikal através da Manchúria até Vladivostok, e a linha no interior do território russo seria deixada para depois. O objetivo era tomar a Manchúria como parcela da Rússia na China e como espaço para um novo estilo mais moderno de colonialismo. A meta de Witte era a "penetração pacífica" da China por motivos econômicos, mas os militares russos queriam uma base naval, e em 1896 obtiveram da China a concessão de Port Arthur, na costa sul da Manchúria. A Rússia parecia ter uma posição firme no Extremo Oriente. O único problema com esse plano brilhante era o Japão. Exatamente na década de 1890, o Japão estava dando seus primeiros passos em direção a um império na Ásia, com a derrota infligida à China e um crescente poder informal na Coreia. A presença da ferrovia russa, de Harbin e da base naval de Port Arthur irritava profundamente os japoneses e era uma consequência direta das políticas de Witte. Mas, por enquanto, a paz persistia, e a Rússia, o Japão e as potências europeias trabalhavam juntos para suprimir a Rebelião dos Boxers na China (1900).

Em 1894, Alexandre III morreu. Embora suas políticas tivessem impedido a Rússia de avançar em quase todas as áreas exceto a industrialização e a construção do império, pelo menos ele tinha sido um líder firme, capaz de tomar decisões difíceis, como Witte reconhecia. Seu filho, Nicolau II, era um homem de caráter muito diferente. Ele carecia completamente da capacidade de seu pai de assumir responsabilidades e fazer uso de seus ministros. Alexandre havia-os seguido na maioria das ocasiões, mas também dispunha-se a aceitar uma opinião minoritária e apoiá-la. Nicolau, muitas vezes, simplesmente concordava com o último que lhe dirigisse a palavra, e depois mudava de ideia novamente. Ele compartilhava as opiniões de seu pai acerca da inutilidade dos parlamentos, da liberdade de expressão e dos direitos humanos, e tinha tendência a ver a mão oculta dos judeus no liberalismo e no socialismo. Se ele não fosse o tsar, teria dado um fidalgo rural conservador ideal, pois era também gracioso, gentil e bom homem de família. Sua esposa Alexandra, a princesa alemã Alix de Hesse-Darmstadt, incentivava todas essas características, visto que era igualmente conservadora e devotada à família.

IMAGEM 17. O tsar Nicolau II no iate imperial *Shtandart*.

Infelizmente, a devoção de Alexandra à família e seus horizontes limitados não ajudavam a lidar com a hemofilia que seu filho, o herdeiro do trono Alexei, tinha de nascença. Sua reação foi recorrer a uma série de curandeiros, cada qual mais influente que o anterior. Para piorar, o temor plenamente justificado de terroristas aumentava o isolamento de Nicolau e sua família, o que tornava ainda mais difícil para eles compreender o que estava acontecendo em torno deles. As incessantes viagens à Crimeia e alhures, os entretenimentos ocasionais na corte e as excursões familiares no iate imperial não deixavam muito espaço para contato com o povo. As únicas aparições públicas eram cuidadosamente encenadas, muitas vezes como parte de cerimônias religiosas, o que dava ao tsar e ao povo uma visão completamente falsa das necessidades do país e da opinião pública.

No entanto, de início tudo correu bem. Nicolau era um partidário fervoroso do Extremo Oriente e do seu desenvolvimento e apoiava Witte incondicionalmente. Ele até concordou com a iniciativa controvertida do ministro de adotar o padrão-ouro na Rússia em 1897, uma medida concebida para encorajar o investimento e a industrialização, mas que não era necessariamente boa para os interesses agrários que a nobreza defendia. Depois de 1900, o apoio do tsar a Witte começou a desgastar-se. A nomeação de Viacheslav Plehve, um funcionário de carreira e uma personalidade poderosa, para chefiar o Ministério do Interior deu a Witte um rival forte e, em meados de 1903, Nicolau destituiu o ministro das Finanças. A única solução de Plehve para os problemas da Rússia era mais repressão, contra os revolucionários e contra os liberais de classe média e alta.

Todos esses grupos de oposição cresceram e consolidaram-se rapidamente nos anos 1890. Os primeiros a se organizarem foram os marxistas, que rejeitavam o terror em prol da organização dos trabalhadores para conclamar greves e combater os empregadores e o Estado por meio da ação coletiva. Os marxistas que conseguiram reunir-se e adotar um programa geral em 1898 foram imediatamente presos, e os vários grupos marxistas não se reuniram novamente antes de 1903. Quando eles se encontraram em Londres naquele ano, uma nova figura destacou-se, um diplomado da faculdade de Direito da Universidade de São Petersburgo com experiência na clandestinidade e no exílio. Tratava-se de Vladimir Il'ich Ul'ianov, cujo pseudônimo revolucionário era Lenin. Filho de um professor de Ciências de colégio e inspetor de escolas públicas em Simbirsk no Volga, Lenin havia passado do exílio na Sibéria à Europa Ocidental para editar uma revista socialista, *Iskra* (*Centelha*), por meio da qual ele e o marxismo conquistaram seguidores entre os estudantes e poucos trabalhadores que eram o celeiro do movimento revolucionário. No congresso de Londres, o partido foi refundado com um programa e estrutura mais elaborada, e os primeiros desacordos se manifestaram. O objetivo dos marxistas era derrubar o tsar e estabelecer uma República democrática (uma "revolução burguesa"). Ou seja, eles acreditavam que, enquanto essa tarefa não fosse completada, eles não deveriam almejar uma ditadura do proletariado e a introdução do socialismo. O inimigo, por enquanto, era o tsar. Portanto, eles agiriam sob as barbas da autocracia, em guerra contínua com a polícia, e Lenin acreditava que o partido devia ser sobretudo um movimento clandestino de revolucionários profissionais. Seus adversários, liderados pelo exímio Iulii Martov, pensavam que Lenin exagerava a necessidade de concentrar-se na luta clandestina e queriam um partido mais flexível. No voto da questão, Lenin ganhou por uma maioria estreita, e seus seguidores ganharam assim o nome de bolcheviques (*bol'she* significa "mais"), enquanto os de Martov foram chamados de mencheviques (*men'she* significa "menos"). Essa disputa ainda não envolvia os poucos ativistas operários e permanecia domínio exclusivo da *intelligentsia* do partido, pois a ela pertenciam os líderes nesses anos iniciais. O pai de Martov era um próspero empresário judeu e jornalista na imprensa judaica de língua russa, que havia frequentado os ginásios em São Petersburgo e cursado um ano de universidade antes de ser preso por atividade revolucionária. Trotsky vinha de uma família de agricultores judeus, descendentes dos colonos da Nova Rússia da época de Alexandre I. Diplomado de um colégio luterano de elite em Odessa, Leon Trotsky, como Lenin e Martov, era típico dos primeiros líderes revolucionários.

Os marxistas não foram o único grupo político a formar-se. Em 1901, os grupos revolucionários que se inspiravam na antiga tradição populista da década de 1870 reuniram-se para formar o Partido dos Socialistas Revolucionários. Eles continuavam acreditando que o capitalismo era um transplante artificial na Rússia camponesa e em tese concentravam seus esforços nas aldeias. Na prática, eles julgaram difícil organizar os camponeses, e a maioria dos seus seguidores estava nas fábricas urbanas. Os SRs, como eram chamados, também absorveram algumas ideias marxistas e produziram uma ideologia eclética cuja falta de consistência não tirava seu apelo. Eles também continuavam a acreditar que o terror contra funcionários do governo era uma ferramenta útil e, junto com os agitadores do partido SR nas fábricas, a

Organização de Combate travou uma guerra implacável contra o governo, por meio de uma série de assassinatos espetaculares. A polícia concentrou naturalmente grande parte da sua atenção nesse grupo, e de 1903 a 1908 o chefe da Organização de Combate era um agente de polícia chamado Evno Azef.

Não surpreende que os últimos a formar uma organização tenham sido os liberais. Sua aparição no cenário político era parte da agitação mais ampla na classe média e alta da Rússia que cresceu rapidamente no final do século. Desde os anos 1860, incontáveis grupos e sociedades profissionais haviam surgido, organizações de químicos e engenheiros, médicos e agrônomos. Os empresários eram particularmente ativos na formação de grupos de pressão para exigir políticas econômicas favoráveis, tarifas protecionistas e um quadro jurídico mais moderno (e favorável ao empresariado) para a sua atividade. Os grupos empresariais não eram meros grupos de manufatureiros ou banqueiros que negociavam em particular com o governo. Eles reuniam-se em convenções e usavam a grande feira de Nizhnii Novgorod e as muitas exposições como fóruns de discussão pública das suas necessidades. Os jornais relatavam com minúcias esses encontros, que abordavam as diversas necessidades da Rússia mas evitavam escrupulosamente as questões constitucionais. Muitas dessas organizações foram inicialmente apoiadas ou até criadas pelo Ministério das Finanças como medida para incentivar o progresso e a maioria dos seus membros era intensamente leal em política. Contudo, com o passar do tempo, as organizações empresariais e outras ampliaram a discussão de questões sociais e econômicas, exprimindo a frustração desses níveis da sociedade com um governo que eles viam cada vez mais como demasiado conservador e lento para atender as necessidades de uma sociedade em mutação.

Alguns líderes liberais da *intelligentsia* e da aristocracia começaram a acreditar que havia chegado a hora de organizarem-se de forma mais política. Durante décadas eles tiveram a esperança de que os *zemstvos* evoluiriam para um sistema de representação do público ou que novas medidas mais liberais seriam tomadas pelo governo para substituir a arbitrariedade por direitos básicos e alguma forma de consulta popular. Nada disso veio à tona, mas os *zemstvos* efetivamente proporcionavam um fórum em que muitos nobres liberais e outros aprenderam a lidar com as inumeráveis questões locais, o que deu-lhes experiência da vida pública e da indisposição do governo de compartilhar o poder em qualquer medida mais ampla. Em 1901 eles haviam desistido, pois o governo recusava-se a ceder, e um pequeno grupo de ativistas liberais formou um grupo clandestino, a União da Libertação. Contrários ao terror e aos métodos revolucionários, eles decidiram que somente um grupo ilegal podia ir além das questões específicas, conduzir a discussão necessária e fornecer as publicações contrabandeadas do exterior.

Em 1904, redes de ativistas de tendências variadas cobriam as principais cidades do interior da Rússia e, nas bordas ocidental e meridional, grupos nacionalistas e socialistas entre os poloneses, judeus, georgianos, armênios e outros acrescentavam outra dimensão à instabilidade. Então, em 27 de janeiro (9 de fevereiro) de 1904, a Marinha japonesa atacou a base russa em Port Arthur e afundou a maior parte da esquadra russa. A Rússia estava agora em guerra com o Japão do outro lado do globo com relação a São Petersburgo. A única linha de comunicação era a Ferrovia Transiberiana, da qual grande parte ainda tinha via única e estava incompleta. O Exército russo, longe das suas bases e atravancado por generais idosos, sofreu uma série de derrotas ao longo do ano. Em julho, um terrorista SR assassinou Plehve, e Nicolau nomeou o mais tolerante príncipe, Petr Sviatopolk-Mirskii, no seu lugar. A nomeação foi inesperada e devia-se em grande parte aos esforços da mãe de Nicolau, a imperatriz viúva Maria. Enquanto Sviatopolk-Mirskii parecia avançar em direção a certas medidas levemente liberais, outra crise estava fermentando em São Petersburgo.

Há tempos a polícia das capitais era frustrada pelo sucesso dos social-democratas e dos SRs entre os trabalhadores da cidade. Apesar das prisões constantes, eles pareciam estar fazendo um modesto progresso e alarmavam as autoridades com sua persistência obstinada e a presteza dos trabalhadores em escutá-los. Então o chefe da polícia política de Moscou, Sergei Zubatov, teve a ideia de criar um sindicato trabalhista controlado pela polícia. Ele ofereceria alguns serviços sociais modestos aos trabalhadores para amenizar sua condição, ao mesmo tempo que incutiria neles a lealdade à Igreja ortodoxa e ao tsar. Em São Petersburgo, o líder do sindicato era o frei Georgii Gapon, que logo conquistou o apoio animado dos trabalhadores e representou uma séria ameaça aos revolucionários. Por isso, quando uma greve espontânea estourou nas imensas fábricas Putilov na borda meridional da cidade, Gapon viu-se diante de um dilema. A política dos sindicatos da polícia era opor-se às greves (vistas simplesmente como violações da ordem pública no Direito russo), mas se ele escolhesse esse caminho sabia que perderia para os radicais o apoio dos trabalhadores. Ele optou por aceitar a greve, mas teve a ideia de que os trabalhadores deveriam apresentar suas queixas ao tsar. Gapon presumiu que o tsar escutaria e faria algo, o que aplacaria os trabalhadores e resolveria a greve. Quando os trabalhadores aproximaram-se do Palácio de Inverno na neve em 9/22* de janeiro de 1905, a reação do governo, apreensivo quanto à agitação na cidade, foi alinhar soldados diante do palácio e ordenar que abrissem fogo sobre a multidão desarmada. Mais de cem pessoas foram mortas e muitas outras feridas.

Dentro de poucos dias, trabalhadores de todo o país, da Polônia à Sibéria, entraram em greve às centenas de milhares. Eram movimentos espontâneos sem sindicatos, sem pagamento de greve e praticamente sem liderança. O sindicato da polícia foi imediatamente desacreditado e os partidos revolucionários ficaram sobrecarregados, pois tinham somente poucos milhares de ativistas no país inteiro.

A Revolução de 1905 que se seguiu foi um acontecimento extraordinariamente complexo. O movimento urbano de greve foi enorme, especialmente ao considerar-se a falta de experiência nesse tipo de ações por parte de quase todos os trabalhadores e a inadequação das estruturas organizacionais. Nas aldeias, pela primeira vez a agitação camponesa tornou-se suficientemente generalizada para provocar campanhas ferozes de repressão militar, muito embora os SRs e outros ainda julgassem extremamente difícil organizar de fato os camponeses. A maior parte das áreas não russas conheceu os mesmos levantes que o interior do país, com forças nacionalistas ou socialistas predominantes em diferentes áreas e diferentes épocas. As classes médias liberais geralmente apoiavam todos esses levantes, mesmo que apenas de modo passivo, e culpavam insistentemente o governo pela carnificina. O governo viu-se extremamente isolado, embora o tsar Nicolau tenha tentado aferrar-se à fantasia do campesinato leal corrompido pela *intelligentsia* e pelos judeus.

Para complicar tudo, a guerra com o Japão continuava e ia de mal a pior. Na primavera, os japoneses infligiram uma derrota capital ao Exército russo em Mukden. Para substituir a esquadra perdida do Extremo Oriente, a Marinha enviou a esquadra do Báltico numa jornada épica contornando a África e a Ásia Meridional até o teatro de operações. Ali ela deparou-se com a Marinha japonesa em Tsushima em maio de 1905 e foi quase inteiramente destruída. Nesse ponto, Nicolau e seu governo perceberam que não tinham outra opção além de fazer a paz. Com Theodore Roosevelt como intermediário, a paz foi assinada em Portsmouth, New Hampshire, em 23 de agosto

---

* De acordo com o calendário juliano, instituído por Júlio Cesar em 46 a.C. e adotado pela Rússia até o início de 1912: 9 de janeiro de 1905; pelo calendário gregoriano: 22 de janeiro de 1905. Adota-se o mesmo entendimento nas demais menções de semelhante teor ao longo desta obra. (N.E.)

(2 de setembro) de 1905. A Rússia perdeu a base de Port Arthur e a metade meridional da ilha de Sakhalin, mas conservou sua ferrovia na Manchúria e suas edificações em Harbin.

Esses acontecimentos ocorreram num contexto de agitação que crescia rapidamente. Na primavera, quase 1 milhão de trabalhadores só em São Petersburgo fizeram greve por maiores ou menores jornadas de trabalho. Algumas eram políticas, mas a maioria era sobre salários, e particularmente sobre o tratamento rude e condescendente nas mãos dos diretores das fábricas. A tomada de terras e os ataques às casas da nobreza pelos camponeses atingiram o ápice no verão e espalharam-se por toda a Rússia central, a Ucrânia, a Polônia, as províncias bálticas e o Cáucaso. Na Geórgia, áreas inteiras estavam fora do controle do governo e bandidos prosperaram junto com os rebeldes camponeses. Começando por Baku, armênios e azeris atacaram-se mutuamente, matando milhares. Nos Estados bálticos, o antagonismo étnico entre os proprietários rurais alemães e os camponeses letões e estonianos fez recrudescer a violência, e os cossacos russos viram-se na posição de ter de defender os nobres alemães bálticos. O ponto alto do verão de 1905 foi o motim dos marinheiros do encouraçado Potemkin, mais tarde imortalizado no filme de Sergei Eisenstein. Os marinheiros exigiram melhores condições e o fim da autocracia e apoiaram os grevistas em Odessa antes de zarpar para o internamento na Romênia. Esse e outros motins militares, que continuaram até 1906, mantiveram o governo encurralado.

Em agosto, Nicolau, sob pressão do seu governo e de sua mãe, publicou um manifesto que concedia uma legislatura representativa, mas com poderes muito limitados. O manifesto não surtiu efeito e, no outono, o movimento grevista nas cidades foi retomado com força ainda maior. Em outubro, as greves transformaram-se em greve geral, agora de característica política, dirigida contra a autocracia com apelos em prol de uma república democrática. Na ausência de outras organizações, os trabalhadores de São Petersburgo começaram a formar conselhos (em russo, *soviets*) no nível das fábricas e depois reuniram-se para formar um soviete municipal. De início, os social-democratas tinham dúvidas quanto aos sovietes, mas os mencheviques perceberam seu potencial. O líder mais vigoroso entre os deputados do soviete de trabalhadores de São Petersburgo era Leon Trotsky, orador vivaz e poderoso e um dos principais líderes dos mencheviques. Lenin e seus seguidores logo se juntaram ao movimento. Finalmente, em 17/30 de outubro, o tsar concedeu que a Rússia teria de ter uma legislatura representativa, a ser chamada de Duma, e algum tipo de constituição. A greve geral terminou, mas Lenin e os bolcheviques queriam continuar impulsionando a revolução. O resultado foi uma insurreição nos distritos industriais a oeste de Moscou em dezembro de 1905, reprimida com força considerável pelo Exército e pela polícia.

O Manifesto de Outubro mudou completamente a política russa, talvez mais do que Nicolau pretendera. Witte retornou ao poder no novo cargo de primeiro-ministro. Grupos liberais e conservadores começaram a formar partidos, e alguns revolucionários saíram, pelo menos parcialmente, da clandestinidade. Os novos partidos fundaram jornais e admitiram membros, preparando-se para as eleições. Os primórdios da política de massa também trouxeram forças mais sinistras na forma da União do Povo Russo e muitos grupos menores do mesmo tipo. Tratava-se das "Centenas Negras", devotadas à autocracia e à ortodoxia, que acusavam os judeus de serem a fonte de todos os problemas da Rússia. Intensamente nacionalistas, elas opunham-se à igualdade para todas as minorias nacionais, mas discriminaram os judeus para os *pogroms* sangrentos, que eles acreditavam que poriam fim à revolução, a qual, na sua visão, era obra dos poloneses e da *intelligentsia*, e sobretudo dos judeus. Dois deputados judeus da Duma foram vítimas do terror, além de centenas de pessoas nos *pogroms*. Pelo menos 400 judeus morreram apenas no *pogrom* de Odessa. Embora ineficazes no combate à revolução, as Centenas Negras adicionaram outro elemento de violência e caos à política russa.

O governo prometera uma constituição para a Rússia, e Witte e os ministros produziram uma com a qual o tsar concordaria. Foi a primeira constituição da Rússia, as Leis Fundamentais, escrita por Witte e outros funcionários do governo e proclamada no dia de abertura da nova Duma – 27 de abril de 1906. Na nova estrutura, a Duma deveria aprovar leis e, se o Conselho de Estado concordasse, elas seriam enviadas ao tsar para sua aprovação, sem a qual não seriam válidas. O Conselho de Estado tornou-se uma casa superior, composta principalmente por grandes dignitários do Estado nomeados pelo tsar, mas com alguns representantes da nobreza, do empresariado e das universidades. De forma um tanto inconsistente, o documento proclamou o tsar um autocrata, mas agora ele tinha de fazer leis através da Duma. Seu poder continuou predominante, pois as Leis Fundamentais reservavam ao tsar a política externa, o poder de fazer a guerra e a paz, o comando do Exército e todas as nomeações administrativas. Pela primeira vez, o tsar tinha algo semelhante a um gabinete com um primeiro-ministro

(Witte de início), mas os ministros eram todos responsáveis perante o tsar, e não perante a Duma.

Era uma constituição altamente conservadora, embora não tão estranha na Europa de 1906 como pareceu depois. A concentração do poder militar e da política externa nas mãos do monarca também era uma característica das constituições alemã e austríaca, e até na Suécia os ministros ainda eram responsáveis perante o rei, não o parlamento. O que tornou o sistema russo mais peculiar foi o fracasso do gabinete em impor-se como força unificada (os resultados dependiam das personalidades) e o complexo sistema de eleição para a Duma. Esta não era eleita simplesmente com base nas regiões ou em requisitos de voto censitário, mas por meio de um complexo de distritos regionais, do voto indireto e do sistema curial. Para cada grupo social (camponeses, citadinos, trabalhadores, nobres) havia uma cúria, na qual os eleitores depositavam suas cédulas na cúria. Ainda acreditando na lealdade do campesinato e no seu conservadorismo social, as eleições para a primeira Duma que aconteceram no inverno de 1905-1906 basearam-se numa distribuição de assentos que favorecia o campesinato. Nicolau estava convencido de que somente as classes médias e altas se opunham à autocracia, mas que os camponeses estavam do seu lado.

O resultado das eleições apresentou ao governo uma Duma com a qual era impossível trabalhar. O boicote dos partidos revolucionários significava que os liberais, os Kadets (Democratas Constitucionais, oficialmente o Partido da Liberdade Popular), eram o maior partido na Duma, enquanto os camponeses, que se organizavam lentamente em partidos, eram o maior grupo. Para os Kadets, as concessões do governo ao constitucionalismo eram pequenas demais, e os deputados camponeses surpreenderam a todos votando a favor de qualquer medida que lhes proporcionasse terras. Muitos exprimiram lealdade ao tsar, mas eles também queriam terra, algo com que Nicolau e Witte não haviam contado. Nicolau dissolveu a Duma em julho, esperando que novas eleições se mostrassem mais favoráveis. Witte renunciou e seu substituto foi Petr Stolypin, um ex-governador provincial com reputação de esmagar rebeliões, mas também com interesse por reformas. O primeiro sinal destas últimas foi a lei que ele patrocinou no outono de 1906 e que permitia que os camponeses deixassem a comunidade aldeã e montassem fazendas independentes.

O movimento de greve e os distúrbios rurais amainaram gradualmente no final de 1906. Stolypin enviou batalhões punitivos ao campo para reprimir os rebeldes camponeses com execuções realizadas no ato. As eleições para a segunda Duma, no entanto, não produziram os resultados que Stolypin e o governo esperavam. Ao contrário, a nova Duma era ainda mais radical que a primeira. Os deputados camponeses agora estavam organizadas no "Grupo Trabalhista", que exigia toda a terra para o campesinato. Finalmente, em 3 de junho de 1907, Stolypin dissolveu a Duma e praticamente não houve reação do público. A revolução havia perdido sua força.

A Revolução de 1905 foi um episódio sangrento, com cerca de 15 mil mortos, a maioria camponeses executados ou simplesmente assassinados durante represálias do governo no campo. Vários milhares de revolucionários também foram executados e muitos trabalhadores pereceram em conflitos provocados por greves ou nas diversas insurreições. Alguns proprietários rurais também sofreram e muitas propriedades foram destruídas. No final de 1905, havia surgido um "Sindicato de Todos os Camponeses Russos", que admitiu várias centenas de milhares de membros e exigiu a entrega de toda a terra ao campesinato. O sindicato tentou evitar táticas violentas, mas seus membros tornaram-se cada vez mais radicais durante o ano de 1906 e aliaram-se com o Grupo Trabalhista na Duma. O Sindicato Camponês também foi banido. O resultado mais importante foi uma mudança radical na política russa. O desaparecimento da censura na prática, as eleições para a Duma, bem como seus debates, levaram a política dos saguões da corte e dos escritórios da burocracia ao público, e até às ruas enquanto durou a revolução. Classes sociais inteiras começaram a pensar de modo diferente: a nobreza parou de flertar com o liberalismo e congregou-se rapidamente atrás dos motes de autocracia, nacionalismo e preservação da ordem social. As classes médias e operárias urbanas abandonaram sua passividade e começaram a participar de ações políticas e a apoiar certos partidos mais radicais. Os empresários formaram pequenos partidos próprios e grupos de pressão, o campesinato ouvia os discursos dos ativistas do Sindicato Camponês e dos SRs e aprendeu a votar pelos seus interesses na questão da terra. As diversas minorias nacionais tinham agora partidos políticos ativos: na Geórgia, os mencheviques combinaram socialismo com nacionalismo e tornaram-se de longe a força mais poderosa. Na Letônia, os social-democratas aliaram-se aos bolcheviques e dominaram o movimento trabalhista. Na Polônia, todos os partidos políticos passaram a agir abertamente e os Nacional-Democratas competiam com algum êxito contra grupos socialistas pela fidelidade dos trabalhadores. Entre os povos muçulmanos do Império, a *intelligentsia* progressista apresentou candidatos à

AUTOCRACIA EM DECLÍNIO | 305

Duma e ganhou, passando a formar um grupo muçulmano na Duma que congregava tártaros, basquírios, crimeanos, azeris e montanheses do Cáucaso Setentrional para pedir igualdade de condições. Como muitos grupos autonomistas, eles aliaram-se aos Kadets russos e participaram ativamente dos debates na Duma.

Por mais poder que o tsar e seus ministros conservassem (e ele era considerável), agora eles tinham de lidar com uma situação política totalmente nova, e poucos deles, muito menos Nicolau, estavam preparados para isso.

Os sete anos que se seguiram à dissolução da segunda Duma foram o único experimento da Rússia em tempo de paz com um governo constitucional com imprensa livre e organizações públicas ativas. O destino do país dependia da capacidade de Stolypin e outros de lidar com essa nova realidade. A repressão da revolução por Stolypin teve um sucesso aparente: centenas de ativistas foram executados, especialmente do grupo terrorista SR, e todos os partidos radicais perderam membros em penca por causa da prisão, exílio, desilusão e simples exaustão. A dissolução da Duma em 1907 foi acompanhada de um novo sistema eleitoral ainda mais indireto e não democrático. Cerca de 50% dos assentos da nova Duma foram para a nobreza, enquanto a representação dos camponeses foi cortada radicalmente, bem como o número de assentos reservados às áreas de minorias nacionais do Sul e do Oeste. A nova Duma era esmagadoramente nobre, russa e muito conservadora. A maioria dos nobres e muitos empresários apoiavam o partido Outubrista (assim chamado devido ao apoio dado ao Manifesto de Outubro do tsar), mas também havia uma extrema-direita, majoritariamente de nobres, que incluía líderes das Centenas Negras. Stolypin parecia dispor de uma situação perfeita para realizar suas modestas reformas, manter o poder do tsar e do governo e avançar em direção a uma política nacionalista mais russa no império. Na realidade, ele fez pouca coisa além do programa agrário, que mostrou ter efeito limitado. O resultado das intermináveis negociações entre o primeiro-ministro e a Duma foi somente criar uma cisão entre ele e as classes altas. Suas reformas eram demasiado radicais para os nobres, mas não profundas o bastante para satisfazer a sociedade e os liberais da Duma. O clímax foi seu plano de 1911 para introduzir o *zemstvo* nas províncias ocidentais, regiões onde os nobres eram predominantemente poloneses. No intuito de manipular os conselhos dos *zemstvos* contra os poloneses, Stolypin propôs aumentar o número de deputados camponeses, por serem os ucranianos e bielorrussos que Stolypin considerava mais leais ao tsar que os nobres poloneses. Ao mesmo tempo, o *zemstvo* aliviaria o fardo administrativo do Estado e, com sorte, aplacaria os liberais. No fim, o plano era astucioso demais para ser bem-sucedido. Stolypin conseguiu fazê-lo passar pela Duma, mas ele foi rejeitado pelo Conselho de Estado. Stolypin renunciou em protesto, sabendo que Nicolau julgava-o indispensável. O tsar implorou que retornasse, mas Stolypin só concordaria se Nicolau retirasse alguns dos conservadores extremistas do governo, prorrogasse a Duma e aprovasse o projeto de lei dos *zemstvos* ocidentais com seus poderes de emergência. O tsar concordou, mas o incidente confirmou sua suspeita crescente de que os planos de Stolypin eram abrangentes demais e que ele era demasiado poderoso e não confiável. Antes que seus desacordos chegassem a uma crise, um terrorista SR assassinou Stolypin em setembro numa récita na ópera de Kiev.

Sem Stolypin, o tsar recorreu a figuras menores para gerir o governo. A instituição do primeiro-ministro desagradava-o particularmente, e ele nomeou para o cargo homens que não dominariam o gabinete. O resultado foi a desorientação. Nenhum dos problemas que a sociedade russa enfrentava foi abordado e o governo ficou cada vez mais isolado. Entre a sociedade instruída, cresceu a percepção, até mesmo entre os conservadores, de que o tsar e o governo não entendiam o país e viviam num mundo à parte. Nenhuma questão importante foi resolvida e as medidas do governo não alcançavam nem a reforma, nem uma repressão bem-sucedida. As tentativas de usar o nacionalismo e antissemitismo para angariar apoio popular saíram pela culatra. Em 1911, a investigação de um assassinato em Kiev levou a acusações de sacrifício ritual contra Mendel Beiliss, um judeu supervisor numa fábrica de tijolos. O Ministério da Justiça em Petersburgo e a polícia "organizaram" um julgamento, e panfletos foram publicados sobre sacrifícios rituais e outros supostos crimes dos judeus. Porém, a Rússia tinha agora uma imprensa relativamente livre e os diários liberais armaram uma contracampanha furiosa. As paixões estavam tão inflamadas entre a *intelligentsia* que a apresentação de uma peça baseada nas obras de Dostoievski foi cancelada em São Petersburgo, sob a alegação de que o nacionalismo antissemita do grande escritor dava apoio à acusação. O julgamento ocorreu no outono de 1913 num tribunal penal ordinário em Kiev. O júri não foi convencido pelas provas da acusação e inocentou Beiliss. O resultado foi uma humilhação suprema para o governo.

Para cúmulo da desgraça, a presença de Grigorii Rasputin no tribunal acrescentou um elemento de grotesco a uma atmosfera já bastante ruim. Rasputin era um monge errante da Sibéria que havia sido introduzido na corte no final de 1905. A imperatriz Alexandra sempre tivera interesse na cura pela fé e tinha esperança de que ele pudesse ajudar seu filho hemofílico, o herdeiro Aleksei. Ela rapidamente passou a acreditar que somente Rasputin podia parar o sangramento. Por isso, este tinha acesso ilimitado à família imperial, apesar das suas visões religiosas heterodoxas e histórias (a maioria verdadeiras) de bebedeira e libertinagem. A polícia de segurança criou um destacamento inteiro para vigiar o monge com o intuito de fazer cessar os rumores que desonravam o tsar e sua esposa. Rasputin era uma preocupação genuína para os monarquistas e conservadores no governo e na Duma, e eles conseguiram levar a questão ao plenário da assembleia, provocando a ira do tsar. Ele nunca percebeu que eles estavam tentando salvar o prestígio do trono e, em vez disso, interpretou seus atos como deslealdade. Rasputin, rumores à parte, não tinha nenhum efeito político identificável, mas sua presença e suas histórias reais e exageradas minaram ainda mais a monarquia.

Se os liberais e conservadores na Duma, apesar de todas as suas frustrações, encontraram na nova ordem uma vasta arena de atividade política, os partidos revolucionários foram desmoralizados e perderam milhares de membros, especialmente da *intelligentsia*. A liderança foi para o exílio no Ocidente, onde passava seu tempo tentando manter o movimento vivo. Os movimentos cindiram-se: Trotsky abandonou o principal movimento menchevique e fundou seu próprio jornal em Viena, no qual comentava a política mundial sentado em cafés. Os bolcheviques eram particularmente dados a controvérsia, divididos como eram por disputas filosóficas, além das táticas e organização do partido. Lenin escreveu um livro inteiro para denunciar a tentativa de certos intelectuais bolcheviques de integrar a epistemologia do físico alemão Ernst Mach ao marxismo. Foi somente por volta de 1912 que as diversas facções aglutinaram-se em partidos organizados e restabeleceram uma rede na Rússia. Para o partido bolchevique, a oportunidade surgiu naquele ano numa conferência em Praga que finalmente consolidou a estrutura e o programa bolchevique, reafirmando a crença de Lenin na necessidade de um partido clandestino. A conferência de Praga também marcou o início de uma transição geracional entre os bolcheviques, pois a liderança da *intelligentsia* da juventude de Lenin cedeu aos poucos espaço a um grupo mais jovem que era mais plebeu (embora não exatamente proletário). Eles geralmente não tinham educação universitária, mas sim experiência com os procedimentos da clandestinidade e o hábito de fazer contato com os trabalhadores em luta contínua com a polícia. Um deles era um bolchevique georgiano, Soso Djugashvili, conhecido como Koba, filho de um sapateiro do Cáucaso. Ao imprimir sua marca ao movimento em toda a Rússia, ele adotou um novo pseudônimo revolucionário, Stalin. E como Joseph Stalin é que ele entraria para a história.

Enquanto Stolypin estava lutando para controlar a Duma, a formação de blocos políticos na Europa continuava. Nicolau e o Kaiser tentaram repetidas vezes uma reaproximação, mas as tentativas não deram em nada. Em 1907, a Rússia e a Grã-Bretanha assinaram um tratado que dividia esferas de influência no Irã, eliminando assim um objeto importante da sua rivalidade imperial. O resultado não era exatamente uma aliança, mas pôs fim à "Guerra Fria" que durava décadas e, dado o acordo anglo-francês, significava que a Rússia, junto com a Grã-Bretanha e a França, enfrentava agora a Alemanha e a Áustria-Hungria. Havia muitas regiões de conflito, das quais a mais importante eram os Bálcãs. A Rússia havia se aliado à Sérvia, que estava exatamente no caminho de qualquer expansão austríaca ou alemã na região, e ambas tinham grandes ambições centradas no Império Otomano. A Alemanha esperava fazer dos turcos semialiados e semidependentes na sua rivalidade mais ampla com a Grã-Bretanha. Em 1909, a Áustria, com auxílio alemão, humilhou a Rússia ao anexar a Bósnia-Herzegovina, que era um protetorado austríaco desde 1878. Uma série de guerras locais nos Bálcãs intensificou a tensão crescente. Então, em junho de 1914, o herdeiro do trono austríaco, o arquiduque Francisco Ferdinando, fez uma viagem pela nova província da Bósnia. Enquanto sua carreata avançava pela rua estreita à beira do rio em Sarajevo, um jovem nacionalista sérvio, Gavrilo Princip, saiu da multidão com um revólver e matou-o com um tiro. Para a Rússia, assim como para o restante da Europa, aquele foi um tiro fatal.

capítulo 16

GUERRA E REVOLUÇÃO

A Revolução Russa de 1917 foi uma das muitas consequências da Primeira Guerra Mundial. A guerra submeteu o Estado e a sociedade russa a tensões que nenhum dos dois podia suportar. O resultado foram seis anos de guerra e tumulto que criaram a União Soviética.

GUERRA

A participação da Rússia na Primeira Guerra Mundial não foi um acidente. Depois da Guerra Russo-Japonesa, a política externa da Rússia voltou-se para o oeste. Em 1907, a Rússia concluiu um tratado com sua rival de longa data, a Grã-Bretanha, para estabelecer um domínio conjunto sobre o Irã. Os russos tomaram controle da parte setentrional do país até Teerã, e os britânicos do Sul. Esse compromisso pôs fim à competição imperial anglo-russa na Ásia e fez que a Rússia se tornasse um aliado efetivo da Grã-Bretanha, bem como da França. Os únicos inimigos imagináveis eram a Alemanha e a Áustria. O acordo sobre a Pérsia armou o palco para os eventos de 1914, mas foram as rivalidades imperiais nos Bálcãs que proporcionaram a fagulha para a explosão. Ali, a Rússia enfrentava um Império Otomano ressurgente, aliado com a Alemanha e a Áustria, seguidas pela Bulgária. Nesse ponto, o único aliado da Rússia era a diminuta Sérvia, que estava exatamente no caminho da expansão austro-alemã no Sul. Uma série de crises nos Bálcãs nesses anos mostrou repetidamente a fraqueza da Rússia na região: ela não tinha aliados formais além da Sérvia, nem o poder informal derivado dos laços comerciais estabelecidos pelos alemães e austríacos, bem como os franceses e britânicos. Quando Gavrilo Princip assassinou o arquiduque austríaco em Sarajevo em 1914, Viena lançou um ultimato à Sérvia e a Rússia teve de apoiar a resistência sérvia. A credibilidade básica da Rússia estava em jogo, e o resultado foi a guerra. Ela não havia buscado a guerra, mas desviado em direção à crise, tal como estava fazendo em muitas outras áreas.

Se o governo do Império Russo depois da morte de Stolypin meramente vagava no fluxo dos acontecimentos, nem a sociedade russa nem o movimento revolucionário demonstravam a mesma passividade. Os anos imediatamente anteriores à Primeira Guerra Mundial foram anos de crescimento econômico dinâmico para as ilhas de indústria moderna no mar de atraso rural. O desenvolvimento industrial significava crescimento no tamanho e, em certa medida, na sofisticação da classe operária, e os partidos revolucionários estavam prontos para fazer uso dele. Em alguns lugares, os trabalhadores recorreram novamente à greve. Em 1912, no rio Lena, na Sibéria, várias centenas de trabalhadores pereceram quando os soldados e a polícia reprimiram uma greve nas minas de ouro de propriedade inglesa. Por volta dessa época, os partidos revolucionários haviam se recuperado da derrota de 1905-1907. Os bolcheviques, mencheviques e SRs estavam razoavelmente bem organizados e o movimento trabalhista recuperou-se. Na primavera de 1914, uma onda de greves varreu São Petersburgo, e nela os bolcheviques pareciam pela primeira vez ser a liderança, e não os mencheviques ou SRs. Todavia, o restante do país estava relativamente sossegado, e as notícias da guerra atingiram a Rússia como um raio. Na verdade, a Rússia havia dedicado muito esforço à reconstrução do Exército e da Marinha desde a guerra com o Japão, e um dos numerosos fatores que aguilhoavam o Estado-Maior alemão e o Kaiser a forçar uma guerra imediata era o temor de que a Rússia seria muito mais difícil de derrotar dentro de poucos anos. Na verdade, tanto o planejamento quanto o equipamento ainda eram deficientes. Por insistência do tsar, enormes somas haviam sido gastas para reconstruir a esquadra do Báltico, que no fim era pequena demais para desafiar a Marinha alemã e nunca deixou o porto. A indústria de armamentos da Rússia ainda era inadequada para abastecer um Exército moderno e sua rede de transporte, adequada em tempos de paz, era pequena demais para a mobilização e abastecimento velozes do Exército na fronteira ocidental. Para piorar as coisas, o avanço rápido do Exército alemão pela Bélgica e pela França gerou uma crise no fronte. Sob intensa pressão da França, os russos lidaram com a crise enviando um Exército despreparado para a Prússia Oriental, uma expedição que terminou em derrota em Tannenberg em agosto de 1914. Assim, a Rússia iniciou a guerra com uma derrota.

Em casa, a guerra produziu de início uma orgia de patriotismo. Sob aclamação universal, o governo mudou o nome alemão São Petersburgo para Petrogrado, uma tradução russa, mais ou menos, do mesmo. Liberais e reacionários na Duma uniram-se numa plataforma de guerra e a *intelligentsia*, como seus pares a oeste, despejou uma enxurrada de propaganda anti-inimigo e delírios nacionalistas. Os trabalhadores também foram arrastados pela febre e o movimento de greve na capital evaporou-se. A polícia reprimiu fortemente os partidos revolucionários, particularmente os bolcheviques, e dentro de poucos dias seus líderes que estavam na Rússia desapareceram na prisão e no exílio na Sibéria. Stalin estava entre eles. Os bolcheviques foram objeto de ira particular do governo por causa da sua posição acerca da guerra, uma posição que transformou um obscuro grupo marxista num movimento mundial que reordenou fundamentalmente o século XX. Afinal, foi da reação de Lenin à guerra, e não como resposta à Revolução Russa posterior, que o comunismo nasceu.

Antes de 1914, os partidos socialistas europeus haviam prometido reiteradamente, nas suas reuniões internacionais, opor-se a todas as guerras entre os Estados europeus por serem nocivas aos interesses da classe operária. Tratava-se de grandes e poderosos partidos de massa, que controlavam sindicatos trabalhistas importantes e ofereciam serviços sociais e culturais elaborados, no que eram totalmente diversos do pequeno bando de combatentes clandestinos de Lenin. Quando os governos pronunciaram declarações bombásticas de guerra em julho e agosto de 1914, a expectativa era a de que os socialistas se opusessem à guerra e até fizessem greve, como haviam ameaçado antes, no intuito de pôr fim a ela. Nada disso aconteceu. Ao contrário, os líderes socialistas pronunciaram-se quase unanimemente a favor da guerra e juntaram-se ao coro de patriotismo e ódio nos seus respectivos países. Os poucos que discordaram sentiram-se obrigados pela disciplina do partido a ficarem quietos e seguir a liderança. Entre os russos, o ancião fundador do marxismo russo, Plekhanov, pronunciou-se a favor da guerra, e os mencheviques adotaram uma posição de compromisso, não conclamando a uma vitória russa, mas não se opondo à guerra. Entre os socialistas europeus, somente os bolcheviques de Lenin e um punhado de dissidentes mencheviques como Trotsky opuseram-se à guerra desde o primeiro dia.

Lenin não era um pacifista, e seu programa para a guerra não consistia apenas em opor-se a ela. Ele proclamou que a derrota do Império Russo seria o melhor resultado para a Rússia e conclamou todos os socialistas, na Rússia e alhures, a transformar a guerra internacional numa guerra civil.

Em outras palavras, ele estava lançando um apelo à insurreição armada em tempo de guerra. Essa posição parecia-lhe a única atitude marxista correta, mas por que tão poucos socialistas europeus concordaram? Segundo ele, eles haviam traído a classe operária que deveriam liderar, mas por quê? Desesperado com o futuro, Lenin voltou-se para a teoria marxista para tentar entender o que tinha acontecido. Ele releu a *Metafísica* de Aristóteles[*] (em grego; ele era produto do ginásio russo) e a *Ciência da Lógica* de Hegel para tentar recapturar o sentido original da dialética como Hegel e Marx a compreendiam. Ele também realizou um longo estudo dos eventos econômicos recentes. Seu objetivo era entender o apoio dado à guerra pelos socialistas europeus. Sua conclusão foi que a resposta estava no imperialismo, na riqueza excessiva gerada pelos impérios europeus na África e na Ásia, alimentada pela concentração crescente do capital. O império era o verdadeiro objetivo das potências beligerantes, ocultado sob um jargão enganador de liberdade ou honra nacional. A riqueza do império também produzira uma aristocracia trabalhista, contente com o *status quo* e portanto relutante em causar problemas em tempo de guerra. A curto prazo, ela se beneficiaria com o imperialismo. Ambas as conclusões viriam a ter efeitos decisivos após a Revolução Russa, mas por enquanto a leitura fez pouco mais que manter Lenin ocupado enquanto o mundo afundava cada vez mais no lodaçal sangrento da guerra.

À medida que as baixas acumulavam-se aos milhões, a oposição à guerra começou a surgir entre os socialistas na Europa Ocidental. Os primeiros a abandonar as fileiras foram os pertencentes à ala esquerda dos social-democratas alemães, Rosa Luxemburg, Karl Liebknecht e seus seguidores, que votaram contra os créditos de guerra no Reichstag em dezembro de 1914. Dentro de pouco tempo, os socialistas antiguerra estavam realizando pequenas reuniões na Suíça para exigir o fim da guerra e discutir táticas, e mesmo ali Lenin, com seu apelo intransigente à revolução, era minoria. Pela primeira vez, os bolcheviques russos chamaram a atenção do mundo como um bando diminuto de revolucionários que se aferravam à sua posição mesmo quando ela parecia condená-los ao isolamento e à derrota. Sua posição começou a angariar apoio entre socialistas ocidentais e, dessas pequenas reuniões de grupos na Suíça, surgiu um movimento mundial com consequências decisivas para a Rússia, bem como para a China, o Vietnã e outros países.

---

[*] Ver ARISTÓTELES. *Metafísica*. São Paulo: Edipro, 2012. (N.E.)

As consequências dessas reuniões obscuras estavam num futuro distante. Enquanto isso, na Rússia, a situação deteriorava-se gradualmente e não oferecia consolo nem ao tsar e seu governo, nem aos bolcheviques. No começo da guerra, Nicolau suspendeu a Duma, na esperança de governar sozinho. A derrota inicial na Prússia Oriental foi seguida, na primavera de 1915, por uma retirada geral russa da Polônia, o que acabou levando a uma crise no governo. A Duma foi convocada novamente no verão e os Kadets e conservadores moderados conseguiram formar um "Bloco Progressista", que ofereceu cooperar com o governo no esforço de guerra. Por fim, o governo teve de apelar aos *zemstvos* e diversos comitês de empresários para resolver as crises de abastecimento, mas só o fez com relutância e tarde demais. Surgiram novas agências para regular a economia para a guerra, como na Alemanha e outras potências beligerantes, mas a Rússia carecia da infraestrutura para fazê-las funcionar. O governo regulou os preços dos cereais para abastecer o Exército e as cidades com comida barata, mas o resultado foi que os camponeses passaram a semear menos e a produção de alimentos começou a cair, piorando a situação.

No final de 1915, o próprio Nicolau assumiu o comando do Exército e mudou-se de Petrogrado para Stavka, o quartel-general do Exército perto de Mogilev. Sua mudança não ajudou o Exército e só desorganizou ainda mais o governo na capital, pois o tsar continuava a ser a única autoridade e agora era ainda mais difícil conseguir sua atenção. Suas consultas reiteradas à imperatriz Alexandra e a Rasputin provavelmente não tiveram muito impacto sobre a política, mas acabaram por indispor ainda mais o público. O Exército russo teve êxitos mitigados, já que pouco podia fazer contra os alemães, mas obteve uma vitória importante contra a Áustria em 1916 (a "Ofensiva Brusilov", comandada pelo general Aleksei Brusilov) e contra os turcos. Erzurum, na Anatólia Oriental, caiu nas mãos do general Nikolai Yudenich no mesmo ano. Esses sucessos não puderam mudar a estagnação geral da guerra nem interromper a carnificina. As baixas russas aproximavam-se de cerca de 2 milhões de mortos, 2,5 milhões de feridos e 5 milhões de prisioneiros de guerra. Na Duma, o líder dos Kadets, Pavel Miliukov, falou de traição em altas esferas (uma referência à imperatriz Alexandra, entre outros) e, em dezembro de 1916, um grupo de jovens aristocratas temerosos quanto ao destino da monarquia assassinou Rasputin. Primeiro convidaram-no para jantar e serviram-lhe comida e vinho com altas doses de veneno. Depois, ao notarem que isso não surtia efeito na sua constituição corpulenta, eles atiraram nele e puseram-no sob o gelo dos canais de São Petersburgo. Rasputin se fora, e logo foi a vez da monarquia.

314 | HISTÓRIA CONCISA DA RÚSSIA

Sob muitos aspectos, a queda da dinastia Romanov foi quase um anti-clímax. No final de fevereiro de 1917, o agravamento da situação alimentar em São Petersburgo levou a longas filas em padarias e outras lojas de produtos alimentícios nos bairros operários da cidade. No Dia Internacional da Mulher (23 de fevereiro/8 de março, um feriado socialista), muitas mulheres trabalhadoras, exaustas de ficar nas filas de comida depois das longas jornadas de trabalho, entraram em greve. Em poucas horas, os homens nas fábricas ouviram a notícia e também entraram em greve, fechando rapidamente a cidade inteira. Os estudantes e as classes médias aderiram a eles. O governo mobilizou soldados, que atiraram nos manifestantes, matando várias dúzias deles. Contudo, no dia seguinte, os mesmos soldados que haviam atirado recusaram-se a lutar e amotinaram-se, levando outros regimentos com eles, até os cossacos. Os ministros e a Duma enviaram telegramas cada vez mais desesperados ao tsar, e Nicolau retornou às pressas de Stavka. Antes que ele chegasse à capital, representantes do governo vieram ao seu encontro e convenceram-no a abdicar. Foi o que ele fez, em 2/15 de março, e a monarquia chegou abruptamente ao fim.

Revolução

Mesmo antes da abdicação do tsar, dois novos governos estavam sendo formados em Petrogrado. Quando o governo do tsar ruiu, os líderes da Duma formaram um Governo Provisório liderado pelo príncipe Georgii Lvov, o chefe da União dos *Zemstvos*, um fidalgo rural liberal diplomado em Direito e com folha de serviço nos conselhos locais e na Duma. Seu ministro das Relações Exteriores era o líder do partido Kadet, o historiador Pavel Miliukov. A única voz mais ou menos radical era a de Aleksandr Kerenskii, um advogado conhecido pelo trabalho de defesa em julgamentos políticos e membro do "Grupo Trabalhista" da Duma, socialistas agrários próximos da ala direita dos SRs. Seu pai fora diretor do colégio de Simbirsk quando Lenin era aluno lá. Esses homens eram a fina flor da Rússia liberal em termos amplos, mas como grupo não faziam ideia de como liderar as massas e passavam grande parte do seu tempo preocupando-se com as reações dos aliados da Rússia na guerra, a Grã-Bretanha, a França e logo mais os Estados Unidos. Sua solução preferida para todos os problemas que a Rússia enfrentava era convocar uma Assembleia Constituinte a fim de escrever uma constituição para uma república democrática que satisfizesse o desejo dos camponeses por terra e as queixas dos trabalhadores. Entrementes, eles dariam prosseguimento à guerra, na esperança de uma vitória aliada sobre a Alemanha.

O outro "governo" era o soviete de Petrogrado. Respondendo à instigação dos mencheviques, os trabalhadores de quase todas as fábricas da cidade elegeram delegados para um soviete municipal que contava quase mil membros. Sua primeira medida foi a "Ordem nº 1", na qual especificava que o Exército devia ser gerido por sovietes de soldados eleitos e que os oficiais só exerceriam o comando durante as operações. Nesse momento em que os partidos revolucionários passaram a agir abertamente pela primeira vez na história russa, os mencheviques e os SRs, não os bolcheviques, impuseram rapidamente seu domínio sobre o soviete de Petrogrado e na maioria das outras cidades. A tática menchevique era recusar apoio ao Governo Provisório e ao mesmo tempo empurrá-lo numa direção mais radical, uma posição de compromisso insustentável. Logo de início, o problema da guerra teve de ser abordado. Se os mencheviques russos diferiam da maioria dos socialistas europeus por argumentarem que a guerra devia ser encerrada sem vitória para nenhum lado, eles não tinham nenhum plano factível para interrompê-la, nem defendiam uma revolução socialista imediata. Sua posição refletia, de fato, uma genuína hostilidade popular à guerra, e em maio Miliukov e outros tiveram de deixar o Governo Provisório, pois queriam levar a guerra a um final vitorioso e o soviete não aceitava isso. Lvov organizou um novo governo com vários socialistas moderados, incluindo Kerenskii, que ficou encarregado do Exército e da Marinha e lançou uma nova ofensiva no fronte. Sovietes também foram formados em Moscou e outras cidades, no Exército e até em algumas regiões rurais. Eles representavam apenas trabalhadores, soldados e camponeses, não as classes médias ou altas. Reeleitos em intervalos de poucas semanas, os sovietes locais refletiam o humor popular muito de perto.

Em todas essas deliberações durante os primeiros meses da revolução, os bolcheviques continuaram minoria nos sovietes. Lenin ouviu falar da queda do tsar na Suíça e conseguiu retornar à Rússia através da Alemanha, tendo convencido o governo alemão de que ele era mais uma ameaça ao esforço de guerra da Rússia que ao da Alemanha. Ele viajou num trem cujas portas foram lacradas até que ele chegasse à Suécia neutra, e atravessou a Finlândia para chegar a Petrogrado em 3/16 de abril de 1917, onde recebeu as boas-vindas tumultuadas dos seus seguidores. Ele descobriu que os líderes bolcheviques, incluindo Stalin, haviam retornado do exílio e estavam começando a organizar-se. No entanto, todos eles careciam de uma ideia clara do que deveria ser sua plataforma. A de Lenin era absolutamente clara, tal como expressa nas "Teses de Abril". A queda do tsar, ele escreveu, significava que a revolução burguesa, a qual o partido havia almejado em 1905, havia terminado. Naquele momento havia no país um poder dual, os sovietes junto com o Governo Provisório. O objetivo era agora a tomada do poder pelo proletariado com a meta de transformar a Rússia numa sociedade socialista. O instrumento dessa tomada seriam os sovietes, principalmente os de soldados e trabalhadores. A meta imediata dos bolcheviques era, portanto, obter uma maioria no soviete de Petrogrado e outros.

A história dos poucos meses seguintes é a da realização desse objetivo. Foi a situação da Rússia que a tornou possível, dado que o país inteiro entrou numa crise profunda. O colapso do antigo governo deixou pouca autoridade efetiva em seu lugar e grande parte dela estava acuada pela multidão revolucionária. Nas aldeias, os camponeses simplesmente tomaram as terras durante o verão. Em muitos lugares houve violência, mas no mais das vezes eles simplesmente ignoraram os proprietários nobres e começaram a arar os campos deles para uso próprio. Às vezes eles entravam nas mansões dos aristocratas e pediam-lhes educadamente que saíssem. Seja como for que tenha ocorrido, a tomada das terras pelos camponeses foi uma mudança cataclísmica na sociedade russa, que pôs fim em poucos meses a uma ordem social que durara séculos. A maioria dos nobres não eram mais senhores da terra, mas refugiados pobres nas grandes cidades. Nas cidades, os trabalhadores usaram sua liberdade recém-conquistada para exigir uma jornada de oito horas e salários mais altos, e para formar comitês de fábrica que tentavam tomar o controle dos locais de trabalho.

Os partidos de esquerda saíram todos da clandestinidade e tentaram tornar-se organizações de massa. A época da clandestinidade revolucionária havia terminado. De início, os mais bem-sucedidos foram os SRs, com suas tradições de ação direta e apelo ao campesinato. Pela primeira vez, eles conseguiram realmente organizar números significativos de camponeses no seu partido, e seus seguidores oriundos da classe operária eram muito numerosos. Mas eles tinham um problema grave – a guerra. Mesmo antes de 1917, alguns SRs haviam se pronunciado contra a guerra, com uma posição muito próxima da de Lenin, mas continuavam a fazer parte do partido maior. À medida que a crise aprofundou-se no verão de 1917, a cisão ampliou-se. Os mencheviques, que sempre tiveram a esperança de formar um partido de massas em condições mais livres, beneficiaram-se enormemente com a nova liberdade. Quando os sovietes realizaram seu primeiro congresso de delegados de toda a Rússia em junho, os SRs e os mencheviques tinham quase 300 deputados cada, e os bolcheviques apenas pouco mais de 100. A moderação parecia triunfar, mas o clima mudou muito rápido.

Pela primeira vez, os bolcheviques estavam tornando-se também um partido de massas. Em vez de poucos milhares de revolucionários profissionais, o partido cresceu rapidamente até incluir 200 mil filiados, com concentração maior nas grandes cidades e especialmente em Petrogrado. A maioria esmagadora desses novos membros era composta de jovens operários, a maior parte deles com menos de 25 anos. À medida que mais e mais revolucionários retornavam do exterior, os bolcheviques também começaram a atrair dissidentes dos mencheviques, dos quais o mais importante foi Trotsky, cuja oposição à guerra levou-o a aderir a Lenin pela primeira vez. Trotsky era um orador poderoso e seus discursos eram uma arma capital para arregimentar as massas para o bolchevismo. Os novos membros transformaram o partido bolchevique, especialmente no nível das bases, cujo radicalismo veio à tona no início de julho. Os bolcheviques de Petrogrado organizaram uma manifestação armada que parecia estar assumindo ares de reivindicação do poder. O Governo Provisório, com apoio do soviete municipal, conseguiu reprimi-la e prender muitos líderes bolcheviques. Lenin fugiu para a Finlândia e Trotsky acabou preso. Em reação a esses eventos, Kerenskii sucedeu o príncipe Lvov no cargo de primeiro-ministro. Durante algumas semanas a onda revolucionária pareceu recuar, mas isso não durou. A guerra prosseguia, o descontentamento no Exército desdobrava-se num colapso gradual da disciplina e Kerenskii substituiu Brusilov pelo general Lavr Kornilov como comandante em chefe, esperando que Kornilov pudesse restaurar a ordem no Exército. A tarefa estava além dos seus poderes. A rede de transportes do país, já enfraquecida pela guerra, começou a ruir, assim como muitas indústrias e serviços essenciais. Nas cidades, os sovietes organizaram os Guardas Vermelhos, que contribuíam tanto para a desordem quanto para a ordem. As organizações e grupos revolucionários "expropriaram" prédios para uso próprio, dos quais o exemplo mais famoso foi a tomada pelo soviete de Petrogrado dos edifícios do Instituto Smol'nyi em Petrogrado, a escola aristocrática de meninas fundada pela imperatriz Elizabete. Ela passou a servir de quartel-general bolchevique. Para as classes média e alta, foi o começo da anarquia; para os trabalhadores, era a aurora de um novo mundo, caótico, mas que lhes pertencia. Discussões e reuniões intermináveis tumultuavam ainda mais o trabalho das fábricas, mas também formavam um eleitorado para reivindicações cada vez mais radicais. A vida em Petrogrado era febril, e nas províncias só um pouco mais calma. Moscou e todas as cidades e povoados com algum tipo de indústria fervilhavam com reuniões, discursos e manifestações. Nos extremos do país,

318 | HISTÓRIA CONCISA DA RÚSSIA

surgiram movimentos nacionalistas com exigências de autonomia. Em Kiev, grupos de intelectuais nacionalistas e ativistas partidários proclamaram-se a Rada ucraniana (conselho) junto com o Governo Provisório e os sovietes locais. Outros grupos foram formados no Báltico e no Cáucaso, embora nenhum deles ainda defendesse uma independência efetiva.

Os dias de julho haviam posto um entrave na organização bolchevique e sua ascensão à primazia entre os trabalhadores. Então, no final de agosto, o general Kornilov avançou sobre a capital com o Corpo de Cavalaria de Montanha, composto de povos muçulmanos do Cáucaso setentrional (chechenos e circassianos), a fim restaurar a disciplina e a ordem no país. Diante desse desafio, Kerenskii teve de recorrer ao soviete de Petrogrado, que armou os trabalhadores. Os bolcheviques haviam ganhado força desde os dias de julho. Agora eles eram cruciais para derrotar Kornilov, e seus líderes saíram da cadeia novamente para a liberdade. A incapacidade de Kerenskii de defender a revolução por si mesmo foi o último golpe contra o seu poder e, a partir da derrota de Kornilov em 1/14 de setembro, o Governo Provisório só fez derivar. O foco da ação havia sido transferido para os sovietes. Durante o episódio de Kornilov e logo depois dele, os bolcheviques finalmente obtiveram a maioria nos sovietes de Petrogrado e Moscou. Conforme as semanas avançavam e a crise econômica e militar continuava a piorar, outro Congresso dos Sovietes foi organizado, mais uma vez com delegados do país todo. Nele as divisões do partido SR desempenhariam um papel decisivo, dado que os bolcheviques haviam ganhado claramente a maioria dos trabalhadores da cidade, mas nas aldeias eles não tinham nenhuma organização. A ala esquerda do partido SR, cada vez mais radicalizada pela revolução, exigia um fim imediato para a guerra e estava pronta para aderir aos bolcheviques. Em 10/23 de outubro, Lenin retornou de seu esconderijo na Finlândia e reuniu os líderes bolcheviques. Com o apoio de Trotsky e Stalin, ele superou os pessimistas na liderança, Zinoviev e Kamenev, e o Comitê Central bolchevique votou a tomada do poder. Com os votos dos SRs de esquerda, os bolcheviques capturaram a liderança do Congresso dos Sovietes e, em 25 de outubro/7 de novembro de 1917, os Guardas Vermelhos avançaram sobre o Palácio de Inverno para desalojar o Governo Provisório. Restavam somente poucas centenas de defensores no palácio, oficiais cadetes e o "Batalhão da Morte Feminino", uma unidade formada principalmente de mulheres de classe média para lutar na guerra. A um sinal do cruzador naval Aurora, ancorado no rio Neva, vários milhares de Guardas Vermelhos andaram rapidamente através do frio outonal e tomaram o palácio com um mínimo de tiros e feridos. As tentativas de saquear a adega e os numerosos tesouros do palácio foram logo reprimidas e os ministros do Governo Provisório foram escoltados para a prisão na Fortaleza de São Pedro e São Paulo. Kerenskii escapou para o sul num carro da embaixada dos Estados Unidos numa vã tentativa de angariar apoio no fronte.

Ao contar com a maioria no Congresso dos Soviets, os bolcheviques e os SRs de esquerda tomaram o poder e proclamaram a Rússia uma república socialista e soviética. Os mencheviques e os SRs de direita deixaram o Congresso em protesto enquanto Trotsky relegou-os ao "monturo da história". A primeira ação dos Vermelhos foi organizar o novo governo. O Congresso dos Soviets elegeu um governo de Comissários do Povo com Lenin à sua frente e Trotsky como comissário do povo para Relações Exteriores. As outras posições ficaram com bolcheviques e SRs de esquerda de destaque. Entre estes últimos, o mais significativo era Joseph Stalin como comissário das nacionalidades. Trotsky foi para o Ministério das Relações Exteriores, na Ponte dos Cantores perto do Palácio de Inverno, apagou as luzes e mandou todo mundo ir para casa. Pelos próximos poucos meses, ele geriu a política externa de um pequeno escritório no Instituto Smol'nyi.

O novo governo soviético chegou ao poder com amplo apoio dos trabalhadores e intensa oposição das velhas classes altas, das classes médias e da *intelligentsia*. Essas divisões refletiam-se na Assembleia Constituinte que se reuniu em 5/18 de janeiro de 1918. Convocadas pelo Governo Provisório, as eleições para a Assembleia haviam ocorrido no outono, antes e depois da tomada do poder pelos bolcheviques. Nas cidades, os bolcheviques desbarataram os socialistas moderados (SRs e mencheviques), deixando os Kadets, cada vez mais conservadores e nacionalistas, como o segundo partido urbano. No campo, porém, os SRs obtiveram o maior número de votos, embora a maioria dos candidatos não tivesse declarado se apoiava a esquerda ou a direita, o que confundia o resultado. A Assembleia reuniu-se por cerca de 13 horas, depois do que a guarda bolchevique de marinheiros Vermelhos simplesmente mandou os deputados irem para casa. Eles obedeceram. Poucos dias depois, um outro Congresso de Deputados Soviéticos proclamou o novo Estado, a República Socialista Federativa Soviética da Rússia, com declarações altissonantes dos direitos dos trabalhadores, camponeses e minorias nacionais.

GUERRA CIVIL E PODER DOS SOVIETES

A essa altura, a guerra civil já havia começado, pois grupos de oficiais militares na Rússia meridional reuniram-se para organizar a resistência ao novo governo, e o descontentamento crescia entre os cossacos do Don. O líder cossaco Kaledin formou um governo cossaco improvisado no Don e os Vermelhos logo avançaram contra ele. Ao longo de toda a guerra civil, os cossacos seriam a fundação da resistência ao poder soviético. Eles viviam nas bordas meridional e oriental da Rússia, e já não eram mais os rebeldes do século XVIII. Eles combinavam a agricultura camponesa com o serviço militar e, com a posse garantida de suas terras, representavam os servidores mais leais do tsar desde os anos 1790. As hostes maiores e mais prósperas dos cossacos ficavam no Don, e ali ocorria a resistência mais feroz à nova ordem. Ao mesmo tempo, os intelectuais nacionalistas na Rada de Kiev declararam-se o poder supremo da Ucrânia. Um fronte cossaco-ucraniano parecia estar se formando contra os Vermelhos no Sul. Um ajuntamento disparatado de Guardas Vermelhos e marinheiros foi suficiente para derrotar os cossacos do Don e a Rada em janeiro de 1918. Enquanto isso, o caos espalhava-se pelo país, junto com episódios de resistência em outros lugares. No final de dezembro de 1917, para conter essas ameaças, as autoridades soviéticas formaram a Cheka, a Comissão Extraordinária para a Luta contra o Banditismo e a Contrarrevolução, uma organização que combinava funções de polícia de segurança com uma espécie de Exército político. Seu primeiro chefe foi um comunista polonês, Felix Dzerzhinskii, incorruptível e implacável.

A rápida derrota da oposição aos bolcheviques não significava que a ordem havia retornado. A guerra havia arruinado a economia russa. A inflação estava fora de controle, as redes de transporte e a distribuição de alimentos vinham entrando em colapso. O aquecimento e a energia elétrica desapareceram em Petrogrado e noutras grandes cidades e os trabalhadores começaram a retornar às suas aldeias nativas quando podiam. Na antiga capital do Império Russo, as luzes apagavam-se nos grandes palácios, a nobreza fugiu para o sul em busca de calor e comida, junto com grande parte da *intelligentsia* e das classes médias. À medida que o Exército se desintegrava, milhões de soldados atulhavam os trens ao ir para casa, levando consigo rifles e granadas de mão. Gangues criminosas aterrorizavam muitas cidades. As primeiras medidas dos bolcheviques só aceleraram a desintegração, pois o novo governo começou a construir o novo Estado socialista em meio ao caos. Os trabalhadores interpretavam amiúde que o socialismo significava que eles deviam expulsar fisicamente os proprietários e gerentes das fábricas, bem como eleger comitês de trabalhadores para administrar as usinas. Esses comitês não tinham meios para obter suprimentos ou distribuir os produtos e, no caos social geral, a disciplina do trabalho ruiu. Era um círculo vicioso. Os bolcheviques toleraram isso por vários meses, como parte da necessidade de dissolver a velha ordem, mas na primavera de 1918 a economia em frangalhos e as necessidades da guerra civil forçaram-nos a voltar atrás e começar a nomear administradores únicos, antigos trabalhadores ou ativistas do partido, para gerir as fábricas. Em tese, esses gerentes Vermelhos eram responsáveis perante o recém-criado Conselho Supremo da Economia e os diversos Comissariados do Povo (Indústria, Comércio, Agricultura, Trabalho, Abastecimento). Esse foi o embrião do Estado soviético.

Por enquanto, a prioridade dos bolcheviques era a mera sobrevivência. O primeiro ponto da ordem do dia em novembro de 1917 era a guerra e, imediatamente após a revolução bolchevique, o novo governo proclamou uma trégua com a Alemanha e seus aliados e abriu as negociações. Trotsky foi para Brest-Litovsk na fronteira polonesa, agora sob ocupação alemã, para tentar conclamar a paz. As exigências alemãs eram exorbitantes e Trotsky vacilava, proclamando que a política correta era "nem a guerra nem a paz". Os alemães responderam com uma ofensiva maciça que ocupou toda a Ucrânia, a Bielorrússia e as províncias bálticas. Os nacionalistas locais proclamaram sua independência da Petrogrado vermelha, mas os Exércitos do Kaiser não lhes deram atenção. Os alemães instalaram um regime fantoche em Kiev com o general russo Pavel Skoropadskii, um ex-adido do tsar que havia repentinamente descoberto suas raízes ucranianas, como seu instrumento. Os Guardas Vermelhos eram uma força demasiado amadora e, por conseguinte, os bolcheviques formaram um Exército de verdade, o Exército Vermelho dos Operários e Camponeses, mas o novo exército não conseguiu frear os alemães. O governo mudou-se para Moscou, mais longe das linhas alemãs. Mesmo assim, alguns líderes comunistas, especialmente Nikolai Bukharin, e os SRs de esquerda queriam continuar a travar uma "guerra revolucionária". Lenin percebeu que era loucura e convenceu a liderança a acatar as condições alemãs. A paz veio em março, com a perda de todos os territórios ocidentais para a Alemanha e a Áustria, mas era a paz e o Kaiser reconheceu a República vermelha. Os SRs de esquerda renunciaram em protesto, deixando os bolcheviques inteiramente encarregados do novo Estado.

O fiasco de Brest-Litovsk incentivou a oposição aos Vermelhos no Sul. As áreas cossacas meridionais ergueram-se novamente em revolta, dessa vez aliadas ao Exército de Voluntários do general Mikhail Alekseev, formado por oficiais do antigo Exército. No Don, o novo Exército Vermelho conse-

HISTÓRIA CONCISA DA RÚSSIA

guiu repelir os Brancos, que fugiram para o Sul em direção ao rio Kuban, mas logo surgiram outros problemas. Combates acirrados começaram em maio de 1918, numa região totalmente diferente do país, após as ações da Legião Tcheco-Eslovaca. A Legião Tcheco-Eslovaca tinha sido formada sob o tsar e era composta de prisioneiros de guerra, ex-soldados austro-húngaros de nacionalidade tcheca e eslovaca, para auxiliar os Aliados contra a Áustria e a Alemanha. Depois da paz soviética com a Alemanha, eles queriam continuar a lutar, e o novo governo permitiu que eles deixassem o país através da Sibéria até o Japão e os Estados Unidos para poderem continuar a guerra na França. Uma série de choques com autoridades soviéticas locais fez com que eles tomassem o controle das linhas férreas da Rússia europeia até o oceano Pacífico. Em Samara, em junho, protegidos pelos tchecos, alguns deputados SR da Assembleia Constituinte dispersada formaram um governo que tentou dar seguimento às práticas da democracia parlamentar. Ele também conseguiu arregimentar um "Exército do Povo" que avançou em direção a Moscou contra os Vermelhos.

Para Lenin e os bolcheviques, era uma verdadeira crise, agravada pela revolta dos seus aliados recentes, os SRs de esquerda. Fora do poder e enfurecidos pela paz com a Alemanha, os SRs de esquerda tentaram uma revolta em Moscou, assassinando nesse ínterim o embaixador alemão. Revoltas semelhantes aconteceram em outras cidades russas, todas reprimidas com rapidez, mas indicativas de oposição séria ao novo governo. No entanto, a principal ameaça era a Legião Tcheco-Eslovaca e seus aliados russos, que vinham do leste, e o periclitante Exército Vermelho, formado de milícias mal treinadas com oficiais inexperientes, bateu em retirada. Foi o momento em que Trotsky mostrou pela primeira vez sua têmpera de comandante militar, assim como seu caráter impiedoso ao impor ordem e disciplina. Ele recorreu intensamente aos oficiais do antigo Exército do tsar e manteve suas famílias como reféns para garantir sua lealdade. Além disso, os comissários políticos nomeados para cada unidade militar deviam manter e inspirar credibilidade. Oficiais que fracassaram, comissários e simples soldados foram fuzilados às centenas a mando de Trotsky. Com essa nova organização, o Exército Vermelho recapturou as cidades do Volga e repeliu de volta para os Urais o Exército do Povo, que se desintegrava rapidamente.

Essas crises selaram o destino do ex-tsar Nicolau e sua família. Sua presença em Tobolsk, na Sibéria, para onde o Governo Provisório havia-os enviado, era próxima demais dos centros emergentes de resistência, e por isso os Vermelhos levaram-nos para Ekaterinburg, nos Urais. Em julho

IMAGEM 18. Trotsky, Lenin e Lev Kamenev, 1918-1920.

de 1918, diante da aproximação dos Brancos, os soviéticos ordenaram que a família imperial fosse executada, o fim derradeiro da dinastia Romanov, que havia governado a Rússia por três séculos. A casa onde eles viveram e foram mortos permaneceu despercebida durante décadas até 1977, quando um chefe excessivamente zeloso do Partido Comunista, Boris Yeltsin, mandou deitá-la por terra. Enquanto isso, em Moscou, Lenin foi alvo dos tiros de um assassino no final de agosto. A reação da Cheka foi declarar o Terror Vermelho, prendendo milhares de pessoas das classes média e alta. Algumas foram executadas imediatamente, outras mantidas como reféns contra futuras tentativas.

No outono de 1918, o novo Exército Vermelho retomou a maior parte do Volga e dos Urais e o Exército do Povo esfacelou-se. Mais para leste, em Omsk, na Sibéria, outro Exército Branco havia surgido, composto de cossacos siberianos e unidades formadas por ex-oficiais imperiais determinados a combater os Vermelhos. Em novembro, o almirante Alexander Kolchak tomou o poder como governante supremo da Rússia e dissolveu os resquícios da liderança SR da Assembleia Constituinte. Kolchak também fuzilou muitos SRs, bem como quaisquer outros bolcheviques ou ativistas de esquerda que conseguiu encontrar. Kolchak era um ditador militar e não haveria mais brincadeiras com democracia. Ademais, um novo elemento estava entrando em jogo, pois a Primeira Guerra Mundial terminou em 11 de novembro e delegados aliados, britânicos, franceses, norte-americanos e japoneses, chegaram em Omsk. Os aliados também eram favoráveis à ditadura, e logo mobilizaram-se para apoiar Kolchak como líder da oposição ao bolchevismo.

Se Kolchak era o líder supremo titular, seu Exército Branco não era o único em campo. Depois que os Vermelhos retomaram o Don no início de 1918, o Exército de Voluntários havia se deslocado para o sul durante o inverno para estabelecer-se no Kuban. A morte de Alekseev e do seu substituto Kornilov (da tentativa de *putsch* de 1917) numa rápida sucessão levou à ascensão do general Anton Denikin como comandante supremo do Exército de Voluntários no Sul. Enquanto Trotsky estava ocupado no Volga, Denikin resistiu, e no Don os cossacos ergueram-se novamente mais para o final de 1918. Com apoio secreto dos alemães, eles tentaram avançar para o norte e leste. Eles ainda eram fracos demais para vencer a resistência Vermelha, mas mesmo assim conseguiram isolar grande parte das áreas cruciais de produção de cereais e, se cruzassem o Volga, eles teriam uma chance remota de unir-se a Kolchak. Em Tsaritsyn, no Volga, os cossacos e os Brancos estavam diante de Joseph Stalin, enviado de início apenas para organizar as entregas de cereais, mas que logo assumiu o controle do aparato militar e revigorou a resistência. Seu aliado entre os soldados era Kliment Voroshilov, que havia fugido para leste com uma milícia disparatada de trabalhadores do Donbas escapando do avanço alemão. Stalin e Voroshilov também estavam descontentes com a política de Trotsky de uso intensivo de oficiais profissionais do Exército do tsar, mas Lenin apoiava Trotsky nesse ponto e eles tiveram de recuar. Unidades Vermelhas comandadas por oficiais profissionais foram decisivas para defender a linha, mas em Tsaritsyn o Comissário das Nacionalidades teve sua primeira experiência bélica. Os cossacos não cruzaram o rio e Kolchak estava milhares de quilômetros a leste, impossibilitado de juntar-se a eles.

Atrás de todas essas linhas de frente, os Vermelhos começaram a construir uma utopia. Enquanto o marxismo oferecia uma análise detalhada do capitalismo e do caminho projetado para a revolução proletária, esse não oferecia quase nada além de generalidades sobre o socialismo. O agravamento da crise de abastecimento causado pelo caos crescente e pela tomada da Ucrânia pelos alemães levara à proclamação da "ditadura da comida" em maio de 1918. Sob o Comissariado do Povo para o Abastecimento, destacamentos armados foram para o campo arrebanhar o "excedente" de cereais a preços fixos pré-revolucionários, ou simplesmente o confiscavam. A ideia era desencavar os estoques supostamente retidos pelos *kulaks* e comerciantes com a ajuda dos camponeses pobres organizados em comitês, mas na realidade era difícil fazer a distinção entre os camponeses, e as medidas afetavam toda a sociedade rural. A hiperinflação contínua e o desaparecimento do dinheiro agravaram o colapso econômico em curso, e os Vermelhos instituíram o racionamento e um sistema de cooperativas para distribuir alimentos e bens de consumo.

No início de 1919, as autoridades soviéticas formalizaram o sistema de entregas obrigatórias de cereais, a ser complementado por uma alocação centralizada de bens de consumo aos camponeses. Cerca de 60 mil homens foram mobilizados num "exército alimentar" para arrancar cereais dos agricultores. Os camponeses reagiram reduzindo o tamanho de suas culturas, o que mergulhou as cidades numa crise ainda mais profunda. Essas novas medidas, que eram em parte produto da ideologia e em parte da necessidade de guerra, duraram toda a guerra civil. Os bolcheviques sempre foram hostis aos mercados, e o colapso dos transportes e o caos geral romperam os laços normais de mercado. Essa situação deu-lhes a oportunidade de instituir esquemas utópicos de distribuição por meio da alocação central de produtos. Praticamente todas as fábricas e todo o comércio foram nacionalizados. Pequenas lojas de varejo desapareceram, enquanto os municípios soviéticos tentavam criar grandes fábricas municipais de pão em vez de pequenas padarias de bairro, o que agravava a situação alimentar. Foi esse sistema que ficou conhecido como "comunismo de guerra". A realidade logo interveio, pois as autoridades soviéticas locais violavam regularmente as regras, e a impossibilidade de um controle central pleno levou as maiores fábricas e até o Exército Vermelho a criar seus próprios sistemas de aquisição de alimentos, incluindo uma quantidade substancial de fazendas operadas pelas fábricas e pelo Exército. Os únicos mercados remanescentes eram os mercados de pulgas e o mercado negro, que tornavam a simples sobrevivência mais fácil para grande parte da população urbana. As novas instituições econômicas centrais eram incapazes de implementar seus esquemas, pois não se tratava de estruturas burocráticas sofisticadas, mas sim de pequenos escritórios onde trabalhavam antigos ativistas revolucionários sem nenhuma experiência relevante, assistidos por alguns engenheiros ou economistas e dos trabalhadores mais qualificados.

O Estado soviético emergente era também um partido-Estado, visto que o partido bolchevique aumentou de tamanho para mais de 300 mil membros no início de 1919. Esses homens e mulheres eram o quadro do novo Estado. Os mencheviques e SRs remanescentes foram eliminados da vida política até o final de 1918, e as novas instituições exigiam funcionários leais para administrá-las. O próprio partido tornou-se mais centralizado, especialmente com o estabelecimento do Politburo (Escritório Político) acima do Comitê Central em 1919. O novo Politburo incluía somente Lenin, Kamenev, Trotsky, Stalin e Nikolai Krestinskii como membros plenos; Zinoviev, Bukharin e Mikhail Kalinin foram incluídos como candidatos. Esse era o núcleo da liderança bolchevique. Zinoviev era filho de fazendeiros leiteiros judeus da Ucrânia e fora próximo de Lenin nos anos de exílio europeu. Depois que o governo mudou-se para Moscou em 1918, Zinoviev chefiou a organização do partido em Petrogrado, administrando de fato a cidade até 1926 e, ao mesmo tempo, liderando a nova Internacional Comunista. Lev Kamenev era filho de um trabalhador ferroviário judeu, mas tinha tido alguma educação universitária e era casado com a irmã de Trotsky. Após 1917, ele atuou como suplente de Lenin e administrou a organização do partido em Moscou. Bukharin, o melhor educado dos bolcheviques depois de Lenin, tinha algo de teórico marxista e havia passado algum tempo na Europa Ocidental e brevemente nos Estados Unidos. Ele era um pouco mais jovem que os outros e pessoalmente popular no partido. Como Lenin, ele também era um russo genuíno, tal como Krestinskii e Kalinin, que eram figuras menores. Krestinskii serviu como comissário de Finanças, enquanto Kalinin, o único operário do grupo e até nascido numa família camponesa, chefiava o Comitê Executivo Central dos Sovietes – em outras palavras, ele era tecnicamente o chefe de governo. Todos eles compartilhavam, incluindo Stalin, sólidas credenciais de bolchevismo inabalável. Trotsky, em contrapartida, era um ex-menchevique exuberante que mal se encaixava no grupo.

A pessoa crucial na totalidade do partido e do governo era Lenin. Até 1917 ele havia passado sua vida como organizador e jornalista revolucionário, produzindo montanhas de artigos para explicar sua posição e denunciar seus adversários. Ele também era mais intelectual que os outros, como mostram seus escritos sobre filosofia e a economia do imperialismo. Nessas questões, somente Bukharin se aproximava dele. Como orador ele era claro e capaz de comover uma plateia, mas não no nível de Trotsky ou Zinoviev.

Ao tomar o poder em 1917, ele provou ter capacidades políticas e administrativas muito superiores às da maioria dos seus camaradas, assim como uma vontade poderosa e a capacidade de tomar decisões. Ele absorveu-se rapidamente nos detalhes do governo, incluindo a miríade de problemas econômicos que surgiram quando os bolcheviques nacionalizaram a economia. Ele tentou e, em grande parte, conseguiu impor à liderança do partido um espírito de trabalho de equipe, fazendo que camaradas belicosos e muitas vezes arrogantes trabalhassem juntos. Quando ele defendia sua posição pessoalmente, conseguia convencer seus adversários sem menosprezá-los (o que já não acontecia com suas polêmicas escritas). Ainda que todos os outros líderes por vezes discordassem dele, ele continuava a ser o líder incontestado do partido, e portanto do Estado.

Essa liderança altamente eficaz controlava um aparato estatal muito imperfeito, mas tinha, além do partido, outros instrumentos de poder. O Exército Vermelho possuía um contingente de 5 milhões ao final da guerra civil, mas os "exércitos trabalhistas" representavam grande parte da sua força teórica e ele assumia muitas funções econômicas, fornecendo cavalos para a lavoura e restaurando o serviço ferroviário. A Cheka garantia a segurança interna, eliminava adversários ativos e potenciais e tentava reprimir o número crescente de bandos criminosos nas cidades. Havia cerca de 25 mil pessoas na Cheka ao final da guerra civil, mas ela também controlava mais de 100 mil soldados de segurança interna, infantaria e cavalaria. O partido, o Exército e a Cheka tornaram possível a vitória vermelha, mas não podiam conter a crise econômica que se agravava e a anarquia que se alastrava. O quase colapso do transporte ferroviário implicava que as cidades setentrionais só podiam ser abastecidas com grande dificuldade. Petrogrado sofreu particularmente, pois perdeu cerca de três quartos da sua população em 1920. Com a mudança do governo para Moscou, os Vermelhos evacuaram uma série de fábricas estratégicas junto com seus trabalhadores e equipamentos, e centenas de milhares de trabalhadores foram trabalhar em Moscou e aderiram ao aparato do partido, à Cheka ou ao Exército Vermelho. Muitos simplesmente foram para seus lares em suas aldeias nativas à procura de comida, ambiente aquecido e trabalho. À medida que a ordem desmoronava, as doenças começavam a espalhar-se. Tifo, gripe e outras moléstias tornaram-se epidêmicas.

A primavera de 1919 trouxe vida nova para os movimentos Brancos. O fim da guerra na Europa em novembro de 1918 implicou a retirada das tropas alemãs dos territórios ocidentais. Nas províncias bálticas e na Ucrânia, os nacionalistas locais declararam independência dos bolcheviques, mas o Exército Vermelho logo devolveu o poder aos soviéticos. Os Vermelhos expulsaram o Diretório nacionalista ucraniano de Kiev. Diante da aproximação das Forças Vermelhas, o exército de camponeses do Diretório simplesmente evaporou-se. Guiados pelo seu líder militar Semyon Petliura, os nacionalistas ucranianos deslocaram-se para oeste, executando um massacre feroz dos judeus em Proskurov em seu caminho. Kolchak manteve a Sibéria e os Urais e Denikin avançou para o norte durante a primavera, tomando o Donbas, grande parte da Ucrânia e a Rússia meridional. Denikin conseguiu chegar até Orel, avançando muito atrás das linhas Vermelhas com grupos substanciais de cavalaria. A mobilidade da guerra civil valorizava a cavalaria, e os cossacos e oficiais de cavalaria do antigo Exército eram um desafio formidável. Os Vermelhos reagiram com o Primeiro Exército de Cavalaria de Semen Budennyi, formado em meio às batalhas contra Denikin, que era inicialmente um bando disparatado de homens mal disciplinados adestrados na marra pelo carisma de Budennyi. Em julho, a mobilização em massa dos Vermelhos permitiu-lhes enviar Exércitos substanciais contra Denikin e freá-lo. Atrás de suas linhas na Ucrânia meridional, um novo Exército surgiu aparentemente do nada, o Exército anarquista de Nestor Makhno, um ex-sargento do Exército Imperial russo e um líder de guerrilha nato. Makhno destroçou as comunicações de Denikin e, com os Vermelhos empurrando-o do norte, ele teve de bater em retirada.

Denikin era um general consumado, mas essa era uma guerra política. Os governos Brancos eram ditaduras militares com ministros civis recrutados entre antigos liberais para dar-lhes um mínimo de credibilidade. Sua política social estava fadada a desagradar as massas, pois eles opunham-se não somente aos Vermelhos, mas também a qualquer coisa que os trabalhadores vissem como conquistas da revolução. Nas cidades, somente as classes média e alta os apoiavam. Os massacres de judeus eram frequentes. No campo, sua política favorecia inevitavelmente os proprietários nobres contra os camponeses e não podia explorar o antagonismo rural às medidas bolcheviques. Para piorar as coisas, os governos Brancos financiavam suas operações imprimindo dinheiro, e os camponeses relutavam em vender cereais em troca de uma moeda sem valor. Tal como os Vermelhos, os Brancos recorreram ao confisco de cereais. Como nas áreas sob controle Vermelho, os camponeses reduziram sua agricultura à subsistência, o que gerou escassez de alimentos nas regiões agrícolas mais ricas no campo, na Sibéria Ocidental e no Sul. Conforme a resistência a eles aumentou, os Brancos só podiam reagir com repressão, e as cidades que os Brancos ocuparam presenciaram execuções em massa. Atrás das linhas Brancas na Sibéria e na Ucrânia, os camponeses formaram bandos armados para confrontar os Brancos. Não somente Makhno, mas também centenas de bandos camponeses focados apenas em preservar seu próprio território impediram que os Brancos tivessem controle efetivo do campo.

Nem a intervenção estrangeira pôde salvar os Brancos. Com o fim da Primeira Guerra Mundial, os Aliados tinham livre acesso à Rússia pelo mar Negro e por outros lugares, mas a exaustão da guerra implicava que, na prática, eles podiam oferecer pouca coisa em termos de soldados. O Japão enviou cerca de 60 mil para a Sibéria como parte de um plano para tomar controle do território russo (indispondo assim os Estados Unidos), mas as outras potências enviaram menos tropas. Uma breve intervenção em Odessa e outras cidades meridionais em 1919 terminou após alguns meses apenas, apesar de a Grã-Bretanha, a França e os Estados Unidos continuarem a enviar armas. Elas não serviram para muita coisa, pois os gargalos de transporte (especialmente na Sibéria) seguravam os suprimentos nos portos e a corrupção generalizada fazia que armas e munição terminassem muitas vezes nas mãos dos Vermelhos. Para piorar as coisas, os oficiais que formavam o núcleo do movimento Branco eram intensamente patrióticos e muitos ficaram ofendidos com a necessidade de recorrer a Exércitos estrangeiros. A intervenção enfraquecia o moral tanto quanto o reforçava.

No outono de 1919, os Vermelhos empurraram as tropas de Kolchak de volta para a Sibéria, as primeiras vitórias do futuro marechal soviético M. N. Tukhachevskii, um oficial da guarda aristocrático que se tornara adepto da revolução. O Exército Vermelho finalmente derrotou Kolchak, capturou-o e executou-o em Irkutsk, na Sibéria. Houve outra tentativa de vitória Branca: o general Yudenich, o vencedor de Erzurum em 1916, liderou uma expedição que partiu da Estônia em direção a Petrogrado. Zinoviev pensou que a cidade era indefensável, opinião com a qual Lenin concordou. Trotsky e Stalin objetaram veementemente e convenceram Lenin a deixá-los defender a cidade. Eles correram para o norte em direção a Petrogrado, e Trotsky montou pessoalmente a cavalo para incentivar as tropas. Em outubro de 1919, Yudenich começou a retirada de volta para a Estônia. No Sul, Denikin abandonou o comando no início de 1920 e partiu para o exílio. O restante do Exército Branco retirou-se para a Crimeia e formou um novo Exército e governo sob o comando do barão Peter Wrangel. Nessa altura, o novo Estado polonês invadiu a Ucrânia. O objetivo dos poloneses era conquistar as terras detidas pela Polônia antes das partições do século XVIII e, para tanto, eles aliaram-se a Petliura, que assim desacreditou-se mais ainda junto ao campesinato ucraniano, para quem os poloneses eram apenas proprietários rurais nobres e, portanto, seus inimigos. O Exército Vermelho reposicionou-se para oeste para conter a nova ameaça, mobilizando cerca de meio milhão de soldados. Lenin estava convencido de que os Vermelhos deviam ir até Varsóvia, na tentativa de ajudar a espalhar a revolução na Europa, bem como de derrotar os poloneses. Trotsky tinha dúvidas. O Exército Vermelho, levado até diante de Varsóvia pelo brilhante mas errático Tukhachevskii, avançou longe demais para oeste numa tentativa de cercar a cidade. Abriu-se um imenso buraco nas linhas Vermelhas, mas os soldados Vermelhos mais ao sul liderados por Budennyi, com Stalin como comandante político, retardaram o avanço em direção ao norte para ajudar a tapar o buraco. Os poloneses, com aconselhamento e armas francesas, acorreram para o norte numa manobra de simplicidade brilhante a fim de cercar as tropas de Tukhachevskii. Os Vermelhos retiraram-se bem para leste, no que foi sua maior derrota na guerra civil, e celebraram a paz com a Polônia. O tratado estabeleceu uma fronteira que deu à Polônia vastas áreas da Bielorrússia Ocidental e da Ucrânia, mas não as principais cidades, Kiev, Odessa e Minsk.

No momento crítico da guerra contra a Polônia, o barão Wrangel havia avançado sobre a retaguarda Vermelha vindo da Crimeia. Agora ele era a única força hostil que sobrava em campo contra os bolcheviques. No final de 1920, o Exército Vermelho atravessou o istmo e penetrou na Crimeia com a ajuda dos irregulares de Makhno, e a causa Branca estava acabada. Os últimos refugiados, soldados e civis evacuaram as cidades meridionais sob os canhões da Marinha britânica, numa cena caótica que marcou o final derradeiro da velha Rússia.

A revolução e a guerra civil foram sobretudo um acontecimento russo, mas que teve efeitos profundos para as várias nacionalidades que compunham a periferia deste Império. Na Polônia, o nacionalismo superou as distinções de classe e o socialismo, e a transição para um governo independente foi (internamente) bastante suave. Na Finlândia, uma cruenta guerra civil em 1918 entre os social-democratas locais e os Brancos levou à vitória Branca depois que o Kaiser enviou uma força expedicionária para auxiliar o barão Gustav Mannerheim, um antigo general imperial russo. Nas províncias bálticas, o colapso da ocupação alemã também levou à guerra civil, pois Riga, em particular, possuía uma classe operária grande e muito radical. A Grã-Bretanha, contudo, via o Báltico como esfera de influência sua e transportou soldados Freikorps, paramilitares nacionalistas alemães de direita, em 1919 para expulsar os Vermelhos. Depois os britânicos instalaram um governo nacionalista no seu lugar e expulsaram os Freikorps também. Os Vermelhos do Báltico foram para o exílio na Rússia soviética, proporcionando em especial um componente capital para a Cheka e o Exército Vermelho. Na Ucrânia, a tarefa dos Vermelhos foi facilitada pelo fato de que todas as cidades eram de língua russa. A maior minoria urbana era judaica, não ucraniana, e o movimento nacionalista local era uma pequena camada de intelectuais que tentavam liderar o campesinato. Seus exércitos eram totalmente desorganizados e, além disso, eles hesitavam em ser claros sobre a questão da terra, crucial para os camponeses. Os Vermelhos liquidaram-nos com facilidade.

No Cáucaso, os Vermelhos também foram vitoriosos. O tratado de Brest-Litovsk levara à ocupação turco-alemã do Cáucaso, e o fim da guerra acarretou sua retirada. Os Vermelhos tentaram fazer uma revolução na sequência, mas os partidos nacionalistas locais tomaram o poder com auxílio dos britânicos. Como a Grã-Bretanha estava atarefada ocupando o Oriente Médio próximo, ela tinha poucos recursos sobrando, e os governos locais foram deixados à própria sorte. Em 1920, o Exército Vermelho avançou para o sul sob o comando do conterrâneo georgiano e amigo próximo de Stalin, Sergo Ordjonikidze, e tomou Baku. O pequeno Exército azeri era liderado principalmente por oficiais turcos, que agora eram adeptos da resistência de Kemal Atatürk às potências ocidentais na Anatólia e saudaram os Vermelhos como aliados. Ademais, Baku era uma cidade de maioria não azeri, mas russa, georgiana e armênia, uma população atraída pelo petróleo para uma cidade que era em grande parte europeia. Os Vermelhos tinham muitos aliados. Eles agiram rapidamente para afastar os nacionalistas armênios e, poucos meses depois, foi a vez dos mencheviques georgianos. Surgiu uma nova república soviética, a Federação Transcaucasiana, que congregava toda a região sob um mesmo governo. Na Ásia Central, a resistência aos Vermelhos terminou em 1922, e os japoneses acabaram sendo persuadidos a retirar-se da Sibéria Oriental, de forma que em todo lugar, menos a oeste, as antigas fronteiras foram restabelecidas.

A nova Rússia soviética que se formou fora devastada por anos de guerra e revolução, e sua economia estava em frangalhos. Talvez 1 milhão de homens haviam morrido nos numerosos frontes da guerra civil e (as estimativas variam) 5 ou 6 milhões de civis – a maior parte deles de tifo e outras doenças epidêmicas, seguidas pela fome. Execuções e represálias em massa por todos os lados foram responsáveis pelo restante da mortandade. Cerca de 1 ou 2 milhões de russos, incluindo grande parte das velhas classes altas e da *intelligentsia*, deixou o país para nunca mais voltar. Os transportes e a produção estavam paralisados. Por enquanto, os soviéticos mantinham a política de comunismo de guerra e mobilizavam os Exércitos de Trabalho sob Trotsky para reparar os danos. Essa política não era viável e a resistência à nova ordem cresceu por todo o país. Lenin percebeu que algum tipo de compromisso era necessário, uma política econômica que proporcionasse espaço suficiente para que a população, particularmente o campesinato, trabalhasse sem direção do Estado. Esse compromisso viria a ser chamado de Nova Política Econômica e inaugurou uma era inteiramente nova na história da Rússia soviética e dos outros Estados soviéticos sob o domínio do Partido Comunista.

capítulo 17

COMPROMISSO E PREPARAÇÃO

O fim da guerra civil apresentou à liderança soviética uma série de novos problemas, alguns imediatos e outros a longo prazo. Mesmo os Exércitos Brancos tendo sido derrotados, o descontentamento interno crescia rapidamente, nutrido pela situação econômica catastrófica e pelo ressentimento contra a ditadura do partido. Em 1920, na província de Tambov, na Rússia central, estourou uma grande revolta do campesinato, em grande parte apolítica mas nem por isso menos fervente. Foram necessárias forças importantes do Exército sob o comando de Tukhachevskii para reprimi-la. À medida que o Exército avançava na província de Tambov, os marinheiros de Kronstadt revoltaram-se. A revolta na base naval do porto de Petrogrado era muito mais visível e política. Os marinheiros haviam sido defensores cruciais dos bolcheviques em 1917 e agora eles reivindicavam que os sovietes fossem eleitos sem comunistas, um desafio direto ao sistema soviético emergente. No final de março de 1921, Trotsky enviou tropas por sobre o gelo para retomar o forte, com muitas perdas de vidas. O evento ilustrou a fragilidade do poder soviético. As revoltas e o fracasso óbvio do comunismo de guerra levaram a uma virada radical na política econômica. Enquanto a luta fervia em Kronstadt, Lenin e o partido aboliram o sistema de entregas compulsórias de cereais, substituindo-o por um imposto em espécie e permitindo que o campesinato comerciasse livremente os produtos restantes após o pagamento do novo imposto. Essa medida foi a base da Nova Política Econômica, conhecida como NEP. O retorno a uma economia com dinheiro seguiu-se logo depois, e com ele veio a permissão do Estado, e até o incentivo, para que os particulares comerciassem e abrissem negócios a fim de abastecer a população, privada dos bens de consumo mais básicos. O socialismo já não constava mais da agenda imediata. A recuperação industrial viria a oferecer a base para novos desenvolvimentos e, num ponto indefinido no futuro, a agricultura camponesa seria atraída de alguma forma para o sistema socialista (um processo chamado de "coletivização").

O próximo problema imediato era a fome, que surgiu em 1922, resultado de anos de devastação, abandono de equipamento e infraestrutura, ausência de camponeses nos campos porque lutavam nos diversos exércitos durante a guerra civil, confiscos soviéticos de cereais que desincentivavam o cultivo, além de morte e destruição generalizadas. Os soviéticos aceitaram a oferta da American Relief Administration sob o comando de Herbert Hoover, recém-saída de operações de ajuda humanitária na Bélgica, de fornecer comida para áreas atingidas no Sul e na região do Volga. A ajuda humanitária e o retorno da paz podiam conter a fome, mas subsistiam problemas de longo prazo. O resultado da revolução e da guerra civil era que o campesinato finalmente controlava quase toda a terra cultivável da Rússia. Porém, com a economia urbana devastada, de início eles tinham pouco incentivo para vender sua produção de cereal para as cidades. Não obstante, a NEP dependia justamente da venda de cereais pelos camponeses em troca de bens de consumo, e ela acabou funcionando. Os camponeses agora possuíam tecidos, bens de consumo de fabricação industrial e alguns equipamentos agrícolas para comprar em troca pelos seus cereais. A essa altura, o partido fez pouco para promover qualquer tipo de agricultura socialista. Ele abandonou os experimentos com as "comunas" da época da guerra civil e contentou-se com modestas cooperativas de camponeses, enquanto tentava formar uma rede básica do partido entre eles, especialmente os camponeses mais jovens que haviam servido no Exército Vermelho.

O resultado foi um certo retorno à normalidade por parte da sociedade urbana, mas que não passava de um fenômeno superficial. Na realidade, tudo tinha mudado. O velho Estado, as classes altas e grande parte da *intelligentsia* haviam ido embora, estavam mortos, marginalizados ou no exterior. No seu lugar havia o novo Estado-partido, cujo núcleo era o Partido Comunista. Nos velhos palácios da nobreza, este instalou museus e jardins de infância, escritórios e escolas do partido, e o quartel-general e escritórios administrativos da Cheka. Entremeadas com novas instituições insípidas, havia as lojas e restaurantes mais espalhafatosos dos Nepmen (como eram chamados os novos empresários), com seus toques de luxo e hedonismo. Luzes brilhantes ressurgiram e restaurantes privados apresentavam bandas de *jazz* e espetáculos europeus de cabaré. Anúncios de botas de borracha e

champanha de fabricação privada eram suspensos ao lado de faixas conclamando à revolução mundial. Prostitutas e contrabandistas acotovelavam-se
com agentes alemães do Comintern e oficiais letões da Cheka. Os trabalhadores eram matriculados em projetos de ensino superior instantâneo (as
"Faculdades dos Trabalhadores"), e os camponeses iam para as cidades à
procura de trabalho não-qualificado como antes.

A União Soviética dos anos 1920 era um lugar exuberante, mas havia
mais que um cotidiano mais fácil nas cidades. A economia recuperou-se
da situação catastrófica de 1920; na verdade, ela recuperou-se muito mais
rápido do que a liderança do partido esperava. Em vez de décadas de reconstrução, em 1926 a produção em quase todas as áreas havia retornado aos
níveis pré-guerra, e em certas áreas até os havia excedido. É claro que isso
era apenas uma recuperação, e desde 1914 o mundo não havia ficado parado.
Especialmente nos Estados Unidos e na Alemanha, novas tecnologias estavam mudando a paisagem, enquanto a União Soviética havia simplesmente
reconstruído o mundo pré-guerra. Automóveis, novas indústrias químicas,
aeronaves e a tecnologia de rádio eram novas e cresciam rapidamente no
Ocidente. A URSS teria de avançar muito rápido só para acompanhar essa
evolução. Infelizmente, uma área crucial estava atrasada: a agricultura. O problema não era a produção total, pois o país produzia quase exatamente
a mesma quantidade de cereais – a mercadoria essencial – que em 1914,
mas agora muito menos chegava ao mercado. Em média, os camponeses
comercializavam apenas pouco mais da metade da quantidade de cereais co-
mercializada antes da guerra. As explicações para esse fenômeno variam,
mas parece que ele resultou dos confiscos de terra no verão de 1917. As
grandes propriedades, que eram orientadas para o mercado, desapareceram,
e a distribuição da terra entre os camponeses era radicalmente igualitária.
Ainda havia camponeses abastados (os *kulaks*) nas aldeias, mas a maior
parte da terra foi para produtores intermediários que consumiam mais da
sua safra que antes da guerra. As políticas soviéticas de preços agravaram
o problema, pois os camponeses julgavam que os preços de compra do Estado eram baixos demais. Esse era o dilema: se o país tinha de continuar
a industrializar-se e acompanhar a evolução do Ocidente, ele precisaria
de vastas novas indústrias e novas cidades, e os trabalhadores precisariam de
comida. Mas como obtê-la? A agricultura teria de se tornar mais produtiva,
mas como e com que velocidade? Assim, as questões mais técnicas de equilíbrio entre as taxas de crescimento industrial e a modernização da agricultura tornaram-se objeto de debates cada vez mais acirrados e lutas internas

renhidas dentro da liderança do Partido Comunista. O resultado desses debates e lutas foi o poder supremo de Joseph Stalin. A guerra civil havia centralizado ainda mais um partido já centralizado e também havia-o imbuído de uma mentalidade de guerra civil. Todos os desacordos tornaram-se necessariamente assuntos de vida ou morte – todos os adversários eram inimigos ocultos da ideia revolucionária como um todo. Lenin e Trotsky defendiam e praticavam o terror contra os Brancos e outros inimigos. Os partidos socialistas moderados, os mencheviques e os SRs de esquerda que ainda restavam, assim como os anarquistas, foram suprimidos. Não surpreende que o final da guerra civil não tenha surtido efeito sobre a mentalidade bolchevique e que as exigências de unidade ideológica, sem falar no restante, tenham se tornado mais acentuadas. Todavia, conflitos de personalidade e diferenças de estratégia militavam contra a unidade. Lenin, nos seus últimos escritos, fez críticas a todas as figuras principais – Stalin, Trotsky, Bukharin e outros –, mas não ofereceu nenhuma escolha clara entre a liderança. A primeira grande disputa eclodiu em 1923, quando a saúde de Lenin deteriorou-se após diversos enfartos. Trotsky e vários dos seus aliados da guerra civil começaram a criticar as "tendências burocráticas" do partido. Então, em janeiro de 1924, Lenin morreu. O manto da liderança não foi passado a um único homem: Stalin, Zinoviev e Kamenev eram as figuras predominantes. Em 1922, o Congresso do Partido havia nomeado Stalin Secretário-Geral do partido, cargo que ele ocupou até a sua morte. Isso dava-lhe controle ou pelo menos conhecimento de todas as nomeações do partido para qualquer cargo importante. Bukharin, editor da *Pravda*, o jornal do partido, era o seu aliado mais importante. Trotsky ainda possuía grande poder e prestígio, mas os outros não confiavam nele. Pela sua condição de comissário da Guerra por muitos anos, ele parecia ser o mais cotado para tornar-se o Bonaparte da Revolução Russa. Embora não tão bem educado como Bukharin, ele era sofisticado, cosmopolita e arrogante – altivo demais para constituir aliados poderosos. O passado menchevique de Trotsky continuava a assombrá-lo. Ele também subestimava gravemente Stalin, que ele julgava ser um brucutu provincial que só tinha capacidade para manobras burocráticas. Stalin, um georgiano com sotaque carregado, era, de certa forma, até mais marginalizado do que Trotsky, mas ele tinha a seu crédito longos anos de serviço fiel ao partido e uma lealdade inabalável ao bolchevismo. Ele não havia passado longos anos no exterior antes de 1917, e nesse sentido fazia mais parte do cenário russo e era mais familiar para as bases do partido que os outros líderes. Ao contrário de Trotsky, ele não lia romances franceses quando entediava-se nas reuniões do partido.

Esses detalhes biográficos não seriam mais que curiosidades da época se não tivessem se tornado determinantes quando problemas básicos e genuínos surgiram na liderança do partido quanto ao futuro do país. O mais importante foi a controvérsia acerca do "socialismo num só país", tanto pelo seu próprio significado quanto pelas implicações que teve para decisões em diversas áreas.

A luta começou nos últimos anos de vida de Lenin, e o primeiro embate importante foi a plataforma de oposição de Trotsky de 1923. O argumento central de Trotsky era que o partido estava se tornando menos democrático e mais burocrático devido à prática de nomear seus oficiais por intermédio do secretariado de Stalin em vez de por eleição. Sua carta à liderança do partido sobre essa questão provocou uma discussão intensa que acabou vindo a público logo na véspera da morte de Lenin, em 21 de janeiro de 1924. Seus adversários nessa questão eram Stalin, Zinoviev e Kamenev. Os três formaram um triunvirato que governou o partido e o país após a morte de Lenin. A oposição de Trotsky produziu algumas concessões naquele momento, mas o triunvirato permaneceu no controle. De qualquer forma, a disputa não era tão radical quanto pode parecer, pois Trotsky era um defensor convicto de um partido centralizado e autoritário. Ele queria apenas alguma margem de manobra. Mas logo surgiram desacordos mais básicos. Trotsky acreditava que a revolução não poderia sobreviver e o socialismo não poderia ser construído na União Soviética se não houvesse revoluções nos países avançados do Ocidente. Somente o auxílio fraterno socialista poderia superar o atraso da Rússia. Entrementes, a URSS precisava seguir uma política de industrialização superaquecida. O economista Evgenii Preobrazhenskii apoiava Trotsky na questão da estrutura do partido, mas também propôs uma plataforma econômica mais detalhada. Sua ideia era simplesmente arrancar recursos do campo por meio de confiscos e outros métodos reminiscentes do comunismo de guerra e empregá-los em uma industrialização extremamente veloz. O dilema, na visão de Preobrazhenskii, era que a existência da agricultura camponesa privada em pequena escala levaria ao fortalecimento do capitalismo na União Soviética. Ele compartilhava com Trotsky a ideia de que a União Soviética nunca poderia sobreviver como uma sociedade socialista cercada pelo capitalismo: a revolução nos países avançados era essencial para a construção do socialismo na URSS, mas, a curto prazo, medidas extremas eram necessárias para garantir que o país ainda existisse quando a revolução chegasse ao Ocidente. Essa era a plataforma da Oposição de Esquerda, como ela passou a ser conhecida.

Essa perspectiva sofreu uma rejeição furiosa por parte de Bukharin, cuja posição como editor da *Pravda* significava que suas opiniões teriam ampla circulação. A plataforma de Bukharin era uma defesa estridente da NEP. Ele ridicularizou os planos de superindustrialização da oposição e explicou que o problema crucial era a recuperação da agricultura e o enriquecimento gradual dos camponeses. Enquanto o partido controlasse o Estado e a indústria permanecesse nas mãos deste último, não havia nada a temer por parte dos camponeses, e o país avançaria rapidamente em direção a uma sociedade industrial socialista. Stalin aliou-se a Bukharin e começou a formular uma noção própria de "socialismo num só país", a ideia de que a URSS sozinha poderia transformar totalmente a sua sociedade, incluindo sua agricultura, antes do triunfo derradeiro do socialismo no Ocidente. Stalin não rejeitava a perspectiva de uma revolução mundial, afinal ele estava convencido de que as potências capitalistas acabariam por desencadear uma nova guerra mundial e que a revolução viria dela, se não antes. Ele divergia de Trotsky na crença de que a União Soviética poderia conseguir construir uma sociedade socialista por si mesma enquanto esperava pela revolução no estrangeiro.

O efeito da luta foi inicialmente marginalizar Trotsky, que perdeu seu cargo de chefe do Comissariado da Guerra, além de outros cargos em 1925. Nesse mesmo ano, Zinoviev e Kamenev viraram casaca, manifestando sua oposição a Stalin e Bukharin. Para Zinoviev e Kamenev, o principal problema anteriormente havia sido o medo de Trotsky: agora eles tinham mais receio de Stalin. A oposição, agora unida, não conseguiu obter muito apoio no partido e, em 1926, Stalin mandou destituir Zinoviev do seu cargo de chefe do partido em Leningrado (Petrogrado mudou de nome novamente após a morte de Lenin). Portanto, a oposição já não tinha nenhuma base substancial na organização do partido. Stalin e Bukharin triunfaram no final de 1927. A política da NEP triunfou, ao que parecia, ainda que com um impulso adicional para a industrialização. Trotsky, Zinoviev e Kamenev foram expulsos do partido junto com seus seguidores. Zinoviev e Kamenev logo retrataram-se dos seus erros e foram readmitidos, mas Trotsky foi inicialmente para o exílio em Alma-Ata e depois foi expulso do país em 1929. Stalin havia derrotado completamente a oposição, e parecia que a NEP poderia continuar.

A vitória de Stalin foi acompanhada de um aumento da proibição das dissidências no partido e especialmente da formação de facções e plataformas de oposição. Antes que o princípio da unidade ideológica absoluta pudesse triunfar, uma última disputa importante sacudiu a liderança do partido. Logo no início de 1928, Stalin e seus seguidores mudaram completamente os seus planos. O motivo foi uma queda na quantidade de cereais comprada pelas agências do Estado para abastecer as cidades no fim de 1927. Stalin acreditava que o campesinato, sobretudo os *kulaks*, estava simplesmente retendo cereais na esperança de conseguir preços melhores ou até de prejudicar o Estado soviético. Sua reação foi organizar uma expedição de oficiais do partido, liderada por ele mesmo, nos Urais e na Sibéria no início de 1928 para confiscar cereais. Sua expedição retornou com vagões de carga lotados de cereais, e ele proclamou-a um sucesso. Stalin e seus aliados adotavam agora uma política de industrialização rápida e coletivização da agricultura, que foi de fato o fim da NEP. A nova política gerou oposição de Bukharin, bem como de Mikhail Tomskii, chefe dos sindicatos do comércio, e Aleksei Rykov, o primeiro-ministro soviético. Basicamente, sua plataforma era simplesmente a de que a NEP estava funcionando bem, apesar de problemas ocasionais, e que não havia necessidade de forçar o ritmo, seja na indústria ou no campo. A Oposição de Direita era um grupo menos definido que a de Esquerda e tinha muito mais apoio no partido que o pequeno grupo de trotskistas e seguidores de Zinoviev e Kamenev. Não obstante, Stalin combateu-a até extingui-la, expulsando os opositores de Direita da liderança e do partido até o final de 1929. Seus muitos seguidores, especialmente na organização do partido em Moscou, acompanharam-nos na derrota. Agora Stalin tinha o controle completo da liderança central do partido.

A NEP, apesar de todas as concessões ao campesinato, implicava uma indústria centralizada, de propriedade e administração estatal, e isso implicava um novo tipo de Estado. O Estado soviético não regulava somente a indústria, ele também a administrava diretamente em todos os níveis. A estrutura global era uma forma refinada daquela estabelecida em 1918, com o Conselho Supremo da Economia situado no centro, acima de uma série de unidades para cada setor da indústria, uma para ferro e aço, outra para o carvão, outra ainda para a construção de maquinário, agrupadas em linhas regionais. Essas unidades tomavam as decisões que, nas economias capitalistas, são tomadas pelos empresários, e as decisões eram sujeitas a um plano global unificado. Esse plano era obra do Comitê de Planejamento Estatal, ou Gosplan. Durante a maior parte dessa época, desde a sua fundação em 1921 até 1930, o Gosplan funcionou sob a liderança de Gleb Krzhizhanovskii. Exceção à norma entre os líderes bolcheviques, ele era ao mesmo tempo um engenheiro elétrico formado (pelo Instituto Tecnológico de São Petersburgo) e um antigo bolchevique. O Gosplan original era principalmente um escritório consultivo do Conselho Supremo da Economia, mas ele logo traçou um plano de eletrificação para todo o país. Em 1925 ele estava compilando "números de controle", uma espécie de plano econômico geral rudimentar, e, no final dos anos 1920, passou à elaboração do primeiro plano quinquenal, adotado em 1929.

Todavia, o aparato estatal para a administração da economia não estava à altura desses objetivos ambiciosos. Na década de 1920, a maioria dos funcionários do Estado não eram membros do Partido Comunista. Até mesmo no Conselho Supremo da Economia e no Gosplan, a maioria eram economistas ou engenheiros que não pertenciam ao partido nem tinham afinidade particular com os seus objetivos. Muitos haviam atuado como mencheviques, SRs ou mesmo liberais antes de 1917, mas eles tinham a competência técnica de que os bolcheviques precisavam. Lenin sempre afirmara que eles viriam a aceitar a nova ordem, mas nada indicava que isso fosse acontecer. O instrumento do partido em todos esses cargos era um pequeno número de comissários do povo e presidentes de comitês nomeados pelo partido dentre membros da sua liderança – homens com experiência mais política que técnica. O mesmo valia para as fábricas: o diretor era geralmente um membro do partido, mas os engenheiros e trabalhadores administrativos não. Assim, o partido dava ordens aos gestores econômicos e às fábricas, mas não tinha controle pleno. Mesmo assim, o Politburo e o Comitê Central do partido gastavam longas horas discutindo minúcias técnicas da administração econômica, da indústria madeireira ou da superfície cultivada de beterrabas, bem como questões obscuras de circulação monetária e comércio exterior. Algumas dessas questões também tinham um lado político e estavam envolvidas nas batalhas faccionais de Trotsky, Stalin e os "Direitistas", de modo que decisões econômicas eram tomadas frequentemente por motivos políticos. De fato, Stalin e os outros líderes achavam que a política devia passar na frente de preocupações econômicas "estreitas".

O outro lado do novo Estado era sua estrutura federal baseada numa hierarquia de unidades nacionais. O federalismo soviético baseava-se na etnicidade, e não apenas no território, e nasceu das experiências de 1917-1920. O partido bolchevique sempre afirmara que o Império Russo era uma "prisão de povos" que combinava o pior do colonialismo europeu com o velho despotismo militar dos tsares. Portanto, eles propuseram o mote da autodeterminação para os povos não russos (incluindo a independência plena caso quisessem) muito antes da Primeira Guerra Mundial. Durante a revolução, a maioria dos grupos nacionais do Império formou partidos nacionalistas, se já não os tinham antes (como na Finlândia e na Polônia), partidos que defen-

COMPROMISSO E PREPARAÇÃO | 341

diam alguma espécie de autonomia nacional. Antes que a maioria deles tivesse tempo de formular uma plataforma clara e formar uma base, os bolcheviques tomaram o poder em Petrogrado. Como a maior parte das cidades falava russo e seguia os Vermelhos, mais ou menos, sobrava como base eleitoral para os nacionalistas somente a *intelligentsia* local e, potencialmente, o campesinato. Dado que a maior parte da periferia estava ocupada por soldados Brancos ou intervencionistas até 1920, os Vermelhos lidavam apenas com a Ucrânia e a Bielorrússia a oeste e com os povos muçulmanos do Volga, do Cáucaso Setentrional e da Ásia Central. Em cada caso a situação era diferente.

A Bielorrússia era, em grande parte, uma criação artificial ordenada pelas autoridades do partido em 1919-1920 para conter as intenções polonesas na área. A maioria da população era indiferente à questão e os comunistas locais opunham-se categoricamente a uma república étnica local. Lenin (e Stalin, o Comissário das Nacionalidades) prevaleceram sobre eles. A Ucrânia era bem diferente. Ali o movimento nacionalista estava bem estabelecido entre a minoria da *intelligentsia* que se considerava ucraniana e conseguiu inicialmente angariar um vasto apoio entre o campesinato. No entanto, eles enfrentavam um obstáculo insuperável nas cidades, de população majoritariamente russa e judaica. A classe operária não tinha absolutamente nenhum interesse pela causa ucraniana, e a maioria dos intelectuais era composta de russos ou identificava-se com a Rússia (o que queria dizer a causa Branca). Os judeus seguiam um ou outro dos partidos russos ou judaicos (sionistas, a Bund), não os ucranianos. Não obstante, os bolcheviques em Moscou perceberam que tinham de proporcionar algum tipo de quadro ucraniano, nem que fosse somente para neutralizar os nacionalistas, e por isso forçaram os comunistas locais a formar um Partido Comunista ucraniano e proclamar (em 1919) uma república soviética ucraniana. As repúblicas bielorrussa e ucraniana eram independentes *de jure* de Moscou, mas seus partidos comunistas não. Eles eram explicitamente submetidos às ordens do Comitê Central em Moscou.

Os povos muçulmanos representavam uma questão totalmente diferente. No Cáucaso Setentrional, o nacionalismo era muito fraco e a identidade predominante era islâmica e muito local. Certos grupos haviam se aliado com os cossacos contra os Vermelhos e apoiado os Exércitos Brancos, mas a hostilidade destes últimos com relação a qualquer tipo de autonomia local gerava aliados para os Vermelhos, especialmente no Daguestão, e isso levou a uma luta multilateral de extraordinária complexidade. O resultado foi decidido pelas vitórias do Exército Vermelho e, em 1920, o governo soviético

HISTÓRIA CONCISA DA RÚSSIA

começou a implantar uma série de repúblicas autônomas locais nas montanhas. Cada um dos povos locais ganhou sua unidade política (alguns dos povos menores foram agrupados).

Os outros grupos muçulmanos principais com quem os Vermelhos tinham de lidar eram os tártaros e basquírios do Volga e dos Urais. Tratava-se de minorias substanciais, cada qual com vários milhões de pessoas, que viviam em regiões relativamente prósperas e fortemente cercadas de russos e em cidades principalmente russas. Sob o Governo Provisório, os deputados muçulmanos da Duma e outras figuras políticas formaram partidos locais a favor da cultura nacional e da autonomia, mas apoiavam o Governo Provisório. Durante a guerra civil, os grupos nacionalistas haviam começado ao lado dos Brancos, mas alguns deles passaram para os Vermelhos, incapazes de suportar a orientação nacionalista do almirante Kolchak. Em março de 1919, os bolcheviques instauraram uma República soviética basquíria como unidade autônoma na Rússia e, um ano depois, uma República tártara. A Ásia Central representou mais um desafio, pois os combates duraram até 1922, mas o estabelecimento do domínio soviético trouxe uma única República soviética do Turquestão para a Rússia soviética em 1918. Ali a nacionalidade era uma questão especialmente problemática que não foi abordada antes de 1924.

Sob certo ponto de vista, o mais importante dos povos muçulmanos em 1920 ficava no Cáucaso. Eram os azeris, pela simples razão que sua maior cidade, Baku, era também o principal centro de produção de petróleo do antigo Império Russo. A conquista rápida da região levou à formação de uma República Federativa Soviética Transcaucasiana unida em 1921. A ideia surgiu por insistência de Stalin e Ordjonikidze contra as objeções de outros comunistas georgianos, pois Stalin não queria encorajar as aspirações das nacionalidades maiores. Os poucos anos de independência haviam assistido aos mencheviques georgianos recusarem a concessão de direitos nacionais à Abcásia e à Ossétia do Sul, assim como choques reiterados entre azeris e armênios. A solução foi uma federação que deu uma certa autonomia a todos os numerosos grupos étnicos da Transcaucásia e, dessa forma, forneceu um obstáculo, aparentemente, ao nacionalismo dos grandes grupos.

Em 1922, Moscou era o centro de várias repúblicas soviéticas, tecnicamente independentes mas governadas por partidos comunistas subordinados ao Comitê Central russo. Stalin decidiu alterar esse arranjo canhestro. Seu plano era simplesmente incorporar as outras repúblicas à Rússia como unidades autônomas, à semelhança da Basquíria mas com um pouco mais de autonomia. Seu plano enfrentou a oposição de Lenin, que julgava que o maior perigo para o domínio do partido era o chauvinismo russo. Ele não queria provocar a resistência nacionalista na periferia, e o nacionalismo russo havia sido, obviamente, a ideologia dos Brancos. As objeções de Lenin levaram a um novo plano, em que todas as repúblicas soviéticas, incluindo a Rússia, formariam a União das Repúblicas Socialistas Soviéticas. De acordo com esse plano, as unidades não russas maiores entrariam para a União em condição jurídica igual à da Rússia. Nos anos 1920, apenas algumas funções estavam formalmente centralizadas em Moscou. Não havia um Comissariado da Agricultura ou da Educação para toda a União, somente nas repúblicas. Por outro lado, o Partido Comunista era centralizado no Politburo e no Comitê Central e dava ordens para todas as organizações partidárias nas repúblicas. Ademais, a gestão da maior parte da economia industrial em Moscou era um poderoso elemento centralizador.

A nova União tinha agora de enfrentar uma série de problemas não resolvidos em todo o país. A pressuposição básica da liderança soviética era a de que a nacionalidade era uma questão de língua. Embora Lenin e Stalin acrescentassem a história e cultura comum a essa definição, na prática a língua era o fator decisivo. Esse critério, que funcionava muito bem na parte europeia do país, não se adequava bem a outras regiões. Ele obrigava os soviéticos a formar unidades autônomas sempre que houvesse diferença de língua e, consequentemente, eles começaram a instituir unidades autônomas entre pequenos povos siberianos sem qualquer consciência política ou nacional no sentido moderno. Mesmo entre os povos da Rússia europeia havia problemas. O pequeno povo do Volga que falava uma língua fino-úgrica, chamada pelos estudiosos russos de mordoviano, tinha uma língua comum, mas nenhuma palavra comum para ambos os subgrupos mordovianos. As autoridades soviéticas simplesmente declararam que eles eram todos mordovianos e introduziram na sua língua a palavra russa para a sua nacionalidade. Na Ucrânia, grandes cidades com poucos falantes de ucraniano, como Odessa, em pouco tempo não tinham jornais em russo, só em ucraniano. Cidades multinacionais, como Baku, eram um problema à parte.

A questão das línguas nas regiões ocidentais do país era insignificante comparada à situação na Ásia Central. A população cazaque das estepes setentrionais era um grupo relativamente coeso e recebeu o *status* de República autônoma dentro da Rússia em 1924 (e de República unida em 1936). Mais ao sul, a população das bacias dos rios Sir Dária e Amu Dária ofereceu tremendas dificuldades. Nessas regiões, a identidade não seguia linhas linguísticas. A maior parte do povo considerava-se primeiramente muçulmana, e somente depois parte deste ou daquele grupo. A população urbana e grande parte da população aldeã sedentarizada foram enquadradas na categoria dos sartas, quer falassem língua túrquica, quer iraniana. "Uzbeque" significava geralmente nômades de língua túrquica em torno e dentro das áreas sedentarizadas. As grandes cidades, Bukhara, Khiva e Samarcanda, haviam sido os centros das dinastias uzbeques, mas sua cultura tradicional era ao mesmo tempo túrquica e persa. A área de ocupação mais ou menos compacta de falantes de iraniano não tinha um grande centro urbano. A região agrícola mais próspera, o vale de Fergana, era também uma das mais etnicamente diversificadas. Se os turcomenos, cazaques e quirguizes formavam unidades relativamente coesas, eles também dividiam-se em linhas tribais. Os soviéticos viram tudo isso como simples atraso e feudalismo e procederam à criação de repúblicas segundo linhas linguísticas, embora no vale de Fergana isso significasse deixar grandes minorias de todos os lados das novas fronteiras. O resultado foram cinco repúblicas: Cazaquistão, Quirguistão, Turcomenistão, Uzbequistão (a mais populosa) e Tadjiquistão (a área de língua iraniana).

Na década de 1920, as condições da NEP fizeram que houvesse poucos planos grandiosos de transformação das novas repúblicas. A partir de 1924-1925, o partido perseguiu uma política de "nativização" do partido e do aparato estatal fora da República Russa. O principal impulso foi a promoção de funcionários não russos em todos os níveis, embora as posições estratégicas fossem geralmente isentas dessa política, pois eram reservadas por Moscou aos seus trabalhadores mais confiáveis. Porém, esses líderes do partido não eram necessariamente russos: georgianos, armênios, letões (especialmente na polícia política) e judeus destacavam-se na liderança das repúblicas não russas, longe dos seus supostos territórios natais. A cultura e o campesinato foram deixados, em grande medida, às repúblicas na década de 1920, o que não surpreende porque, na ideologia bolchevique, os camponeses eram exclusividade do nacionalismo e a *intelligentsia* era a portadora da cultura nacional local. Nos anos da NEP, ambas tinham de ser conciliadas e, de fato, as culturas locais não podiam ser promovidas ou criadas sem uma *intelligentsia* nativa.

A autonomia cultural das novas repúblicas era acompanhada por um sistema político e econômico muito centralizado. Embora os partidos comunistas republicanos administrassem seus próprios assuntos cotidianos, as diretrizes e o alto escalão estavam firmemente nas mãos da liderança em Moscou. A administração econômica estava dividida entre o Conselho Supremo da Economia da URSS em Moscou e escritórios análogos nas repúblicas. Os centros de produção mais importantes, como o Donbas e a imensa indústria metalúrgica da república ucraniana, estavam sob a autoridade do centro. Essa situação gerou queixas de todos os governos republicanos, até da República Russa.

A União Soviética surgiu ao término de anos de guerra e durante transtornos no mundo inteiro. Lenin e os bolcheviques acreditavam que sua revolução era somente a primeira de uma série que logo se seguiria, e nem mesmo a mais importante. Toda a liderança bolchevique acreditava que a revolução era iminente na Alemanha, e a derrubada do Kaiser em 1918 parecia ser o início, a versão alemã da Revolução de Fevereiro na Rússia. Nos poucos anos seguintes, parecia que o outubro alemão era iminente. A breve criação de um governo comunista húngaro em 1919 e levantes em todo o restante da Europa pareciam confirmar o prognóstico, mas a revolução prevista nunca aconteceu. Em 1923, os comunistas alemães fizeram uma última tentativa fracassada, e Lenin e a liderança soviética reconheceram que a onda revolucionária havia passado.

A União Soviética estava agora isolada num mundo de potências capitalistas hostis. Ela precisava sobreviver, e seus líderes, incluindo Stalin, também acreditavam que a revolução mundial ocorreria mais cedo ou mais tarde. Essa era a contradição básica da política externa soviética, e ela persistiu até o fim do Estado soviético. O lado revolucionário das relações soviéticas com o mundo nos anos 1920 era assunto da Internacional Comunista (o Comintern). Fundada em 1919 como a resposta comunista à Internacional Socialista dos socialistas moderados (cuja maioria fora favorável à guerra), ela almejava organizar e promover a revolução através do mundo. Ela dispunha de uma liderança e equipe internacionais, mas seu quartel-general em Moscou estava sob rígido controle soviético, na pessoa de Grigorii Zinoviev até 1925. Ela reunia sob a sua liderança todos os numerosos grupos de socialistas que haviam se oposto à Primeira Guerra Mundial e depois aderido à revolução após seu acontecimento, formando partidos comunistas em quase todos os países do mundo. Eram partidos turbulentos, a maioria com táticas muito mais militantes do que Moscou aprovava, mas a liderança soviética logo fez que entrassem nos eixos.

O governo soviético também percebeu que precisava romper o seu isolamento. No início de 1921, a Grã-Bretanha fizera um acordo comercial, a primeira ruptura do bloqueio econômico imposto pelas potências ocidentais em 1918. Depois, em 1922, os soviéticos fizeram um acordo com a Alemanha de Weimar, o qual incluí ao reconhecimento, comércio mútuo e um protocolo militar secreto que permitia que oficiais militares alemães treinassem no território soviético, além de outras formas de cooperação militar. A Alemanha de Weimar, a principal vítima do acordo de paz de Versalhes, queria margem de manobra, e Lenin concedeu-a. Durante a década seguinte, as relações com a Alemanha esquentaram e depois esfriaram, mas o acordo militar permaneceu intacto e o comércio expandiu-se. Em contrapartida, as relações com a Grã-Bretanha tiveram uma piora acentuada, em grande parte resultante das políticas soviéticas e do Comintern no Oriente.

As políticas da liderança soviética na Ásia constituíram um ponto de inflexão histórico, tanto na história russa quanto na história mundial em geral. Seu impacto durou muito mais que os objetivos específicos de Lenin e do Comintern em 1919-1920. A concepção de imperialismo de Lenin postulava que os impérios coloniais europeus proporcionavam recursos cruciais para a dominação do capitalismo no mundo e sobre as classes operárias europeias em particular. O povo oprimido das colônias era, portanto, um aliado crucial do proletariado na batalha pelo socialismo. As primeiras reuniões do Comintern proclamaram esse princípio em alto e bom som, e seus agentes e seguidores no mundo inteiro espalharam as notícias. Em Paris, um jovem vietnamita que trabalhava com pintura de cerâmica pseudoasiática numa fábrica francesa leu que o Comintern queria apoiar os povos colonizados e decidiu juntar-se aos comunistas. Seu nome era Ho Chi Minh. Na época, contudo, foram os acontecimentos na China que mais atraíram a atenção das seções asiáticas do Comintern e do governo soviético. Em 1911, nacionalistas liderados por Sun Yat-sen haviam derrubado a dinastia Ching e proclamado uma República, mas a luta prosseguia para fazer funcionar a República e abolir, ou pelo menos enfraquecer radicalmente, o regime do tratado que subjugava a China às potências ocidentais e ao Japão. O Comintern e o nascente Partido Comunista Chinês apoiaram os Nacionalistas, mas Chiang-kai Shek acabou virando-se contra eles e praticamente exterminando os comunistas em 1927. Os comunistas chineses recuperar-se-iam, mas por enquanto a política soviética na China era uma das principais razões pelas quais a Grã-Bretanha rompeu relações diplomáticas com a URSS em 1927, provocando um temor de guerra em Moscou que durou vários meses. Os pequenos grupos de comunistas nas diversas colônias asiáticas continuaram a existir, amplamente ignorados por todos, exceto pelas administrações coloniais, mas suas ações viriam a ter imensas consequências que o modesto crescimento do comunismo na Europa não podia igualar.

Apesar do fracasso na China, a liderança soviética estava convencida de que os contratempos eram apenas temporários. Stalin, assim como seus adversários no partido, tinha certeza de que uma nova guerra era inevitável, mais cedo ou mais tarde – uma guerra entre as potências ocidentais, uma vez que as "contradições", na terminologia marxista, entre a Grã-Bretanha, a França e a Alemanha eram sérias demais para serem resolvidas de qualquer outra forma. A guerra levaria a outra crise social como aquela que se seguiu à Primeira Guerra Mundial. Em 1928, o Comintern deu uma guinada à esquerda, proclamando que uma nova era de instabilidade e revolução chegaria em breve, uma noção que a depressão iniciada em 1929 parecia confirmar. Stalin estava totalmente por trás da nova linha do Comintern, especialmente quando ele instava os comunistas a focarem seu ataque nos social-democratas, na esperança de afastar a classe operária dos líderes moderados. Ao mesmo tempo, ele não queria provocar uma guerra com as grandes potências, e a política do Estado soviético era muito mais conciliadora que as proclamações do Comintern. Stalin precisava de paz nas suas fronteiras, pois estava prestes a lançar uma reviravolta colossal.

capítulo 18

Revoluções na cultura russa

Ao contrário do Estado e da sociedade russa, a cultura não conheceu uma ruptura tão acentuada em 1917. O período entre cerca de 1890 a meados dos anos 1920 foi repleto de revoluções artísticas, que aconteceram simultaneamente e em direções inteiramente diferentes. Essas revoluções compartilhavam muitas características com os movimentos artísticos do restante do mundo, mas paradoxalmente a cultura russa da Era de Prata, como é conhecida (comparada à Era de Ouro do século XIX), nunca conquistou fora da Rússia um público comparável àquele que os escritores e músicos do período anterior tiveram. Talvez um dos motivos principais tenha sido que a maioria dos escritores verdadeiramente talentosos da Era de Prata eram poetas, mestres da mais intraduzível das formas de arte. Os cientistas naturais, em contrapartida, começaram a conquistar um público internacional, em grande parte graças aos esforços do regime soviético para incentivar e usar as ciências na construção de uma nova sociedade.

Literatura, música e artes plásticas

Os escritores e artistas que chegaram à maturidade nos anos 1890 eram um grupo heterogêneo: simbolistas e realistas na literatura, o grupo "Mundo da Arte" nas artes visuais. Por volta de 1910, novas ondas, muitas vezes diminutas, ganharam projeção. Toda uma série de novos movimentos na poesia, futurismo, acmeísmo e outros grupos competiam pela atenção de leitores e críticos, enquanto os Balés Russos introduziram novas formas de dança e a música nova e radical (assim parecia) de Igor Stravinsky. A velocidade da inovação só aumentava. Ao trabalhar na Alemanha, Wassily Kandinsky produziu obras inteiramente abstratas em 1911 e, em São Petersburgo, Kazimir

Malevich pintou seu *Quadrado Preto* em 1915. A revolução e a guerra civil dividiram a cultura russa em duas. Muitos grandes nomes da época permaneceram no exterior ou emigraram, outros ficaram para trás com graus variados de simpatia pelos bolcheviques. Os emigrados geralmente deram continuidade aos seus estilos anteriores, enquanto na Rússia soviética a situação era mais complexa. Alguns viram na nova ordem a mesma essência da sua revolução artística, ao passo que outros adotaram ideias ainda mais radicais e havia ainda os que tentaram combinar o modernismo com conteúdo socialista. Ao final dos anos 1920, com o envelhecimento dos emigrados e a nova ordem soviética na arte, uma nova fase começou.

A geração da década de 1890 confrontava-se não somente a novas ideias, mas também a novas condições de trabalho. A indústria editorial russa havia crescido enormemente desde a emancipação e, por volta de 1900, escritores famosos podiam de fato viver de e até prosperar com a renda obtida unicamente da escrita. Máximo Górki foi o primeiro a conseguir fazê-lo, e de maneira espetacular. Como relata na sua autobiografia, ele veio de uma família de comerciantes modestos e ganhara a vida em trabalhos ocasionais antes de começar a escrever. Nessa época, ele era praticamente um mendigo, que seguia o curso do Volga trabalhando nos barcos e conseguindo empregos nas fábricas por períodos curtos. Em 1905, ele era o escritor mais bem pago da Rússia, com reputação mundial, e passava a maior parte do seu tempo em Capri ou Paris. Górki também era típico das correntes artísticas da época, um fato abafado pelas tentativas soviéticas posteriores de fazer dele o pai do "realismo socialista". A prosa de Górki só era "realista" comparada à dos seus contemporâneos, pois ela também refletia sua visão de mundo, um tipo de rebeldia anárquica e admiração por indivíduos fortes. Os críticos europeus imediatamente rotularam-no como seguidor de Nietzsche, o que não era verdade (Górki leu Nietzsche pela primeira vez muito tempo depois de ter formado suas ideias e seu estilo), mas este era um erro compreensível. Sua outra grande fascinação era pela religião, não pela ortodoxia oficial, mas sim pelo que ele via como a religião semi pagã e mística do povo. Foi esta última fascinação que o atraiu para os bolcheviques, pois ele via no marxismo um tipo de religião do futuro que poderia levar o povo à salvação.

Igualmente célebres nos anos 1890 eram as peças de Anton Chekhov. A grande fama de Chekhov foi antecedida por mais de uma década escrevendo contos para jornais, e de certa forma ele era esteticamente mais próximo da geração de Tolstoi e Turguêniev. Contudo, na sua prática teatral, ele estava na vanguarda russa, já que o palco mais famoso das suas peças era o Teatro de Arte de Moscou. O Teatro de Arte de Moscou era o primeiro grande teatro dramático russo que não era imperial, pois a corte havia renunciado ao seu monopólio em 1882. O Teatro de Arte de Moscou era um empreendimento estritamente privado com patrocínio de empresários locais como Savva Morozov, herdeiro da fortuna têxtil da família. Este também foi o primeiro grande laboratório para o trabalho de Konstantin Stanislavsky, que reformulou a apresentação teatral na Rússia e em grande parte do mundo durante a primeira metade do século XX. A exigência de Stanislavsky de que o ator vivesse seu papel a partir do seu interior era uma nova ruptura com relação aos estilos declamatórios (a seu ver) do século XIX.

Se Górki, Chekhov e Stanislavsky continuaram influentes ou pelo menos reverenciados por décadas, eles não eram inteiramente típicos de uma era dominada pelo simbolismo e outras novas tendências. Dmitri Merezhkovskii era o mais proeminente dos simbolistas. Ele iniciou sua carreira com uma série de artigos críticos atacando o utilitarismo das teorias artísticas liberal e radical da geração anterior. Seu apelo era por uma espécie de arte pura, mas na prática suas próprias obras estavam imbuídas das ideias filosóficas e religiosas da sua geração. Seu tema era distante daquele dos primeiros clássicos russos – seu primeiro grande sucesso foi uma trilogia de romances ambientados na Roma antiga (*Juliano, o Apóstata*), no Renascimento (com Leonardo da Vinci como herói) e na Rússia de Pedro, o Grande. A ideia era a eterna luta entre paganismo e cristianismo, com Pedro como uma espécie de neopagão na tradição do imperador Juliano e de da Vinci. Hoje praticamente esquecido, Merezhkovskii foi uma figura dominante durante uma geração. Um legado mais vital foi a poesia dos simbolistas mais jovens, especialmente Alexander Blok.

A música e as artes plásticas também mudaram rapidamente no final do século. Para os músicos de São Petersburgo, o surgimento de um patrono, o mercador madeireiro Mitrofan Beliaev, abriu novas possibilidades na década de 1880. Beliaev não somente patrocinava concertos, mas também mantinha um salão nas sextas-feiras à noite em que realizava apresentações periódicas de música nova. Mais importante ainda, ele fundou uma editora de música em Leipzig para publicar música russa e pagava honorários generosos. O núcleo do círculo de Beliaev comportava os sobreviventes dos Cinco, embora Balakirev raramente comparecesse ao salão. O círculo de Beliaev também era mais amplo nos seus gostos que os Cinco originais: à sua admiração por Berlioz e Liszt eles acrescentaram Wagner e tornaram-se mais favoráveis a Tchaikovsky. Rimsky-Korsakov era a influência artística mais forte, embora Stasov continuasse a impor profundo respeito. Conforme o tempo passou, uma geração mais nova, a de Alexander Scriabin e Sergei Rachmaninov, beneficiou-se com a atenção do círculo. O fim do monopólio dos teatros imperiais também permitiu a formação de uma companhia de ópera privada em Moscou, patrocinada pelo empresário milionário Savva Mamontov, cuja companhia atraiu o maior cantor da Rússia, Fyodor Shaliapin. Mamontov também era patrono de toda uma série de pintores inovadores, especialmente Valentin Serov. Para Serov, a luz nas suas pinturas era tão importante quanto o tema, como era o caso dos impressionistas na França. Esse tipo de arte era uma ruptura marcada com os itinerantes e sua fascinação pela paisagem russa e pelo povo russo e seus dilemas.

Em São Petersburgo, a cena artística russa foi transformada sob a liderança de Sergei Diaghilev, a força principal por trás de uma nova revista dedicada às artes visuais, chamada *Mir Iskusstva* (Mundo da Arte). A revista deu seu nome a todo um movimento, uma revolução no tema, se não na técnica. Embora os pintores do Mundo da Arte tivessem uma visão definida que diferia da dos pintores mais antigos da escola itinerante, sua maior inovação foi substituir a vida camponesa, paisagens e retratos da *intelligentsia* por representações mais decorativas de interiores, quadros retrospectivos da França ou da Rússia do século XVIII e retratos que enfatizavam a aparência e o estilo tanto quanto ou mais que a vida interior do retratado. O Mundo da Arte também foi notável pelo fato de que seus impulsos vinham em grande parte da pintura europeia, mas não havia um protótipo europeu direto. O impressionismo, Art Nouveau/Jugendstil e outras tendências europeias tiveram alguma influência. O grupo do Mundo da Arte valorizava igualmente os estilos europeus do passado, o Renascimento e o século XVIII, que os itinerantes desprezavam. O mesmo acontecia com a arte russa: Diaghilev foi talvez o primeiro a descobrir o valor dos retratos russos do século XVIII. Ele organizou mostras periódicas de arte europeia contemporânea, começando com a da Finlândia e Escandinávia, para educar o público russo. O objetivo era promover a pintura que não se preocupava com questões sociais e apenas raramente buscava afirmar a nacionalidade russa. Porém, tanto os artistas quanto os escritores dessa época não estavam ainda em busca de uma arte pura. Quase todos eles estavam em busca de algum tipo de realidade por trás do mundo das aparências, e encontraram-na no misticismo, na teosofia, em sessões com médiuns, ou às vezes no próprio cristianismo ortodoxo. Eles também demonstravam uma boa dose de pessimismo cultural e um sentimento profundo de terminação.

O pintor do Mundo da Arte Alexander Benois publicou em 1898 uma história da arte russa que terminava com a afirmação de que a arte estava chegando ao fim e ora deixaria de existir entre a humanidade, ora seria substituída por uma arte que servia a uma ideia religiosa.

Em meio a esse fermento artístico emergiu a Revolução de 1905. O mundo artístico reagiu de maneira variada aos acontecimentos, mas a maioria dos artistas não eram favoráveis ao regime tsarista. Em 1905, as questões não eram apenas as questões gerais de representação política do povo e da situação social dos trabalhadores e camponeses, porque os artistas também penavam sob os diversos obstáculos e monopólios impostos pelo Estado. Os escritores estavam economicamente bem, mas ainda tinham de lidar com a censura estatal. O último grande romance de Tolstoi, *Ressurreição*, não pôde ser publicado na Rússia e foi circulado por estudantes em cópias mimeografadas. Os grandes teatros eram administrados pelo Ministério da Corte e sua capacidade e repertório estavam muito aquém das expectativas do público das grandes cidades. Em São Petersburgo, a única orquestra com financiamento estatal, antepassada do que viria a ser a Orquestra Filarmônica de Petrogrado/Leningrado/São Petersburgo, ainda era tecnicamente a orquestra particular do tsar, e foi fundada somente em 1882. O mecenato imperial da música e das artes plásticas que tornara possível grande parte da vida artística russa nas décadas anteriores não era mais necessário e era sentido como um fardo.

Por isso, a criação da Duma estatal em 1906 e o subsequente relaxamento da censura tiveram grande aprovação entre os escritores e pintores, que logo começaram a aproveitar as oportunidades. Temas inteiramente novos apareceram na literatura: os primeiros romances a adotar a sexualidade como tema explícito e livros com toda espécie de concepções religiosas heterodoxas que a Igreja ortodoxa não podia mais proibir. Além dos locais mais tradicionais de atividade cultural, São Petersburgo e Moscou desenvolveram rapidamente uma cultura de café e cabaré que atraiu os luminares da literatura e das artes plásticas, além do público em geral. O estilo de vida boêmio tornou-se cada vez mais na moda, incluindo diversos experimentos com sexualidade e vestimenta. Certos escritores adotaram aparências distintivas, roupas e penteados afetados, ou uma feição estudadamente artística. Sergei Diaghilev foi o pioneiro dessas inovações, com seus ternos elegantes e uma mecha de cabelo tingida de prateado para dar-lhe um aspecto mais distinto.

O mecenato privado tornou-se mais acessível e abundante à medida que os empresários russos prosperaram. Depois de 1909, Sergei Kussevitskii era o regente de uma orquestra particular em Moscou, a primeira a obter sucesso na Rússia. (Depois de emigrar em 1920, ele tornou-se regente por muito tempo da Orquestra Sinfônica de Boston e fundador do festival de Tanglewood). O exemplo mais famoso de companhia privada de dança eram os Balés Russos de Diaghilev, que fizeram sua estreia em Paris igualmente em 1909. No ano seguinte, a companhia apresentou a estreia do balé de Igor Stravinsky *O Pássaro de Fogo* e, em 1913, sua ainda mais revolucionária *Sagração da Primavera*. Esta última causou furor devido às suas dissonâncias e aparente celebração da sexualidade e vigor pagão, brilhantemente interpretados pelo dançarino principal Vatslav Nijinskii. Stravinsky era a vanguarda da música russa, mas não a totalidade dela. Da geração mais antiga, Rimsky-Korsakov ficou ativo até sua morte em 1910 e, entre os músicos mais jovens, Sergei Rachmaninov e Sergei Prokofiev seguiram caminhos diferentes para a fama, Rachmaninov com seu neorromantismo exuberante e Prokofiev já avançando em direção à ironia e precisão do neoclassicismo. Não somente Diaghilev, mas também muitos dos músicos começaram a gravitar em torno de Paris e Berlim, haja vista que os teatros e orquestras de São Petersburgo que detinham os recursos necessários eram em geral conservadores demais para a nova música e os novos estilos de apresentação.

Os pintores também avançaram muito rapidamente. Kandinsky, em Munique, tinha um impacto limitado sobre seus colegas russos, mas na Rússia a pintura evoluía muito rápido. Em Moscou, especialmente, um grupo de jovens pintores em diversos grupos informais ("Valete de Ouros" e "Rabo do Burro"), sob influência do cubismo e da arte folclórica russa, começou a distanciar-se fortemente da técnica realista. Um dos mais talentosos entre eles, Kazimir Malevich, começou a praticar um abstracionismo integral ao pintar seu famoso *Quadrado Preto* e outras obras absolutamente não representacionais. Malevich desenvolveu a noção de suprematismo, segundo a qual o artista deveria trabalhar com formas geométricas, que, por sua vez, eram a chave para a realidade oculta por trás da aparência do mundo. Poucos dos seus adeptos seguiram-no até tão longe, mas foi esse universo que produziu pintores como Marc Chagall.

Para os escritores, os anos posteriores a 1905 foram igualmente de mudança frenética. O mais importante dos novos prosadores, Andrey Belyi, publicou sua fantasmagoria de São Petersburgo durante a revolução, o romance *Petersburgo*, em 1913. Belyi era emblemático do período sob outros aspectos, pois era adepto da "antroposofia" de Rudolf Steiner, em cujo centro, na Suíça, ele passava grande parte do seu tempo. Os poetas eram ainda mais ativos e polêmicos, e novos grupos, cada qual com seu manifesto, formavam-se todo ano. Os acmeístas em São Petersburgo reuniam-se no café Cão Vadio e propugnavam uma clareza apolínea contra os simbolistas "dionisíacos". Em sua maioria muito jovens, sua obra mais impactante surgiu muito tempo depois, na obra da sua maior escritora, a poetisa Anna Akhmatova. Os futuristas surgiram um pouco depois com seu manifesto, apropriadamente intitulado "Um Tapa na Cara do Gosto Público". Os futuristas eram tão apocalípticos quanto a geração simbolista na sua avaliação do mundo, mas assistiam às reviravoltas que se aproximavam numa luz mais positiva. Eles eram fascinados pela tecnologia e viam o fim das antigas formas de arte como uma liberação. O principal escritor futurista era o poeta Vladimir Maiakovski, que não era apenas um revolucionário artístico, mas também um revolucionário na vida real. Anteriormente, ele trabalhara no partido bolchevique e, mais tarde, ele viria a tornar-se o mais famoso porta-voz poético dos Vermelhos após 1917.

A atração de Maiakovski pelo marxismo era tão incomum entre os escritores e artistas plásticos quanto entre a *intelligentsia* como um todo. A *intelligentsia*, exceto pela vanguarda artística em Petersburgo e Moscou, continuava comprometida com os antigos ideais do século XIX, o liberalismo na política, um socialismo populista ocasional, além dos seus cânones artísticos. Eles preferiam Turguêniev a Merezhkovskii ou Belyi, e apenas certos poetas conseguiam escapar da atmosfera requintada dos cafés de São Petersburgo para alcançar o leitor provincial. Quando a guerra estourou, a maioria dos escritores seguiu a reação geral do país e da *intelligentsia* e apoiou o esforço de guerra. A revolução era outro assunto. Em 1917, a maioria percebeu que o esforço de guerra tinha fracassado em grande parte. Eles estavam contentes com a queda do tsar, mas não profundamente envolvidos na política ou, de início, nem eram atraídos por ela. Enquanto Maiakovski trabalhava com entusiasmo para os bolcheviques, o compositor Prokofiev era mais típico: 1917 foi um dos seus anos mais produtivos, no qual ele compôs obras fundamentais sem nenhuma relação com o cataclismo que o rodeava. A maioria dos artistas e escritores, como o restante da *intelligentsia*, saudou a revolução bolchevique com hostilidade, mas foram o advento da guerra civil e o colapso econômico de Petrogrado que os forçaram a tomar decisões.

Para os escritores e artistas, seja qual fosse sua reação aos bolcheviques, a Revolução Russa não era tanto a tomada do poder por Lenin e seus camaradas quanto uma reviravolta fundamental e total, um mergulho no caos e na anarquia. Para eles, parecia que a Rússia havia retornado ao Tempo de

356 | HISTÓRIA CONCISA DA RÚSSIA

Dificuldades, que todo o verniz de civilização que o país havia adquirido desde Pedro, o Grande, havia sido destroçado pela gigantesca torrente de raiva e violência populares. Para muitos, era o reino do Anticristo.

Todavia, um pequeno número de escritores eram favoráveis à revolução, embora não à plataforma bolchevique específica. O poema mais famoso de Alexander Blok, "Os Doze" (1918), retrata a anarquia e violência de Petrogrado na escuridão do inverno, mas os doze Guardas Vermelhos proletários que marcham pelas ruas semidesertas seguem um líder, que é Jesus Cristo. Em contrapartida, Vladimir Maiakovski estava inteiramente no campo bolchevique e passou os anos da guerra civil escrevendo não somente poesia, mas também versos militantes e desenhando imagens para cartazes políticos. Ele trocou seus elegantes ternos futuristas por vestimentas de aspecto proletário e raspou a cabeça. Na sua poesia, ele tentou transformar as massas em heróis. O exemplo mais famoso é "150.000.000", que começa assim:

> 150.000.000 é o nome do criador deste poema.
> Seus ritmos – balas,
> Suas rimas – incêndios de edifício a edifício.
> 150.000.000 falam pelos meus lábios [...]*

Alguns pintores e artistas plásticos também trabalhavam para os Vermelhos, fazendo imensas decorações modernistas para os desfiles de Primeiro de Maio e outros rituais bolcheviques. Contudo, a maioria dos escritores e artistas aguardava nos bastidores ou torcia pela vitória Branca. Muitos mudaram-se para o Sul, para territórios ocupados pelos Brancos. À medida que os Vermelhos empurravam os exércitos Brancos para fora do país, grandes partes da *intelligentsia* os seguiam, gerando uma cultura russa no exílio em Berlim e Paris.

Para os músicos, dançarinos e alguns pintores, a mudança para a Europa Ocidental ou a América representou o início de outra carreira. Rachmaninov ganhou tanto dinheiro com concertos que podia sustentar outros emigrados russos e contribuiu para a companhia de aviação de Igor Sikorsky em Connecticut. Prokofiev, o grande cantor Fyodor Shaliapin e os dançarinos dos Balés Russos trabalharam no mundo todo. Embora os Balés Russos tenham se desagregado após a morte de Diaghilev em 1929, eles deixaram um legado para o mundo do balé na pessoa dos seus muitos dançarinos ativos e na obra de George Balanchine na América. Para os escritores, porém, a emigração foi um grande desastre. Dependentes do público russo,

---

*   Tradução de E. J. Brown.

eles foram isolados da Rússia, onde suas obras não podiam ser publicadas e deixaram de circular legalmente após o início dos anos 1920. Os emigrados russos conseguiram criar editoras, revistas e jornais em Paris e outros lugares, mas seu público era necessariamente pequeno, limitado às comunidades de exilados russos e falantes de russo no Ocidente. Não obstante, alguns conseguiram criar obras notáveis, especialmente nos anos iniciais. A poetisa Marina Tsvetaeva escreveu durante a revolução e, quando foi para Paris em 1921, continuou a publicar seus versos em grande quantidade até cerca de 1925. Até os escritores mais velhos conseguiram produzir em grande quantidade de início, mas a falta de público logo começou a transparecer. Os editores ocidentais não estavam interessados em traduções, salvo de alguns poucos autores seletos, e mesmo o Prêmio Nobel de Ivan Bunin em 1933 não conseguiu despertar muito interesse pela literatura emigrada recente.

Na emigração, surgiram novas correntes intelectuais, como o eurasianismo – a ideia de que a Rússia não era realmente europeia, mas parte de uma civilização "eurasiana" distinta, exemplificada pelo Império Mongol. Outros pequenos grupos elaboraram novas filosofias da religião ou derivaram para o fascismo. Alguns fizeram as pazes com os soviéticos e retornaram para casa, como o escritor (conde) Alexei Tolstoi, parente distante de Lev Tolstoi. Prokofiev retornou em 1935. Máximo Górki, que tinha mantido distância tanto dos soviéticos quanto da emigração após 1920, retornou em 1932 e tornou-se uma figura capital no mundo literário soviético. Outros não tiveram tanta sorte: Tsvetaeva, depois de retornar, cometeu suicídio em 1941.

Cultura e NEP

Nos anos da NEP, o destino dos escritores e artistas emigrados no exterior parecia ser cada vez mais irrelevante, pois o mundo cultural da nova URSS florescia com novas tendências artísticas e novos nomes. Nos primeiros anos, os bolcheviques não tinham uma posição definida quanto às artes. Durante a guerra civil, alguns radicais do partido formaram as Organizações Culturais-Educacionais Proletárias, conhecidas como Proletkult, que combinavam escolas para ensinar os trabalhadores a escrever poesia e pintar com noções estéticas radicais. Lenin e Trotsky tinham dúvidas quanto ao Proletkult, pois acreditavam que suas alegações de representar a linha proletária correta na arte eram espúrias. A liderança bolchevique também era geralmente cética quanto a grande parte da arte modernista: Lenin recriminou o comissário da Educação Anatolii Lunacharskii por ter impresso demasiadas cópias das obras de Maiakovski. Apesar do seu conteúdo, os versos não impressionaram Lenin pela sua qualidade, e ele pensava que o dinheiro teria sido mais bem aproveitado com outras coisas.

A guerra civil teve um efeito catastrófico sobre a música e o teatro, pela simples razão de que não havia dinheiro para manter os teatros funcionando além do nível mais mínimo. A Escola Imperial de Balé fechou as portas e os teatros de balé e de ópera encerraram suas atividades por vários períodos até o início dos anos 1920. As orquestras tiveram destino semelhante. Com a NEP e a recuperação da economia soviética, o governo soviético gradualmente restabeleceu os antigos teatros e orquestras com nomes diferentes, e ao mesmo tempo a economia da NEP e a ausência de uma linha definida do partido acerca das artes permitiram que muitas pequenas companhias de balé e teatros de diversos tipos fossem criados. A música instrumental saiu-se melhor, já que os Conservatórios continuaram a funcionar com grande parte da equipe anterior e produziram toda uma geração de novos compositores. Ao final da década de 1920, Dmitri Shostakovich já era conhecido, tanto pelas suas composições "sérias" quanto pela sua música para cinema. O teatro mais inovador talvez tinha sido aquele criado sob a liderança de Vsevolod Meyerhold em Moscou no ano de 1922. Meyerhold havia começado com Stanislavsky no Teatro de Arte de Moscou, mas em 1917 rejeitou as ideias do mestre e desenvolveu sua própria teoria e estilo de atuação, que ele chamou de "biomecânica". A ideia era a de que o ator não devia buscar o naturalismo, mas usar seu corpo e sua voz para a representação mais expressiva possível, enfatizando sua mensagem por meio de um estilo "artificial" que impressionaria o público com mais força. Meyerhold, por sua vez, teve um efeito poderoso sobre outra forma de arte que estava ganhando autonomia na época, o cinema. Sergei Eisenstein estava iniciando sua carreira de diretor na década de 1920 com suas obras-primas históricas como *O Encouraçado Potemkin*. Os atores do filme refletiam as teorias de Meyerhold, ao passo que a estrutura global era fruto da técnica de montagem de Eisenstein, que usava uma série de imagens descontínuas para enfatizar sua estética e suas declarações políticas. Era uma ruptura radical com a técnica normal de Hollywood e de outros filmes da época, que atinham-se à continuidade visual para contar a estória. As inovações de Eisenstein parecem não ter incomodado ninguém entre as autoridades soviéticas, para quem o cinema era, de certa maneira, a forma de arte perfeita: ele falava às massas, baseava-se na última tecnologia, era fácil de reproduzir, além de ser mais barato e mais prático de transportar que o teatro. Ele também era muito mais adaptável a mensagens políticas, como provaram Eisenstein e outros diretores. Conforme havia dito Lenin, num comentário repetido sem cessar, "de todas as artes, o cinema é a mais importante para nós". As autoridades soviéticas financiavam filmes pelo intermédio de seus escritórios culturais, mas os recursos eram insuficientes para produzi-los em grande quantidade. A grande maioria dos filmes mostrados na era da NEP era, na verdade, importada de Hollywood.

Com o fim da guerra civil, a edição também se revigorou, e nos anos da NEP uma série de editores privados complementaram os produtos dos editores estatais. O rico mundo artístico do passado não podia ser recriado. Os cafés da NEP não tinham a elegância e a verve dos seus protótipos pré-revolucionários, e os editores estatais não pagavam muito bem. O jovem Shostakovich sobreviveu tocando piano em cinemas para acompanhar filmes mudos. A economia da vida artística era apenas um dos problemas, já que os artistas tinham de lidar com as ambiguidades da política soviética com relação à *intelligentsia*, uma política baseada numa atitude de suspeita combinada com uma consciência do seu valor. O partido tinha muito pouco a dizer sobre arte. Decerto, obras abertamente antissoviéticas não podiam ser publicadas, e os escritores emigrados desapareceram gradualmente das livrarias. Mas o partido não chegou a publicar uma declaração sobre literatura até 1925, e ela continha pouca coisa em termos de recomendações positivas. O essencial era que o partido deveria ajudar e promover escritores "proletários", bem como os escritores do campesinato, mas também demonstrar tolerância para com os "companheiros de viagem" (uma expressão originalmente de Trotsky), escritores da *intelligentsia* que fossem, em maior ou menor grau, favoráveis ou pelo menos neutros com relação à nova ordem. Os críticos do partido não deveriam esperar que os "companheiros de viagem" tivessem e expressassem uma visão de mundo completamente bolchevique. Em certo sentido, a posição do partido com relação aos escritores era semelhante à sua posição diante dos engenheiros ou dos funcionários do governo da velha *intelligentsia*. Até o fim da década, o partido contava com suas competências e parecia disposto a deixá-los aproximar-se gradualmente de uma atitude mais amistosa para com o partido e seus objetivos.

O resultado de todos esses diferentes elementos foi uma boa dose de escritos variados, muitos deles inovadores na língua, no estilo e na técnica narrativa. Até os escritores "proletários" redigiam numa língua que era repleta de gírias, dialetos locais e obscenidades, uma língua que mais tarde seria expurgada nas reimpressões de suas obras após a década de 1930. Enquanto alguns proletários narravam histórias de sacrifício e heroísmo na guerra civil, descrevendo sem muita moderação seus horrores, outros tentavam escrever sobre a classe operária nas suas fábricas, relatos da reconstrução da indústria soviética e das novas formas de vida que surgiam em torno deles. Contudo, não havia muitos escritores verdadeiramente proletários, e a maior parte da literatura da época apresentava uma ampla variedade do cotidiano – muitas vezes as margens semicriminais da vida urbana soviética, as complexidades da vida pessoal e privada da *intelligentsia* e dos oficiais do partido. Se vários escritores passavam muito tempo em debates acirrados entre os diversos grupos, outros conseguiram produzir obras de importância mais duradoura. Em 1921, Boris Pasternak publicou uma coletânea de poesia, *Minha Irmã, a Vida*, que estabeleceu-o instantaneamente como poeta de renome. Em 1926, a honestidade brutal de *A Cavalaria Vermelha,* de Isaac Babel, colocou-a no topo de todas as descrições da guerra civil. As histórias de personagens marginais da era da NEP culminaram em 1928 com as *Doze Cadeiras* de Ilf e Petrov, cujo herói trapaceiro Ostap Bender entrou para o folclore soviético e russo. Outros escritores viram-se impossibilitados de publicar: Anna Akhmatova não foi publicada de 1925 a 1940 e Mikhail Bulgakov começou a ter dificuldades a partir de meados dos anos 1920. Embora sua peça da época da guerra civil, *Dia das Turbinas,* não pudesse ser tida como um retrato lisonjeiro da causa Branca, ela tampouco era violentamente hostil, e foi banida e permitida alternadamente até que enfim desapareceu do repertório, retornando apenas nos anos 1960. Suas outras obras foram simplesmente proibidas por completo. Alguns escritores receberam permissão para emigrar, como Yuri Zamiatin, cujo romance *Nós,* sobre uma sociedade antiutópica, viria a influenciar Aldous Huxley e George Orwell.

Na literatura e nas artes plásticas, a década de 1920 foi, sob muitos aspectos, uma continuação da Era de Prata sob novas condições. Muitas das vozes mais importantes dos anos 1920, Maiakovski ou Pasternak, Meyerhold ou Prokofiev, já eram artistas consumados em 1917, e a geração mais nova que chegou à maturidade após 1920 era profundamente influenciada pela cultura das décadas pré-revolucionárias. Até mesmo alguns jovens escritores "proletários" com seus novos temas escreviam pensando em Belyi ou Blok. As numerosas plataformas e grupos literários ou artísticos mantiveram algumas das formas organizacionais da vida artística da Era de Prata até o final da era da NEP.

AS CIÊNCIAS NATURAIS

Para as ciências naturais, em contrapartida, a revolução marcou uma ruptura mais fundamental, não tanto intelectualmente, mas institucionalmente.

Os anos anteriores à revolução haviam sido um período de mudança para a ciência russa. A inovação mais importante talvez tenha sido a fundação das novas escolas de engenharia sob a tutela do Ministério das Finanças. Essas escolas técnicas não somente produziam os engenheiros extremamente fundamentais, mas também eram menos conservadoras nos seus currículos que as universidades controladas pelo Ministério da Educação. Assim, elas eram abertas a disciplinas que mudavam e cresciam rapidamente, como a Física, ao passo que as universidades tendiam a manter a Química no centro da educação científica. Os institutos técnicos eram mais abertos à sociedade. Eles mantinham ligações com empresas e eram menos restritivos nas suas matrículas. Por conseguinte, estudantes judeus, como Abram Ioffe, formaram-se no Instituto Tecnológico de São Petersburgo, estudaram na Alemanha e obtiveram seu primeiro cargo em Física no novo Instituto Politécnico de São Petersburgo, criado por Witte. Seus anos ali, de 1906 até a Revolução, seriam o período de incubação da Física soviética que viria a surgir, pois Ioffe logo revelou seu talento de organização e liderança intelectual. No entanto, as condições da Ciência como um todo deixavam muito a desejar. A Física sofrera um golpe capital em 1911 quando grande parte dos docentes de ciências da Universidade de Moscou e do Instituto Politécnico de Kiev demitiu-se em protesto contra a repressão ilegal do ministro da Educação Kasso contra as reuniões estudantis (uma reunião em homenagem à morte de Tolstoi foi o estopim). Havia poucas outras instituições para as quais os cientistas podiam ir, mas alguns conseguiram encontrar lugar na Academia de Ciências de São Petersburgo. Entre os poucos que tiveram sucesso ao protestar estava o geoquímico Vladimir Vernadskii, um dos fundadores da ciência da Ecologia, que conseguiu encontrar lugar na Academia.

Para os cientistas, o equipamento de laboratório e o espaço eram problemas cruciais, e infelizmente a maioria dos órgãos do governo não via isso como prioridade. Boa parte dos laboratórios científicos e estações de pesquisa da Rússia pré-revolucionária eram pequenas divisões no interior dos ministérios ou de órgãos do governo, como a Divisão de Agricultura dentro do Ministério das Finanças ou os pequenos laboratórios de pesquisa do Ministério da Guerra, dedicados a problemas como a produção de miras ópticas para a artilharia. A maior parte da Ciência acontecia nos departamentos das universidades e quase não havia laboratórios com financiamento privado. A Ciência já era dependente de apoio governamental no mundo todo, mas a Rússia ainda era pobre e atrasada demais para oferecer instalações similares às da Alemanha ou da França. Havia exceções, como o laboratório do fisiologista Ivã Pavlov, no Instituto Imperial de Fisiologia Experimental em São Petersburgo, que tinha financiamento estatal e doadores e patronos aristocráticos, sobretudo o príncipe A. P. Oldenburgskii, general e parente do tsar. Ele produzia remédios enquanto Pavlov realizava experimentos sobre os reflexos condicionados. A maioria dos cientistas carecia dessas instalações, e todos esses problemas atingiram um paroxismo durante a Primeira Guerra Mundial, na qual o atraso tecnológico da Rússia teve papel crucial nas suas derrotas. A comunidade científica era patriótica e até monarquista, e em 1915 a Academia de Ciências criou uma Comissão para o Estudo das Forças Produtivas Naturais, cuja finalidade era mapear o Império Russo em busca de recursos naturais que seriam úteis para a guerra e a indústria. O resultado foi uma acumulação maciça de dados que foi usada por um regime inteiramente novo depois de 1917.

O novo governo bolchevique inaugurou uma revolução na ciência russa. Para os bolcheviques, as ciências naturais eram fundamentais para o seu projeto utópico. Sua própria ideologia, o marxismo, era para eles uma ciência, não somente um ponto de vista político. Para eles, o marxismo era uma descrição objetivamente verdadeira da natureza e das leis do desenvolvimento da sociedade humana. Eles acreditavam que o conhecimento das ciências naturais ajudaria a convencer o povo da verdade do marxismo, haja vista que difundiria conhecimento da metodologia científica. Havia outros benefícios mais práticos. A difusão do conhecimento científico combateria a religião, uma alta prioridade dos bolcheviques nos anos iniciais. Porém, o mais importante é que eles acreditavam que a Ciência detinha o segredo da tecnologia, e que a nova União Soviética precisava desta para tornar-se um Estado e uma sociedade moderna.

Logo de início, o regime bolchevique tratou a Ciência e os cientistas de modo muito diferente dos outros setores da velha *intelligentsia*. Os soviéticos preferiam instituições de larga escala, financiadas pelo Estado e geralmente separadas do ensino universitário, e a maioria dos cientistas era favorável a essa mesma estrutura, frustrada pelo conservadorismo e recursos limitados do Ministério da Educação pré-1917. Por conseguinte, já em 1918, quando a guerra civil estava começando, o governo soviético criou o que se tornou o Instituto Físico-Técnico de Leningrado sob Abram Ioffe. Quando a guerra civil terminou, o instituto de Ioffe recebeu uma série de edifícios e dinheiro para construir novos laboratórios num momento em que o Estado quase não tinha recursos e a fome devastava o interior da Rússia. Do mesmo modo, a Seção de Botânica Aplicada e Seleção, um pequeno laboratório do antigo Departamento de Agricultura, tornou-se o Instituto de Botânica Aplicada da União, sob o comando do botânico e geneticista Nikolai Vavilov.

Todas essas eram instituições altamente sofisticadas, e o governo soviético não poupou gastos. O instituto de Vavilov mudou-se para a antiga mansão do ministro das propriedades do Estado tsarista, do outro lado da praça Santo Isaac, no centro de Leningrado, com estufas e instalações de pesquisa em Tsarskoe Selo (renomeada Detskoe Selo nos anos 1920 e depois Púchkin), em propriedades confiscadas do antigo regime. Ainda mais importante foi o fato de que Vavilov foi enviado ao exterior, para a Europa e os Estados Unidos, para adquirir bibliografia e equipamento científico e sementes para pesquisa. Nos Estados Unidos, ele viajou muito, encontrou Luther Burbank e discursou em universidades – tudo às custas do governo soviético. Ioffe e os físicos saíram-se tão bem quanto ou até melhor. Ioffe fez uma viagem semelhante à Europa em 1920-1921 e os estudantes do instituto de Física não só eram autorizados, mas até oficialmente incentivados a passar anos no exterior trabalhando em Cambridge, na Inglaterra, com Ernest Rutherford, ou na Alemanha com os principais físicos da época. No mundo da Física em rápida mutação no início do século XX, esses contatos eram cruciais e estabeleceram a reputação internacional de muitos físicos soviéticos. Eles publicavam seus trabalhos nos *Annalen der Physik* alemães, que foram, até 1933, o principal veículo mundial para a pesquisa na área. Vladimir Vernadskii, apesar da sua participação no partido Kadet antes da Revolução, passou vários anos trabalhando em Paris na década de 1920 com aprovação plena das autoridades soviéticas. O governo soviético criou um sistema que proporcionava aos cientistas melhores habitações e favorecia o acesso aos bens de consumo mesmo nos anos 1920, quando o mercado da NEP poderia ter atendido muitas das suas necessidades e desejos. Pavlov, que era abertamente antissoviético, foi nomeado chefe do novo Instituto de Fisiologia da Academia de Ciências em 1925.

Havia uma variedade de órgãos do governo que supervisionavam e financiavam os institutos científicos nos anos 1920. Alguns deles eram financiados pelo Comissariado da Educação da República Russa, mas as Ciências Físicas passaram cada vez mais para a alçada dos comissariados industriais ou do Conselho Supremo da Economia. A Biologia cabia principalmente ao Comissariado da Saúde ou ao Comissariado da Agricultura russo. A ideia era unir teoria e prática, uma ideia central do marxismo mas também popular entre muitos cientistas às vésperas da Revolução, que pensavam que a

Rússia precisava dos conhecimentos deles para superar seu atraso. Assim, o Instituto Físico-Técnico de Leningrado tinha contratos com muitas agências industriais, incluindo um estudo de longa duração e finalmente infrutífero de isolamento para cabos elétricos de longa distância. Frutíferos ou não, esses contratos proporcionavam financiamento adicional e demonstravam à liderança do partido a utilidade da pesquisa científica. As autoridades do partido estavam perfeitamente conscientes de que os cientistas não eram bolcheviques. Muitos deles acreditavam que deviam ajudar o novo Estado a modernizar o país, seja qual fosse o governo, mas eles não eram marxistas. Por enquanto, essa divergência de objetivos não era um problema.

O fim da NEP trouxe, porém, uma reviravolta radical na sociedade, lançada por Stalin e pela liderança do partido, e uma transformação radical na arte, na literatura, nas disciplinas humanistas e nas ciências naturais. Nenhuma área foi poupada por essa "revolução cultural", como foi chamada na época, uma reviravolta da cultura que se equiparou àquela ocorrida nas aldeias e fábricas da União Soviética. Essa revolução cultural por si mesma teve curta duração, mas foi o começo de uma transformação fundamental da cultura soviética.

capítulo 19

CONSTRUINDO A UTOPIA

A partir de 1929, a liderança soviética começou a transformar a sociedade da URSS, para construir um Estado moderno industrializado, mas não capitalista. A nova sociedade deveria realizar o velho sonho do socialismo, um lugar sem propriedade privada onde o Estado controlava e administrava a produção de bens e serviços em benefício de todos. A ideia era essa. A realidade que surgiu depois de mais de uma década de tumulto serviu de quadro para a União Soviética até sua derrocada, duas gerações mais tarde.

As linhas básicas estavam presentes no final de 1927 com o primeiro plano quinquenal e o movimento em direção à coletivização da agricultura. O plano deveria durar do início de 1928 ao fim de 1932 e exigia um aumento anual de 20% da produção industrial, uma taxa de crescimento inédita para a época. Essa taxa de crescimento implicava um aumento enorme da população urbana, o que exigia muito mais comida do que o país produzia com sua agricultura camponesa atrasada. Para complicar as coisas, as exportações de cereais eram a principal fonte de moeda forte da União Soviética para comprar no exterior o novo equipamento industrial, que era essencial para uma industrialização rápida. A solução seria a coletivização da agricultura, que aumentaria o rendimento por acre e liberaria milhões de mãos para trabalhar na nova indústria. O plano original para o ritmo da coletivização era moderado, com cerca de um quinto dos lares camponeses a serem coletivizados até o fim de 1932.

A primeira coisa que deu errado foi a crise no abastecimento de cereais no início de 1928. A reação de Stalin e da liderança foi retornar aos confiscos de cereais como haviam sido praticados durante a guerra civil. Em 1929, a situação do abastecimento era tão grave que as autoridades locais começaram a introduzir o racionamento, logo instituído em todo o país. A crise também estimulou Stalin e seus seguidores a promover uma industrialização mais rápida, pois eles sentiram que a primeira mostrava que o *kulak* estava ficando mais forte e poderia vir a tornar o socialismo impossível. A solução foi alterar o primeiro plano quinquenal em 1929, com metas de produção fortemente ampliadas para as indústrias estatais e imensos planos de obras. Foram essas decisões que levaram à oposição de Bukharin e dos "direitistas", de modo que o plano também era político. Para atingir as metas e desacreditar os "direitistas", Stalin também tinha de fazer os planos acelerados funcionarem a qualquer custo. O resultado da aceleração foi que o plano deixou de funcionar: gerentes das áreas visadas arrebanhavam suprimentos e trabalhadores onde quer que pudessem encontrá-los e a qualquer custo, arruinando o equilíbrio do plano. A qualidade da produção sofreu com o fato de que a meta de produção física consumia toda a atenção. Conforme os estoques de comida diminuíram, as fábricas começaram a encontrar suas próprias fontes, fazendo negócios semilegais com fazendas para abastecer os refeitórios das fábricas, que logo tornaram-se as principais fontes de comida para os trabalhadores.

O plano exigia não somente mais produção, mas também uma modernização total dos setores industriais essenciais. Os engenheiros e planejadores soviéticos pretendiam seguir os modelos industriais dos Estados Unidos, como a usina automotiva de Henry Ford em River Rouge, baseada numa linha de produção móvel e não em numerosos operários altamente qualificados, como era o caso na Europa. Para os soviéticos, com milhões de trabalhadores não qualificados, essa parecia ser a solução e as grandes fábricas soviéticas de tratores (e tanques) foram criadas nessas linhas. As fábricas de tratores eram cruciais para o plano de coletivização, mas para isso, como para tudo o mais, o país precisava de muito mais ferro e aço para máquinas. No mundo inteiro essa era a grande era do metal e das máquinas, e se a URSS quisesse tê-las, ela teria de construir novos e imensos complexos. Uma represa gigante no rio Dnieper foi construída para fornecer eletricidade para a indústria ucraniana. Nos Urais, uma grande base industrial começou a surgir, com cidades inteiramente novas como Magnitogorsk, construída do zero no intuito de extrair o minério de ferro. Era o que se chamava de canteiros de "construção de choque", e recursos eram tirados de todo lugar para financiá-los. O partido mobilizou a juventude para trabalhar neles – os jovens viviam em barracas e cabanas de lama – numa campanha grandiosa para continuar o trabalho da revolução. A imprensa alardeava suas realizações por todo o país e os "trabalhadores de choque" mais bem-sucedidos viam seus retratos na *Pravda* e em cartazes.

O primeiro plano quinquenal deveria ser o grande ponto de inflexão na construção do socialismo, a ruptura decisiva com o passado, e Stalin e seus aliados viam-no como uma guerra de classes. Os órgãos do Estado e do partido sob o comando do bolchevique georgiano Sergo Ordjonikidze voltaram seus esforços primeiramente para a administração industrial, recrutando antigos trotskistas para desentocar o suposto burocratismo. Os trabalhadores e os comitês locais do partido eram incentivados a delatar seus chefes, acusando-os de incompetência, ou até pior, de "sabotagem". Qualquer pessoa responsável pela fábrica onde a produção decrescia ou acidentes eram frequentes podia ser acusada de tentar conscientemente interromper a construção do socialismo por meio de sabotagem. Ativistas locais e a GPU (Administração Política Estatal, a sucessora da Cheka) também perseguiam gerentes comunistas com entusiasmo, mas qualquer pessoa da velha ordem era alvo preferencial. Durante esses anos, a GPU realizou julgamentos de fachada de "inimigos", engenheiros e gerentes das elites pré-revolucionárias, economistas mencheviques, especialistas agrários que haviam apoiado os SRs ou os liberais antes de 1917 e outras "pessoas indesejadas" (*former people*). O ataque à velha *intelligentsia* foi muito além da esfera econômica: historiadores e estudiosos de literatura, e até alguns cientistas naturais, foram presos e julgados. Nas repúblicas não russas, as autoridades também perseguiram a *intelligentsia* local, acusando-a de ligações com Estados estrangeiros e diversos conluios separatistas. A maioria dos gerentes e engenheiros foi acusada de "sabotagem", ou seja, de provocar acidentes intencionalmente e atrasar a produção, geralmente por ordem de organizações de emigrados e agências de inteligência estrangeiras. Por volta de 1930, esses métodos haviam desmoralizado grande parte das unidades administrativas existentes, e Stalin encarregou Ordjonikidze do Conselho Supremo da Economia, para onde ele levou sua equipe, incluindo muitos antigos trotskistas, a fim de administrar a aceleração do plano.

As metas cada vez mais crescentes do plano e o caos que resultou da coletivização fizeram que milhões de pessoas fossem deslocadas, cruzando o país de um canteiro de obras para outro. A habitação tornou-se um problema urgente, especialmente em Moscou e em outras grandes ou novas cidades. A maioria da população urbana passou a viver em apartamentos comunitários, geralmente moradias antigas divididas em diversos quartos com uma cozinha e banheiros comuns. Famílias inteiras viviam em um ou dois quartos pequenos. Em muitos lugares, os trabalhadores viviam em casernas ou alojamentos "temporários". Inicialmente o plano exigira uma expansão rápida pelo menos dos bens de consumo básicos, mas as metas crescentes para a indústria pesada exauriam a produção de têxteis e outros produtos básicos. Para piorar, a série de ameaças de guerra no final dos anos 1920 incentivou um investimento maciço na indústria militar até 1934, o que alcançou níveis não vistos novamente até as vésperas da Segunda Guerra Mundial. O padrão de vida da população começou a cair vertiginosamente. Em alguns lugares, até houve greves por causa da escassez de comida. Os gerentes das indústrias essenciais não conseguiam manter sua mão de obra sem medidas radicais, que não se limitavam à oferta de comida nos refeitórios das fábricas, mas incluíam a construção de prédios de apartamentos e escolas, linhas de bonde e clínicas para os trabalhadores. Um tipo inteiramente novo de hierarquia surgiu na sociedade soviética, que punha não só a elite do partido, mas também fábricas e indústrias inteiras acima do restante. Os trabalhadores em indústrias prioritárias, como as fábricas de automóveis e tratores ou o complexo de defesa, conseguiram atravessar esses anos com pelo menos as necessidades básicas da vida satisfeitas, ao passo que, nas fábricas têxteis ou outras indústrias leves, muitas delas com mão de obra predominantemente feminina, os trabalhadores tinham comida insuficiente até para trabalhar um dia inteiro.

A vida urbana significava uma privação intensa, até para os jovens entusiastas nos canteiros de obras de choque. Essas dificuldades não eram nada comparadas aos desastres da coletivização. No começo o partido não tinha certeza nem do que a nova fazenda coletiva deveria ser: um tipo de associação de famílias camponesas para plantio e colheita comuns, ou uma comunidade total com agricultores vivendo em habitações comunitárias e comendo juntos, além de cultivar toda a terra em comum? E com que velocidade deveriam ser implementadas, e como? De qualquer forma, foi no outono de 1929 que Stalin decidiu tentar obter o máximo de coletivização que pudesse. Para preparar o terreno, a liderança decidiu a "liquidação dos *kulaks* como classe" e a GPU começou a prender e deportar os *kulaks*. Muitos milhares foram executados e quase 2 milhões foram deportados para o Norte, os Urais e a Sibéria, onde foram colocados em "assentamentos especiais" para cortar lenha ou às vezes trabalhar nas minas ou na construção. Eles chegaram em áreas remotas, onde tiveram de construir suas próprias casas, muitas vezes no meio do inverno, sem quaisquer instalações, atendimento médico ou suprimento de comida. Milhares escaparam e milhares morreram, até que, em 1931, a GPU assumiu os assentamentos especiais, o primeiro grande grupo a cair sob a égide da Gulag. Por enquanto, o número de colonos especiais superava em muito o de prisioneiros nos campos de concentração propriamente ditos.

Com os *kulaks* fora do caminho, a coletivização prosseguiu em velocidade máxima. Sob intensa pressão dos oficiais rurais do partido e de emissários enviados das cidades, os camponeses foram convencidos a abandonar suas faixas de terra e combiná-las, pelo menos em teoria, numa única fazenda a ser trabalhada em conjunto. Para piorar as coisas, as autoridades em certas áreas tentaram forçar os camponeses a constituir não só fazendas coletivas, mas até comunidades, as unidades supercoletivizadas com habitações comunitárias e horários de refeições. No início de 1930, quase metade dos camponeses haviam concordado em aderir a uma coletividade, mas eles também sacrificaram seu gado, pois não queriam desperdiçá-lo na nova ordem. Ainda não havia equipamento para trabalhar nas fazendas além dos velhos arados e cavalos, cujos números estavam declinando rapidamente. A oposição alastrava-se, com milhares de "incidentes", desde verdadeiras rebeliões até objeções menores que a GPU pintava como manifestações antissoviéticas. No início de 1930, Stalin percebeu que tinha de recuar. Os resultados econômicos de forçar os camponeses a constituírem fazendas coletivas estavam se agravando, e ele publicou um artigo na *Pravda* com o título *Inebriados pelo Sucesso*. Membros locais do partido estavam ficando entusiasmados demais, escreveu ele, e perseguindo metas numéricas por si mesmas, sem prestar atenção suficiente às circunstâncias locais e ao humor do campesinato. Depois do artigo, o número de fazendas coletivas caiu rapidamente e as comunidades foram abandonadas, mas o processo não parou, apenas foi suspenso e depois retomado num ritmo mais lento. Enquanto isso, sobrevinha o desastre.

Enquanto a coletivização continuava, com todos os transtornos que causava, o clima pregou uma peça cruel. Em 1931 e 1932, o tempo ruim – frio em algumas áreas e seca em outras – abateu-se sobre a Ucrânia e a Rússia meridional, as principais regiões produtoras de cereais. A consequência, no verão de 1932, foi uma fome que atingiu um vasto cinturão que ia da fronteira polonesa até a Sibéria. As autoridades reagiram com lentidão e mantiveram seus estoques de cereais nas quantidades fixadas em anos melhores. Somente mais para o fim do ano elas começaram a afrouxar, mas já era tarde demais e a fome havia se espalhado, levando consigo cerca de 5 a 7 milhões de camponeses nas regiões meridionais da URSS, aproximadamente metade deles na Ucrânia. As vítimas da fome, e não os *kulaks*, acabaram sendo as principais vítimas da coletivização. A seca atingiu os camponeses quando a quantidade de gado havia diminuído, em média, pela metade, e eles não tinham reservas de cereais; tudo isso foi resultado do caos da coletivização e do confisco implacável de cereal para as cidades. A fome perturbou as autoridades, mas elas fizeram muito pouco contra ela. Stalin não tomou nenhuma medida extraordinária contra a fome, que esmagou a oposição à coletivização. Foi somente quando um clima melhor em 1933 produziu uma safra mais farta que a fome chegou ao fim.

Em meados dos anos 1930, as linhas mestras da fazenda coletiva soviética, o *kolkhoz*, estavam traçadas, pois a ideia de criar comunidades havia sido abandonada. A aldeia russa sempre foi uma comunidade, com casas aglomeradas na aldeia cercadas pelos campos. A novidade era que os campos estavam agora sob controle do *kolkhoz* (os direitos efetivos de propriedade ainda pertenciam ao Estado). O *kolkhoz* tinha um presidente e um conselho administrativo que fixava as tarefas agrícolas, executadas pelos camponeses juntos, arando e semeando, colhendo e cuidando do gado. Pelo seu trabalho na fazenda, os camponeses recebiam um pagamento, não em dinheiro mas em parte da safra, calculada por um sistema conhecido como "dias-trabalho". O grosso da safra ia para o Estado a um preço fixo que favorecia este e as cidades em detrimento do *kolkhoz*.

O *kolkhoz* raramente era dono do seu próprio maquinário. À medida que as novas fábricas de tratores começaram a produzir, os tratores passaram para uma nova instituição, as estações de máquinas e tratores, cerca de 8 mil delas no final da década. Tratava-se de empresas estatais que alugavam os tratores e outras peças de maquinário com motoristas e trabalhadores, fornecendo o equipamento essencial para o *kolkhoz* e assegurando o controle do Estado sobre as fazendas coletivas. Se o maquinário inseria o Estado diretamente na agricultura, o mercado não desapareceu inteiramente do campo. Ao contrário das cidades, nas quais todo o comércio varejista estava nas mãos do Estado no início da década de 1930, o campesinato recebeu explicitamente o direito de cultivar pequenos lotes privados junto às suas casas. Eles usavam-nos principalmente para legumes e gado pequeno e levavam a produção aos mercados camponeses que reapareceram em todas as cidades soviéticas. Embora os lotes privados só representassem cerca de 4% da terra dos *kolkhozy*, eles produziam 40% dos legumes e batatas e mais de 66% da carne que vinha das fazendas coletivas. Seus produtos eram vendidos a preços muito acima daqueles fixados nas lojas e refeitórios das fábricas, mas pelo menos eles estavam disponíveis.

De 1933 a cerca de 1936 a tensão e o tumulto na sociedade soviética diminuíram consideravelmente. Os direitistas do partido haviam capitulado e retratado-se publicamente dos seus erros, tal como fizeram os trotskistas, e Bukharin tornou-se o editor da *Izvestiia*. Em 1932, o governo aboliu o Conselho Supremo da Economia e substituiu-o por uma série de Comissariados do Povo para diferentes ramos da indústria. O mais importante era o Comissariado do Povo para a Indústria Pesada, chefiado por Ordjonikidze. Parecia que um estilo mais racional de gestão econômica havia triunfado, pois Ordjonikidze levou com ele para a nova organização muitos dos antigos oposicionistas de esquerda e até muitos "especialistas burgueses", como aqueles que ele havia perseguido em 1926-1929. Surgiram novos métodos de aumento da produtividade da força de trabalho. Em 1935, o mineiro do Donbas Aleksei Stakhanov conseguiu produzir 14 vezes sua quota de carvão e foi proclamado herói nacional. Outros trabalhadores tentaram imitar a simples reorganização dos métodos de trabalho que ele usou para alcançar esse objetivo e foram recompensados como stakhanovistas. Grupos de trabalho e lojas dentro das fábricas anunciavam concursos de "competição socialista" para exceder as metas do plano, ganhando fama efêmera e outros benefícios mais concretos. Essas campanhas, fortemente patrocinadas pelo partido, realizaram pouca coisa em si mesmas, mas de qualquer forma a produtividade do trabalho aumentou. A escassez extrema de comida e bens de consumo começou a regredir e, em 1935, o racionamento de comida e outros bens de consumo terminou. Não obstante, muitos produtos básicos estavam periódica ou permanentemente em falta. Sistemas complexos de abastecimento informal entre a população foram formados para lidar com essa escassez, desde operações toscas no mercado negro (estritamente ilegal e severamente punido) até trocas relativamente inofensivas de bens entre famílias e amigos. A população estava aprendendo a virar-se. O desemprego desapareceu, substituído por uma escassez permanente de mão de obra, embora os salários reais estivessem muito abaixo dos do final dos anos 1920 para a grande maioria dos trabalhadores.

Nesses anos um pouco melhores, as sementes da destruição já haviam sido semeadas. Em 1º de dezembro de 1934, um assassino matou o líder do partido em Leningrado, Sergei Kirov. As autoridades declararam que o assassinato fora obra de trotskistas impenitentes, embora a teoria mais provável é que ele tenha resultado dos enroscos amorosos de Kirov. Em público, a indignação abrandou rapidamente, mas nos meses seguintes o NKVD (que substituíra a GPU a partir de 1934) começou a procurar agentes inimigos, especialmente entre os antigos oposicionistas que trabalhavam nas instituições soviéticas. Em 1936 eles estavam prontos para levar a julgamento Zinoviev e Kamenev, junto com outros velhos bolcheviques, a maioria antigos oposicionistas. As acusações eram o assassinato de Kirov, uma conspiração para matar Stalin e acordos traiçoeiros com agentes fascistas. Todos os réus "confessaram" num julgamento público cuidadosamente encenado e a maioria foi condenada à morte. Em janeiro de 1937, ocorreu outro julgamento e, dessa vez, os principais réus eram Karl Radek, jornalista e funcionário do Comintern, e Georgii Piatakov. Ambos eram ex-trotskistas e Piatakov fora recentemente o braço-direito de Ordjonikidze no Comissariado do Povo para a Indústria Pesada. Ordjonikidze parece ter sido o único na liderança que escapou do terror iminente – pelo menos na medida em que este era aplicado às instituições que ele chefiava na época. Em 17 de fevereiro, depois de uma longa conversa com Stalin, Ordjonikidze cometeu suicídio. Sua morte foi anunciada como resultado de uma doença repentina e ele recebeu um grandioso funeral de Estado.

No final de fevereiro de 1937, o Comitê Central do partido reuniu-se em sessão plenária com o propósito de discutir a nova constituição prestes a ser promulgada para o país. A nova constituição substituiu as instituições formais criadas durante a guerra civil por outras que se pareciam mais com as de um Estado normal, embora ela não tivesse impacto algum sobre as relações efetivas de poder, sempre dominadas pelo partido. Uma reunião monótona parecia anunciar-se. No início dos trabalhos, Molotov e outros confidentes de Stalin ergueram-se para acrescentar às deliberações a necessidade de "desmascarar os agentes trotskistas do fascismo", que eles alegavam estar escondidos em grande quantidade no partido e no aparato estatal. Ao final da reunião, o desmascaramento dos traidores havia se tornado a principal tarefa proclamada pelo Comitê Central. Nos meses que se seguiram, o NKVD, sob seu novo chefe Nikolai Ezhov, começou a prender dezenas de milhares de pessoas como inimigos do povo. Em maio, o NKVD ordenou a prisão de quase todo o alto comando do Exército Vermelho. O marechal Tukhachevsky e sete outros, quase todos heróis do Exército Vermelho na guerra civil, foram acusados de traição e confissões foram extraídas mediante tortura. Eles foram julgados em segredo e executados sem delongas. Cerca de 40 mil oficiais morreram ou foram presos na esteira do julgamento de Tukhachevsky. Da patente de comandante de brigada para cima, quase 90% foram executados, no total cerca de 800 homens. O terror não se limitava a esses grupos de elite, dado que outras classes maiores de vítimas acompanharam-nos aos campos e pelotões de fuzilamento. Em julho, o Politburo emitiu a ordem 00447 (o 00 significava alto segredo), que atribuía a cada unidade regional do NKV Duma quota de prisões e execuções. O total para o país nessa única ordem era de 72 mil. As vítimas seriam, em princípio, todos os antigos *kulaks* conhecidos, oficiais Brancos, mencheviques ou SRs, e uma multidão de categorias menores e mais vagas. Cada escritório do NKVD começou a vasculhar freneticamente nos seus fichários qualquer pessoa que já havia sido presa ou estava sob suspeita em qualquer uma das categorias relevantes. Unidades regionais do NKVD escreviam para Moscou suplicando para serem autorizadas a exceder o plano de execuções e prisões. Seus pedidos foram atendidos e ordens similares se seguiram. Pelo menos estas tinham como alvo (sobretudo) inimigos potenciais genuínos da ordem soviética.

Stalin também golpeou o aparato do partido com o NKVD, extraindo mais uma vez mediante tortura dos membros do partido confissões de que eles eram sabotadores e espiões japoneses ou alemães. Para instaurar o terror, Stalin enviou deputados de confiança, Kaganovich, Georgii Malenkov e outros, às capitais republicanas e provinciais para "desmascarar" os inimigos na hierarquia do partido e ordenar sua prisão. Ezhov apresentou a Stalin longas listas de inimigos e sabotadores, cerca de 44 mil no total, e Stalin conferiu pessoalmente os nomes, transmitindo-os a Molotov e outros do seu círculo interno para confirmação. Molotov e Stalin até acrescentaram comentários nas margens da lista: "Dê ao cão uma morte de cão", ou "Acabem com eles de vez". A maioria dos membros da liderança central do partido, incluindo o Comitê Central do partido, os comissários do povo e outros altos funcionários do governo, foram mortos. O mesmo aconteceu no nível republicano e chegou até à escala dos governos e partidos provinciais e municipais. Assim, a maior parte do aparato do partido foi morta. Os nomes dos mortos e presos simplesmente desapareceram dos documentos públicos e foram apagados junto com Trotsky dos livros de história.

O último julgamento de fachada ocorreu em março de 1938 e teve como réus antigos direitistas, Bukharin, Rykov e outros, além do predecessor de Ezhov na chefia do NKVD, Genrikh Yagoda. As confissões de praxe e violentas denúncias do promotor, Andrei Vyshinskii (ele próprio um ex--menchevique), foram os pontos altos. Esse espetáculo escabroso foi o último dos julgamentos de fachada e, embora este e seus predecessores tenham atraído a atenção do mundo, ele serviu sobretudo de pano de fundo para a verdadeira matança. Ao longo de 1937-1938, o NKVD executou aproximadamente ¾ de milhão de pessoas, incluindo o grosso da elite militar e política e todos os antigos oposicionistas do interior do partido, mas a maioria das vítimas, no entanto, eram pessoas de todas as origens que se enquadravam nas categorias indicadas de inimigos, como antigos nobres ou mencheviques. Enfim, para piorar, o NKVD decidiu igualmente deportar toda a população das chamadas "minorias nacionais ocidentais": poloneses, letões, alemães, finlandeses e outros que viviam perto da fronteira ocidental da URSS. Centenas de milhares morreram no percurso. Quando o NKVD esgotou as pessoas nas categorias indicadas, começou a prender criminosos comuns, executá-los e listá-los como criminosos políticos. Nesses dois anos, o total dos que foram executados ou morreram de privações no percurso chegou a 1 milhão de pessoas. Finalmente, a carnificina acabou. Ao longo de 1938, Stalin deu sinais cada vez mais frequentes de que "excessos" haviam sido cometidos, pondo a culpa no NKVD, e o próprio Ezhov logo foi executado. Em 1939, a onda havia passado. Uma aparência de paz instalou-se sobre uma sociedade aterrorizada.

Após o fim do terror, o tema desapareceu completamente do discurso público soviético. Stalin logo ordenou a redação e publicação em massa do *Breve Curso da História do Partido Comunista* e ordenou que todos os membros do partido o estudassem com afinco. Ele tornou-se um compêndio da linha oficial, que oferecia uma história totalmente falsificada do bolchevismo e da revolução de 1917, omitindo Trotsky e outros líderes, exceto para vilipendiá-los pela sua oposição nos anos 1920 e seus supostos papéis posteriores de espiões e traidores. Seu fulcro era um esboço simplificado do marxismo, de autoria do próprio Stalin, mas não reconhecido publicamente como tal. O livro não oferecia nenhuma explicação dos eventos de 1937-1938, a não ser uma descrição dos resultados dos julgamentos de fachada. O terror em si nunca recebeu nenhuma explicação pública, nem naquele momento nem mais tarde, enquanto Stalin esteve vivo. Embora as acusações específicas nos julgamentos de fachada e em prisões secretas fossem normalmente forjadas, Stalin, Molotov e os outros em volta deles parecem ter acreditado piamente que estavam combatendo e destruindo inimigos reais e perigosos. Esse é, pelo menos, o teor da correspondência particular entre eles que restou. Suas declarações públicas em 1937 afirmavam que a construção bem-sucedida do socialismo só "acirrava a luta de classes", o que parece significar que as políticas de Stalin, especialmente a coletivização, geravam cada vez mais céticos, que

Stalin e seu círculo interpretavam como inimigos conscientes subornados pelos serviços estrangeiros de inteligência. Ademais, eles temiam que esses inimigos internos tentassem entrar em greve quando a guerra inevitável eclodisse na Europa e envolvesse a União Soviética. A mentalidade dos líderes soviéticos, e particularmente do NKVD, incentivava essas conclusões. Durante a coletivização, os funcionários do NKVD interpretavam sistematicamente as objeções dos camponeses a aspectos menores da nova ordem como oposição política consciente ao sistema soviético. Na sua cabeça e na de Stalin, se alguém discordava de algum detalhe das metas do plano para a indústria do alumínio, essa pessoa devia ser um adversário secreto do regime, e, como ensinava o *Breve Curso*, todos os inimigos do socialismo só podem estar em conluio uns com os outros.

Nem todos que eram presos eram fuzilados e, por conseguinte, a população dos campos de encarceramento explodiu. Na década de 1920, os campos de encarceramento eram relativamente pequenos e organizados em torno do campo principal nas ilhas Solovetsky, no mar Branco. Nesses anos, pouco mais de 100 mil pessoas mofaram em Solovetsky e em diversas outras prisões, em celas frias e infestadas de insetos, obrigadas a trabalhar cortando turfa ou derrubando árvores. Em 1929, Stalin e a polícia de segurança decidiram transformar o sistema de prisão numa rede de campos de trabalho forçado segundo o modelo de Solovetsky, e criminosos comuns foram colocados nesses mesmos campos. A grande expansão aconteceu com a coletivização da agricultura, pois os *kulaks* considerados especialmente perigosos foram enviados para os campos em vez dos assentamentos especiais. Em 1934, quando foi criada a Gulag, ou Administração Central dos Campos, sob a OGPU/NKVD, havia meio milhão de prisioneiros. Em 1939, 1,5 milhão de prisioneiros viviam nos campos e "colônias de trabalho", regulados por um regime um pouco menos estrito. Embora muitas pessoas tenham morrido em campos soviéticos, eles não eram campos de extermínio, mas sim de trabalho forçado, e a Gulag levava o componente trabalho muito a sério. No início eles até propalavam seus "sucessos", como a construção do canal do mar Branco em 1931-1932, alardeada como um exemplo de reeducação bem-sucedida dos inimigos de classe pelo trabalho. No entanto, a partir de 1937, os campos eram, em tese, secretos. O sistema era uma hierarquia complexa, que ia dos "assentamentos especiais", onde os prisioneiros viviam em habitações bastante normais ou alojamentos minimamente habitáveis, a assentamentos mineiros horripilantes como Vorkuta ou as minas de ouro de Kolyma na costa oriental da Sibéria, acessíveis somente por navio. A maioria dos prisioneiros era destacada para o trabalho nas florestas, cortando árvores para a indústria madeireira com ferramentas primitivas, ou para as minas ou o trabalho na construção. As mortes resultavam de doenças, acidentes e privação generalizada, pois a Gulag precisava do trabalho forçado para cumprir seus próprios planos. A maioria das mortes ocorreu durante a deportação para os campos em 1937-1938, quando centenas de milhares de pessoas foram despachadas para o Leste e o Norte em vagões sem aquecimento, para lugares onde as instalações para os prisioneiros eram quase inexistentes. Na era Stalin, deixar de cumprir o plano podia ser fatal, por isso os comandantes dos campos entregavam-se a um malabarismo complexo para manter os prisioneiros suficientemente bem alimentados e abrigados para conseguirem trabalhar, mas sem gastar demais com eles. Contando com os assentamentos especiais, cerca de 4 milhões de pessoas viviam "sob a jurisdição do NKVD" em 1941. A maioria delas não eram prisioneiros políticos no sentido habitual. Nos campos e colônias, somente cerca de 20% haviam sido acusados de "atividades contrarrevolucionárias" ou outros delitos políticos, e o restante era uma mistura de criminosos comuns e gente que infringia as leis cada vez mais estritas de disciplina do trabalho, vandalismo ou "roubo de propriedade estatal", uma área particularmente nebulosa dada a realidade da vida soviética. Muitos estavam presos por violações de passaporte depois da introdução dos passaportes internos em 1932. Até os prisioneiros "políticos" incluíam muitos classificados como políticos somente nas categorias superpolitizadas de Stalin e do NKVD. O sistema de campos sob Stalin era principalmente um sistema de trabalho forçado ao qual foram acrescentados os prisioneiros políticos.

No final da década de 1930, a União Soviética era ainda mais uma terra de paradoxos do que antes. A centralização do Estado tinha continuado a aumentar. A derrota da Oposição de Direita havia posto aliados de Stalin em todas as posições-chave do Estado: Molotov tornou-se o presidente do Conselho de Comissários do Povo, o chefe de Estado e de governo. Além de Molotov e Stalin, o círculo interno era composto agora por Lazar Kaganovich, Sergo Ordzhonikidze, Kliment Voroshilov, Anastas Mikoyan e, até a sua morte, Valerian Kuibyshev. Enquanto Ordzhonikidze e Kuibyshev supervisionavam a indústria, Kaganovich cuidava dos transportes e Mikoyan da área crucial do abastecimento e comércio. Voroshilov era encarregado das Forças Armadas. Todos eles tinham também outras obrigações e encontravam-se regularmente para discutir desde minúcias da administração econômica até questões políticas. Em torno desse grupo interno havia, até 1937-1938, um grande número de gerentes e oficiais do partido que, na sua maior parte, havia emergido na guerra civil e chegado ao poder sob Stalin. Esse era o núcleo da elite soviética na época, e a maioria deles não sobreviveu ao terror de 1937-1938. O resultado foi concentrar ainda mais o poder no círculo interno e mais ainda no próprio Stalin, mas ele também trouxe homens novos para a liderança. O mais destacado entre eles era Lavrentii Beria, outro georgiano que substituiu Ezhov como chefe da polícia de segurança. Outros dos homens mais novos eram Andrei Jdanov, Georgi Malenkov e Nikita Kruchev, que viriam todos a desempenhar papéis capitais nos anos vindouros de guerra e pós-guerra. Jdanov era filho de um inspetor escolar e galgou os degraus da liderança provincial do partido até assumir o partido em Leningrado após o assassinato de Kirov. Malenkov, também dos Urais e com uma educação ginasial pré-revolucionária, fez carreira no aparato central do partido em Moscou. Kruchev, ao contrário,

IMAGEM 19. O funeral do escritor Máximo Górki em 1936. Da direita para a esquerda: Genrikh Iagoda, chefe da polícia política, Stalin, Viacheslav Molotov, comunista búlgaro e líder do *Comintern Georgi Dimitrov*, Andrei Jdanov (de branco), Lazar Kaganovich.

era um trabalhador do Donbas que ascendeu nos escalões do partido quando Kaganovich administrava o partido ucraniano nos anos 1920, e depois chegou a Moscou. Todos os três haviam servido na guerra civil. Junto com esses novos homens veio uma mudança na estrutura de poder no centro, na qual todos os líderes adotaram papéis mais diretos na administração do Estado, não simplesmente supervisionando-a a partir do Politburo.

A centralização do poder foi formalizada em maio de 1941 quando Stalin substituiu Molotov como presidente do Conselho de Comissários do Povo. Agora Stalin chefiava formalmente e de fato tanto o partido quanto o Estado.

Junto com a centralização do poder no Politburo e depois no próprio Stalin, surgiu todo um culto do líder, gerido pelo centro. Já era normal no começo da década de 1920 exibir retratos de Lenin, Trotsky e da liderança da época nas principais celebrações, como o 7 de novembro e o 1º de maio. Ao final dos anos 1920, Stalin era a figura central dessas exibições e, ao final dos anos 1930, quase a única figura. Estátuas de Stalin brotaram ao lado das estátuas onipresentes de Lenin, e cidades e instituições foram nomeadas em sua homenagem. Nas reuniões do partido, era de praxe levantar-se quando seu nome era mencionado e aclamá-lo. Stalin não era um orador dinâmico, em parte por causa do seu forte sotaque georgiano, e ele nunca parece ter desejado a exibição pública incessante e admiração pelas quais Hitler e Mussolini ansiavam e que encenavam reiteradamente. Ele raramente aparecia em público e sua personalidade verdadeira permanecia privada, mas os epítetos-padrão – "grande líder dos povos" – eram obrigatórios. Seus escritos eram os manuais obrigatórios do marxismo e sua imagem e seu nome estavam em todo lugar e tornaram-se componentes básicos da cultura política soviética.

A centralização do poder também afetou a complexa estrutura federal da URSS. A partir de 1929-1930, foram criados Comissariados da Agricultura, Educação e Cultura e outros órgãos da União que estavam acima das agências republicanas análogas. As políticas e estruturas da era da NEP haviam implicado uma espécie de aliança *de facto* do partido com intelectuais nas repúblicas não russas para construir e, em certos casos, criar culturas locais. Esse arranjo espelhava, de diversas maneiras, o papel dos engenheiros e economistas russos pré-revolucionários na indústria soviética, e teve o mesmo destino a partir de 1929-1930. Julgamentos de fachada de nacionalistas locais marcaram o fim da colaboração, assim como o surgimento de um Comissariado da Cultura e Educação da União. Em 1932-1933, o partido promoveu uma campanha contra o nacionalismo ucraniano, incluindo julgamentos de fachada de intelectuais ucranianos acusados de nacionalismo e laços com potências estrangeiras. Os líderes ucranianos do partido que preferiam a política anterior cometeram suicídio e outros foram presos ou rebaixados. Campanhas semelhantes ocorreram em outras repúblicas, todas elas parte da "revolução cultural" de 1929-1932.

Ainda mais importante para o destino das repúblicas soviéticas foi o tremendo aumento da centralização da economia. Os projetos republicanos de desenvolvimento econômico foram suplantados pelos planos grandiosos das autoridades centrais para o desenvolvimento regional, baseados em critérios econômicos e não étnicos. Nas repúblicas autônomas setentrionais da Rússia, nenhuma autoridade local podia competir com o imenso poder econômico da Gulag, mesmo quando o braço político do NKVD não estava envolvido. O desenvolvimento econômico ucraniano e siberiano seguia os ditames dos comissariados industriais da União, da Gosplan e de outras agências. O resultado em muitas áreas foi um desenvolvimento econômico extraordinário, mas também a erosão irreversível da autoridade dos comitês locais do partido e dos governos republicanos. Às autoridades republicanas (incluindo as da República Russa) restavam basicamente as questões agrícolas, que, pela sua natureza, exigiam um controle mais local. A hierarquia que emergiu da industrialização não se baseava na estrutura federal do Estado, mas na estrutura econômica. A hierarquia não era étnica ou política: um distrito ou república com muitas fábricas sob um comissariado de alta prioridade como a indústria pesada ou a defesa era favorecido em investimento e em bens de consumo, mas isso não acontecia com um distrito com indústria leve. Esse sistema favorecia o Donbas ucraniano e negligenciava as cidades da Rússia central nas quais as indústrias predominantes eram fábricas têxteis.

Em alguns aspectos, as autoridades centrais continuavam a prestar atenção nos problemas locais. Apesar de toda a centralização, a estrutura federal formal subsistia. A constituição de 1936 "de Stalin" perpetuava a estrutura federal da URSS, incluindo agora 12 repúblicas da União e muitas repúblicas autônomas sob elas. O fim da política de "indigenização" no partido veio com os ataques ao nacionalismo local, mas Stalin não substituiu as minorias locais na liderança do partido por russos. Os membros do partido de nacionalidade local passaram a ser maioria em quase todas as repúblicas da União e autônomas, incluindo os grupos de liderança, embora Stalin continuasse a incluir ocasionalmente intrusos de confiança no topo, como Nikita Kruchev na Ucrânia após o terror de 1937-1938. A liderança central da União

Soviética era multinacional. Stalin era georgiano, bem como Ordjonikidze e o chefe do NKVD pós-1938, Lavrentii Beria. Molotov e Voroshilov eram russos, enquanto Kaganovich e o ministro das Relações Exteriores da década de 1930, Maxim Litvinov, eram judeus. Mikoyan era armênio. A campanha contra o nacionalismo local não implicava uma russificação cultural. Stalin e a liderança estavam perfeitamente satisfeitos que os não russos falassem e escrevessem nas suas línguas nativas, contanto que Moscou mantivesse o controle político e administrasse a maior parte da economia. Nas cidades ucranianas de língua russa, a maioria dos jornais ainda era publicada em ucraniano até 1939. Depois de cerca de 1932, as autoridades soviéticas começaram a promover fortemente a celebração de escritores e artistas não russos na imprensa central, organizando encontros com Stalin e outros líderes em Moscou com ampla cobertura de imprensa. A cultura russa pré-revolucionária recebeu uma reavaliação positiva similar, que culminou nas celebrações do centenário da morte de Púchkin em 1937. Nessa mesma época, surgiram na Ucrânia novas estátuas do poeta Taras Shevchenko, acompanhadas de grandes festividades organizadas, e figuras semelhantes foram glorificadas ou às vezes inventadas nas outras repúblicas. Não era meramente uma campanha cultural, pois ela constituiu uma das fundações da "amizade dos povos", a tentativa soviética de unir as diversas nações da União Soviética minimizando os conflitos do passado e enfatizando o presente e o futuro supostamente harmoniosos. Numa economia e num Estado predominantemente centralizados, a promoção da cultura local junto com a cultura russa oferecia uma maneira de construir uma sociedade multinacional que avançaria em direção a um Estado socialista unificado.

A política soviética não era uniforme em todas as repúblicas não russas nesses anos. Nas regiões muçulmanas, a liderança soviética agia muito cautelosamente contra o Islã. Na Ásia Central, o principal problema nos anos 1920 foi a abolição do véu para as mulheres muçulmanas, uma questão sobre a qual a pequena *intelligentsia* local estava geralmente de acordo. Até então, a maioria das áreas islâmicas meridionais não havia sido alvo de iniciativas de industrialização intensiva, mas a coletivização, quando veio, foi normalmente tão dura quanto na Rússia e na Ucrânia. O grande desastre na Ásia Central aconteceu no Cazaquistão. Este ainda era majoritariamente nômade em 1930, e a coletivização implicava a "sedentarização", ou seja, os pastores nômades teriam de fixar-se e criar seu gado numa única área. Essa política detonou lutas internas nos clãs, que se combinaram a uma intensa pressão do partido e produziram uma crise atroz. Os cazaques nômades reagiram sacrificando seus animais ou fugindo através da fronteira para outras repúblicas soviéticas e até para a China. Mais de 1 milhão deles tornaram-se refugiados e mais de 1 milhão, cerca de 20% da população cazaque, morreram de fome ou doença. Nos anos seguintes, as autoridades cazaques conseguiram reinstalar a maioria dos refugiados no Cazaquistão e a criação de gado recobrou-se lentamente, mas os efeitos da catástrofe demográfica duraram décadas.

Outra série de paradoxos brotou do resultado da transformação da sociedade soviética. Apesar de aterrorizada pelos eventos de 1937-1938, no final dos anos 1930 a população era muito mais instruída, mais urbana e, na maioria dos aspectos, mais "moderna" que em 1928. Cerca de 31% da população vivia em áreas urbanas, o dobro de antes de 1917, e quase todos tinham pelo menos uma alfabetização básica. Os laços com antigas tradições desapareceram. A Igreja ortodoxa e outras religiões foram essencialmente esmagadas pelas campanhas antirreligiosas: somente algumas centenas de igrejas continuavam abertas no país inteiro, e a grande maioria do clero estava morta ou nos campos. O ritmo tradicional do ano russo, marcado pela Terça-Feira Gorda, Quaresma e Páscoa, simplesmente evaporou-se sem igrejas para sustentá-lo, e os festivais comunistas, 7 de novembro e 1º de maio, substituíram-no, com uma celebração secular do Ano-Novo entre ambos. A imensa expansão da população urbana fez que milhões de camponeses deixassem o mundo rural. Pessoas que nunca haviam visto uma máquina complexa agora operavam linhas de bonde e fabricavam aviões. Os bens de consumo básicos eram escassos, mas os filmes, a música popular e o rádio proporcionavam entretenimento de massa de um tipo mais ou menos moderno. A educação de massa, especialmente em áreas técnicas, era prioridade e dezenas de milhares de estudantes receberam os rudimentos da Ciência moderna, sobrevivendo aos dormitórios lotados sem aquecimento e à comida deplorável e errática. Esse tipo de educação acelerada permitiu a Stalin preencher os cargos deixados vazios pelas prisões do grande terror com pessoas de origem camponesa e operária, mas que eram mais ou menos capazes de cumprir suas tarefas.

Os planos quinquenais tiveram sucesso parcial. A liderança soviética usava com regularidade métodos estatísticos enganadores para fazer os resultados parecerem melhores, mas os resultados reais da indústria eram impressionantes por si próprios em 1940. A URSS era agora a terceira potência industrial do mundo, depois dos Estados Unidos e da Alemanha. As novas usinas industriais possuíam equipamento moderno e muitas delas estavam situadas nos Urais e na Sibéria, lugares de riqueza ainda intocada, que também ficavam distantes da fronteira cada vez mais ameaçada. Pequenas aldeias transformaram-se em cidades e regiões industriais inteiramente novas foram criadas. Algumas promessas do socialismo estavam começando a ser cumpridas. O Comissariado do Povo para a Saúde dobrou o número de médicos e de pessoal médico entre 1932 e 1940, e programas de vacinação e higiene diminuíram drasticamente as taxas de mortalidade por doença. Por outro lado, os anos de fome, as privações e as habitações superlotadas e insalubres ofereciam imensos obstáculos ao novo pessoal médico, majoritariamente feminino. Os comunistas sempre promoveram a igualdade das mulheres e, na década de 1930, quase metade da mão de obra era feminina. Algumas mulheres começaram a atuar até como motoristas de trator nas fazendas coletivas e trabalhadoras na indústria pesada. Certas profissões, como a medicina, estavam se tornando rapidamente um domínio predominantemente de mulheres. Os sucessos das motoristas e trabalhadoras mulheres eram tema de imensas campanhas de propaganda nos meios de comunicação. A grande disparidade de educação entre mulheres e homens praticamente sumiu, pelo menos nas cidades. Como em todos os casos, a realidade do cotidiano impunha obstáculos importantes: na indústria leve, onde a maioria dos trabalhadores eram mulheres, nunca havia creches suficientes para as crianças. Embora as mulheres recebessem o mesmo salário que os homens para o mesmo trabalho, as indústrias leves com predominância feminina tinham prioridade mais baixa, e portanto os salários eram mais baixos e mais escassos, e bens de consumo piores estavam disponíveis no local de trabalho. O fardo da família continuou a recair sobre as mulheres mesmo depois do surgimento de creches e jardins de infância. Eram as mulheres que suportavam a faina de ficar nas filas dos produtos escassos e formavam redes informais para obtê-los.

No fim da década de 1930, os bens de consumo continuavam a voltar às lojas em conta-gotas, e a vida das mulheres e dos homens tornou-se mais fácil. O ponto fraco da economia soviética era e continuava a ser a agricultura. As fazendas coletivas mal eram capazes de abastecer de cereais as cidades em expansão, mas a produção de carne pré-1940 nunca atingiu os níveis vistos na década de 1920. A carne e o leite vinham em proporção esmagadora não dos *kolkhozy*, mas dos lotes particulares que o Estado havia permitido que os camponeses mantivessem após a coletivização. A população continuava a depender fortemente do mercado camponês, mais caro que as lojas estatais, e dos centros de distribuição dos locais de trabalho para qualquer coisa além dos alimentos mais básicos. Não obstante, o país conseguiu de novo aumentar amplamente a produção militar no final dos anos 1930, diante do perigo de guerra, sem arruinar completamente o plano e o abastecimento de bens de consumo. Isso não chegava nem perto da utopia prometida, mas proporcionou a base para a versão soviética da sociedade moderna. Era apenas o mínimo necessário.

Isso porque o novo gigante industrial de Stalin estava prestes a enfrentar uma ameaça muito maior que os *kulaks* ou espiões japoneses imaginários. Em 1938, o coração da Europa estava sob o poder de Adolf Hitler, que deixara claro em *Mein Kampf* que a Alemanha precisava conquistar "espaço vital" para sobreviver e que o espaço vital da Alemanha encontrava-se na União Soviética. Em 1931, Stalin dissera a uma conferência de gerentes industriais que a Rússia "está de cinquenta a cem anos atrás dos países avançados. Ou nós os alcançamos em dez anos ou eles nos esmagam". Talvez a sua avaliação do Estado da economia soviética tivesse sido pessimista demais na época, mas acertou na mosca quanto a sua previsão com relação ao prazo de que eles dispunham. Eles tinham exatamente 10 anos.

capítulo 20

GUERRA

Logo desde o início, a liderança soviética esperava uma invasão mais cedo ou mais tarde. Essa convicção provinha da situação efetiva da União Soviética desde a revolução, da experiência de intervenção e hostilidade de quase todos os outros Estados e também da sua análise do mundo. Afinal, eles esperavam não só um ataque contra o seu próprio país, mas também uma guerra entre as potências ocidentais, e julgavam provável que a guerra no Ocidente viria primeiro. Sua análise do mundo derivava da visão de Lenin do estado mais atual do capitalismo, que ele estimava ser o período do imperialismo. Ele acreditava que a Primeira Guerra Mundial fora resultado da concentração crescente do capital nas mãos de um pequeno número de enormes empresas e bancos semimonopolistas, o que levava, por sua vez, a uma competição exacerbada por mercados e recursos. O resultado foi a divisão do mundo entre grandes impérios e o desejo dos retardatários nesse processo, a Alemanha em particular, de redividir o mundo. Portanto, mesmo sem a existência da URSS, outra guerra era inevitável. Stalin e a elite soviética aceitaram essa concepção do mundo sem nenhuma dúvida, e sua própria experiência histórica na Primeira Guerra Mundial, bem como sua observação das diversas rivalidades no mundo após 1918, somente reforçaram sua convicção. Por outro lado, eles perceberam que as diferenças ("contradições") entre as potências capitalistas poderiam ser temporariamente ignoradas numa aliança anticomunista ou que uma ou mais potências ocidentais poderiam ser poderosas o bastante para atacá-los individualmente. Até 1933, a principal ameaça parecia vir do Império Britânico, a potência aparentemente hegemônica da época. O Exército Vermelho formulou seus planos de guerra presumindo que um ataque viria da Polônia e da Romênia com apoio – ou mesmo participação – dos britânicos (e talvez dos franceses). Os acordos militares *de facto* com a Alemanha de Weimar foram concebidos em parte para obstruir essa possibilidade. Quando Adolf Hitler chegou ao poder na Alemanha em janeiro de 1933, os soviéticos depararam-se com uma situação inteiramente nova.

De início, os soviéticos não estavam excessivamente preocupados. Desde 1928 o Comintern havia previsto uma nova crise do capitalismo, e a Depressão parecia confirmar essa previsão. A liderança soviética, como muitos outros observadores, não estava convencida de que os nazistas eram muito diferentes dos outros grupos reacionários alemães que haviam apoiado a restauração do Kaiser e a supressão dos partidos de esquerda. O antissemitismo, os desfiles e os uniformes, tudo isso parecia ser somente artimanhas para enganar os ingênuos, não sintomas de um propósito mais grave e sinistro. Embora Hitler tivesse eliminado o Partido Comunista alemão (e os socialistas) em questão de meses, os soviéticos ainda estavam convencidos de que o apoio de que Hitler dispunha era limitado e seu regime instável. O expurgo da SA em 1934 pareceu confirmar essa imagem, e a propaganda soviética, assim como a discussão interna, enfatizava a suposta impopularidade, junto à classe operária alemã, dos programas econômicos e outros instituídos por Hitler. Por outro lado, os soviéticos notaram o rearmamento da Alemanha e seu tom cada vez mais agressivo nas relações internacionais. No final de 1934, a União Soviética aderiu à Liga das Nações, uma medida ao mesmo tempo simbólica e prática, especialmente porque Hitler havia retirado a Alemanha da Liga no ano anterior. O comissário das Relações Exteriores soviético, Maxim Litvinov, usou a Liga como uma de suas principais plataformas para proclamar a necessidade das potências ocidentais de fazerem um acordo com a URSS para oporem-se a Hitler.

As propostas dos soviéticos de oposição a Hitler não eram meramente simbólicas, pois a União Soviética possuía agora um novo Exército, muito mais poderoso que o Exército Vermelho antiquado dos anos 1920. Dois fatores foram cruciais para a transformação do Exército. Um foi a cooperação pré-1933 com o Exército da República de Weimar, que proporcionou ao Exército Vermelho um quadro completo dos avanços mais recentes na tecnologia e organização militares. A adoção de unidades motorizadas, tanques e aeronaves pelos exércitos ocidentais era perfeitamente clara, mas em 1928 o Exército Vermelho ainda operava com cavalaria e infantaria armadas com rifles e metralhadoras. Até a artilharia era inadequada. O segundo fator foi o primeiro plano quinquenal, que inicialmente exigiu um aumento considerável da produção militar, mas a atmosfera altamente carregada da política mundial (com a tomada da Manchúria pelos japoneses em 1931) impeliu Stalin a elevar ainda mais as metas da produção militar. No ano seguinte, a União Soviética produziu 4 mil tanques, uma quantidade imensa para os padrões da época, e eles tinham projetos sofisticados, tanto estrangeiros quanto soviéticos. O mesmo esforço ingente foi despendido na produção de aeronaves, especialmente de bombardeiros pesados. Essas armas modernas refletiam a doutrina militar do estado-maior do Exército soviético, particularmente a de Tukhachevskii, que pensava que as guerras modernas seriam decididas por velozes unidades mecanizadas e blindadas, assim como bombardeio aéreo de longa distância. Em 1935, a URSS tinha um dos Exércitos mais avançados do mundo. Sua única limitação era o tamanho, dado que limitações orçamentárias deixavam o Exército permanente relativamente pequeno.

Respaldados por esse novo Exército, Stalin e os líderes soviéticos ainda tinham de enfrentar uma situação mundial cada vez mais perigosa. As consequências mais importantes da nova situação criada por Hitler e seus aliados foram as novas políticas enunciadas em Genebra por Litvinov, além de uma virada brusca na estratégia do Comintern. Na Sétima Conferência do Comintern em 1935, o líder comunista búlgaro Georgi Dimitrov anunciou a nova política: a Frente Popular. A nova política abandonou os ataques contra os socialistas (acusados de agentes da classe dominante) e a orientação para a revolução e substituiu-os pela exigência de que os comunistas se aliassem com os socialistas e com qualquer grupo oposto ao fascismo, no intuito de impedir a extensão do poder fascista. Enquanto isso, o Estado soviético começou a tentar formar alianças com potências ocidentais, assinando pactos de auxílio mútuo com a França e a Tchecoslováquia em maio de 1935. As relações soviéticas com a Grã-Bretanha, no entanto, continuavam ruins, e Hitler continuava avançando: em 1936 ele remilitarizou a Renânia diante de um silêncio ensurdecedor de Londres e Paris. Poucos meses depois, a guerra civil eclodiu na Espanha com a revolta do general Francisco Franco contra a República, governada por uma frente popular eleita pelo povo. A reação soviética foi inicialmente cautelosa, pois eles temiam que o apoio aberto à República provocasse uma intervenção das potências ocidentais do lado dos rebeldes monarco-fascistas. Hitler e Mussolini logo resolveram esse problema, pois seu fornecimento de tropas e munições deu aos soviéticos uma abertura. Stalin também mandou tanques, aviões e muitos oficiais para a Espanha através das águas perigosas do Mediterrâneo. Na Espanha, Stalin e o Comintern seguiram a estratégia da frente popular, orientando os comunistas espanhóis a não fazerem a revolução, mas continuarem aliados aos socialistas e liberais para apoiar a República. A situação espanhola revelou os limites dessa estratégia, pois Stalin também queria que os comunistas controlassem as coisas tanto quanto possível e insistia para eliminar os trotskistas e anarquistas, especialmente poderosos em Barcelona. A longo prazo, nem a estratégia da frente popular nem a ajuda e interferência soviéticas fizeram diferença. A República espanhola sucumbiu à força bruta e foi extinta no fim de 1938.

A derrota da República só fez aumentar o perigo para a URSS. A falta de entusiasmo por parte das potências ocidentais pela República espanhola só revelou – aos olhos de Stalin – as chances cada vez maiores do seu cenário de pesadelo, um pacto quadripartido que incluiria a Grã-Bretanha, a França, a Alemanha e a Itália e seria dirigido contra a União Soviética. E Hitler continuava a avançar. Em 1936-1937, a Alemanha, o Japão e a Itália assinaram o "Pacto AntiComintern", formando a aliança que passou a ser conhecida como o Eixo. Em 1938, Hitler anexou a Áustria, mais uma vez sem provocar nenhuma reação da Grã-Bretanha e da França, e logo começou a fazer exigências à Tchecoslováquia, a única potência no Leste Europeu com Forças Armadas substanciais e modernas. Era uma crise para os soviéticos e para a Europa como um todo.

As ações soviéticas foram frustradas por dois fatores. Um consistiu na política geralmente pró-alemã da Polônia, que controlava os corredores pelos quais qualquer ajuda soviética à Tchecoslováquia teria de passar. O outro fator foi a desconfiança por parte das potências ocidentais, especialmente a Grã-Bretanha, acerca da União Soviética em geral e da capacidade do Exército Vermelho em particular. Os pactos soviéticos de auxílio mútuo com a França e a Tchecoslováquia baseavam-se na cooperação, que Paris não estava disposta a dar. Nos dias que levaram à crise final em Munique, os soviéticos realmente começaram a mobilizar o Exército Vermelho em segredo, mas foi tudo em vão. Chamberlain entregou os tchecos a Hitler no que era, do ponto de vista soviético, um pacto quadripartido. Esse pacto, do ponto de vista soviético, só podia ser dirigido contra a União Soviética.

Nessa situação, a liderança soviética, convencida de que a guerra era iminente, passou para sua outra estratégia possível, fazer um trato com Hitler. De modo intermitente desde 1933, os soviéticos haviam sondado Berlim, mas sem resultado. No início de 1939, as discussões com os nazistas tornaram-se subitamente sérias e as atitudes de Londres e Paris impulsionaram-

-nas. Embora Chamberlain tivesse começado a perceber que Hitler era uma ameaça, ele não estava disposto a discutir um acordo sério com Stalin. No verão de 1939, uma missão britânica enviada a Moscou explorou as possibilidades de cooperação, mas quando o comissário da Defesa Voroshilov pediu detalhes sobre a cooperação militar, os britânicos só podiam responder que não tinham instruções. O resultado foi o pacto germano-soviético de 23 de agosto de 1939, assinado em Moscou por Ribbentrop e Molotov, que substituíra Litvinov como comissário das Relações Exteriores.

O pacto liberou Hitler para atacar a Polônia, o que acarretou as declarações de guerra da Grã-Bretanha e da França contra a Alemanha. A invasão alemã da Polônia foi tão exitosa e rápida que Stalin foi pego de surpresa. Ele também estava preocupado com o ataque de sondagem dos japoneses na Mongólia no fim de agosto, repelido em Khalkhin Gol por cerca de 100 mil soldados soviéticos. Embora o pacto implicasse a partição da Polônia, ele não tinha incluído nenhuma delimitação de fronteiras. O Exército Vermelho avançou às pressas nos territórios orientais do Estado polonês, habitados sobretudo por bielorrussos e ucranianos, anexando os novos territórios às respectivas repúblicas soviéticas. Os comunistas logo estabeleceram instituições soviéticas e deportaram os poloneses da região. A maioria foi para campos ou como "colonos especiais" para a Sibéria e o Cazaquistão, mas os oficiais do Exército e da polícia, assim como outros oficiais, foram executados no campo, na floresta de Katyn e em outros lugares no início de 1940.

O pacto também inseriu os Estados bálticos na esfera soviética de influência. Stalin agiu rapidamente para garantir o controle sobre a área, e nisso cedeu à Lituânia a cidade de Vilnius, cuja população era então quase inteiramente polonesa e judaica. Em 1940, o controle era suficiente para que os três Estados fossem incorporados à URSS como Repúblicas soviéticas, depois que "assembleias populares" organizaram a cerimônia para "solicitar" a incorporação. Stalin pensou que sua fronteira ocidental estava segura, exceto por um lugar: a Finlândia.

A fronteira soviético-finlandesa era fruto da internacionalização de uma fronteira interna do Império Russo. Quando a Rússia anexou a Finlândia em 1809, o istmo da Carélia, a oeste de São Petersburgo, fazia parte do Império Russo há cem anos, mas, numa concessão aos finlandeses, foi anexado ao restante da Finlândia. Em 1918, à época da independência finlandesa, isso fez que a fronteira ficasse apenas a um curto trajeto de bonde do centro de Petrogrado. Desde então a fronteira havia sido um problema para os planejadores militares soviéticos, e Stalin decidiu resolvê-lo. Ele propôs ao governo finlandês um trato, dando à URSS o controle das ilhas estratégicas perto do litoral e deslocando a fronteira alguns quilômetros para oeste em troca de território no extremo Norte. Os finlandeses acharam que era um plano para tomar o controle do país e recusaram. Assim começou a Guerra de Inverno, na qual o Exército finlandês, pequeno mas bem treinado e motivado, segurou os soviéticos por vários meses, obtendo da Grã-Bretanha e de outras potências ocidentais um apoio que permitiu-lhes desviar a atenção do público da "guerra fajuta" ao longo da fronteira ocidental da Alemanha. Depois de muitos contratempos e baixas pesadas, os soviéticos finalmente deram um jeito no seu Exército e derrotaram os finlandeses, deixando uma impressão de incompetência que só fez encorajar seus futuros inimigos em Berlim. Na esteira da guerra, Stalin substituiu o comissário da Defesa, seu velho compadre da guerra civil Voroshilov, por S. T. Timoshenko, um oficial militar profissional que agiu rapidamente para reformar o Exército e acelerar seu reequipamento.

Assim, em 1940 a fronteira ocidental soviética tinha avançado centenas de quilômetros para oeste, e Stalin e Timoshenko haviam ganhado algum tempo para organizar as Forças Armadas. Era uma tarefa imensa com muitas complicações. Em 1935, os soviéticos haviam percebido que tinham a capacidade e necessidade de finalmente transformar o Exército Vermelho num exército de massa com um contingente em tempo de paz de 1,5 milhão de homens; em 1939, Stalin ordenou um aumento do tamanho do Exército para 3 milhões. A expansão ocorreu em pouco tempo, mas o resultado inevitável foi que os soldados, e especialmente os oficiais, eram mal treinados e inexperientes. Centenas de milhares de soldados e oficiais inferiores mal tinham acabado de sair das aldeias. Para muitos soldados, seu rifle era a primeira peça de equipamento realmente moderna que já haviam visto. O expurgo do Exército em 1937-1938 só piorou as coisas, especialmente no nível do alto comando. Aí estava a explicação do desempenho ruim do Exército na Guerra de Inverno. Além disso, o equipamento deste já não estava mais atualizado. Depois do grande empurrão no início dos anos 1930, a produção militar soviética havia estagnado e não se esperava novos modelos. Por isso, o surgimento do caça alemão Messerschmitt na Espanha em 1937 foi um grande choque para a Força Aérea Vermelha, já que seus melhores aviões não estavam à altura. A tecnologia alemã de tanques também avançava rapidamente, e tudo isso veio exatamente no momento em que os escritórios de projeto e as Forças Armadas soviéticas foram paralisadas pelos expurgos. A partir de 1938 surgiram novos modelos, mas eles tinham de ser testados e depois fabricados em massa. Enfim, no verão de 1941, a URSS produziu suas primeiras armas modernas, o caça de ataque ao solo Ilyushin-2, os tanques T-34 e KV e o lançador de foguetes Katyusha. Os tanques e mísseis estavam muito adiante dos equivalentes alemães, mas não havia um número suficiente deles, nem qualquer aeronave moderna.

Enquanto as fábricas soviéticas produziam freneticamente as novas armas e o Exército sofria com os problemas criados pela expansão rápida e as novas fronteiras, Hitler planejava seu ataque. Em 1940 ele havia conquistado a França e os Bálcãs. Ele não havia conseguido derrotar os ingleses na Batalha da Grã-Bretanha, mas o Império Britânico, perigosamente estendido pela necessidade de defender o Extremo Oriente e o Mediterrâneo além das ilhas britânicas, parecia condenado aos olhos do Führer. Ele voltou sua atenção para a Rússia.

Durante todo o inverno, unidades da Wehrmacht avançaram para leste pela Romênia, Finlândia e o que havia sido a Polônia. A inteligência tática de Hitler era excelente, pois ele sabia exatamente onde estavam posicionadas as unidades soviéticas, qual era seu contingente e suas posições defensivas. O que ele não sabia, ou nem se interessava em saber, era o potencial econômico e militar da URSS. Para Hitler, o Estado soviético era simplesmente uma horda judaico-mongol que se despedaçaria com os primeiros golpes. Seus generais, que pensavam em termos da Rússia de 1914, tinham um desprezo apenas ligeiramente menor pelo inimigo. Stalin estava perfeitamente consciente da movimentação alemã, pois sua rede de espiões era tão boa quanto a de Hitler. Porém, sua interpretação da movimentação alemã estava completamente errada. Stalin nunca compreendeu plenamente o radicalismo do regime nazista e ainda o via à luz dos antigos movimentos direitistas alemães, ou talvez como uma versão alemã do fascismo de Mussolini. Ele também estava convencido de que Hitler não invadiria a União Soviética enquanto não tivesse derrotado a Grã-Bretanha, pois Stalin não podia imaginar que Hitler seria idiota o bastante para repetir o erro do Kaiser e lutar em dois frontes ao mesmo tempo. Assim, Stalin interpretou as movimentações de tropas como um blefe: ele achou que Hitler esperaria um ano ou dois, e nesse ínterim talvez tentasse chantagear os soviéticos para entregarem as matérias-primas de que o Reich tanto precisava. Seu maior medo era que as tropas soviéticas na fronteira provocassem Hitler cedo demais; por isso ele ordenou que elas ignorassem os sobrevoos alemães e outras ações suspeitas. A inteligência militar soviética pensava diferente, mas quando seus relatórios chegavam aos seus superiores eles eram arquivados porque não eram compatíveis com a política e análise que emanavam do Kremlin. Não obstante, em abril de 1941, Stalin ordenou a mobilização de quase um milhão de homens a mais a pretexto de manobras de larga escala e avançou mais tropas para oeste. O Exército Vermelho tinha agora uma força teórica de cerca de 5 milhões de homens. Somente nos últimos dias antes da guerra foram emitidas ordens para pôr algumas tropas em estado de maior prontidão: na noite anterior à invasão, Timoshenko ordenou que a Força Aérea dispersasse os aviões nas faixas aéreas para que eles não se tornassem alvos fáceis. Apenas o distrito militar de Odessa obedeceu às ordens, pois até na Rússia de Stalin as ordens vindas do centro não chegavam necessariamente a tempo nem suscitavam obediência imediata.

No domingo 22 de junho de 1941, ao alvorecer – 3h30 da manhã – Hitler lançou a invasão da União Soviética, Operação Barbarossa, do nome do guerreiro e imperador alemão medieval. Cerca de 3 milhões de soldados alemães cruzaram a fronteira, junto com quase 1 milhão de aliados, finlandeses, romenos, eslovacos, húngaros, italianos e pequenas unidades voluntárias e colaboracionistas de quase todos os países da Europa, incluindo países neutros como a Suécia (SS Nordland). O Exército de Hitler vinha de vitórias por todo o continente, da Noruega à Grécia, sustentado por uma máquina econômica maior que a da URSS (mas não por muito) e pelos recursos da Europa ocupada. Diante dele havia os 5 milhões de homens das Forças Armadas soviéticas, mas quase metade deles ou estavam mobilizados muito na retaguarda ou ainda estavam em processo de formação e treinamento. Além de serem surpreendidas no meio da mobilização e do aprendizado do uso do novo equipamento, as Forças Soviéticas estavam colocadas perto demais da fronteira e eram alvos fáceis para a Luftwaffe e os blindados alemães. O posicionamento era um resquício da orientação ofensiva de longa data do Exército soviético, que pressupunha que, logo após um ataque, as Forças Soviéticas avançariam para fazer uma série de incursões profundas em território inimigo para frustrar o ataque enquanto o Exército Vermelho procedia a uma mobilização total. Para piorar, os soviéticos erraram ao prever a direção principal do ataque alemão. Até 1940 todos os planos de guerra soviéticos haviam presumido que o Exército alemão atacaria diretamente pelo leste através da Bielorrússia em direção a Moscou, como de fato acabou acontecendo. Porém, em 1940, Timoshenko, o general Georgii Zhukov (novo chefe do Estado-maior) e Stalin decidiram que era mais provável que Hitler atacasse no Sul pela Ucrânia. Ao longo do eixo central havia apenas fazendas e vastas florestas, enquanto a Ucrânia ainda era a área industrial mais importante da URSS e também uma importante região agrícola. Certamente, Hitler tentaria obter os recursos de que precisava. Milhares de tropas foram mobilizadas para o Sul na Ucrânia.

Em vez disso, o golpe principal veio diretamente do leste. Os blindados alemães repetiram a tática usada na França e rasgaram as defesas soviéticas ao longo das principais estradas e linhas férreas, penetrando profundamente no país. A Lituânia e grande parte da Bielorrússia Ocidental caíram em dias. A Luftwaffe destruiu a maior parte da Força Aérea soviética em solo nos primeiros dias, deixando o Exército sem cobertura aérea e sem capacidade de deslocar-se sem que os alemães tomassem conhecimento. Com o peso do avanço alemão dirigido para o centro, o fronte soviético foi esmagado em semanas e quase 1,5 milhão de soldados soviéticos viram-se presos. Quase nenhum deles sobreviveu, pois os alemães, como parte das suas políticas raciais, escolheram não alimentá-los e simplesmente deixá-los morrer. Ao norte e ao sul, os alemães avançaram quase com a mesma rapidez e, no final do verão, eles estavam em Kiev e às portas de Leningrado.

As condições no lado soviético do fronte eram caóticas, haja vista que as comunicações mal planejadas ruíram diante da ofensiva, postos de comando foram destruídos e grandes contingentes de soldados soviéticos tentavam desesperadamente bater em retirada para leste. O comandante soviético na Bielorrússia ficou sem comunicação com seus homens e com Moscou durante dias. As ordens de Moscou seguiram inicialmente os obsoletos e agora absolutamente irrelevantes planos de contra-ataque contra os invasores. Tiveram sorte os comandantes locais que nunca receberam as ordens e simplesmente seguiram seus instintos. Algumas unidades lutaram até o fim, outras até que a comida e a munição acabassem. As ordens seguintes de Moscou foram para resistir muito depois que a situação já era desesperada, e os comandantes que tiraram suas tropas da cilada viram-se sob suspeita ou coisa pior por ter batido em retirada sem ordens. Em julho, Stalin ordenou o julgamento e execução de vários generais cujos exércitos haviam sido destruídos nas primeiras semanas da guerra.

Felizmente, Stalin e a liderança do Exército fizeram mais que procurar bodes expiatórios. No segundo dia da guerra, Stalin constituiu um Comitê de Defesa do Estado chefiado por ele mesmo, e logo também substituiu Timoshenko no cargo de Comissário do Povo para a Defesa. Além disso, ele tornou-se o chefe do Alto Comando e o comandante supremo formal das Forças Armadas. Zhukov permaneceu no cargo de chefe do Estado-maior. Assim, Stalin assumiu responsabilidade pessoal por toda a condução da guerra. Ele aprendeu a trabalhar com Zhukov e os outros generais, mas a decisão final em todos os assuntos era sua. Algumas vezes suas ordens levaram a mais derrotas, mas por fim elas levaram à vitória. Ele tinha, mais do que nunca, o poder supremo. A mobilização do Exército continuou e tornou-se ainda mais essencial após a perda de milhões de homens no primeiro verão da guerra. À medida que a situação no fronte deteriorava-se, o governo começou a evacuar a indústria da Ucrânia, de Leningrado e de outras áreas ameaçadas pelo avanço dos nazistas. A curto prazo, isso acarretou uma queda na produção militar, bem no momento em que a Wehrmacht estava capturando e destruindo toneladas de equipamento soviético. No fim das contas, foi um esforço crucial e heroico, pois dezenas de milhares de máquinas, homens e suas famílias tiveram de deslocar-se milhares de quilômetros para leste para os Urais e a Sibéria, e depois construir galpões de fábricas para abrigar o equipamento, construir alojamentos para eles mesmos e começar a produção de produtos essenciais tão rápido quanto possível. Não somente fábricas foram evacuadas: os *kolkhozy* e as fazendas estatais também receberam ordens para deslocar seu gado e outros animais de grande porte para leste. Imensos rebanhos de milhares de cabeças de gado avançaram pelas cidades, tangidos por mulheres das aldeias em direção a leste.

Em setembro, os alemães começaram o avanço final em direção a Moscou, certos da vitória. Hitler até pensou que logo poderia mandar tropas para ajudar Mussolini no Mediterrâneo. À medida que os nazistas avançavam, os Exércitos soviéticos a oeste de Moscou receberam ordens de resistir e centenas de milhares de soldados foram cercados e mortos, mas suas mortes ganharam tempo. O tempo era essencial, pois os alemães não tinham ideia dos recursos soviéticos. Sua inteligência pré-invasão havia subestimado o tamanho do Exército Vermelho no momento do ataque em quase um terço, por 100 divisões. Mesmo nas primeiras semanas, os comandantes alemães no campo ficaram surpresos ao descobrir que novas unidades soviéticas surgiam repentinamente quando eles achavam que a resistência havia sido esmagada. Porém, à medida que o outono avançava, a vitória alemã parecia garantida: em outubro, as embaixadas estrangeiras e a maioria do governo soviético foram evacuadas rumo a leste para Kuibyshev (Samara), no Volga. Foi somente o anúncio de que Stalin ainda estava em Moscou e não pretendia partir que evitou o pânico na capital. Em 7 de novembro, ele apareceu no mausoléu de Lenin na Praça Vermelha, como nos anos anteriores, para passar em revista o desfile em honra da Revolução de Outubro, um dos mais importantes rituais soviéticos. Dessa vez, os soldados passaram marchando pela neve direto para o fronte. Unidades alemãs de reconhecimento começaram a aparecer nos arredores da cidade, em torno e dentro dos anéis viários que hoje a contornam. O governo formou unidades voluntárias de estudantes, trabalhadores idosos de escritórios e fábricas, e enviou-as para o fronte a fim de preencher as lacunas abertas pelos agressores. No entanto, a situação era melhor do que aparentava. Enquanto os alemães prosseguiam em direção a Moscou, os soviéticos haviam formado uma reserva estratégica substancial, parte da qual avançava agora para o oeste da cidade com o objetivo de enfrentar os nazistas. Pela primeira vez, os alemães foram contidos, pois o avanço aparentemente sem entraves a leste, na verdade, custara caro à Wehrmacht. As baixas alemãs eram maiores que as de todas as campanhas da guerra anteriores à invasão da URSS. Os alemães haviam perdido milhares de tanques sob fogo inimigo e muitos estavam inoperantes por causa do desgaste das condições russas ou sem munição. Os motores e armas automáticas alemãs congelaram no frio. Ao contrário dos russos, eles não tinham pensado em como mantê-las funcionando em temperaturas noturnas de -40°C. Até a Luftwaffe, que havia dominado os céus nos primeiros meses, estava sofrendo perdas que aumentavam rapidamente à medida que aviões soviéticos recém-construídos, com pilotos recém-treinados, preenchiam as lacunas deixadas pelas perdas brutais do verão. No começo de dezembro, o Exército Vermelho contra-atacou, afastando os alemães de Moscou e longe para oeste, infligindo (e sofrendo) baixas terríveis. No final de janeiro de 1942, os nazistas haviam perdido quase 1 milhão de homens e 4 mil tanques, metade deles na batalha final por Moscou. Os soviéticos haviam parado a Wehrmacht. Era a primeira vez que um Exército o fazia desde 1939.

Se as perdas do Exército Vermelho eram horripilantes, as alemãs eram simplesmente incapacitantes. A Alemanha não tinha a população da União Soviética e sua indústria de funcionamento primoroso não havia sido usada para preparar suprimentos para uma guerra dessa escala. O Exército alemão em Moscou carecia de roupas de inverno não somente porque Hitler estava certo de uma vitória rápida, mas também porque ele não tinha contado com o gasto exorbitante de suprimentos e com a necessidade de mobilizar-se plenamente para contrapor-se à indústria soviética. Ele não fazia ideia que os soviéticos podiam produzir muito mais tanques e aviões que a Alemanha com uma base industrial menor. No início de 1942, as indústrias soviéticas evacuadas haviam voltado a produzir e começaram a fabricar equipamentos em quantidades que a Alemanha não conseguia igualar. Esses equipamentos também eram superiores aos alemães, especialmente os tanques, os lançadores de foguetes e grande parte dos aviões. Agora os soviéticos tinham de aprender a usá-los corretamente, mas eles já haviam infligido uma derrota estratégica capital da qual a Alemanha não teria recursos para recuperar-se. A Alemanha não podia mais derrotar a União Soviética, mas Hitler não tinha intenção de parar.

A invasão alemã não foi apenas um conflito militar, mas também um conflito político. Stalin via a guerra em termos políticos, como tudo o mais, e, como no caso da condução da guerra, ele levou algum tempo para entender com o que estava lidando. De início ele não fez nenhuma declaração e ordenou a Molotov que fizesse o anúncio formal de guerra em 22 de junho, várias horas após a invasão. O primeiro discurso de Stalin ocorreu em 3 de julho e refletiu sua determinação de lutar, pois ele ordenou uma política de terra queimada no caminho dos invasores alemães e conclamou os cidadãos soviéticos a formarem unidades de resistência. As velhas ilusões ainda persistiam, pois ele afirmou que os nazistas pretendiam restaurar o tsarismo e o domínio da aristocracia fundiária. Embora ele também tenha declarado que os alemães queriam destruir a cultura e a independência dos povos soviéticos, sua descrição dos objetivos nazistas eludiu a verdade essencial. A Wehrmacht e seus aliados europeus estavam abrindo caminho para a exterminação da grande maioria dos russos e outros povos eslavos e a colonização do território por alemães para obter o famoso "espaço vital" que Hitler queria desde o início. Mas Stalin concluiu com uma declaração altissonante de que o povo alemão, escravizado pelos líderes nazistas, seria um aliado. Nada podia estar mais distante da verdade. A exterminação começou nos primeiros dias. As ordens das tropas alemãs eram para que todos os "representantes do modo de vida soviético" fossem eliminados e que nenhuma comida fosse dada aos soldados ou civis por conta de um sentimento equivocado de compaixão. Essas ordens aplicavam-se a russos, ucranianos e outros cidadãos soviéticos e motivaram a eliminação dos prisioneiros de guerra soviéticos. A exterminação dos judeus também se seguiu às primeiras vitórias alemãs, pois Einsatzgruppen começaram a prender judeus nos territórios ocupados, e o primeiro massacre em larga escala aconteceu em Kaunas em 25 de junho de 1941, com a participação fervorosa da população lituana local. No fim, 2 milhões dos 5 milhões de judeus europeus que pereceram no Holocausto eram cidadãos soviéticos. Contrariamente às expectativas de Stalin, Hitler não restaurou a ordem pré-soviética e manteve as fazendas coletivas, pois elas facilitavam para os alemães a tarefa de extrair cereais e carne da população. As fábricas remanescentes passaram para empresários alemães, embora a sabotagem promovida pelos trabalhadores tenha feito que poucas realmente voltassem a produzir. Todos os russos restantes, da elite ou não, tinham de se tornar escravos do Reich e ser preparados para esse papel. A maioria das escolas fechou e os alemães enforcavam amiúde os professores como "representantes do modo de vida soviético".

Os milhares de soldados que haviam sido cercados pelos alemães mas escaparam ao cativeiro formaram uma nova ameaça para os invasores. Nas imensas florestas da Bielorrússia, nas regiões setentrionais da Ucrânia e na Rússia Ocidental eles abrigavam-se, coletavam comida e armas e formavam unidades de resistência. Os resistentes começaram a atrair também camponeses locais e a atacar as comunicações e transportes alemães. No outono de 1941, a perturbação da rede ferroviária era considerável e reduziu seriamente a eficiência das rotas de abastecimento alemãs, já desesperadamente estendidas. No final do ano seguinte, havia quase meio milhão de resistentes em armas e eles controlavam áreas significativas, nas quais os nazistas não podiam se deslocar. O comando soviético estabeleceu um Estado-maior central da resistência para abastecê-los pelo ar, enviando biplanos velhos e lentos, mas robustos e difíceis de detectar, que podiam aterrissar num dedal em clareiras nas florestas. O Exército de Hitler reagiu aos ataques dos resistentes com brutalidade perversa, exterminando uma aldeia atrás da outra – homens, mulheres e crianças –, suspeitas de manter contatos com unidades de resistência. Unidades colaboracionistas vindas de toda a Europa e dos territórios ocidentais da URSS eram, muitas vezes, mais brutais que os alemães ao lidar com a população das áreas de resistência.

Ainda em mãos soviéticas, mas esmagada pelo torniquete dos exércitos alemães e finlandeses, estava Leningrado. Os alemães e seus aliados alcançaram os subúrbios da cidade em setembro, e dali em diante o único caminho era cruzar o lago Ladoga. Em volta da cidade havia uma quantidade substancial de soldados soviéticos, mas os alemães careciam dos recursos para tomá-la de assalto, por isso decidiram tentar vencê-la pela fome. Hitler planejou arrasar a cidade quando vencesse, para mostrar que era um lugar sem utilidade para o novo Reich. Sem meios efetivos de reabastecimento e reduzidos ainda mais pelos bombardeamentos alemães, os suprimentos de comida diminuíram rapidamente e a fome começou. No meio do inverno, de 10 a 20 mil pessoas morriam todo mês. O aquecimento e a eletricidade praticamente desapareceram, e os bombardeios contínuos dos alemães só

IMAGEM 20. O Ilyushin 2m3 (Shturmovik). Concebido como aeronave de ataque ao solo, o bombardeiro de dois lugares era o avião bélico mais eficaz da União Soviética.

pioravam as coisas. Somente os trabalhadores nas poucas fábricas restantes – quase todas agora dedicadas às armas e outras produções de guerra – tinham algo que se assemelhava a rações adequadas. Felizmente o lago congelou e alguns suprimentos puderam ser trazidos pela "Estrada de Gelo". As autoridades tiveram de improvisar, abrindo balcões em lojas de comida que serviam apenas água quente ou substitutos de chá somente para manter as pessoas um pouco mais aquecidas. Durante o verão seguinte, o transporte improvisado pelo lago melhorou, mas até o Exército Vermelho levantar o cerco em janeiro de 1944 cerca de 800 mil pessoas haviam morrido de fome.

Em Leningrado, muitas fábricas haviam sido evacuadas antes da chegada dos alemães, e outras mais o foram em 1942. Elas faziam parte da mudança em massa da indústria soviética para leste, e a população também foi, às dezenas de milhões por todo o país. Os soviéticos evacuaram pessoas comuns e grupos de crianças, assim como oficiais. Na verdade, os oficiais eram muitas vezes obrigados a ficar para trás para formar grupos de resistência, e aqueles que tentaram escapar antes da chegada dos alemães, como no pânico de Moscou de outubro de 1941, foram interceptados pelo NKVD e até pela população local. Praticamente tudo e todos no país faziam parte do esforço de guerra, um grau de mobilização desconhecido até na Alemanha. As mulheres não só trabalhavam nos hospitais e cuidavam das crianças órfãs, mas também lutavam no Exército. Os regimentos antiaéreos eram majoritariamente femininos e opunham à Luftwaffe moças recém-saídas do colégio. No Exército, as operadoras de rádio eram mulheres, assim como outros cargos auxiliares, e elas também formaram um regimento de caças e dois regimentos de bombardeiros, incluindo uma unidade de bombardeiros noturnos. No total, mais de meio milhão de mulheres serviam nas Forças Armadas. A *intelligentsia* também foi para a guerra, não somente cientistas e engenheiros. Os soviéticos evacuaram as universidades, institutos de pesquisa e teatros. Artistas e escritores que viveram com medo durante a década de 1930 viram-se em aviões de transporte saindo de Leningrado escoltados por caças. Deslocados para leste para a Sibéria e a Ásia Central, eles continuaram a trabalhar, produzindo obras capitais como o filme épico de Eisenstein – *Ivã, o Terrível* –, filmado no Cazaquistão, ou a Sétima Sinfonia ("Leningrado") de Shostakovich, terminada em Kuibyshev no Volga. Seu trabalho contribuiu imensamente para o moral da população, não apenas pelo seu conteúdo, mas também pelo simples fato de que algo normal ainda estava acontecendo. Na retaguarda, a comida era espartana, mas geralmente não falhava, e a habitação significava, com frequência, várias famílias espremidas numa sala de aula de escola. Os trabalhadores que tinham ido para leste com suas fábricas viviam em tendas no inverno siberiano enquanto construíam edifícios e alojamentos onde morar, e começavam por vezes a trabalhar em novos edifícios antes de construir os telhados. Porém, a maioria dos que se recordam da guerra lembram dela como uma época de privação e angústia misturadas com o entusiasmo e o calor da solidariedade. Stalin havia superestimado demais a extensão do descontentamento entre a população e, enquanto seus agentes liam a correspondência e escutavam conversas telefônicas em busca de simpatizantes alemães, a maioria das pessoas simplesmente ia trabalhar para ajudar o Exército, seja qual fosse sua opinião sobre o valor intrínseco do sistema soviético.

A vitória em Moscou encorajou Stalin e os generais a tentarem explorar seu sucesso e, no início de 1942, eles organizaram uma série de ataques de Khar'kov, no Sul, até o extremo norte de Moscou. Todas essas ofensivas foram fracassos custosos. Os alemães foram repelidos aqui e ali, mas com pesadas baixas soviéticas. Mais uma vez, diversas grandes unidades foram cercadas e esmigalhadas. Quando a primavera terminou e veio a estação da lama, Hitler decidiu não avançar novamente sobre Moscou, como Zhukov e

Stalin esperavam, mas ir para o sul. Sua meta era o Cáucaso e as reservas de petróleo em Grozny e Baku. O Terceiro Reich sofria com a falta de petróleo, e esse parecia ser o meio de resolver o problema. Os nazistas esmagaram as defesas soviéticas e chegaram até a linha da cordilheira do Cáucaso, mas também diretamente a leste em direção ao Volga. Para proteger seu flanco e cortar os russos de Baku, eles precisavam cortar as linhas férreas em Stalingrado e cruzar o rio. Stalingrado era a velha Tsaritsyn, onde Stalin havia conhecido a guerra pela primeira vez em 1918, e agora representava o local de uma imensa fábrica de tratores que também produzia tanques, mas sua importância principal era sua localização.

No final de agosto, os alemães estavam na extremidade da cidade, enviando ondas seguidas de blindados e infantaria mecanizada contra os defensores entrincheirados nas ruínas da cidade. O desfecho da guerra parecia incerto. No entanto, o avanço alemão acarretou muitos problemas. As linhas férreas até a Alemanha eram agora tão extensas que o transporte estava engarrafado quase até a fronteira alemã. Hitler não tinha mais soldados alemães em quantidade suficiente para proteger seus flancos, por isso as laterais da cunha alemã apontada para a cidade eram defendidas por soldados italianos e romenos. O mais importante é que os defensores continuavam a lutar. No final do ano, os salientes russos estavam reduzidos a poucos acres e sua cobertura de artilharia vinha de baterias do lado oriental do rio. Em determinado lugar, o sargento Iakov Pavlov resistiu durante meses com apenas algumas dezenas de homens no porão de um prédio destroçado de apartamentos. A luta ia de casa em casa, e muitos soldados soviéticos decidiram que as armas mais eficazes eram pás de trincheira afiadas e granadas. Os nazistas não conseguiram cruzar o rio.

Em torno dos escombros em chamas da cidade, o Exército Vermelho estava preparando sua armadilha. Imensas forças blindadas avançaram para o norte e o sul, enfrentando os desafortunados italianos e romenos na estepe congelada. Então, em 19 de novembro, elas atacaram com artilharia cerrada e apoio aéreo e, em quatro dias, juntaram-se para cercar os 600 mil soldados alemães em Stalingrado. As tentativas dos alemães de abastecer o Exército emboscado foram vãs e em fevereiro o Sexto Exército da Wehrmacht rendeu-se. A rádio em Berlim tocou a Marcha Fúnebre de Siegfried, da ópera de Wagner, incessantemente. Quase meio milhão de homens morreram em Stalingrado de cada lado, mas a vitória soviética estava garantida.

A invasão alemã teve consequências decisivas para a política externa soviética e para a posição da URSS no mundo. No dia seguinte à invasão, a liderança soviética ficou surpresa ao saber não apenas que a Grã-Bretanha queria uma aliança, mas também que Winston Churchill havia discursado na rádio para explicar a nova aliança. "Ninguém foi um adversário mais tenaz do comunismo do que eu nos últimos 25 anos, e não vou retirar nenhuma palavra que eu disse sobre ele. Mas tudo isso esvai-se diante do espetáculo que ora se descortina... Eu vejo os soldados russos apostos no limiar de sua pátria, defendendo os campos que seus pais araram desde tempos imemoriais... Eu vejo avançar sobre tudo isso, numa agressão medonha, a máquina de guerra nazista...". A conclusão de Churchill foi a de que "Qualquer homem ou Estado que continua a lutar contra o nazismo terá nossa ajuda". Até a ascensão de Hitler, os soviéticos sempre haviam presumido que a Grã-Bretanha era o seu principal inimigo, e a aproximação com a França e a Tchecoslováquia em 1935 nunca estendeu-se ao Império Britânico. No dia da invasão, muitos russos, incluindo alguns entre a liderança, presumiram que Hitler devia ter feito um tratado secreto para encerrar a guerra com a Grã-Bretanha, por isso o anúncio de Churchill foi um grande alívio. Em agosto, Franklin D. Roosevelt declarou que o programa Lend-Lease, concebido para ajudar a Inglaterra e qualquer outra potência que estivesse lutando contra Hitler, seria estendido à União Soviética, e depois de Pearl Harbor os Estados Unidos uniram-se à URSS e à Grã-Bretanha para combater a Alemanha e a Itália, além do Japão. A União Soviética e o Japão, no entanto, não declararam guerra entre si: ambos estavam demasiado ocupados em outros lugares para arriscar a abertura de outro fronte na Sibéria Oriental ou na Manchúria.

O Lend-Lease deu apoio significativo ao esforço de guerra soviético, tanto em equipamento quanto em fornecimento de comida. Os caminhões Studebaker foram compensar a escassez da produção soviética de caminhões, crucial para apoiar a guerra mecanizada, e muitos deles serviram de plataforma de lançamento para os foguetes Katyusha. O caça Airacobra estadunidense cobriu lacunas na produção soviética de aviões em 1942, e Spam complementou a escassa dieta de guerra para milhões de russos. Se a escala dos esforços dos Estados Unidos não era decisiva, a contribuição era tão real quanto o efeito sobre o moral. Os comboios aliados em volta do cabo Norte na Noruega durante o inverno em mares infestados de U-Boots e sob bombardeio contínuo da aviação alemã eram uma operação difícil e perigosa, que deu aos russos provas concretas de que eles não estavam sozinhos contra Hitler.

Todavia, para Stalin e os generais, o verdadeiro problema não era o Lend-Lease, mas a possibilidade de um segundo fronte. Depois de muita discussão, Roosevelt e Churchill decidiram lançar sua primeira investida no Mediterrâneo, na África do Norte, e depois nos desembarques de 1943 na Itália. Essas investidas levaram à derrubada de Mussolini e tiraram a Itália da guerra, embora a luta continuasse contra os alemães. Stalin ficou profundamente desapontado que as investidas tenham acontecido no Sul e não na França e fossem de escala limitada; ele reclamou com veemência, mas sem resultado. Ele nunca percebeu a extensão do comprometimento dos Estados Unidos no teatro do Pacífico. Finalmente, ele encontrou-se com Churchill e Roosevelt em Teerã no final de 1943, onde os três aliados concordaram que exigiriam a rendição incondicional da Alemanha, que a URSS declararia guerra ao Japão assim que a Alemanha fosse derrotada e que o segundo fronte consistiria numa invasão aliada no Norte da França no início do verão de 1944. Stalin prometeu coordenar uma ofensiva decisiva com o desembarque anglo-americano. Também surgiram problemas em Teerã acerca do futuro da Europa, já que a Grã-Bretanha e os Estados Unidos haviam finalmente reconhecido que seria o Exército Vermelho que liberaria o Leste Europeu dos nazistas e chegaria primeiro à Alemanha. Em outubro de 1944, Churchill foi a Moscou e propôs a Stalin um "acordo de porcentagem" nos Bálcãs: a Grã-Bretanha teria influência predominante (90%) na Grécia, enquanto a União Soviética teria o mesmo na Romênia. A Bulgária ficaria 75% sob influência soviética, enquanto as duas potências teriam parcelas iguais na Iugoslávia e na Hungria. Stalin concordou, mas o Leste Europeu foi novamente um problema de monta na conferência de Ialta em fevereiro de 1945. Ali, as três potências concordaram em geral com a ocupação conjunta da Alemanha (por um período indefinido), a destruição do legado do nazismo e reparações para a União Soviética. Stalin concordou com a proposta de Roosevelt de criar as Nações Unidas. Alcançou-se mais um acordo sobre a situação do Leste Europeu, como a futura fronteira polaco-soviética, e outro de que o futuro governo polonês representaria ao mesmo tempo os aliados poloneses de Stalin e os conservadores. Stalin prometeu eleições para depois da guerra. A maioria das outras questões envolvendo o Leste Europeu não foi resolvida. Roosevelt e Churchill não queriam simplesmente ceder o controle do Leste Europeu à União Soviética, mas com o Exército Vermelho de posse da maior parte do território e responsável por três quartos das perdas da Wehrmacht, não havia muito que pudessem fazer.

O destino do Leste Europeu e da Alemanha não era apenas uma questão de política externa soviética. Desde 1939 o Comintern havia passado por mudanças vertiginosas na política. O pacto com a Alemanha implicara que o fascismo não era mais o inimigo principal: a guerra era uma nova "guerra imperialista" e os comunistas deviam opor-se igualmente a Hitler e aos Aliados. A invasão alemã da União Soviética provocou mais uma mudança brusca na estratégia revolucionária, um retorno a uma variante da ideia da Frente Popular de 1935-1939. Stalin dissolveu o Comintern em 1943, mas a maioria dos partidos comunistas do mundo continuou orientada por Moscou. Os comunistas receberam ordens, mais uma vez, de formar coalizão com qualquer um que se opusesse aos nazistas, de oficiais conservadores e aristocráticos do Exército como os gaullistas franceses aos social-democratas. Na maior parte da Europa ocupada, movimentos de resistência adquiriram essa composição, e até na França muitos emigrados russos aristocráticos aderiram à resistência, lutando e morrendo ao lado de comunistas franceses proletários. À medida que o Exército soviético atravessava suas fronteiras ocidentais e entrava nas terras aliadas a Hitler ou ocupadas pelos seus soldados, decisões tinham de ser tomadas. Que tipo de governo os soviéticos deviam implementar? Muitos comunistas locais pensavam que havia chegado a hora de tomar o poder, para compensar as derrotas do período entreguerras. No entanto, a tática soviética era diferente. O novo mote, a "democracia do povo", tinha por finalidade indicar a continuação da coalizão do tempo de guerra. A reforma agrária e a nacionalização limitada da indústria seriam características centrais da nova ordem, não a "ditadura do proletariado", e os comunistas governariam junto com os socialistas e até os liberais e conservadores antifascistas.

No momento da rendição alemã em Stalingrado, mal se cogitava todas essas questões. A tarefa era começar a expulsar os nazistas do país, e o Exército Vermelho avançou para oeste, empurrando os alemães de volta ao seu ponto de partida do verão anterior. Na primavera de 1943, à medida que a neve derretia e a lama secava, Hitler tentou pela última vez reverter a maré da derrota. A Wehrmacht planejou um contra-ataque esmagador no saliente soviético em torno de Kursk, no meio da estepe, o terreno ideal para a guerra mecanizada. Eram os blindados alemães, os gigantescos canhões de assalto Ferdinand e os novos tanques Tiger que deviam arcar com o ataque. Porém, o Exército Vermelho, plenamente reequipado e com novas competências e confiança, planejou suas contramedidas sem erro. Embora Stalin quisesse de início uma contraofensiva rápida, Zhukov e os generais convenceram-no a ficar na defensiva até que os nazistas estivessem exauridos. Os blindados alemães enfrentaram o fogo cerrado da artilharia, mísseis

HISTÓRIA CONCISA DA RÚSSIA

e canhões antitanque, além da Força Aérea soviética. Em questão de dias, a ofensiva empacou e então os blindados soviéticos repeliram os alemães. O Exército Vermelho avançou durante o restante do ano, retomando partes orientais da Ucrânia, a cidade de Kiev em novembro e a maior parte da Rússia. Soldados soviéticos levantaram o cerco de Leningrado em janeiro de 1944. Nos meses seguintes, o Exército Vermelho cercou e destruiu aproximadamente 50 mil soldados alemães numa batalha em Korsun, a sudoeste de Kiev, estraçalhando-os na neve com artilharia e ataques aéreos.

Agora Hitler havia perdido a guerra. A única coisa que ele podia fazer era jogar mais homens e equipamento no moedor de carne, na esperança de adiar a derrota inevitável. No começo do verão de 1944, os soviéticos estavam prontos para lançar uma enorme ofensiva através da Bielorrússia; a ofensiva foi calculada para coincidir com os desembarques na Normandia. Nessa única operação, o Exército Vermelho cercou todo o grupo Centro do Exército alemão, centenas de milhares de soldados alemães, e entrou na Polônia. Ali eles se depararam com uma surpresa desagradável. Sem informar o comando soviético, o Exército Nacional Polonês, o principal grupo de resistência clandestina, organizou um levante contra os alemães em Varsóvia. O Exército soviético estava no fim da sua linha operacional, na outra margem do Vístula, com pouca capacidade para ajudar rapidamente os poloneses. Molotov queria seguir adiante, não para ajudar os poloneses, mas somente para explorar a vitória. Zhukov era contra qualquer nova ofensiva, pois o Exército estava exausto e precisava descansar e reequipar-se. De qualquer forma, Stalin decidiu que isso não era necessário; ele não ia ajudar seus adversários do Exército Nacional Polonês e deixou os poloneses continuarem lutando sozinhos. No mesmo verão, os soviéticos avançaram para o sul na Romênia e os governos pró-alemães da Romênia e da Bulgária caíram. Na Iugoslávia, o Exército Vermelho juntou-se aos resistentes de Tito e foi para o norte em direção à Hungria. Em Budapeste, os alemães ofereceram uma resistência furiosa, mas os soviéticos conseguiram esmagá-la e seguir para Viena. A coalizão de Hitler continuava a ruir. Na Finlândia, o barão Mannerheim, o comandante em chefe do Exército, tornou-se o presidente do país e imediatamente tirou a Finlândia da guerra, assinando um armistício em setembro.

Agora o Exército Vermelho estava batendo às portas da Alemanha de Hitler. O comando nazista colocou o grosso do seu Exército na Polônia e na Alemanha Oriental diante dos soviéticos, apesar do avanço rápido dos norte-americanos e britânicos em direção à fronteira ocidental alemã. O último ano da guerra causou massacres inacreditáveis, pois a Wehrmacht, agora desesperada, enfrentava um Exército Vermelho imenso e bem equipado. O comando soviético havia entendido como lutar e agora tinha o equipamento para isso, e Stalin havia aprendido a trabalhar com seus generais. Os russos foram abrindo caminho pela Polônia, liberando no caminho os prisioneiros que ainda estavam vivos em Auschwitz e outros campos de extermínio nazistas. Os soldados soviéticos, muitos dos quais haviam cumprido pena em campos soviéticos de trabalho forçado, tiveram um vislumbre de algo muito mais sinistro nas câmaras de gás e crematórios. À medida que penetravam na Alemanha, eles encontraram um país em ruínas, mas que ainda mostrava sinais da prosperidade pré-guerra. Como disse um soldado soviético a um jornalista ocidental, "se eles tinham tudo isso, por que nos atacaram?". Conforme os soviéticos aproximavam-se de Berlim, Hitler apostou tudo que tinha na batalha. A nordeste da capital nazista estava a SS Charlemagne, a brigada SS francesa, e colegiais foram mobilizados para combater os tanques soviéticos com armas antitanque de mão. Nenhuma dessas medidas desesperadas, nem a persistência do Exército alemão, puderam resistir às espessas barragens dos canhões autopropulsados de 152 milímetros, mísseis e frotas de pesados tanques Stalin. Mesmo com uma força tão esmagadora, o cerco da capital de Hitler e o assalto final através das ruínas da cidade em chamas custaram ao Exército Vermelho centenas de milhares de homens. No começo de maio de 1945, eles haviam aberto caminho à força pela cidade e hasteado a bandeira soviética sobre o Reichstag. O Exército Vermelho tinha enfiado uma estaca no coração do Terceiro Reich.

capítulo 21

CRESCIMENTO, CONSOLIDAÇÃO E ESTAGNAÇÃO

A União Soviética saiu da guerra vitoriosa, mas com imensas perdas de população e danos econômicos. O número de mortos era de pelo menos 20 milhões, 27 milhões segundo algumas estimativas, incluindo 3 milhões de prisioneiros de guerra, cerca de 7 milhões de soldados mortos em batalha, 2 milhões de judeus soviéticos e pelo menos 15 milhões de civis russos, ucranianos e bielorrussos. Todas as áreas ocupadas pelos alemães estavam devastadas, incluindo a região agrícola mais rica da URSS e todo o complexo industrial ucraniano, que fornecia ao país quase metade dos seus produtos às vésperas da guerra. Habitações e serviços urbanos estavam desmantelados, e até em áreas não ocupadas o desgaste da guerra aparecia em toda parte. Para piorar, uma safra ruim em 1946 gerou situação de fome em grande parte do país. As reparações pagas à União Soviética pela Alemanha e os países do Leste Europeu ajudavam um pouco, mas a escala das perdas e destruição era tão grande que mesmo essas medidas só proporcionavam uma pequena recompensa pelas perdas.

Por outro lado, a vitória acarretou uma nova ordem no Kremlin. Logo depois da guerra, Stalin ordenou que os Comissariados do Povo fossem chamados de Ministérios, pois ele anunciou (em particular) que esses nomes eram apropriados para um Estado revolucionário, mas que a União Soviética agora tinha se consolidado o bastante para operar com instituições mais permanentes. Pela primeira vez, Stalin e seu círculo interno começaram a delegar poder a uma série de comitês estatais, geralmente chefiados pelos principais ministros, os quais administravam as principais áreas da economia. Em tese, Stalin não monitoraria mais todos os detalhes do governo e da atividade econômica, e alguns novos rostos juntaram-se à liderança pré-guerra. Beria e Jdanov (até sua morte em 1948) continuaram no círculo interno de Stalin, enquanto Molotov, Mikoyan, Kaganovich e Voroshilov continuaram dos anos pré-guerra, mas com menos poderes, especialmente Voroshilov, desacreditado pelos seus fracassos militares. Os novos rostos no alto escalão eram Malenkov (vice-presidente do Conselho de Ministros sob a presidência de Stalin), Nikolai Bulganin (ministro da Defesa e administrador econômico de longa data) e Kruchev, até 1949 chefe da organização do Partido Ucraniano e depois do Partido Municipal de Moscou. Em grande medida, o sistema funcionou de forma mais regular nos últimos oito anos de vida de Stalin, mas ao mesmo tempo ele não se absteve de repreender e intimidar seus colaboradores mais próximos e de dirigir uma série de "casos" políticos com resultados mortíferos. O culto de Stalin atingiu seu apogeu nos anos pós-guerra. Além dos retratos e estátuas onipresentes, uma biografia adulatória oficial foi publicada no seu septuagésimo aniversário. A imprensa desfiou elogios intermináveis ao "grande líder dos povos", grande marxista e gênio militar, o comandante Stalin. Por mais que ele pudesse ter percebido que a URSS precisava de uma modalidade mais normal de governo, Stalin não conseguia soltar as rédeas do poder e continuava a comportar-se como um comissário revolucionário da era da guerra civil, entrando no meio da briga com um pelotão de fuzilamento a postos.

A principal tarefa da liderança soviética era, antes de tudo, a reconstrução dos danos da guerra e, depois, a continuação da "construção socialista", incluindo a modernização técnica progressiva da indústria.

Em certos aspectos, a reconstrução era a parte fácil, pois implicava reconstruir usinas e infraestrutura previamente existentes, e a maior parte dela foi completada até 1950. A expansão e modernização da indústria era mais complicada. É verdade que as taxas de crescimento do pós-guerra estavam entre as mais altas taxas (reais) de crescimento da história soviética. Nesses anos, muitos investimentos pré-guerra começaram a dar resultados, com crescimento imenso nas áreas de metalurgia e mineração dos Urais e da Sibéria Ocidental. Em grande medida, as indústrias soviéticas cruciais atingiram os padrões mundiais e uma enorme indústria nuclear foi criada, nessa época principalmente para fins militares, mas com planos de geração de energia elétrica e outros usos civis no futuro. O que não aconteceu foi um investimento proporcional em bens de consumo ou na agricultura, esta última ainda prejudicada pela fascinação da liderança com fantasias agronômicas como o sistema de rotação de culturas "pasto-plantio". A reconstrução trouxe a habitação somente ao nível pré-guerra, com a maioria das pessoas vivendo (no melhor dos casos) em apartamentos comunitários. Uma rara melhora dos anos pós-guerra ocorreu na medicina, pois o número de médicos subiu novamente em 75% e a fome de 1946 não levou a epidemias em massa, como havia acontecido em 1932-1933.

A insistência de Stalin na disciplina centralizada e sua pressuposição de que todo desacordo ocultava uma subversão política criaram uma série de incidentes entre a liderança que aterrorizaram até os aliados de Stalin. O primeiro sinal foi a destituição do marechal Zhukov em 1946 a comandante de um distrito militar local. Esse e outros incidentes ocorreram num período de intensa campanha ideológica que afetou muito mais que a vida cultural. O partido emitiu reprimendas a compositores, poetas e biólogos, mas também lançou campanhas para celebrar a cultura russa e sua importância (assim como aspectos selecionados de culturas não russas) como parte de uma neutralização da influência ocidental sempre que possível. Depois da criação do Estado de Israel em 1948, as autoridades soviéticas lançaram subitamente uma campanha contra o "cosmopolitismo" que era, na verdade, dirigida contra os muitos judeus proeminentes na cultura soviética, bem como no Estado e no aparato do partido. A campanha logo arrefeceu, mas não sem vítimas. O Comitê Antifascista Judaico da época da guerra foi dissolvido e seus principais membros – poetas iídiches, cientistas judeus e oficiais do partido – foram presos e fuzilados. Por ordem de Stalin, as forças de segurança mataram o famoso ator e diretor do Teatro Iídiche de Moscou, Solomon Mikhoels, num acidente de carro forjado em Minsk. Foi nesses anos que a viagem e a correspondência com o exterior tornaram-se essencialmente impossíveis para quase todos os cidadãos soviéticos. A ironia dessas campanhas e medidas repressivas era que a guerra havia dado à União Soviética, pela primeira vez, legitimidade aos olhos de milhões dos seus habitantes, mas, em vez de contar com essa legitimidade recém-adquirida, o partido simplesmente apertou o cerco.

Potencialmente ainda mais sério foi o caso de Leningrado de 1949. Ele surgiu de uma disputa obscura acerca de uma feira de comércio organizada em Leningradoe logo transformou-se na demissão de muitos milhares de membros do partido na cidade e no julgamento secreto de nove líderes locais do partido, acusados de crimes de traição. Seis foram executados e três mandados para campos. Seus crimes verdadeiros foram aparentemente a criação (na cabeça de Stalin) de uma espécie de feudo local que não consultava a liderança central. Outra vítima foi Nikolai Voznesenskii, que chefiara o planejamento soviético desde 1938. Marginalmente envolvido no caso de

Leningrado, seu crime efetivo parece ter sido ocultar de Stalin informações sobre o plano de 1949, algo que o senescente ditador não deixaria impune. Voznesenskii também pereceu. Em 1952, Stalin convocou um Congresso do Partido, o primeiro desde 1939, no qual Georgii Malenkov apresentou o relatório principal sobre as realizações soviéticas, incluindo um relato absurdamente inexato do suposto progresso da agricultura. Esse tipo de espetáculo público dava uma aparência de unidade à liderança do partido, mas, na realidade, o comportamento de Stalin estava começando a preocupar seus camaradas. Em 1951, as forças do Ministério da Segurança Estatal prenderam mais de uma dúzia de oficiais georgianos do partido, acusando--os de nacionalismo e de espionar para o Ocidente (o "caso Mingrelian"), o que resultou no exílio de mais de 10 mil pessoas da Geórgia. No fim de 1952, veio à tona uma nova "conspiração", na qual um suposto complô de médicos do Kremlin, a maioria judeus, teriam planejado assassinar Stalin. O horizonte ensombrecia-se.

Nos bastidores desses eventos sinistros, a liderança do partido estava começando a perceber que algumas mudanças eram necessárias. Malenkov e outros líderes sabiam perfeitamente bem que a agricultura não estava prosperando. As fazendas coletivas conseguiam produzir o bastante para alimentar o povo num nível suficiente, mas baixo. Cada safra ainda era uma aposta, e a carne e os laticínios vinham preponderantemente dos lotes particulares dos fazendeiros coletivos. Outra área de crise era a Gulag. Em 1950, os assentamentos especiais contavam 2,5 milhões de pessoas, a maioria delas de várias minorias nacionais deportadas por não serem confiáveis: alemães, povos do Cáucaso Setentrional, tártaros da Crimeia, além de alguns *kulaks* remanescentes. O sistema de campos tinha mais ou menos o mesmo número, nesse caso preponderantemente composto por russos, incluindo prisioneiros políticos da década de 1930, colaboradores nazistas reais e imaginários e uma grande maioria de pessoas acusadas de crimes não políticos, além de assassinos e ladrões ordinários. Para a administração da Gulag, o problema era que os trabalhos forçados já não eram mais economicamente rentáveis. Embora os prisioneiros representassem cerca de 10% da mão de obra em exploração florestal e construção e fossem usados em projetos para os quais a mão de obra normal parecia cara demais, os custos da Gulag eram excessivos. Os gastos com a administração e centenas de milhares de guardas eram simplesmente altos demais e, para piorar as coisas, o sistema de trabalhos forçados baseava-se em mão de obra não qualificada. Até na exploração florestal, a mecanização estava começando a penetrar na indústria soviética e os trabalhadores forçados careciam de formação e motivação para usar o novo equipamento. Em 1952, os oficiais da Gulag e o próprio Beria estavam contemplando algum tipo de mudança no sistema.

Então Stalin morreu na sua *datcha* em 5 de março de 1953. A reação do círculo interno de Stalin foi declarar a liderança coletiva, com Kruchev (agora no posto de primeiro secretário do partido) e Malenkov (agora presidente do Conselho de Ministros) como as figuras principais. O problema imediato que eles enfrentavam era Beria. Desde 1946, Beria não chefiava a polícia de segurança, o Ministério da Segurança Estatal ou o Ministério de Assuntos Internos, mas ele tinha a confiança de Stalin. Ele também era chefe do Comitê Especial dentro da rede de defesa que administrava a indústria nuclear, cuja importância era crescente e que, naquela época, ainda trabalhava quase exclusivamente para a produção militar. Na nova divisão de poder após a morte de Stalin, Beria obteve o ministério unificado de Assuntos Internos e Segurança Estatal. Mais uma vez, como em 1938, ele estava encarregado de todas as funções de polícia. A primeira crise política do novo regime veio no final de junho, quando Malenkov levantou a questão de Beria no Presídio do Partido (o novo nome do Politburo). A reunião de 26 de junho era, na verdade, uma conspiração, pois Beria não foi informado de que seu destino estava na pauta. Na própria reunião, o marechal Zhukov e um grupo de oficiais o prenderam. Uma semana depois, Malenkov e Kruchev explicaram suas ações ao Comitê Central, alegando que Beria estava tentando controlar o partido por meio da polícia de segurança e almejava o poder absoluto. Ele era um conspirador que tinha envenenado a mente de Stalin contra os outros líderes e era, enfim, um agente do imperialismo ocidental. Ele apresentava-se como reformador para criar uma base política no partido. Após um julgamento fechado, Beria foi executado num *bunker* militar à beira do rio Moscou.

A supressão de Beria resolveu apenas um problema. Mesmo antes da sua prisão, a nova liderança sabia que algumas mudanças tinham de acontecer. A agricultura estava em mau estado, o sistema de campos estava em crise e a agitação na Alemanha Oriental estava criando um problema no Leste Europeu. Kruchev promoveu uma série de reformas agrícolas, aumentou os preços de compra dos produtos dos *kolkhozy* e reduziu os impostos sobre os lotes particulares dos camponeses. Após a morte de Stalin, Kruchev havia obtido o cargo de primeiro secretário do Partido Comunista, mas Malenkov era o primeiro-ministro e Molotov ainda era um poderoso ministro das Relações Exteriores. Ambos tinham assento no Presídio do Partido e todos os seus

412 | HISTÓRIA CONCISA DA RÚSSIA

membros, com Kruchev à sua frente, proclamavam que o partido e o país tinham agora uma liderança coletiva. No entanto, para executar seus planos, Kruchev precisava eliminar seus rivais potenciais. Primeiro ele conseguiu convencer seus colegas a destituir Malenkov do cargo de primeiro-ministro para ministro da Eletrificação e substituí-lo por Bulganin. Depois ele agiu para neutralizar Molotov, embora este último continuasse ministro das Relações Exteriores. Chegado o momento da Conferência de Genebra em 1955, estava claro que era Kruchev o mais poderoso, não Bulganin ou Molotov.

Enquanto essas manobras no Kremlin estavam levando Kruchev ao topo, o líder vinha realizando em segredo uma revisão completa das políticas de repressão da era Stalin. A notícia da morte de Stalin e as primeiras reformas provocaram revoltas nos campos da Gulag em 1953 e 1954, que foram reprimidas pelo Exército, mas o processo de libertação começou, tanto nos campos e colônias de trabalhos forçados como nos assentamentos especiais. Quase 1 milhão de presos foram libertados no início de 1955. Igualmente importantes foram as diversas investigações que as autoridades lançaram sob os auspícios da Suprema Corte da URSS para examinar os casos mais flagrantes de execução e prisão desde os anos 1930. Suas conclusões foram esmagadoramente que, nos casos dessas vítimas, foi encontrada uma "ausência de componentes criminosos" (*otsutstvie sostava prestupleniia*), o que levou à libertação dos presos e reabilitação póstuma dos mortos. A reabilitação não era meramente simbólica, pois significava que as famílias daqueles que haviam morrido não eram mais inimigas do Estado e, se eles estavam definhando nos campos, foram libertados. Por toda a União Soviética, centenas de milhares de pessoas viram-se com uma passagem de volta para casa e documentos que permitiam-lhes viver uma vida normal e retornar a famílias que alguns não viam há 15 anos ou mais, e que não sabiam nem mesmo se eles estavam vivos. Por enquanto, a libertação e reabilitação dos prisioneiros e dos mortos ocorria em silêncio. Nada era publicado nos jornais.

No final de 1955, Kruchev convenceu seus colegas, até mesmo aqueles que haviam sido colaboradores mais próximos de Stalin, como Molotov e Kaganovich, a estabelecer uma comissão do partido para examinar as "violações da legalidade socialista" cometidas por Stalin, especialmente a exterminação da maior parte da elite do partido em 1937-1938. O chefe da comissão era P. N. Pospelov, antigo editor da *Pravda* e, ao que tudo indicava, um stalinista fervoroso. O relatório da sua comissão tornou-se a base do famoso "discurso secreto" de Kruchev no Vigésimo Congresso do Partido Comunista em fevereiro de 1956. O discurso de Kruchev, com acréscimos dele e trabalho editorial de outro ideólogo do partido, M. M. Suslov, ocorreu no fim do Congresso. No momento em que todos estavam arrumando as coisas para ir embora, veio o anúncio para os comunistas soviéticos e estrangeiros de que haveria uma sessão adicional. Nela, Kruchev leu seu discurso por quatro horas (com um curto intervalo) para uma plateia atônita e silenciosa. No discurso, ele culpou Stalin pessoalmente (com algumas acusações para Beria) por todos os crimes cometidos a partir da década de 1930. Ele focou-se principalmente na destruição do Comitê Central em 1937-1938, do qual 70% dos membros haviam morrido, e na condução da guerra por Stalin. Nenhum dos seus relatos era inteiramente honesto, pois ao culpar Stalin pelo terror ele omitiu o papel de Molotov e outros líderes, incluindo ele mesmo, sem falar nos milhares de denunciantes ardorosos dos sabotadores e espiões entre a população. O relato de Kruchev do papel de Stalin na guerra era simplesmente errado e deu origem a numerosas lendas que só vieram a ser refutadas após 1991. Ele não disse quase nada sobre a coletivização, que finalmente envolveu mais pessoas e mais mortes que o terror. Mas o intuito era transferir para Stalin a culpa por todos os crimes do passado e enfatizar a importância da liderança coletiva do partido, para evitar "o culto da personalidade" que cercou Stalin enquanto ele estava vivo. Para prevenir a repetição desses horrores, era necessária uma liderança coletiva e a preservação da "legalidade socialista".

A liderança debateu quanta publicidade devia ser dada ao discurso, e o resultado foi um compromisso. Ele não foi publicado na União Soviética (somente em 1989) mas distribuído entre organizações do partido, nas quais foi lido na integralidade aos membros deste, cerca de 7 milhões de pessoas, e à totalidade da Komsomol, mais de 18 milhões de pessoas. Como ele também foi distribuído a comunistas estrangeiros, o discurso chegou ao Ocidente através da Polônia e foi rapidamente impresso em diversas traduções. As descrições horripilantes de tortura e execução (tiradas diretamente do relatório de Pospelov) feitas por Kruchev foram um tremendo choque para os esquerdistas estrangeiros, especialmente no Ocidente, mas em outros lugares a reação foi ambígua. Na China, Mao Tsé-Tung nunca aprovou realmente o discurso, e as obras de Stalin continuaram canônicas no Partido chinês. Na própria União Soviética, o relatório provocou protestos pró-Stalin por parte de milhares de estudantes em Tbilisi e Gori, na Geórgia natal de Stalin, e causou acessos de crítica violenta ao regime entre os intelectuais de Moscou. Contudo, a maioria da população estava mais preocupada com o preço da carne e aceitou as novas políticas, mesmo se muitos tinham uma visão mais positiva do passado soviético que aquela propagada agora por Kruchev.

Os principais efeitos do discurso secreto ocorreram no Leste Europeu, onde ele levou a protestos na Polônia e à revolução húngara no outono de 1956. Kruchev sobreviveu a essas ameaças com seu poder intacto e prosseguiu com mais projetos de reforma. No final dos anos 1950, a libertação de prisioneiros e colonos especiais virou uma enxurrada. As nacionalidades deportadas do Cáucaso Setentrional retornar ampara casa e suas repúblicas autônomas foram restauradas. (Porém, os tártaros da Crimeia, os alemães do Volga e alguns outros grupos não retornaram, embora sua condição jurídica pessoal tenha sido restaurada). Em 1960, a Gulag foi extinta. Mais mudanças estavam a caminho. A indústria soviética tinha um desempenho muito superior ao da agricultura, mas a pressão para construir uma sociedade integralmente moderna, agora em competição com os Estados Unidos, exigia mais progresso da manufatura e da agricultura. Kruchev conclamou publicamente a agricultura soviética a superar a produção de carne e laticínios dos Estados Unidos. Para a indústria, a solução que ele adotou no início de 1957 foi descentralizar a economia, criando "Conselhos da Economia Nacional" no nível regional em vez dos ministérios industriais centrais que administravam a economia desde a década de 1930.

Antes que esse plano pudesse ser implementado, uma nova crise surgiu, dessa vez na liderança central do partido. Molotov, Malenkov e Kaganovich estavam descontentes com Kruchev já há algum tempo. Molotov estava insatisfeito com a reconciliação parcial com Tito, com a sugestão cada vez mais frequente de coexistência pacífica com o Ocidente e com o aumento da prioridade dada à agricultura e aos bens de consumo. Seus aliados compartilhavam essas dúvidas e também opunham-se ao poder pessoal crescente de Kruchev. Por trás dessas questões específicas pairava o problema da desestalinização: até onde Kruchev iria? A lição da Hungria era que o processo podia escapar ao controle e, mesmo se isso não acontecesse, eles mesmos eram extremamente vulneráveis por serem os principais sobreviventes da velha guarda de Stalin. Nos meses iniciais de 1957, eles pressionaram os membros do Presídio, ganhando sete votos – eles mesmos, o senescente Voroshilov, Bulganin e dois importantes administradores econômicos – dos onze necessários para tirar Kruchev do poder. Os conspiradores disseram então a Kruchev que eles precisavam reunir-se para discutir uma aparição conjunta em Leningrado para o aniversário da cidade, mas quando ele chegou, em 18 de junho, soube que eles queriam removê-lo da liderança do partido. Seguiu-se um debate furioso e Mikoyan, o único da velha guarda de Stalin que apoiava Kruchev, deixou a sala brevemente para procurar Leonid Brejnev e Elena Furtseva (a única mulher na história que teve um papel na liderança soviética), ambos candidatos a membros do Presídio. Ele pediu-lhes que contatassem o ministro da Defesa e candidato a membro do Presídio, o marechal Zhukov, que estava ausente porque os conspiradores o haviam enviado em manobras. Brejnev correu para o telefone e convocou o marechal, que chegou ao Kremlin enquanto o debate ainda fervia. Molotov tinha seus sete votos, mas todos exceto um dos candidatos a membro ficaram do lado de Kruchev. Mikoyan e outros também haviam contatado os membros do Comitê Central que residiam em Moscou e nas proximidades, e, segundo o estatuto do partido, o árbitro final dessas decisões era o Comitê Central (CC). De início, Molotov e os outros recusaram-se a reunir-se com os membros do CC, mas logo perceberam que não tinham escolha, especialmente com Zhukov inflexível na oposição aos seus planos. Era ele quem tinha prendido Beria e tinha a lealdade das Forças Armadas. A plenária do Comitê Central reuniu-se em 22 de junho de 1957, no 16º aniversário da invasão de Hitler.

Esses eventos haviam transcorrido em segredo e muito poucas pessoas sabiam que algo estava acontecendo. Durante uma semana, o CC, com cerca de 200 membros, massacrou Molotov e seus aliados, acusando-os de políticas equivocadas, de cindir o partido, de tentar tomar o poder e ignorar o Comitê Central, e mencionando o comportamento de Molotov e Kaganovich no grande terror. A elite do partido não queria retornar a o medo e despotismo da era Stalin. Um dos mais veementes era Brejnev, um líder provincial do partido da Ucrânia que havia entrado recentemente para as fileiras da elite central do partido. Finalmente, Kruchev e seus seguidores denunciaram os três principais conspiradores como um "grupo antipartido" e expulsaram-nos do Presídio, substituindo-os por Brejnev e Furtseva. Na época de Stalin, os conspiradores só podiam esperar a morte: em vez disso, eles receberam cargos subalternos (Molotov foi nomeado embaixador na Mongólia). Ele e seus aliados haviam subestimado grosseiramente a nova elite do partido que havia assumido o poder desde a década de 1930 – pessoas com uma boa dose de experiência no tempo de guerra e na administração econômica e que ficavam horrorizadas com a perspectiva de um retorno à era Stalin. Essas pessoas mais jovens eram a base de Kruchev no partido e permaneceriam no poder até os anos 1980.

416 | HISTÓRIA CONCISA DA RÚSSIA

Molotov havia criticado Kruchev por tentar criar um novo "culto da personalidade" e decidir tudo sozinho, mas o Comitê Central tinha tomado essa acusação como mera demagogia. Nos anos seguintes, os fatos provariam em grande medida que eles estavam errados. Apenas poucos meses depois, Kruchev providenciou o rebaixamento do marechal Zhukov, acusando-o de ignorar o controle do partido sobre as Forças Armadas e de comportamento despótico. Essas acusações continham alguma verdade, mas a destituição do Ministério da Defesa e do Presídio significava que agora Kruchev não tinha rivais no topo. Ele não era um ditador como Stalin, mas estava sozinho no ápice do poder na URSS. Kruchev usou seu poder para conduzir uma política externa que envolvia cada vez mais o blefe para atravessar as crises, alternando uma diplomacia cautelosa com riscos insensatos, dos quais o mais famoso foi a crise dos mísseis de Cuba de 1962. Ele também lidou com a desintegração crescente do bloco soviético, conforme a Albânia e a Romênia tornaram-se gradualmente Estados stalinistas independentes e, mais importante, conforme a China afastava-se inexoravelmente da URSS em direção à Revolução Cultural. Mao e seus aliados no movimento comunista viam Kruchev como a encarnação do "revisionismo", de uma rejeição da verdadeira senda revolucionária. Com toda a certeza, os colegas de Kruchev no Kremlin não compartilhavam as opiniões de Mao, embora pensassem que Kruchev havia exacerbado com frequência o conflito com seu estilo pessoal desajeitado. Todos esses acontecimentos minaram sua posição junto à elite do partido, mas as políticas econômicas que ele perseguia eram igualmente problemáticas.

O problema aqui não eram os objetivos de Kruchev. A elite do partido claramente concordava que o país precisava de uma melhoria radical na agricultura. No final da década de 1950, a população urbana ainda vivia principalmente de pão preto, salsicha quando estava disponível, e do que pudesse comprar no mercado camponês. Os bens de consumo estavam muito mais disponíveis do que antes, mas na prática eram difíceis de obter. Por isso, o desejo de Kruchev de pôr mais recursos na agricultura, nos bens de consumo e até na habitação era extremamente popular, não somente junto ao povo, mas aos líderes do partido. Eles perceberam que não poderiam manter a estabilidade se o padrão de vida não melhorasse radicalmente.

O maior problema era a agricultura. Uma das primeiras medidas de Kruchev foi abolir as estações de máquinas e tratores criadas nos anos 1930 e transferir seu maquinário para *oskolkhozy*, uma mudança que implicaria uma autonomia muito maior para as fazendas. Mais estava por vir. Na sua

CRESCIMENTO, CONSOLIDAÇÃO E ESTAGNAÇÃO | **417**

viagem de 1959 aos Estados Unidos, ele provocou uma agitação considerável em suas visitas a fazendas dos Estados Unidos em Iowa e em seus encontros com fazendeiros dos Estados Unidos. Essa experiência parece ter confirmado sua crença na agricultura de larga escala e alta tecnologia, pois a agricultura dos Estados Unidos já estava passando das fazendas familiares para o agronegócio. Ele percebeu que a URSS estava muito atrasada na produção e uso de fertilizantes químicos. O modelo de industrialização stalinista havia favorecido conscientemente a metalurgia e o carvão em detrimento da indústria química e do petróleo, pois aquelas eram mais adaptadas ao nível de desenvolvimento econômico de então, e também mais importantes para a produção bélica. Essa decisão fez que o aumento da produção agrícola, que ocorreu depois de meados dos anos 1930, viesse da mecanização, hibridação de plantas e rotação de culturas mais sistemática, e não do uso de fertilizantes ou pesticidas. Nenhum desses métodos fez mais do que acompanhar o ritmo de crescimento acelerado da urbanização, e, para piorar as coisas, Stalin e seus chefões agrícolas tinham aceitado vários planos esdrúxulos em agronomia, como o infame sistema "pasto-plantio". Segundo esse conceito, aceito pelas autoridades a partir do final da década de 1930, os cereais alimentares tinham de ser alternados com pasto em vez de trevo ou outras plantas que favorecem a fixação de nitrogênio. O sistema tornou-se uma grande fixação para Kruchev, que exigiu que a agricultura soviética seguisse os padrões de rotação aceitos nos Estados Unidos e em outros sistemas agrícolas, e em 1963 ele impôs sua vontade.

Infelizmente, os programas de Kruchev combinavam um planejamento sólido com esquemas duvidosos, como o projeto de terras virgens. Kruchev, que se considerava um especialista agrícola por causa dos seus anos na Ucrânia, tinha consciência de que havia uma grande quantidade de terras não cultivadas na Sibéria Ocidental e no Cazaquistão. Para ele a solução era óbvia: o baixo rendimento em cereais da União Soviética podia ser resolvido enviando-se milhares de colonos para essas áreas para rasgar a estepe com o arado. O resultado foi uma mobilização ao estilo da década de 1930, com a Komsomol à frente, enviando jovens para viver em tendas enquanto semeavam cereais e construíam casas. O tamanho global da safra soviética aumentou rapidamente em decorrência disso, mas o programa também tirou recursos da modernização das fazendas coletivas e acabou-se descobrindo que grande parte da terra era fértil, de fato, mas árida demais para o cultivo contínuo. O resultado inevitável foi a degradação ambiental, com queda da produção. A liderança cazaque tinha avisado Kruchev que não havia muita terra nova adequada, mas ele simplesmente substituiu esses estraga-prazeres por seus cupinchas de Kiev e Moscou.

Além das terras virgens, sua outra obsessão agrícola era o milho. Kruchev sabia, mesmo antes de ir para os Estados Unidos, que o milho eraum componente essencial da alimentação animal no mundo todo, e ele decidiu que a União Soviética devia produzi-lo. A maioria dos agrônomos achava que não era uma cultura adequada fora de algumas pequenas áreas no extremo Sul do país, mas Kruchev não concordou e até tentou forçar as autoridades das Repúblicas bálticas a plantar milho no lugar das culturas mais tradicionais. Muito tempo e dinheiro foram gastos tentando encontrar um híbrido que crescesse bem em condições variadas, mas o projeto transformou-se apenas em mais uma campanha patrocinada pelas autoridades centrais sem resultados significativos. Mas Kruchev não queria desistir.

O desempenho de Kruchev na indústria foi dúbio. Os anos 1950 foram um período de taxas de crescimento muito altas, mesmo depois do fim da reconstrução pós-guerra. As conquistas soviéticas em tecnologia, como a construção da indústria nuclear e de foguetes que podiam ir para o espaço, eram símbolos visíveis de um Estado moderno. A maior parte do desenvolvimento nuclear ainda era secreta, mas o lançamento do Sputnik em 1957 foi um evento planetário. Ainda mais espetacular foi o primeiro voo de Iuri Gagarin no espaço em 1961, seguido por toda uma série de voos espaciais. Até a alunissagem dos norte-americanos em 1969, os soviéticos pareciam estar muito à frente na corrida espacial. Junto com essas conquistas muito reais havia problemas persistentes. O novo sistema descentralizado de administração não era melhor que o antigo e, em muitas áreas, ele simplesmente adicionava uma nova camada burocrática. Mais promissora era a decisão, que Kruchev apoiou com entusiasmo, apesar de não ter sido seu autor, de investir pesados recursos na indústria química e na produção de petróleo e gás natural. Ambas estavam relacionadas, já que grande parte da matéria-prima para a indústria química seriam derivados de petróleo. A União Soviética teria plástico. Para Kruchev, a indústria química também seria uma panaceia para a agricultura, pois ele percebeu que o milho e as terras virgens não eram suficientes.

Infelizmente, nenhum desses planos abordava os problemas imediatos. As decisões tomadas em 1959-1960 realmente lançaram a base para subsequentes desenvolvimentos importantes que transferiram a base energética do carvão para o petróleo e o gás na década de 1970 e criaram uma imensa indústria química, mas trouxeram poucos benefícios a curto prazo. Talvez seu programa de maior sucesso para o cidadão comum tenha sido as primeiras tentativas de habitações de massa, os pequenos prédios de apartamentos com cinco andares (sem elevador) que pipocaram em torno de Moscou e outras grandes cidades. Não eram mais apartamentos comunitários e, apesar de pequenos, eles tinham as habituais comodidades modernas.

Kruchev continuava fazendo suas gambiarras na agricultura e proclamando objetivos grandiosos. Em 1961, ele presidiu a outro congresso do partido, no qual ele anunciou que a União Soviética iria "construir o comunismo", o segundo estágio de Marx além do socialismo, no qual o Estado desapareceria em meio à abundância universal de todos os bens e serviços possíveis. Para uma população que ainda estava lutando contra o déficit de produtos, longas filas nas lojas e preços altos no mercado camponês, esse programa soava megalomaníaco. No ano seguinte, as autoridades até enfrentaram um protesto na cidade meridional de Novocherkassk, cujas causas eram inteiramente econômicas, que foi reprimido com brutalidade.

O fato de somarem-se à crise dos mísseis de Cuba tornava os problemas econômicos cada vez mais preocupantes. Para piorar, Kruchev parecia estar construindo um "culto da personalidade". Produziam-se filmes que relatavam suas viagens ao exterior com detalhes afetuosos e títulos como *Nosso Nikita Sergeevich*. Como seu genro Aleksei Adzhubei controlava o *Izvestiia*, um dos dois jornais principais, seus feitos eram difundidos por todo o país. Ele aparecia em diversos encontros com escritores e artistas, dando-lhes lições sobre política e arte. Sua performance mais famosa ocorreu num exposição de arte moderadamente modernista em 1962, na qual ele disse aos artistas que parecia que suas obras haviam sido pintadas pelo rabo de um burro. A liderança do partido não necessariamente discordava, mas não gostava da sua prática de lidar com essas questões de improviso e sem consultá-los. Ela lembrava demais as incursões de Stalin na economia e na linguística. Kruchev desagradou igualmente grandes quantidades de pessoas com uma nova campanha contra a religião. Depois do reconhecimento da Igreja ortodoxa e da maioria das outras religiões por Stalin no fim da guerra, as igrejas haviam começado gradualmente a adquirir uma posição modesta na sociedade soviética. Kruchev decidiu mudar isso e lançou mais uma onda violenta de perseguição. Felizmente, ela não teve os resultados mortíferos dos anos 1930, mas acarretou o fechamento de muitas igrejas, prisões e praticamente a abolição da religião da vida soviética. A elite do partido certamente não era a favor da religião, mas, como Stalin,

420 | HISTÓRIA CONCISA DA RÚSSIA

eles não achavam mais que ela fosse um problema importante e preferiam simplesmente controlá-la. A campanha de Kruchev era desnecessária e resultava dos seus caprichos pessoais impostos ao país.

Ironicamente, a gota que entornou o vaso para Brejnev e os outros líderes do partido veio da intersecção entre agricultura e Ciência, que foi por muito tempo um dos principais pontos de discórdia do sistema soviético. Kruchev, apesar de todo o seu antistalinismo, continuava um seguidor convicto de Trofim Lysenko e da sua condenação da genética moderna patrocinada oficialmente em 1949. Lysenko tinha seu próprio feudo na rede de institutos de pesquisa agrícola, mas a Academia de Ciências mantinha a maioria dos seus cupinchas de fora. No início de 1964, Kruchev tentou fazer que um grupo deles fossem eleitos para a Academia de Ciências, mas os físicos, liderados por Andrei Sakharov e Igor Tamm, mobilizaram tanta oposição que os candidatos perderam na votação. Kruchev ficou furioso, embora sua própria filha cientista tenha tentado persuadi-lo que o trabalho de Lysenko estava simplesmente errado. Numa reunião plenária do Comitê Central em julho, depois de um longo discurso incoerente sobre agricultura, Kruchev anunciou subitamente que parte do problema eram os cientistas, com a interferência de Sakharov e da Academia na política, a seu ver, para rejeitar os lysenkoístas. Ele então anunciou que eles deviam simplesmente abolir a Academia por ser uma relíquia do século XIX.

Brejnev e seus colegas decidiram que era chegada a hora. A questão da Academia era somente uma entre muitas, mas era simplesmente demais. Enquanto eles estavam lutando para modernizar a sociedade soviética, o seu líder estava tentando dinamitar a principal fonte de inovação, sua única esperança de alcançar o Ocidente. Em outubro de 1964, o Comitê Central reuniu-se novamente e apresentou toda uma lista de acusações contra Kruchev, incluindo o caso da Academia. Ele reconheceu sua "rudeza" a respeito de Sakharov e da Academia e sua obsessão com o milho, mas continuou a defender esse comportamento na crise dos mísseis de Cuba ("o risco era inevitável") e nas diversas crises de Berlim. O Comitê votou pela sua demissão, pôs Brejnev no cargo de chefe do partido e Aleksei Kosygin, um administrador econômico, no cargo de primeiro-ministro.

O novo regime continuou em grande parte as políticas de Kruchev, mas sem seu estilo errático. Os Conselhos Econômicos regionais foram rapidamente abolidos e as campanhas agrícolas mais exóticas cessaram. Não houve um retorno aos métodos stalinistas de governo. Stalin continuou inominável na maioria dos contextos, embora alguns generais da Segunda Guerra

CRESCIMENTO, CONSOLIDAÇÃO E ESTAGNAÇÃO | 421

Mundial tenham descrito aspectos da sua liderança em tempo de guerra em livros de memórias, a maioria com viés negativo. Nos manuais de história e declarações públicas,as realizações da era Stalin eram atribuídas "ao partido e ao povo", e relatos dos seus crimes permaneceram como estavam em 1964. Não houve novas revelações. A nova política produziu alguma inquietação entre a *intelligentsia*, mas para a maioria da população Stalin já não era mais um problema. Quando muito, a avaliação popular do antigo "grande líder dos povos" era mais positiva que a linha oficial. Em dois aspectos importantes, a era Brejnev trouxe, na verdade, mais liberalização. A campanha contra a religião chegou ao fim, o que estabeleceu um *modus vivendi* com as diversas religiões da União Soviética que durou até a década de 1980: a religião era desincentivada, mas não proibida, e o legado artístico da Ortodoxia na pintura de ícones e na arquitetura tornou-se objeto de estudos aprofundados pela primeira vez. Na Ciência, o novo regime abandonou totalmente Lysenko e restaurou a genética na biologia soviética. O último resquício da Ciência stalinista desapareceu.

A primeira década da era Brejnev foi um período de enorme crescimento econômico. Os planos traçados por Kruchev começaram a dar frutos quando os vastos campos novos de gás natural passaram a produzir. Em apenas 20 anos, a produção de gás aumentou dez vezes; cerca de metade vinha da Sibéria e um quarto do Turcomenistão e do Uzbequistão. Surgiram cidades inteiramente novas, como Navoi no Uzbequistão, que recebeu, no estilo tipicamente soviético, o nome de um poeta medieval da Ásia Central. Novos campos de petróleo foram abertos, sobretudo na Sibéria Ocidental, e a produção quase dobrou até os anos 1980. A União Soviética lançou um enorme programa de energia nuclear, começando com a usina de Beloiarsk nos Urais. Beloiarsk seguiu-se a um reator experimental construído perto de Moscou na década de 1950. Ela empregava um reator de nêutron lento, um projeto que não foi usado posteriormente na União Soviética, e produziu eletricidade pela primeira vez em 1964. A União Soviética acabou construindo quase 50 usinas de energia nuclear com água pressurizada ou moderadas a grafite, sendo esta última a versão que deu pane em Chernobyl. Na década de 1980, os reatores nucleares produziam cerca de um quarto da eletricidade do país.

O imenso crescimento do setor de energia assinalou uma transição do carvão para as fontes de energia baseadas em petróleo e para a energia nuclear. Ele também mudou a distribuição da energia entre as repúblicas, pois o carvão foi minerado principalmente na Ucrânia até a Segunda Guerra

Mundial, depois cada vez mais na República Russa e no Cazaquistão, embora a Ucrânia ainda produzisse quase metade do carvão soviético. O petróleo, em contrapartida, era produzido a 90% na República Russa e o gás a quase 80%. Em certa medida, a energia nuclear restaurou o equilíbrio, pois a política era construir usinas de energia nuclear onde outros recursos estavam ausentes ou em declínio. Assim, o reator moderado a grafite de Chernobyl começou a gerar eletricidade em 1977 e a Ucrânia passou a depender da energia nuclear para metade da sua eletricidade, comparada a somente 20% para a URSS como um todo. A cidade ucraniana meridional de Zaporozhe recebeu a maior usina de energia nuclear da Europa, cujos reatores entraram em funcionamento a partir de 1985, felizmente com os reatores mais seguros de água leve pressurizada. O outro efeito do aumento maciço da base energética foi que a União Soviética começou a exportar petróleo e gás para o Leste Europeu e o mundo em geral. O comércio com o Ocidente e a Ásia começou a aumentar rapidamente nos anos 1950, mas as exportações eram um caso à parte. No Leste Europeu, as novas exportações aceleraram a transição iniciada sob Kruchev de uma situação em que os satélites soviéticos subsidiavam a URSS com preços baixos de recursos para a situação oposta. Nos anos 1960, o gás e o petróleo soviéticos iam para países socialistas "fraternos" a um preço consideravelmente inferior ao do mercado. A exportação de petróleo para o Ocidente compensava esses subsídios ao trazer grandes somas de moeda forte que permitiam aos soviéticos realizar no exterior as compras de tecnologia e de cereais de que tanto precisavam.

Como em outros lugares, a indústria nuclear também estava ligada à produção militar, o que permitiu à União Soviética alcançar pela primeira vez, no final dos anos 1960, uma paridade aproximativa com os Estados Unidos. A base dessa paridade era o desenvolvimento de submarinos nucleares e dos Mísseis Balísticos Intercontinentais (MBICs), que agora podiam de fato atacar os Estados Unidos a partir da URSS em caso de guerra. Bombardeiros de longo alcance não eram mais necessários. O resultado foi uma corrida armamentista cada vez mais cara, que absorveu uma imensa quantidade de capital e de pessoal treinado, que a URSS não podia custear com tanta facilidade quanto o seu rival norte-americano. A corrida armamentista foi apenas uma parte do custo social e ecológico das últimas décadas da industrialização soviética. Rios e florestas foram poluídos com lixo nuclear, o que acarretou sérios problemas de saúde nas áreas afetadas. Os campos de petróleo e de gás perturbavam a frágil ecologia subártica e a energia hidrelétrica implicava o alagamento de vastas áreas, a remoção dos

CRESCIMENTO, CONSOLIDAÇÃO E ESTAGNAÇÃO | 423

habitantes e todo tipo de mudanças no ambiente, muitas delas totalmente inesperadas. Não se tratava apenas de oficiais arrogantes do partido que forçavam cientistas e engenheiros a construir usinas mequetrefes na natureza intocada: os cientistas estavam convencidos de que seus projetos eram perfeitamente seguros e os efeitos ecológicos, insignificantes. Na verdade, foram os físicos que fizeram pressão mais constante por mais usinas de energia nuclear, convencendo os oficiais do partido, que estavam preocupados com os custos exorbitantes.

Os primeiros anos da era Brejnev também assistiram a uma transformação radical da agricultura soviética, ou pelo menos da sua tecnologia. As mesmas fazendas coletivas que haviam operado por décadas sem fertilizantes e pesticidas suficientes usavam-nas de três a cinco vezes mais que as fazendas norte-americanas no final da década de 1970. Em 1966, as autoridades aboliram o sistema de trabalho-dia, e os fazendeiros coletivos recebiam sua parcela dos rendimentos em dinheiro. A produção agrícola expandiu-se rapidamente, liberando milhões de camponeses para o trabalho industrial. A migração para as cidades nos últimos 30 anos do poder soviético era tão grande que vastas áreas, especialmente na Rússia central e setentrional, começaram a ficar vazias, deixando milhares de aldeias abandonadas que salpicavam a paisagem. Pela primeira vez na história russa, a população da cidade ultrapassou a do campo, passando de dois terços do total da URSS em 1990.

Esse aumento brutal da produção, a criação da indústria nuclear e uma indústria química mais ou menos moderna também provocaram uma onda de bens de consumo pela primeira vez na história soviética. As lojas de alimentos começaram a oferecer alguma variedade, tanto de produtos soviéticos quanto de produtos enlatados importados da Bulgária e de outros países. Os laticínios apareceram com variedade modesta. Para atender as necessidades de cereais e forragem, a União Soviética importava cereais do Canadá e dos Estados Unidos com regularidade. O resultado foi uma melhora incrível, mas não a prosperidade universal. O abastecimento era irregular e um ou outro produto alimentício estava em falta a cada ano. As cenouras desapareciam de determinada região por vários meses e, quando retornavam, as beterrabas haviam sumido das lojas. A distribuição nos locais de trabalho continuou, mas em escala menor, para oferecer produtos difíceis de encontrar, como frango. Aparelhos eletrônicos de consumo tornaram-se quase universais nas cidades e a televisão apareceu até nas aldeias. Ao mesmo tempo, comprar efetivamente um televisor era uma operação complicada. Os telefones vinham sobretudo da Polônia em troca do gás soviético barato e eram famosos por não serem confiáveis. A crise da habitação cedeu à medida que densos anéis de prédios de apartamentos pré-fabricados cercavam as cidades soviéticas. Finalmente, a maioria dos residentes urbanos trocou os apartamentos comunitários por novos apartamentos com cozinha e banheiro próprios. Infelizmente, as outras estruturas necessárias, como escolas e lojas, muitas vezes não apareciam nos novos bairros por décadas. A produção disparou, mas a distribuição continuava num estado de desordem permanente. Porém, apesar de todos os problemas, a primeira década dos anos Brejnev foi, de muitas formas, o ponto alto da União Soviética. Não só ela tinha alcançado a condição de superpotência, mas finalmente a população também havia adquirido os elementos básicos de um padrão de vida moderno. Mas havia dois problemas com esse padrão de vida. Um era a prosperidade do pós-guerra na Europa e na América, que criou um padrão de vida mundial totalmente novo, e notícias sobre ele atravessavam a fronteira. A URSS estava perseguindo um alvo móvel. O outro problema foi que o aumento do padrão de vida soviético estagnou após meados dos anos 1970. Mais habitações apareceram, mas praticamente todos os bens de consumo entraram gradualmente num estado de falta permanente, o que significava que eles estavam disponíveis mas eram cada vez mais difíceis de encontrar de fato. A luta pela vida diária era o pano de fundo do mal-estar que se instalou na sociedade soviética.

Esse mal-estar não era explicitamente político, exceto por pequenos grupos dissidentes da *intelligentsia*. Os primeiros dissidentes haviam aparecido na década de 1960, quando finalmente ficou claro que a oposição aberta ao sistema soviético levaria ao assédio e talvez até à prisão em certos casos, mas não à morte ou a uma longa encarceração. A KGB sob Yurii Andropov mudou seu modo de operação. Ela não procurava mais grupos de oposição organizados, ligados a emigrados no Ocidente, e tentava, em vez disso, policiar a sociedade com uma combinação de persuasão e força seletiva. Para a maioria das pessoas que infringiam o sistema, a KGB levava-as para uma "conversa" e lembrava-as das possíveis consequências de uma reincidência, e deixava por isso mesmo. Uma minoria muito pequena de intelectuais continuava a protestar e ia para a prisão ou hospitais psiquiátricos. Os dissidentes vinham sobretudo de posições altamente privilegiadas na sociedade soviética. Os intelectuais continuavam a ter apartamentos, acesso privilegiado a produtos, e uns poucos selecionados mantinham oportunidades de viagem ao exterior. Os escritores viviam em *datchas* em Peredelkino e outras colônias de escritores, enquanto os cidadãos comuns enfrentavam longas filas e habitações de massa. Os cientistas, especialmente aqueles especializados em áreas estratégicas como a física, viviam em lugares semelhantes e também tinham contato com o poder por causa da sua utilidade para a indústria nuclear militar e civil. Não surpreende que alguns tenham começado a ficar irritados com esse papel privilegiado mas, no fim das contas, impotente. Em 1968, Andrei Sakharov passou da crítica aos testes de armas nucleares e da biologia de Lysenko à crítica do sistema como um todo e formulou noções de convergência que gerariam uma sociedade mais parecida com o Ocidente do que com a União Soviética. Alexander Solzhenitsyn passou de relatos ficcionais e não ficcionais da Gulag stalinista a uma posição nacionalista russa que criticava igualmente a sociedade ocidental e soviética e defendia um Estado autoritário religioso baseado somente nos povos eslavos da URSS. O fenômeno mais próximo de uma dissensão generalizada foi a emigração de quase 1 milhão de judeus soviéticos, cerca de 40% da população judaica, entre 1970 e 1990. A primeira onda consistia de sionistas mais ou menos engajados que se mudaram para Israel, mas nos anos 1980 essa corrente havia sido reduzida a um filete e a maioria dos emigrantes judeus havia se mudado para os Estados Unidos e a Alemanha à procura de melhores condições econômicas.

Os dissidentes atraíram enorme atenção no Ocidente durante a Guerra Fria e suas ideias e escritos eram bem conhecidos da *intelligentsia* soviética. Alguns outros intelectuais os apoiavam, mas os dissidentes não tinham apelo popular. Não obstante, as autoridades viam-nos como uma ameaça à sua concepção utópica de uma sociedade unificada e acabaram exilando Solzhenitsyn para o Ocidente em 1974 e Sakharov para Gorkii (Nizhnii Novgorod), a leste de Moscou. Nem é preciso dizer que suas obras eram publicadas apenas clandestinamente ou no Ocidente e que eles nunca eram mencionados em público. Mais grave era o sentimento generalizado de que o país estava, de certa forma, no caminho errado, uma sensação que se cristalizou com a invasão soviética do Afeganistão em 1980. A reação mais comum à invasão não foi nem o patriotismo nem a indignação, mas a sensação de que a liderança tinha cometido um erro grave. Para a maioria das pessoas, a União Soviética continuava um Estado legítimo, mas que estava, com toda a certeza, nas mãos de líderes míopes e incompetentes.

Em 1982 morreu Leonid Brejnev. A geração que ele representava, os jovens líderes do partido promovidos no final dos anos 1930, era agora um grupo de senhores de idade que simplesmente não conseguiam entender por que as coisas não tinham funcionado como eles esperavam, nem quão ruim a situação continuava para a massa do povo. O mundo também tinha mudado fora da URSS e eles não conseguiam apreender o desafio criado pela prosperidade de massa, não só nos Estados Unidos, mas também na Europa e no Japão pós-guerra. Com a morte de Brejnev, o Comitê Central pôs no seu lugar Yurii Andropov, chefe da KGB desde 1967. Perto dos 70 e com saúde fraca, Andropov não teve tempo de formular uma nova política, mas trouxe para Moscou Alexander Iakovlev, Mikhail Gorbachev e outros futuros reformadores. Com a morte de Andropov em 1984, o CC nomeou Konstantin Chernenko, de 72 anos de idade, para sucedê-lo. Chernenko havia sido o diretor de pessoal de Brejnev durante décadas e a nomeação ocorrera supostamente contra a vontade de Andropov. Se Andropov realmente preferia Gorbachev, sua vontade foi feita em 1985 quando Chernenko também morreu e Gorbachev tornou-se o Secretário-Geral do Partido Comunista. Seria ele que presidiria à sua derrocada.

capítulo 22

CULTURA SOVIÉTICA

Com o fim da NEP e muito antes da guerra, a União Soviética entrou num novo período da sua história, com implicações culturais profundas. A primeira fase desse novo período, de aproximadamente 1928 a 1932, testemunhou grandes reviravoltas em todos os campos da cultura, Ciência, arte, literatura e disciplinas humanísticas. Foi uma "revolução cultural", segundo a expressão da época, mas nem tão profunda nem tão abrangente quanto os acontecimentos muito posteriores de mesmo nome na China. Para as pessoas envolvidas, ela foi certamente traumática, pois não era apenas uma nova campanha ideológica. Nesses anos, as autoridades do partido lançaram um ataque sistemático contra os líderes de praticamente todas as áreas da cultura, acusando-os de não estarem à altura das exigências da "construção socialista" e de desposar opiniões do velho regime e hostilidade para com a nova ordem. Esses ataques aconteciam na imprensa e em encontros organizados em diversas instituições e locais de trabalho, nos quais comunistas, na sua maioria jovens e entusiasmados, eram incentivados a atacar seus antecessores e professores em nome da revolução. Além disso, a OGPU realizou prisões sistemáticas de intelectuais de destaque – historiadores, engenheiros, escritores e alguns cientistas. A maioria foi acusada de participação em diversas organizações clandestinas, presumivelmente fictícias, dedicadas a minar ou derrubar o poder soviético. Comparado ao de épocas posteriores, o tratamento foi relativamente brando: alguns foram executados; outros, levados para campos de encarceramento, mas muitos foram simplesmente exilados para cidades provinciais a fim de ensinar ou trabalhar em instituições locais. Algumas profissões sofreram mais que outras: os cientistas eram vítimas menos comuns, mas até para eles havia consequências. Ao mesmo tempo em que as velhas autoridades eram afastadas, todo tipo de ideias supermarxistas radicais obtinha breve fama e ascendência, juntamente com as ideias de vários excêntricos que se apresentavam como novas vozes proletárias.

Para os escritores, esse período significou o monopólio virtual dos proletários, ligados à Associação Russa de Escritores Proletários (RAPP, em russo), e seu líder, o crítico Leopold Averbakh. Os proletários atacaram quase todos os maiores escritores dos anos 1920 por serem contrarrevolucionários, especialmente os da *intelligentsia* pré-revolucionária e os "companheiros de viagem". Muitos grandes escritores, incluindo Evgenii Zamiatin e Mikhail Bulgakov, foram alvo de ataques furiosos. Zamiatin foi autorizado a deixar o país, mas Bulgakov não, e, durante algum tempo, praticamente não teve oportunidade de trabalho. Outros escritores, como os poetas Akhmatova e Pasternak, escaparam dos ataques porque publicaram pouco ou nada durante esses anos. Os proletários eram quase tão violentos com os escritores comunistas que não seguiam a linha de Averbakh. O que os proletários queriam era uma literatura engajada na luta pela construção do socialismo, e nesse sentido algumas das suas obras eram bastante críticas quanto à burocracia e à passividade do partido e do Estado. O seu romance ideal apresentava trabalhadores heroicos que superavam imensos obstáculos para construir uma nova cidade ou coletivizar uma aldeia, transformando a si mesmos no processo. Na realidade, esses textos raramente faziam sucesso, e as únicas obras legíveis produzidas pelo movimento tratavam da guerra civil e foram escritas preponderantemente antes de 1929. A melhor, de longe, era *O Don Tranquilo*, de Mikhail Sholokhov, e os líderes da RAPP sentiam-se incomodados por esse volume.

A música também teve seus radicais proletários, que atacaram o jovem Shostakovich e praticamente todos os outros compositores, não importando sua estética. Para a Associação Russa de Música Proletária, a única cultura musical "proletária" tinha de ser as "canções de massa", entoadas por corais semiamadores, de preferência compostos de trabalhadores. Os músicos proletários contavam com a rede de clubes de fábricas e outras organizações amadoras para difundir sua obra e suas doutrinas, mas a maioria das suas canções teve pouca popularidade entre os trabalhadores, que preferiam um repertório mais tradicional. Os proletários foram autorizados por um breve período a administrar os Conservatórios, mas em 1932 o partido pôs fim ao seu monopólio, assim como o fez para os escritores proletários.

Até nas ciências houve reuniões em institutos de pesquisa que posteriormente teriam consequências funestas. No instituto botânico de Nikolai Vavilov, estudantes radicais de pós-graduação criticaram sua liderança, suas opiniões políticas e seu trabalho científico. Nas ciências, esses ataques ainda não eram preponderantemente ideológicos. A acusação principal era a de que os cientistas estavam "isolados da vida" e prestavam atenção insuficiente às implicações do seu trabalho para a tecnologia e, portanto, a "construção socialista". Foi nessa época que Trofim Lysenko, um agrônomo ucraniano, chamou pela primeira vez a atenção do público e das autoridades com suas teorias sobre como gerar variedades de trigo resistentes ao frio. Por não ter a formação científica adequada necessária para desenvolver suas observações práticas ocasionais, de início Lysenko era mais um excêntrico, mas ele logo aprendeu a envolver suas alegações em referências à sua origem plebeia e afirmações de que sua biologia era "proletária". As autoridades do partido ouviam-no porque suas descobertas, reais e imaginárias, pareciam prometer safras bem maiores muito rapidamente, algo de que a União Soviética precisava desesperadamente.

Após vários anos de caos em muitas áreas, a campanha chegou a um final abrupto em 1932. Os cientistas e historiadores exilados voltaram aos seus empregos, alguns retornaram dos campos e os ataques públicos generalizados contra a *intelligentsia* gradualmente acabaram. Assim começou uma nova fase, em que a liderança do partido, o que significava Stalin cada vez mais sozinho, construiu o quadro do que eles consideravam ser a cultura soviética. Na literatura, os proletários haviam se indisposto com os líderes do partido e, em 1932, todos os grupos literários foram banidos, uma medida dirigida sobretudo contra Averbakh e seus proletários. A pressão sobre escritores não filiados ao partido como Bulgakov e Pasternak foi afrouxada. Bulgakov foi trabalhar para o Teatro de Arte de Moscou, escrevendo peças originais e adaptações que lhe proporcionavam subsistência, ainda que fossem banidas com frequência. Ele continuou a trabalhar privadamente na sua obra-prima *O Mestre e Margarida*. Pasternak publicou prosa e poesia nesses anos e tornou-se um dos poetas mais conhecidos do país, apesar de estar em descompasso com a ideologia soviética. Na nova situação, Stalin criou um Sindicato dos Escritores unificado, que se reuniu pela primeira vez num Congresso dos Escritores Soviéticos em 1934. Ele incluía escritores de todos os tipos, alguns não filiados ao partido e outros comunistas num mesmo grupo, o que era, mais uma vez, uma medida voltada em grande parte para a contenção dos proletários. O Sindicato dos Escritores foi o protótipo de uma série de sindicatos de intelectuais criativos, de compositores, pintores, arquitetos e outros, que dominaram o cotidiano da cultura literária e artística soviética até o fim, uma estrutura paralela, em muitos aspectos, à das ciências naturais e sociais e das humanidades, encontrada na Academia de Ciências. O Sindicato dos Escritores tinha duas funções. Uma era fornecer direção ideológica e artística aos escritores. O sindicato era chefiado por um comitê cujos membros eram escolhidos pelo aparato cultural do Comitê Central e aprovados pelo próprio Stalin. Esses eram os homens que proclamavam a linha do partido com relação à arte e a aplicavam. A outra função era cuidar das necessidades cotidianas dos escritores. O Sindicato dos Escritores controlava apartamentos e *datchas* no campo, tinha um centro de distribuição privilegiado para bens de consumo escassos e o melhor restaurante de Moscou. Seu quartel-general era um palácio moscovita do século XIX, supostamente o protótipo da casa Rostov em *Guerra e Paz* de Tolstoi. Sindicatos semelhantes de pintores e compositores foram formados e desempenhavam funções parecidas.

Agora o partido tencionava dar uma orientação firme à literatura e à arte. Stalin disse aos escritores que eles eram os "engenheiros das almas humanas", mas não lhes deu a planta. Esta seria fornecida pelo método do "realismo socialista" e, no primeiro Congresso dos Escritores em 1934, A. A. Jdanov e Máximo Górki, auxiliados pelos antigos oposicionistas Bukharin e Radek, tentaram definir o que isso significava. A ideia era "refletir a realidade em seu desenvolvimento revolucionário". A implicação era que o escritor precisava mostrar as grandes mudanças da vida soviética, mas evitar concentrar-se em erros ou falhas, e indicar como a sociedade estava avançando. O resultado foi exigir um tipo de otimismo oficial que era muito difícil de alcançar na prática, já que levaria a personagens planos e conflitos nada convincentes. O outro lado do realismo socialista era que este tinha de se tornar a arte do povo e, como tal, ser acessível. Essa questão chegou ao extremo em 1936, não acerca da literatura, mas em decorrência da produção da ópera de Dmitri Shostakovich, *Lady Macbeth do Distrito de Mtsensk*. O compositor pensava ter feito uma boa ópera soviética, baseada num conto de Nikolai Leskov que mostrava o mundo sombrio e opressivo da Rússia pré-revolucionária. Em vez disso, ele deparou-se com críticas violentas devido à sua adoção de uma linguagem musical modernista semelhante à que era encontrada na música ocidental da época. Na visão dos críticos, a ópera era cacofônica e incompreensível. Ela era "formalista", termo que imediatamente tornou-se uma das acusações mais sérias que um artista podia enfrentar.

Os escritores também entenderam as implicações do ataque contra Shostakovich e perceberam que seus estilos teriam de mudar. Muitos deles, até os seguidores mais leais da revolução, haviam empregado estilos e técnicas narrativas que eram inovadores e modernos nos anos 1920, mas agora eles tinham de construir romances como Turguêniev fizera no século XIX.

Além de impor a orientação correta nas artes, no final da década de 1930 a liderança do partido passou a expandir e subsidiar as instituições artísticas e até a *intelligentsia* como um todo. Os grandes teatros, o Bolshoi em Moscou e o Mariinskii (Kirov) em Leningrado, não tinham mais de virar-se com orçamentos pequenos. A ópera e o balé tornaram-se peças centrais da cultura soviética e, embora estivessem concentrados nas duas cidades principais, não se restringiam a esses lugares. Cidades mais antigas, como Kiev e Tbilisi, que agora exerciam a função de capitais republicanas, também receberam orçamentos reforçados para seus teatros. Nas cidades provinciais e novas capitais republicanas, surgiram grandes teatros para apresentações musicais e concertos. As grandes companhias eram encorajadas a fazer turnês pelas províncias. O orçamento dos teatros dramáticos também aumentou, assim como o número de teatros nas capitais republicanas e provinciais. Os teatros e orquestras sustentavam grande quantidade de atores e músicos, em condições que se tornaram cada vez mais afastadas das da população soviética. Na verdade, na década de 1930 o Sindicato dos Escritores despendia a maior parte dos seus esforços não em questões ideológicas, mas em garantir o controle de habitações seletas nas cidades e nos distritos de *datchas*, e até em construí-las quando podia. Pasternak pôde adquirir um sobrado em Peredelkino – uma aldeia de *datchas* para escritores perto de Moscou –, que foi sua casa para o restante da vida. Os escritores tinham acesso ao serviço exclusivo do Sindicato de distribuição de alimentos e bens de consumo. Na época da guerra, Shostakovich tinha um apartamento com vários quartos, criados e um carro com motorista. Assim, a elite artística igualou-se aos cientistas no padrão de vida, e sua vida estava apenas ligeiramente pior que a da própria elite do partido.

A forma central de arte na década de 1930 foi talvez o cinema. Durante a NEP, os recursos necessários para a produção e circulação de filmes em massa simplesmente não estavam disponíveis, e as produções de Hollywood enchiam as salas. A revolução cultural tentou mudar essa situação, mas as obras dessa era eram tão rasas e efêmeras quanto em outras formas de arte, e ainda por cima sofreram críticas pesadas. Durante a década de 1930, a indústria cinematográfica soviética mudou radicalmente. O Estado investiu quantias crescentes na produção de película e instalações de estúdio e comprou equipamentos caros no exterior, incluindo a tecnologia completa para filmes sonoros, adquirida nos Estados Unidos. Ao contrário de todas as outras artes, o cinema era uma indústria estatal a cargo do comitê cinematográfico estatal, que respondia diretamente ao governo central, não a uma unidade industrial sucursal. Devido à sua posição central, ele também recebia atenção pessoal do próprio Stalin. A maioria dos novos filmes eram exibidos no Kremlin na presença dos chefes da indústria cinematográfica, que recebiam extensos comentários do líder. As opiniões de Stalin sobre o cinema eram surpreendentemente sofisticadas: ele achava maçante a maioria dos primeiros filmes sobre temas revolucionários ou outros temas políticos, e disse aos cineastas que o país precisava de mais comédias. Era uma ordem difícil de cumprir, visto que a maioria dos roteiristas e diretores tinha medo de satirizar as instituições soviéticas, mesmo de forma amena, embora Stalin afirmasse diretamente a eles que deviam fazê-lo. Por fim, o resultado foi uma série de comédias musicais autenticamente populares, muitas delas estreladas por Liubov' Orlova, que se tornou a atriz favorita do líder.

A base institucional expandida do cinema e do teatro acarretou exigências ideológicas muito maiores sobre as artes. Todas as formas de arte tinham de ser acessíveis, além de politicamente corretas. O ataque de 1936 ao formalismo levou a tipos específicos de produções. No balé, os numerosos pequenos estúdios experimentais dos anos 1920 fecharam e, em seu lugar, surgiram as grandes companhias de balé que apresentavam uma coreografia basicamente clássica, mas com novos tipos de balés. Houve tentativas de conteúdo "revolucionário", mas a dança soviética evoluiu muito rapidamente para balés com enredo, que muitas vezes baseavam-se em clássicos da literatura e eram apresentados com música comum – a *Fonte de Bakhchisarai* (baseada em Púchkin), de Boris Asaf'ev, tornou-se o mais popular deles. Shostakovich adotou estilos musicais mais acessíveis e Sergei Prokofiev, de volta à União Soviética desde 1935, fez o mesmo. Sua música para *Romeu e Julieta* deu ao repertório pelo menos um balé que se encaixava na estética exigida, mas tratava-se de uma poderosa música, tal como suas trilhas sonoras para duas obras-primas de Eisenstein, *Alexandre Nevsky e Ivã, o Terrível*. Ninguém escapava às críticas: Eisenstein teve dois filmes banidos nos anos 1930 e só reabilitou-se em 1938 com *Alexandre Nevsky*.

Nessa situação, os cientistas estavam – a maioria deles, pelo menos – em posição melhor. Seus institutos também receberam mais financiamento, que era ainda mais generoso do que para as artes. A nova situação teve seu preço, dado que, a partir do início da década de 1930, os institutos científicos foram obrigados a elaborar planos quinquenais como os da economia. Em parte, essa medida deveria aumentar sua utilidade para a indústria, mas, para atingir essa meta, o meio decisivo foi a criação de uma vasta rede de institutos especializados em diferentes ramos da tecnologia, enquanto a pesquisa básica continuava nas mãos dos institutos mais antigos. Gradualmente, toda a pesquisa básica foi centralizada na Academia de Ciências durante a revolução cultural, depois foi posta sob controle do partido e mais tarde subordinada diretamente ao governo central, contornando os diversos Comissariados do Povo. A Academia também teve de sair do seu quartel-general em Leningrado e mudar-se para Moscou, que agora ganhara uma nova bateria de institutos científicos para rivalizar com os de Leningrado. Assim, em 1934 o governo soviético aproveitou a visita do físico Piotr Kapitsa da Inglaterra para forçá-lo a ficar no país, e depois criou o Instituto de Problemas de Física de Moscou sob sua liderança. A União Soviética tinha agora dois institutos de pesquisa em Física de nível mundial. Além disso, os cientistas foram objeto de campanhas ideológicas com menos frequência que os escritores e artistas após o fim da revolução cultural. Abram Ioffe foi alvo de críticas pesadas em 1935, mas as acusações eram apenas que seu Instituto Físico-Técnico de Leningrado não fazia o bastante para proporcionar nova tecnologia à indústria. A década foi, sob muitos aspectos, a grande era da Física soviética. Cerca de seis prêmios Nobel foram dados a físicos e químicos soviéticos, todos por descobertas feitas nos institutos de Leningrado e Moscou na década de 1930. Já a Biologia era um caso diferente. Durante toda a década, Lysenko sustentou um ataque contínuo contra seus adversários, encabeçado pelo seu porta-voz ideológico, Isaak Prezent. A campanha culminou com a promoção de Lysenko à liderança da Academia Agrícola, mas o partido não proclamou suas doutrinas como verdade única e a genética clássica sobreviveu, ainda que sob suspeita, até 1948.

O terror de 1937-1938 atingiu as artes com dureza mas não igualmente. Músicos e compositores parecem ter sofrido relativamente pouco. Dos críticos ligados ao partido, como Leopold Averbakh e seus proletários, quase todos pereceram. Surpreendentemente, os escritores desse grupo tiveram mais sorte, embora muitos deles, incluindo Sholokhov, tenham vivido esses anos com medo diário. Stalin não realizou um expurgo em massa dos escritores, mas ele e seus agentes detiveram e prenderam muitos deles. Seja qual for a razão, muitas das vítimas mais famosas foram detidas já bem no fim do terror: Osip Mandelstam em 1938, seguido por Isaak Babel

434 | HISTÓRIA CONCISA DA RÚSSIA

e depois Meyerhold. Mandelstam morreu na prisão, ao passo que Babel e Meyerhold foram fuzilados. Por outro lado, Pasternak passou os anos do terror trabalhando em traduções de Shakespeare na sua *datcha* de Peredelkino, e Bulgakov continuou no Teatro de Arte de Moscou, tendo falecido por insuficiência renal em 1940. As ciências sofreram provações parecidas. Em geral, os físicos tiveram melhor sorte: os poucos dentre eles que eram membros do partido pereceram, e alguns cientistas que não eram membros do partido foram detidos, entre eles Lev Landau. Ele passou meses na prisão e depois foi solto sem explicação. Kapitsa intercedeu por ele, e o instituto de Kapitsa sobreviveu intacto. Já com a Biologia a história foi diferente. Uma denúncia do porta-voz de Lysenko, Prezent, levou à prisão de Nikolai Vavilov, um dos maiores biólogos da União Soviética. Ele morreu na prisão, assim como vários outros geneticistas importantes. A véspera da guerra foi uma época sombria, tanto na URSS quanto na Europa. Stalin decidiu em 1938 que a União Soviética precisava de uma doutrinação ideológica fundamental, o começo de uma política nova e ainda mais intrusiva na cultura. A base da nova campanha ideológica seria o *Breve Curso da História do Partido Comunista*, cujo capítulo sobre marxismo fora escrito pelo próprio Stalin. Porém, a aproximação da guerra eclipsava até os esforços ideológicos. Os planos anuais da indústria cinematográfica soviética enfatizavam o "tema da defesa" e épicos sobre a história da revolução e da guerra civil. Os filmes sobre a "construção socialista" e a "amizade dos povos" eram pouco numerosos e não tinham grandes orçamentos.

Quando a guerra realmente surgiu, ela criou uma situação inteiramente nova, à qual Stalin teve de se adaptar com rapidez. A preservação das instituições culturais era uma prioridade. À medida que os alemães avançavam, ordens foram dadas para evacuar todas as instituições culturais, bem como as fábricas. Os institutos de pesquisa científica, as companhias de balé e os escritores foram evacuados para leste. Eisenstein foi para Alma-Ata e Shostakovich foi para Kuibyshev, no Volga. O intuito era ao mesmo tempo resguardar o pessoal da cultura soviética e preservar alguma sensação de normalidade durante a guerra. Os intelectuais aderiram ao esforço de guerra com resultados famosos, como a Sinfonia Leningrado de Shostakovich, apresentada pela primeira vez na cidade sitiada. Os físicos pressionaram Stalin por uma bomba atômica e também dedicaram sua energia a armas mais convencionais em fábricas e institutos de pesquisa. Muitos engenheiros prestaram trabalho de guerra como prisioneiros em laboratórios do NKVD. Desses prisioneiros, os mais famosos foram Andrei Tupolev, projetista de aviões, e Sergei Korolev, que viria a ser projetista de foguetes. A guerra também criou problemas ideológicos para a liderança do partido. Mobilizar tantas pessoas quanto possível implicava incluir setores da população que a ideologia oficial não havia atingido ou tinha até repelido. A resposta foi o nacionalismo. Depois que cessaram os primeiros pronunciamentos de Stalin sobre as virtudes da classe operária alemã, a linha oficial começou a salientar heróis russos e realizações russas. Os historiadores tiraram do fundo do baú manuscritos sobre Pedro, o Grande, ou Kutuzov, até então impublicáveis. Eisenstein fez um dos seus filmes clássicos sobre a vida do tsar *Ivã, o Terrível*, um filme concebido para glorificar as conquistas do tsar e retratá-lo como se lutasse pela unidade do país. Até o marxismo teve de ser repensado: em 1943, as principais revistas do partido declararam que, anteriormente, houvera ênfase demais em Hegel como pano de fundo do marxismo e que ele precisava ser desenfatizado. O resultado foi uma história equivocada do pensamento de Marx, mas que fazia o marxismo parecer menos alemão. Para grande parte da *intelligentsia*, a nova linha da cultura implicava mais margem de manobra, e muitos deles tinham a esperança de que ela continuasse depois da guerra. Eles teriam uma decepção. Já durante os combates houve incidentes: Mikhail Zoshchenko, um escritor satírico popular, teve seu introspectivo romance autobiográfico *Antes do Amanhecer* banido depois que os primeiros capítulos foram publicados numa das maiores revistas literárias.

O retorno à ortodoxia ocorreu rapidamente depois da guerra, e os anos desde a vitória até a morte de Stalin foram os mais sombrios e desoladores da história da cultura soviética. O primeiro sinal foi o ataque promovido em 1946 por Andrei Jdanov, um dos colaboradores mais próximos de Stalin, contra Zoshchenko e a poetisa Anna Akhmatova. O próprio Stalin lia regularmente as revistas literárias, e a avaliação final era sempre sua. A obra de Zoshchenko era vulgar e carecia de ideias, disse Jdanov, e a novela escrita durante a guerra era "asquerosa" e não tinha relação com o conflito contra Hitler. A poesia de Akhmatova era pessimista, voltada para o passado, e consistia numa relíquia da cultura de salão aristocrática e decadente. A literatura soviética devia educar o leitor e fazer dele um membro plenamente cônscio de uma sociedade socialista que não perdia seu tempo com problemas e deficiências ou com os detalhes da psicologia individual. Ela também não devia imitar a literatura ocidental, e de fato Stalin não queria que muita literatura ocidental fosse traduzida. "Por que fazer isso?", ele perguntou numa das reprimendas dirigidas aos escritores. "Isso dá a impressão de que nós, o povo soviético, somos de segunda classe, e que só os estrangeiros são um povo de primeira classe". O resultado foi uma longa série de crônicas monótonas da vida soviética, fantasiosas na sua descrição edulcorada da vida cotidiana. Até Stalin percebeu que elas eram monótonas, mas continuou a culpar os escritores pela sua falta de talento e domínio da sua arte.

Em 1948 foi a vez dos compositores Prokofiev e Shostakovich, atacados por causa da sua música supostamente dissonante, que era afastada demais da música folclórica e inacessível às massas. Essa nova campanha era, de muitas formas, uma repetição do ataque ao formalismo de 1936 e tinha por trás dela os rivais dos compositores sérios entre os compositores de canções populares e as autoridades do partido. No mesmo ano, Lysenko pôde coroar sua longa luta pelo poder na biologia com seu comparecimento a uma "discussão" sobre genética, na qual ele declarou que a genética era uma ciência reacionária e "idealista", e que suas próprias ideias eram progressistas e "materialistas". Stalin também teve participação direta nesse caso. Lysenko enviou-lhe seu discurso para aprovação e o Secretário-Geral leu-o com atenção. Lysenko queria originalmente contrastar sua própria biologia "proletária" com a biologia "burguesa" dos geneticistas e fazer um pronunciamento geral de que o pensamento científico refletia os interesses de classe. Stalin riscou esse trecho e escreveu na margem: "Ha ha! E a matemática?". Ele exigiu que Lysenko deixasse de lado a terminologia de classe e suprimisse "progressista" e "reacionária". O resultado, contudo, viria a destruir a genética por quase 20 anos e fazer um estrago imenso na Biologia soviética. Houve planos para organizar uma "discussão" semelhante para proporcionar um quadro ideológico para a Física, mas, seja qual for a razão, ela nunca se concretizou.

Nos últimos anos da vida de Stalin, a ideologia soviética oficial foi uma estranha mistura de marxismo dogmático e nacionalismo. Houve campanhas para provar a primazia russa na Ciência, das quais a mais famosa foi a alegação de que o engenheiro russo Alexander Popov havia inventado o rádio em 1900 (Popov foi, realmente, um dos vários pioneiros nessa área). Os escritores, compositores e pintores russos pré-revolucionários tornaram-se objeto de minicultos, com uma infinitude de estátuas, filmes e publicações em sua homenagem. A promoção da cultura russa era voltada principalmente para o Ocidente, para mostrar que a Rússia era igual à cultura ocidental, se não superior. Ao mesmo tempo, a liderança do partido continuou a promover os heróis culturais das outras nacionalidades soviéticas. O Politburo ordenou celebrações da obra dos poetas muçulmanos medievais invocados como antepassados das nacionalidades soviéticas, Alisher Navoi no Uzbequistão e Nizami de Gandzha no Azerbaijão. Poetas russos eram pagos para traduzir suas obras e eles eram objeto de abundantes elogios oficiais na imprensa central. Nesses anos, Shevchenko ou o poeta georgiano medieval Shota Rustaveli tinham mais fama que Shakespeare ou Goethe. Em todas as repúblicas soviéticas, as autoridades indicavam compositores, geralmente russos ou caucasianos, para ajudar os talentos locais a produzir balés e óperas "nacionais" a fim proporcionar repertório e prestígio para os teatros recém-abertos. Simultaneamente à atividade na periferia, em Moscou e Leningrado o balé lutava contra as restrições da estética soviética. Foi somente a genialidade de dançarinas como Galina Ulanova que o manteve vivo. A campanha anticosmopolita dirigida contra os judeus em 1948 só fez envenenar ainda mais a atmosfera cultural, já que muitos músicos, escritores e artistas eram judeus. Os principais escritores iídiches foram presos ou fuzilados. A *intelligentsia* lembrou-se da década de 1930 e as diversas campanhas ideológicas pareciam estar levando a outro terror em massa. Isso nunca se concretizou e o número de prisões efetivas entre a *intelligentsia* nesse período foi pequeno, mas, para Shostakovich ou Akhmatova, o medo era real nesses anos.

A morte de Stalin transformou completamente essa atmosfera. Dentro de poucos meses, os prisioneiros começaram a retornar dos campos e a *intelligentsia* pressentiu as possibilidades. Ilya Ehrenburg, conhecido principalmente como correspondente de guerra e autor de romances ligeiramente modernistas dos anos 1920 ambientados na Europa Ocidental, produziu rapidamente um romance curto chamado *Degelo*, que deu nome a todo esse período. O vilão da história é um diretor de fábrica, um clássico patrões talinista. Atacada de início, a história deu o tom para toda uma série de escritos que tentavam lidar com o passado, ainda que dentro de limites definidos. O discurso secreto de Kruchev deu outro grande impulso a esse tipo de literatura, além de relaxar a exigência de ortodoxia na música e na arte. No começo da década de 1960, surgiu uma grande quantidade de obras que descreviam o sistema de campos que viria a acabar, das quais a mais famosa é *Um Dia na Vida de Ivã Denisovich*, de Alexander Solzhenitsyn. A novela foi publicada na revista literária Novyi Mir, que ganhou imensa popularidade com a publicação de muitas obras em consonância com o programa de desestalinização. Certos escritores, especialmente jovens poetas como Evgenii Yevtushenko, ganharam enorme popularidade nessa época, chegando a ler sua poesia em estádios esportivos lotados. Shostakovich usou o poema "Babii Yar" de Yevtushenko, sobre o massacre de judeus em Kiev pelos nazistas durante a guerra, na sua Décima Terceira Sinfonia. O fim das políticas culturais pós-guerra e a reabilitação de escritores presos e executados acarretaram uma súbita explosão da republicação da literatura dos anos 1920, rica em estilos frequentemente modernistas. Os editores soviéticos começaram a publicar uma onda de traduções de autores ocidentais: William Faulkner, John Updike e muitos escritores europeus. A ópera e o balé soviético afastaram-se do cânone stalinista em direção a estilos menos narrativos e mais inovadores, um estilo de compromisso que ainda exigia cenários elaborados e mais "atuação" do que estava então em voga no Ocidente, no auge da fascinação com o abstracionismo em todas as artes. No entanto, a era Kruchev não foi somente de liberalismo. A campanha renovada contra a religião afetou indiretamente muitas áreas da cultura, tornando impossível a republicação de clássicos do século XIX, como certas obras de Dostoievski ou a expressão de temas religiosos. O grande acontecimento da década foi o escândalo em torno da outorga do Prêmio Nobel em 1958 a Pasternak pelo seu romance *Doutor Jivago*, um relato claramente antissoviético da revolução e da guerra civil. O livro foi um imenso sucesso de propaganda para o Ocidente mas foi proibido na URSS, e Pasternak tornou-se alvo de ataques na imprensa e de condenação oficial. Porém, não era mais a época de Stalin, e Pasternak continuou vivendo calmamente na sua *datcha* em Peredelkino.

Talvez a relíquia mais impressionante da era Stalin na época de Kruchev tenha sido sua recusa em aceitar a genética moderna. Lysenko permaneceu rei na Biologia, principalmente por causa do apoio que Kruchev lhe deu. Por outro lado, a Ciência cresceu incrivelmente nesses anos. Na década de 1960, somente os Estados Unidos superavam a URSS em número de publicações em Ciências Naturais e, na década de 1980, a União Soviética tinha o maior número de cientistas naturais *per capita* do mundo. As ciências tinham complexos inteiros à sua disposição, como a Akademgorodok ("Cidade Academia") perto de Novosibirsk, na Sibéria Ocidental. Iniciada em 1958 por inspiração de cientistas da Academia, essa cidade inteiramente nova chegou a ter cerca de 50 mil cientistas e suas famílias, com habitações novas e confortáveis (para os padrões soviéticos) e acesso privilegiado a toda uma gama de bens de consumo. Para a liderança do partido, a Ciência não era apenas a base de uma visão de mundo "científica", mas também a chave para o crescimento econômico, o caminho para a vitória na rivalidade com o mundo capitalista.

A capacidade de concentrar recursos em áreas cruciais havia produzido sucessos espetaculares na fabricação de foguetes e na indústria nuclear, tanto militar quanto civil, e a ideia era ampliar a base para assegurar uma modernização mais profunda da indústria e da agricultura.

Após a destituição de Kruchev, a nova liderança agiu rápido para pôr fim à campanha antirreligiosa e permitiu que as igrejas continuassem com uma existência modesta e fortemente vigiada que durou até os anos 1980. Lysenko finalmente perdeu seu monopólio do poder na Biologia, seu trabalho foi repudiado e a genética ressurgiu como disciplina reconhecida. Até o fim da União Soviética, a relação das autoridades com a comunidade científica foi polida e colaborativa, mas não sem tensões sob a superfície. Para os escritores, todavia, o novo regime foi menos positivo. O jovem poeta Joseph Brodsky foi enviado para o exílio no Norte por "parasitismo" nos últimos meses da liderança de Kruchev e, em 1972, a KGB expulsou-o do país por ter publicado sua obra no exterior. Brejnev nunca repudiou a condenação de Stalin, mas pôs fim à tolerância e incentivo aos escritos, históricos ou literários, que expunham a repressão dessa época. Assim, a obra de Solzhenitsyn não podia mais ser publicada e foi editada somente no Ocidente, o que levou à sua expulsão da União Soviética. A política cultural estava essencialmente congelada no tempo, pois as obras de muitos escritores reprimidos por Stalin continuaram a ser publicadas, mas os escritos não publicados de Bulgakov ou *Doutor Jivago* não o eram. Foi publicada uma grande quantidade de traduções de literatura ocidental, mas escritores fundamentais como Marcel Proust (editado na União Soviética na década de 1930) ou James Joyce não podiam ser publicados. Os escritores soviéticos começaram a escrever numa veia ligeiramente modernista e evitavam os temas clássicos do realismo socialista. Alguns, como Vassíli Belov e outros, começaram a explorar direções diferentes, influenciados por Solzhenitsyn. Eles escreveram relatos romantizados da vida nas aldeias com um forte viés nacionalista. A ideia era a de que o campesinato tivera outrora valores russos genuínos, patriarcais e religiosos, que a ordem soviética havia destruído. Eles eram altamente críticos com relação ao *kolkhoz* e seus contos históricos descreviam aldeias harmoniosas destruídas por forasteiros urbanos, muitas vezes judeus, nos anos 1930. O viés crítico e o tom nacionalista trouxeram-lhes grande popularidade entre a *intelligentsia* no fim dos anos Brejnev. Os escritores das aldeias e sua ideologia confundiam-se com o movimento dissidente, de caráter fortemente nacionalista, embora uma minoria dos dissidentes compartilhasse a abordagem mais ocidentalizante de Andrei Sakharov. Na verdade, ambas as tendências eram bem conhecidas

440 | HISTÓRIA CONCISA DA RÚSSIA

da *intelligentsia* de elite graças aos manuscritos clandestinos, porém, mais que os dissidentes, eram alguns dos "bardos", cantores como Bulat Okudzhava e Vladimir Vysotskii, que apresentavam suas canções ao violão, os que refletiam mais fielmente o estado de espírito das pessoas instruídas. Vysotskii raramente fazia apresentações públicas, haja vista que nenhum órgão estatal o autorizaria, mas suas canções apresentadas em pequenas reuniões ou apartamentos de Moscou logo espalharam-se por todo o país em gravações de fitas e apresentações amadoras, também a portas fechadas. Embora não fossem políticas o bastante para serem abertamente antissoviéticas, as canções e suas letras refletiam um tipo de alienação introspectiva característica da época. Gravações autorizadas das canções de Okudzhava só apareceram na União Soviética no fim dos anos 1970, e uma gravação de Vysotskii surgiu somente pouco depois da sua morte, em 1980.

Os cineastas soviéticos seguiram tendências semelhantes. A irrupção do cristianismo e do nacionalismo russo no cinema ocorreu com *Andrei Rublev* de Andrei Tarkovsky, de 1966. Raramente exibido na União Soviética, o filme retrata Rublev, pintor de ícones do século XV, como um homem que sobrevive aos desastres de sua época pela fé e pela arte. Mais tarde Tarkovsky evoluiu para temas mais psicologicamente introspectivos, geralmente com subtextos religiosos, em obras tardias como *Stalker* (1979), mais ou menos uma ficção científica. Embora o filme tenha sido visto na União Soviética, suas exibições foram extremamente limitadas. Tarkovsky cansou-se e mudou-se para o Ocidente, e morreu em Paris em 1986. Outros diretores de cinema também dividiam seu tempo entre épicos históricos (*Siberiade*, feito também em 1979 pelo diretor Andrei Konchalovsky) e filmes ligeiramente modernistas sobre a vida privada da *intelligentsia* soviética.

Uma das características mais marcantes da vida soviética dos anos 1960 em diante foi a emergência da cultura popular. Os primórdios estavam na era Stalin e, em certa medida, já estavam presentes até antes da revolução. Nesses anos, porém, o público da cultura popular era sobretudo a fina camada média da sociedade urbana, com alguma penetração na classe operária. Os principais exemplos eram os palcos musicais (*estrada* em russo), que apresentavam *jazz bands* soviéticas e esquetes cômicos, além de filmes. As fronteiras com a cultura da *intelligentsia* eram fluidas: Prokofiev e Shostakovich escreveram trilhas para cinema e grandes escritores também produziram roteiros. Alguns escritores produziram ficção científica e histórias de detetive, embora ambos os gêneros estivessem sob suspeita depois de meados dos anos 1930. A atmosfera mais liberal da era Kruchev proporcionou um renascimento da ficção popular, especialmente da ficção científica, e o *jazz* voltou às rádios e aos teatros musicais. O que realmente transformou a cultura popular soviética, contudo, foram a televisão e o acesso à música popular ocidental, não só o jazz, mas também certas formas de *rock'n'roll*. A televisão levou a música popular para fora dos teatros e para dentro dos apartamentos. Se a televisão soviética exibia alguns programas culturais, tratava-se do entretenimento popular que atraía a audiência de massa, como a história de espionagem de Iulian Semenov ambientada na Segunda Guerra Mundial, *Dezessete Instantes de Primavera*, a minissérie de sucesso de 1973 que tanto impressionou o jovem Vladimir Putin.

A música popular tinha uma história complexa. Como em outros lugares, o público de *jazz* ficou cada vez mais elitizado depois dos anos 1960, e o *rock* americano tomou seu lugar. A juventude soviética ouvia *rock* em estações de rádio estrangeiras, mas enormes quantidades de gravações em fita também começaram a circular, muitas delas caseiras, depois que gravadores e tocadores tornaram-se facilmente acessíveis. O regime Brejnev não proibiu o *rock*. Ele tentou restringir as versões que considerava mais eróticas e selvagens, mas muito *rock* circulava abertamente, e o Estado começou a patrocinar bandas de *rock* e cantores populares com estilos ecléticos. Alguns deles, como Alla Pugacheva, tornaram-se imensamente populares. Paralelamente a essas versões mais oficiais da música popular havia bandas *underground*, como Aquarium em Leningrado, que também recorreram por muito tempo a gravações em fita, mas por volta de 1980 ganharam um certo reconhecimento estatal. Toda a música popular soviética posterior era derivada de modelos ocidentais, embora modificados por um toque local, e também imitava a música ocidental ao criar uma série de subculturas geracionais em rápida mutação. Cada novo momento, do *jazz* à febre da discoteca no fim dos anos 1970, teve seu próprio público, que muitas vezes não estendia-se a ouvintes poucos anos mais jovens. A cultura popular soviética, pelo menos as variantes musicais, agora tinha muito pouco a ver com a "realidade soviética". Ela também possuía pouca relação com a cultura da *intelligentsia*, a cultura oficial, crítica ou dissidente, embora compartilhasse o sentimento de alienação de grande parte da *intelligentsia*. Ela também compartilhava um pano de fundo social, já que muitos músicos populares, até os roqueiros, vinham de contextos privilegiados da *intelligentsia* ou mesmo da elite do partido.

Na década de 1980, a maioria dos grandes escritores e artistas dos primeiros dias soviéticos havia partido: Pasternak morreu em 1960, Shostakovich em 1975 e Sholokhov em 1984. Quase toda a primeira onda de diretores de cinema e atores dos anos 1920 havia sumido. A nova geração de escritores e artistas não estava à altura dos seus predecessores, assim como seus equivalentes no Ocidente não estavam à altura de Proust ou Joyce. Os escritores e artistas soviéticos carregavam o fardo adicional de uma política cultural ossificada mas obrigatória, que já não atraía mais as novas gerações da *intelligentsia*. Ainda que os dissidentes parecessem estridentes e pouco convincentes para muitas pessoas instruídas, suas próprias opiniões sobre o sistema soviético não eram nem um pouco entusiastas. A linha cultural oficial e seus produtos tornaram-se cada vez mais um mundo de fantasia que ignorava o que o público realmente lia ou assistia. Para a *intelligentsia*, a Perestroika de Gorbachev foi um terremoto – um terremoto bem-vindo, pois eles tinham certeza que a liberdade política e uma economia de mercado gerariam um grande florescimento da cultura. Eles tinham certeza que finalmente havia chegado a vez da *intelligentsia*. Mas o que aconteceu foi o contrário.

capítulo 23

A Guerra Fria

A Guerra Fria estendeu-se pela totalidade dos últimos 46 anos da história soviética. Foi um confronto épico que varreu o mundo inteiro, de Berlim a Pequim, às regiões mais remotas da África e da América Latina. Durante a maior parte desse período, a União Soviética parecia ter uma boa chance de "vencer" de alguma forma, e de fato os seus adversários mais histéricos estavam convencidos de que ela era imensamente poderosa. Na realidade, a União Soviética saiu atrasada nessa corrida e nunca chegou perto de derrotar seu novo inimigo, os Estados Unidos. Durante a maior parte dessa época, ela lutou só para acompanhá-lo e sobreviver com seu poder recém-adquirido mais ou menos intacto.

No final da Segunda Guerra Mundial, as duas novas potências pareciam relativamente equiparadas, pois ambas eram potências industriais e tinham população equivalente, os Estados Unidos com 151 milhões e a União Soviética com 182 milhões. No entanto, os dados populacionais eram uma ilusão, pois a cifra soviética era resultado do ocultamento das baixas de guerra e pode ter sido de apenas 167 milhões. A indústria soviética, no entanto, era a terceira em 1940 atrás dos Estados Unidos e da Alemanha, e grande parte dela estava agora em ruínas. A devastação do país era sem precedentes, mesmo na Alemanha, e os Estados Unidos não tinham sofrido nenhum dano de guerra, exceto em Pearl Harbor e nas ilhas Aleutas. A guerra restaurou a prosperidade americana após a Depressão e foi um enorme estímulo para a tecnologia e indústria dos Estados Unidos, como demonstrou o rápido sucesso do projeto atômico. Nessa época, Stalin estava convencido de que, depois da guerra, as "contradições" entre os Estados Unidos e outras potências ocidentais aumentariam. Ele antecipava em especial uma recuperação e rearmamento rápido da Alemanha e do Japão. Poderia haver finalmente outra guerra entre as potências ocidentais. Certos membros da hierarquia soviética questionavam essa visão, indicando que a Inglaterra, apesar de todas as suas diferenças com os Estados Unidos, era fundamentalmente dependente do dinheiro e poder americano, e a Alemanha e o Japão também o seriam. Stalin simplesmente suprimiu essa dissensão.

Apesar da sua avaliação otimista do mundo, Stalin não correu riscos. Durante a guerra ele havia prestado, de início, pouca atenção à construção da bomba atômica, apesar dos avisos reiterados dos cientistas soviéticos que estavam preocupados com a Alemanha e com os Estados Unidos. No início da guerra, a inteligência soviética tinha efetivamente obtido certas informações muito valiosas da Grã-Bretanha, mas elas permaneceram sem uso nos arquivos de Beria. Como sempre, ele receava que fosse apenas uma desinformação astuta. Os físicos soviéticos escreveram para Stalin pressionando por ação, pois perceberam que os norte-americanos estavam trabalhando numa bomba (todas as publicações dos físicos importantes dos Estados Unidos haviam desaparecido das revistas de Ciência) e temiam que os alemães pudessem fazer a bomba primeiro. Finalmente, em 1943 Stalin decidiu criar uma unidade de pesquisa para construir um reator e pôs Igor Kurchatov no comando, um dos físicos talentosos formados pelo Instituto Físico-Técnico de Leningrado de Ioffe. Começando num pequeno edifício ao sul de Moscou, Kurchatov e seu grupo conseguiram construir o reator, mas somente após a notícia de Hiroshima Stalin fez avançar o projeto da bomba a pleno vapor, criando, ao sul de Moscou, um laboratório chamado Arzamas-16, localizado nos edifícios do famoso mosteiro oitocentista de Sarov. Beria ficou responsável pelo projeto da bomba, assim como por toda a indústria nuclear que estava extraindo e processando urânio na URSS, na Alemanha Oriental e na Tchecoslováquia. Restava o problema da concepção exata da bomba, e dessa vez a inteligência de Klaus Fuchs em Los Alamos e o simples fato do sucesso estadunidense ajudaram os cientistas soviéticos a ganhar pelo menos um ano. Em 1949 eles detonaram sua primeira bomba atômica em segredo. O governo dos Estados Unidos só ficou sabendo ao analisar a precipitação radioativa na atmosfera.

A construção da bomba foi uma façanha tecnológica imensa para um país relativamente atrasado, mas teve um custo igualmente imenso em investimentos de capital. A mera existência da bomba não resolveu todos os problemas militares soviéticos. Nenhum bombardeiro soviético então existente podia voar da União Soviética para atacar os Estados Unidos, e os bombardeiros eram os únicos veículos de transporte então disponíveis. Para piorar, os soviéticos não tinham motores de aeronaves grandes o suficiente para propulsionar um bombardeiro de grande porte. Os Estados Unidos mantinham uma rede de bases na Europa Ocidental e na Turquia a partir das quais um avião podia atacar praticamente qualquer alvo importante na URSS, mas a única retaliação ou ação preventiva teria de visar essas bases, e não os próprios Estados Unidos. A Força Aérea soviética era principalmente uma arma de apoio terrestre, visto que havia abandonado o bombardeio estratégico antes da guerra a fim de construir bombardeiros menores para apoiar a infantaria. Por isso, Stalin teve de ordenar a construção de bombardeiros de longo alcance e uma vasta rede de defesa aérea para defender as principais cidades-alvo soviéticas, tudo isso a um custo colossal. À época da sua morte, as fundações dessas forças estavam prontas.

Era muito bom ter poder militar, mas Stalin e seu círculo perceberam que sua maior vantagem estava na esfera política, no prestígio da vitória soviética sobre Hitler e do movimento comunista no mundo em geral. Estender o regime comunista e o sistema socialista, presumiram eles, estenderia também o poder soviético. A primeira arena em que eles enxergaram possibilidades foi, muito naturalmente, o Leste Europeu, que havia sido liberado dos nazistas e estava agora sob ocupação soviética.

Os soviéticos abrigaram muitos exilados comunistas em Moscou durante a guerra e entraram em contato com a resistência clandestina à medida que avançavam no Leste Europeu. A estratégia que Stalin desenvolveu e exigiu que os comunistas locais seguissem foi o estabelecimento de um regime de "democracia do povo". O Partido Comunista tinha de fazer uma coalizão em cada país com outros grupos esquerdistas e agrários, em vez de tomar o poder no seu próprio nome. Novas constituições tinham de ser negociadas com os novos governos eleitos (uma mudança com relação às ditaduras do pré-guerra) e, no único país previamente democrático, a Tchecoslováquia, a antiga constituição foi restaurada. Porém, Stalin não estava, de forma alguma, abrindo mão da oportunidade de controle proporcionada pela vitória na guerra. Em todos os países liberados, os comunistas precisavam ser o parceiro principal no governo e, se não pudessem fazê-lo honestamente, então o fariam manipulando as eleições. Em todo lugar, os comunistas locais assumiram os Ministérios do Interior, que controlavam as diversas forças policiais, e esses eram efetivamente controlados pelas forças de segurança soviéticas. Além disso, os comunistas locais consultavam as autoridades so-

446 | HISTÓRIA CONCISA DA RÚSSIA

viéticas ou o embaixador soviético, ou Moscou diretamente, sobre praticamente toda questão importante.

Essa situação não era estável a longo prazo. Ela apresentava os mesmos problemas que a Frente Popular enfrentou na guerra civil espanhola,
a incompatibilidade dos partidos comunistas com seus "parceiros" de coalizão acerca dos métodos e objetivos. A situação econômica desastrosa da
maior parte dos países do Leste Europeu acrescentou mais instabilidade,
e a guerra deixou um rastro de violência e ódio que complicou ainda mais
as coisas. Até os embaixadores soviéticos ficaram chocados com o grau de
antissemitismo na Tchecoslováquia do pós-guerra e em outros países, e
estavam nervosos com a exploração daquele pelos comunistas locais. Como
eles acabaram por perceber, o nacionalismo estava logo abaixo da superfície,
mesmo nos partidos comunistas, pois todos os países do Leste Europeu
tinham uma história moderna na qual predominavam os movimentos nacionalistas, não o liberalismo ou socialismo, e a guerra só tinha exacerbado
a situação. Os partidos não comunistas da coalizão estavam decididos a não
entregar o controle completo aos comunistas, algo que descobriram ser cada
vez mais difícil. Finalmente, os soviéticos não eram benquistos em toda
parte, embora tivessem derrotado Hitler. Se os iugoslavos e a população
da Tchecoslováquia e da Bulgária saudaram o Exército Vermelho como libertadores, na Hungria e na Romênia a situação era diferente. As ditaduras
nacionalistas haviam sido populares até Hitler começar a perder a guerra,
e ambas eram estridentemente antissoviéticas e antirrussas. Na Polônia, os
comunistas eram uma minoria num movimento de resistência em massa
que também era anticomunista e antirrusso, e o levante de Varsóvia continuou sendo um pomo da discórdia. A Alemanha era especialmente difícil,
pois Hitler tivera apoio quase universal e o Exército Vermelho vitorioso não
se comportara como libertadores com os civis alemães, mas como conquistadores, saqueando casas e estuprando mulheres.

O ponto de inflexão surgiu no fim de 1947, quando Stalin criou o Bureau
de Informação Comunista para ser um sucessor menor do Comintern, indicando sua intenção de manter um controle formal sobre seus camaradas.
Em fevereiro de 1948, uma crise no governo da Tchecoslováquia levou os
comunistas sob o comando de Klement Gottwald a formar "comitês de
ação" e, com alguma instigação soviética, a tomar o poder. O presidente
constitucional Edvard Beneš logo renunciou e os comunistas tinham agora o controle completo. Por meio de expedientes variados, os comunistas
tomaram o poder em todos os outros países do Leste Europeu. Os novos

governos foram então muito além dos lemas originais de "democracias do povo" (embora oficialmente o termo persistisse) para uma nacionalização plena e coletivização da agricultura. Os novos governos comunistas também empregaram o arsenal completo do terror contra seus adversários, com centenas de milhares de execuções e prisões. Julgamentos de fachada de supostos líderes comunistas dissidentes, como o de Rudolf Slansky na Tchecoslováquia, imitavam os julgamentos similares soviéticos anteriores. Com a oposição acovardada, os Estados do Leste Europeu começaram uma imensa construção de projetos seguindo o modelo soviético, contando com um entusiasmo muito real pelo socialismo, especialmente entre os jovens, mas em nenhum lugar eles atingiram um nível de apoio suficientemente alto para manter-se sem a ameaça da força e o apoio soviético.

A única exceção a muitas dessas regras foi a Iugoslávia, que representou para Stalin um desafio no interior do movimento comunista, que ele nunca conseguiu esmagar. Ao contrário dos seus vizinhos, Josip Broz Tito havia chegado ao poder com considerável apoio das massas, fruto dos seus anos de liderança dos resistentes contra a ocupação alemã e italiana. Nos anos do pós-guerra, Tito era mais stalinista que Stalin, e também tinha divergências táticas quanto às estruturas pós-guerra dos Bálcãs e à guerra civil grega, na qual Stalin retirou seu apoio aos comunistas,o que provocou a fúria de Tito. Finalmente, em 1948 Stalin condenou os "desvios" de Tito e tentou isolar a Iugoslávia, sem muito sucesso dado o apoio tácito do Ocidente. Mais tarde, Tito teve a ideia de que suas indústrias socialistas seriam "autogeridas", para diferenciá-las da prática soviética, mas fundamentalmente a questão era apenas que Tito não dependia dos soviéticos para sobreviver nem via nenhuma razão para seguir ordens.

A outra área na qual Stalin foi pelo menos parcialmente frustrado foi a Alemanha. A ocupação quadripartida deu aos soviéticos controle sobre a parte oriental da nova Alemanha e a parte oriental de Berlim. Como no Leste Europeu, os soviéticos instalaram uma democracia do povo na zona oriental com os comunistas no centro. Fora isso, a situação era um tanto diferente do Leste Europeu. A Alemanha era um país industrializado, cuja maior parte da indústria estava na zona soviética. Antes de Hitler, os comunistas alemães haviam sido uma força política importante e a diminuta resistência antinazista na Alemanha era predominantemente comunista. Por outro lado, quase todos os seguidores dos comunistas pré-1933 tinham abraçado Hitler com entusiasmo. O novo líder comunista alemão Walter Ulbricht e seus camaradas eram generais sem Exército. Ademais, Stalin queria resolver o problema alemão como um todo, não simplesmente criar um Estado comunista truncado, de forma que todas as decisões sobre a zona oriental eram, na verdade, medidas temporárias. Ele parece ter tido a esperança de uma Alemanha neutra unida com influência soviética predominante. Parte do seu raciocínio era a de que essa política seria um estratagema de propaganda de sucesso, mas ele também parece ter acreditado que uma Alemanha neutra teria necessariamente interesses diferentes dos Estados Unidos e da Grã-Bretanha e até entraria em conflito com eles. Molotov aferrar-se-ia a essa política muito tempo após a morte de Stalin. Foi só quando a Alemanha Ocidental começou a unificar-se, a partir de 1947, com o Plano Marshall e depois a criação de uma moeda comum para a zona ocidental, o fracasso do bloqueio de Berlim (1948-1949) e finalmente a fundação da República Federal no Ocidente, que Stalin aceitou o inevitável. Ele permitiu que Ulbricht formasse a República Democrática Alemã em 1949, muito embora ela ainda continuasse mais ou menos provisória durante a década de 1950.

Assim, em 1949, a Europa estava dividida. Stalin já havia abandonado os comunistas gregos, tal como o Ocidente fizera com seus aliados no Leste Europeu, pois ambos os lados perceberam que o poderio soviético e o ocidental eram inabaláveis nas suas respectivas esferas de influência. Stalin desincentivou quaisquer aventuras dos italianos ou outros comunistas impacientes na Europa Ocidental, dizendo-lhes, ao contrário, que seu objetivo era manter suas estruturas intactas e lutar pela paz contra a possibilidade de um ataque ocidental à União Soviética. Porém, estavam ocorrendo eventos na Ásia que viriam a eclipsar os assuntos europeus.

Stalin não tinha dado muita atenção a Mao Tsé-Tung e ao Partido Comunista Chinês por anos. Depois da derrota comunista em 1927, o partido passou anos formando uma base de guerrilha em torno de Yenan, longe dos centros do país. A invasão japonesa levou a uma espécie de frente popular com os nacionalistas de Chiang Kai-Shek e, no curso da guerra, os comunistas cresceram imensamente em número e força. Com a derrota do Japão, as tropas de Chiang avançaram na China setentrional e na Manchúria, onde os comunistas tinham sólidas bases no campo. No início, Stalin presumiu que os comunistas não conseguiriam enfrentar o Exército profissional de Chiang e eram fracos demais para ter importância política, mas em 1947 Mao demonstrou sua capacidade de repelir as forças aparentemente superiores do inimigo. Os soviéticos incrementaram seu apoio, e Stalin começou a enviar aos chineses um telegrama após o outro, com conselhos sobre como organizar o poder, além de respostas a perguntas sobre ideologia marxista.

No verão de 1948, os comunistas estavam claramente vencendo, mas nem mesmo Mao acreditava que a vitória pudesse vir em somente três a cinco anos. Nem ele esperava as vitórias comunistas decisivas que culminariam na derrocada das tropas de Chiang na gigantesca batalha de Huaihai, no final do ano. A batalha esmigalhou o regime nacionalista corrupto e incompetente, e o Exército de Libertação do Povo entrou em Pequim em janeiro de 1949, continuando seu avanço em direção à China meridional. Mao proclamou a República Popular da China em 1º de outubro. O mundo comunista tinha mais que dobrado de tamanho.

Uma das primeiras consequências internacionais da vitória de Mao aconteceu na Indochina. Desde 1940, os comunistas vietnamitas liderados por Ho Chi Minh estavam combatendo primeiro a ocupação japonesa e depois a França, que estava tentando reconstruir seu império colonial. Os comunistas vietnamitas seguiam uma variante da estratégia relacionada à democracia do povo, enfatizando a oposição ao domínio colonial e a reforma agrária, em vez de uma transição imediata para o socialismo. As bases de Ho ficavam ao Norte e, com a vitória comunista na China, ele mudou de direção para estabelecer uma ligação com este país, uma fonte abundante de suprimentos. Os franceses continuaram lutando, mas em 1954 cometeram um erro fatal ao estabelecer uma base nas montanhas a noroeste do país para cortar a ligação de Ho com o Laos. O Exército comunista, que já não era mais uma força de guerrilha e agora estava equipado com armamento pesado, cercou os franceses e forçou a guarnição a capitular depois de um cerco de vários meses. O acordo de Genebra dividiu o país no 17º paralelo, e a República Democrática do Vietnã agora dominava o norte. O Vietnã viria a desempenhar um papel crucial na Guerra Fria, mas a consequência imediata mais importante da vitória comunista na China ocorreu na Coreia.

Na Coreia, os acontecimentos desenrolaram-se de forma muito semelhante ao que ocorreu na China e no Vietnã. Tropas soviéticas ocuparam brevemente o norte, dando estímulo aos comunistas sob Kim Il Sung. Kim também seguiu a linha da democracia popular em vez da ditadura proletária, mas foi interrompido no Sul, ocupado por soldados dos Estados Unidos. Em 1948, eleições patrocinadas pelos Estados Unidos levaram à formação da República da Coreia sob o comando do despótico Syngman Rhee. A partir de 1949, Kim começou a pressionar Stalin para autorizá-lo a invadir o Sul, onde guerrilhas comunistas estavam ativas e a vitória parecia ao alcance da mão. Stalin foi inicialmente muito cético, mas em 1949 ele mudou de ideia, em parte também por causa da revolução chinesa e em parte em reação à formação da Otan naquele ano. Mao teve dúvidas parecidas, mas ambos aprovaram o plano. A União Soviética forneceu ajuda militar maciça à Coreia do Norte e, em junho de 1950, as tropas de Kim invadiram a Coreia do Sul e derrotaram rapidamente as tropas dos Estados Unidos e sul-coreanas. A confiança soviética na vitória era tanta que eles continuaram a boicotar o Conselho de Segurança da ONU na questão da política dos Estados Unidos para Taiwan, permitindo que os Estados Unidos lutassem uma guerra própria sob a bandeira da ONU. Stalin monitorou o progresso da guerra em minúcias, enviando conselhos e instruções periodicamente até o desembarque estadunidense em Inchon em setembro de 1950, que fez virar a maré contra os comunistas. Parecia que Kim seria derrotado, pois Stalin não tinha planos de enviar soldados soviéticos. Um pedido de soldados chineses foi recusado, para surpresa tanto de Stalin quanto de Kim, e o primeiro ordenou que o líder coreano se preparasse para a guerrilha e se retirasse para a União Soviética. Então os chineses mudaram de ideia, aparentemente por causa das declarações belicosas de "*roll-back*" (invasão e mudança de regime) do general Douglas Mac Arthur e da sua ameaça implícita à China. "Voluntários" chineses atravessaram a fronteira em massa, empurrando os norte-americanos e seus aliados de volta até o trigésimo oitavo paralelo, mais ou menos o ponto inicial. Em 1951, a guerra estava num impasse, que só seria resolvido com a trégua firmada poucos meses após a morte de Stalin. Kim fracassara na conquista do Sul, mas os exércitos chinês e norte-coreano, mal saídos das suas próprias revoluções e somente com economias atrasadas (e alguma ajuda soviética) haviam repelido os Estados Unidos por três anos.

Por ocasião da morte de Stalin, em 1953, a União Soviética tinha muito o que mostrar no cenário internacional nesses anos desde a Segunda Guerra Mundial. Havia agora um "campo socialista" que incluía a China e as partes setentrionais da Coreia e do Vietnã, bem como a maior parte do Leste Europeu. A União Soviética tinha uma bomba atômica e estava prestes a desenvolver uma bomba de hidrogênio. Esses sucessos eram também os motivos que catalisavam a oposição ocidental, negando no processo a crença de Stalin na inevitabilidade de um conflito entre as potências ocidentais. Os Estados Unidos estavam agora completamente comprometidos com a prevenção de quaisquer novos sucessos comunistas e possuíam recursos que a União Soviética não podia igualar. Outrossim, o Leste Europeu trazia vantagens e desvantagens. Nenhum dos novos regimes – exceto (ironicamente) a Iugoslávia – tinha apoio popular suficiente para ficar no poder sem amparo soviético, e o problema alemão continuava sem solução. A República Democrática Alemã não tinha conseguido gerar uma economia estável, e a fronteira aberta com o Ocidente significava que milhares de pessoas, a maioria delas profissionais altamente treinados, partia todo ano. A emergência da Guerra Fria impediu a resolução final dos numerosos problemas criados pela ocupação quadripartida do pós-guerra, dos quais o mais explosivo era a condição de Berlim.

Por trás das idas e vindas da diplomacia da Guerra Fria, com suas crises periódicas, pairava o problema mais amplo do poderio militar soviético. A mera posse de uma bomba atômica não tornava o país invulnerável, muito menos igual aos Estados Unidos. Em 1953, os soviéticos haviam feito muitos esforços para evitar a ameaça potencial dos bombardeiros estratégicos dos Estados Unidos, mas o mundo não estava parado. Os Estados Unidos perceberam que a próxima etapa seria a construção de mísseis e estavam trabalhando neles. Os cientistas e planejadores militares soviéticos haviam chegado às mesmas conclusões e, assim, a construção de mísseis avançava, ainda que lentamente. O lançamento do primeiro satélite do mundo, o Sputnik, em 1957, deu a impressão de que os soviéticos poderiam estar muito à frente no projeto e construção de mísseis, e disparou uma busca frenética na CIA por informações sobre as capacidades soviéticas. Na realidade, o foguete que lançou o Sputnik foi altamente exitoso, mas era inútil para propósitos militares. Ele precisava de uma imensa base de lançamento e vários dias de preparação, além de ser demasiado caro para ser fabricado em larga escala. Os soviéticos só viriam a ter perto de 20 ou 30 MBICs no início da década de 1960, e a paridade aproximada com os Estados Unidos só veio depois da queda de Kruchev. No entanto, os Estados Unidos não souberam disso até relativamente tarde. O célebre voo U-2 de 1960 foi uma tentativa de descobrir o que os soviéticos possuíam de fato, mas foi, obviamente, um fracasso, embora tenha demonstrado as capacidades da defesa aérea soviética. Foi só após 1961, depois que os Estados Unidos puseram em uso seus primeiros satélites espiões, que o governo estadunidense foi capaz de determinar com precisão a fraqueza do programa soviético de mísseis. Portanto, durante a maior parte da década de 1950, Kruchev podia continuar a blefar para sair-se de uma série de crises.

A ausência da capacidade de atacar os Estados Unidos continentais nesses anos não eliminou o problema criado pelas armas nucleares. Os soviéticos certamente podiam destruir a Europa Ocidental em qualquer enfrentamento nuclear, e Washington não tinha certeza se algum tipo de armamento tinha alcance maior. Felizmente, tanto na União Soviética como nos Estados Unidos, líderes políticos, generais e cientistas estavam cada vez mais preocupados com o fato de que as armas eram destrutivas demais para serem usadas de forma fácil ou mesmo útil. Stalin tinha resistido a essa conclusão, mas após sua morte, até seu círculo interno começou a ter dúvidas. Quando Eisenhower comentou num discurso, no final de 1953, que as armas nucleares podiam erradicar a civilização, até Malenkov retomou a ideia, embora Kruchev tenha-a inicialmente rejeitado. Não obstante, eles também começaram a aproximar-se de uma ideia de cooperação internacional para desenvolver usos pacíficos da energia atômica. Para os cientistas, liderados por Kurchatov, o teste da bomba soviética de hidrogênio em 1955 foi um ponto de inflexão. Kurchatov, que ainda era chefe científico do projeto nuclear soviético, começou a pronunciar-se a favor da coexistência pacífica e a advertir sobre os perigos de uma guerra nuclear. Ele e os outros físicos também fizeram pressão para obter mais contato com colegas ocidentais, e os físicos soviéticos e ocidentais começaram a encontrar-se com regularidade. Isso foi importante para a Ciência e, ademais, o envolvimento de tantos cientistas a leste e a oeste em programas armamentistas significava que existia um canal informal para questões nucleares. Mesmo antes do teste da bomba de hidrogênio, Kruchev fez que o marechal Zhukov mencionasse a possibilidade de coexistência pacífica no seu discurso de Primeiro de Maio de 1955, apesar das objeções de Molotov. Assim, por ocasião da Conferência de Genebra de 1955, a limitação das armas nucleares tornou-se parte essencial da diplomacia soviética, uma preocupação compartilhada por Eisenhower e a maioria dos outros líderes ocidentais. A proclamação posterior de Kruchev no Vigésimo Congresso, em 1956, de que a guerra não era inevitável e a coexistência pacífica entre o capitalismo e o socialismo era possível, tinha muitas dimensões, mas uma delas era justificar a necessidade e possibilidade de negociações sobre limitações de armas e desarmamento. As crises contínuas da Guerra Fria ocorriam juntamente com poderosas contracorrentes nos Estados Unidos e na URSS, que levavam ambos os lados a alguma espécie de acordo sobre as armas nucleares. Felizmente, essas contracorrentes estavam presentes, pelo menos em certa medida, no espírito da maioria dos líderes políticos de ambos os lados. Elas levariam finalmente ao Tratado de Interdição Parcial de Ensaios Nucleares de 1963, que eliminou os testes atmosféricos e submarinos de armas nucleares. O tratado não fez nada para interromper a corrida armamentista, mas limitou fortemente os danos ao ambiente e à saúde pública causados pelos testes de armas nucleares.

Ciente de que seu arsenal nuclear era inferior ao dos Estados Unidos e de que a doutrina militar estadunidense dos anos 1950 incluía o uso inicial de armas nucleares, Kruchev encontrava-se numa posição difícil. As questões que mais importavam para ele, pelo menos de início, eram as europeias, centradas na Alemanha. Para os soviéticos, existiam três problemas básicos. Em primeiro lugar, havia os problemas econômicos na Alemanha Oriental e a série resultante de crises políticas, a começar com os distúrbios de 17 de junho de 1953 em Berlim Oriental, que foram reprimidos à força. Em segundo lugar, havia a condição de Berlim Ocidental, um espinho no pé dos soviéticos e da RDA e igualmente um incômodo importante para a Otan. Finalmente, havia o problema da Alemanha Ocidental. Depois da morte de Stalin, a liderança soviética percebeu que a República Federal não ia voltar-se contra os Estados Unidos e, de fato, no início de 1955, ela aderiu à Otan e começou a formar um Exército. A reação soviética foi criar o Pacto de Varsóvia com seus aliados do Leste Europeu e pôr fim a qualquer ideia de uma Alemanha neutra. Embora Molotov se ativesse à política antiga, ele não tinha apoio no Politburo e, desse momento em diante, a liderança soviética estava comprometida com a divisão da Alemanha e o apoio total à RDA. O medo específico com relação à Alemanha era, em grande parte, um resquício da Segunda Guerra Mundial e reflexo da incapacidade de Kruchev e de muitos outros da sua geração de perceber o quanto a Europa, inclusive a Alemanha, tinha mudado depois de 1945. O chanceler da Alemanha Ocidental durante esses anos, Konrad Adenauer, embora fosse violentamente anticomunista, tampouco estava interessado em provocar conflitos e queria relações comerciais muito melhores com a União Soviética do que seus aliados dos Estados Unidos permitiriam. A irritação imediata para os soviéticos era Berlim Ocidental, sobretudo porque ela gerava uma ameaça para a RDA, onde estava estacionada a maioria das tropas da União Soviética defronte à Otan. Para piorar as coisas, nenhuma resolução final dos problemas remanescentes da ocupação ou de qualquer outro assunto atinente à Alemanha era possível sem incluir Berlim, uma questão na qual as posições soviética e estadunidense eram completamente incompatíveis. Um arremedo de solução surgiu em 1961, quando Walter Ulbricht, o dirigente da Alemanha Oriental, solicitou com urgência a ajuda de Kruchev em mais uma crise econômica que levou a um grande aumento da emigração saindo do leste. Ulbricht sugeriu que eles fechassem a fronteira de alguma forma, e Kruchev respondeu com a ideia de construir um muro em torno de Berlim Ocidental. O resultado foi o Muro de Berlim, levantado nas pri-

454 | HISTÓRIA CONCISA DA RÚSSIA

meiras horas de 13 de agosto de 1961. Kruchev teve o cuidado de deixar claro que o acesso dos soldados das potências ocidentais não seria afetado, eliminando assim o incentivo para que Kennedy reagisse diante de qualquer coisa além de condenação e mais ajuda. Embora tenha sido um golpe duro no prestígio do bloco socialista, o muro amenizou o problema de Berlim pela década seguinte.

Os assuntos europeus estiveram no foco da atenção soviética durante a maior parte do tempo desde 1945, mas conforme os anos passaram, a China e o que ficou conhecido como o Terceiro Mundo vieram a ocupar um espaço maior. O Terceiro Mundo significava a vasta maioria do globo que, em 1945, ainda fazia parte de algum império europeu ou (no hemisfério ocidental) era dominado pelos Estados Unidos. Foi nele que a União Soviética pôde desafiar gradualmente o Ocidente com sucesso crescente até os anos 1970. Desde o começo, a liderança soviética havia presumido que, mais cedo ou mais tarde, encontraria aliados no mundo colonial, e suas próprias políticas na Ásia Central eram, a seu ver, uma revolução anticolonial. O primeiro Congresso do Comintern em 1919 proclamara a aliança de comunistas e nacionalistas anti-imperialistas, mas essa política teve pouco impacto fora da China e pareceu fracassar ali também depois de 1927. A Segunda Guerra Mundial mudou tudo isso, e não somente na China, mas também nos seus vizinhos. Na maioria dos outros países colonizados, os comunistas não eram fortes, mas em praticamente todo lugar os movimentos nacionalistas tornaram-se muito mais poderosos do que tinham sido antes da guerra, que enfraqueceu tanto a Grã-Bretanha e a França que nenhuma das duas ofereceu muita resistência. Em 1948, a joia da Coroa do Império Britânico, a Índia, tornou-se independente e, na década de 1950, ficou claro que a Grã-Bretanha teria de abrir mão do seu império mais cedo ou mais tarde. A França continuou a lutar na Indochina até 1954 e depois na Argélia, mas ali também ela foi derrotada. Surgiu toda uma gama de novos Estados. Stalin era cético quanto a esses, mas seus sucessores não foram tão cautelosos.

O primeiro país do Terceiro Mundo que caiu nas boas graças da União Soviética foi o Egito de Nasser, em 1955. Depois de algum debate entre a liderança, Kruchev concordou em fornecer tanques e aviões a Nasser, o que marcou a primeira incursão importante da URSS no Oriente Médio. Quando Nasser nacionalizou o canal de Suez, Kruchev apoiou-o na crise que se seguiu, embora tivesse pouca alavancagem real na região. De qualquer forma, na semana do auge da crise de Suez, a liderança soviética estava absorta em problemas muito mais graves no Leste Europeu. O início da desestalinização na URSS teve repercussão imediata na Polônia, onde protestos levaram à nomeação de Wladyslaw Gomulka como líder do partido. Gomulka fora vítima dos expurgos stalinistas na Polônia e agora guiava o país num curso que era leal a Moscou, mas diferia nas suas políticas sociais e outras. A mais notável delas foi que os agricultores poloneses receberam terras quando os coletivos foram rompidos e continuaram proprietários até a queda do comunismo. O desafio na Hungria foi mais sério. Ali os stalinistas locais tentaram manter-se no poder, o que provocou o colapso do regime e a emergência de um novo líder, Imre Nagy. Nagy anunciou que a Hungria teria eleições multipartidárias e deixaria o Pacto de Varsóvia. Os líderes soviéticos, incluindo Kruchev, hesitaram. Eles moveram tropas perto de Budapeste, mas somente após dias de indecisão eles finalmente entraram na cidade e reprimiram a revolta, instalando Janos Kadar como novo líder do partido. Nagy foi levado para a Romênia e executado.

Depois de 1956, as relações com todos os irmãos socialistas tornaram-se cada vez mais complicadas. Kadar conservou as fazendas coletivas mas permitiu e até incentivou os pequenos negócios. Tanto a Polônia como a Hungria (depois da repressão inicial) permitiram que a oposição expressasse suas opiniões de formas geralmente modestas, mas que não eram vistas na URSS ou em outros países com governos comunistas. Outros países do Leste Europeu passaram a exercer muito mais independência, mas não necessariamente acompanhada de políticas mais liberais. Na Albânia, Enver Hoxha opôs-se à desestalinização desde o começo e construiu gradualmente um Miniestado stalinista com planos econômicos excêntricos. A Romênia tornou-se cada vez mais crítica de Kruchev e da liderança soviética em geral, mas também avançou numa direção muito mais autoritária que a URSS e complementou esse curso com planos de superindustrialização que empobreceram o país na década de 1980. Contudo, nenhuma dessas mudanças no Leste Europeu foi tão significativa quanto a ruptura crescente com a China. Mao Tsé-Tung não ficou satisfeito com o discurso secreto de Kruchev e afirmou mais tarde que Stalin era 70% bom e somente 30% mau. Com uma certa ambiguidade, Mao apoiou os soviéticos na Hungria, mas as relações deterioraram-se nos anos seguintes. O Grande Salto para a Frente (1958-1961) de Mao refletiu a radicalização crescente da política chinesa, que criou comunas gigantescas no lugar das fazendas coletivas de estilo soviético e promoveu altos-fornos de quintal para fabricar aço. Mao também estava cada vez mais descontente com as tentativas de Kruchev de coexistência pacífica com os Estados Unidos, o que era, a seu ver, uma impossibilidade fundamental. Como em outros lugares, Kruchev exacerbou a tensão com sua diplomacia canhestra, mas visões totalmente diferentes do socialismo estavam no cerne da disputa. A União Soviética havia gastado uma grande quantidade de dinheiro em ajuda à China, especialmente após 1953, e enviado numerosos conselheiros para assuntos técnicos. Então, em julho de 1960, Kruchev mandou que todos voltassem para casa. A cisão final ocorreu com a crise dos mísseis de Cuba em 1962, pois Mao viu a resolução desta como uma capitulação diante dos Estados Unidos. Uma polêmica aberta na imprensa chinesa, chamando as políticas soviéticas de "revisionistas", tornou a cisão óbvia para todos e continuou até o início da Revolução Cultural na China (1967). Agora a liderança chinesa denunciava a restauração capitalista na URSS e entrava num mundo próprio de loucura. Choques na fronteira só pioraram as coisas, mas a China estava absorvida demais na sua própria transformação para criar problemas para os russos. Não obstante, agora a URSS havia perdido seu único aliado importante na Guerra Fria, logo no momento em que Moscou tinha finalmente alcançado a paridade estratégica com os Estados Unidos.

A rivalidade com os Estados Unidos ocupou mais e mais o centro da política da Guerra Fria. Kruchev continuou a fazer tentativas de promover o entendimento, simbolizadas pela sua viagem aos Estados Unidos em 1959. O líder soviético viu mais do que fazendas, já que percorreu o país de cima a baixo, encontrou astros de Hollywood (embora tenham-no impedido de visitar a Disneylândia) e conversou com Eisenhower e outras autoridades. Apesar do problema corrente em Berlim, o parecia ocorrer algum progresso, e outras reuniões foram agendadas na Europa. Então, em 1960 a defesa aérea soviética rastreou um avião espião U-2 sobre Sverdlovsk e abateu-o, pondo fim a qualquer esperança de negociação sobre controle de armamentos ou alívio das tensões naquele momento. A construção do Muro de Berlim no ano seguinte também não ajudou, mas Kruchev tinha planos muito mais arriscados em mente.

A Revolução Cubana de 1959 teve uma recepção pouco calorosa em Moscou. Fidel Castro não era membro do Partido Comunista Cubano, que, na verdade, opôs-se ao seu movimento até o último minuto. Não obstante, a orientação de Castro era contra o domínio estadunidense e a favor do socialismo. As diversas ações dos Estados Unidos contra Cuba, a invasão da Baía dos Porcos em 1961, as operações secretas e os debates ameaçadores no Congresso dos Estados Unidos convenceram os soviéticos de que eles tinham de apoiá-lo. Kruchev achou que poderia resolver dois problemas de uma vez só colocando mísseis soviéticos em Cuba. Um era que ele tinha somente meia dúzia de MBICs e o restante dos seus mísseis não eram grandes o bastante para atingir os Estados Unidos a partir da União Soviética, o que deixava seu país em séria desvantagem. O outro objetivo era proporcionar a Castro uma defesa séria contra uma possível invasão. Kruchev tomou a decisão praticamente sozinho, com pouca consulta à elite soviética. Depois que os Estados Unidos detectaram os mísseis por meio de sobrevoos com U-2, Kennedy decidiu que eles tinham de ser removidos. O resultado foi inevitável, dado que a URSS carecia de um arsenal nuclear com o tamanho e o alcance do equipamento dos Estados Unidos. Kruchev foi obrigado a recuar e, para piorar as coisas, a única concessão dos Estados Unidos (remover os mísseis dos Estados Unidos da Turquia) permaneceu secreta. A humilhação foi completa e as repercussões internas marcaram o início da queda de Kruchev.

Com a chegada de Leonid Brejnev como líder soviético, o blefe e a tomada de riscos tiveram fim e a URSS concentrou-se em desenvolver suas Forças Armadas para que o fiasco cubano nunca mais se repetisse. Suas relações exteriores com os Estados Unidos continuaram centrais, mas, como os norte-americanos estavam cada vez mais preocupados com o Vietnã, Brejnev tinha uma ligeira margem de manobra. Ele certamente precisava dela, já que o mergulho da China na Revolução Cultural foi seguido pela crise na Tchecoslováquia em 1968. Sob muitos aspectos, a "Primavera de Praga" foi uma repetição da Hungria com o mesmo resultado: os soldados soviéticos restauraram o governo do Partido Comunista num espírito conforme às concepções soviéticas do socialismo. Por fim, não foi o Leste Europeu, mas o Vietnã que tornou-se o foco principal da Guerra Fria por uma década.

A liderança soviética nunca havia visto o Vietnã como um fronte importante da Guerra Fria e considerava os Estados Unidos poderosos demais no Sudeste Asiático para serem desafiados. Para piorar, os comunistas vietnamitas geralmente apoiavam a China após 1956, em parte porque a política de coexistência pacífica minava seu desejo de uma guerra no Sul para reunificar o país. Kruchev ignorou-os solenemente. Ele mal teve tempo de reagir ao incidente do golfo de Tonkin em 1964, pois logo foi destituído do cargo, mas Brejnev decidiu rapidamente reagir à escalada da guerra pelos Estados Unidos enviando grandes montantes de auxílio soviético, incluindo mísseis antiaéreos capazes de atingir os bombardeiros dos Estados Unidos, até os B-52s, acima do Vietnã do Norte. Ao contrário da tentativa quixotesca de Kruchev de cortejar líderes nacionalistas do

Terceiro Mundo como Nasser ou Patrice Lumumba, que redundou em fracasso quase universal, o apoio ao Vietnã do Norte levou à maior derrota dos Estados Unidos na Guerra Fria. Em 1975, os últimos norte-americanos haviam fugido do telhado da embaixada dos Estados Unidos, e os comunistas vietnamitas governavam o país inteiro, ainda que devastado pela guerra e com 1,5 milhão de mortos.

A vitória dos comunistas vietnamitas e a aliança continuada com Cuba eram sucessos inequívocos, mesmo se nenhum dos dois países era grande o bastante para fazer muita diferença no equilíbrio geopolítico. Na Europa, a posição soviética parecia estável. Os problemas econômicos crescentes na Polônia foram equilibrados pela restauração de relações normais com a Alemanha Ocidental, resultado da Ostpolitik de Willy Brandt no início da década de 1970. Essa aproximação amenizou o conflito mais grave da Guerra Fria na Europa – o problema alemão. A virada de Brandt foi possível porque o comunismo já não era mais um problema na Europa ocidental. A expansão econômica do pós-guerra combinada a um sistema sólido de bem-estar social criou uma geração de consumidores satisfeitos, muito distintos das massas desesperadas da primeira metade do século XX. Os partidos comunistas da Europa Ocidental pararam de crescer, os menores caíram na obscuridade e os maiores, como o Partido Comunista italiano, tornaram-se cada vez mais críticos dos soviéticos, e mais ainda da China.

Embora ninguém soubesse disso na época, a vitória vietnamita foi o último sucesso comunista. Nenhuma revolução comunista concretizou-se das tentativas de Che Guevara na América Latina, e o reformista moderado Salvador Allende foi derrubado num golpe que a maioria dos contemporâneos acreditava ter sido orquestrado pela CIA. Na África, o regime radical do coronel Mengistu na Etiópia (1974-1991) era aliado dos soviéticos, mas sua reforma agrária jamais faria dela um país socialista no sentido soviético e, de qualquer forma, ela era pobre e pequena demais para fazer alguma diferença. A África, como a maior parte do Terceiro Mundo, evoluía de diversas formas. Alguns países tornavam-se economias capitalistas relativamente prósperas, outros afundavam numa pobreza ainda mais desesperada, mas nenhum deles caminhava em direção ao socialismo como Moscou o entendia. A retórica da liberação popular que vinha dos soviéticos soava cada vez mais oca.

A primeira reação dos Estados Unidos à sua derrota no Vietnã foi procurar algum tipo de acomodação, política que ficou conhecida como *détente*. O governo Nixon, ciente de que os soviéticos tinham paridade aproximada de armas nucleares e enfraquecido pela guerra no Vietnã, decidiu corresponder às aberturas soviéticas acerca de limitações de armas, o que resultou no Tratado de Limitação de Armas Estratégicas (SALT) de 1972. O passo seguinte foi o acordo de Helsinki de 1975, que reconheceu as fronteiras pós-Segunda Guerra Mundial pela primeira vez e também incluía generalidades sobre consultas mútuas e direitos humanos – estes últimos logo tornariam-se um pomo da discórdia. As discussões continuaram ao longo da década, encerrando-se finalmente com o SALT II em 1979, que limitava o número de veículos de transporte de armas nucleares.

Embora limitassem o ritmo até então frenético da construção de arsenais nucleares e reduzissem, portanto, os riscos de aniquilação, essas medidas não puseram fim à Guerra Fria, nem era essa sua intenção. De muitas formas, a medida mais importante foi a reaproximação com a China, que Nixon e Henry Kissinger iniciaram em 1971. Com a visita de Nixon à China no ano seguinte, a União Soviética encarou a China e os Estados Unidos como rivais. A China, é claro, ainda estava às voltas com a Revolução Cultural, com todos os seus efeitos mortíferos, além do caos político e econômico. O acordo Estados Unidos-China coincidiu com a ascensão da Gangue dos Quatro, que governou a China com terror até a morte de Mao em 1976. Foi só então que Deng Xiaoping conseguiu restaurar uma certa normalidade, de modo que a China pudesse fornecer um apoio importante aos Estados Unidos. Durante esses anos, os Estados Unidos e a China trocaram inteligência sobre a União Soviética. Em público, os Estados Unidos denunciavam o exílio de dissidentes soviéticos e as restrições à emigração de judeus da URSS, mas não diziam nada sobre os milhares de pessoas que morreram na China nas últimas fases da Revolução Cultural. Os soviéticos desciam a lenha no imperialismo dos Estados Unidos enquanto se aliavam aos países do Terceiro Mundo cujo socialismo ou até nacionalismo era estritamente nominal. Depois que os Estados Unidos jogaram sua "carta China", a competição Estados Unidos-URSS deixou gradualmente de ser uma luta pelo socialismo ou pelo capitalismo democrático e transformou-se em mais uma rivalidade entre superpotências.

A liderança senescente em torno de Brejnev não percebeu essas alterações mais profundas na sociedade e na política mundiais. Ela ainda vivia no mundo das lutas revolucionárias e da construção do socialismo, embora sua orientação tática implicasse que as revoluções no exterior eram raramente uma prioridade. Sua última jogada nessa luta seria fatal, o envolvimento no Afeganistão. A URSS sempre tivera relações com seus vizinhos afegãos e às vezes fornecia ajuda e considerava diversos planos para intrometer-se na política afegã, mas o país era pobre demais, tradicionalista demais e marginal demais para os conflitos entre as grandes potências, em especial após o fim da Índia britânica. Foi então que, em 1973, um golpe militar derrubou a monarquia e, cinco anos mais tarde, caiu por sua vez, vítima de outro grupo de oficiais do Exército com opiniões mais ou menos marxistas. Os novos governantes adotaram várias medidas para destruir o "feudalismo", os numerosos costumes tradicionais que eles julgavam opressivos, o que provocou descontentamento em massa. A liderança soviética levou o governo afegão a sério, como se fossem comunistas que avançavam em direção a uma sociedade conforme ao modelo soviético, e o desafio ao regime como mais uma revolta patrocinada pelos Estados Unidos. Esta última crença estava correta, pois a CIA havia começado a ajudar os rebeldes em meados de 1979, em parte com a esperança de que os soviéticos seriam forçados a intervir. Para piorar as coisas, os soviéticos temiam que os líderes afegãos do momento pudessem aliar-se aos Estados Unidos ou à China. Por isso, em 27 de dezembro de 1979, soldados soviéticos tomaram Cabul, instalaram um governo mais leal e a invasão começou. Os Estados Unidos forneceram auxílio aos rebeldes através do Paquistão, lançando assim a base para a ascensão do extremismo islâmico. Os combates levaram à destruição e a baixas em massa no Afeganistão e à morte de aproximadamente 14 mil soldados soviéticos. Pelos próximos seis anos, até a ascensão de Mikhail Gorbachev, a guerra afegã foi a principal questão da Guerra Fria, além de um enorme desperdício de recursos e moral da URSS. Ela também apressou o colapso da ordem soviética.

Epílogo
O fim da URSS

O colapso da União Soviética e o ressurgimento da Rússia foram eventos marcantes, mas difíceis de descrever com profundidade. As linhas principais são claras, já que grande parte da sua queda ocorreu em público sob escrutínio intenso da população soviética e russa, de jornalistas estrangeiros e dos governos do mundo. Porém, muitas decisões cruciais foram tomadas a portas fechadas e são demasiado recentes para serem objeto de estudo dos historiadores. Muitos dos principais acontecimentos da época já sumiram da memória, e outros foram provavelmente exagerados em relatos populares e nas poucas tentativas acadêmicas de análise. Fontes reais são escassas, e autobiografias sensacionalistas e fragmentos de informação não são um bom material historiográfico. Para complicar as coisas, percepções dos eventos fora da Rússia e entre os russos e a maioria das antigas populações soviéticas diferem profundamente. A única coisa que é possível fazer é um esboço dos acontecimentos e de algumas das tendências sociais, políticas e econômicas mais óbvias de um quarto de século de reviravoltas, prestando alguma atenção na compreensão desses eventos e tendências por parte dos russos que os viveram.

Mikhail Gorbachev tornou-se Secretário-Geral do Partido Comunista em março de 1985, somente poucas horas após a morte de Chernenko. Ele trouxe consigo uma nova equipe – entre outros, Alexander Iakovlev como conselheiro e Boris Yeltsin, que ele encarregou da organização do partido em Moscou. Gorbachev pertencia a uma nova geração: nascido em 1931, ele formou-se em Direito pela Universidade de Moscou em 1955. O último líder soviético com formação universitária havia sido Lenin. Depois da universidade, Gorbachev logo tornou-se o chefe do partido na sua Stavropol' natal, um distrito agrícola nas planícies ao norte do Cáucaso. Em 1979 ele entrou para o Politburo. Iakovlev era mais velho, nascido em 1923, e tinha galgado posições na rede de propaganda do partido nos anos 1950. Ele passara o ano de 1958 num intercâmbio na Universidade de Colúmbia em Nova York e fora embaixador junto ao Canadá de 1973 a 1983. Esses dois homens liderariam a tentativa de reformar a ordem soviética. Seu inimigo era outro chefe do partido oriundo da província, Boris Yeltsin. Yeltsin, nascido no mesmo ano que Gorbachev, formou-se na Universidade Técnica de Sverdlovsk, também em 1955, e chegou ao cargo de chefe do partido da região de Sverdlovsk, uma das principais regiões industriais da URSS. Ele permaneceu no cargo de 1976 até Gorbachev levá-lo para Moscou.

O primeiro ano mais ou menos após o advento de Gorbachev trouxe poucas mudanças na superfície. Na verdade, o acontecimento mais espetacular do seu primeiro ano no cargo foi a explosão do reator nuclear de Chernobyl em abril de 1986. O país que havia enviado o primeiro homem ao espaço não conseguia manter a segurança dos seus reatores. Gorbachev lançou um apelo por uma melhoria radical da economia na conferência do partido de 1986, mas sem resultado. Andrei Sakharov foi autorizado a retornar a Moscou no final do ano, mas a maior parte da discussão política ainda ocorria a portas fechadas nas reuniões do partido. Em 1987, Gorbachev começou a clamar por uma "reestruturação" (*perestroika* em russo) e publicou um livro para promover sua visão. Ele logo acrescentou a *glasnost'*, que significa algo como "abertura" ou talvez até "transparência". A ideia era simplesmente a de que questões importantes tinham de fazer parte do debate público, não somente de discussões a portas fechadas entre a elite do partido. Ao mesmo tempo, toda uma série de medidas começou a abrir a estrutura econômica a empresas não estatais. O primeiro exemplo importante foi a lei que permitia o funcionamento de "cooperativas", que eram, na verdade, pequenos negócios particulares, como restaurantes. A liderança também tomou medidas, praticamente ignoradas na época, para acelerar a economia fazendo uso da Komsomol, a Liga Comunista da Juventude. Fundada durante a guerra civil como meio de mobilização da juventude em prol dos objetivos do partido, ela havia se tornado uma organização essencialmente burocrática, um apêndice inerte do partido. Ela foi incentivada a criar "Grupos Científico-Técnicos da Juventude", que eram autorizados a realizar atividades empreendedoras livres de impostos, principalmente relacionadas a eletrônicos e automóveis. Nesses grupos, os futuros oligarcas deram seus primeiros passos.

EPÍLOGO: O FIM DA URSS | 463

Tão importante quanto essas mudanças de atitude e política foi a retirada soviética do Afeganistão. Gorbachev parece ter tomado essa decisão quase imediatamente, mas só anunciou a retirada em 1988. Dentro de um ano, os soviéticos haviam saído do Afeganistão, que então afundou na guerra civil. Os anos seguintes da Perestroika foram politicamente estimulantes, pois novas publicações surgiram em Moscou, Leningrado e muitas outras partes do país. Questões da era Stalin e outras passagens sombrias da história soviética foram objeto de discussão intensa. Antigos dissidentes como Sakharov tornaram-se, por um momento, heróis nacionais. Nem toda essa agitação foi resultado da liberdade recém-adquirida: o primeiro artigo publicado que criticava Lenin foi escrito por ordem das autoridades, e historiadores que questionaram suas conclusões nacionalistas foram informados que o artigo não devia ser discutido. Em certas regiões do país, como a Ucrânia ou a Ásia Central, a imprensa continuou no modo soviético. Não obstante, na maior parte da imprensa central, no cinema, na literatura, no teatro e nas mesas de jantar das pessoas comuns, houve discussões intensas e ninguém mais levava em conta o que as autoridades pensavam ou faziam. A emoção do debate político, o primeiro desse tipo em setenta anos, foi acompanhada por uma rápida deterioração da economia. As primeiras reformas econômicas de Gorbachev removeram muitos mecanismos da economia soviética mas não puseram nada no lugar. Ainda não existia um verdadeiro mercado. O fornecimento de bens de consumo, já muito ruim no início dos anos 1980, caiu catastroficamente. O Estado também começou a perder o controle da periferia. Em 1988, a Armênia começou a reivindicar Nagorno-Karabakh, um enclave armênio no vizinho Azerbaijão. Moscou não conseguiu resolver a disputa e a Armênia começou a rejeitar a autoridade do Estado soviético.

O ritmo da mudança acelerou-se. Nos bastidores, os empreendedores da Komsomol haviam acumulado grandes somas e foram logo igualados pelos bancos soviéticos e ministérios industriais, que se converteram em "empresas" orientadas para o mercado crescente. Em 1989, o Ministério da Indústria de Gás Natural tornou-se a Gazprom, e era apenas uma de muitas organizações desse tipo. Essencialmente, uma espécie de privatização estava ocorrendo a portas fechadas. Outras mudanças eram públicas. Por todo o país, a política de Gorbachev foi substituir a hierarquia de escritórios do partido por escritórios "soviéticos", ou seja, do governo. Em muitos casos, o chefe local do partido simplesmente atravessou a rua para assumir o governo local, mas a mudança significava que o partido estava subitamente se tornando irrelevante. Dentro do partido, a oposição à Perestroika crescia.

Então Gorbachev anunciou que o velho Soviete Supremo, a legislatura nominal da URSS, seria substituído por um "Congresso de Deputados do Povo". As eleições para o novo Congresso seriam genuínas e abertas: haveria mais de um candidato para cada assento. O resultado foi uma eleição mais ou menos livre, a primeira desde 1917, mas os resultados foram dúbios. Gorbachev queria que o novo Congresso fosse um veículo para fazer avançar o processo de liberalização econômica e a "democratização", recentemente incluída na agenda de reforma. Infelizmente, a composição do novo Congresso acarretou um impasse. Moscou e Leningrado, como era de se prever, elegeram deputados fortemente reformistas, a maioria da *intelligentsia*, tal como muitas cidades e distritos provinciais russos. A Ucrânia, no entanto, ainda sob firme liderança do chefe do partido Leonid Kravchuk, e as repúblicas da Ásia Central elegeram deputados conservadores contrários à reforma. As repúblicas bálticas, varridas por uma onda de nacionalismo, estavam mais interessadas em separação do que em reforma, e as repúblicas transcaucasianas estavam concentradas em suas querelas mútuas. As eleições também trouxeram Boris Yeltsin à atenção do público. Em 1987, ele havia se indisposto com Gorbachev, que o destituiu então do seu cargo em Moscou. Agora, como deputado do Congresso, ele usou a plataforma para criticar o ritmo e o alcance da reforma. Ele também passou a afirmar a necessidade de a República Russa cuidar dos seus próprios direitos e necessidades e não se curvar às autoridades centrais ou soviéticas. O ano de 1989 também viu o colapso do poder comunista em todo o Leste Europeu, que culminou na queda do Muro de Berlim em novembro. Até os comunistas antissoviéticos na Romênia foram derrubados. Gorbachev aceitou tudo isso, esperando a princípio que levasse a relações melhores com o Ocidente.

No ano seguinte, Gorbachev tornou-se formalmente o chefe de Estado da URSS, completando a transferência do poder formal das instituições do partido para as do Estado. Isso não o favoreceu. Nos meses seguintes, o nacionalismo crescente nas repúblicas bálticas e na Geórgia criou toda uma série de novos problemas. Na Geórgia, o exuberante escritor dissidente Zviad Gamsakhurdia foi eleito presidente em 1990, o que levou a um conflito imediato com a Abcásia e a Ossétia do Sul. O governo georgiano tentou impor a língua georgiana às duas minorias, baniu partidos locais e logo depois aboliu sua autonomia local. Soldados soviéticos tiveram de intervir e separar os partidos em luta. Assim, todas as três repúblicas transcaucasianas estavam agora em turbulência. Gorbachev vinha perdendo o controle do país. A agitação nacionalista na Lituânia levou a um confronto violento com soldados soviéticos e a muitas mortes em janeiro de 1991. Em junho, Yeltsin ganhou a eleição para a liderança da República Russa por uma ampla maioria, em grande parte porque não havia uma verdadeira oposição contra ele.

Em 1991, a economia parecia ter atingido o nadir, e a autoridade do Estado estava no ponto mais inferior da história. Mesmo assim, a política pública ainda girava em torno da batalha da reforma contra a manutenção do sistema soviético. Os defensores públicos da reforma pertenciam sobretudo à *intelligentsia* e estavam cada vez mais impacientes com Gorbachev, que eles julgavam lento demais e inclinado ao compromisso. Defensores do velho sistema pareciam pertencer sobretudo às fileiras da elite do partido, cada vez mais ameaçada pelas reformas de Gorbachev, tanto econômicas quanto políticas. Em último plano e despercebidos de todos, novos grupos estavam se formando e aguardando nos bastidores, clãs políticos e alguns novos empreendedores que trabalhavam principalmente dentro da estrutura soviética, mas usavam-na para constituir negócios informais. Os comunistas determinados a preservar o sistema acabaram por oferecer inadvertidamente a oportunidade de destruí-lo.

Em agosto de 1991, enquanto Gorbachev estava tirando férias rápidas na Crimeia, o vice-presidente, os ministros de Assuntos Internos e da Defesa e vários outros altos oficiais decidiram declarar estado de emergência e tomar o poder para reverter todo o processo de reforma. Eles levaram diversos regimentos de soldados para a cidade, mas encontraram pouco apoio. A maioria dos governos locais ou rejeitou seus apelos ou, como a liderança ucraniana, ficou em cima do muro. O povo de Moscou estava claramente contra eles e Yeltsin, chefe do governo da República Russa, liderou a oposição. Ficou famoso o discurso que ele fez em pé, num tanque, para incitar o povo. Os líderes do golpe mantiveram Gorbachev isolado na Crimeia em sua *datcha*, na esperança de resistir, mas isso foi inútil. Depois de poucos dias de confronto quase sem derramamento de sangue, eles renderam-se.

O resultado foi o colapso da União Soviética. Gorbachev retornou a Moscou, mas o país estava um caos. Enquanto ele lutava para manter a situação, Yeltsin reuniu-se com os líderes da Bielorrússia e da Ucrânia numa cabana de caça na floresta em Belovezha, na Bielorrússia. Os três aboliram a União Soviética. As outras repúblicas não foram consultadas: as repúblicas bálticas e a Geórgia já haviam declarado independência, mas os grupos de liderança das repúblicas centro-asiáticas ficaram abismados com a ideia. O público tampouco foi consultado: no início de 1991, houve referendos sobre a situação da União e a maioria das pessoas, incluindo na Ucrânia, havia votado a favor de mais autonomia, mas também da preservaçãoda União. Isso, obviamente, era o desejo da liderança local em Kiev e outros lugares. Agora Yeltsin estava no poder e os líderes tinham mudado de ideia. Depois de 74 anos de existência, a União Soviética chegava ao fim.

O primeiro resultado, visível nas primeiras semanas após o golpe, foi uma transformação da economia, diferente de tudo o que fora discutido anteriormente em público pelos principais grupos reformistas. Uma parte dessa política de privatização já estava praticamente completa: a transformação das unidades de produção e bancos estatais em empresas privadas. Muitas ou a maioria delas tinham um monopólio efetivo sobre algum setor da economia, e elas constituíama nata do sistema financeiro e da economia "real". A outra parte da política era a "privatização por cupom". Em tese, todos receberiam cupons de propriedade no novo sistema, mas estes não valiam praticamente nada. Certas pessoas usavam-nos de papel de parede nos banheiros. Na verdade, o Estado simplesmente entregou seus recursos remanescentes a "empresários" novatos a preços de queima de estoque. Entidades privadas genuínas só existiam no nível dos pequenos empreendimentos que eram pesadamente taxados e, por conseguinte, faziam grande parte dos negócios à margem da lei. O papel central do Estado e as conexões dos novos proprietários com figuras importantes do governo não significavam que a transformação do poder em propriedade fosse um processo ordeiro. Clãs rivais de empresários conspiravam com poderosos clãs políticos em troca de favores. Os gângsteres tornaram-se uma característica típica dos negócios na Rússia e combatiam entre si em bandos armados. Toda semana, veículos caros apareciam em parques de Moscou crivados de balas de metralhadora junto com seus ocupantes. Gangues da Chechênia e de outros lugares do Cáucaso controlavam o mercado camponês e outras fontes lucrativas de renda.

Enquanto surgia uma nova elite de oligarcas, o padrão de vida da população despencou. A hiperinflação liquidou a poupança das pessoas comuns. Médicos, professores, mineiros de carvão e operários ficavam sem receber por meses ou até anos a fio. Muitas pessoas viviam de escambo e os antigos abastados plantavam batatas nos jardins das suas *datchas*. Por causa do rublo sobrevalorizado, a Rússia virou de repente um depósito de lixo de produtos mundiais. A vodca barata entrava no país proveniente da Bélgica e da Alemanha com rótulos que retratavam Rasputin, e o chocolate Snickers dos Estados Unidos tornou-se tão onipresente que os economistas usavam seu preço como parâmetro para a inflação. A infraestrutura, já frágil após anos de negligência, começou a ruir. A cultura desapareceu. Os grandes teatros e orquestras viviam da receita das turnês estrangeiras. Poucos filmes eram produzidos e os cinemas passavam "filmes de ação" norte-americanos. Os cientistas mudavam-se para o exterior ou tentavam obter bolsas estrangeiras. A *intelligentsia*, pela primeira vez desde o meio do século XIX, deixou de desempenhar um papel importante na vida russa. A emigração explodiu, não somente dos judeus, mas também de outras minorias étnicas e religiosas e de muitos russos comuns. Somente Moscou e algumas outras regiões conservaram uma prosperidade limitada, alimentada pelas novas empresas e pela burocracia estatal em rápida expansão. Se, para o Ocidente, os anos Yeltsin pareceram uma era de "democratização" e transição para uma economia de mercado, para a maioria dos russos eles eram vistos como um pesadelo de anarquia, pobreza e imprevisibilidade total.

A crise da economia foi acompanhada pelo colapso do poder estatal. Repúblicas nacionais como o Tartaristão começaram a proclamar direitos "soberanos", embora ninguém soubesse exatamente o que isso queria dizer. Nas regiões puramente russas, os governadores provinciais, a maioria deles do velho aparato comunista, foram eleitos e desafiaram os poderes centrais. Em muitos casos, Yeltsin reagiu expulsando-os de seus cargos e indicando ele mesmo outros governadores, mas os parlamentos locais eram mais difíceis de controlar. O maior problema político de Yeltsin, todavia, era o parlamento russo, o Soviete Supremo do Congresso de Deputados do Povo, em Moscou. O novo presidente nunca chegou a traduzir suas próprias vitórias eleitorais numa maioria segura no Soviete Supremo, sobretudo porque nunca conseguiu criar um partido político para atingir seus objetivos. O resultado foi uma série de impasses e uma oposição crescente a Yeltsin. O desespero popular com as consequências da reforma econômica criou um vácuo político e deu ao Soviete Supremo a oportunidade de tentar bloquear novas medidas de privatização. O vice-presidente de Yeltsin, Alexandre Rutskoi, eleito com ele em 1991, juntou-se aos seus adversários, assim como o porta-voz do Soviete Supremo, Ruslan Khasbulatov, checheno de nascimento. Quando Yeltsin ordenou que o Soviete Supremo fosse dissolvido, contrariamente à constituição, o Soviete cassou Yeltsin e proclamou Rutskoi presidente. Em seguida, manifestantes que apoiavam Rutskoi e Khasbulatov embarricaram o edifício do parlamento, a "Casa Branca russa", tomaram o escritório do prefeito e depois a torre de televisão a 3 de outubro de 1993. No dia seguinte, Yeltsin mandou vir os tanques que bombardearam a Casa Branca russa, um episódio mostrado ao vivo pela televisão em todo o mun-

468 | HISTÓRIA CONCISA DA RÚSSIA

do. Yeltsin alegou falsamente que seus adversários e os líderes deles – que eram seus antigos aliados – queriam restaurar o comunismo, uma fraude percebida por poucos jornalistas ocidentais. A maioria dos russos considerou o conflito uma luta inescrupulosa pelo poder e pelos benefícios da privatização. O presidente dos Estados Unidos, Clinton, pronunciou-se a favor das ações de Yeltsin e aceitou sua descrição dos fatos, fazendo que a opinião dos russos sobre os Estados Unidos se deteriorasse sem volta. Yeltsin reescreveu a constituição para dar mais poder ao presidente e renomeou a legislatura russa Duma para recordar a época tsarista.

O pior ainda estava por vir. No Cáucaso Setentrional, o presidente checheno Dzhokhar Dudaev mostrou-se completamente irredutível às tentativas de Yeltsin de fazer um acordo. Como a Chechênia era um dos principais centros de produção de petróleo, havia muito em jogo. Em outubro de 1994, Yeltsin enviou tropas para tomar Grozny, a capital da Chechênia. O resultado foi um fracasso vergonhoso, e os bombardeios do governo mataram milhares de civis, muitos deles russos que viviam na cidade. Os combates continuaram até 1996, quando a Força Aérea russa conseguiu rastrear Dudaev e matá-lo com um ataque de mísseis. Grozny ficou em ruínas.

Os anos Yeltsin também foram a época da emergência de uma dúzia de oligarcas, muitos deles das redes da Komsomol de 1987-1988, que passaram a chefiar enormes impérios empresariais pessoais, geralmente centrados em bancos, que controlavam vastas unidades de produção e todos os meios de comunicação importantes, eletrônicos e impressos. Todos eles tinham laços estreitos com o governo, mas agiam sobretudo por conta própria e em concorrência impiedosa entre si. Para a massa da população, o padrão de vida continuava a cair. A taxa de mortalidade disparou, em grande parte por causa do consumo exorbitante de vodca – fruto do desespero e do álcool barato importado. A taxa de natalidade caiu muito abaixo da taxa necessária para renovar a população. Apesar de tudo isso, Yeltsin conseguiu obter sua reeleição em 1996. Um fator crucial para a sua vitória foi o trabalho de Anatolii Chubais, chefe do programa de privatização, que tinha boas relações com os oligarcas russos e as fontes de apoio estrangeiro. Outro fator crucial foi a ausência de qualquer outro candidato além de Gennadii Ziuganov, chefe do Partido Comunista Russo. Ziuganov pregava uma estranha mistura de ideologia soviética, nacionalismo russo e pura excentricidade, e conseguiu apoio entre os idosos e os trabalhadores provinciais, bem como massas de votos de protesto. Yeltsin inaugurou seu segundo mandato alquebrado por ataques do coração e pela bebedeira, que ele demonstrou em público em diversas ocasiões. Governos e companhias ocidentais adentraram as antigas repúblicas soviéticas da Transcaucásia e da Ásia Central em busca de novos suprimentos de petróleo e gás. Apesar da trégua na Chechênia, a Rússia estava no seu nadir.

O ponto de inflexão foi consequência da crise financeira asiática de 1997-1998. A crise teve repercussões na Rússia e, em agosto de 1998, o Banco do Estado deixou o rublo despencar. Os resultados foram imediatos: produtos russos começaram a substituir as importações nas lojas russas em questão de semanas. A estrutura financeira cambaleante que era a peça central dos impérios empresariais oligárquicos ruiu. A indústria russa começou a reviver. Aos poucos oligarcas financeiros remanescentes dos anos 1990 juntou-se uma quantidade crescente de novos oligarcas, cujas fortunas baseavam-se na indústria e na extração de recursos. As receitas em alta da venda de petróleo e gás natural, sobretudo para a União Europeia, restauraram a saúde das finanças russas. A guerra na Chechênia recrudesceu em 1999, mas dessa vez a favor da Rússia. Após uma série de explosões de prédios de apartamentos em Moscou e outras cidades russas que foram atribuídas a militantes chechenos, o Exército russo entrou na Chechênia, dessa vez lenta mas deliberadamente. Até a primavera eles haviam retomado Grozny e a maior parte da região e instaurado um novo governo liderado por Ahmad Kadyrov, clérigo muçulmano e antigo defensor de Dudaev.

Yeltsin, evidentemente exaurido pelos anos de agitação, bebedeira e problemas de saúde, renunciou de repente e nomeou seu primeiro-ministro, Vladimir Putin, como seu sucessor no último dia de 1999. Ninguém soube por que Yeltsin escolheu Putin, nem mesmo se a voz de Yeltsin havia sido decisiva. Putin tinha servido 25 anos na KGB, 5 deles na Alemanha Oriental, mas depois aderiu à equipe política do prefeito reformista de São Petersburgo, Anatolii Sobchak. Em 1996 ele foi para Moscou, atraindo em algum momento a atenção de Yeltsin. Muito mais jovem, ascético em comparação com Yeltsin e dotado de personalidade exuberante, ele atraiu atenção mundial e ganhou popularidade muito rapidamente entre a maioria esmagadora dos russos. Ele continuou presidente por duas eleições até 2008.

Putin organizou muito rapidamente uma nova ordem. Ele herdou uma presidência constitucionalmente forte da reforma da constituição feita por Yeltsin em 1993, porém mais importante que isso foi o fato de sua equipe conseguir criar um partido político pró-governo que apoiava o presidente na Duma. Ele regularizou a prática de nomear governadores provinciais e nomeou oficiais militares e alguns dos seus antigos camaradas da KGB para cargos importantes. O presidente Putin era muito mais poderoso que seu predecessor, embora a maioria dos russos ainda visse o Estado como instrumento não do presidente, mas dos oligarcas, cada vez mais numerosos. A guerra na Chechênia arrefeceu aos poucos, ainda que atos terroristas continuassem esporadicamente, como o assassinato de Ahmad Kadyrov e o sequestro de crianças numa escola de Beslan, ambos em 2004. Se os jornalistas estrangeiros viam todas essas mudanças como uma ditadura em gestação, a população russa sentia que a ordem estava voltando. A nova prosperidade era tão importante quanto a ordem e a relativa estabilidade. Moscou e outras grandes cidades passaram por uma orgia de melhorias domésticas, pois uma nova classe média emergia e começava a trocar eletrodomésticos soviéticos decrépitos por lava-roupas e lava-louças Siemens e Bosch. Imensos engarrafamentos aconteciam todo dia porque milhões de pessoas compraram carros pela primeira vez: velhos Volkswagen usados e utilitários japoneses brilhando por serem novos. Centenas de milhares de pessoas começaram a tirar férias no exterior, na Europa e no Oriente Médio, em busca de sol. A costa turca em Antalya ficava lotada de russos o ano inteiro. A taxa de natalidade subiu ligeiramente, aproximando-se da taxa de renovação pela primeira vez em décadas. A cultura reviveceu, com gastos maciços em projetos como a reconstrução do Teatro Bolshoi em Moscou. O mercado editorial explodiu, estimulado pelo novo mercado de massa para histórias de detetive e romances de amor, muitos deles traduzidos ou imitados de modelos ocidentais. Jornalistas sérios e escrevinhadores produziram incontáveis biografias e "denúncias" da política atual, bem como relatos pseudo-históricos da história russa. Os historiadores continuaram a publicar uma quantidade cada vez mais impressionante de documentos da história soviética, concentrando-se na era Stalin e chegando finalmente à década de 1950. Depois de alguns anos, estava bastante evidente que a nova prosperidade não era apenas resultado da receita da venda de petróleo para a União Europeia: o mercado interno começara a crescer e o comércio crescente com a China passou a revigorar as velhas fábricas da era soviética. A prosperidade começou a espalhar-se para fora de Moscou e das regiões produtoras de petróleo para São Petersburgo e as cidades provinciais. Os pequenos negócios tornaram-se uma parte cada vez mais normal da economia à medida que o governo Putin removeu os impostos punitivos da era Yeltsin. Verbalmente, a Rússia começou a desafiar a hegemonia dos Estados Unidos no mundo. Embora ainda estivesse isolada da maioria das organizações econômicas mundiais e com apenas um aliado de fato, que era a China, a Rússia entrou novamente na política mundial após uma década de ausência.

O fim da União Soviética deixou a nova Rússia com muitos dilemas. Um deles era muito básico: o que é a Rússia? E qual deve ser o ideal político que cimenta o Estado? Nos anos Yeltsin, o governo lidou com essa questão praticamente sozinho, pois a sociedade estava arrasada por completo, desesperada com a mera sobrevivência. Em tese, a ideologia do novo regime era a democracia, mas para a maioria dos russos isso significava simplesmente as declarações públicas dos detentores do poder. Quando a Força Aérea russa bombardeou Grozny em 1994, um dos residentes russos idosos disse aos repórteres ocidentais: "Eu sobrevivia os nazistas, agora sobrevivia os democratas". Uma variedade de intelectuais e agrupamentos políticos tentou propor novas ideologias para substituir o marxismo, mas a maioria eram tentativas de um nacionalismo russo semelhante àquele propagado por Ziuganov e Vladimir Jirinovsky. O governo Yeltsin percebeu que, para os russos ordinários, a "democracia" significava nada mais que cleptocracia e anarquia e tentou preencher esse vácuo, muitas vezes com efeitos cômicos. Os canais de televisão, então inteiramente nas mãos de oligarcas pró-governo, passavam programas intermináveis sobre a dinastia Romanov e tradições pré-1917, muitas delas imaginárias. Yeltsin não só renomeou o parlamento Duma, em alusão à instituição de 1906-1917, mas também restaurou a águia de duas cabeças como símbolo oficial da Rússia, um emblema dinástico da autocracia, não da democracia. O governo decidiu que a Rússia precisava de uma "ideologia estatal" e montou um comitê chefiado por um matemático nacionalista para propor uma. Após um ano, o comitê foi dissolvido porque não conseguiu conceber nada razoável.

A presidência Putin herdou um Estado que tinha pouca legitimidade junto à população. A União Soviética pós-guerra era legítima para a maioria das pessoas, isto é, elas podiam pensar que todas as políticas estavam erradas, mas ainda era o seu Estado. A nova Rússia era o Estado de ninguém, ainda que a maioria das pessoas aprovasse Putin. Muitos russos acreditavam que a nova elite estava ainda mais distante da população do que os comunistas haviam sido. As pessoas comuns diziam da nova elite, "eles não nos consultam" sobre o que estão fazendo. Conforme os anos passaram, a população passou a olhar mais positivamente em retrospecto para a era soviética, e o governo Putin reagiu celebrando heróis soviéticos da guerra ou da corrida espacial e sugerindo que os manuais de história fossem menos negativos sobre essa parte do passado russo. Segmentos cada vez maiores da população viviam melhor após 2000, mas em que país eles viviam? O que era a Rússia? As fronteiras que ruíram em 1991 não haviam sido criadas pelos soviéticos, mas pelo Império Russo, séculos antes. Não eram perguntas abstratas. Milhões de pessoas tinham laços pessoais com a Ucrânia, a Geórgia, a Armênia, o Cazaquistão e até com áreas mais remotas. Elas ainda viviam em termos do antigo espaço soviético, não somente da Rússia. O nacionalismo russo estreito revelou-se um fracasso sem repercussão abrangente na população, jovem ou idosa. Além disso, a nova Rússia não refletia os valores sociais de partes substanciais da população. Pelo menos o novo Estado não se tornou um Estado étnico, como a maioria das outras ex-repúblicas soviéticas. Na posse de Putin em 2000, o clero ortodoxo russo estava sentado na plateia ao lado de rabinos e imãs, uma disposição que preservava, estranhamente, as tradições tanto do Império Russo quanto da União Soviética. Se o Cáucaso continuava a ser um problema, a terminologia oficial incluía todos os cidadãos da Rússia como "*rossiane*" (aproximadamente, povo da Rússia), não somente "*russkie*" (russos num sentido étnico), uma terminologia impossível de traduzir mas altamente significativa pela sua tentativa de inclusão.

Na era da Perestroika, uma piada popular era a de que a União Soviética representava o único país do mundo com um passado imprevisível – um comentário sobre a ideologia histórica soviética, bem como sobre a velocidade e superficialidade da sua substituição. De fato, a Rússia foi um país de florestas setentrionais escassamente povoadas nos primeiros oito ou nove séculos da sua existência, mas transformou-se em um dos países mais populosos do mundo e ainda é o maior do mundo em superfície. Ela era a quinta potência industrial do mundo em 1914, enquanto ainda era predominantemente rural. Depois ela embarcou, ou os bolcheviques embarcaram-na, num plano utópico de criar uma nova ordem socialista de sociedade, sem classes nem exploração. Ao mesmo tempo, procurou tornar-se um Estado moderno plenamente industrializado. Neste último objetivo ela teve grande êxito, ainda que a um custo colossal. Por um curto período, a União Soviética foi uma superpotência, ou quase. Durante a maior parte do século XX, a Rússia foi até um ator capital da Ciência e literatura mundiais, mesmo sem alcançar novamente as alturas conquistadas na era dos tsares. O destino do sonho socialista é mais uma questão de ironia do que de tragédia: o partido no poder, que deveria criar a nova ordem, após 70 anos de esforço acabou decidindo que a riqueza era melhor que o poder, que a desigualdade era melhor que a igualdade, e privatizou-se. O resultado foi uma sociedade híbrida, com empresas privadas que não são bem privadas e instituições públicas que não são muito públicas. O Estado menor e menos poderoso – porém (para muitos) mais rico – que sucedeu a União Soviética entrou em cena imitando a velha Rússia, com um lugar ambíguo no mundo e aos olhos do seu povo. Se ele poderá realizar ou não o potencial criado pelo milênio anterior de história russa (e soviética), é algo que resta ver.

Outras leituras

A história russa nunca foi agraciada com uma abundância de obras acessíveis em inglês sobre sua história e cultura. Hoje, grande parte da literatura existente está seriamente desatualizada e não está sendo substituída com rapidez. Por isso, a lista que segue não é, de forma alguma, exaustiva; ao contrário, ela tenta fornecer ao leitor não especializado uma bibliografia acessível tanto quanto possível, embora às vezes ela inclua estudos acadêmicos. Obras de referência como a *Cambridge History of Russia*, 3 volumes. (2006), oferecem uma bibliografia completa.

Rus e a Rússia antiga

Para os primeiros séculos da história russa até a época de Pedro, o Grande, a situação é particularmente ruim. A melhor introdução geral aos primeiros séculos é a de Janet Martin, *Medieval Russia 980-1584* (1995). *History of the Russian Church to 1448* (1995), de John Fennell, cobre o período medieval. Traduções da literatura devocional e de outros gêneros literários da Rússia medieval foram publicadas por Serge Zenkovsky, ed. e trad., *Medieval Russia's Epics, Chronicles, and Tales* (1974) e Michael Klimenko, ed., *Vita of St. Sergii of Radonezh* (1980). A Novgorod medieval nunca inspirou os trabalhos em inglês que merece, especialmente após as décadas de escavação arqueológica. Uma introdução é a de Henrik Birnbaum, *Lord Novgorod the Great* (1981). Para a invasão e o domínio mongol, a base é Charles Halperin, *Russia and the Golden Horde* (1985).

Para a política dos séculos XVI e XVII, ver J. L. I. Fennell, *Ivan the Great of Moscow* (1963), Andrei Pavlov e Maureen Perrie, *Ivan the Terrible* (2003),

476 | HISTÓRIA CONCISA DA RÚSSIA

o antigo mas ainda útil S. P. Platonov, *The Time of Troubles* (1970), Philip Longworth, *Alexis, Tsar of All the Russias* (1984), e Lindsey Hughes, *Sophia: Regent of Russia 1657-1704* (1990). Isolde Thyret, *Between God and Tsar: Religious Symbolism and the Royal Women of Muscovite Russia* (2001), oferece uma nova perspectiva da dinastia reinante. A evolução da Igreja e da religião é coberta sobretudo em monografias eruditas como as de Paul Bushkovitch, *Religion and Society in Russia: the Sixteenth and Seventeenth Centuries* (1992), e Paul Meyendorff, *Russia, Ritual and Reform: the Liturgical Reforms of Nikoninthe Seventeenth Century* (1991). O relato do século XVII da vida do patriarca Nikonpor Ioann Shusherin foi traduzido como *From Peasant to Patriarch*, Kevin Kain e Katia Levintova, trad. (2007). Ver também *Archpriest Avvakum, the Life Written by Himself*, trad. Kenneth Brostrom (1979).

O SÉCULO XVIII

A história política e cultural da era de Pedro, o Grande, e do século XVIII está bem coberta. O melhor de todos os estudos sobre Pedro continua o de Reinhard Wittram, *Peter der Grosse, Czar und Kaiser* (1964). Tratamentos mais modernos são os de Lindsey Hughes, *Russia int he Age of Peter the Great* (1998), e Paul Bushkovitch, *Peter the Great 1671-1725: the Struggle for Power* (2001). Existem versões mais curtas de ambos: de Hughes, *Peter the Great: a Biography* (2002), e de Bushkovitch, *Peter the Great* (2001). As imperatrizes entre Pedro e Catarina não atraíram muita atenção, mas ver Evgenii Anisimov, *Empress Elizabeth: Her Reignand Her Russia 1741-1761*, trad. John T. Alexander (1995), e *Five Empresses*, trad. Kathleen Carol (2004). *Russia in the Age of Catherine the Great* (1981), de Isabel de Madariaga, e *Catherine the Great: Life and Legend* (1989), de John T. Alexander, são relatos fascinantes da imperatriz e sua corte, enquanto o volumoso *Prince of Princes: the Life of Potemkin* (2000), de Simon Sebag Montefiore, descreve essa figura crucial. A correspondência entre Catarina e Potemkin foi traduzida como *Love and Conquest: Personal Correspondence of Catherine the Great and Grigory Potemkin*, trad. Douglas Smith (2004). Sobre a política da corte e outros fatos, ver David L. Ransel, *The Politics of Catherinian Russia: the Panin Party* (1975), e John T. Alexander, *Emperor of the Cossacks; Pugachev and the Frontier Jacquerie of 1773-1775* (1973). Tentativas influentes de analisar o Estado russo são as de Marc Raeff, *The Well-Ordered Police State: Social and Institutional Change through Law in the Germanies and Russia 1600-1800* (1983), e John P. Le Donne, *Absolutism and Ruling Class: the Formation of the Russian Political Order 1700-1825* (1991). A história social está menos bem representada em inglês, mas ver Michelle Marrese, *A Woman's Kingdom: Noble women and the Control of Property in Russia 1700-1861* (2002), e David Ransel, *A Russian Merchant's Tale: the Life and Adventures of Ivan Alekseevich Tolchenov, Based on His Diary* (2009). Importantes estudos acerca da política externa e do império incluem Jerzy Lukowski, *The Partitions of Poland 1772, 1793, 1795* (1999), Alan W. Fisher, *The Russian Annexation of Crimea 1772-1783* (1970), e Michael Khodarkovsky, *Where Two Worlds Meet: The Russian State and the Kalmyk Nomads 1600-1772* (1992).

No século XVIII, a Rússia adentrou o mundo da cultura europeia e do Iluminismo. James Cracraft narra a época de Pedro em *The Petrine Revolution in Russian Architecture* (1988), *The Petrine Revolution in Russian Imagery* (1997) e *The Petrine Revolution in Russian Culture* (2004). As melhores introduções à cultura russa de Pedro até 1800 são as de Marina Ritzarev, *Eighteenth Century Russian Music* (2006), W. Gareth Jones, *Nikolay Novikov: Enlightener of Russia* (1984), Denis Fonvizin, *Dramatic Works*, trad. Marvin Kantor (1974), e *Political and Legal Writings*, trad. Walter Gleason (1985), e Alexander Radishchev, *Journey from St. Petersburgto Moscow*, trad. Leo Wiener (1966).

Sobre a época de Paulo e Alexandre I, Roderick E. McGrew, *Paul I of Russia 1754-1801* (1992), tenta defender a reputação de Paulo, enquanto Janet M. Hartley, *Alexander I* (1994), é mais sucinta e equilibrada. As guerras da Rússia são bem tratadas por Norman E. Saul, *Russia and the Mediterranean 1797-1807* (1970), e o magistral *Russia against Napoleon: the Battle for Europe 1807 to 1814* (2009), de Dominic Lieven. Sobre a política interna do Império na primeira metade do século XIX, ver Marc Raeff, *Michael Speransky: Statesman of Imperial Russia 1772-1839* (2. ed., 1969), e W. Bruce Lincoln, *Nicholas I: Emperor and Autocrat of All the Russias* (1989). Sobre a revolta dezembrista, uma introdução já ligeiramente datada é a de Anatole G. Mazour, *First Russian Revolution, 1825: the Decembrist Movement: its Origins, Development, and Significance* (1967), ao passo que tratamentos mais modernos das principais figuras incluem Patrick O'Meara, *K. F. Ryleev: a Political Biography of the Decembrist Poet* (1984), Glynn Barratt, *Rebelon the Bridge: a Life of the Decembrist Baron Andrey Rozen 1800-1884* (1975), e Christine Sutherland, *Princess of Siberia: the Story of Maria Volkonsky and the Decembrist Exiles* (1984). Os debates no interior da *intelligentsia* russa de 1825 até a Guerra da Crimeia estão registrados em Andrzej Walicki, *The Slavophile Controversy: the History of a Conservative Utopia in Nineteenth Century Russian Thought,* trad. Hilda Andrews - Rusiecka (1975), e E. H. Carr, *The Romantic Exiles* (1933). O melhor retrato da era é a autobiografia de Alexander Herzen, *My Past and Thoughts*, trad. Constance Garnett, 4 volumes. (1968). A evolução do pensamento nos círculos de governo é o tema de Cynthia Whittaker, *The Origins of Modern Russian Education: an Intellectual Biography of Count Sergei Uvarov 1786-1855* (1984), e W. Bruce Lincoln, *In the Vanguard of Reform: Russia's Enlightened Bureaucrats 1825-1861* (1986).

Das grandes reformas a 1917

Sobre a era da reforma, W. Bruce Lincoln, *The Great Reforms: Autocracy, Bureaucracy and the Politics of Changein Imperial Russia* (1990), oferece uma introdução. Infelizmente, não há uma biografia completa de Alexander II ou de qualquer outra figura importante do governo durante seu reinado. O movimento revolucionário no mesmo período atraiu mais atenção. Nikolai Chernyshevsky influenciou toda uma geração com *What is To Be Done?*, trad. Michael R. Katz (1989); sobre ele, ver Irina Paperno, *Chernyshevsky and the Age of Realism: A Study in the Semiotics of Behavior* (1988). Outra influência importante foi Herzen, cujos escritos traduzidos estão em Alexander Herzen, *From the Other Shore and The Russian People and Socialism*, trad. Moura Budberg e Richard Wollheim (1979). Um retrato brilhante da época é o romance de Ivã Turguêniev *Pais e Filhos*. O relato mais completo do movimento é o de Franco Venturi, *Roots of Revolution: A History of the Populist and Socialist Movements in Nineteenth Century Russia*, trad. Francis Haskell (1960).

Sidney Harcave, *Count Sergei Witte and the Twilight of Imperial Russia: a Biography* (2004); Terrence Emmons, *The Formation of Political Parties and the First National Elections in Russia* (1983); Abraham Ascher, *The Revolution of 1905*, 2 volumes. (1998-1992), e do mesmo autor *P. A. Stolypin, The Search for Stability in Late Imperial Russia* (2001), cobrem a política da última geração antes de 1917. Sergei U. de Witte, *Memoirs of Count Witte*, trad. Sidney Harcave (1990), oferece uma imagem vivaz, ainda que pouco objetiva, do governo.

A Rússia na Primeira Guerra Mundial é um tema negligenciado. Sobre as circunstâncias, ver D. C. B. Lieven, *Russia and the Origins of the First World War* (1983), e sobre a guerra em si, Norman Stone, *The Eastern Front 1914-1917* (1975), ainda é a única visão de conjunto. Ver também Peter Gatrell, *Russia's First World War: a Social and Economic History* (2005). Allan K. Wildman, *The End of the Russian Imperial Army*, 2 volumes. (1980-1987), oferece uma transição para a revolução. A revolução em si foi retratada por completo por William Henry Chamberlin, *The Russian Revolution*, 2 volumes (1987, obra publicada originalmente em 1935). O melhor relato breve é o de Steven Anthony Smith, *The Russian Revolution: a Very Short Introduction* (2002). *Os Dez Dias que Abalaram o Mundo* (publicado originalmente em 1919), de John Reed, são a imagem clássica de outubro por um norte-americano solidário. Sobre a Revolução de Fevereiro, Tsuyoshi Hasegawa, *The February Revolution: Petrograd 1917* (1981), não foi superado, e sobre a de outubro há Alexander Rabinowitch, *The Bolsheviks Come to Power: Petrograd 1917* (1976). Sobre a guerra civil, ver Evan Mawdsley, *The Russian Civil War* (1987), e Jonathan D. Smele, *The Civil Warin Siberia: the Anti-Bolshevik Government of Admiral Kolchak 1918-1920* (1996).

HISTÓRIA ECONÔMICA, SOCIAL E RELIGIOSA

A maioria dos trabalhos sobre a história econômica da Rússia é antiga e pouco numerosa. Uma exceção é Peter Gatrell, *The Tsarist Economy 1850-1917* (1986). O maior grupo da sociedade russa, o campesinato, não encontrou muitos estudiosos no mundo anglófono, mas recomenda-se David Moon, *The Russian Peasantry 1600-1930: the World the Peasants Made* (1999); Steven L. Hoch, *Serfdom and Social Control in Russia: Petrovskoe, a Village in Tambov* (1986); e Christine Worobec, *Peasant Russia: Family and Community in the Post-Emancipation Period* (1991). Os mercadores que se tornaram empresários modernos encontraram historiadores em Alfred Rieber, *Merchants and Entrepreneurs in Imperial Russia* (1982), e T. C. Owen, *Capitalism and Politics in Russia: a Social History of the Moscow Merchants 1855-1905* (1981). A classe operária e suas primeiras greves e atividade política já foram temas de grande interesse. Reginal Zelnik, *Labor and Society in Tsarist Russia: the Factory Workers of St. Petersburg 1855-1870* (1971), e Walter Sablinsky, *The Road to Bloody Sunday: Father Gapon and the St. Petersburg Massacre of 1905* (1976), foram pioneiros. Mulheres, família e sexualidade são o tema de Barbara Engel, *Between the Fields and City: Women, Work and the Family in Russia 1861-1914* (1994); da mesma autora, *Mothers and Daughters: Women of the Intelligentsia in Nineteenth Century Russia* (1983); Richard Stites, *The Women's Liberation Movement in Russia: Feminism, Nihilism, and Bolshevism 1860-1930* (1978); e Laura Engelstein, *The Keys to Happiness: Sex and the Search for Modernity in Fin-de-siècle Russia* (1992). Não há um panorama da história da religião na Rússia moderna para nenhum período, mas monografias úteis incluem Vera Shevzov, *Russian Orthodoxy on the Eve of the Revolution* (2004); Nadieszda Kizenko, *A Prodigal Saint: Father John of Kronstadt and the Russian People* (2000); e, para aqueles com inclinação teológica, Paul Valliere, *Modern Russian Theology: Bukharev, Soloviev, Bulgakov – Orthodox Theology in a New Key* (2000).

Política externa e Império

O estudo da Rússia como império floresceu nos últimos anos. Estudos mais antigos consideravam esse país como um conglomerado de minorias nacionais: Andreas Kappeler, *The Russian Empire: a Multi ethnic History*, trad. Alfred Clayton (2001); Ronald Suny, *The Making of the Georgian Nation* (2. ed. 1994); Mikhailo Hrushevskyi, *History of Ukraine* (1941); M. B. Olcott, *The Kazakhs* (2. ed., 1995); e Edward C. Thaden, ed., *Russification in the Baltic Provinces and Finland* (1981). Sobre os judeus na Rússia, Hans Rogger, *Jewish Policies and Right-Wing Politics in Imperial Russia* (1986), e Benjamin Nathans, *Beyond the Pale: the Jewish Encounter with Late Imperial Russia* (2002), oferecem algumas perspectivas novas. Obras mais recentes adotam a perspectiva do império: Robert Crews, *For Prophet and Tsar: Islam and Empire in Russia and Central Asia* (2006); Daniel R. Brower, *Turkestan and the Fate of the Russian Empire* (2003); Mark Bassin, *Imperial Visions: Nationalist Imagination and Geographical Expansion in the Russian Far East 1840-1865* (1999); e David Wolff, *To the Harbin Station: the Liberal Alternative in Russian Manchuria 1898-1914* (1999). Alguns historiadores combinam a política externa com a perspectiva imperial, como David Schimmelpenninck, *Toward the Rising Sun: Russian Ideologies of Empire and the Path to War with Japan* (2001). O fulcro da política externa russa no século XIX foi seu envolvimento nos Bálcãs com o Império Otomano e os eslavos. Ver Barbara Jelavich, *Russia's Balkan Entanglements 1806-1914* (1991), e David Goldfrank, *The Origins of the Crimean War* (1994).

A era soviética

Sobre a era soviética, as obras mais acessíveis são provavelmente as biografias recentes de líderes soviéticos. A trilogia de Robert Service, *Lenin* (2000), *Stalin* (2004) e *Trotsky* (2009), é um bom começo. *Khrushchev: the Man and his Era* (2003), de William Taubman, cobre os primeiros anos do biografado na era Stalin e seus anos no poder. *The Soviet Experiment: Russia, the USSR, and the Successor States* (2. ed., 2011), de Ronald Suny, é mais abrangente e oferece uma extensa bibliografia.

As décadas de 1920 e 1930 são tema de muitas monografias recentes. Entre as mais úteis estão Jeremy Smith, *The Bolsheviks and the National Question 1917-1923* (1999); Lewis Siegelbaum, *Soviet State and Society between Revolutions 1918-1929* (1992); Moshe Lewin, *Russian Peasants and Soviet Power: a Study of Collectivization* (1968); Sheila Fitzpatrick, *Every day Stalinism: Ordinary Life in Extraordinary Times – Soviet Russia in the 1930's* (1999); da mesma autora, *Stalin's Peasants: Resistance and Survival in the Russian Village after Collectivization* (1996); Wendy Goldman, *Women, the State, and Revolution: Soviet Family Policy and Social Life 1917-1936* (1993); Terry Martin, *The Affirmative Action Empire: Nations and Nationalism in the Soviet Union 1923-1939* (2001); Oleg V. Khlevniuk, *Master of the House: Stalin and His Inner Circle*, trad. Nora Seligman Fvorov (2009).

COLEÇÕES DOCUMENTAIS

A União Soviética não era apenas mais uma ditadura. Era também uma tentativa de refazer toda a sociedade, e mesmo os melhores historiadores costumam ter dificuldades para transmitir uma sensação de como era a vida naqueles anos. Desde 1991, os historiadores russos produziram uma enxurrada vasta e contínua de documentos daquela era, muitos dos quais foram traduzidos para o inglês. Um mergulho nos volumes da série *Annals of Communism*, da Yale University Press, será proveitoso para o leitor não especializado. Os mais úteis são: J. Arch Getty e Oleg Naumov, ed., *The Road to Terror: Stalin and the Self-Destruction of the Bolsheviks 1932-1939* (1999); *History of the Gulag: from Collectivization to the Great Terror*, Oleg V. Khlevniuk et al., ed., trad. Vadim A. Staklo (2004); *The Stalin-Kaganovich Correspondence 1931-1936*, ed. R.W. Davies et al., trad. Steven Shabad (2003); *Stalin's Letters to Molotov 1925-1936*, ed. Lars T. Lih, Oleg V. Naumov e Oleg V. Khlevniuk, trad. Catherine A. Fitzpatrick (1995); *War against the Peasantry 1927-1930*, ed. Lynne Viola et al., trad. Steven Shabad (2005).

A GUERRA

A guerra soviética contra a Alemanha nazista deu origem a uma literatura gigantesca e em contínua expansão, complicada por novas interpretações de ambos os lados. A melhor história geral é a de Evan Mawdsley, *Thunder in the East: the Nazi-Soviet War, 1941-1945* (2005). Um retrato de Moscou nos dias terríveis de 1941 é o de Rodric Braithwaite, *Moscow 1941: a City and its People at War* (2006). Para aqueles mais interessados nos detalhes da história militar, as numerosas obras de David Glantz, como *When Titans Clashed:*

482 | HISTÓRIA CONCISA DA RÚSSIA

How the Red Army Stopped Hitler (1995), serão satisfatórias. Para entender o lado alemão da guerra, o ponto de inflexão é a obra do general Klaus Reinhardt, apropriadamente intitulada *Moscow – the Turning Point: the Failure of Hitler's Strategy in the Winter of 1941-42*, traduzida por Karl B. Keenan (1992, original alemão de 1972). Reinhardt foi o primeiro a salientar que as baixas e perdas materiais da Wehrmacht eram tão grandes no final de 1941 que o esforço alemão estava essencialmente fadado ao fracasso. Um contexto mais amplo sobre essa questão é fornecido por Adam Tooze, *The Wages of Destruction: the Making and Remaking of the Nazi Economy* (2006). Sobre as políticas alemãs de extermínio e exploração, ver Geoffrey P. Megargee, *War of Annihilation: Combat and Genocide on the Eastern Front, 1941* (2006). A vasta literatura sobre o Holocausto também proporciona esclarecimentos sobre as políticas alemãs nos territórios ocupados da União Soviética.

A GUERRA FRIA E O FIM DA URSS

Só agora os últimos anos de Stalin estão começando a ser estudados. Uma obra fundamental é a de Yoram Gorlitzki e Oleg V. Khlevniuk, *The Cold Peace: Stalin and the Soviet Ruling Circle 1945-1953* (2004). Sobre a Guerra Fria em si, David Holloway, *Stalin and the Bomb: the Soviet Union and Atomic Energy 1939-1956* (1994), é uma leitura fascinante. Aleksandr Fursenko e Timothy Naftali narram o lado soviético da Guerra Fria em *Khrushchev's Cold War* (2006), com muitas revelações, especialmente para aqueles que viveram nesse período. *Khrushchev: the Man and His Era* (2003), de William Taubman, é fundamental. Sobre os últimos anos da União Soviética e a Rússia pós-soviética, é difícil encontrar estudos confiáveis. Uma introdução fascinante à vida nas províncias, à cultura popular e às origens da oligarquia pós-1991 é oferecida por Sergei I. *Zhuk, Rock and Roll in the Rocket City: the West, Identity and Ideology in Dniepropetrovsk, 1960-1995* (2010). O melhor de todos os relatos continua o de Steven Kotkin, *Armageddon Averted: the Soviet Collapse 1970-2000* (2. ed. 2008). Sobre as origens da ordem pós-Guerra Fria, novas perspectivas estão em Mary Elise Sarotte, *1989: the Struggle to Create Post-Cold War Europe* (2009). Típicas visões ocidentais dos líderes russos são apresentadas em Archie Brown, *The Gorbachev Factor* (1996); Timothy J. Colton, *Yeltsin: a Life* (2008); e Richard Sakwa, *Putin: Russia's Choice* (2. ed. 2008).

CULTURA

Uma excelente introdução a um componente capital da cultura russa é a de William Brumfield, *History of Russian Architecture* (1993). Sobre a música, os estudos de Richard Taruskin sobre Mussorgsky e Stravinsky são fundamentais, mas intimidantes para os não músicos. Sobre outros compositores, ver Roland John Wiley, *Tchaikovsky* (2009); Stephen Walsh, *Stravinsky: a Creative Spring, Russia and France 1882-1934* (1999); Harlow Robinson, *Prokofiev* (2002); e Laurel E. Fay, *Shostakovich: a Life* (2000). A arte russa só atraiu recentemente a atenção dos estudiosos anglófonos. Os pioneiros são Camilla Gray, *The Russian Experiment in Art 1863-1922* (1986), e Elizabeth Valkenier, *Russian Realist Art: the State and Society: the Peredvizhniki and their Tradition* (1989), bem como seu *Ilya Repin and the World of Russian Art* (1990), e *Valentin Serov: Portraits of Russia's Silver Age* (2001). Outra fonte é David Jackson, *The Russian Vision: the Art of Ilya Repin* (2006). Sobre a emergência do modernismo, ver John Bowlt, *Moscow and Saint Petersburg 1900-1920: Art, Life, and Culture of the Russian Silver Age* (2008). Sobre Sergei Diaghilev e os Balés Russos, ver Sjeng Scheijen, *Diaghilev: a Life* (2010). A melhor introdução à literatura russa é ler a própria. Ou então, ver Joseph Frank, *Dostoievski* (2010), e Ernest J. Simmons, *Leo Tolstoy* (1946).

Sobre a cultura da era soviética, um bom lugar para começar é Richard Stites, *Revolutionary Dreams: Utopian Vision and Experimental Life in the Russian Revolution* (1989), e *Russian Popular Culture: Entertainment and Society Since 1900* (1992). A melhor tentativa de compreender o realismo socialista é a de Katerina Clark, *The Soviet Novel: History as Ritual* (2000), e acerca das artes visuais há Matthew Cullerne Bown, *Socialist Realist Painting* (1998). O cinema foi um dos principais esforços culturais da URSS. O estudo clássico continua o de Jay Leyda, *Kino: a History of the Russian and Soviet Film* (última ed. 1983). Sobre Eisenstein, ver David Bordwell, *The Cinema of Eisenstein*, 2. ed. (2005). Grande parte do drama da história da cultura soviética encontra-se em *Soviet Culture and Power: a History in Documents: 1917-1953* (2007), editado por Katerina Clark e Evgeny Dobrenko com Andrei Atizov e Oleg Naumov. Sobre a Física soviética, ver Paul R. Josephson, *Physics and Politics in Revolutionary Russia* (1991); Alexei B. Kojevnikov, *Stalin's Great Science: the Times and Adventures of Soviet Physicists* (2004); e sobre a biologia e o caso Lysenko, David Joravsky, *The Lysenko Affair* (1970), e Nils Roll-Hansen, *The Lysenko Effect: the Politics of Science* (2005). A conexão entre Ciência e tecnologia é tratada por Paul R. Josephson, *Red Atom: Russia's Nuclear Power Program from Stalin to Today* (2000).

ÍNDICE REMISSIVO

Abcásia, 342 e 464.

Academia de Artes de São Petersburgo, 127.

Academia de Ciências da Rússia, 117.

Academia de Kiev, 92.

Adams, John Quincy, 168.

Adashev, Aleksei, 73-4.

Adenauer, Konrad, 453.

administração provincial, 116 e 121.

    Alexandre II e, 195 e 197.

    Alexandre III e, 277 e 289.

    Catarina II e, 137, 152 e 214.

    Paulo I e, 214.

    Pedro, o Grande, e, 103, 105, 107, 109 e 111.

Adzhubei, Aleksei, 419.

Afeganistão, 283-4.

    guerra soviética no, 425, 459 e 463.

Akhmatova, Anna, 355, 360, 428, 435 e 437.

Aksakov, Ivã, 222.

Aksakov, Konstantin, 184-5.

Alasca, 173 e 270.

Albânia, 416 e 455.

Alekseev, Mikhail, 321 e 324.

Alekseev, Nikolai, 250.

Aleksei Alekseevich, tsarévitche (filho de Aleksei I), 95 e 97.

Aleksei I, tsar, 88-9 e 129.

Aleksei Petrovich, tsarévitche (filho de Pedro, o Grande), 103, 106 e 114-5.

Aleksei, santo, metropolita de Kiev, 46 e 52-3.

alemães, sociedade russa e nobreza, nas províncias bálticas, 276, 278 e 306.

    pré-1917, 95, 104, 227, 231, 270 e 274.

    terror de 1936-1938 e, 373.

Alemanha, 13, 20, 62, 166, 184, 221, 268, 291-2 e 335.

    I GM e, 307, 405, 444 e 447.

    invasão de URSS na II GM, 369, 375-6, 392, 410 e 412.

    nazista e II GM, 386, 388, 391 e 394-7.

    pós-II GM, 459.

    Revolução de 1848, 187 e 191.

    Revolução Russa e, 309, 311-2 e 336.

    socialismo e, 337-8, 346, 355, 366 e 419.

    Weimar, 346 e 386.

Alemanha, República Democrática da (Oriental), 448.

Alemanha, República Federal da (Ocidental), 448.

Alembert, Jean d', 146.

Alexandra, tsarina (esposa de Nicolau I), 197.

Alexandra, tsarina (esposa de Nicolau II), 295-6, 306 e 313.

Alexandre I, tsar, 151, 163, 166, 193-4, 205, 272-3 e 297-8.

Alexandre II, tsar, 195, 197, 208, 212, 277 e 289-90.

Alexandre III, tsar, 226, 253, 257-8, 277 e 289-94.

486 | HISTÓRIA CONCISA DA RÚSSIA

Alexandre Nevsky, santo, grão-príncipe de Vladimir e Novgorod, 46, 51, 54, 119 e 432.

Alexei, tsarévitche (filho de Nicolau II), 296 e 307.

Algirdas, grão-príncipe da Lituânia, 51.

Allende, Salvador, 458.

Ambrósio, o Velho, 182.

Ana, duquesa de Brunswick-Bevern-Lüneburg, 124.

Ana, imperatriz, 123, 126 e 134.

Ana Petrovna, duquesa de Holstein-Gottorp, 134.

Anastásia, tsarina (esposa de Ivã, o Terrível), 71, 74 e 76-7.

Andrei Bogoliubsky, grão-príncipe de Vladimir e Kiev, 36.

Andropov, Yurii, 424 e 426.

Anthès, Georges-Charles d', 199.

Antônio, santo, 32 e 39.

Apraksin, Fyodor e Petr, 98 e 110.

Arakcheev, A. A., 171 e 174.

Araya, Francesco, 126 e 148.

Argunov, Ivã, 152.

Aristóteles, 5, 10, 72 e 296.

armas nucleares, 425, 451-3 e 458-9.

Armênia, 188, 463 e 472.

armênios, 86, 188-9, 241, 282, 299, 302, 331, 342 e 344.

Asaf'ev, Boris, 432.

Ásia Central, 28, 44-5, 47, 57, 72, 86, 240, 253, 267, 269, 280, 283-6, 341, 380, 399, 421, 454, 463-4 e 469.

Assembleia Constituinte, 314, 319, 322 e 324.

Assembleia da Terra, 77, 80 e 83.

Assembleia Provincial da Nobreza, 153.

assentamentos especiais, 368-9.

Associação Itinerante de Artistas Russos, 256-8 e 352.

Associação Livre dos Artistas, 256.

Associação Russa de Escritores Proletários (RAPP), 428.

Associação Russa de Música Proletária, 428.

Astracã, 61-2, 72 e 90.

Atatürk, Mustafa Kemal, 331.

Atkinson, John Augustus, 145, 164 e 180.

Augusto da Saxônia, rei da Polônia, 107.

Austerlitz, batalha de, 166 e 168.

Áustria (Áustria-Hungria), 100, 105-6, 115, 124-5, 134-5, 140, 143, 154, 192, 268-9, 277, 279, 291 e 308.

guerras napoleônicas e, 163-4 e 168.

I GM, 239.

II GM, 368.

partições da Polônia e, 329.

Averbakh, Leopold, 428-9 e 433.

Avvakum, arquissacerdote, 92-4.

Azef, Evno, 298.

Azerbaijão, 45, 188 e 437.

azeris, 188, 241, 280, 282, 301, 305 e 342.

Azov, 104, 107-8 e 124.

Babel, Isaak, 433.

Baku, 238, 241, 282, 301, 331, 342-3 e 400.

Bakunin, Mikhail, 184-5, 203, 217 e 223.

Balakirev, Milii, 250-3 e 351.

Balanchine, George, 255-6.

Bálcãs, 29, 62, 69, 154, 267-9, 391 e 402.

Balés Russos, 349, 354 e 356.

Barclay de Tolly, Mikhail, 168.

Bariatinsky, príncipe Alexander, 281.

basquírios, 72, 86, 132, 145-6, 280, 305 e 342.

Batalhão da Morte Feminino, 318.

Batu, governante mongol, 44-5.

Bayle, Henri, 135.

Beccaria, Cesare, 141.

Beiliss, Mendel, 306.

Bekbulatovich, Semen, 75.

Belarus (Bielorrússia), 25, 143, 156, 271, 321, 330, 341, 392-3, 397, 404 e 465.

Beliaev, Mitrofan, 351.

Belinski, Vissarion, 184, 196 e 202.

Belov, Vassíli, 439.

Belyi, Andrey, 354-5 e 360.

Benckendorff, Alexander von, 193 e 270.

Beneš, Edvard, 446.

Benois, Alexander, 353.

Beria, Lavrentii, 377 e 380.

Berlim, 388, 390, 400, 405, 420 e 443.
  Muro de, 453, 456 e 464.
Berlim, tratado de (1878), 269.
Berlioz, Hector, 195 e 351.
Bessarábia, 167-8.
Bestuzhev-Riumin, Aleksei, 125 e 135-6.
Bielfeld, barão J. F. von, 141.
Birger, conde da Suécia, 50.
Biron, Ernst-Johann, 123-4.
Bismarck, Otto von, 221, 269 e 291.
Blok, Alexander, 351, 356 e 360.
Bobrikov, N. I., 258 e 275.
bolcheviques, 323, 332, 334, 336, 340-1, 343, 346, 362, 364, 372, 374, 386 e 411. *Ver também* Partido Comunista.
Bolyai, Janos, 205.
Boris, santo, 34, 39 e 53.
Borodin, Alexander, 251 e 253.
Borodino, batalha de, 168.
Borovikovskii, Vladimir, 152.
Bortnyanskii, Dmitri, 151.
Bósnia, 268-9 e 308.
Botkin, V. P., 185.
Brahe, Tycho, 95.
Brandt, Willy, 458.
Brejnev, Leonid, 415, 425 e 457.
Brest-Litovsk, tratado de, 321 e 331.
Briullov, Karl, 194.
Brodsky, Joseph, 434.
Brusilov, Aleksei, 313 e 317.
Budennyi, Semen, 328 e 330.
Bukhara, 269, 283, 285 e 344.
Bukharin, Nikolai, 366, 371, 373 e 430.
Bulgakov, Mikhail, 428-9, 434, 439 e 480.
Bulganin, Nikolai, 408, 412 e 414.
Bulgária, 143, 155, 267, 269, 291, 309, 402, 404, 423 e 446.
Bulgária do Volga, 25, 31, 44 e 57.
Bulgarin, Faddei, 181.
Bunin, Ivan, 357.
Bürger, Gottfried, 196.

Campbell, Thomas, 196.
canato Kokand, 269 e 283.

Caresano, Aloisio da, 67.
Carlos VI, Sacro Imperador Romano, 114.
Carlos XII, rei da Suécia, 107.
Carta da Nobreza, 153 e 160.
Carta dos Citadinos, 153.
cartas em casca de bétula, 48.
Casimiro o Grande, rei da Polônia, 52.
Castro, Fidel, 456.
Catarina, duquesa de Mecklenberg, 112.
Catarina I, imperatriz, 137.
Catarina II, a Grande, imperatriz, 137, 152 e 214.
Cáucaso, 29, 72, 262, 280-1, 284, 287, 301, 305, 400 e 462.
Cáucaso Setentrional, 468.
Cavaleiros de Cristo, 50.
Cavaleiros de Malta, 161.
Cavaleiros Teutônicos, 50-2 e 62.
cazaques, 240, 267, 344 e 381.
Cazaquistão, 26, 44, 283, 344, 380-1, 389, 399 e 417.
cazares, 29-30 e 44.
Centenas Negras, 302 e 305.
Chagall, Marc, 354.
Chamberlain, Neville, 388-9.
Chancelaria Secreta, 123.
Chancellor, Richard, 66.
Chateaubriand, François-René de, 172.
chechenos (Chechênia), 72, 281, 318 e 469.
Cheka (depois GPU), 320, 323, 327, 331, 334-5 e 367.
Chekhov, Anton, 350.
Cherkasskii, príncipe Mikhail, 99.
Chernenko, Konstantin, 426 e 461.
Cherniaev, Mikhail, 283.
Chernobyl, desastre de, 421-2 e 462.
Chernyshevsky, Nikolai, 217-9, 245 e 260.
Cherubini, Luigi, 195.
Chesme, batalha de, 143.
Chiang Kai-shek, 346 e 448-9.
Chicherin, Boris, 220.
China, 18, 26, 43-4, 57, 85, 286, 294 e 312.
  comunista, 427, 429, 434, 445 e 447.

488 | HISTÓRIA CONCISA DA RÚSSIA

Chubais, Anatolii, 468.

Churchill, Winston, 401-2.

chuvash, 72, 91 e 132.

Cipriano, metropolita de Kiev, 58.

circassianos, 189, 281 e 318.

Cirilo de Belozero, santo, 53.

citas, 26 e 167.

Clinton, Bill, 468.

Comissão Executiva Suprema, 225.

Comissão para o Estudo das Forças Produtivas Naturais, 362.

Comissariado do Povo para a Indústria Pesada soviético, 371-2.

Comissariado do Povo para a Saúde soviético, 363 e 382.

Comissariado do Povo para o Abastecimento Alimentar soviético, 321 e 325.

Comissariados do Povo soviéticos, 372.

Comitê Antifascista Judaico, 409.

Comitê Central do Partido Comunista, 326 e 340.

Comitê Editorial, 209.

Comitê Executivo Central dos Sovietes, 326.

Companhia de Moscóvia inglesa, 66.

Companhia Holandesa das Índias Orientais, 66.

"comunas" de 1930, 334.

comunismo de guerra, 325, 332-3 e 337.

comunistas alemães, 345 e 447.

Conferência de Genebra (1955), 412 e 452.

Congressos do Partido Comunista,
de 1922, 336.
de 1952, 410.
de 1956 (Vigésimo), 413.

Congresso dos Deputados do Povo, 464 e 467.

Congresso dos Escritores Soviéticos, 429 e 439.

Congresso dos Sovietes, 319 e 326.

Conselho de Estado, 139, 159, 210, 227, 302 e 326.

Conselho de Ministros, 408 e 411.

Conselho dos Comissários do Povo, 373 e 376.

Conselho Supremo da Economia, 321, 339-40, 363, 367 e 371.

Conselhos da Economia Nacional, 414.

Conservatório de Moscou, 250 e 253.

Conservatório de São Petersburgo, 250.

Constant, Benjamin, 172.

Constantino XI, imperador de Roma, 58.

Constantinopla, 30-3, 40-1 e 161.

Constituição da Rússia, 302.
(Leis Fundamentais) de 1906, 303.
de 1993, 469.

Corpo de Cadetes, 126-7 e 146.

corrida armamentista, 422 e 452.

cossacos, 78-80, 83-5, 88-9, 130 e 191.
guerra civil e, 311, 319, 321, 325 e 330.
revoltas dos, 84 e 90.
Revolução de 1905 e, 284.

cossacos do Don, 320.

Criméia, 29, 31, 45, 57, 71, 89, 96, 143, 154, 296, 329-30 e 410.

crise dos mísseis de Cuba, 416, 419 e 456.

cristianismo bizantino, 31.

Crônica Primeira, 27 e 32.

Cruzados, 32.

Cruzados alemães, 50.

Cui, César, 252 e 254.

Czartoryski, príncipe Adam, 164.

Daguestão, 189, 281 e 341.

Daniel, príncipe de Moscou, 46.

Darwin, Charles, 219 e 248.

Dashkova, princesa Elizabeth, 136-7 e 150.

Deng Xiaoping, 459.

Denikin, Anton, 324 e 328-9.

Depressão, 347 e 386.

Derviz, P. G. von, 233.

Derzhavin, Gavriil, 150-1.

desestalinização, 414, 437 e 455.

détente, 458.

Dezembrista, revolta, 477.

Diaghilev, Sergei, 352-4.

Diderot, Denis, 147.

Dimitri Donskoi, grão-príncipe de Moscou e Vladimir, 47 e 53.

Dmitri, tsarévitche (filho de Ivã, o Terrível), 56 e 76. *Ver também* Falso Dmitri.

Dimitrov, Georgi, 377 e 387.

Dinamarca, 28 e 63.

   guerra de 1700 e, 107.

   guerra de 1762 e, 133.

dissidentes soviéticos, 424-5, 439, 442, 447 e 459.

Dokuchaev, Vassíli, 248.

Dolgorukii, príncipe Iakov, 100, 111 e 114.

Dolgorukii, príncipe Vassíli, 99, 115 e 122.

Donbas (bacia do rio Don), 231, 238, 241, 287, 324, 328, 345, 371 e 378.

Dostoievski, Fiódor, 187, 202, 221, 249, 258-61, 306 e 438.

Dubelt, general, 181.

Dudaev, Dzhokhar, 468.

Duma russa,

   1905-1917, 40 e 229.

   pós-soviética, 482.

dumas. *Ver também* Duma russa.

   boiarda, 40, 239, 265, 269 e 272.

   da cidade, 279.

Dzerzhinskii, Félix, 320.

Egito, 161, 190 e 454.

Ehrenburg, Ilya, 437.

Eisenhower, Dwight, 452 e 456.

Eisenstein, Sergei, 51, 74, 301, 358, 399, 432 e 434-5.

Ekaterina Pavlovna, grã-duquesa (irmã de Alexandre I), 166.

Ekaterina, tsarina (esposa de Alexandre II), 225.

eleições,

   de 1906-17, 303-4.

   de 1996, 464.

   reformas de Gorbachev e, 463.

Elena Glinskaia, grã-princesa de Moscou (esposa de Vassíli III), 71.

Elena Pavlovna, grã-duquesa, 183, 195, 210 e 250.

Elizabete, imperatriz, 112, 123, 132, 134-6, 147 e 317.

Elizabete I, rainha da Inglaterra, 66.

Elphinstone, John, 143.

Engelhardt, V. V., 194.

Erevan, 188-9 e 282.

Escola Livre de Música, 250.

eslava oriental, língua, 25 e 51.

eslavo eclesiástico, 32, 49, 95, 104 e 128.

eslavófilos, 118, 185-6, 202, 221, 232, 262 e 273.

eslavos orientais, 27 e 156.

Espanha, 28, 72, 167, 176-7 e 387.

   guerra civil, 325 e 327-8.

estações de máquinas e tratores, 370 e 416.

Estados Unidos, 173, 207, 234, 277, 282, 329, 366 e 381.

   guerra civil russa e, 323 e 325.

   Guerra Fria e, 425, 443, 447, 449, 451-2, 456, 458-60 e 482.

   I GM e, 309.

   II GM e, 441.

Estônia, 50-1, 73, 107, 272-3, 301 e 329.

Etholén, Arvid Adolf, 270.

Etiópia, 458.

Eudóxia, tsarina (esposa de Pedro, o Grande), 103 e 106.

exército Branco, 323-4 e 329.

Exército de Voluntários, 321 e 324.

Exército do Povo soviético (1918-20), 321-3, 325, 327-31, 334, 341, 372, 385, 388-90, 392, 395, 398 e 402-5. *Ver também* Exército Vermelho.

Exército Nacional Polonês, 404.

Exército Vermelho, 321-3, 325, 327, 329-31, 334, 372, 385-6, 388-9, 392, 394-5 e 398.

   expurgo de 1937-1938, 390 e 412.

   Força Aérea, 412-3 e 433.

Ezhov, Nikolai, 372-4 e 377.

Falconet, Etienne-Maurice, 87 e 131.

Falso Dmitri, primeiro (Grishka Otrep'ev), 78.

Falso Dmitri, segundo (ladrão de Tushino), 78.

Faulkner, William, 438.

fazendas coletivas (kolkhozy), 369 e 455.

Federação Revolucionária Armênia (Dashnaktsutiun), 382.

Federação Russa (pós-soviética), 16.

Federação Transcaucasiana, 331.

feminismo, 218-9.

Ferrovia do Sudoeste, 392.

490 | HISTÓRIA CONCISA DA RÚSSIA

Ferrovia Transiberiana, 293 e 299.

Fichte, Johann G., 184.

Fick, Heinrich, 112.

Filareto, patriarca da Rússia (Fyodor Romanov, pai de Miguel I), 80 e 84.

Filipe, metropolita de Moscou, 75.

finlandeses, 141, 155, 179, 181, 269-70, 273-5 e 280.

Finlândia, 25, 50, 63, 65 e 77.
    anexação e autonomia da, 167, 273 e 291.
    guerra civil e, 319 e 377.
    Guerra de Inverno e, 390.
    II GM e, 368, 441, 443 e 450.

Fioravanti, Aristotele, de Bologna, 67.

Florença, Conselho de (1439), 36.

Fócio, metropolita de Kiev, 58.

Fonvizin, Denis, 150-1.

Ford, Henry, 366.

Fourier, Charles, 186.

França, 45, 100, 104, 124, 258, 291, 308 e 347.
    cultura da, 117, 119-21, 126, 157, 178 e 217.
    Guerra da Criméia e, 227, 231-3, 247, 250, 267, 271, 274, 278, 281, 283 e 291.
    Guerra dos Sete Anos e, 125 e 135-6.
    I GM e, 309-10, 324 e 450.
    II GM e, 441 e 443.
    Indochina e, 449 e 453-4.
    napoleônica, 163-4 e 168.
    Revolução de 1789, 156 e 158.
    Revolução de Julho de 1830, 188 e 199.
    Revolução Russa e, 309 e 311-2.
    Santa Aliança e, 172 e 181.

francesa, língua, 194.

Francisco Ferdinando, arquiduque da Áustria, 308.

Franco, Francisco, 387.

Franklin, Benjamin, 150.

Frederico, o Grande, rei da Prússia, 125, 134 e 136.

Friedland, batalha de, 167.

Fuchs, Klaus, 444.

Furtseva, Elena, 415.

Furuhjelm, Hampus, 270.

Fyodor Alekseevich, tsar, 76-7.

Fyodor Ivanovich, tsar, 97-8.

Gagarin, Iuri, 418.

Galich, 36-7 e 56.

Galícia, 279.

Galuppi, Baldassare, 148.

Gamsakhurdia, Zviad, 464.

Gapon, Georgii, 479.

Garcia-Viardot, Pauline, 204.

Gasprinskii, Ismail Bey, 284-5.

Gauss, Christian, 205.

Gazprom, 463.

Gediminas, grão-príncipe da Lituânia, 51.

Gendarmes, 172 e 178.

Genghis Khan, 43-4.

Geórgia, 93, 282, 307, 413, 437, 464 e 472.
    anexação da, 61 e 66.
    colapso da URSS e, 461, 464-5 e 467.

Ginzburg, barão Horace, 231 e 276.

Gleb, santo, 39 e 53-4.

Glinka, Mikhail, 195 e 250.

Godunov, Boris, tsar, 76-8, 80, 83 e 197.

Godunov, Irina, tsarina, 76-7.

Goethe, J. W. von, 196, 202 e 437.

Gógol, Nikolai, 26, 196 e 200-4.

Golitsyn, príncipe Alexander, 171.

Golitsyn, príncipe Boris, 99-100.

Golitsyn, príncipe V. V., 98-9.

Golovin, Fyodor, 105-6, 108 e 110.

Gomulka, Wladyslaw, 455.

Gorbachev, Mikhail, 460-3.

Gorchakov, príncipe, 284 e 291.

Gordon, Patrick, 104 e 106.

Górki, Máximo, 350-1, 357, 377 e 425.

Gosplan (Comitê de Planejamento Estatal), 339 e 379.

Gottwald, Klement, 446.

Governo Provisório, 80, 314-9, 322 e 342.

GPU (Administração Política Estatal), 367-8.

Grã-Bretanha (Inglaterra), 155, 162, 166, 170, 190, 207, 267-9, 271, 284, 291, 308-9, 314 e 329-30.

antiga URSS e, 335 e 337.

Ásia Central e, 267, 269, 331 e 341.

Guerra da Criméia e, 189, 191 e 258.

Guerra dos Sete Anos e, 135-6.

Guerra Fria e, 443 e 445.

guerras napoleônicas e, 163-4 e 168.

I GM e, 309-10.

II GM e, 441, 443, 450 e 453.

Revolução Russa e, 309, 311, 336 e 355.

turcos otomanos e, 172, 190 e 267-8.

Grande Horda, 57, 61 e 66.

Grécia, 190, 392, 402 e 447-8.

antiguidade, 26 e 29.

revolta de 1821, 173 e 177.

Gregory, Johann, 95.

gregos, 28, 32, 35, 45, 86, 92 e 172.

greves, 232, 244, 296, 299, 301, 304, 310, 368 e 479.

Grimm, barão Friedrich M., 147.

Grozny, batalha de, 71, 400, 468-9 e 471.

Grupos Científico-Técnicos da Juventude, 462.

Guardas Vermelhos, 317-8, 320-1 e 356.

guerra civil (1918-1920), 319-20 e 330.

Guerra da Coréia, 449.

Guerra da Criméia, 477.

Guerra de Inverno, 390.

Guerra dos Sete Anos, 125.

Guerra Franco-Prussiana, 291.

Guerra Fria, 308.

Guerra Russo-Japonesa (1904-1905), 286.

Guerra Russo-Turca (1877-1878), 291.

Guerras Balcânicas (pré-1914), 472.

Guerras Caucasianas, 197, 225, 265 e 280-1.

GULAG (Administração Central dos Campos), 369 e 375-6.

Gustavo III, rei da Suécia, 154-5.

Haskalah, 276.

Heeckeren, barão van, 199.

Hegel, G. W. F., 202, 219 e 312.

Herzen, Alexander, 184-5, 203, 208, 212-4 e 217-8.

Hitler, Adolf, 383, 386-9, 391-2, 394-7, 399-400 e 445.

Ho Chi Minh, 346 e 449.

Homer, 29.

Hoover, Herbert, 334.

Horda Dourada, 44-5, 47-8, 57 e 71.

fim da dependência russa da, 66.

Horda Nogai, 61.

Hoxha, Enver, 455.

Hughes, John, 231.

Hungria, 25, 44, 62, 105, 188, 308, 402, 404, 414 e 446.

Revolução de 1956, 414, 452 e 455.

Huxley, Aldous, 360.

Iagoda, Genrikh, 373 e 377.

Iakovlev, Alexander, 426 e 461.

Ialta, conferência de, 402.

Iaroslav, o Sábio, grão-príncipe de Rus de Kiev, 34-5.

Iavorskii, metropolita Stefan, 107, 112 e 114.

ícones, 37, 41, 49, 54-5 e 421.

Igor, príncipe de Kiev, 27.

Igreja armênia, 189 e 282.

Igreja católica romana, 33-4, 51-2, 92, 95, 128, 132, 140 e 202.

Igreja luterana, 115-6 e 273.

Igreja ortodoxa, 34, 58-9, 68, 84, 89, 92, 107, 119, 128, 132, 171, 182, 299, 353, 381 e 419.

adotada por Vladimir, 34-5.

autocefalia, 59 e 68.

cisma de 1054 e, 32-3 e 35.

Conselho de 1666-1667, 94.

Conselho de Florença e, 58.

controvérsia monástica do século XVI, 17, 54 e 62.

eslavófilos e, 118, 185-6, 202, 221, 232, 262 e 273.

Império Otomano e, 62, 142, 154, 166, 189-91 e 308.

judaizantes e, 69.

Pedro, o Grande, e, 21, 103, 105, 107, 113, 132, 134, 208, 220, 258, 274 e 351.

reformas de Nikon da, e Velhos Crentes, 88 e 92-3.

renascimento monástico do século XIV, 53.

terras secularizadas, 125.

Ilário, metropolita de Kiev, 35.

Ilf, Ilya, 360.

imperialismo, 289, 346 e 385.

Império Bizantino, 28-9, 32 e 58.

Império Otomano (turcos), 62, 142, 154, 166 e 308.

    Guerra da Criméia e, 189 e 191.

    guerra de 1769-1774 e, 148.

    guerra de 1787-1791 e, 154.

    guerra de 1827-1829 e, 190.

    guerra de 1877-1878 e, 253.

    guerra de Alexandre I contra o, 166.

    guerra de Ana contra o, 186.

    guerra de Pedro o Grande contra o, 186-7.

    I GM e, 239.

    revolta grega de 1821 e, 190.

impostos e tarifas, 65, 72, 87, 91, 106, 189, 235 e 276.

Índia, 116, 135, 190, 267, 269 e 454.

Indonésia, 66.

indústria nuclear, 408, 411, 418, 422-3, 425, 439 e 444.

ingrianos, 51 e 90.

Inspetoria das Fábricas, 244.

Instituto de Botânica Aplicada da União, 363.

Instituto de Problemas de Física de Moscou, 433.

Instituto Politécnico de Kiev, 361.

Instituto Politécnico de São Petersburgo, 235.

Instituto Politécnico de Varsóvia, 452.

Instituto Politécnico Tomsk, 234.

Instituto Smol'nyi, 147, 317 e 319.

Instituto Tecnológico de São Petersburgo, 180, 234, 247, 339 e 361.

Internacional Comunista (Comintern), 326 e 345.

invasão mongol, 43 e 50. *Ver também* Horda Dourada.

Ioffe, Abram, 59.

Iona de Riazan, metropolita de Moscou, 59.

Iosif, patriarca da Rússia, 92.

Irã (Pérsia), 26, 41, 116, 166, 188, 280 e 343.

    guerra de 1826-1828, 188.

    tratado britânico sobre (1907), 308.

Iraque, 44.

Irina, tsarevna (tia de Fyodor Alekseevich), 76.

Isidoro, metropolita de Kiev, 58-9.

Islã (muçulmanos), 25, 28, 35, 70, 91, 133, 189, 281 e 284.

    Elizabete e, 112.

    federalismo soviético e, 340 e 380.

    Revolução Russa e, 309 e 311.

Israel, 409 e 425.

    antiga, Rússia como "nova", 67.

Itália, 28, 58, 67, 96, 119, 128, 161, 167, 172, 177 e 268.

    guerras napoleônicas e, 161 e 167.

    II GM e, 387 e 401.

    pós-II GM e, 459.

Iugoslávia, 402, 404, 447 e 450.

Iuri Danilovich, príncipe de Moscou, 46.

Iuri (tio de Vassíli II), 46.

Ivã III, grão-príncipe de Moscou, 61-2.

Ivã IV, o Terrível, grão-príncipe de Moscou, 70, 75 e 78.

Ivã V, tsar (co-governante com Pedro, o Grande), 122.

Ivã VI, tsar, 124 e 144.

Ivã Ivanovich (herdeiro de Ivã o Terrível), 75.

Ivã "Kalita", o Perdulário, príncipe de Vladimir, 46-7.

Ivanov, Alexander, 194 e 256.

Iziaslav I, príncipe de Kiev, 40.

jadidismo, 284 e 492.

Jadwiga, "rei" da Polônia, 52.

Jan III Sobieski, rei da Polônia, 100.

Japão, 289, 292, 294, 299, 310, 329, 346, 388, 401-2, 426, 444 e 492.

    guerra de 1904-1905 e, 229, 239, 278-9, 289 e 299.

    II GM e, 388 e 390.

Jdanov, Andrei, 377, 408 e 435.

jesuítas, 92 e 106.

Jirinovsky, Vladimir, 471.

Joaquim, patriarca de Moscou, 95 e 98.

Jochi, 44.

Jogailo, rei da Polônia, 52.

Jones, John Paul, 154.

José de Volokolamsk, santo, 69.

José II, imperador da Áustria, 154 e 158.

judaísmo, 29, 31 e 40.

judaizantes, 69.

judeus, 143, 226, 231, 241, 261, 269, 271, 275-7 e 290.

    II GM e, 387, 390 e 401-2.

    pogroms e, 226, 269, 277-8 e 302.

    Revolução Russa e, 309, 311-2 e 336.

    soviéticos e, 323, 334 e 344.

    soviéticos, emigração e, 424-5, 459 e 467.

julgamentos de fachada de Moscou, 367.

Justiça de Rus, 34-5.

Justiniano, imperador de Roma, 31, 40 e 58.

Kadar, Janos, 455.

Kadets (Democratas Constitucionais), 303, 305, 313 e 319.

Kadyrov, Ahmad, 469.

Kaganovich, Lazar, 408, 412, 414-5 e 481.

Kaledin, Alexei, 320.

Kalinin, Mikhail, 326.

Kamenev, Lev, 318, 323, 326, 336-9 e 372.

Kandinsky, Wassily, 349 e 354.

Kankrin, Georg, 270.

Kant, Immanuel, 172 e 184.

Kapitsa, Piotr, 433-4.

Karakozov, Dmitri, 223.

Karamzin, Nikolai, 163, 166 e 196.

Kasso, Lev, 361.

Katkov, Mikhail N., 184-5, 221 e 263.

Katyn, massacre de, 389.

Kaufman, Konstantin von, 284.

Kaunas, massacre de, 396.

Kaunitz, conde Wenzel Anton, 135.

Kazan, 57, 61, 66, 71-2 e 132.

Kazan, Universidade, 163.

Kennedy, John F., 454.

Kerenskii, Aleksandr, 314-5 e 317-8.

KGB, 424, 426, 439 e 469.

Khalkhin Gol, batalha de, 389.

Khalturin, Stepan, 225.

Khar'kov, 244 e 399.

Khar'kov, Instituto Tecnológico, 234.

Khar'kov, Universidade, 163, 277 e 279.

Khasbulatov, Ruslan, 467.

Khitrovo, Bodgan, 97.

Khiva, 269, 283, 285 e 344.

Khmel'nyts'kyi, Bohdan, hetman da Ucrânia, 89-90 e 278.

Khovanskii, príncipe Ivã, 99.

Kruchev, Nikita, 377, 379, 408, 411-22, 438, 440 e 451-7.

    "discurso secreto" sobre Stalin, 413-4, 437 e 455.

Khwarezm, 44-5.

Kiev, 77, 84, 89, 239, 276, 318, 320, 328, 393 e 404.

Kim Il Sung, 449-50.

kiptchaks (polovtsy), 29, 39, 41 e 44-5.

Kirov, Sergei, 371 e 377.

Kishinev, pogrom de, 278.

Kissinger, Henry, 459.

Kochubei, Viktor, 270.

Kolchak, Alexander, 323-4, 328-9 e 342.

kolkhozy, 370, 382, 394, 411 e 416. Ver fazendas coletivas.

Komsomol (Liga Comunista da Juventude), 413, 462-3 e 468.

Konstantin Nikolaevich, grão-duque (irmão de Alexandre II), 209-10, 213 e 233.

Konstantin Pavlovich, grão-duque (irmão de Alexandre I), 174.

Kornilov, Lavr, 317-8 e 324.

Korolev, Sergei, 435.

Korsun, batalha de, 404.

Kosciuszko, Tadeusz, 155 e 160.

Kostomarov, Nikolai, 279.

Kosygin, Aleksei, 420.

Kramskoi, Ivã, 256.

Kravchuk, Leonid, 464.

Krestinskii, Nikolai, 326.

494 | HISTÓRIA CONCISA DA RÚSSIA

Kronstadt, 111 e 191.
   revolta, 333.
Krüdener, baronesa Julie von, 171.
Krzhizhanovskii, Gleb, 339.
Kuchuk Kainardzha, Tratado de (1774), 143.
Kuibyshev, Valerian, 376.
kulaks, 236, 368-9 e 375.
Kulikovo, batalha de, 47.
Kurbskii, príncipe Andrei, 74.
Kurchatov, Igor, 444 e 452.
Kursk, batalha de, 403.
Kussevitskii, Sergei, 353.
Kutuzov, Mikhail, 166, 168-9 e 263.

La Harpe, Frédéric, 163.
Landau, Lev, 434.
Lanterna Verde, Sociedade da, 173.
latim, língua, 92, 95, 106 e 127.
LeFort, François, 104-6.
Legião Tcheco-Eslovaca, 322.
Lei da Emancipação, 235.
Leibniz, Gottfried, 129.
Leipzig, batalha de, 179.
Lend-Lease, 401.
Lenin, Vladimir Il'ich Ul'ianov, 296-7, 301, 346, 378, 385, 394, 461 e 463.
   "teses de abril" e, 315.
   cultura e, 342-4.
   guerra civil e início do Estado soviético e, 319, 321, 325, 327-8, 330-1 e 333.
   I GM e, 309-10 e 324.
   morte de, 334.
   NEP e, 333-4 e 338.
   origem de, 381, 413, 429 e 481.
   política externa e, 345.
   Revolução de 1905 e, 353.
   Revolução de 1917 e, 374.
Leningrado. *Ver* São Petersburgo.
Leningrado, caso de, 377 e 393-4.
Lermontov, Mikhail, 200 e 202.
Lesnaia, batalha de, 109.
Leste Europeu, 388, 402, 407, 411, 414, 422 e 445-7.
   colapso do comunismo no, 455.

Letônia, 50.
levante de Varsóvia (1944), 466.
Levitan, Isaak, 258, 272 e 304.
Levitskii, Dmitri, 152.
Liebknecht, Karl, 312.
Liga dos Trabalhadores Judeus (Bund), 277.
Liga Hanseática, 43, 47, 49 e 51-2.
Lituânia, 52-3, 56, 58, 62, 70, 271 e 389.
   II GM e, 239.
   partição da Polônia e, 389 e 276.
Litvinov, Maxim, 380, 386-7 e 389.
Livônia, 116 e 272.
   guerra de 1558-1580 e, 73.
Lobachevskii, Nikolai, 205 e 247.
Lomonosov, Mikhail, 127-8.
Lönnrot, Elias, 274.
Loris-Melikov, conde Mikhail, 225.
Luís XVI, rei da França, 156.
Lunacharskii, Anatolii, 357.
Luxemburg, Rosa, 312.
Lvov, príncipe Georgii, 314-5 e 317.
Lysenko, Trofim, 420-1, 425, 429, 433 e 436.

Macário, metropolita de Moscou, 71 e 74.
Macário, o Velho, 182.
MacArthur, Douglas, 450.
Mach, Ernst, 307.
maçons, 148, 150, 156 e 173.
Maiakovski, Vladimir, 355-7 e 360.
Maistre, Joseph de, 172 .
Makhno, Nestor, 328-30.
Maksim, o Grego, 70.
Malenkov, Georgii, 373, 377, 408, 410-1, 414 e 452.
Malevich, Kazimir, 350 e 354.
Mamai, Emir, 47.
Mamontov, Savva, 352.
Manchúria, 239, 286, 289, 294 e 301.
Mandelstam, Osip, 433.
Manifesto de Outubro, 302 e 305.
Mannerheim, barão Gustav, 330 e 404.
Mao Tse-tung, 413, 448 e 455.
Marfa Apraksina, tsarina (esposa de Fyodor III), 98.

Marfa (regente e mãe de Miguel I), 98.

Maria, tsarina (esposa de Aleksei I), 55.

Maria, tsarina (segunda esposa de Ivã, o Terrível), 74.

Maria Fedorovna, imperatriz (esposa de Alexandre III, mãe de Nicolau II), 289.

Maria Nagaia, tsarina (quarta esposa de Ivã, o Terrível), 73.

Marinha Russa, 143, 191 e 286.

Martov, Iulii, 245 e 297.

Marx, Karl, 220, 244-5 e 277.

marxismo, 244, 297, 307, 311, 324, 350, 355, 362-3 e 434.

Matveev, Artamon, 95 e 97.

Máximo, metropolita de Kiev, 46.

Mazepa, Ivã, hetman da Ucrânia, 100, 109 e 116.

MBICs, 422, 451 e 457.

Meck, K. F. von, 233.

Mehmed, o Conquistador, 58 e 62.

mencheviques, 297, 301, 304, 310-1, 315-7, 319, 326, 331, 336, 340, 367 e 373-4.

Mendeleiev, Dmitri, 234 e 247.

Mengistu Haile Mariam, 458.

Menshikov, Alexander, 106, 108, 111-2, 114 e 122.

Merezhkovskii, Dmitri, 351.

Meshcherskii, príncipe V. P., 261 e 289-90.

Metternich, Klemens von, 151 e 172.

Meyerhold, Vsevolod, 358 e 360.

Miguel, santo, príncipe de Tver, 46 e 54.

Miguel I, tsar, 80, 84, 89 e 92.

Mikhail Pavlovich, grão-duque (irmão de Nicolau I), 183 e 195.

Mikhoels, Solomon, 409.

Mikoyan, Anastas, 380, 408 e 415.

Miliukov, Pavel, 313-5.

Miliutin, Dmitri, 210.

Miliutin, Nikolai, 210 e 216.

Miloslavskii, Ilya, 88 e 96-7.

Minin, Kuzma, 80.

Ministério da Corte da Rússia, 194.

Ministério da Defesa soviético, 416.

Ministério da Educação da Rússia, 163, 193, 216, 247 e 249.

Ministério da Educação soviético, 361-2.

Ministério da Guerra da Rússia, 168, 210 e 283.

Ministério da Indústria do Gás Natural soviético, 463.

Ministério da Justiça da Rússia, 165.

Ministério da Marinha da Rússia, 209 e 238.

Ministério da Segurança Estatal soviético, 410-1.

Ministério das Finanças da Rússia, 232.

Ministério das Finanças soviético, 227.

Ministério das Relações Exteriores da Rússia, 197, 284 e 319.

Ministério de Assuntos Internos da Rússia, 411.

Ministério de Assuntos Internos e Segurança do Estado soviético, 178.

Ministério do Interior da Rússia, 172, 197 e 210.

Departamento Especial, 172.

Mirovich, Vassíli, 124 e 144.

Mniszech, Jerzy, 78.

Mniszech, Marina, 78-9.

Mohammed Ali, khedive do Egito, 190.

Molotov, Viacheslav, 372-4, 376-8, 396, 404, 408, 411-6, 448 e 452-3.

monarquia constitucional, 173, 185 e 190.

Nicolau II e, 275.

Mongólia, 26 e 389.

Moniuszko, Stanislaw, 252.

Mons, Anna, 104 e 112.

Montesquieu, Charles-Louis de, 135, 139, 141, 157 e 172.

Morozov, Boris, 88 e 96.

Morozov, Savva, 351.

Morozov, Timofei, 232.

Morozova, Feodosia, 258.

Moscou (cidade), 168, 179, 180, 182-3, 185-6, 193-5, 197, 221, 231, 240, 287 e 299.

batalha de Moscou na II GM, 368 e 441.

capital soviética transferida para, 321 e 325.

centralização do governo soviético em, 376 e 378.

cultura e, 247 e 249.

greve têxtil de 1885, 244.

industrialização, 180, 218 e 231.

496 | HISTÓRIA CONCISA DA RÚSSIA

início da construção e crescimento, 286.

Kremlin, 46-7, 53, 55 e 182.

Napoleão invade, 166-9 e 172.

ocupação polonesa de, 176.

revoltas do século XVII, 17, 26, 32, 52, 61, 65, 67-8, 73, 85, 118-9 e 121.

Revolução de 1905 e, 289 e 304.

Revolução de 1917 e, 374.

Moscou (principado), 47, 49 e 55-9.

anexa Novgorod e torna-se a Rússia (1478), 61.

Horda incendeia (1382), 47 e 49.

Isidoro e, 58.

renascimento monástico em, 53-4.

mosqueteiros, 84, 86, 97, 99, 101, 105-7 e 252.

revoltas dos, 252.

Mosteiro da Dormição da Mãe de Deus (Kirillo-Belozerskii), 54.

Mosteiro da Nova Jerusalém, 93.

Mosteiro das Cavernas (Kiev), 31 e 35.

Mosteiro do Milagre de São Miguel Arcanjo, 69.

mosteiros, 33, 49, 53-5, 58 e 65.

terras secularizadas, 182.

Pedro, o Grande e, 152, 185, 197, 208, 220, 258 e 274.

servos e, 50, 77, 85-6, 129, 131-3 e 142.

movimento trabalhista, 304 e 310.

Mstislav, grão-príncipe de Rus de Kiev, 35.

Mukden, batalha de, 300.

Mundo da Arte, 229, 349 e 352-3.

Münnich, conde Burkhard, 123-4.

Murav'ev, Nikita, 173.

Mussolini, Benito, 378, 387, 391 e 394.

Mussorgsky, Modest, 78, 197, 251-2 e 255.

Nacional Democratas poloneses, 272 e 304.

Nações Unidas, 402.

Nagorno-Karabakh, 463.

Nagy, Imre, 455.

Napoleão Bonaparte, 161-2, 166-8, 173, 191, 263, 271 e 336.

Napoleão III, imperador da França, 191 e 268.

Narva, cerco de, 107-8.

Nasser, Gamal, 454.

Natália Naryshkina, tsarina (esposa de Aleksei I), 97-8 e 100-1.

Navoi, Alisher, 437.

Nechaev, Sergei, 222-3 e 260.

Nerchinsk, Tratado de, 106.

Nesselrode, Karl von, 181 e 270.

Nestor, monge, 39-40.

Nicolau I, tsar, 177, 188, 192-5, 197, 201, 214, 221, 230, 234, 247 e 267.

Nicolau II, tsar, 230, 275 e 294-5.

execução de, 393.

governo constitucional de 1907-1914, 305.

Nicolai, barão, 270.

Nietzsche, Friedrich, 350.

Nifont, bispo de Novgorod, 37.

Nightingale, Florence, 191.

niilistas, 217 e 219.

Nijinskii, Vatslav, 354.

Nikon, patriarca, 88-9, 92-4 e 96.

Nil Sorskii, 69.

Nixon, Richard, 459.

Nizami de Gandzha, 437.

Nizhnii Novgorod (Gorkii), 80, 130, 298 e 425.

NKVD (antes GPU), 372-6, 379-80 e 398.

Nobel, família, 231, 238, 282 e 357.

Nöteborg (Schlüsselburg), cerco de, 108.

Nova Política Econômica (NEP), 274 e 332-3.

Novgorod, 25-8, 30, 36-7, 43, 45-50, 61, 69, 71, 74 e 80.

escavações arqueológicas de, 24 e 49.

Moscou anexa, 56 e 59-60.

revolta pagã de 1071, 37.

Novikov, Nikolai, 148, 150, 156 e 160.

Novosil'tsev, Nikolai, 164 e 170.

Nystad, tratado de (1721), 119.

ocidentalizantes, 118 e 186.

Odessa, 155, 179, 239-40, 276-7, 292, 294, 297, 329-30 e 343.

pogrom de 1905, 302.

Ogedei, Khan, 44.

OGPU, 375 e 427.

Okudzhava, Bulat, 440.

Oldenburgskii, príncipe A. P., 362.

Oleg, grão-príncipe de Kiev, 13, 27 e 30.

Olga, grã-princesa de Kiev, 30.

oligarcas, 462, 466 e 468.

Oprichnina, 75-6.

Ordem 00447, 373.

Ordem Livoniana, 50, 63 e 73.

Ordem nº 1, 315.

Ordin-Nashchokin, Afanasii, 96.

Ordjonikidze, Sergo, 331, 342, 367, 371-2 e 380.

Orenburg, cerco de, 145-6.

Organização de Combate, 298.

Orlov, Aleksei, 137-43.

Orlov, Grigorii, 136-7.

Orlova, Liubov', 432.

Orwell, George, 360.

Ossétia do Sul, 464.

Ostermann, conde Andrei, 123-4.

OTAN, 453.

Pacto Anti-Comintern (1936-1937), 388.

Pacto de Varsóvia, 453 e 455.

Palácio de Inverno, 111-2, 124, 126, 137, 164, 174, 197 e 225-7.

Partido Comunista. *Ver também* bolcheviques; Comitê Central do Partido Comunista; Politburo.

centralização do, 376 e 378-9.

reformas de Gorbachev e, 465.

terror de 1936-1938, 481.

Pacto Germano-Soviético (1939), 16, 374-5, 380 e 388.

padrão-ouro, 239 e 296.

paganismo, 27 e 29.

Pahlen, conde Peter von der, 162.

Países Baixos (holandeses), 167.

Panin, conde N. P. (sobrinho), 162.

Panin, conde Nikita, 136, 139 e 144-5.

Paquistão, 460.

Paris, Paz de (1856), 195-6 e 208.

partido outubrista, 305.

Partido Social Democrático dos Trabalhadores, 245.

Paskevich, Ivã, 270.

Pasternak, Boris, 360 e 428-9.

Paulo, tsar, 135, 139, 144, 150, 159-62, 164, 166, 171 e 272.

Pavlov, Ivã, 362-3.

pechenegues, 29-30 e 35.

Pereiaslav, tratado de (1654), 89 e 91.

Perestroika, 442, 462-3 e 472.

Perovskaia, Sofia, 226.

Pestel', Pavel, 173 e 177.

Pedro, santo, metropolita de Kiev, 53 e 84.

Pedro I, o Grande, imperador, 103-5, 134, 152, 162, 192, 208, 220, 258, 274 e 351.

cultura e Estado transformados por, 84, 96, 103, 117 e 119.

guerra contra a Suécia, 76 e 80.

Igreja ortodoxa e, 119, 128 e 132.

marinha e, 119.

morte de, 111-2.

personalidade e viagens, 122 e 184.

regência de Sofia e, 92, 99-101 e 103.

São Petersburgo construída por, 103 e 108-10.

tentativas do filho Aleksei de derrubá-lo, 103 e 106.

Pedro II, tsar, 122, 124 e 136.

Pedro III, tsar, 136-7, 144-5 e 159.

Petipa, Marius, 255.

Petliura, Semyon, 328 e 330.

Petrashevski, Mikhail, 186-7 e 259-60.

petróleo e gás, indústria do, 418 e 422.

Petrov, Yevgeni, 360.

Piatakov, Georgii, 372.

Pirogov, Nikolai, 191.

Plano Marshall, 448.

planos quinquenais, 381 e 433.

Platão, 29.

Platon Levshin, metropolita de, 147 e 264.

Moscou, 315, 317-8 e 321-2.

Plehve, Viacheslav, 296 e 299.

Plekhanov, Georgii, 244-5 e 311.

Pobedonostsev, Konstantin, 261 e 289-90.

Poliakov, Samuel, 231.

poliane/rus, tribo, 30.

498 | HISTÓRIA CONCISA DA RÚSSIA

Politburo (depois Presídio), 326, 340, 343, 373, 378, 411, 436, 453 e 462.

Polônia, 25, 36, 50-1, 70, 79-80, 124, 139, 158, 166-7, 214, 231, 269-70 e 287.

Constituição de 1791, 139 e 154.

Constituição de 1815, 170.

guerra de 1632 contra a, 89.

guerra de Ana contra a, 104.

guerras napoleônicas e, 163-4 e 168.

I GM e, 309.

II GM e, 441, 443, 450, 453-4 e 459.

partição de 1772, 143.

partição de 1791, 154.

partição de 1794, 155.

Pedro, o Grande, e a, 103 e 105.

pós-II GM, 459.

revolta de 1768-1772, 140.

revolta de 1787, 154.

revolta de 1830, 188.

revolta de 1863-1864, 214 e 241.

revoltas de Varsóvia de 1861, 213.

Revolução de 1905 e, 279.

Revolução de 1917 e, 309.

servidão e, 35 e 77-8.

tratado de 1667, 90.

Polônia-Lituânia, 63.

Polônia, reino da, 70, 73 e 88-9.

Polotskii, Simeon, 95-6.

Poltava, batalha de, 110 e 197.

Poniatowski, Stanislaw, rei da, 135, 140, 143 e 154-5.

Popov, Alexander, 436.

Portsmouth, tratado de (1905), 293 e 300.

Pospelov, P. N., 412-3.

Potemkin, Grigorii, 476.

Potemkin, motim do, 301.

Pozharski, príncipe Dmitri, 80.

Praga, conferência de (1912), 307.

Preobrazhenskii, Evgenii, 337.

Presídio (antes Politburo), 411.

Prezent, Isaak, 433-4.

Primeiro Exército de Cavalaria, 328.

Princip, Gavrilo, 308-9.

Prokofiev, Sergei, 51 e 354-6.

Prokopovich, bispo Feofan, 112 e 115.

Proskurov, massacre de, 328.

Protasov, conde N. A., 182.

protestantismo, 185.

províncias bálticas (repúblicas), 107-8, 110 e 112.

colapso da URSS e, 190 e 316.

definidas, 148.

emancipação dos servos nas, 209, 216 e 226.

Prússia, 50, 125, 129, 134-6, 140, 143, 148, 155-6, 170, 268 e 291.

Guerra da Crimeia e, 189.

Guerra dos Sete Anos e, 125 e 135-6.

guerras napoleônicas e, 163-4 e 168.

Púchkin, Alexander, 78, 128, 133, 152, 186, 197-8, 252 e 261.

Púchkina, Natália, 199.

Pufendorf, Samuel, 118 e 157.

Pugachev, Emelian, 145-6, 151-2 e 179.

Pugacheva, Alla, 441.

Putin, Vladimir, 441, 466 e 469.

quirguizes, 344.

Rachmaninov, Sergei, 352, 354 e 356.

Rada de Kiev, 320.

Rada ucraniana, 318, 320 e 327-8.

Radek, Karl, 372 e 430.

Radishchev, Alexander, 156-7 e 160.

Rall, Alexander, 194.

Rasputin, Grigorii, 306-7 e 313.

Rastrelli, Bartolomeo, 126 e 152.

Razin, Stenka, 83 e 90-1.

Razumovskii, Aleksei, 125.

Razumovskii, Kirill, hetman da Ucrânia, 132.

realismo socialista, 350, 430, 439 e 483.

Regulamentações Temporárias de 1881, 290.

Renânia, 17, 161, 170 e 387.

Repin, Ilya, 257-8 e 264.

Reutern, Mikhail, 233.

revolta do cobre, 90.

revolta islâmica (1898), 286.

Revolução Russa de 1905, 311.

Revolução Russa de 1917, 309.

Rhee, Syngman, 449.

Ribbentrop, Joachim von, 16 e 389.

Rimsky-Korsakov, Nikolai, 251-3, 255, 352 e 354.

Rokotov, Fyodor, 152.

Romanov, Fyodor Nikitich, 78 e 80. *Ver* Filareto.

Romanov-Koshkin, Iuri, 71.

Romênia, 44, 192, 301, 385, 391, 402, 404, 416, 446 e 455.

Roosevelt, Franklin D., 401-2.

Roosevelt, Theodore, 300.

Rosen, barão G. F., 195.

Rostovtsev, Iakov, 210.

Rousseau, Jean-Jacques, 157 e 172.

Rubinstein, Anton, 195 e 250-1.

Rubinstein, Nikolai, 253.

Rublev, Andrei, 55 e 440.

Ruffo, Marco, 67.

Rurik, governante de Novgorod, 27-8.

Rurikovich, dinastia, 29 e 37.

Rus, origem de, 16 e 27-8. *Ver também* Rus de Kiev.

Rus de Kiev (principado), 37.
   invasão mongol, 43 e 50.

russa, língua, 241, 297, 331 e 380.
   gramática codificada, 128.
   primeiro dicionário, 150.

Rússia,
   formação do Estado, com ascensão de Moscou, 45-6.
   ideia da, 55.
   mapas da, 57.
   pós-soviética, 482. *Ver* Federação Russa.
   soviética. *Ver* União das Repúblicas Socialistas Soviéticas.

russificação, 271, 275-6, 287, 291 e 380.

Rustaveli, Shota, 437.

Rutherford, Ernest, 363.

Rutskoi, Alexander, 467.

Rykov, Aleksei, 339 e 373.

Ryleev, Kondratii, 173 e 177.

Sacro Império Romano, 62.

Sakharov, Andrei, 420 e 425.

sal, comércio do, 131.

Saltykov, Sergei, 135.

Samoilovych, Ivã, hetman da Ucrânia, 100.

Sand, Georges, 202.

Santa Aliança, 172 e 181.

Santa Liga, 100.

Santo Sínodo, 115 e 261.

São Petersburgo (Petrogrado, Leningrado), 152.
   Ana transfere a capital para, 124.
   fronteira finlandesa e, 389.
   I GM e, 309-10.
   II GM e, cerco de (1941-1944), 368, 441, 443 e 450.
   Pedro, o Grande, constrói, 103, 105, 107, 109, 111 e 113.
   renomeada Petrogrado, 311.
   Revolução de 1905-1906 e, 304 e 306.
   Revolução de 1917 e guerra civil e, 309, 314-6, 318, 320 e 349.

Sarai, 44.

Savvatii, santo, 53.

Schelling, Friedrich, 183-4.

Scott, sir Walter, 196.

Scriabin, Alexander, 352.

Sebastopol, cerco de, 191-2.

Sechenov, Ivã, 248.

Semenov, Iulian, 441.

Senado russo (tsarista), 111.
   Departamento Secreto do, 156.

Senkovskii, Osip, 199 e 202.

Serafim de Sarov, santo, 182.

Sérgio de Radonezh, santo, 53.

Serov, Valentin, 352.

Sérvia, 189-90, 267 e 308-10.

servos e servidão, 77, 85-6, 129, 131-3, 142, 170, 174, 192, 195, 204, 209, 214, 271 e 273.
   Catarina II e, 137, 152 e 214.
   emancipação dos, 196 e 209-10.
   emancipação dos, na Geórgia, 196.
   emancipação dos, nas províncias bálticas, 196 e 259.
   encerrada nas terras da igreja, 129.
   estabelecida, 28-9, 117 e 331.

500 | HISTÓRIA CONCISA DA RÚSSIA

Shaliapin, Fyodor, 352 e 356.

Shamil, Imam, 189 e 281.

Shemiaka, Dmitri, 56.

Sherwood, John, 174.

Shevchenko, Tarás, 278-79, 380 e 437.

Shishkin, Ivã, 258.

Sholokhov, Mikhail, 428, 433 e 442.

Shostakovich, Dmitri, 358-9, 399, 428, 430-2 e 434.

Shuiskii, príncipe Vassíli, 71.

Shulalov, Alexander, 125.

Shuvalov, conde Ivã, 125 e 127.

Shuvalov, conde Petr, 223.

Shulalov, Peter, 223.

Sibéria, 16, 25, 61, 65, 75-6, 83, 85, 93-4, 98, 122, 177-8, 223, 234, 240 e 257.

    ferrovia e, 243.

    fronteira da, 245.

    guerra civil e, 319-21 e 325.

    II GM e, 441, 443 e 450.

    URSS e, 335, 370, 374, 378, 400 e 412.

Sigismundo, rei da Polônia, 79.

Sikorsky, Igor, 240 e 356.

Silvestre, sacerdote, 73-4.

Sindicato dos Camponeses de Todas as Rússias, 304.

Sindicato dos Escritores, 429.

sionistas, 341 e 425.

sistema judicial, 214-5.

    reforma de 1864, 214.

Skobelev, Mikhail, 283.

Skoropadskii, Ivã, 116.

Skoropadskii, Pavel, 321.

Slansky, Rudolf, 447.

Smolensk, 37, 51 e 70.

Sobchak, Anatolii, 469.

social-democratas, 245, 301 e 304.

social-democratas alemães, 312.

"socialismo num único país", 338.

Socialistas-Revolucionários, Partido dos (SRs), 245.

Sociedade Arqueográfica de Kiev, 279.

Sociedade Bíblica Inglesa, 171.

Sociedade Econômica Livre, 248.

Sociedade Filarmônica de São Petersburgo, 194.

Sofia, tsarevna (regente, irmã de Pedro o Grande e Ivã V), 99.

Sofia Paleóloga, grã-princesa de Moscou (esposa de Ivã III), 70.

Solari, Pietro Antonio, 67.

Soljenitsyn, Alexander, 425.

Solomoniia Saburova, grã-princesa de Moscou (esposa de Vassíli III), 70.

Soviete Supremo, 464 e 467.

sovietes, 301 e 315-6.

Spencer, Herbert, 219.

Speranskii, Miguel, 165-6.

Sputnik, 418.

Staël, Germaine de, 172.

Stakhanov, Aleksei, 371.

Stalin, Joseph, 308, 311, 315, 318, 324, 366, 405, 407, 410-11, 420, 425, 429-30, 432-44, 463 e 470.

    coletivização e industrialização e, 334, 339 e 365.

    Comintern e, 372 e 386.

    discurso secreto de Kruchev sobre, 413-4.

    expurgos e GULAG sob, 455.

    federalismo e, 279.

    guerra civil e, 319-20 e 327-8.

    Hitler e II GM e, 378, 383, 386-91 e 400.

    Leste Europeu e, 402 e 407.

    luta pelo controle do Partido e, 433.

    morte de, 435 e 437.

    poder centralizado sob, 343.

    repressão pós-II GM sob, 178.

    Revolução de 1917 e, 15.

Stalingrado, batalha de (1942-1943), 400.

Stanislavsky, Konstantin, 351.

Stankevich, Nikolai, 184-5 e 203.

Stasov, Vladimir, 251.

Stefan Bathory, rei da Polônia, 225.

Steiner, Rudolf, 354.

Stendhal, 169.

Stolypin, Peter A., 308, 310 e 478.

Stravinsky, Igor, 349.

Stroganov, Pavel, 164.

Suécia, 50, 63, 73, 75-6, 90, 106-7, 155 e 303.
  guerra de 1700-1721, 107.
  guerra de 1741-1743, 123-4 e 144.
  guerra de 1787, 154.
  II GM e, 441.
  primeiras guerras contra a, 50, 73-4 e 76-7.
  tratado de 1609 e a, 80.
Sumarokov, Alexander, 126 e 148.
Sun Yat-sen, 346.
Supremo Conselho Privado, 122 e 124.
Surikov, Vassíli, 258.
Suvorov, Alexandre, 155 e 161.
Sviatopolk-Mirskii, príncipe Petr, 299.
Sviatopolk, o Amaldiçoado, grão-príncipe de Rus de Kiev, 39.
Sviatoslav I, grão-príncipe de Rus de Kiev, 30.
Sviatoslav II, grão-príncipe de Kiev, 40.

Tabela de Patentes, 116.
Tácito, 135.
Tadjiquistão, 344.
tadjiques, 86.
Tambov, revolta, 333.
Tamerlão, 47, 57 e 71.
Tamm, Igor, 420.
Tarkovsky, Andrei, 440.
Tartaristão, 467.
tártaros, 45, 53, 56-7, 61-3, 66, 68, 70, 76, 85, 91, 132, 141, 145, 280 e 285.
tártaros do Volga, 285.
Tchaikovsky, Ilya, 234 e 249.
Tchaikovsky, Piotr, 250, 253, 255 e 352.
Tchecoslováquia, 387-8, 401, 444-7 e 457.
  Primavera de Praga de 1968, 457.
Teatro Bolshoi, 470.
Teatro de Arte de Moscou, 351, 358 e 429.
Teatro Iídiche de Moscou, 409.
Teerã, Conferência de, 402.
Tempo de Dificuldades, 76, 78-9, 81 e 83-5.
Temriuk, príncipe da Circássia, 74.
Teodoro, santo, 41.
Teodósio, santo, 32.
Teófanes, o Grego, 49.

Terceira Seção, 178, 181, 187 e 193.
Terra e Liberdade, 224-5.
Terror de 1936-1938, 372-4, 377, 379, 381 e 413.
Terror Vermelho de 1918, 323.
terrorismo (pré-1917), 223 e 245.
Theognostos, metropolita de Kiev, 46.
Timmerman, Frans, 100.
Timoshenko, marechal Semyon, 390 e 392-3.
Tito, Josip Broz, 404 e 414.
Tokhtamysh, khan, 47.
Tolstoi, Alexei, 430.
Tolstoi, conde I. M., 233 e 249.
Tolstoi, Lev Nikolaevich (Leo), 115.
Tolstoi, Pedro, 115, 128, 168, 233, 249, 258, 262-6, 350, 353 e 430.
Tolstoi, SofiaBers, 263.
Tomskii, Mikhail, 339.
Toon, Konstantin, 182.
Transcaucásia, 166, 189 e 280.
Tratado de Interdição Parcial de Ensaios Nucleares, 452.
Tratados de Limitação de Armas Estratégicas (SALT, 1972, 1979), 459.
Trepov, general Fyodor, 224.
Tretyakov, Pavel, 257.
tribunais municipais, 215 e 237.
Trivolis, Mikhail, 70.
Trotsky, Leon, 297, 301 e 307.
Tsaritsyn, batalha de (1918), 324 e 400. Ver também Stalingrado, batalha de.
Tsarskoe Selo (Detskoe Selo, Púchkin), 163 e 180.
Tsarskoe Selo, Liceu de, 183 e 186.
Tsvetaeva, Marina, 357.
Tucídides, 29.
Tukhachevskii, marechal M. N., 329 e 333.
Tupolev, Andrei, 434.
Turcomenistão, 344 e 421.
Turguêniev, Ivã, 431 e 478.
Turquestão, 257 e 342.
Turquia, 124, 140, 142, 154-5, 167-8, 190, 280, 445 e 457. Ver também Império Otomano.
túrquico, povo, 25-6 e 29.
Tver, 46, 54, 66 e 91.

502 | HISTÓRIA CONCISA DA RÚSSIA

U-2, voo, 451 e 456.

Ucrânia, 392-4, 397, 404, 415, 421-2, 464-5 e 472.

colapso da URSS e, 15-6, 461 e 465.

guerra civil e, 56, 311, 319-20, 325, 327-8, 330-1, 333-4, 336, 342 e 350.

hetmanato, 90-1, 100, 109, 116, 132, 141 e 278.

I GM e, 238.

II GM e, 368.

revolta dos cossacos (1648), 83-5, 88-90 e 97.

Revolução de 1905 e, 353-4 e 478.

URSS e, 335, 337-8, 345, 370, 378-9, 381 e 397.

ucraniana, igreja, 91.

ucraniana, língua, 380.

Ulanova, Galina, 437.

Ulbricht, Walter, 447 e 453.

União da Libertação, 298.

União da Salvação, 173.

União das Repúblicas Socialistas Soviéticas (União Soviética, URSS), 335, 337-8, 357, 366, 370, 381 e 385-7.

colapso da, 461 e 465.

Constituição de 1936, 379.

criação da, 365-6.

estrutura federal da, 378-9.

fronteiras da, no final da guerra civil, 374.

mapa da, na II GM, 266.

União de São Miguel Arcanjo, 292.

União do Bem-Estar, 173.

União do Povo Russo, 302.

União dos *Zemstvos*, 214, 220, 225-6, 279, 290 e 314.

União Soviética. *Ver* União das Repúblicas Socialistas Soviéticas.

uniatas, 89.

Universidade de Moscou, 129, 146, 148, 150, 163, 169, 183, 361 e 461.

Universidade de Odessa, 292.

Universidade de São Petersburgo, 163, 217-8 e 296.

Urais, 25, 36, 75-6, 85, 94, 131-2, 146, 157, 234, 236, 322-3, 328, 339, 342, 366, 368, 377, 382, 394 e 408.

Uvarov, conde S. S., 181, 183, 221 e 478.

Uzbek, khan, 45-6.

uzbeques, canatos, 283.

Uzbequistão, 344, 421 e 437.

Vassíli I, grão-príncipe de Moscou, 56.

Vassíli II, grão-príncipe de Moscou, 56-7 e 59.

Vassíli III, grão-príncipe de Moscou, 61 e 70.

Vassíli IV (Shuiskii), tsar, 79.

Vassíli Iur'evich, o Zarolho, 56.

Vavilov, Nikolai, 363 e 434.

veche (assembleia popular), 34 e 36.

Velhos Crentes, 94, 132, 178 e 231-2.

Vereshchagin, Vassíli, 257-8.

Vernadskii, Vladimir, 361 e 363.

Viazemskii, príncipe Piotr, 199.

Viena,

cerco de 1529, 62.

cerco de 1683, 100.

Viena, Congresso de, 170 e 270.

Vietnã, 44, 312 e 457-8.

vikings, 27-8.

Vladimir, principado de, 35 e 45.

Vladimir I, santo, grão-príncipe de Rus de Kiev, 30-1, 39 e 69.

Vladimir II Monômaco, grão-príncipe de Rus de Kiev, 35.

Voltaire, 126, 129, 135 e 146.

Volynskii, Artemii, 124.

Vonifat'ev, Stefan, 92.

Voroshilov, Kliment, 324, 376, 380, 389-90, 408 e 414.

Voznesenskii, Nikolai, 409-10.

Vsevolod, grão-príncipe de Kiev, 36, 40 e 358.

Vyshinskii, Andrei, 373.

Vysotskii, Vladimir, 440.

Wagner, Richard, 252 e 351.

Whistler, G. W., 180, 251 e 351.

Wielhorski, conde Matvei, 195, 199 e 250.

Wielhorski, conde Mikhail, 195 e 199.

Witte, conde Sergei, 230, 234, 238-9, 286, 289, 292-4, 296, 302-3, 361 e 478.

Wladyslaw, príncipe da Polônia, 80.

Wolff, Georg Christian, 129 e 480.

Wrangel, barão Peter, 329-30.

yasak (tributo), 72, 91 e 132.

Yedigei, Emir, 71.

Yeltsin, Boris, 323, 461-2, 465, 467, 469 e 471.

Yermak, o Cossaco, 75.

Yevtushenko, Evgenii, 437-8.

Yudenich, general Nikolai, 313 e 329.

Zamiatin, Evgenii, 360 e 428.

Zarutskii, Ivã, 81.

Zasulich, Vera, 224.

zemstvos, 226, 237, 279, 290, 298, 305-6 e 313-4.

Zheliabov, Alexander, 226.

Zhukov, Georgii, 392.

Zhukovskii, Vassíli, 195-6, 198, 201 e 279.

Zinoviev, Grigorii, 318, 326, 329, 336-9, 345 e 372.

Ziuganov, Gennadii, 468.

Zoé Paleóloga, grã-princesa de Moscou (esposa de Ivã III), 67.

Zola, Émile, 259.

Zona de Residência judaica, 233.

Zoshchenko, Mikhail, 435.

Zósimo, santo, 53.

Zubatov, Sergei, 299.

Este livro foi impresso pela Gráfica PlenaPrint
em fonte Minion Pro sobre papel Pólen Bold 70 g/m²
para a Edipro no inverno de 2020.